Spezialitäten der Welt köstlich wie noch nie

Spezialitäten der Welt köstlich wie noch nie

Das neue große Bildkochbuch
für alle Anlässe.
Mit den 500 besten Original-Rezepten der Welt –
ganz in Farbe.

Die Rezepte – die berühmtesten und
interessantesten aus 64 Ländern – stellten
CHRISTIAN TEUBNER und ANNETTE WOLTER
zusammen. Experten berieten sie dabei.
Die Einführung „Kulinarische Weltreise“ schrieb
HOLGER HOFMANN

Die Bilder gestaltete
CHRISTIAN TEUBNER

Gräfe und Unzer

Ein Wort zuvor

Hier ist es, das erste große Bildkochbuch der echten und zugleich nachkochbaren Spezialitäten aus aller Welt – in jahrelanger Arbeit entstanden und getestet.
Allen, die gerne kochen und gut essen, will dieses Superbuch mit den besten Koch-Ideen aus 64 Ländern neue, köstliche Anregungen für alltägliche wie festliche Anlässe geben, vom einfachen Abendessen mit guten Freunden oder in der Familie bis zum Koch- und Eßvergnügen bei besonderen Gelegenheiten.
In dem umfassenden Rezeptteil wird jedes Gericht in Farbfoto und Text vorgestellt. So ist die Wahl leicht, und Sie können auf einen Blick beurteilen, wie das Ergebnis aussieht. Selbstverständlich können Sie immer davon ausgehen, daß die Rezepte sicher gelingen und daß alle Zutaten bei uns erhältlich sind, wenn auch in einigen wenigen Fällen nur in Spezial-Delikateßgeschäften.
Auf der Suche nach Rezepten für unser Buch haben wir uns an Gerichte gehalten, die in den betreffenden Ländern seit Generationen bekannt und beliebt, für uns aber großenteils neu sind. Letztlich waren folgende Kriterien für die Auswahl maßgebend:
Die Rezepte mußten tatsächlich zum Speisezettel der Bevölkerung des Landes gehören und nicht nur auf Speisekarten von Restaurants stehen.

Neben bekannten Speisen wählten wir auch einige aus, die geschmacklich etwas Besonderes darstellen und trotz einer gewissen fremdartigen Komponente den Beifall unserer Leser finden werden.
Mit Vorliebe entschieden wir uns auch für Gerichte, bei denen uns bekannte Zutaten auf neuartige Weise verwendet werden oder die durch ungewohnte Zusammenstellung überraschen.
Im »Lexikon der Spezialitäten« finden Sie viele ergänzende Rezepte für Beilagen, Gewürzmischungen und Spezialgerichte. Auch gibt es Auskunft über weniger bekannte Zutaten, exotische Gewürze, Kräuter und Früchte, Küchenbegriffe sowie typische Getränke. Die wichtigen Grundrezepte für Teige, Klöße/Knödel und Saucen mit ihren erläuternden Zeichnungen runden den Rezeptteil ab, so daß Ihnen garantiert alles sicher gelingt, auch wenn Sie in der Küche noch nicht so erfahren sein sollten.
Die Einführung »Kulinarische Weltreise«, von Holger Hofmann geschrieben, macht Sie mit den kulturhistorischen Grundlagen der Eß- und Trinkgewohnheiten anderer Länder bekannt. Dabei erfahren Sie viel Anregendes und Nützliches über die Art, wie und warum man in manchen Ländern Speisen und Getränke bevorzugt oder meidet und in welcher Form man sie genießt.
Wer eine Einladung in größerem oder kleinerem Kreis plant, sollte sich durch unsere Menü-Vorschläge inspirieren lassen. Sie alle enthalten auch Hinweise auf passende, typische Weine oder andere Getränke, so daß Sie als Gastgeber stets perfekt beraten sind.

Dies ist in der Tat ein Kochbuch, wie es noch keines gab. Genießen Sie mit ihm die Gaumenfreuden der Welt!
Viel Freude und gutes Gelingen sowie reichliche Anerkennung wünschen Ihnen die Autoren

Annette Wolter
und
Christian Teubner

Wenn nicht anders angegeben, sind alle Rezepte für 4 Personen berechnet.

Sie finden in diesem Buch

Kulinarische Weltreise

Die wichtigen Grundrezepte

Südeuropa

Westeuropa

Skandinavien

Osteuropa

Mitteleuropa

Balkan

Vorderer Orient

Nordafrika

Schwarzafrika

Nordamerika

Mittelamerika

Südamerika

Südasien

Südostasien

Ostasien

Australien/Ozeanien

Vorschläge für Menüs

Küchengeräte anderer Länder

Lexikon der Spezialitäten

Zum Nachschlagen

Kulinarische Weltreise

Wer gern nach Art fremder Länder kocht und speist, interessiert sich sicher auch für die kulinarischen Eigenarten der jeweiligen Bevölkerung und die typischen Landesprodukte, aus denen ihre Gerichte entstehen. Die »Kulinarische Weltreise« führt Sie zu den Ursprüngen der in diesem Buch enthaltenen Rezepte, berichtet über Land und Leute, über geschichtliche Entwicklungen und erklärt manche uns ungewohnten oder unverständlichen Eigenheiten.
Unser kulinarischer Reiseführer präsentiert zudem interessierten Weltenbummlern die geheimen Genüsse der Landesküchen, die kaum auf die Tische renommierter Hotels kommen. Wer sich an Ort und Stelle auf den Märkten der fünf Kontinente umsehen und Kostproben versuchen möchte, kann mit Hilfe dieses Spezial-»Baedekers« fündig werden!
Holger Hofmann, Autor der »Weltreise«, schildert nicht nur seine persönlichen Eindrücke, er vermittelt auch anschauliche Bilder der sozialen Struktur, der wirtschaftlichen Verhältnisse sowie der kulturellen Traditionen vieler Länder. Er beschreibt dabei auch detailliert bestimmte Gerichte, die ihn beeindruckten oder die man als das »tägliche Brot« der Landesbewohner ansehen könnte, die jedoch vielfach nicht nachkochbar sind, weil die notwendigen Zutaten hier fehlen. Andererseits ergibt sich aus den Berichten manche zusätzliche Anregung, die sich ohne präzise Angaben verwerten läßt, weil es hierbei nur auf die besondere Zusammenstellung von Speisen ankommt. Einige landesspezifische Gerichte haben wir als Kurzrezepte in das »Lexikon der Spezialitäten« aufgenommen, um das Repertoire der leicht nachvollziehbaren Rezepte anzureichern.

Das Bild links zeigt eine Pizza im Entstehen. Die vielen Varianten, die es für diese italienische Spezialität gibt, sind kaum zu zählen. Original-Rezepte für Pizzen finden Sie auf den Seiten 64 und 65.

Südeuropa

Italien

Die Basis europäischer Kochkunst stammt aus Italien, das sollte man nicht vergessen, auch wenn heute in den Augen aller Feinschmecker Frankreichs Küche als die Krone kulinarischer Kunst angesehen wird. Bereits König Franz I. führte an seinem Hofe italienische Speisen ein, die dann nach der Heirat seines Sohnes mit Katharina von Medici 1533 noch weiter kultiviert und im Lande bekannt gemacht wurden. Schon seit römischer Zeit war Italien die Hochburg aller Gaumenfreuden gewesen, und wer heute die guten Lokale des Landes besucht, wird bald feststellen, daß kaum etwas von dem ehemaligen Glanz verlorengegangen ist. Kulinarisch bietet Italien durchaus kein einheitliches Bild, es muß vielmehr in mehreren Teilen betrachtet werden. Nur in einigen Punkten sind die Regionalküchen für den Fremden nicht zu unterscheiden: in der Vorliebe für Fisch und Meerestiere, in der Freude an appetitanregenden Vorgerichten, den ANTIPASTI, in den Teigwaren, die in unglaublicher Vielfalt auf den Tisch kommen, in den überall vorhandenen knackig-frischen Gemüsesorten und in der Fülle an Kräutern.
Generell ist die italienische Küche recht rustikal in der Zubereitung der Speisen. Ähnlich wie in der Nouvelle Cuisine wird der Eigengeschmack der Lebensmittel möglichst klar und unverfälscht herausgestellt.
Bei dem reichen Angebot von Teigwaren sollte man nicht in den Fehler verfallen, anzunehmen, daß hierdurch die anderen klassischen Beilagen ersetzt werden. Fast sämtliche Nudelgerichte, die bei uns als Hauptgerichte gelten, serviert man in Italien nur als Zwischengang. Zum Hauptgericht können deshalb durchaus Kartoffeln, vor allem aber der sehr beliebte Reis gereicht werden. Dabei sollte man nicht vergessen, daß Italien wichtigster Reisproduzent Europas ist.

Auch über die Verwendung einzelner Fettarten bestehen oft falsche Vorstellungen. Die nördlich gelegene Toskana hat zwar eine große Bedeutung in der Produktion von Olivenöl, doch wird selbst hier viel mit Butter gekocht. Generell gilt der Norden des Landes als Butterzone, was sich vor allem auf die Lombardei bezieht. In der Emilia-Romagna mit ihrer im westlichen Teil stark verbreiteten Schweinezucht wird in hohem Maße Schweineschmalz für die Herstellung der wichtigsten Hauptgerichte verwandt. Hier ist auch die Heimat des berühmten Parmaschinkens und der Mortadellawurst. Nicht weniger wichtig für die Landesküche und die Feinschmecker in aller Welt ist die Produktion von Parmesankäse. Er gehört – in geriebener Form – auf jeden italienischen Eßtisch und wird mit gleicher Freude in viele Suppen gerührt oder über Nudelgerichte (PASTA) gestreut.
Ein großer Teil der italienischen Fleischproduktion erfolgt ebenfalls in Norditalien. Da in diesen Gebieten die Milchverarbeitung einen besonders hohen Stellenwert hat, werden vorwiegend Bullenkälber geschlachtet. Von ihnen stammt weitgehend das in allen Landesteilen sehr geschätzte Kalbfleisch. Es läßt sich sogar behaupten, daß in keiner zweiten europäischen Küche bei Hauptgerichten Kalbfleisch eine so große Rolle spielt.
Südtirol und der Nordosten des Landes, die Region Venetien, gehörten längere Zeit zum österreichischen Kaiserhaus, was sich auf kulinarischer Ebene in beiden Richtungen auswirkte. Zusätzlich macht sich in diesem Gebiet auch die Nähe Jugoslawiens und des Balkans bemerkbar, was sich nicht nur an einigen warmen Gerichten, sondern an zahlreichen Süßwaren erkennen läßt. Schon im Mittelalter war die Republik Venedig das Tor für orientalische Leckereien, die von den Zuckerbäckern der Lagunenstadt im weiteren Europa verbreitet wurden.
An der Westküste war es der Hafen von Genua, über den die Bevölkerung mit mancherlei exotischen Gewürzen und Zubereitungsarten Bekanntschaft machte. Eine wichtige Erfindung soll den Genueser Seefahrern zuzuschreiben sein: die RAVIOLI. Sie stellten eine ähnliche Resteverwertung an Bord dar wie bei den Skandinaviern und Nordseeseglern in früheren Zeiten das LABSKAUS. Diese gemüsereiche Gegend ist auch die Heimat der berühmten Suppe MINESTRONE. Sie ist heute in ganz Italien verbreitet, je nach Landschaft mit leichten Abweichungen, insbesondere in bezug auf die Gemüsearten.
Die Po-Ebene ist nicht nur ein gewaltiges Reisanbaugebiet, sondern es wachsen hier auch große Mengen Mais. Die aus Mais hergestellte POLENTA, ein Brei, der mit Fleisch oder Tomatenpüree, manchmal auch mit Butter, auf alle Fälle aber mit geriebenem Käse serviert wird, hat schon Vorgänger in der römischen Zeit gehabt. Die zu jener Zeit verbreitete Hirse wurde nach Einführung von Mais aus Amerika praktisch völlig verdrängt.
Aus Hirse oder Grünkern bereitete man auch in alter Zeit die populäre PIZZA. Bei ihr handelt es sich jedoch nicht um ein italienisches Nationalessen, wie dies heute erscheinen mag, sondern um eine ausgesprochen neapolitanische Spezialität der untersten Bevölkerungsklasse. Die Verbreitung der PIZZA und die phantasievolle Ausschmückung mit verschiedensten Belagzutaten fand erst nach 1945 statt, als amerikanische Soldaten das Gebäck »entdeckten« und aufwerteten.
Im Gegensatz zu Neapel mit seinem Aschenputtel, der PIZZA, hatte Mailand ein Nationalgebäck, das sich in allen Schichten großer Beliebtheit erfreute und auch heute noch für die Stadt typisch ist: den PANETTONE, einen trockenen Hefekuchen, der immer in zylindrischer Form gebacken wird.
Noch ein Wort zum italienischen Wein: Er ist das Volksgetränk und wird hier wie in keinem anderen Land seit dem Altertum unverändert gepflegt und gehegt.

Spanien

Die spanische Küche hat im Laufe ihrer Geschichte manche Wandlungen durchgemacht. Man findet in ihr Einflüsse aus römischer und maurischer Zeit, später auch aus der Neuen Welt. Gerade von Amerika wurden wichtige Zutaten wie Tomaten, Paprika, Chillies und nicht zuletzt Kartoffeln übernommen. Auch nach dem letzten Weltkrieg hat es noch erhebliche Veränderungen gegeben, nachdem weite Teile von Spanien zu beliebten Ferienzielen deutscher Touristen geworden waren. In manchen Fremdenverkehrsgebieten hat sich deshalb eine merkwürdige Mischung aus eigenständiger und deutscher Küche entwickelt, bei der die Feinheiten beider Komponenten verlorengegangen sind.
Die ursprüngliche spanische Küche ist im Grunde bäuerlich-einfach. Zwiebeln, Knoblauch, Paprika, Kräuter und relativ wenig Gewürze, jedoch oft Safran, bilden die Grundlage. Zu den bekanntesten Nationalgerichten gehören Eintöpfe, woraus man bereits den bäuerlichen Ursprung ablesen kann. Gleichzeitig verraten sie eine relativ arme Bevölkerung.
Mehr noch als in anderen Mittelmeerländern tritt das Mittagessen hinter der Abendmahlzeit mengenmäßig wie in der Wertschätzung zurück. So findet man auf Speisekarten in Restaurants mittags gewöhnlich Menüs mit wenigen Gängen, während für das Abendessen viele Speisen und Zwischengerichte zur Wahl stehen. Entsprechend hält man sich auch nicht lange mit dem Mittagessen auf, während man sich zur Abendmahlzeit gehörig Zeit nimmt. Eine Besonderheit dabei ist der späte Beginn, und nicht selten setzt man sich erst gegen 22 Uhr zu Tisch.
Da die lange Zeit zwischen der bescheidenen Mittagsmahlzeit und dem Abendessen auch bei den Spaniern Hungergefühle entstehen läßt, ist es üblich, am späten Nachmittag kleine Häppchen, sogenannte TAPAS, zu verzehren. Hierzu gehören die landesüblichen Oliven, dünne Scheiben Schinken, eventuell auch in Teig ausgebackene Garnelen. Man trinkt dazu einfachen roten Landwein oder den auch im Ursprungsland sehr viel teureren Sherry.
Die TAPAS, auch PINCHOS genannt, sind nicht mit den Vorspeisen identisch, die das Abendessen einleiten. Diese ENTREMESES sind weitgehend nach französischem Horsd'œuvre-Vorbild angerichtet: eingelegtes Gemüse, Sardellen, Sardinen, Knoblauchwurst, Muscheln, Thunfisch oder Thunfischsalat, auch Krabbencocktail oder Melone.
Als nächster Gang folgen SOPAS Y CREMAS, wie zum Beispiel die SOPA CREMA DE SÉMOLA CON ALMENDRAS, eine cremige Grießsuppe mit Mandeln. Besonders in der warmen Jahreszeit wird dabei eine andalusische GAZPACHO aus pürierten Tomaten, Gurke, Olivenöl, Knoblauch und Gewürzen, möglichst eisgekühlt, aufgetischt. Ebenfalls beliebt ist die in San Sebastian beheimatete BOULLAVISA, eine Fischsuppe, die viel Ähnlichkeit mit der Marseiller BOUILLABAISSE hat, und die delikate Muschelsuppe. Dünnflüssige Brühen, die es gleichfalls gibt, heißen CONSOMMÉ oder, falls gebunden, CREMA DE CONSOMMÉ. Die spanische SOPA entspricht unserer Suppe und enthält gewöhnlich Einlagen, berühmt ist die SOPA DE AJO, die Knoblauchsuppe.
Ähnlich wie in Italien kann nach einem Suppengang als Zwischengericht eine Nudelspezialität folgen oder ein gegartes Gemüse ohne jede Beilage, das dann beim Hauptgang fehlt.
Wahlweise als Zwischen- oder Hauptgericht ißt man gern Fisch. Trotz der nahen Küste essen die Spanier auch gern Stockfisch. Sie haben ihn einst von den norwegischen Seefahrern kennengelernt, die ihn als Proviant auf ihren Schiffen mit sich führten oder als Handelsware mitbrachten. Diese Art von konserviertem Fischeiweiß war in früheren Zeiten ein beliebtes Nahrungsmittel für die Bevölkerung im Inneren des Landes, die zum Teil keinen Zugang zu Fischen hatte.

Das Fleisch für den Hauptgang kann gebraten oder gegrillt sein. Neben Rind, Kalb, Schwein und Lamm spielt Geflügel eine erhebliche Rolle. Hühnerfleisch gehört auch in das berühmte Eintopfessen PAELLA. Das eigentliche Fleisch-Nationalgericht nennt sich PUCHERO und besteht aus Rindfleisch mit Schinken, Kichererbsen und der Knoblauchwurst CHORIZA. Zu dem Gericht gehören Klößchen aus Speck, Schinken und Knoblauch, mit Petersilie gewürzt.
Als Beilage essen die Spanier gern Reis, doch auch Kartoffeln in verschiedensten Zubereitungsarten.
Unter den Süßspeisen nimmt der Karamelpudding eine bevorzugte Stellung ein. Man liebt auch sehr süße Kuchen, speziell mit Mandelcremefüllung, wahrscheinlich ein Erbe aus der Maurenzeit. Käse als Abschluß eines Gerichtes ist bekannt, jedoch relativ selten.
Spanien ist zwar von der Fläche her das größte Weinanbauland der Welt, doch nicht in bezug auf die Menge. In den letzten Jahren ist der Qualitätsweinbau stark gefördert worden, wobei die Spitzenerzeugnisse den Vergleich mit Frankreich nicht zu scheuen brauchen.

Portugal

Wenn Portugal auch in den letzten Jahrzehnten als Touristenland entdeckt worden ist und es in manchen mitteleuropäischen Großstädten portugiesische Lokale gibt, so hat man doch außerhalb des Landes kaum eine rechte Vorstellung von seiner Küche. Während man im Zusammenhang mit vielen anderen Ländern gleich an ein typisches Gericht denkt, löst der Name Portugal in bezug auf die Küche nur Gedankensprünge zu Ölsardinen und Wein aus. Hierfür gibt es eine Reihe von Gründen, der Hinweis auf den Mangel an gut schmeckenden Speisen wäre allerdings kaum angebracht.
Der erste Grund liegt in der Armut des Landes, dessen einstige politische Bedeutung bis auf wenige Ausnahmen kaum Spuren hinterlassen hat.
Trotz dieser Situation verstehen es die portugiesischen Frauen, aus billigen Nahrungsmitteln wohlschmeckende Speisen zu bereiten. In der ganzen Küstenregion, insbesondere im Norden, spielen dabei die Sardinen eine maßgebliche Rolle. An der Südküste werden zwar größere Mengen Thunfisch gefangen, doch sind sie zu teuer, um zur Volksnahrung zu werden. Krabben, Muscheln und Tintenfische sind bedeutend preiswerter, und so gehören die Krabbenkroketten zu den beliebten Nationalgerichten. Wenn auch in den Geschäften viel Ölsardinen-Konserven angeboten werden, ißt die Bevölkerung doch vorzugsweise frische Sardinen, weitgehend auf dem Rost zubereitet. Überraschend für den Fremden ist die Beliebtheit von Klippfisch, dem BACALHAU. Die Vorliebe für diesen getrockneten Kabeljau stammt wahrscheinlich schon aus der Zeit, als Goten und Normannen an Südeuropas Küste landeten und ihren Proviant gegen südliche Früchte tauschten. Für das warme, oft sogar sehr heiße Land hat diese eiweißhaltige Dauerkonserve durchaus Vorteile. Im Hinterland, wohin in früheren Zeiten nie Frischfische kamen, konnte die Bevölkerung auf diese Weise auch an dem Reichtum des Meeres teilhaben.
Eine geschmackliche Besonderheit, die dem Fremden nicht nur beim BACALHAU und anderen Fischgerichten auffällt, ist die Würze. Der für einen Mitteleuropäer schwer zu definierende Geschmack stammt weitgehend von Kreuzkümmel, der hier viel verwendet wird.
Mit wenigen Ausnahmen habe ich in Portugal immer erheblich bessere Fisch- als Fleischgerichte bekommen. Rinder sind in diesem Land noch Zugvieh, und eine echte Fleischzucht oder Milchwirtschaft ist selten. Es ist jedoch rührend, wie zweit- und drittklassige Fleischstücke auf die Ebene von Steaks hochfrisiert werden. Was eine Portugiesin als BIFE bezeichnet, braucht durchaus nichts mit Beefsteak, geschweige denn Filet, zu tun zu haben. Jedes Stück schieres Fleisch wird durch langes Marinieren in Wein und durch Olivenölmassage nicht gerade zu einem zarten, doch immerhin einigermaßen genießbaren Bratstück getrimmt. Was an der Warenqualität fehlt, gleicht die Hausfrau durch viele Kräuter, Knoblauch und Zwiebeln aus. Im allgemeinen wird aber gekochtes oder geschmortes Fleisch vorgezogen, das häufig zusammen mit Gemüse, vor allem aber Bohnen, als Eintopf auf den Tisch kommt. Neben Bohnen spielen Spinat, Mangold und Kichererbsen eine erhebliche Rolle. Für manch schwer definierbaren Geschmack in Eintöpfen ist diese mediterrane Erbsenart verantwortlich.
Eine ganz spezielle Vorliebe der Portugiesen gilt den Süßspeisen. Das zu »Engelshaar« gesponnene Eigelb zur Verzierung von Desserts wird nicht nur von Pâtissiers hergestellt. Jede einfache Hausfrau kennt das Rezept.
Denkt man an den portugiesischen Weinbau, so fällt einem als erstes der Portwein ein. Seiner Erzeugung wird besondere Sorgfalt gewidmet, doch nimmt er von der gesamten Weinproduktion des Landes nur etwa ein Drittel ein. Von dem Rest entfallen etwa zwei Drittel auf rote und ein Drittel auf weiße Tischweine. Unter den Weißweinen sind es insbesondere die VINHOS VERDES, denen eine größere Bedeutung zukommt und die auch in gewissem Umfang exportiert werden.

Westeuropa

Frankreich

Nach wie vor ist Frankreich das Elysium aller Feinschmecker. Leider sind jedoch die Zeiten vorüber, als man bedenkenlos in jedes Lokal gehen konnte und mit Sicherheit ein Essen erhielt, das besser war als in jedem ähnlich klassifizierten Restaurant eines anderen Landes. Heute muß man sich schon auf Empfehlungen verlassen, denn Schnellgaststätten und Supermärkte sowie die Hektik des beruflichen Lebens haben im Paradies der Feinschmecker manche Spuren hinterlassen.
Trotz dieser Einschränkung spielt nach wie vor das Essen im täglichen Leben eine überragende Rolle. Diese Grundhaltung hat weder etwas mit dem Geldbeutel noch mit der sozialen Stellung zu tun. Es wird als selbstverständlich angenommen, daß man sich für Speisen und Getränke interessiert und auch als Mann über gewisse Fachkenntnisse bezüglich Warenqualität und Zubereitungsarten verfügt. Man merkt dies schon beim Einkauf in den Geschäften. Trotz des unerbittlichen Fortschreitens der Supermärkte, der Selbstbedienung und der abgepackten Ware ist für eine Französin das Angebot auf Wochenmärkten, in Tante-Emma-Läden oder bestimmten Fachgeschäften viel verlockender als das unpersönliche Discount-Haus. Man möchte schließlich nicht irgendeinen Kohlkopf kaufen, nicht einmal irgendein Sträußchen Petersilie, sondern die Möglichkeit der genauen Betrachtung und der Auswahl haben. Bevor eine Scheibe Fleisch beim Metzger ihren Besitzer gewechselt hat, wird eine eingehende Unterhaltung über die zu erwartende Qualität geführt.
Eine wichtige Forderung für die französische Küche sind frische Lebensmittel. Dies ist keineswegs eine Erfindung der Nouvelle Cuisine, sondern war im Grunde genommen stets eine Selbstverständlichkeit. Die Qualität, die spezifische Eigenschaft des Nahrungsmittels soll auch bei der Verarbeitung deutlich zur Geltung kommen. Vielleicht haben die französischen Hausfrauen und

Köche diese Grundeinstellung schon angenommen, als Katharina von Medici 1533 den späteren Franzosenkönig Heinrich II. heiratete, durch ihren Hofstaat neue Küchentechniken ins Land brachte und den Stellenwert des Essens wesentlich anhob. Wahrscheinlich ist es auch diesem Einfluß zu verdanken, daß in der französischen Küche manche Gemüse oder Beilagen, die wir gewöhnlich mit dem Hauptgericht genießen, seperat als Gang serviert werden. Durch den Einfluß anderer Küchen und die immer intensiver werdende internationale Kommunikation ist in Frankreich diese Trennung der Bestandteile zurückgegangen, während in Deutschland die Sitte, einen grünen Salat vor dem Hauptgericht zu reichen, in gewisser Weise Mode geworden ist.
Wenn auch von den italienischen Lehrmeistern die starke Beachtung aller einzelnen Bestandteile und ihre getrennte Darbietung übernommen wurde, fanden erst französische Köche, daß es notwendig sei, diese Bestandteile harmonisch – und nicht wie in einem Eintopf – miteinander zu verbinden. So wurde die Sauce in Frankreich nicht nur erfunden, sondern auch zur höchsten Vollkommenheit weiterentwickelt. Selbst als die Nouvelle Cuisine neue Maximen für eine leichtere und bekömmlichere Küche aufstellte und dabei den Beifall aller linienbewußten Genießer fand, wollte man auf die Sauce keineswegs verzichten. Im Gegenteil, sie wurde zu weiteren geschmacklichen Höchstleistungen hinaufgeschraubt, und um sie bis zum letzten genießen zu können, erfand man sogar den Saucenlöffel.
Doch französische Küche ist nicht mit der Nouvelle Cuisine gleichzusetzen. Sie hat genauso neue Impulse gebracht wie siebzig Jahre zuvor Frankreichs großer Küchenchef Auguste Escoffier. Die Auswirkungen vollziehen sich nur langsam und werden weder von den Hausfrauen noch der Durchschnittsgastronomie bewußt wahrgenommen. Die vielen regionalen Spezialitäten, unter denen es zahlreiche berühmte Eintopfgerichte gibt, werden kaum modernisiert werden, da dies einem Sakrileg gleichkäme.
Was sich jedoch in Frankreich leicht verändert hat, ist der Umsatz von Wein. Er ist zwar immer noch das Volksgetränk, das praktisch zu allen Mahlzeiten getrunken wird, doch auch hier sind es wahrscheinlich die berufsbedingten Veränderungen der Mittagsmahlzeit, die einen gewissen Rückgang bewirkten. Zum Teil hat sich auch eine Verschiebung in Richtung Bier gezeigt, außerdem sind trotz aller Liebe zu leiblichen Genüssen auch in Frankreich die Gesundheitswelle und die Motorisierung nicht ohne Folgen geblieben.

Belgien

Es ist kein Zufall, wenn auf den Bildern flämischer Maler so häufig Lebensmittel oder Gastlichkeiten dargestellt werden. Wer Timmermanns »Pallieter« gelesen hat, weiß auch, welche Bedeutung dort dem Essen beigemessen wird. Seit Pallieters Zeiten hat sich jedoch viel verändert. Die schwere, fettreiche Kost ist einer raffinierteren, leichteren Küche gewichen. Die Anfänge gehen auf die fünfziger Jahre zurück, und mit der Nouvelle Cuisine kamen weitere wichtige Impulse in dieser Richtung.
Wenn man in Belgien von gutem Essen spricht, denkt man in erster Linie an Brüssel. Schon die Sprachgleichheit mit Frankreich hat es den dortigen Köchen leicht gemacht, in Paris zu lernen und an der kulinarischen Entwicklung Frankreichs teilzunehmen. So gehört auch Belgiens Hauptstadt heute zu den Hochburgen internationaler Feinschmeckerlokale. Wenn diese sich auch weitgehend an französische Gerichte und Speisefolgen anlehnen, so findet man doch in der Hauptstadt wie vor allem in kleineren Landstädten Spezialitäten, die man außerhalb Belgiens vergeblich sucht. Hierzu gehört unter anderem der WATERZOOI, ein Gericht aus Huhn und Spargel, außerhalb der Spargelsaison auch aus anderen Gemüsearten. Spargel und Geflügel gehören – speziell im Frühling – zu den bevorzugten Mahlzeiten der Belgier.
Hervorragend in Frische und Zubereitung sind naturgemäß alle Fische, wobei man nicht allein an die üblichen Seefische, sondern speziell an Aal denken sollte. Aal grün gehört zu den großen Spezialitäten, mit denen die belgische Küche aufwarten kann. Zu den für andere Mitteleuropäer ungewöhnlichen Gerichten, die in Belgien besonderes Ansehen genießen, gehören KARIKOLLES, gekochte Schnecken, oder Pferdesteaks, die man speziell in Vilvoorde anbietet.
Unter allen Feingemüsen, die überall reichlich vertreten sind, spielt WITLOOF eine hervorragende Rolle. Mit diesem Wort bezeichnet man in den Beneluxländern den Chicorée, der außerhalb Deutschlands auch Endivie genannt wird. WITLOOF wird nicht nur als Salat gegessen, wie wir ihn kennen, sondern in zahlreichen warmen Variationen, als Suppe oder auch als Gemüse mit Fleisch oder Schinken.
Was in Belgien nie fehlen darf, ist das Bier, das als Begleiter zum Essen eine große Rolle spielt. Trotzdem sind die Belgier auch starke Weintrinker und nicht zuletzt keine Verächter harter Spirituosen. Der Ehrgeiz, eigenständige Marken herzustellen, ist in dieser Beziehung relativ klein, und man erfreut sich vor allem an dem, was die Nachbarländer zu bieten haben.

Niederlande

Man fragt sich gelegentlich, womit es zusammenhängt, daß ausgerechnet die kleinen Niederlande eine so überragende Stellung als Produzenten hervorragender Agrarprodukte einnehmen. Die Lust an gutem Essen ist sicher die eine Triebfeder, die andere ein ausgeprägter kommerzieller Sinn für die Erzeugung von Dingen, nach denen es einen Feinschmecker gelüstet. Die Holländerinnen sind gute Hausfrauen, und da sie selber gern essen, verstehen sie es auch, schmackhafte Gerichte zuzubereiten. Man ist zwar nicht gewillt, allzuviel Zeit auf eine besonders raffinierte Zubereitung zu verwenden, doch sollen alle Speisen, die auf den Tisch kommen, gut im Geschmack zur Geltung kommen und sich harmonisch miteinander verbinden. Eine ideale Lösung dieser Forderung ist typischerweise die SAUCE HOLLANDAISE, die zwar nicht zu allem, wohl aber zu vielen holländischen Rohstoffen paßt. Darüber hinaus stellen die Niederländer generell ihre Gerichte gern mit ausreichend Sauce her.
Trotz der Vorliebe für kräftige und auch reichliche Gerichte zeigt die niederländische Küche gewisse Feinheiten, die man bei den deutschen und dänischen Nordseeküsten-Bewohnern nicht findet. Hier machen sich Einflüsse aus der Spanierzeit und der Kolonialherrschaft bemerkbar. Ein in Rotwein bereiteter Haseneintopf, HAZEPEPER, mit kleinen Zwiebeln zeigt bereits westeuropäischen Einfluß.
Nordeuropäisch ist die Freude an süßen Dingen. Schon am Vormittag ißt man gern kleines Gebäck, trinkt sein Kopje Koffie mit Zucker und Sahne oder einen Süßwein. Nicht umsonst haben holländische Kekse und Dauerbackwaren sich einen ausgedehnten Exportmarkt geschaffen.
Zu den höchsten Genüssen der niederländischen Küche gehören verschiedene Fischgerichte, wie zum Beispiel PANHARING oder GEBAKKEN PALING MET STROOP. Hierbei ist es allerdings weniger das Rezept, das Genuß bereitet, als die bestechende Frische der Fische beziehungsweise die Kombination von beidem. Nirgends in der Welt findet man ein Gegenstück zu den jungen Matjes, die man an Marktständen mit Zwiebeln schnell zwischendurch aus der Hand verzehrt. Auch die Austernbänke liefern eine

Delikatesse aus dem Meer, die ohne die sachkundige Pflege und Erfahrung wohl kaum zu diesem Ruhm gekommen wäre.
Berühmt ist Holland als Käseland, wobei die Sortenzahl relativ klein, die Gesamtproduktion dafür außerordentlich groß ist und daher weitgehend ins Ausland abfließt. Trotzdem wissen die Niederländer ihren Käse zu schätzen, was in zahlreichen warmen Käsegerichten deutlich wird.
Bäuerlich-rustikal wirkt eine Reihe typischer Desserts, wie beispielsweise die kalte oder warme Reistorte RIJSTTAART, ein Hefeteigboden mit Reisbrei belegt, in den Aprikosen eingebacken werden. Derartige Kombinationen wirken oft recht ungewöhnlich, sind es aber durchaus wert, versucht zu werden.
Ein wichtiges Element der holländischen Küche ist der malaiische Einfluß, was beim SUB GUM, einem Reisgericht mit exotischer Fleischsauce, zu spüren ist. Zum indonesischen Insel-Archipel hatte in der Kolonialzeit praktisch jede Familie engere Beziehungen und übernahm von dort manche Spezialitäten. Selbst nach dem Verlust der Kolonien sorgen die vielen indonesischen Restaurants im Lande dafür, daß diese kulinarische Ergänzung beibehalten bleibt.
Das oft rauhe Klima an der Küste verlangt nicht nur eine kräftige Kost, sondern auch eine gute innere Aufwärmung. So spielt der klare Schnaps, vor allem der wacholderhaltige GENEVER, eine hervorragende Rolle.

Großbritannien

England bietet in kulinarischer Hinsicht viele Überraschungen. Zunächst überwältigt die Fülle des Angebots von Waren aus aller Welt. Dies darf nicht den Eindruck erwecken, daß die englische Küche aus einem internationalen Gemisch von Gerichten besteht. Im Gegenteil: Die konservative Einstellung der Briten hat im wesentlichen auch ihre traditionellen Speisen unverändert erhalten. Was den Fremden ins Auge sticht, sind Waren, die überwiegend von den farbigen Bewohnern des Inselreiches gekauft werden, die gerade in den Großstädten sehr zahlreich sind.
Ein wichtiger Teil der täglichen Nahrung wird zum Frühstück eingenommen. Im Gegensatz zu Frankreich verzehrt man hier nicht einen schwarzen Kaffee mit einem Hörnchen in mehr oder weniger großer Eile, sondern es wird nach wie vor eine handfeste Grundlage für den Tag geboten. Der traditionelle Morgentee vor dem Frühstück ist gewissermaßen die Einstimmung auf eine kräftige Mahlzeit. Vermutlich stammt diese Sitte aus der Schiffahrt, die für die Inselbewohner in so mancher Hinsicht Akzente gesetzt hat. Zum Frühstücken läßt man sich nach Möglichkeit Zeit, um in Ruhe ein PORRIDGE – einen relativ fest gekochten Haferflockenbrei mit Sahne oder Milch – oder auch Corn-flakes zu essen. Man trinkt Fruchtsaft, liebt getoastetes Weißbrot mit Konfitüren und die in aller Welt bekanntgewordenen Eier mit Speck. Doch hat ein Engländer auch keinerlei Abneigung dagegen, schon zum Frühstück warmen Räucherfisch oder Würstchen zu verzehren.
Fleischliebhaber kommen in England auf ihre Rechnung. Seit eh und je legt man im Inselreich Wert auf hervorragende Fleischqualität, wobei sich dies vor allem auf Rind und Lamm bezieht. Englisches ROASTBEEF kann an Zartheit kaum übertroffen werden. Neben Braten hat man auch eine Reihe von Kochfleischgerichten, bei denen die Brühe, mit Gemüse angereichert, eine Suppe ergibt. Eine Eigenart der englischen Küche ist die Gemüsezubereitung. Kohl und Lauch spielen dabei eine besondere Rolle und werden gewöhnlich nur in Salzwasser gekocht. Um in ein solches Gericht einen herzhafteren Geschmack zu bringen, erfanden die Engländer schon im vorigen Jahrhundert fertig konfektionierte Saucen, die vom Tomatenketchup bis zur Worcestershiresauce auf jedem Eßtisch anzutreffen sind. Der Vorteil liegt darin, daß jeder sich individuell sein Essen schärfen und abschmecken kann. Dies gilt sogar beim Kochfisch, der in seiner Qualität naturgemäß ausgezeichnet ist, jedoch oft ohne spezielle Sauce aufgetischt wird, wie man sie auf dem Kontinent aus dem Fischsud herstellt.
Der englische Käse zeigt bei einigen Sorten interessante Geschmacksnuancen, die eine echte Bereicherung der europäischen Palette darstellen.
Eine ausgesprochene Vorliebe der Angelsachsen gilt den Süßspeisen. Einige Nachspeisen wie der gekochte Karamelpudding, aber auch diverse Cremespeisen, gehören zu den kulinarischen Spitzenerzeugnissen der internationalen Küche.
In Schottland und Irland findet man eine Reihe kulinarischer Spezialitäten, die für die Einheimischen einen sehr hohen Geschmackswert haben. Hierzu gehören beispielsweise Haferkuchen oder die HAGGIS genannten gefüllten Schafsmägen. In Irland gehören die BOXTY, eine Art Kartoffelpfannkuchen, zu den beliebten häuslichen Gerichten, genauso wie das Kohlgericht COLCANNON. Überall spielen hier Jugenderinnerungen und Heimatliebe eine besondere Rolle. Doch neben diesen kulinarischen Emotionen gibt es zum Teil seltene Geschmacksnuancen mit besonderem Reiz, die darin begründet liegen, daß hier viel mit Melasse, Malzessig oder dunkelbraunem Rohrzucker gearbeitet wird, Zutaten, die man auf dem Kontinent nicht kennt.
Besonders auffällig ist die geradezu rituelle Einstellung zum Tee. Wahrscheinlich fand dieses Nationalgetränk, das im 17. Jahrhundert populär zu werden begann, eine so ungewöhnliche Verbreitung, weil es nicht nur witterungsbedingte, seelische Tiefstände überwinden half, sondern das zum Teil moorige oder muffige Grundwasser schmackhafter machte. Die Wasserveredlung dürfte auch ein Grund für die bemerkenswerte Stellung und Tradition des Bieres sein. Dabei muß sich ein Mitteleuropäer total umstellen, denn das traditionelle, früher STOUT oder PORTER, heute allgemein nur GUINNESS genannte schwarzbraune Bier läßt sich geschmacklich überhaupt nicht mit einem Export oder Pils vergleichen. Auch die Alternative, das helle Lagerbier, hat einen anderen Charakter, als wir ihn gewohnt sind.
Bei der gehobenen Gesellschaft hat schon seit Jahrhunderten Wein eine bedeutende Rolle gespielt, und man kann feststellen, daß die Kenntnisse, speziell über französische Weine, aber auch über Sherry und Portwein, in breiten Schichten gut fundiert sind. Unter den Spirituosen hat Cognac die längste Tradition, jedenfalls als gesellschaftsfähiges Getränk. Bevor die USA zum größten Cognac-Konsumland unter den Exportmärkten wurden, war Großbritannien immer der bedeutendste Abnehmer, fiel dann aber auf Platz zwei zurück.
Die schottischen und irischen Whiskies waren bis weit in dieses Jahrhundert hinein vorwiegend auf ihre Erzeugerregionen begrenzt. Der ebenfalls für Großbritannien typische Gin läßt sich im Lande bis auf Wilhelm III. von Oranien zurückverfolgen, ist jedoch erst in diesem Jahrhundert »gesellschaftsfähig« geworden.

Skandinavien

Dänemark

Von allen Skandinaviern sind die Dänen am aufgeschlossensten und fröhlichsten. Die positive Einstellung zu allen Sinnesfreuden zeigt sich auch in ihren Mahlzeiten. Kaum wird bei einer Tafel so viel gelacht und gescherzt wie in Dänemark. Man liebt es, nicht nur gut, sondern auch reichlich zu essen – und dazu zu trinken. Die

Güte des Essens ist in erster Linie der Qualität der Zutaten zu verdanken. Alles kommt frisch aus dem Meer oder vom Feld und wird möglichst naturbelassen zubereitet. Auch in Dänemark kennt man den Tisch mit kalten Vorspeisen wie in den anderen skandinavischen Ländern, doch heißt er hier KOLD-BORD, und ist bei weitem nicht so verbreitet wie das für Dänemark typische SMØRREBRØD, gewissermaßen die Nationalspeise der Dänen. SMØRREBRØD kann jede Hausfrau zubereiten, und sie verwendet viel Zeit darauf, kunstvoll eine Scheibe Weißbrot mit köstlichen Zutaten, Mayonnaise und Salaten zu belegen – gewissermaßen ein kulinarischer Turmbau zu Babel, der unmittelbar nach der Fertigstellung auch gegessen werden muß. Diese SMØRREBRØDS können entweder als Hauptbestandteil Fisch, gebratenes Fleisch, aber auch Leber mit Zwiebel, Ei oder Käse enthalten. Für die meisten berufstätigen Dänen ersetzen ein oder zwei SMØRREBRØDS das Mittagessen. Allerdings gibt es auch Gelegenheiten, bei denen man bereits mittags warm ißt, insbesondere wenn es darum geht, Geschäftsfreunde zu bewirten. Das SMØRREBRØD gibt dann den Auftakt, begleitet von eisgekühltem Aquavit. Wenn Spirituosen im Lande auch teuer sind, so möchte man zum SMØRREBRØD den klaren, leicht nach Kümmel schmeckenden Schnaps, der einst in Aalborg erfunden wurde, doch nicht missen. Schon der Gedanke daran macht die Dänen fröhlich, und hat man erst einmal zwei Gläser getrunken, nennt man sich gewöhnlich schon beim Vornamen.

Wichtig für die Dänen ist die Suppe vor einem warmen Essen, gewöhnlich eine kräftige Rindfleischbrühe mit Fleisch- oder Mehlklößchen. Eine beliebte Suppeneinlage sind FISKEBOLLER, Fischklößchen, die auch in einer Art Béchamelsauce zu Kartoffeln gereicht werden können. Klöße und Fleischfrikadellen gehören überhaupt zu den Lieblingsspeisen der Dänen.

Unter den warmen Gerichten sind Schweinebraten mit Rotkohl oder auch mit Äpfeln und Backpflaumen sowie Geflügel am meisten verbreitet. Sehr beliebt ist ebenfalls Schweineleber, zu der gern knusprige Zwiebeln serviert werden. Stolz sind die dänischen Hausfrauen auch auf ihre Pasteten, die gewöhnlich aus Schweineleber hergestellt werden.

Als Beilage zu Braten findet man häufig Backobst, vor allem aber verschiedene Arten von Kohl. Er wird gewöhnlich recht fett und etwas gesüßt angerichtet. Der Umgang mit Zucker in der warmen Küche ist sehr gebräuchlich, wobei leicht karamelisierte Kartoffeln besonders beliebt sind.

Unter den Nachspeisen nimmt die Rote Grütze mit Sahne (RØDGRØD MED FLØDE) eine hervorragende Stellung ein. Am besten schmeckt sie natürlich aus frischen Früchten der Saison, speziell aus Johannisbeeren, Erdbeeren und Kirschen. Doch hat man dank moderner Konservierungsmethoden heute die Möglichkeit, dieses Dessert in fast gleichbleibender Qualität das ganze Jahr über herzustellen.

Schon bald nach der Roten Grütze kommt das Dessert BONDEPIGE MED SLØR und verschiedene Gebäckstücke. Kopenhagener Plunderteig wurde weltbekannt. Hieraus hergestellte Backwaren, hier WIENER BRØD genannt, werden nicht nur nach dem Essen zum Kaffee oder zur Kaffeemahlzeit gereicht, sondern noch am späten Abend, wenn vor dem Schlafengehen das stets auf dem Herd dampfende pechschwarze Nationalgetränk nochmals auf den Tisch kommt.

Wenn der Kaffeekonsum in allen skandinavischen Ländern auch wesentlich höher liegt als in Mitteleuropa, so haben Dänen, Norweger und Schweden doch noch zwei weitere Getränke besonders in ihr Herz geschlossen: Aquavit und Bier.

Aquavit hat in Dänemark eine lange Tradition. Urkundlich taucht er als Aqua vitae in Aufzeichnungen des 16. Jahrhunderts erstmalig auf, war aber vermutlich nichts anderes als ein nach verschiedenen Rezepten aromatisiertes Destillat, das als Universalmedizin gegen verschiedene Krankheiten galt. Erst Mitte des vorigen Jahrhunderts wurden in Aalborg von dem aus Deutschland stammenden Isidor Henius die Voraussetzungen für einen gleichbleibend guten und durch sein leichtes Kümmelaroma geschmacklich unverkennbaren Tafelaquavit geschaffen. Heute produziert Dänemark etwa 75 Prozent des gesamten skandinavischen Aquavits. Ihre Vorliebe für Bier leiten die Skandinavier von dem leicht berauschenden germanischen Met ab. Da in diesen Breiten kein Wein wuchs, wurde in allen nordischen Staaten dem Bier eine besondere Bedeutung beigemessen. So ist es auch nicht verwunderlich, daß Kopenhagener Braumeister ihre Produktionsmethoden ständig verbesserten und schon im vorigen Jahrhundert dem dänischen Bier Weltgeltung verschafften.

Schweden

Sucht man nach Unterschieden zwischen den einzelnen skandinavischen Küchen, so wird man zwangsläufig als erstes die Gemeinsamkeiten feststellen: die Verwurzelung in einer weitgehend von Bauern und Fischern geprägten Gesellschaft, das rauhe Klima, bei dem mehr als ein halbes Jahr jegliches Wachstum in der Natur ruht und die Verpflegung aus den Rohstoffen erfolgt, die auch eine lange Winterperiode überdauern und damit verbunden eine kalorienreiche Kost, die dem Bedürfnis nach Fett und nach süßen Dingen entspricht. Dabei gehen in gewisser Weise Geschmack und Notwendigkeit Hand in Hand, wenn man daran denkt, daß sich geräucherter Speck und Schmalz genauso lange halten wie in Zucker eingekochte oder getrocknete Früchte. Selbst Fische lernte man hier auf ganz natürliche Art durch Trocknung zu konservieren, um sie später als Proviant auf lange Seereisen mitzunehmen. Die Differenzen zwischen den einzelnen Küchen können vor allem – allerdings nur vom erfahrenen Kenner – an unterschiedlichen Rezepten für kalte Vorspeisen festgestellt werden. Der Vorspeisentisch, SMÖRGÅSBORD, wird in Schweden am stärksten kultiviert. Die Entstehung dieses üppig beladenen Tisches liegt wahrscheinlich schon viele Jahrhunderte zurück, als das weite, dünn besiedelte Land oft mehrtägige Reisen notwendig machte, wenn es darum ging, Feste zu feiern, Versammlungen einzuberufen oder aus anderen Gründen zusammenzukommen. Die Gäste kamen zu unterschiedlicher Zeit an und waren gewöhnlich sehr hungrig. Um sie nicht lange warten zu lassen, wurden Dinge aufgebaut, die zur Not auch mehrere Tage auf dem Tisch stehen konnten: marinierte Heringe in verschiedensten Versionen, geräucherte, gebratene oder eingelegte andere Fische, Salate aus Kartoffeln und gekochten Gemüsen, sauer eingelegte Gurken oder Rüben, hartgekochte Eier, kalte Braten, Kompott aus Backobst, Süßspeisen und vor allem – was der Name des Buffets ausdrückt – Butter und Brot. Mit der Zeit bürgerte es sich auch ein, heiße Suppen oder warme Frikadellen in einer Sauce bereitzuhalten.

Wenn diese Tafel außerhalb Skandinaviens häufig als Schwedenplatte oder in einer anderen Zusammensetzung mit dem Landesnamen bezeichnet wird, so liegt dies daran, daß es hier im Verhältnis zu anderen skandinavischen Ländern eine relativ breite Schicht wohlhabender Menschen beziehungsweise Adeliger gab. In diesen Kreisen war es üblich, nach Süden zu reisen, sich von anderen Lebensstilen beeinflussen zu lassen und auch fremde Köche, besonders aus Frankreich, zu engagieren. Ohnehin übte der französische Ursprung des Königshauses Bernadotte einen gewissen Einfluß auf die Oberschicht des Landes aus. Man schulte den Geschmack und zeigte Sinn für Verfeinerungen. Daher kommt es, daß die schwedische Vorspeisentafel besonders üppig ausgestattet wurde, insbesondere nachdem Eisenbahn und Kühl-

schrank auch die Verwendung leicht verderblicher Zutaten ermöglichten.
Während in Skandinavien in vieler Hinsicht der menschliche Umgang recht unkonventionell ist, gibt es für die Benutzer des SMÖRGÅSBORDS eine Vorschrift – sie gilt im übrigen auch für alle anderen skandinavischen Länder –, deren Verletzung geradezu als banausenhaft angesehen wird: die Reihenfolge, in der man sich bedient. Stets beginnt man mit Heringshappen, an die sich dann weitere Fischzubereitungen anschließen können. Nach dem Fisch wird immer der Teller gewechselt, bevor man zu kaltem Fleisch, Pasteten oder Salaten übergeht. Ein Rückfall in die Fischgefilde läßt den Unkundigen erkennen und ist verpönt. Für die warmen Gerichte wird wieder ein neuer Teller genommen, ebenso für Käse und die Süßspeisen.
Bei den Hauptgerichten zeigt sich in Schweden, viel mehr als in den Nachbarstaaten, der Einfluß französischer beziehungsweise kontinentaler Küchen. Man schätzt raffinierte Saucen, zartes, gut abgehangenes Rindfleisch und verschiedenartige, zum Teil kunstvolle Kartoffelzubereitungen, wie zum Beispiel JANSSONS FRESTELSE, ein delikater Kartoffelauflauf. Wenn sich auch diese Feststellung vorwiegend auf das städtische Restaurantangebot und das wohlsituierte Bürgertum bezieht, so muß man doch zugestehen, daß die verschiedenen Handelsorganisationen auch mit Hilfe von Tiefkühlware und Fertiggerichten, für die Verbreitung einer internationalen Küche im ganzen Lande gesorgt haben. Manche überkommenen alten Rezepte sind modernisiert, doch auf der anderen Seite als Reaktion auf diese Entwicklung gerade in städtischen Kreisen auch wieder neu entdeckt worden.

Norwegen

Je weiter man in Europa nach Norden kommt, desto beständiger halten sich alte Traditionen. Zwischen hohen Gebirgszügen und dem Meer bleibt der norwegischen Bevölkerung nur wenig nutzbarer Lebensraum, der überhaupt nur durch die Nähe des Golfstroms bewohnbar ist. Der natürliche Verkehrsweg entlang dieses fast unendlichen Küstenstreifens ist das Wasser. Doch da Fremde erst seit wenigen Jahrzehnten diese bizarre und abgeschlossene Welt bereisen, blieb die Bevölkerung weitgehend ohne Anregungen von außen und beharrte auf ihren Gewohnheiten. Selbst Radio, Fernsehen und Flugzeuge haben recht wenig Einfluß ausgeübt. In diesem Land war auch kein Platz für ehrgeizige Feudalherren, die ihren Landbesitz auszudehnen suchten. Selbst die dänischen Herrscher, die über rund 400 Jahre bis in die napoleonische Zeit das Land verwalteten, bemühten sich kaum, über die einigermaßen fruchtbaren Niederungen von Südnorwegen hinaus vorzustoßen. So ist es auch kein Wunder, daß kulinarische Sitten und Verfeinerungen keinen Widerhall fanden. Selbst der Fischreichtum vor der Küste konnte nur in einem steten Kampf gegen die Naturgewalten nutzbar gemacht werden. So ist in den meisten Teilen des Landes die Ernährung eine Sache des Überlebens und nur bei seltenen Gelegenheiten mit besonderer Freude verbunden. Kein Wunder, daß sich hier im Gegensatz zu den Städten in Dänemark und Schweden keine Feinschmeckerlokale etablierten und selbst in Oslo nur ein einziges Restaurant einen Namen hat, der über die Landesgrenzen hinaus bekannt wurde.
Es ist nicht verwunderlich, daß die norwegische Küche keine Nationalspeisen hervorbrachte, deren Rezepte in die internationale Küche Eingang fanden, wenn eine Hafergrütze mit saurer Sahne schon zu traditionellem Festtagsessen gehört und Pökelfleisch als eine Delikatesse angesehen wird. Trotzdem gibt es einige Dinge, die man kaum besser als in Norwegen essen kann, wenn man jemanden findet, der sie entsprechend zubereitet. Hierzu gehören die in diesem Land üblichen Vorgerichte aus Heringen, vor allem aber die Fische aus den klaren Bergflüssen und Fjorden, allen voran Forellen und Lachse. Lammfleisch, das wegen der Genügsamkeit dieser Tiere im ganzen Land eine vorherrschende Stellung einnimmt, ist von ausgezeichneter Qualität und wird in verschiedenster Form auf den Tisch gebracht, zum Beispiel als FÅR I KÅL. Auch Rentier- und Rehbraten gehören zu den beliebten Festtagsessen. Auffallend ist bei vielen warmen Gerichten die starke Verwendung von saurer Sahne, die weitgehend Gewürze ersetzt. Überhaupt haben die Norweger aus Mangel an südlichen Rohstoffen zur Aromatisierung und Schärfung von Gerichten Behandlungsmethoden für Milchprodukte, Fisch und Fleisch entwickelt, die man kaum in einem anderen Land wiederfindet. Typisch sind die braunen, karamelartigen Käsesorten aus Kuh- oder Ziegenmilch, verschiedene Pökel- und Räuchermethoden sowie eigenartige Fischzubereitungen, unter denen getrockneter Kabeljau aus Nordnorwegen, der als LUTEFISK auf den Tisch kommt, eine besondere Rolle spielt. Man unterscheidet Klippfische, die auf Steinen getrocknet, und Stockfische, die an Gestellen aufgehängt werden. Der Laie erkennt Stockfische daran, daß sie immer ein Loch haben.
Während Norwegens Angebotspalette an Lebensmitteln sich vorwiegend auf Fisch und Molkereiprodukte beschränkt, gibt es einen Markenartikel, der von allen Getränkeliebhabern hoch geschätzt wird: den LINIE-AQUAVIT. Linie bedeutet auf norwegisch Äquator, und der Name der Spirituose leitet sich davon ab, daß dieser Aquavit seit nunmehr fast hundert Jahren vor dem Verkauf in Eichenfässern in die südliche Hemisphäre verschickt wird. Dabei kreuzt er zweimal den Äquator und erhält durch ständige Bewegung im Faß und die damit stärkere Einwirkung des Holzes auf den Inhalt einen angenehm milden Geschmack und einen gelblichen Farbton. Auf der Innenseite des Etiketts läßt sich bei jeder Flasche ablesen, mit welchem Schiff ihr Inhalt den Äquator überquert hat.

Finnland

Da finnische Gerichte kaum in anderen Ländern gekocht werden, gewinnt man leicht den Eindruck, es gäbe keine kulinarischen Spezialitäten. Das liegt in erster Linie daran, daß die Finnen immer ein armes Volk waren und ihre Nahrung dem Boden schwer abringen mußten. Einen Ausgleich bot seit eh und je dank der langen Küste und der zahlreichen Seen der Fischreichtum. Die Zubereitungsarten dieser Fische unterscheiden sich in ganz Skandinavien bemerkenswert wenig. Gerade bei marinierten Fischen spielt der hohe Zuckerzusatz eine erhebliche Rolle. Doch mindestens ein Fischgericht ist so typisch für Finnland, daß man es nicht einmal in den Nachbarstaaten findet: KALAKUKKO. Obwohl man es in gewisser Weise als Nationalgericht bezeichnen kann, findet man es nirgends auf der Speisekarte eines Restaurants. Das Gericht ist eine Art von natürlicher Konserve, die im Herbst hergestellt wird, sich den ganzen Winter über hält und in früheren Jahrhunderten die Bevölkerung bei strengem Frost und tiefverschneiter Landschaft am Leben hielt. Der KALAKUKKO sieht äußerlich nur wie ein großer runder Brotlaib aus. Gefüllt ist er jedoch mit außerordentlich eiweiß- und fetthaltiger Nahrung: kleinen Fischen und Schweinespeck. Zum Verzehr wärmt man ihn auf und schneidet oben gewissermaßen einen Deckel aus. Dann löffelt man den Inhalt heraus und ißt schließlich die krustige Umhüllung.
Bis vor wenigen Jahrzehnten kannte die finnische Küche kaum Gewürze, mit Ausnahme von Salz und Pfeffer. Selbst Zwiebeln, die zum Würzen vieler Speisen so wichtig sind, wurden kaum verwandt. Inzwischen findet man in den Auslagen der Feinkostge-

schäfte praktisch alles, was die westliche Welt an Zutaten zu bieten hat. Trotzdem sind die Finnen in ihrer häuslichen Küche bei den alten Würzmitteln geblieben, zu denen in den Sommermonaten Dill und Petersilie kommen. Gerade die Vorliebe für Dill ist sehr augenfällig, auch einfache Salzkartoffeln werden stets mit reichlich Dill gereicht.
In vieler Hinsicht erinnert die ländliche Küche noch an frühere Jahrhunderte, als Roggenbrot, Getreidebrei und Schrot zu den wichtigsten Nahrungsmitteln gehörten. Ein Teil der finnischen Brotsorten sind Variationen von Knäckebrot, das seine Entstehung der rauhen Witterung verdankt, die zur Entwicklung lang genußfähiger Lebensmittel zwang. Auch die verschiedenen Rübenarten werden im Lande geschätzt und tauchen häufig in den häuslichen Kostplänen auf.
Typisch für die finnische Küche sind Gerichte mit Pilzen und Waldbeeren, wie zum Beispiel PAISTETUT SEIENET. Schon im Frühling beginnt die Pilzsaison mit großen Mengen von Morcheln, die in anderen Ländern Europas kaum noch in diesem Umfang anzutreffen sind. Unter dem Beerenobst sind als Besonderheiten die LAKKA genannten Multebeeren sowie die einzig in Teilen von Finnland vorkommenden MESIMARJA zu erwähnen. Saucen, Süßspeisen und Liköre bieten Beispiele für die interessanten Verwendungsmöglichkeiten.
Die Palette der Fleischarten entspricht weitgehend der mitteleuropäischen Küche, lediglich in bezug auf Wild und Wildgeflügel ist die Auswahl in Finnland erheblich größer. Als besondere Spezialitäten des Landes gelten Elch, Rentier, Schneehase und Schneehuhn. Eine Tierart, auf die praktisch die gesamte Bevölkerung im Hochsommer Jagd macht, verdient besondere Erwähnung: die Krebse. Sie dürfen nur zwischen dem 20. Juli und 30. August gefischt, gehandelt und von Restaurants offeriert werden. Wenn die Tiere inzwischen auch recht teuer geworden und zum Teil aus der Türkei eingeführt sind, so läßt es sich kaum ein Finne nehmen, wenigstens einmal im Sommer an einem Krebsessen teilzunehmen. Restaurants und Häuser sind dann mit Krebsgirlanden geschmückt, und die Freude an den Krebswochen ist fast nur noch mit dem Karneval in südlichen Gefilden vergleichbar.

Osteuropa

Sowjetunion

Für die Sowjetunion gibt es kein einheitliches Nationalgericht. Jedes Volk in diesem gewaltigen Land hat eine eigene Küche und eigene Spezialitäten. Dies ist bereits bei den dicht nebeneinanderliegenden Ostseerepubliken Litauen, Lettland und Estland deutlich zu bemerken, die sich nicht allein in der Sprache, sondern auch in ihrer Vorliebe für bestimmte Speisen unterscheiden. Allerdings hat die lange Zugehörigkeit zum Zarenreich in kulinarischer Hinsicht manche Gemeinsamkeiten geschaffen, die nach der Sowjetisierung erneut besonders betont wurden. So ist die eigentliche baltische Küche, die einstmals von der deutschen Oberschicht geprägt wurde und die aus deutscher Sicht schon typisch russisch erscheint, in ihrer reinen Form fast nur noch bei den Emigranten zu finden. Anders ist es im Kaukasus, wo die stark geschichtsbewußten Georgier und Armenier nicht nur die Eigenart ihrer Eßsitten bewahrt haben, sondern einige Gerichte auch im übrigen Rußland bekannt machten.
Zum Verständnis der russischen Küche sollte man sich daran erinnern, daß die Gerichte, die von Feinschmeckern in einem Atemzug mit französischen Spezialitäten genannt werden, einst nur in den Häusern einer kleinen Oberschicht auf den Tisch kamen. Außerdem war es in diesen Kreisen üblich, französische Köche zu engagieren, wodurch sich bemerkenswerte Bereicherungen in beiden Richtungen ergaben.
Was zur klassischen russischen Küche gehört, läßt sich im Haushalt einer sowjetischen Durchschnittsfamilie seit 1917 nicht mehr auf den Tisch bringen. Die Volksernährung besteht vielmehr aus dem, was früher in den Leute- oder Gesindeküchen in derben Schüsseln auf robuste Holztische kam oder in den engen Wohnküchen der Arbeiter und Bauern gekocht wurde. Trotzdem versucht man in den neuen bürgerlichen Kreisen der Sowjetunion, wenigstens wenn Gäste erwartet werden, dem nachzueifern, was einst das Renommee dieser Küche ausmachte.
Russisch essen ist eigentlich mehr, als sich nur an bestimmten Rezepten zu delektieren. Es ist vielmehr eine Lebensart des Genießens. Bekanntlich wurde in der ersten Hälfte des vorigen Jahrhunderts aus dem Zarenreich die sogenannte russische Speisenfolge übernommen. Bis dahin war es in Kontinentaleuropa üblich, mehrere Schübe verschiedenartiger Speisen gleichzeitig auf den Tisch zu stellen, gewissermaßen ein kalt-warmes Buffet. Nach dem russischen Vorbild wurde dann die Speisenfolge in Gänge gegliedert, die man nacheinander servierte. Beim russischen Essen spielt der erste Gang eine besonders wichtige Rolle, da er entscheidend für das Wohlbehagen und die Stimmung ist. Man beginnt mit einem Wodka, auf den sofort ein Heringshappen folgt. Selbst wenn Kaviar auf dem Tisch steht, hat der Hering beim ersten Bissen gewöhnlich Priorität. Da nicht nur dieser Happen von einem Wodka begleitet wird, sondern man auch bei den weiteren Vorgerichten kräftig dem Schnaps zuspricht, kommt jede Tischgesellschaft schnell in Stimmung.
Hat man weder Hering noch andere leckere Kleinigkeiten, wird zum Eröffnungs-Wodka auch eine PIROGGE gegessen. Es ist die russische Version einer Pastete, denn eine Teigschicht umhüllt eine Füllung aus Kohl, Fleisch oder Fisch. Die Art der Füllung kann sehr vielseitig sein und wird gewöhnlich nach Familienrezepten zubereitet. Nach russischer Sitte werden PIROGGEN gewöhnlich auf einem Blech im großen Stück gebacken, während nach baltischer Art die Füllung in kleinen Teighalbmonden untergebracht ist. Der Name deutet darauf hin, daß dies die ursprüngliche Form gewesen ist. Im Russischen nennt man diese Version PIROSCHKI. Eine verfeinerte Art, die bereits von hoher kulinarischer Kultur zeugt, ist die KULEBJAKA, eine längliche Pastete, die nach klassischem Rezept mit dem Rückennerv des Störs gefüllt ist. In Ermangelung dieser Delikatesse gibt es auch KULEBJAKA von Lachs oder weniger kostspieligen Fischen.
Zu den bekanntesten Gerichten der russischen Küche gehört das FILET DE BŒUF STROGANOFF, zu dem Filetspitzen, Champignons, Tomaten und vor allem viel Sahne verwendet wird.
Die eigentliche Volksküche ist reich an Rüben- und Kohlgerichten, unter denen der BORSCHTSCH international am weitesten verbreitet ist. Innerhalb der Sowjetunion kennt man landschaftlich unterschiedliche Zubereitungsarten, die von Rote-Bete-Suppe bis zur reinen Kohlsuppe, jeweils mit saurer Sahne und Fleischeinlage, reichen können. Die gängigste Version besteht aus einer Mischung von roten Beten und Weißkohl.
Fast nur noch dem Namen nach bekannt sind BLINI, jene kleinen Buchweizenpfannkuchen, die einst mit viel Kaviar und saurer Sahne gereicht wurden.
In bezug auf Süßspeisen hat die russische Küche die internationale Speisekarte um manche Spezialitäten bereichert, beispielsweise mit der PASSCHA, einem Quarkgericht für die Ostertafel. Wenig verbreitet ist jedoch außerhalb Rußlands die Sitte, als Nachmittagserfrischung Tee mit einer Konfitüre zu reichen, die aus ganzen Früchten in dickem Sirup besteht.

Neben dem Wodka ist der KWASS, eine Art von leicht gesäuertem Superleichtbier, ein tpyisches Volksgetränk. Zum festlichen Essen gibt es Wein, der in Südrußland, vor allem im Kaukasus, das übliche Tischgetränk darstellt. Die Bedeutung von saurer Milch als Erfrischungsgetränk ist in dem Maße zurückgegangen, wie sich in Rußland generell die Milchprodukte verknappten.
Ausgesprochen eigenständig sind die Küchen der Armenier und Georgier. Hier spielen Knoblauch und Walnüsse, Schaffleisch und Rosinen sowie andere südländische Zutaten eine erhebliche Rolle. Auch die Eßsitten selbst sind in georgischen Gesellschaften gänzlich anders und werden weitgehend durch den Tischältesten, den Tamada, bestimmt, der dafür zu sorgen hat, daß sich alle Anwesenden wohlfühlen. Er muß Tischreden halten und den Damen Komplimente machen. Nach einem strengen Ritual kreist dabei ein kleines, silbergefaßtes Kuhhorn voll Wein, das jeder, der in einer Tischrede angesprochen wird, übernehmen und austrinken muß, um danach selbst eine Rede zu halten.

Polen

Die wechselvolle Geschichte des Landes hat deutliche Spuren in der polnischen Küche hinterlassen. Als Nordeuropäer haben die Polen stets eine reichliche, kräftige und relativ süße Küche bevorzugt. Durch ihre Zugehörigkeit zur slawischen Völkerfamilie ist ihnen die Liebe zu süß-sauren beziehungsweise mit Sahne gesäuerten Gerichten gewissermaßen vererbt worden. Nachdem 1333 der Böhmenprinz Kasimir zum König von Polen gekrönt wurde, folgte während seiner Regentschaft eine bedeutende Bereicherung der Küche: Der König verliebte sich in eine schöne Jüdin, dank deren Einfluß die bis dahin überall unterdrückten Juden aus Europa ab 1340 nach Polen wandern konnten. Viele jüdische Gerichte wurden im Laufe der folgenden Zeit direkt oder in abgewandelter Form von den Einheimischen übernommen. Der gefüllte Fisch, dem kunstvoll noch in rohem Zustand die Gräten entfernt werden, ist bis heute eine polnische Festtagsspezialität ebenso wie der gefüllte Gänsehals. Durch jüdischen Einfluß ist wahrscheinlich trotz der bedeutenden Schweinezucht im Lande für viele Speisen nicht Schweine-, sondern Gänseschmalz vorgeschrieben. 180 Jahre nach der jüdischen Besiedlung von Galizien heiratete 1518 König Sigismund I. die Mailänder Sforza-Tochter Bona, durch deren Einfluß italienische Elemente die Küchen des Adels bereicherten und nach und nach in abgewandelter Form in manchen Rezepten aufgingen. Auch die enge Verbindung zu Böhmen und Österreich, das wiederum in mancher Beziehung von Italien inspiriert war, verstärkte den südeuropäischen Einschlag in der Gastronomie. Hier dürfte wohl auch der Ursprung für die Tatsache liegen, daß süße und besonders vielseitige Backwaren in der polnischen Küche so starke Beachtung fanden.
Durch die preußische Nachbarschaft lernte man den Anbau von Kartoffeln kennen und entwickelte als eigenständige Spezialität einen Kartoffelpudding. Seit der napoleonischen Zeit festigten sich die Beziehungen der Oberschicht zu Frankreich, wodurch sich ein raffinierterer und eleganterer Stil ausbreitete.
Im großen und ganzen blieb die polnische Küche herzhaft und rustikal. Rüben- und Kohlsuppen, Suppen aus Tomaten, Kürbis oder Sauerampfer sind oft der einzige Bestandteil des Mittag- oder Abendessens. Die notwendige feste Ergänzung dazu ist das Landbrot, das weitgehend aus Roggen besteht. Falls vorhanden, gehört auch Fleisch in diese Art von Suppen. In den heißen Sommermonaten werden Kaltschalen aus Erdbeeren, Kirschen, Äpfeln und Birnen sowie frischen Waldbeeren bevorzugt. Suppenkombinationen mit Gurken und im Herbst mit Pilzen sind sehr verbreitet. Bis heute haben sich in den bäuerlichen Gegenden auch Gerichte aus Getreidebrei oder Schrot erhalten, zu denen es gebratenen Speck, Pökelfleisch oder Geflügel geben kann. Das vielleicht populärste Eintopfgericht ist BIGOS. Der Name läßt sich aus dem Lateinischen herleiten und bedeutet »zweimal Geschmack«. Wenn in Wahrheit das Gericht wesentlich mehr Bestandteile aufweist, so dürfte sich der Name darauf beziehen, daß Sauerkraut und frischer Kohl miteinander gemischt werden. Außerdem kommen verschiedene Arten Fleisch, vor allem auch Wild, Pilze und Würste in das Gericht.
Berühmt ist die polnische Küche für ihre vielen Wurstsorten, die vom Frühstück bis zum Abendbrot in kalter oder warmer Form zum täglichen Essen gehören.
Begleiter zu den kräftigen Speisen ist der Wodka, auf den man, insbesondere im Winter, nur ungern verzichtet. Neben Bier und Milch als Durstlöscher hat sich in Polen noch aus heidnischer Zeit ein Getränk erhalten: der Met. Das mit Honig gesüßte Produkt wird nicht nur im Lande konsumiert, sondern geht seit einiger Zeit auch in den Export.

Mitteleuropa

Deutschland

Als ich bei einer Gesellschaft in Braunschweig einmal das Vergnügen hatte, Tischherr von Herzogin Viktoria Luise zu sein, konnte ich es mir nicht verkneifen, ihren Vater und seine Vorfahren für schuldig zu erklären, daß in Deutschland dem Essen so wenig Beachtung geschenkt wird und man mehr von Abfütterung als von genießen sprechen kann. »Mein armer Vater, der Kaiser, hat auch nie jemanden zu Ende essen lassen, und über das Essen durfte genausowenig gesprochen werden wie über Sex und Gesundheit«, war die prompte Antwort. Wenn heute kaum noch über etwas anderes als über diese drei Tabus der kaiserlichen Zeit geredet wird, so zeigt dies am deutlichsten, was für eine Änderung sich vollzogen hat. Tatsächlich war es in den preußischen Stammlanden seit dem Großen Kurfürsten unschicklich, über das Essen zu sprechen, so daß auch kein Nährboden für eine kulinarische Kultur entstehen konnte. Diese puritanische Einstellung, verbunden mit dem Geist preußischer Sparsamkeit, der es bereits als unseriös ansah, wenn man als Durchschnittsbürger ein Gericht mit Wein kochte oder etwas mehr als ein paar Tropfen Öl in den Salat träufelte, führte zu einem freudlosen, schweigsamen – es durfte bei Tisch ja nicht gesprochen werden – Hinuntermampfen der Kartoffeln mit Mehlsauce. Der alte deutsche Ausdruck »Tunke« bezeichnet in seiner Lautmalerei treffend das Erzeugnis, mit dem Gemüse, Fleisch und Zutaten wie mit Schlämmkreide überzogen wurden. Mit geheimem Neid blickte man in die lebensfrohen Rheinlande oder in die süddeutschen Monarchien, wo demokratisch-selbstbewußte Bevölkerungen sich weder ihres Dialektes noch ihrer Sinnesfreuden beim Genuß von Haxen, Spätzle und köstlicher Süßspeisen schämten. Nördlich des Mains kultivierte man dafür den Pudding aus dem Tütchen. Ausnahmen gab es nur dort, wo preußische Sitten durch nachbarliche Einflüsse lebensfroher Dänen und trinkfester Polen oder Russen unterlaufen wurden.
Als der Kaiser ging und seine Generäle blieben, ließen allgemeine Armut und Not wenig Raum, Versäumtes nachzuholen. Die jahrhundertelange Erziehung wurzelte auch so tief, daß man Gewohntes nicht wie eine Schlangenhaut abstreifen konnte. Erst mit dem Wirtschaftswunder nach 1948, mit den ersten Kochsendungen im Fernsehen und einer Inflation von Kochbüchern kam eine grund-

legende Änderung. Verstärkt wurde dies durch das Vorbild der Besatzungsmächte und eine sich weit öffnende Touristikwelt. Während die traditionsbewußten süd- und westdeutschen Bevölkerungsteile ihren Spezialitäten wie DAMPFNUDELN, SAUERBRATEN oder MAULTASCHEN unverändert treu blieben, wurden im norddeutschen Raum die wenigen kulinarisch-bäuerlichen Spezialitäten zugunsten von Pommes frites, Hawaii-Steaks und schlechten Imitationen von BŒUF STROGANOFF oder CORDON BLEU zurückgedrängt und vergessen. Diese traditionsungebundene Entwicklung führte allerdings zu vermehrtem Interesse an gutem Essen im allgemeinen und förderte die Experimentierfreude. Sparsamkeit war plötzlich keine Tugend mehr, Delikateßgeschäfte und Restaurants erlebten eine beispiellose Blüte, und selbst Schüler scheuten sich nicht mehr, einen beträchtlichen Teil ihres Taschengeldes für Essen im Lokal auszugeben. Der deutsche Esser wurde mündig. Auf Hähnchengrills und Kettenrestaurants angelsächsischer Prägung folgte eine unübersehbare Menge chinesischer, italienischer, griechischer und türkischer Restaurants. Wagemutige Hausfrauen begannen nach fremdländischen Rezepten zu kochen, und Tiefkühl- sowie Konservenfirmen lieferten breite Paletten »exotischer« Fertiggerichte. Ein internationaler Hauch wehte durch Deutschlands Bürgerküchen.
Während heute eine junge Generation von Köchen mit deutscher Gründlichkeit – angeregt durch französische Kollegen der Nouvelle Cuisine – in erstaunlicher Perfektion kulinarische Höchstleistungen zelebriert, besinnt man sich gleichzeitig auf verlorengegangene, landschaftsgebundene Gerichte wie QUARKKEULCHEN, SCHLESISCHES HIMMELREICH oder KÖNIGSBERGER KLOPSE und die vielen wohlschmeckenden Spezialitäten, die Deutschlands verschiedenartige Regionen zu bieten haben. Wenn dabei am Rande auch der Schnupftabak wiederentdeckt wurde, so sollte man dies als Zeichen der heutigen Vielseitigkeit werten und nicht als Rückschritt in eine friderizianische Askese.
Auch bei den Getränken brachten die letzten zwanzig Jahre eine beachtliche Entwicklung. Daß zwischen Alpen und Nordsee viel Bier getrunken wird, war immer bekannt. Wenn auch infolge der Rationalisierung manche kleine Brauerei verschwand, so gibt es doch noch immer weit mehr als tausend verschiedene Brauerzeugnisse in einer einzigartigen Auswahl. Am bemerkenswertesten ist jedoch der schnelle Anstieg des Weinkonsums, eine Konsequenz des Bekenntnisses zum guten Essen. Typisch für die Entwicklung ist auch, daß in deutschen Landen der trockene Wein seinen Anteil von Jahr zu Jahr beachtlich vergrößert, nicht zuletzt weil er in steigendem Maße zum Essen getrunken wird.

Schweiz

Die meisten Zeitgenossen leben unter dem Eindruck, ein Schweizer Paß garantiere bereits den Wohlstand, und Schweizer hätten nie Not gelitten. In Wahrheit zerbrach man sich in Bern noch während des letzten Krieges den Kopf darüber, was nach dem Friedensschluß zu tun sei, um Hunderttausenden von jungen Schweizern den Weg zu ausländischen Arbeitsplätzen zu ebnen, da die Schweiz bis dahin nie in der Lage gewesen war, ihre Einwohner auskömmlich zu ernähren. Neben den vier bekannten Sprachgruppen der Eidgenossenschaft gab es die sogenannte »Fünfte Schweiz«, das heißt die »Auslandsschweizer«. Ihnen bot der väterliche Hof oder die Werkstatt keine ausreichende Existenz, die sie sich daher in der Fremde suchen mußten.
Keiner hätte gedacht, wie schnell sich dieses Bild nach dem Kriege ins Gegenteil verwandeln würde und in welchem Maße Neutralitätspolitik und Sicherheit ausländisches Geld anzogen, das in erheblichem Umfang mithalf, Arbeitsplätze zu schaffen und aus Bauernsöhnen hochqualifizierte Industriearbeiter zu machen. Die Mentalität der Bevölkerung änderte sich jedoch nur wenig. Man blieb bescheiden und sparsam und überließ es im wesentlichen internationalen Touristen, üppige Menüs in solide etablierten Restaurants zu verzehren. Erst die junge Generation ist eher bereit, statt zu sparen aufwendiger zu essen.
Im häuslichen Leben ist man alten Eßgewohnheiten treu geblieben. Es sind wenige Bestandteile, die in den verschiedensten Variationen auf den Tisch kommen. Die Basis bieten Mehl, Eier, Milch, Butter und Käse, Mais, Reis, Kartoffeln, Zwiebeln, Rüben, Kohl, relativ wenig Fleisch, aber mit Geschmack eingesetzte Kräuter und Gewürze.
Die Zubereitungsformen reichen von den berühmten WÄHEN, die sowohl mit Zwiebeln als auch mit Früchten belegt sein können und alemannische Verwandte der QUICHE LORRAINE sind, bis zu Mehl- oder Milchsuppen, in denen die verschiedensten Klößchen oder Einlagen schwimmen. Kartoffeln, besonders beliebt als RÖSTI, sind schon ein kompletter Gang. Die kleine Wurstpalette beschränkt sich vor allem auf Landjäger, auf CERVELATS sowie die ähnlichen SCHÜBLINGE und WIENERLI. Bratwurst gibt es weniger als in Deutschland, doch findet man in Bern Blut- und Leberwürste, die in ihrer Qualität alles in den Schatten stellen.
Trotz der intensiven Rinderzucht ist Butter in der Schweiz immer ein relativ kostbares Nahrungsmittel geblieben. Es ist daher bis heute weitgehend noch üblich, beim Frühstück nur trockenes Brot und Milchkaffee aufzutischen. Als ich meine Militärzeit in Sankt Gallen absolvierte, gab es regelmäßig dicke Scheiben von trockenem, grauem Weizenbrot, dazu ein Stück Emmentaler Käse, die aus der Hand verzehrt wurden. Um auf langen Märschen bei Kräften zu bleiben, wurden Landjäger verteilt. – Auch das Mittagessen entsprach der rustikalen Art, wobei sich ERDAPFELSTOCK (Kartoffelpüree) mit POLENTA abwechselten. POLENTA ist im Tessin und in Graubünden eine sehr beliebte Mahlzeit, zu der ein grober Mais – Bramata – verwandt wird. Unsere POLENTA enthielt gewöhnlich viel geschmolzenen Reibekäse und wurde mit Kutteln, Lungenhaschee oder Nierenragout serviert. In der ursprünglich ländlichen Schweizer Küche bestehen Fleischgerichte meist aus billigen Innereien. Einige sind in verfeinerter Form auch für ein anspruchsvolleres Publikum restaurantfähig geworden.
Bei einer Analyse der verschiedenen Rezepte läßt sich feststellen, daß in einzelnen Landesteilen Einflüsse aus Deutschland, Österreich, Frankreich und Italien zu finden sind. Dies trifft in erster Linie auf die Restaurantküche zu. Hier herrscht ein internationales Angebot in großer Perfektion, wobei sich in bezug auf Menge, Qualität des Service und Güte der Zutaten die solide, reelle Wesensart im allgemeinen manifestiert.
Im allgemeinen ist es in allen Landesteilen üblich, die Betriebe für eine zweistündige Mittagspause zu schließen, um daheim ein warmes Essen als Hauptmahlzeit einzunehmen. Trotzdem gibt es auch abends eine warme Kleinigkeit, wie beispielsweise eine Suppe oder RÖSTI. In den Westschweizer Kantonen und im Tessin neigt man dazu, das Abendessen stärker zu bewerten als die Mittagsmahlzeit. Wo es sich einrichten läßt, werden vor- und nachmittags noch kleine Zwischenmahlzeiten mit Brot, Müsli, Joghurt oder Gebäck und Kaffee eingelegt, das »Z'Nüni« und »Z'Vieri«.
Infolge der Arbeitszeitverkürzungen und stärkeren Mitarbeit von Frauen im Berufsleben ändern sich zum Teil die alten Gewohnheiten durch Einschränkung der Mittagsmahlzeit zugunsten eines ausgiebigeren Abendessens.
In der Auswahl der Getränke ähneln die einzelnen Schweizer Sprachgebiete den jeweils angrenzenden Ländern. Dabei zeigen die deutsche und französische Schweiz eine Vorliebe für trockenen Wein. Die alemannische Geschmacksrichtung kommt auch in der Verbreitung fruchtiger, klarer Spirituosen zum Ausdruck.

Österreich

Spricht man von österreichischer Küche, meint man gewöhnlich Wiener Küche. Denn was hier nicht zu Ruhm und Namen gekommen ist, kann nur als regionale Spezialität angesehen werden.
Im Gegensatz zu anderen Monarchien, wo die Residenz des Landesherren jeweils den neuen Stil der Zeit prägte und Kreationen gebar, die für alle Hausfrauen des Hoheitsgebietes nachahmenswert wurden, entstand die Wiener oder österreichische Küche durch einen umgekehrten Vorgang. Mehr als ein Dutzend Nationalitäten des Habsburger Kaiserreichs schickten nicht nur fähige Beamte, Handwerker und Unternehmer in die Donau-Metropole, sondern zugleich auch die schönsten Rezepte ihrer Heimat.
Die Mehrzahl dieser Gerichte war von Bäuerinnen im Laufe von Jahrhunderten bis zur geschmacklichen Vollendung entwickelt worden, ohne daß dabei die rustikalen Bestandteile verändert oder kostspielige Raffinessen hinzugefügt wurden. So findet man bei der Durchsicht der prominentesten Rezepte kaum Beispiele für übermäßigen Kostenaufwand. Alles, was hier gut schmeckt, ist praktisch für jedermann herstellbar, und selbst TAFELSPITZ, ZWIEBELROSTBRATEN oder LUNGENBRATEN können genauso auf dem Festtagstisch einer Arbeiterfamilie wie auf der Schloßtafel Seiner Durchlaucht stehen. Wenn man hier von einer echt demokratischen Küche sprechen kann, so beweist dies besonders die Tatsache, daß weniger die Vorbilder aus Schloßküchen zu Traumvorstellungen der Bürger wurden, als umgekehrt bescheiden hergestellte Gerichte den Beifall des Adels fanden.
Da gibt es die raffinierten SCHÖBERL-SUPPEN, bei denen eine einfache salzige Biskuitmasse, die unterschiedlich behandelt und abgeschmeckt sein kann, als Einlage für Rinderbrühe verwendet wird, oder man veredelt die Brühe durch Leberknödel. Mit BEUSCHEL (Lungenhaschee), Leber oder anderen Innereien werden nicht nur Suppen, sondern auch diverse Vor- und Hauptgerichte hergestellt. Wenn ein Karfiol (Blumenkohl) mit Wein-Hefe-Teig überbacken wird, so entsteht aus einem alltäglichen Gemüse mit etwas Arbeitsaufwand ein Gericht, das auch von den Gästen eines Luxusrestaurants mit Entzücken aufgenommen würde. Ein WIENER ERDÄPFELGULASCH, einst beliebter Hungerstiller ärmster Bevölkerungskreise, kann mit seinem duftigen Kräuter- und Knoblaucharoma die Tischrunde von Feinschmeckern begeistern. Sicher war es nicht allein die charmante Wesensart der Österreicher, die ihre Küche in der ganzen Welt so berühmt machte, sondern auch die Volkstümlichkeit der Zutaten und das »gewisse Etwas«, das den genialen Küchenmeister auszeichnet.
Wenn in der österreichischen Küche Mehlspeisen eine so große Rolle spielen, so sollte man daran denken, welche Virtuosität dazu gehört, um aus dem Grundnahrungsmittel Mehl Delikatessen zu zaubern, die den verwöhntesten Gaumen zufriedenstellen, was außer dem Apfelstrudel auch Spezialitäten wie der KAISERSCHMARRN, PALATSCHINKEN und SALZBURGER NOCKERLN beweisen. Gerade hier zeigt sich der Unterschied zwischen österreichischen und anderen Hausfrauen, die in der Essenszubereitung einen notwendigen Akt zum Zweck der Selbsterhaltung sehen. Die Wienerin bemüht sich immer wieder aufs neue, die Sinne anzuregen und der täglich notwendigen Arbeit einen solchen Höhepunkt zu verleihen, daß sie in der Familie stets Anerkennung findet. Und wenn es einmal etwas sehr Aufwendiges gibt, so werden gern die damit verbundenen Kosten durch irreführende Namen heruntergespielt. Wer vermutet schon hinter einem TAFELSPITZ oder gar einem LUNGENBRATEN (Rinderfilet) eines der kostbarsten Fleischgerichte der österreichischen Küche?
Auch hinter den vielen verschiedenen Knödeln, Buchteln, Kipfeln, Nockerln, Krapferln oder Strudeln, verbergen sich köstliche Überraschungen, die man selbst erlebt haben muß.
Wenn Österreich auch heute zu den Wirtschaftswunderländern gehört, so hat die schlichte Natürlichkeit der Einwohner darunter nicht gelitten. Man kann in Wien noch immer zu einer Tasse Kaffee drei Glas Wasser bestellen, bleibt weiterhin bei seinem »Heurigen« oder »G'spritzten« und wechselt weder zu Sekt noch zu französischen Edelgewächsen über.

Tschechoslowakei

Für den Durchschnitts-Tschechen weckt die Erwähnung des Prager Schinkens Erinnerungen an eine längst vergangene Zeit. Heute kann sich ein Bürger der CSSR einen derartigen Luxus selbst bei großen Festen kaum leisten. Für Ausländer ist dieses Gericht jedoch gewöhnlich das einzige, was er aus der tschechischen Küche kennt. Dabei ist es auch in Zeiten, als es alles im Überfluß gab, immer nur ein seltener Festtagsbraten gewesen. Die Küche in der Tschechoslowakei, genauer sollte man sagen die böhmische und mährische Küche, begnügte sich mit wesentlich billigeren Speisen. Auch was mir von meinen Vorkriegsbesuchen aus Prag in Erinnerung geblieben ist, gehört keineswegs zu den Luxus-Lebensmitteln und dürfte heute noch genauso verbreitet sein wie damals.
Den stärksten Eindruck hinterließen bei mir Knoblauchkuchen, eine Art Kartoffelpuffer, in die große Mengen gehackter Knoblauch gegeben wurden und die man zwangsläufig mitessen mußte, wenn man den Geruch seiner Umgebung ertragen wollte. »Hier fängt eben der Balkan an«, klärte mich damals ein Freund auf.
Ein anderes kulinarisches Erlebnis waren für mich SERVIETTENKNÖDEL. Unter den vielen Mehlspeisen, die aus der böhmischen Küche von Österreich übernommen wurden, dürfte diese Form der Beilagen wohl die typischste für die Tschechoslowakei sein. Der Knödelteig wird in eine ausgebutterte Serviette gefüllt, wurstartig geformt und in einem Dampfbad gegart. Mit einem Zwirnsfaden in Scheiben geschnitten, sind diese leichten, sehr wohlschmeckenden Knödel eine hervorragende Begleitung für einen saucenreichen TAFELSPITZ, gebratene Filetscheiben in Sahnesauce oder auch nur ein einfaches Lungenhaschee. Bei den Vorbereitungsarbeiten, denen ich mit Interesse beiwohnte, fiel mir die große Sorgfalt der Hausfrau auf. Als geradezu eine kultische Handlung ist mir die Zubereitung einer anderen Mehlspeise in Erinnerung geblieben: des APFELSTRUDELS. Wahrscheinlich gehört er nicht zu den urtschechischen Erfindungen, doch ist er ebenso Bestandteil der böhmischen Küche wie eine Fülle anderer Speisen, die ihre Heimat in Österreich haben. Oft hat man das Gefühl, daß gerade diese enge kulinarische Verwandtschaft die Tschechen dazu beflügelt hat, alle Gerichte, die einst von den Habsburgern übernommen wurden, noch perfekter herzustellen, als es im südlichen Nachbarland üblich ist.
Im Grunde genommen findet man in der Art der Mahlzeiten und ihrer Zusammensetzung nur wenig Unterschiede zu Deutschland und Österreich. Speziell mit Bayern verbindet die Tschechen die gemeinsame Vorliebe für Bier, das ja von Pilsen aus einer ganzen Gattung seinen Namen gab. An seiner Qualität hat sich nichts geändert, während sich, aus Mangel an Zutaten, manche gekochten oder gebratenen Spezialitäten nicht mehr oder nur selten in höchster Qualitätsstufe herstellen lassen. Und gerade Spezialitäten wie POVIDLA, das dick eingekochte Pflaumenmus, sind es, die den feinen Unterschied zu den beiden westlichen Nachbarländern ausmachen. Auch aus Ungarn hat die tschechische Küche viel übernommen, unter anderem die Liebe für Paprika und Gulasch.
Im östlichen Teil der CSSR, der Slowakei, findet man neben ungarischen Einflüssen viele verbindende Elemente zu den anderen slawischen Küchen. Besonders auffällig wird dies in der Ausrichtung mancher Feste. So haben die Slowaken, ähnlich wie die Rus-

sen, auch einen Ostertisch. Anstelle der verschiedenen Fische und herzhaften Braten bevorzugt man hier Gebäckstücke und Süßigkeiten, zu denen auch PISINGRUV DORT, die Karlsbader Oblatentorte gehört. Besondere Aufmerksamkeit schenken die Hausfrauen dabei ihren selbstgemachten Likören, die an diesen Feiertagen wichtiger sind als der sonst von den Slowaken so geschätzte SLIBOWICE.

Ungarn

Über die ungarische Küche gibt es eine Reihe von tief verwurzelten Meinungen, die trotz aller Bemühungen um Richtigstellung nicht auszuräumen sind. Hierzu gehört die Annahme, daß Paprika seit eh und je das wichtigste Kennzeichen magyarischer Gerichte sei. In Wirklichkeit berichten ungarische Kochbücher aus dem Anfang des 19. Jahrhunderts noch überhaupt nicht über dieses Gewürz, das wahrscheinlich erst populär wurde, als die Gefahr einer türkischen Bedrohung endgültig verschwunden war. Wenn Paprika auch zu den Pflanzen gehört, die wir der Entdeckung des neuen Kontinents zu verdanken haben, so breitete sich das Gemüse, beziehungsweise Gewürz, schon in Ländern des Osmanischen Reiches aus, bevor es in Ungarn Aufnahme fand.
Ein anderer großer Irrtum wird bei der Definition von Gulasch begangen. Schon zwischen Schreibweise und Aussprache gibt es Mißverständnisse. Das ungarische Gericht schreibt sich GULYÁS, wird Gujasch gesprochen und ist – im Gegensatz zu dem, was wir kennen – eine fleischhaltige Hirtensuppe. Abgeleitet von der ursprünglichen Herstellungsart, nennt man es auch Kesselgulasch. Was wir in westlichen Ländern unter diesem Namen auf den Tisch bekommen, heißt auf ungarisch PÖRKÖLT. Je nach Zubereitungsart kann es auch ein PAPRIKÁS (das »s« am Schluß wird immer wie »sch« gesprochen) oder ein TOKÁNY sein. Hiermit sind schon wesentliche Bestandteile der ungarischen Küche genannt. PÖRKÖLT leitet sich von dem ungarischen Wort für Rösten ab und bedeutet, daß hier würfelförmig geschnittene Fleischstücke zunächst angebraten werden. Zum Braten verwendet man übrigens nach klassischer Methode immer Schweineschmalz. Bei PAPRIKÁS handelt es sich um ein ähnliches Gericht, dem saure Sahne zugesetzt ist. Für TOKÁNY wird das Fleisch in Streifen geschnitten und weitgehend im eigenen Saft gedünstet.
Über Einzelheiten der ursprünglichen ungarischen Küche weiß man relativ wenig, das heißt, es sind nur Überlieferungen von höfischen Tafeln bekannt, deren Gerichte weitgehend schon fremden Einflüssen unterlagen. Auf alle Fälle wurde in dem Land gut gekocht, denn ungarische Köche – und hier gehen die Überlieferungen viel weiter zurück – waren bereits vor Jahrhunderten berühmt. Neben den aufgezählten Fleischgerichten, bei denen die verwendete Fleischart durchaus verschieden sein, ja sogar aus Wild bestehen kann, gibt es eine Vielzahl schmackhafter Speisezubereitungen, denen man verschiedene Einflüsse zuschreibt.
Aus der magyarischen Urzeit, als das Volk aus asiatischen Gebieten einwanderte, dürfte mit Sicherheit die Hirtensuppe – das Kesselgulasch – stammen, die erst im 19. Jahrhundert ihren Paprikazusatz bekam. Auch manche Teigwaren und die Art ihrer Zubereitung lassen auf eine sehr alte Überlieferung schließen.
Wesentliche westliche Impulse erhielt die ungarische Küche durch die Vermählung des berühmten Königs Matthias mit einer neapolitanischen Königstochter im ausgehenden 15. Jahrhundert. Königin Beatrice brachte eigene Köche ins Land, paßte die Speisenfolge ihrem Vaterhaus an und sorgte für die Einfuhr neuartiger Ingredienzien und Zubereitungsarten.
Neben den italienischen Einflüssen erhielt die ungarische Küche durch die Bevölkerung Siebenbürgens auch rumänische Elemente. Ein Beispiel hierfür sind die Krautwickel mit Sahne. Schließlich übernahm man von den Türken die Vorliebe für Paprika und Kaffee. Die ungarische Gebäck- und Süßwarenkultur stammt von einwandernden Italienern, und der Einfluß der österreichischen Küche fand hier, wie bei manchen anderen warmen Gerichten, seinen Niederschlag. Die eigentliche Entdeckung der ungarischen Küche durch den Westen erfolgte erst durch die Weltausstellung 1878 in Paris, als Budapester Köche für kulinarische Sensationen sorgten.
Will man die wesentlichen Merkmale dieser Küche zusammenfassen, so gilt folgende Formel: Vorliebe für Suppen und Eintöpfe, Tendenz zum Andicken mit Mehlschwitzen, Sahne oder in neuerer Zeit auch mit schärfefreiem Paprika, Bevorzugung von Schmalz als Brat- und Schmorfett und reichliche Verwendung von Zwiebeln. Die Geschmackgebung erfolgt weitgehend durch küchentechnische Verfahren, indem Einbrennen verschieden stark gebräunt, ebenso Zwiebeln von hell- bis dunkelbraun angebraten oder die Speisen am Schluß mit Sahne verfeinert werden. Bevorzugte Gemüse sind neben Zwiebeln Tomaten und Paprika.

Balkan

Jugoslawien

Die Küche Jugoslawiens hat in wenigen Jahren eine erhebliche Wandlung durchgemacht. Neben den vielen kleinen ländlichen Gaststätten mit Spezialitäten der Umgebung entstanden an der Küste große Hotels, in denen für ein internationales Publikum gekocht wird. Damit hat sich auch das Bild der Speisekarten verändert, und an die Stelle mancher landesüblichen Speisen rückten Waldorfsalat, Cordon bleu und Kalbsfrikandeau. Doch hat dies nur teilweise Einfluß auf die Kost innerhalb der Familien gehabt, und die traditionellen Gerichte genießen bei den Touristen ein so hohes Ansehen, daß man sie auch in Restaurants findet, wo viele Ausländer verkehren, ganz abgesehen von den zahlreichen jugoslawischen Restaurants in Deutschland.
Bei der Beurteilung der jugoslawischen Küche muß man berücksichtigen, daß im Lande verschiedene Volksgruppen leben, die nicht nur jeweils eine eigene Geschichte und Kultur, sondern auch gewisse Eigenheiten in der Speisezubereitung mitbrachten. So findet man in Slowenien und Kroatien manch verwandte Züge zu den Küchen von Italien und Österreich, während im südlichen Mazedonien oder im Amselfeld griechische (zum Beispiel MUSAKA) und albanische Einflüsse deutlich werden. Das Gros der Bevölkerung sind Serben, die am stärksten das Bild jugoslawischer Küche geprägt haben.
Die Essen beginnen gewöhnlich mit einer kleinen Vorspeise, die aus ein paar Scheiben Salami, kleinen Würstchen und dem landestypischen Schinken UZIĆKI PRŠUT sowie einigen Paprikaschoten besteht.
Unter den Suppen werden Bohnen- oder Sauerkrautsuppe besonders bevorzugt. Zum Teil sind sie so mächtig, daß man sie im städtischen Familienkreis oder auf dem Lande als Hauptgericht mit etwas Brot serviert. Bei aufwendigeren Mahlzeiten wird gern ein warmes Zwischengericht gereicht, das aus überbackenem KAČKAVALJ (Käse) mit Tatarensauce oder einem Muschelrisotto bestehen kann.
Als Hauptgericht serviert man in Jugoslawien gern Fleisch vom Holzkohlengrill. Gerade bei größeren Gastmählern sind Fleischspieße sehr beliebt, wobei es zum Beispiel Hammelspieß, ŠIŠ ĆEVAP oder die bekannten RAŽNJIĆI, aber auch aus Hackfleisch

geformte Würstchen, ĆEVAPČIĆI, geben kann. Handelt es sich um eine große Einladung, wird ein ganzes Lamm oder Ferkel am Spieß zubereitet. Man findet auch eine Reihe von herzhaften Eintöpfen, bei denen Lamm-, Schweine- oder Rindfleisch mit Gemüse zusammen geschmort werden.
An der Küste oder an fischreichen Flüssen und Seen gibt es als Hauptgang oft Fisch in verschiedensten Zubereitungsarten wie RIBA PEČENA NA PIRINČU, Fisch auf Reis. Gemüse und Salate reicht man gewöhnlich separat. Als Beilagen kennt man sowohl Maisbrei in der Art der italienischen POLENTA als auch Kartoffeln oder Reis. Im allgemeinen ist das Essen recht kräftig gewürzt, vor allem mit scharfem Paprika sowie Knoblauch. Zwiebeln und Tomaten werden besonders gern zur geschmacklichen Abrundung der verschiedensten warmen Speisen verwendet. Ein besonders typisches Schmorgericht, bei dem Fleisch und Gemüse vereint gegart werden, ist das DJUVEČ (Dschuwetsch). Hiervon gibt es verschiedenste Variationen, auch in anderen Balkanländern.
Die Auswahl an Käsesorten beschränkt sich in Jugoslawien vorwiegend auf den in Salzlake gehaltenen Feta-Schafkäse, den man in sehr ähnlicher Form auch in Griechenland und Bulgarien findet, den harten Kačkavalj und den harten Reibekäse Ribanac, der dem italienischen Parmesankäse entspricht. Um so größer ist dafür die Palette an Süßspeisen, Zuckerwerk und Backwaren. Hier begegnen sich übernommene Rezepte aus der Türkenzeit, aus Italien und Österreich. Hoch im Ansehen stehen dabei auch warm servierte Mehlspeisen und Strudel.
In Dalmatien und dem Amselfeld befinden sich große Rebflächen, deren Wein in den letzten Jahrzehnten durch bessere Sortenauswahl und Kellertechnik beachtlich über das Niveau bäuerlicher Landweine hinausgewachsen ist. Im allgemeinen werden die Weine, die im Lande bleiben, wesentlich trockener gehalten als die für den Export. Die großen Pflaumen- und Kirschenernten werden weitgehend an Brennereien geliefert, um als ŠLJIVOVICA oder als MARSKINO (MARASCHINO) in alle Welt verschickt zu werden.

Bulgarien

Wie in allen übrigen Balkanküchen, wird auch in Bulgarien rustikal-bäuerlich gekocht. Wenn die Abgrenzung zu den Nachbarländern auch recht schwer fällt und viele Gerichte nach gleicher Art sowohl in Griechenland, der Türkei als auch in Jugoslawien zubereitet werden, so gibt es doch ein Produkt, das die Gerichte dieses Landes besonders auszeichnet: den Joghurt.
Während Joghurt seit eh und je für die Völker des Vorderen Orients ein geläufiges Milchprodukt darstellte, kannte man innerhalb Europas diese Zubereitungsart lange Zeit fast nur in Bulgarien. Hier ist er wahrscheinlich schon während der gesamten Türkenzeit ein so typisches Volksnahrungsmittel gewesen, daß das bekannteste bäuerliche Erfrischungsgetränk AIRJAN aus nichts weiter besteht als aus Wasser mit aufgeschlagenem Joghurt. In der modernen heutigen Version wird AIRJAN gewöhnlich mit Mineralwasser verrührt und sogar mit Eiswürfeln serviert.
Im Grunde genommen entspricht die Verwendung von Joghurt der Ansäuerung von Speisen mit Milchsäurebakterien, was wir aus anderen slawischen Küchen kennen. Was für Rußland und Polen Dickmilch und saure Sahne, ist für Bulgarien der Joghurt, der zum Teil aus der vorzüglichen Schafmilch hergestellt wird.
Eine besonders gute Joghurtspeise ist die kalte Joghurtsuppe TARATOR mit geriebener Gurke, etwas Öl und Essig, Knoblauch, geriebenen Walnüssen und Dill.
Übrigens werden in der bulgarischen Küche im Gegensatz zur rumänischen teilweise Nüsse durch Mandeln ersetzt; typisch dafür ist die bulgarische Version des Osterkuchens, des KOSUNAK.

In den letzten Jahrzehnten ist die bulgarische Küche immer wieder als Musterbeispiel für gesunde Kost herausgestellt worden, was man durch eine besonders hohe Anzahl von alten Leuten beweisen wollte. Da diese Behauptungen oft mit irgendeiner Werbeabsicht verbunden sind, habe ich gewisse Zweifel an ihrer Richtigkeit. Vor allem fehlt es immer an Vergleichszahlen aus den Nachbarländern, und erfahrungsgemäß weiß man, daß statistische Angaben vom Balkan nicht unbedingt auf die Goldwaage zu legen sind. Im allgemeinen wird darauf verwiesen, daß es der Knoblauch sei, dem die hohe Zahl der Hundertjährigen zu verdanken ist. Doch diese aromatische Zwiebel gehört genauso zu den Küchen der Nachbarländer wie des gesamten Orients. Wichtiger erscheint mir der hohe Anteil von Schafmilchprodukten in der Nahrung, nachdem viele Forschungen darauf hindeuten, daß diese sehr fette Milch sich besonders gesundheitsfördernd auswirkt. Auf alle Fälle zeichnet sich die Küche dadurch aus, daß Schafkäse aus vielen Gerichten nicht wegzudenken ist, wie bei den TSCHUSCHKI SIS SIRENE, den gefüllten Paprikaschoten, und vor allem den gemischten Salat, ähnlich wie in Griechenland, besonders schmackhaft macht.
Neben den Blattgemüsen spielen in der bulgarischen Küche weiße Bohnen, Gurken, Auberginen, Tomaten, Zucchini und Kräuter eine große Rolle. Das Land ist auch reich an Erdbeeren, Pflaumen, Aprikosen und Pfirsichen. Aus ihnen werden besonders geschmackvolle Konfitüren und Gelees hergestellt, Pflaumen jedoch gehen weitgehend in Brennereien zur Herstellung des Nationalschnapses Sliwowitz. Da Bulgarien auch ein Land der Rosen ist, wird nicht nur Rosenöl gewonnen, sondern auch ein Rosenlikör bereitet, der allerdings mehr zu den Kuriositäten des Landes gehört. Zum Essen trinkt man einen reellen Landwein, der sich der kräftigen Nahrung harmonisch anpaßt.

Rumänien

Rumänien unterscheidet sich von seinen Nachbarn sowohl in sprachlicher als auch in rassischer Hinsicht. Die Vorfahren dieses Volkes, die sich vor rund 2000 Jahren im Mündungsgebiet der Donau niederließen und sich dort mit der Urbevölkerung, den Daken, vermischten, stammten aus Italien, was sich noch leicht an den Stämmen der meisten Wörter erkennen läßt. Auch die Liebe bei der Vorbereitung gewisser Speisen teilen die Rumäninnen mit ihren italienischen Cousinen. Wahrscheinlich dank des türkischen Einflusses macht man jedoch in Rumänien sehr viel häufiger Gebrauch vom Holzkohlengrill. Dies bezieht sich insbesondere auf die Zubereitung von Auberginen und Gemüse-Paprikaschoten. Sie werden auf dem heißen Rost so lange gewendet, bis die Oberhaut verkohlt ist und Blasen wirft. Man zieht dann die Schale ab und verarbeitet das Gemüse zu einer Art Paste oder Salat, der in unnachahmlicher Weise den Eigengeschmack, verbunden mit einem würzigen Raucharoma, hervortreten läßt. Für mich ist das mit Zwiebeln pürierte und mit Olivenöl, Kräutern und Gewürzen abgeschmeckte Auberginenmus das Beste, was die rumänische Küche zu bieten hat.
Dem Fischreichtum im Donaudelta sind nicht nur zahlreiche Süßwasserfischgerichte zu verdanken, sondern auch ein aus Karpfenrogen roh zubereitetes Vorgericht, ICRE BĂTUTE, ebenfalls eine populäre Spezialität der rumänischen Küche.
Charakteristisch sind ferner die zweierlei Suppen, zum einen in der uns vertrauten Geschmacksrichtung und zum anderen eine angesäuerte Version mit dem Sammelnamen CIORBA. Hierfür nimmt man entweder saure Sahne oder ein Gärungsprodukt aus Getreideschrot. Bei diesem Suppentyp läßt sich leicht der Einfluß slawischer Nachbarschaft feststellen, wobei der russische

BORSCHTSCH in seinen vielfältigen Variationen ihm besonders ähnlich ist.
Wenn die Vorliebe für Knoblauch auch von anderen Balkanvölkern geteilt wird, so dürfte die Verbindung von Knoblauch mit Walnüssen sich nur bei den kaukasischen Völkern jenseits des Schwarzen Meeres wiederfinden lassen. Jedenfalls ist die Sauce aus Weißbrot und Walnüssen, zu der eine kräftige Portion Knoblauch gehört, die SCORDOLÉA, eine Spezialität, die man in Südosteuropa nur hier antrifft.
Während die Fleischgerichte von der Türkei bis Süddeutschland untereinander verwandt sind, läßt die wichtigste Beilage zu allen warmen Hauptspeisen zwar eine Verbindung zu Italien erkennen, hat jedoch eine recht eigenständige und bemerkenswerte Entwicklung genommen. Es ist der schnittfeste Maisbrei MĂMĂLIGĂ, der von allen rumänischen Hausfrauen mit größter Liebe zubereitet wird und den ich immer einer italienischen POLENTA vorziehen würde. Auffallend an allen Fleischgerichten ist die Bevorzugung von Lamm beziehungsweise Hammel sowie von Innereien. Hühner werden in verschiedenen Varianten bereitet, besonders gut schmeckt PUI CU CĂISE, Huhn mit Aprikosen. Außerdem haben die Siebenbürger Sachsen eine Reihe eigenständiger Gerichte bewahrt; zu den bekanntesten gehört GESCHICHTETES KRAUT.
Der Weinbau dürfte in Rumänien vielleicht sogar schon seit griechischer Zeit heimisch sein und genießt nach wie vor den Rang, der einem Volksgetränk zusteht. Darüber hinaus sind die Rumänen mit Recht stolz auf ihren Pflaumenschnaps, der unter den Spirituosen eine absolut dominierende Stellung einnimmt.

Griechenland

Zur Beurteilung der griechischen Küche gehört eine Rückschau in die Landesgeschichte. Durch mehrere Jahrhunderte herrschten hier die Türken, bis sie 1830 vertrieben wurden. In den wenigen Städten bestand im allgemeinen große Armut, und es fehlten kulinarisch beispielgebende Kreise wie ein Großbürgertum oder eine Aristokratie. Als schon wenige Jahrzehnte nach der Befreiung des Landes die ersten Touristen herbeiströmten, um die Schätze des Altertums zu bewundern, aßen sie lieber an Bord der Passagierschiffe als in den primitiven Gasthäusern der Bazare. Auch die nach und nach erbauten Hotels entlehnten ihre Menüs der französischen, italienischen und internationalen Küche. Dies ist weitgehend bis heute so geblieben, so daß man heimische Kost nur in Familien oder kleinen Landgasthöfen kennenlernt.
Die Basis für griechische Speisen bietet die relativ eng begrenzte Palette des bäuerlichen Angebots. Man ißt gern ein Vorgericht, das jedoch weitgehend nur aus schwarzen Oliven, Brot, etwas Feta-Käse und einem TZATZIKI, einer Mischung von Joghurt mit geraspelten Gurken und Schnittlauch, besteht. Dazu trinkt man gern den nach Anis schmeckenden OUZO als Aperitif, entweder pur oder mit etwas Wasser. Je aufwendiger eine Mahlzeit ist, desto reichhaltiger die Vorspeisen, die man als MEZE bezeichnet. Schon dieser Name weist auf den türkischen Einfluß hin, und auch die Zubereitung dieser meist pastenartigen Gerichte aus verschiedenen, weitgehend roh verarbeiteten Gemüsesorten oder kleinen Fisch- und Garnelenhäppchen erinnert stark an entsprechende Gänge in Syrien oder im Libanon. Auch die verbreitete Verwendung marinierter grüner Bohnen oder anderer Hülsenfrüchte sowie manche Zubereitungsarten von Innereien haben viele Ähnlichkeiten mit der vorderasiatischen Küche.
Unter den Hauptgerichten findet man zahlreiche Speisen, die in ihrer Zubereitung ganz und gar türkischen Gerichten entsprechen, nur einen griechischen Namen tragen. Eigenständig sind die Fischsuppe KAKAVIA und die Zitronensuppe AVGOLEMONO.
Bei der Art der Zubereitung fällt auf, daß sehr oft Gemüse und Fleisch gemeinsam in Tonschüsseln gegart, genauer genommen gebacken werden. Dies trifft besonders bei dem Nationalgericht MUSAKÁS zu.
Das Fleisch ist, falls es nicht als Braten über dem Grill zubereitet wird, gewöhnlich gehackt. Hier zeigt sich die klimatische Notwendigkeit, Schlachtfleisch unabgehangen schnell zu verarbeiten. Heute hat man dies nach Einführung der Kühlschränke nicht mehr nötig, ist aber bei den alten Rezepten geblieben.
An den Orient erinnert auch die Konfektionierung der Hauptgerichte in den primitiveren Lokalen. Sie werden oft stundenlang warm gehalten und nur lauwarm serviert.
Während Schweinefleischgerichte in der Türkenzeit fast verschwunden waren, nehmen sie heute wieder einen beträchtlichen Teil unter den Fleischspeisen ein. Dies liegt zum Teil am Preis, zum Teil aber auch daran, daß manche dieser Gerichte auf die Zeit nach dem Freiheitskrieg zurückgehen, als das Land sich den Bayernprinzen Otto zum König wählte und dieser nicht nur die weiß-blauen Nationalfarben einführte, sondern zusammen mit seinen Hofbeamten und 6000 Soldaten die Schweinshaxe und das Sauerkraut. Beides ist in Reinkultur nicht mehr anzutreffen, doch bei manchem Gericht lassen sich noch Reste dieses bajuwarischen Einflusses erkennen.
Auf dem Gebiet der Backwaren und Süßspeisen zeigt sich die orientalische Nachbarschaft besonders deutlich. Nüsse, Mandeln, Pinienkerne und Pistazien geben dabei neben Rosinen, Korinthen oder anderen Früchten die spezifischen Geschmacksnoten; typisch dafür ist das Nationalgebäck BAKLAWAS sowie RAVANI, ein delikater Grießkuchen.
Der Kaffee, ein beliebtes Getränk, wird weitgehend in kleinen Tassen nach türkischer Art, jedoch in den städtischen Hotels und Restaurants immer mehr in mitteleuropäischer Form serviert. Als erfrischende Getränke bietet man, besonders während der Sommermonate, Fruchtsäfte an. Das übliche Getränk zum Essen ist jedoch der Wein. Während der Türkenzeit war der Weinbau auf ein Minimum zurückgegangen, doch hat er sich nach der Befreiung schnell wieder ausgeweitet. Während im Ausland gewöhnlich die schweren Dessertweine bekannt sind, findet man in Griechenland selbst in erster Linie trockene Weine, unter denen der mit dem Harz der Strandkiefer aromatisierte RETSINA fast die Hälfte des gesamten Konsums ausmacht.

Vorderer Orient

Türkei

Spricht man von türkischer Küche, denkt man nicht an die Republik Kemal Atatürks mit der Hauptstadt Ankara, sondern an das Osmanische Reich, das die Sultane von Konstantinopel aus regierten. Die im heutigen Istanbul beheimatete Küche ist ohne einige historische Rückblicke schwer durchschaubar.
Die Osmanen, Gründer dieses Reichs, gehörten zu einer Untergruppe der großen Turkvölkerfamilie, die im 5. Jahrhundert ein gewaltiges Nomadenreich in Ostsibirien beherrschte. Es war kein großer Treck, der sich über Persien in Richtung Europa bewegte, sondern eine kriegerische Reiterschar, die sich etwa mit einem Kreuzfahrerheer vergleichen läßt. Diese Truppe eroberte große Teile Südosteuropas bereits rund 150 Jahre bevor sie 1453 durch die Einnahme von Konstantinopel dem Oströmischen Reich ein Ende bereitete. Damit übernahm eine fernöstliche militärische Führungsspitze ein abendländisches Kulturerbe mit allen Fein-

heiten und Raffinessen, die sich in einem großen Kaiserreich im Laufe von Jahrhunderten entwickelt hatten. Ehen mit Prinzessinnen und Feudalherren aus der ganzen mediterranen Welt hatten kulinarische Einflüsse verschiedenster Art in die byzantinische Gesellschaft eingebracht und ihr ein bestimmtes Gepräge gegeben. In den Augen der höfischen Gesellschaft waren die neuen Eroberer nicht nur wegen der anderen Religion reine Barbaren. Die erfolgreichen Krieger mit ihrer Nomadenvergangenheit verstanden nicht viel mehr von der täglichen Verpflegung, als Fleischstükke auf einen Spieß zu stecken und über dem Feuer zu braten oder in einem großen Kessel Bohnen zu kochen. Im Grunde genommen sind dies die beiden einzigen türkisch-osmanischen Bereicherungen der byzantinischen Küche. Das Fleisch am Spieß hat sich in Form des ŞIŞ KEBAB (Spieß-Happen) bis heute erhalten und ist bezeichnenderweise von allen von Wesiren, den Gouverneuren des Sultans, beherrschten osmanischen Vasallenstaaten übernommen worden. Der Suppentopf wurde Wahrzeichen der Elitetruppe des Sultans der Janitscharen und hat auch nach deren Ausrottung 1826 in der türkischen Küche ihre Bedeutung behalten.
Mit dieser Feststellung sollen keineswegs die kulinarischen Leistungen des osmanischen Hofstaats und der führenden Oberschicht gemindert werden. Nur sind alle Speisen weder aus dem sibirischen Turkreich mitgebracht, noch von den Osmanen später erfunden worden. Es sind die Gerichte der Oberschicht im byzantinischen Kaiserreich, die zum Teil durch neue Nahrungsmittel modifiziert und verändert wurden. Bei dem gesamten Komplex der höchst raffinierten Süßspeisen und Backwaren darf man sogar annehmen, daß sich im Laufe eines Jahrtausends kaum wesentliche Änderungen vollzogen. Neben Fleisch, das in der Türkei weitgehend von Schaf, Ziege oder Geflügel stammt, spielt der Reis eine besonders wichtige Rolle. In Vorderasien war er bereits seit Alexander dem Großen angebaut worden, in der Türkei jedoch wahrscheinlich erst in der Zeit des Oströmischen Reiches. Feingeschnittene Fleischstücke, mit Reis gemischt, gehören unter dem Namen PILAV zu den landesüblichen täglichen Speisen der Türken. Der ebenfalls für die Volksnahrung wichtige Mais kam unter dem Namen Cucuruz durch die Venezianer ins Land, nachdem er nach der Entdeckung Amerikas in Südeuropa heimisch geworden war. Bis dahin aß die breite Masse der Bevölkerung niedere Getreidesorten wie Sorghum oder Mohrenhirse, primitive Weizenarten oder Buchweizen. Noch heute spielen Getreidegerichte in der türkischen Küche eine wichtige Rolle. Verbreiteter sind allerdings Hülsenfrüchte, speziell Bohnen und Kichererbsen. Zwei Gemüsesorten, die heute aus der türkischen Küche nicht wegzudenken sind, kamen auch aus Amerika: Tomaten und Paprika. Eine ganze Reihe anderer Früchte, vor allem aber Gewürze, brachten arabische Kaufleute in der Zeit des Osmanischen Reiches ins Land.
Die geschmacklichen Feinheiten der türkischen Küche wurden mir besonders bei den verschiedenen kalten Gemüsezubereitungen bewußt. Artischocken, Spinat und Möhren – sie alle tischt man fein säuberlich als Vorgericht auf und schmeckt mit viel Zitrone und Olivenöl ab. Zu den raffinierteren Gemüsegerichten zählen die Auberginen-Fleischpfanne, PATLICAN KEBABI, ebenso wie kleine Weinblätterrouladen – DOLMA –, gewöhnlich mit einer Mischung von Reis, Fleisch und Pinienkernen gefüllt. In Olivenöl eingelegt und vor dem Essen mit Zitrone überträufelt, sind sie ein besonderer Genuß.
Zwiebeln und Knoblauch lassen sich aus der türkischen Küche nicht fortdenken. Die besonders beliebten kleinen Fleischbällchen KÖFTE werden meist am Spieß gebraten.
Zu den als Beilage gereichten Gemüsen gehören häufig Auberginen, Okra und Zucchini. Mit großem Raffinement versteht man es, Gemüse- und Fleischgerichte mit Pinienkernen, Pistazien, Walnüssen und Sultaninen anzureichern, um ihnen eine besondere Note zu geben. Teilweise verwendet man auch die Kerne von Granatäpfeln, die neben Zitronensaft gern zur Säuerung genommen werden. Auch der in Salzlake aufbewahrte Schafkäse spielt bei der Herstellung mancher Gerichte, genauso wie die dicke saure Sahne – Kaymak –, in der Türkei gewöhnlich aus Schafmilch, eine wichtige Rolle.
Von alters her werden auch Weintrauben angebaut. Früher war dies im wesentlichen eine Angelegenheit der nicht-islamischen Minderheiten, doch hat sich dies nach Abwanderung der Griechen erheblich geändert. Trotzdem spielen alkoholische Getränke in der mohammedanischen Bevölkerung keine nennenswerte Rolle, obwohl der aus Reis oder Datteln gebrannte RAKI eine renommierte türkische Spirituose darstellt. Bier ist weitgehend ein Getränk für Ausländer, während die Einheimischen Wasser, Limonade oder AYRAN, ein Erfrischungsgetränk aus Joghurt mit leicht gesalzenem Wasser, bevorzugen. Getränke für den stillen Genuß oder bei Einladungen sind Tee und türkischer Kaffee.

Arabische Staaten

Wäre am Arabischen Golf kein Öl gefunden worden, so lägen die Randstaaten dieser Region noch immer außerhalb der modernen Zivilisation. Doch mit den ersten Bohrtürmen in dem Inselstaat Bahrain oder in Saudi-Arabien begann sich der Schleier vor einer Welt zu heben, die bisher von Europäern praktisch unberührt geblieben war. Noch heute gehören diese Länder nicht zu den Zielen des internationalen Tourismus. Schon allein die Tatsache, daß der Genuß von Alkohol verboten ist und zum Teil selbst bei Europäern schwer bestraft wird, macht die Reisen in diese Gebiete nicht sonderlich attraktiv.
Meine Erinnerungen an arabisches Essen sind sehr zwiespältig – und ich muß leider sagen – nicht gerade appetitlich, eigentlich recht unästhetisch. Meine erste Begegnung mit Beduinen in der Wüste vor einigen Jahrzehnten zeigte schon die merkwürdige Schizophrenie der dortigen Lebensgewohnheiten. Drei Araber hatten mich mit einer Art offenem Geländewagen mitgenommen, auf dessen Windschutzscheibe ein Maschinengewehr montiert war. Unsere Verständigung war so schlecht, daß ich weder herausbekam, wohin sie fahren wollten, noch wer eigentlich beschossen werden sollte. Trotzdem lernte ich sehr bald die Gastfreundschaft dieser Wüstensöhne mit ihren schwarz-weißen Tüchern und schwarzen Umhängen kennen. Wir hielten vor einigen Zelten aus dunklen Ziegenhäuten. Ein junger Bursche brachte frisch gebakkenes weiches Fladenbrot, das an den Innenwänden eines aufgeheizten Benzinkanisters gebacken worden war und stellte uns eine große Schüssel mit Joghurt auf einen im Sand ausgelegten Teppich. In der Hocke über die Schüssel gebeugt, löffelten wir daraus den dicken schleimigen Büffeljoghurt. Da die Kopftücher meiner Begleiter störend ins Gesicht fielen, schlugen sie sie zurück, wobei nun statt dessen Haarsträhnen die Gesichter umsäumten. Es dauerte nicht lange, bis sich an diesen natürlichen Strickleitern Kopfläuse zeigten und in unseren Gemeinschaftsnapf fielen. Mit größter Selbstverständlichkeit rührten die Beduinen diese unerwartete Frischfleischeinlage unter die dicke Milch und aßen weiter. Mir verging zwar der Appetit, doch dachte ich immer daran, wie leicht man arabische Gastfreundschaft verletzen kann. So löffelte ich mit verhaltenem Tempo, bis die Schüssel geleert war.
Joghurt und Kaimak, eine Art von Crème fraîche aus Schaf- oder Büffelmilch, gibt es nach wie vor häufig in arabischen Ländern. Was man aber immer findet, sind gebratenes Hammelfleisch, Fladenbrot und Fleischbällchen mit außerordentlich viel würzigen Kräutern. In der heißen Zeit waren die Kräuter früher größtenteils

verschwunden, doch hat man heute auch in diesen Ländern Berieselungsanlagen, Glasbeete und andere Vorrichtungen, um stets frische Kräuter und Gemüse auf den Tisch zu bekommen.
Mohammed hat viele weise Regeln in seine Religion eingebettet, um seine Gläubigen zur Hygiene anzuhalten. Von Bakterien hat er jedoch noch nichts gewußt und damit die reinigende Kraft des Wassers stark überschätzt. Die Araber haben sich seit Generationen auf diese Situation eingestellt. Doch auch gewaschenes Frischgemüse oder Obst behagt deshalb noch lange nicht einem europäischen Magen. Auch längeres Garen von Gerichten, wie beispielsweise von Reis oder Fleisch, nützt nicht allzuviel, wenn alle Teilnehmer an einem Essen mit den Händen – genauer nur mit der rechten Hand – in der gemeinschaftlichen Schüssel herumwirken, um Reis und Fleisch zusammenzukneten und in den Mund zu stecken. Die vorangegangene Waschung der Hände in unsauberem Wasser läßt auch diese Art der Beköstigung nicht gerade appetitlich erscheinen.
Inzwischen wohnt nur noch ein Teil der arabischen Bevölkerung in Nomadenzelten. Viele sind durch die Wunder der Ölförderung und petrochemischen Industrie seßhaft und gutverdienende Arbeiter geworden. Sie bewohnen Häuser mit modernen Küchen, doch so ganz haben sie sich auf den neuen Lebensstil noch nicht eingestellt. Die traditionellen Gerichte werden noch unverändert hinter dem Haus auf einer primitiven Feuerstelle hergerichtet. Der Speisezettel jedoch ist etwas reichhaltiger geworden. Der Wohlstand im Lande sorgt für ein reichliches Angebot, vor allem auch an tiefgefrorenen Hähnchen aus Europa. Daneben kommen bereits gefrostete Fertiggerichte, die den arabischen Familien Dinge auf den Tisch zaubern, von denen sie zuvor nicht einmal etwas geträumt hatten. Selbst in den Zeiten der großen Sultane, in Bagdad oder Konstantinopel, waren niemals Vorbilder einer raffinierteren Küche bis in diese Gegenden gelangt. Erst seit den sprudelnden Ölquellen kann man es sich leisten, Spitzenköche für die Zubereitung großer Galadiners zu engagieren. Doch wird kaum eine Araberin darauf kommen, die Leistungen dieser Meister nachzuvollziehen. Dann ist es schon einfacher, bei den alten Gerichten aus der Wüste zu bleiben, zu denen auch MEZZA BISHURBA, eine Hammelsuppe mit Tomaten und Reis, SAMAKAH HARRAH, Fisch mit Sesamsauce, sowie TABBOULEH, ein Salat aus Weizenschrot, gehören.

Irak

Trotz einer zunehmenden Industrialisierung halten die Bewohner des Irak zu den alten arabischen Eßsitten und lehnen europäische Einflüsse ab. Die Art und Weise, wie die Mahlzeiten eingenommen und zusammengestellt werden, erinnert mehr an die Sitten der nomadisierenden Stämme Saudi-Arabiens als an die verfeinerten Eßgewohnheiten in Syrien und im Libanon. Die dort beheimateten Vorgerichte (MEZZA) sind verpönt, da sie gewöhnlich von Alkohol in Form von Raki oder Wein begleitet werden. Auch Nachtisch gehört nicht zum täglichen Familienessen, allenfalls Wassermelonen, die jedoch gleichzeitig als Durstlöscher auch während der Mahlzeiten dienen. Nur zu feierlicheren Gelegenheiten ißt man MAHALLABIYA, einen Pudding aus Milch, Stärke und Zucker. Er wird am Vorabend gekocht und mit gehackten Pistazien überstreut.
Schon zum Frühstück gibt es häufig gekochtes, püriertes Hammelfleisch mit Zucker und Zimt. Der hierfür übliche Name HERISA bezeichnet in anderen arabischen Ländern eine Süßigkeit.
Ein besonders typisches Gericht der unteren Bevölkerungsklassen, das viel in Gedichten und Liedern besungen wird, nennt sich PATCHA. Es besteht aus gekochtem Hammelkopf, Hammelbeinen und Innereien mit ausgeprägter Würze. Hierzu wird ein einfaches Brot gegessen.
Obwohl Mittags- und Abendmahlzeit etwa gleichrangig sind, ernährt sich ein beachtlicher Teil der arbeitenden Bevölkerung in Bagdad und dem Norden Iraks mittags nur von einem rhombenartigen Brötchen aus Weizenmehl (SAMMUN), das aufgeschnitten und mit Fleisch und Zwiebeln gefüllt wird, gewissermaßen eine Abart von PASTRAMI, oder man ißt ein Stück Dattel-Nuß-Kuchen, GILACGI.
Generell wird in den Familien mit den Händen aus einer Schüssel gegessen. Selbst Löffel dienen gewöhnlich nur zum Auflegen. Das gilt auch für die Bewirtung von Gästen, die nach alter Sitte auf einer Art Teppich (Suffra) im Schneidersitz Platz nehmen, um sich dann aus den am Rande aufgestellten Schüsseln mit verschiedenartigen Gerichten die Dinge auszuwählen, auf die sie gerade Lust haben. Zuvor reicht ihnen der Gastgeber zum Händewaschen eine Schüssel mit Wasser, Handtuch und Seife, was nach Bedarf später wiederholt wird. Frauen sind dabei nicht anwesend, und auch der Gastgeber ißt gewöhnlich nicht mit, sondern begnügt sich später – wie der weibliche Teil der Familie – mit den Resten des Mahls.
Diese Form des Essens, das MASGUF, wird im Raum Bagdad am Ufer des Tigris für Gäste als eine Art von Barbecue im Freien serviert. Hierbei werden dann zwei Arten großer Flußfische, Bunni und Gattan, auf Holzkohlengrills schmackhaft gegart. Während der warmen Jahreszeit ist dies auch eine beliebte Sitte, um Ausländer mit einem besonderen Essen zu ehren.

Iran

Die erste Mahlzeit in einem Teheraner Restaurant ist mir unvergeßlich geblieben. Rundherum auf den Tischen standen große Reisschüsseln, garniert mit rohen Eiern in aufgeschlagenen Schalen, daneben rohe, halbierte Zwiebeln und obenauf Fleischspieße, ähnlich wie das bekannte Schaschlik. Die Gäste bissen herzhaft in die Zwiebeln, als ob sie einen Apfel verspeisten und schlürften gelegentlich ein Eigelb. Andere verrührten die Dotter mit weicher, frischer Butter, die auf dem heißen Reis zerlief. Dazu tranken sie eine milchartige Flüssigkeit.
Was ich dort sah, lernte ich in der Folgezeit als ein typisches persisches Essen kennen, das Nationalgericht CHELO-KABAB. CHELO ist der einfach in Wasser gekochte Reis, KABAB sind die mundgerecht geschnittenen Fleischstücke.
Reis ist im Iran der wichtigste Kohlenhydratträger und Begleiter fast aller warmen Gerichte. Er stammt aus der Provinz Mazandaran am Kaspischen Meer und hat besonders lange Körner, wie man sie aus Thailand oder den USA kennt. CHELO soll immer ein locker-duftiger Reis sein, zu dem es ein Stück Butter und rohe Zwiebel gibt.
Ein für das Land besonders typisches Gewürz, das man gewöhnlich auch über Reis streut, heißt Sumach. Es erinnert an hellbraunen Rohrzucker mit leicht fließender Konsistenz und wird aus den Früchten des Färberbaums gewonnen. Außerhalb des Iran ist Sumach fast unbekannt.
Neben dem dominierenden Nationalgericht findet man noch eine Reihe anderer Spezialitäten, jedoch nicht so zahlreich wie in den arabischen Randstaaten des Mittelmeers. Die einfachen Familien, vor allem auf dem Lande, leben im allgemeinen von Suppe und Fladenbrot. Die ursprüngliche Form ist eine Brühe aus Hammelfüßen. In der Stadt kennt man sie wesentlich verfeinert unter dem Namen ABGUSHT, eine Brühe aus jungem Lammfleisch mit Tomaten, Kartoffeln, Bohnen, Erbsen, Kichererbsen oder Linsen. Die Hülsenfrüchte werden dabei häufig püriert, um die Suppe besser zu binden.

Die zweite populäre Suppe heißt ASH und läßt sich am besten mit italienischer MINESTRONE vergleichen. Die Grundlage bilden rote Bohnen und Spinat. Reichlich Würzkräuter geben ihr ein kräftiges Aroma. Vor dem Essen rührt man einige Löffel Joghurt in die heiße Suppe. Bei einer zweiten Version von ASH verwendet man Suppenhühner anstelle von Lamm, der bekannte ASH SAK enthält Fleischbällchen.
Unter den alltäglichen Gerichten spielt KHORESH eine große Rolle, eine Art von Gulasch aus gekochtem Rindfleisch mit Paprika, Auberginen, Möhren und grünen Bohnen. Die einzelnen Landesteile kennen regional abweichende Rezepte, die weitgehend unterschiedlich benannt werden.
Zu den wichtigsten Festtagsspeisen gehört POLO, auch PILU gesprochen, das in seiner Basis einem Pilaw mit Fleisch und Gemüse ähnelt, jedoch mit einigen Gewürzen, Honig, Sirup und Früchten, speziell auch Quitten und Granatäpfeln, bereichert und verschiedenartig abgeschmeckt wird. Im Grunde ist POLO der Name für eine ganze Speisengruppe.
Zum Dessert ißt man Früchte oder eine Art von Fruchtsalat. Durch den Wohlstand der letzten Jahrzehnte ist auch konfektionierte Eiscreme populär geworden.
Generell läßt sich im Iran feststellen, daß die eigene Landesküche, ähnlich wie in zahlreichen anderen Staaten, zugunsten internationaler Gerichte zurückgeht und dabei auch die religiösen Vorschriften teilweise außer acht gelassen werden. Inzwischen dürfte Khomeini der islamischen Verbotsliste wieder mehr Beachtung verschafft haben.

Libanon

Wenn der Libanon auch als selbständiger Staat mit rund sechzig Jahren eine verhältnismäßig kurze Geschichte hat, so waren auf seinem Hoheitsgebiet doch sehr viel länger so viele unterschiedliche Einflüsse wirksam, daß sich daraus kulinarische Auswirkungen ergaben. Im großen und ganzen empfindet man die Küche als arabisch, stellt aber gleichzeitig viele Parallelen zu Israel fest. Schließlich gehört das Land mit seinem über 2000 Meter hohen Gebirge, das ihm den Namen gab, zum alten Palästina, aus dem es nach der Auflösung des Osmanischen Reiches nach dem Ersten Weltkrieg herausgeschält und mit einer eigenen Verwaltung dem französischen Mandatsgebiet Syrien zugeschlagen wurde. Ein gewisser französischer Einfluß hatte sich insofern schon vorher bemerkbar gemacht, als die nichtislamischen Bevölkerungsteile die französische Küche als beispielgebend für gutes Essen betrachteten. Dabei wurden weniger einzelne Rezepte übernommen, sondern die Grundeinstellung zum Essen richtete sich nach französischem Vorbild. Die Gerichte des Libanon sind geschmacklich in Details gut ausgefeilt, und in der Speisenkomposition beziehungsweise Menüfolge findet man Komponenten, die in den benachbarten arabischen Staaten fehlen.
Der rasante wirtschaftliche Aufstieg des nach dem Zweiten Weltkrieg völlig autonomen Staates zu einer »Schweiz des Orients« klingt fast unverständlich im Hinblick auf die schrecklichen Ereignisse der letzten Jahre. Noch kurz vor dem Ausbruch der Feindseligkeiten besuchte ich das Land und seine hervorragende Hotelfachschule in Beirut. Unter den rund 500 Schülern befand sich ständig eine größere Zahl aus den benachbarten arabischen Staaten, die hier ihre eigene Landesküche in verfeinerter Form und die Grundbegriffe der französischen Küche erlernten. Die von hier ausgehenden Bestrebungen, das rustikale Rezeptgut des Vorderen Orients höheren Anforderungen anzupassen, fand durch Bomben und Bürgerkrieg ein jähes Ende.
Trotz des hohen Anteils an Christen und Angehörigen anderer nichtislamischer Religionen wird im Libanon in erster Linie Schaf- und Rindfleisch gegessen. Auch hierbei sind, wie in der gesamten Region, Gerichte aus Hackfleisch vorherrschend. Die heiße Witterung hat stets einen schnellen Verbrauch erfordert, und Zeit zum Abhängen und Reifen war nicht vorhanden. Eine dem türkischen KÖFTE nahe verwandte Form Fleischbällchen, hier KIBBI genannt, sind dabei ein besonders populäres Gericht, ebenso wie MASBAHET EL DARWEESH, ein Hackfleischauflauf, dessen Name übersetzt »Des Derwischs Rosenbeet« bedeutet. Das Fleisch wird häufig mit Kräutern, aber auch mit Pfeffer oder Zimt gewürzt. Besonders beliebt ist die Verwendung von Pinienkernen und Rosinen, die gelegentlich zur Anreicherung von Reis-Pilaw verwendet werden.
Besonderen Eindruck machten mir die Holzkohlen-Grillgeräte, vor deren senkrecht in einem Gitterkorb aufgeschichteten Glut sich ein gewaltiger Spieß mit dünnen Lammfleischscheiben dreht. Inzwischen hat sich dieser Apparat in der ganzen Welt durchgesetzt und löst den Kebab-Spieß ab. Wenn der Name hier auch nicht mehr ganz zutrifft, da KEBAB kleine Fleischstücke bezeichnet und man hier jeweils von der gegarten Außenseite der fest aufeinandergeschichteten, sich drehenden Fleischscheiben einen Randstreifen abschneidet, so bleibt der traditionelle Name doch erhalten. Man kann auch von CHAWARMAN sprechen.
Die Süßwaren- und Pâtisserie-Zubereitung genießt im Libanon einen besonders hohen Stellenwert und wird mit sehr viel Nüssen, Pistazien und Berghonig vom Libanon zubereitet.
Neben den üblichen Obstsäften, speziell auch von Granatäpfeln, überraschte mich im Libanon die Vorliebe für gepreßtes Zuckerrohr. Zwar findet man Zuckerrohrstücke überall auf den Märkten, doch braucht man dazu im Grunde genommen eine Maschine, wie sie in dortigen Kiosken stehen, in der mit hohem Druck dieser Saft ausgepreßt wird. Ein verlockendes, doch für einen europäischen Magen nicht ganz ungefährliches Getränk. Um so ratsamer ist es, sich an den libanesischen Wein zu halten. Auf den Höhen des Libanon wachsen ausgezeichnete Trauben, und französische Fachleute haben es den einheimischen Genossenschaftswinzern beigebracht, die Rebstöcke gut zu pflegen und die Erträge nach europäischen Gesichtspunkten auszubauen. Wenn viele moderne Küchen in Beirut oder anderen Städten heute vielleicht zerstört sind oder aus Strommangel nicht voll genutzt werden können, so findet man doch immer noch die alten Kaffeemörser mit schwerem Holzgriff, in denen nach dem Essen der frischgeröstete Kaffee gestampft und danach aufgebrüht wird. An der Menge Kardamom, die man dem schwarzen Getränk beimischt, erkennt man, in welchem Umfang der Gastgeber zur arabischen Küche neigt oder den französischen Café noir bevorzugt.

Syrien

Ein Gang durch die Bazare von Damaskus oder Latakia läßt bereits weitgehende Rückschlüsse auf die tägliche Kost der Bevölkerung zu. Viele Hülsenfrüchte, Bohnenarten, Kichererbsen und Linsen, darunter die kleinen roten Linsen, für die in alttestamentarischer Zeit schon Esau eine besondere Vorliebe zeigte, sind die wichtigsten Nahrungsmittel, die überall in großen Mengen angeboten werden. Gemüse und Obst sind reichlich vorhanden, darunter viele Auberginen, scharfe, kleine Paprikaschoten und Chillies, mangoldartiges Blattgemüse, Zwiebeln in mehreren Farben, Kräuter, Melonen, Granatäpfel und Zitrusfrüchte. In großen Säkken werden verschiedene Getreidekörner, geschrotete Gerste und vorgequollener Weizen, der Burghul, angeboten.
In den hellerleuchteten Fleischerständen hängen nicht nur einzelne Stücke, darunter viel Innereien, sondern auch ganze enthäutete

Schafe oder große Schüsseln mit Schafköpfen. Rindfleisch ist verhältnismäßig wenig zu sehen, doch alles in allem wecken diese Auslagen keinen besonderen Appetit auf Fleischgerichte.
Die wichtigste Spezialität des Landes, die in fast jeder Familie einmal in der Woche auf den Tisch kommt, nennt sich MDSHADDARA. Sie verrät bereits in ihrer Zusammensetzung die Ärmlichkeit der Bevölkerung. Es sind kleingeschnittene und in Olivenöl angeröstete Zwiebeln, die mit gequollenen Linsen und Gerstenschrot überdeckt werden. Bei einer etwas aufwendigeren Version ist das Gerstenschrot durch Reis ersetzt. Das Ganze wird als Eintopf gekocht, zu einem Brei verrührt und mit rohen Tomaten, Gurken oder Joghurt gegessen.
Beliebt sind auch gefüllte Auberginen mit dem Namen BETENDJAN MEHSHI, bei denen die Frucht von der Spitze her ausgehöhlt wird. Als Füllung verwendet man ein Hackfleisch von Rind, Hammel oder Ziege, gemischt mit Reis und reichlich Pfeffer. Es ist üblich, diese Auberginen in Hammelfett anzubraten und zum Schmoren Tomatensaft anzugießen. Hierzu gibt es als Beilage Joghurt und Gurkensalat. Außerdem reicht man zu diesen saucenreichen Gerichten noch ein dünnes, großes Fladenbrot.
Als Nachtisch kommt gewöhnlich Obst auf den Tisch, gelegentlich auch eine zähflüssige joghurtartige, mit etwas Zimt überstreute Milchzubereitung und in anspruchsvollen Häusern ein geeister Obstsalat, CHOZHAFFE. Anschließend trinkt man gern einen türkischen Kaffee oder einen TSCHAI, jenen starken orientalischen Tee, der in kleinen Gläsern mit viel Zucker serviert wird.

Israel

Während nur ein kleiner Teil der israelischen Bevölkerung nach strenggläubig-orthodoxen Vorschriften lebt, könnte man auf Grund der Praktiken in der israelischen Gastronomie genau das Gegenteil annehmen. Der Grund hierfür liegt darin, daß sämtliche Hotel- und größere Restaurantküchen ihr Essen nach religiösen Vorschriften bereiten müssen, da sich bei der Bewirtung größerer Gesellschaften immer strenggläubige Personen unter den Gästen befinden können. Die Gefahr einer Ablehnung muß also von vornherein ausgeschlossen sein. Auch bei den im Handel erhältlichen Lebensmitteln kann man im allgemeinen voraussetzen, daß sie nach religiösen Grundsätzen zubereitet sind. Ausländische Lebensmittel, die den Regeln widersprechen, kommen praktisch überhaupt nicht auf den Markt.
Der Begriff »koschere Küche«, der als Synonym für Speisen und Lebensmittel gilt, die nach dem religiösen Ritus hergestellt oder zubereitet sind, wird in Europa weitgehend falsch verstanden. Er bezieht sich keineswegs allein auf die Tatsache, daß das Fleisch einiger Tiere verboten ist und die erlaubten Schlachttiere nach einem Schnitt in die Halsschlagader verbluten müssen.
Zum Verständnis der koscheren Küche sollte man wissen, daß Moses seine Regeln auf Erfahrungen aufbaute, denen teils eine empirische Naturheilkunde, teils die Berücksichtigung klimatischer Verhältnisse zugrunde lagen. Das wichtigste Merkmal der koscheren Küche ist die Trennung von Milch- und Fleischspeisen. Sie dürfen nie zusammen aufgetragen werden oder miteinander in Berührung kommen. Das gilt auch für Töpfe, Teller, Gläser, Schüsseln und Bestecke. So hat jedes Hotel in Israel zwei getrennte Küchen mit komplettem Inventar, das bis zu unterschiedlichen Spülmaschinen und Handtüchern reicht. Da menschliches Versagen nie ausgeschlossen ist, verlangt die hohe Geistlichkeit, daß ein Rabbiner in allen Großküchen über die Einhaltung der Sitten wacht. Dieser Maschgiach achtet auch darauf, daß der Koch beim Einkauf von Fleisch und anderen Lebensmitteln keine alte oder nicht einwandfreie Ware – kurzum nicht koschere Produkte – eingekauft. Das Fleisch muß nicht nur von koscher geschlachteten Tieren stammen, sondern darf auch keine Muskelprellungen oder Verfärbungen aufweisen. Ferner muß der Fleischbeschauer, der Menakér, von jedem Rind den Nervus ischiadicus entfernen, da dies im Alten Testament (1. Buch Mose, 32. Kapitel, Vers 32) vorgeschrieben ist. Auf diese Weise wird das Filetstück so verletzt, daß es auf koscheren Speisekarten nicht zu finden ist. Ferner muß Schlachtfleisch inklusive Geflügel etwa 30 Minuten mit Salz bestreut stehen und anschließend abgewaschen werden, denn das Salz saugt vorhandene Blutreste auf. Im Haushalt macht das gewöhnlich die Hausfrau unmittelbar vor der Weiterverarbeitung.
Auch Butter, Milch und Käse dürfen nur von koscheren Kühen stammen. Für die Einhaltung dieser Vorschrift ist ebenfalls das Rabbinat zuständig. Koscher können nur Spalthufer sein, wodurch automatisch der Genuß verschiedener Tierarten verboten ist. Da Wild nicht oder nur nach vorheriger Gefangenschaft geschächtet werden kann, gibt es in der israelischen Küche kaum Wildbret. Angeschossene Tiere dürfen nur dann verzehrt werden, wenn die Innereien unverletzt geblieben sind und das Tier sich zu Tode geblutet hat. Dies gilt auch für Wildgeflügel.
Neben Schweinefleisch sind Fische und Wassertiere ohne Flossen und Schuppen verboten. Damit entfallen beispielsweise Aal und Krustentiere.
Neben diesen qualitativen Vorschriften, die sich durch entsprechende organisatorische Maßnahmen erfüllen lassen, verlangt es die Religion, daß nach dem Genuß von Fleisch sechs Stunden nichts Milchhaltiges gegessen oder getrunken wird. Nach milchiger Speise braucht man dagegen nur eine Stunde zu warten, bis man ein Steak verzehren darf. Fisch und Eierspeisen sind neutral, können also bei jeder Gelegenheit aufgetragen werden.
Als Folge dieser Vorschriften dürfen Fleisch und Fleischsaucen niemals Butter enthalten, ein Fleischgericht nie mit Käse überbakken werden und ein Eis auf Sahnebasis ist nach einem Menü mit Fleisch oder auch nur Rinderkraftbrühe unmöglich.
Restaurants in Israel, in denen die Küche nicht nach koscheren Gesichtspunkten arbeitet, sind immer besonders gekennzeichnet.
In vielen ihrer Grundspeisen läßt sich die israelische Küche kaum gegenüber den Nachbarländern abgrenzen. Ein erheblicher Teil der typisch jüdischen Spezialitäten ist jedoch offenbar erst in den europäischen Ghettos, vor allem in Galizien, entstanden. Meist lassen sich diese Gerichte schon am jiddischen Namen erkennen, wie beispielsweise GEFILTE FISCH oder KIHEN FIN VEISSERIBEN.

Nordafrika

Ägypten

Wer als Tourist durch die engen Einkaufsstraßen und Bazare von Alexandrien oder Kairo schlendert, ist überwältigt von der Masse des Angebots an Früchten, Gemüsen und Fleisch. Gleichzeitig ist man aber auch erschrocken über die hygienischen Verhältnisse. Theoretisch kann man zum Beispiel Salatgemüse zwar waschen, doch liegt hierin eine gewisse Gefahr, da das Leitungswasser entweder nicht genügend sauber ist, zu stark gechlort wird oder sich auf den feuchten Blättern schnell wieder neue Bakterien aus der Luft ansiedeln. Die in Ägypten lebenden Familien haben sich diesem Zustand angepaßt und die internationalen Hotels geben sich alle Mühe, hygienisch einwandfreie Gerichte auf den Tisch zu bringen, und trotzdem ist hier – wie in allen subtropischen und tropischen Ländern – bei frischen Salaten und Früchten, die mit Schale gegessen werden, Vorsicht geboten.

In der ägyptischen Küche beginnt man ein Essen gern, wie in anderen Staaten des arabischen Raums auch, mit gemüsehaltigen Vorgerichten, wobei die Länder des östlichen Mittelmeeres einen wesentlich stärkeren kulinarischen Einfluß ausübten als die westlich angrenzenden nordafrikanischen Staaten.
Die landläufige Nahrung besteht aus viel Reis, zu dem es gekochte und mit Öl angemachte Gemüse oder Fleisch in ausgelassenem Hammeltalg gibt. Lamm und Geflügel dominieren, Kalbfleisch und Rind folgen mit erheblichem Abstand. Beliebt sind ferner zahlreiche Hülsenfrüchte, darunter auch die in Deutschland wenig verbreiteten Kichererbsen und verschiedene Sorten von Bohnen. Eine beliebte Zubereitungsart von Saubohnen nennt sich FOUL-MEDAMES. Wie bei den meisten Speisen werden auch hier die gekochten Bohnen lauwarm in einer öligen, mit Zitrone abgeschmeckten Sauce serviert.
Als Überbleibsel aus der osmanischen Zeit erfreuen sich kleine Rouladen aus Weinblättern, gefüllt mit Reis, Rosinen, Pistazien und gehacktem Fleisch, einer besonderen Beliebtheit. Insbesondere Europäer wissen sie zu schätzen. Dagegen ist das Okragericht BANIJAH, zu dem eine stark gewürzte Tomatensauce gehört, mehr eine Sache der Einheimischen. Natürlich gibt es auch die unter dem Namen KABAB bekannten, am Rost gebratenen kleinen Fleischstückchen sowie stark gesüßte Desserts nach türkisch-griechischen Vorbildern, wie beispielsweise den Reisflammeri MEHALLABIA.
Es gibt auch ägyptischen Wein, doch Spitzenerzeugnisse wurden noch nicht hervorgebracht.

Algerien

An der algerischen Küche lassen sich Einflüsse aus Frankreich, Spanien und Italien erkennen. Dies betrifft insbesondere die gepflegtere Restaurantküche sowie die Speisen der gehobenen Gesellschaftsschicht. Auch die Landesküche erscheint in mancher Beziehung europäisiert, insbesondere wenn die Spezialitäten auf den Speisekarten internationaler Hotels erscheinen.
Das wichtigste Gericht im Lande, das in vergleichbarer Form auch in anderen westlichen Staaten Nordafrikas vorkommt, ist der COUSCOUS. Er hat eine gewisse Ähnlichkeit mit der italienischen POLENTA, ist aber nicht aus Mais, sondern Hartweizen- oder Hirsegrieß hergestellt. Zu dem gegarten Getreidebrei gibt es eine fleischhaltige Sauce, deren Qualität die Güte des COUSCOUS ausmacht. Zu einem besonders feinen COUSCOUS gehört ein besseres Fleisch als von den landläufigen Hammeln. So kann die Sauce beispielsweise Geflügel-, Rind- oder Wildfleisch enthalten. Nichtislamische Familien oder Restaurants, die nicht auf mohammedanische Kost eingestellt sind, verwenden zum COUSCOUS auch das einheimische Wildschwein.
Zur täglichen Küche des einfachen Volkes gehört die Hammelfleischsuppe CHORBA mit Gemüse, nach Möglichkeit Tomaten, würzigen Kräutern und eventuell auch einer Nudeleinlage sowie SFERIA, ein Geflügelgericht mit Kichererbsen. Ein Lammgericht vom Holzkohlengrill, wie es bei den Beduinenstämmen üblich ist, hat – ähnlich wie in Westeuropa das Barbecue – unter dem Namen MECHOUI auch in den besseren Lokalen und Familien Algiers Einzug gehalten. Hierzu wird gewöhnlich ein ganzes Schaf benötigt. Eine besondere Delikatesse sind Schafshoden. Von der ihnen nachgesagten Wirkung habe ich nie etwas feststellen können, wohl aber bin ich zahlreichen Europäern begegnet, denen es den Appetit verschlug, als sie erfuhren, was sie am Spieß offeriert bekamen. Man sollte diese von Vorurteilen belastete Abneigung überwinden, denn in der Tat handelt es sich hier um ein vorzügliches Fleisch.
Algerien gehört zu den großen Weinproduzenten der Welt, wobei im Lande nicht nur billige Konsumweine, sondern auch aus dem langjährigen französischen Einfluß hervorgegangene Qualitätsweine gekeltert werden. Verbreitet und beliebt ist der leichte Roséwein KÉBIR, den man gern zu Vorspeisen und speziell zu Meeresfrüchten serviert, wobei Europäer meist den weißen LA TRAPPE vorziehen.

Tunesien

Die echten tunesischen Gerichte sind im allgemeinen schärfer gewürzt, als wir es gewohnt sind. Man verwendet gern Pfeffer, kleine Chilischoten, aber auch Kreuzkümmel, Knoblauch und Safran. Geschmacksbestimmend ist bei vielen Speisen das Olivenöl und das für Europäer ungewohnte Kichererbsenaroma.
Zwar kennt man in Tunesien auch Suppen, doch im allgemeinen beginnt man das Essen mit einer Vorspeise. Hierzu gehören kleine Teigtaschen, sogenannte BRIKS mit verschiedenen Füllungen, sowie ein Teller MECHOUIA, ein Salat aus Tomaten, gerösteten Zwiebeln, Paprika und Chillies mit Kapern, Olivenöl und Zitronensaft. Zu den Vorspeisen gehören auch ODJJAS, Fleischbällchen in pikanter Tomatensauce, mit Minze und Koriander gewürzt.
Wer empfindlich gegen scharfe Gerichte ist, hat die Möglichkeit, auf eine milde Nudelsuppe mit Lammfleisch, eine CHORBA, auszuweichen.
Das populärste Hauptgericht in Tunesien ist wie in den anderen nordafrikanischen Ländern der COUSCOUS. Er wird hier weitgehend aus Hartweizengrieß, auch aus Kartoffeln, und nur noch selten aus Hirse hergestellt. Die dazugehörige pikante Sauce kann auf der Basis von Lamm-, Geflügel- oder Rindfleisch angerichtet sein.
Eine andere wichtige Gruppe von Hauptgerichten sind die TAJINES, Aufläufe aus Gemüse und Fleisch. CHAKCHOUKA ist ein gulaschähnlicher Fleisch-Gemüse-Topf, zu dem die Einheimischen gern Fladenbrot essen.
Natürlich gibt es in Tunesien auch eine Reihe von Fischgerichten, unter denen Goldbrassen-Gerichte besonders hohes Ansehen genießen. Wer sich über den Fischreichtum des Landes beziehungsweise des angrenzenden Mittelmeeres genauer orientieren möchte, sollte von Karthago aus nach Salambo fahren, wo man ein interessantes ozeanographisches Museum besichtigen kann, in dem praktisch alle Fische und Krustentiere der Gegend vorgestellt werden. Typische Desserts sind das sehr süße Gebäck SAMSA und YO-YO, eine Art Orangenkrapfen mit Honig.
Das übliche Getränk der Einheimischen ist der Pfefferminztee. Man sollte aber auch nicht vergessen, daß in der Gegend von Karthago schon die Phönizier Weinbau betrieben hatten und später unter französischem Einfluß die Rebkulturen wieder neu belebt und kultiviert wurden.

Marokko

Kulinarisch bilden Tunesien, Algerien und Marokko fast eine Einheit, auf alle Fälle was den Geschmack angeht. Von den Zutaten her gibt es geringfügige Abweichungen. So erscheint es einem Marokkaner geradezu lächerlich, wenn Tunesier zu ihrem COUSCOUS Kartoffeln verwenden, während sie selbst, trotz einer Vielzahl unterschiedlicher Zubereitungsarten, als Basis stets Hirse, Weizen- oder auch Maisgrieß verwenden.
Rinder sind im Verhältnis billiger als Schafe, so daß ihr Fleisch besonders bei den Mahlzeiten ärmerer Bevölkerungskreise Verwendung findet. Unabhängig von der Preissituation gehört Rind-

fleisch zu den Wintergerichten, da man glaubt, es erzeuge im Körper mehr Hitze. Geflügel bereichert die festliche Tafel, Poularden werden geschmort oder zu Ragouts verarbeitet, die traditionelle Taubenpastete BASTILA wird aus gezüchteten Tauben hergestellt. Eine große Rolle spielt eine Linsensuppe, die HARIRA, mit viel Zwiebeln, Fleisch, Würzkräutern, Tomaten und Zimt. Man ißt hierzu Datteln, Honigkuchen oder ein Mandelgebäck. Dieses Gericht kommt während des Fastenmonats Ramadan fast in jedem Haus nach Sonnenuntergang auf den Tisch.
Wie überall in Nordafrika, wird auch in Marokko viel Tee aus grünen Minzblättern getrunken. Daneben ist aber auch schwarzer Tee und in manchen Gegenden – wie beispielsweise Rabat – der Kaffee sehr verbreitet. Wenn der Koran auch Alkohol verbietet, trinkt man doch auch in geringem Umfang Wein und Bier, hier STORK genannt. Der Wein ist oft mit etwas zusätzlichem Alkohol verstärkt, doch darf man nicht zuviel trinken. Wer in betrunkenem Zustand von der Polizei aufgegriffen wird, muß damit rechnen, etliche Wochen hinter Schloß und Riegel zu verbringen.

Schwarzafrika

Westafrika

Die Küche der westafrikanischen Küste hat im Laufe der Jahrhunderte viel aus Ostasien übernommen. Trotzdem ist die Art der Zubereitung robuster und nicht so differenziert. Typische Nationalgerichte für die einzelnen selbständig gewordenen Staaten gibt es im Grunde genommen nicht. Überall verfügt man über etwa gleiche Rohstoffe, die auch auf ähnliche Art verarbeitet werden. Die Namen in den verschiedenen Stammessprachen sind zum Teil unterschiedlich, so daß man sich weitgehend im Laufe der Zeit auf englische Begriffe eingestellt hat.
Eine der westafrikanischen Nationalspeisen, die wohl ihren Ursprung in Ghana hat, nennt sich FU-FU AND SOUP. Nach unseren Begriffen handelt es sich hierbei um eine gebundene Suppe mit Einlage, für die Ghanesen ein Inbegriff guten Essens.
Die Suppe kann recht verschiedenartig sein. Zur Wahl steht gewöhnlich eine Erdnuß-, Palmnuß- oder Gemüsesuppe. Letztere entspricht am ehesten dem europäischen Geschmack. Sie wird mit kleingeschnittenem Hammel- oder Lammfleisch, angerösteten Zwiebeln und frischen Tomaten zubereitet. Dazu kommt ein Brei aus passierten Saubohnen und Auberginen. In einigen Gegenden gibt man auch feingeschnittene Okra und vorgekochte große Pferdebananen in die Suppe. Das Ganze wird mit Chillies und weißem Pfeffer sehr scharf gewürzt.
In Westafrika restaurantfähig sind NIKATSE NKWA, Huhn in Erdnußsauce, und PEPPER SOUP, eine Fischsuppe, in die praktisch alles hineingegeben wird, was man gerade im Meer fängt. Dazu kommen so große Mengen von Chillies, daß dem unerfahrenen Gast sofort Tränen in die Augen treten.
Ein ebenfalls an der Küste beliebtes Gericht nennt sich COUNTRY CHOP. Seinen Ursprung dürfte es wohl in der indonesischen Reistafel haben. Als Basis verwendet man hierfür stark mit Curry gewürzten Reis. Wahlweise kann COUNTRY CHOP mit Huhn, Hammel oder Shrimps angerichtet werden, häufig auch mit allen Bestandteilen zusammen. Als Beilagen gibt es gehackte Bananen, Ananasstückchen, Rosinen, Sardinen, gekochte Eier, Erdnüsse, Mango, diverse Pickles und geröstete Zwiebeln.
Ein anderes Eintopfgericht mit Reis, das ebenfalls aus Ostasien stammen dürfte, ist unter dem Namen PALM OIL CHOP bekannt geworden. Ein stark mit Curry durchsetzter Reis bildet hier ebenfalls die Grundlage, zu dem dann eine Art Frikassee aus Huhn oder Fisch gereicht wird. Aus Rindfleisch, Spinat, Speck und Kürbiskernen besteht der Eintopf KONTO-MIRE. Die Bestandteile dieser Eintöpfe müssen in jedem Fall in Palmöl gegart werden, das den Gerichten einen besonderen Geschmack verleiht.
Die Einheimischen trinken zum Essen gewöhnlich eine Art Bier aus vergorener Hirse oder Mais. Überall findet man frischgepreßte Fruchtsäfte, deren Verträglichkeit problematisch ist, sofern sie nicht aus steril abgefüllten Flaschen stammen.

Ostafrika

In den Küstenstaaten zwischen Somalia und Moçambique hat es in früheren Zeiten kaum Dorfkulturen, sondern in der Mehrzahl nomadisierende Hirtenstämme gegeben. Durch die Kolonisation sind in der ersten Hälfte des Jahrhunderts Plantagen entstanden, in deren Umgebung sich schwarze Arbeiter ansiedelten. Sie lebten weitgehend nach den Gewohnheiten ihrer Stämme, wurden aber auch von den eingewanderten Europäern beeinflußt. Umgekehrt mußten sich die weißen Herren auf die lokalen Nahrungsmittel umstellen und waren dadurch gezwungen, den einheimischen Hausfrauen etwas abzugucken. Den stärksten kulinarischen Einfluß übten in diesen Ländern jedoch eingewanderte Inder aus. Da die Plantagenbesitzer erfahrene Aufseher, Vorarbeiter, Boys und Büroangestellte brauchten und Indien über ausreichend Menschen mit derartiger Qualifikation verfügte, die es unter der einheimischen schwarzen Bevölkerung noch nicht gab, wurde im Laufe einiger Jahrzehnte ein Mittelmanagement aus dem asiatischen Subkontinent angesiedelt. Außerhalb der großen Siedlungen änderte sich jedoch nur wenig. Trotz des Wandels von Kolonien zu selbständigen Staaten lebt nach wie vor ein Teil der Bevölkerung nomadisierend in der Savanne. Wie vor Tausenden von Jahren wird Sorghum, eine primitive Getreideart, in Mörsern gestoßen, um daraus Fladenbrote zu backen, und den abgemagerten Rindern Blut aus der Halsschlagader abgenommen, um es zu trinken oder als Blutbrei zu essen. Neu ist nur das Transistorgerät, das während der primitiven Essensbereitung moderne Tanzrhythmen verbreitet, und die Plastikschüssel mit Blättern für Wildsalat. Man läßt sich von den Touristen für ein paar Dollar fotografieren, um dann das Steinzeitmobiliar durch einige Errungenschaften der westlichen Welt zu verbessern.
Die ursprüngliche Küche Ostafrikas lebt also weiter, obwohl wenige Kilometer entfernt moderne Luxushotels Gerichte von internationalen Speisekarten offerieren, Whisky und Coca Cola anbieten und ein Bier ausschenken, das nach den Methoden bayerischer Brauereien hergestellt ist. Dieser Lebensstil verbreitet sich ständig und beeinflußt auch die häusliche Küche, die im wesentlichen aus indischen und afrikanischen Rezepten besteht.
Mit den Indern sind zwei wichtige Lebensmittel ins Land gekommen: Reis und Tee. Beide spielen heute für die Verpflegung eine bedeutende Rolle. Typisch ist die aus Indien übernommene Art, den Tee immer mit Milch und Zucker anzubieten. Auch der Zukker wurde erst durch den Kolonialeinfluß zu einem Plantagengewächs wie Mais, Zitrusfrüchte, Tomaten und verschiedene Obstsorten, vor allem Birnen. Daneben werden, besonders in Kenia, feine Kaffeequalitäten gezogen, doch dienen sie in erster Linie dem Export und dem Verbrauch in den Haushalten europäischer Familien.
Die gesellschaftlich führende Schicht von Afrikanern kleidet sich nicht nur weitgehend europäisch, sondern hat auch viele Eß- und Trinkgewohnheiten übernommen. Das kalte Buffet in etwas abgewandelter Form existiert in Ostafrika genauso wie anderswo. Umgekehrt wurden auch eine Reihe einheimischer Gerichte populär

und gesellschaftsfähig, die in früherer Zeit kaum auf eines Weißen Tisch kamen wie HAM KARIBA, gefüllte Schinkenscheiben.
Bei vielen Gerichten hat sich indische Zubereitungsart mit einheimischen Rohstoffen verbunden. Schon der Name MASALA, der im Suaheli-Sprachraum für ein besonders beliebtes Gericht verwandt wird, zeigt die indische Abstammung. Man kennt eine Version mit Huhn und eine andere mit Hammelfleisch. Hauptbestandteile sind reichlich Fleisch, ein Drittel des Fleischgewichts Butter, die Hälfte des Fleischgewichts Zwiebeln, einige Kokosnüsse und viele Gewürze. Letztere werden in so großen Mengen verarbeitet, daß eine deutsche Hausfrau mit den Zutaten eines normalen MASALA-Essens ihren Jahresbedarf an Pfeffer, Zimt, Chillies und Koriander decken könnte. Ferner gehören zu dem Gericht reichlich Knoblauch, Nelken, Ingwer, Tamarindenwurzeln und einige Ingredienzien, von denen wir nie etwas gehört haben. Das kleingeschnittene, mit Zwiebeln und Butter gegarte Fleisch wird mit dieser dicken Gewürzsauce serviert. Ähnlich sind die verschiedenen Curries, die es hier nach indischem Vorbild gibt. Dazu wird gewöhnlich Reis gegessen, aber auch ein Brei aus Hirse, Yams, Tapioka, Maniok oder Cassava.
Mit Kokosraspeln und Zwiebeln verkochte Cassavawurzeln werden auch als eigenständiges Gericht unter dem Namen MUHOGO angerichtet. Man ißt die verschiedenen Breis auch gern mit Spinat, Mangold oder anderen Blattgemüsen.
Fleisch ist bei Einheimischen eine sehr beliebte Nahrung, wenn es auch in der Qualität gegenüber unseren Ansprüchen stark abfällt. In der Mehrzahl stammt es von Rindern, Ziegen, Gazellen oder anderen wildlebenden Tieren. Hühnerfleisch spielt ebenfalls eine große Rolle und kommt in zahlreichen Variationen auf den Tisch. Zu einem erheblichen Teil wird das Fleisch, da es gewöhnlich relativ zäh ist, kleingeschnitten und gekocht. KIMANGA, ein Eintopf aus Rindfleisch mit Spinat, Zwiebeln, Tomatenpüree und viel Currypulver ist häufig bei den Familien Kenias anzutreffen. Fast sämtliche Gerichte dieser Region sind scharf. Auch MATOKE aus Westkenia besteht aus einer Mischung von Zwiebelschmorfleisch mit Pferdebananen, einer scharfen Fleischbrühe und Gelbwurz. Die Kikuyus kennen einen beliebten Eintopf, bei dem grüne Pferdebananen mit Zwiebeln, einigen Kartoffeln, Maiskörnern, Kichererbsen und einem Blattgemüse gekocht werden.
Da die Rinder gewöhnlich in so schlechtem Zustand sind, daß sie keine Milch geben, verwendet man weitgehend Dromedar- und Ziegenmilch. In den größeren Städten verfügt man jedoch schon über moderne Molkereien oder importiert haltbare Frischmilch.
An der Küste sowie an den großen Seen des afro-asiatischen Grabenbruchs sind die Einheimischen auf den Fischfang angewiesen. Wegen der Hitze wird Fisch stets stark gesalzen oder getrocknet. Ein solches Gericht aus einer Art Klippfisch, das sich GURU nennt, wird mit Zwiebeln und grünen Paprikaschoten angereichert. Dazu gibt es UGALI, einen mit Wasser gekochten Maisbrei. An der Küste liebt man es auch, Fisch in Kokosmilch mit viel Estragon zu dämpfen und mit Eigelb leicht zu binden. Dieses GIRIAMA wird auch gern von Europäern gegessen.

Südafrika

Südafrika gehört zu den vom Klima begünstigten Ländern, die praktisch über alle Vegetationszonen verfügen und damit auch zum Anbau aller wichtigen Agrarprodukte in der Lage sind. Dank der aus Europa kommenden Siedler findet man sowohl vertrautes Gemüse und Obst als auch viele Sorten von Früchten, die nur unter tropischer Sonne gedeihen. Es ist naheliegend, daß Südafrika viele dieser Produkte exportiert.
Was man in den Auslagen von Kapstadt oder Johannisburg sieht, entspricht jedoch häufig nicht der guten Qualität, die man von südafrikanischen Waren in Europa gewöhnt ist. Der Grund ist die große Nachfrage nach erstklassigen Agrarprodukten, so daß für den heimischen Markt häufig keine Spitzenqualitäten zur Verfügung stehen.
Südafrika hat erst in den letzten Jahren als Touristenland Bedeutung gewonnen und damit auch die Küche weitgehend europäischen Gewohnheiten angepaßt. Ursprünglich pflegte man hier rustikal-herzhafte Gerichte, die weitgehend auf holländisch-burischer Tradition beruhen oder auf der faden angelsächsischen Zubereitungsart, die eine kräftige Nachwürzung bei Tisch verlangt. Das eigentliche Nationalgericht aus der Siedlerzeit ist BRAAIVLEIS, ein Grillgericht, das unserem Barbecue entspricht. Alle Restaurants oder Hotelküchen, die über einen Garten verfügen, bieten mindestens einmal in der Woche ihren Gästen einen derartigen rustikalen Genuß an. Erst recht wird BRAAIVLEIS bei allen häuslichen Gästebewirtungen serviert. Dabei gibt es Grilladen sowohl aus Fleisch als auch von Langusten oder Fischen.
Der für Südafrika typische Rock Lobster ist leider durch die rasante Nachfrage in aller Welt teuer und selten geworden. Die Zeit, da dieser Meeresbewohner noch im Überfluß auf den Märkten zu Spottpreisen erhältlich war, ist vorüber.
Typisch für die Küche von Kapstadt sind neben einigen aus Europa übernommenen Gerichten Speisen, die im malaiisch-indischen Raum ihren Ursprung haben. Hierzu gehören BOBOTIE und SOSATIES, Fleischgerichte, die stark gewürzt und etwas undefinierbar zusammengestellt sind. Eine Spezialität, nur erhältlich in Kapstadt und Umgebung, ist das WATERBLOMMETJIEBREDI, ein grünliches Gemüsegericht aus einer Art von Seerosen, die nur in einem kleinen Distrikt der Kapprovinz gedeihen. Ein beliebtes Dessert ist WATERBUL, ein Aprikosen-Blätterteiggebäck burischer Herkunft.
Südafrika gehört zu den wichtigsten Weinbauländern der Erde. Die Tradition geht auf die ersten Siedler zurück, die bereits Mitte des 17. Jahrhunderts Reben in der Kapprovinz anpflanzten, um die Ostindiensegler mit Wein zu versorgen. Die Qualität war so hervorragend, daß vor 200 Jahren der Constantia-Wein aus dem Kapland zu den begehrtesten Kreszenzen an den europäischen Höfen gehörte. Durch den Bau des Suezkanals verlor der Weinbau Südafrikas an Bedeutung, hat sich jedoch in den letzten Jahrzehnten, weitgehend durch den Einfluß deutscher Winzer, hervorragend entwickelt. Dabei handelt es sich nicht allein um trockene Weiß- und Rotweine, sondern auch um schwere Dessertweine, die im Lande selber als Portwein und Sherry verkauft werden.

Nordamerika

Kanada

Von einer kanadischen Küche im Sinne bestimmter typischer Speisen läßt sich bis heute kaum sprechen. Vielleicht wird dies in 50 oder 100 Jahren anders aussehen, wenn die Bevölkerung dieses riesigen Landes mehr zu einer Einheit zusammengeschmolzen ist. Auch werden sich bis dahin gewisse Initiativen ausgewirkt haben, bei denen es darum geht, die gastronomische Szene Kanadas zu verbessern. Erst seit den siebziger Jahren gibt es staatliche Einrichtungen zur Schaffung eines Berufsstandes gelernter Köche, aus denen sich ein gewisser nationaler Kochstil herausbilden kann. Zur Zeit besteht Kanada aus einer bunten Palette nebeneinander existierender Küchen, die verschiedenartigen Ursprungs sind, sich jedoch teilweise schon mit anderen mehr oder weniger stark

vermischt haben. So findet man kaum noch in der Ursprungsart erhaltene Indianergerichte, die ohnehin nie einheitlich waren, sondern sich nach Stämmen beziehungsweise Vegetations- und Klimaregionen deutlich unterschieden. Ihre heimischen Gerichte brachten die ersten Siedler, Trapper und Pelzjäger mit, die jedoch aus niedrigstem sozialem Milieu stammten. Es war eine Primitivküche zum Überleben. Diese Einwanderer übernahmen die Rohstoffe und die fast immer primitive Zubereitungsart von der Urbevölkerung, das heißt der im nördlichen Gebiet lebenden Indianer und der Eskimos, der »Rohfleischesser«, wie der Name besagt.
Die wichtigsten Impulse für die Entwicklung der kanadischen Küche brachten die beiden großen Kolonialmächte England und Frankreich, die jeweils Landesteile in Besitz nahmen und sich um sie stritten. Wenn Frankreich dabei auch den kürzeren zog, so erhielt sich der französische Bevölkerungsteil bis heute seine kulturelle Eigenständigkeit und vor allem die Freude am guten Essen. In Montreal und Quebec wird nicht nur französisch gesprochen, sondern man hat auch eine andere Einstellung zum Essen als in den englischsprachigen Gebieten. Hot Dogs und Hamburgers üben hier nicht einmal auf Kinder einen Reiz aus. Die Frauen bereiten zu Hause Essen, wie man es seit Generationen gewohnt ist, und man liebt es, häufig in guten Lokalen zu speisen. Die Qualität reicht dabei nicht ganz an das ehemalige Mutterland heran, ist im Durchschnitt jedoch wesentlich besser als in den englischsprachigen Landesteilen. Daneben existieren in allen Ballungsgebieten sogenannte ethnische Gruppen, das heißt Einwandererkolonien, unter denen Italiener, Portugiesen, Griechen, Spanier und Ostasiaten die größten Kontingente stellen. Sie leben ghettoartig zusammen und haben weitgehend ihre Nationalküchen erhalten. Toronto als wirtschaftliches Zentrum im englischen Sprachgebiet hat dank seiner schnellen Entwicklung in den letzten Jahrzehnten auf alle Gruppen einen starken Reiz ausgeübt und sogar viele Gastronomen aus den französischen Provinzen zur Übersiedlung bewogen. Mit zunehmendem Wohlstand und dem immer vielseitiger werdenden Angebot im Lebensmittelhandel steigt die Wertschätzung eines guten Essens in der Gesamtbevölkerung ständig.
Gleichzeitig findet man in Kanada auch eine Rückbesinnung auf die alten kulinarischen Traditionen der Urbevölkerung und frühen Siedler. So kann man zu besonderen Gelegenheiten noch Stachelschweinbraten, Bärenschinken, das Trockenfleisch Jerky oder Bannock, ein primitives, hartes Fladenbrot, vorgesetzt bekommen. Neben Rustikalgerichten aus Pilzen und Beeren ist der Ahornzucker, den die Indianer schon lange vor den Weißen aus Baumsaft gewannen, in die gehobene Küche des Landes eingegangen. Er wird noch immer nach altem Vorbild gesammelt und gekocht und besonders gern zu den erlesensten Süßspeisen und Kuchen verwandt.

USA

Kritikern, die den Vereinigten Staaten eine eigenständige Küche absprechen, muß man entgegenhalten, daß keine andere Nation in einem derart starken Maße Einfluß auf die Eßgewohnheiten der ganzen übrigen Welt genommen hat wie die USA. Wahrscheinlich fällt auf eine solche Behauptung sofort die Frage: »Und Frankreich?« Sicher läßt sich auch französischer Einfluß rund um den Globus nachweisen, doch in einer völlig anderen Form. Während die französische Küche Möglichkeiten zeigt, um aus einer Reihe bestimmter Zutaten ein geschmackliches Meisterstück zu zaubern, gleichgültig, wieviel Zeit- und Geldaufwand hierfür notwendig sind, weist das Konzept der amerikanischen Küche in eine andere Richtung. Sie will aus einem beliebig produzierbaren Rohstoff nach einem rationellen Verfahren ein Lebensmittel oder Gericht schaffen, dessen Geschmackserlebnis für möglichst wenig Geld jedermann gefällt. Hamburgers, Hot Dogs, Tomaten-Ketchup und Doughnuts sind keine raffinierten kulinarischen Höhenflüge, doch sind sie sättigend und mit einem Minimum an Anlernzeit überall herstellbar.
Die Beispiele nennen nur einen kleinen, wenn auch recht typischen Teil der amerikanischen Küche. Beschäftigt man sich etwas intensiver mit den Dingen, die eine Hausfrau zwischen der kanadischen und mexikanischen Grenze ihrer Familie täglich auf den Tisch stellt, wird man schnell zu der Erkenntnis kommen, daß dieser Kontinent sich nicht auf einen Nenner bringen läßt. Einwanderergruppen aus allen Ländern der Welt sind mit ihren heimischen Rezepten gekommen, arbeiten danach teilweise noch heute oder verbinden sie mit Gerichten und Rohstoffen, die sie im Aufnahmeland vorfanden. Auf alle Fälle sorgte jede dieser Gruppen zunächst dafür, daß in der Neuen Welt die vertrauten Rohstoffe zur Verfügung standen. So findet man heute in den fünfzig Staaten, in denen jede Klimazone von der Arktik bis zum Tropenwald vertreten ist, praktisch alles, was man sich an eßbaren Pflanzen und Tieren nur vorstellen kann. Und da jeder neue Einwanderer darauf bedacht sein mußte, sich eine Existenz aufzubauen, pflanzten beziehungsweise züchteten viele die Pflanzen und Tiere ihrer Heimat weit über den eigenen Bedarf hinaus, um sie dann zu verkaufen. Bei den guten Bodenverhältnissen und klimatischen Bedingungen ist es nicht verwunderlich, daß die Vereinigten Staaten schnell zum größten Lebensmittelproduzenten der Welt und gleichzeitig auch zum größten Exporteur wurden.
In den täglichen Konsumgewohnheiten der Durchschnittsfamilie spielt die auf Nützlichkeit ausgerichtete Ernährungsweise eine erhebliche Rolle. Unendlich ist das Angebot der Supermärkte an Fertiggerichten, bratfertigen Fleischstücken und genußfertig vorbereiteten Spezialitäten nach Rezepten der ganzen Welt. Doch trotz der Vielfalt ergab sich hieraus auch eine Monotonie, die bereits seit Jahrzehnten Reaktionen hervorgerufen hat. Wie wohl in keinem anderen Lande ist die Amerikanerin heute an theoretischer Bildung auf kulinarischem Gebiet interessiert. Bei den in den USA häufigen Einladungen in den häuslichen Kreis möchte jede Hausfrau durch ihre Kreationen als besonders meisterhaft gelobt werden. Hier kommt es darauf an, ohne Hilfe der Industrieprodukte ein möglichst schmackhaftes Gericht zu zaubern, wobei Rezepte aus der Heimat der Vorfahren häufig die Grundrichtung angeben. Oft hat man schon den Eindruck, daß diese Form der Gastlichkeit eine Art von unausgeschriebenen Wettkämpfen darstellt, denn gewöhnlich dauern die Parties mit Abendessen kaum viel länger, als die Gerichte auf dem Tisch stehen. Bei dieser Gelegenheit zeigt sich zum Teil auch eine Gegenreaktion auf das Einweggeschirr beim täglichen Snack-Bar-Essen: Man legt Wert auf gutes Geschirr, Besteck und Accessoires. Wenn dabei statt guter Kristallgläser einmal Bierdosen auf dem Tisch stehen, sieht man darin keinen bedeutenden Stilbruch. Bemerkenswert ist jedoch das Bemühen, der Uniformierung im täglichen Essen eine individuelle Note entgegenzusetzen.
Trotz der enormen Vielfalt der Tendenzen hat sich in den USA im Laufe der Zeit auch ein stattliches Angebot eigenständiger Gerichte entwickelt. Sie enthalten weitgehend europäische Elemente, kombiniert mit Zubereitungsarten und Rohstoffen aus der indianischen Kultur, was sich in der Vorliebe für Mais und Bohnen, Ahornsirup, Kürbisse, Pekannüsse und manche Gerichte aus Meeresfrüchten ausdrückt.
Ein Gesichtspunkt, der sich besonders im letzten Jahrzehnt gezeigt hat, ist der Wunsch nach gesundem Essen. Die Gesundheitswelle wird zum Teil übermäßig betont und führt dann wieder zu Gegenreaktionen. Trotzdem spielt der Wunsch, möglichst fettfrei und dafür eiweiß- und vitaminreich zu essen, eine erhebliche Rol-

le. Auch die Bekämpfung der Auswüchse eines übermäßigen Alkoholgenusses lassen sich in Städten feststellen, die als »trocken« erklärt worden sind. Außer Dünnbier gibt es hier keine alkoholischen Getränke zu kaufen, und oft müssen die Einwohner sehr weit fahren, um sich mit Wein und Spirituosen einzudecken.

Mittelamerika

Mexiko

Vielleicht erklärt die Schärfe vieler mexikanischer Speisen, warum es in Europa kaum mexikanische Restaurants gibt. Wer nämlich bei einer scharfen Gulaschsuppe schon das Gesicht verzieht, sollte nicht in Mexiko auf kulinarische Entdeckungsreisen gehen. Die kleinen Chillies, deren Schärfe man am besten an der Tabascosauce kennenlernen kann, gehören zu den beliebtesten Gemüsearten. Zum Ausgleich gibt es auf der anderen Seite auch recht fade Gerichte, die weitgehend aus Mais hergestellt werden. Auf dem Lande ist es noch üblich, sich das Maismehl selbst herzustellen, indem man die Kolben über Nacht in ungelöschtem Kalk einweicht, die Schalen abwäscht und die Körner in einem Steinmörser stundenlang zerreibt. In der Stadt verwendet man natürlich konfektioniertes Maismehl. Man benötigt es vor allem, um dünne Fladenkuchen zu backen, mit denen wahrscheinlich schon die Azteken den Brand der Chillies auf der Zunge löschten.
Diese TORTILLAS bestehen aus einem Wasserteig, der in der Pfanne ausgebacken wird. Man ißt sie gewöhnlich zusammengerollt. Dabei gibt es zahlreiche Variationen, von denen die CHALUPAS mit einer scharfen Fleisch-Bohnen-Masse gefüllt sind, während die CHILAQUILES kleingeschnitten mit einer grünen oder roten Chilisauce serviert werden. ENCHILADAS sind TORTILLAS mit einer MOLE genannten Sauce. Besonders gut sind mit geriebenem Käse bestreute, mit gebackenen Zwiebelringen belegte und mit saurer Sahne übergossene ENCHILADAS. Eine andere Art von TORTILLAS nennt sich GARNACHAS. Sie sind mit einer Bohnenpaste, Chilisauce und gebratenen Wurstscheiben belegt und werden gefaltet serviert.
Eine wichtige Komponente in den mexikanischen Speisen bilden die SALZAS, die Saucen. Die meisten von ihnen sind feurig-scharf und verbinden geschmacklich Fleisch, Mais und Gemüse. In ihren einfachsten Formen sind sie nichts weiter als ein Brei aus Tomaten, Zwiebeln und Chillies, abgeschmeckt mit Kräutern und Knoblauch. Eine aufwendigere, dicke Saucenart nennt man MOLE, für die jede Familie ihre eigenen Rezepte hat. Viele dieser MOLE sind relativ mild und daher angenehm für den mitteleuropäischen Geschmack. Unvermeidliche Beigabe sind schwarze Bohnen, die auch in vielen anderen mexikanischen Gerichten enthalten sind.
Eine typische Frucht für das Land ist die Avocado, aus der man gern SOPA DE AGUACATE, Avocadosuppe, oder ein Vorgericht, GUACAMOLE, mit pürierten Tomaten, Zwiebeln und knuspriger Schweinerinde bereitet. Während diese Vorspeise Europäern durchaus behagt, sind die scharfen marinierten Fische – CEVICHE – nicht jedermanns Sache. Die rohen Fischstücke werden dafür 6 bis 8 Stunden in einer Mischung aus Zitronensaft, Salz, Pfeffer, pürierten Tomaten, Zwiebeln und Chillies »gegart«.
Neben den exotischen Früchten, unter denen Mangos eine wichtige Rolle spielen, werden in Mexiko warme und kalte Speisen gern mit Früchten kombiniert. Neben Erbsen und Zucchini gehören auch Äpfel, Birnen, Bananen und Ananas in das traditionelle Gericht MANCHA MANTELES DE CERDO, Schweinefleisch nach Art der Tischtuchfärber, wobei »Färber« ironisch gemeint ist, denn es handelt sich hier um Tischtuchbekleckerer. Kombinationen von Kürbis mit Ingwer ergeben – gerade bei Süßspeisen – interessante Geschmacksnuancen. Oft sind diese CALABAZA auch in Rohrzukkersirup eingekocht.
In vielen mexikanischen Speisen kann man noch aztekische Ursprünge feststellen, doch auf der anderen Seite entdeckt man zahlreiche europäische Gerichte, die durch Zubereitungsart und Würzung »mexikanisiert« sind.

Karibik

Kaum irgendwo auf der Welt setzt sich eine Küche aus so verschieden internationalen Elementen zusammen wie gerade in der Karibik. Im Grunde genommen ist der Begriff »karibische Küche« genauso verfehlt wie Esperanto in einer Aufzählung der gebräuchlichen Weltsprachen. Den Inseln gemeinsam ist nur die geographische Lage, das Klima und damit auch die Palette eßbarer Pflanzen und Tiere.
Um die paradiesischen Inseln stritten sich die europäischen Großmächte seit ihrer Entdeckung durch Columbus. Jede Besatzungsmacht brachte einen anderen Lebensstil mit und sorgte auch dafür, daß gewisse heimische Pflanzen und Tiere möglichst schnell aus eigener Produktion an Ort und Stelle zur Verfügung standen. Mit unbedeutenden Ausnahmen sind alle Inseln dieses Archipels heute selbständige Staaten, doch die Beeinflussung durch fremde »Okkupanten« geht weiter. Jetzt sind es die Touristen aus den großen Industrienationen und – ihnen vorauseilend – die Hotelkonzerne, die nicht nur für die Unterbringung, sondern auch für eine von diesen Gästen gern akzeptierte Küche sorgen. Für viele Inselbewohner werden diese Gerichte, die sie als Angestellte in den Hotelküchen kennenlernen, bald zu neuen Leitbildern. Vielleicht wird hieraus einmal die karibische Nationalküche, wie sie sich so mancher Europäer schon heute vorstellt.
Nach der europäischen Besiedlung im 16. und 17. Jahrhundert wurde die Jäger- und Sammlerküche der inzwischen längst ausgestorbenen Ureinwohnerstämme, der Kariben- und Aruak-Indianer durch europäische Gerichte aus den Heimatländern der Einwanderer abgelöst. Dabei sind die einheimischen Früchte und Tiere schnell in die täglichen Speisen integriert worden. Zur Bereicherung der insularen Pflanzenwelt brachten Spanier Ananas, Orangen und Zitronen von den Azoren, die Engländer Kaffee, Mangos, Reis und das ebenfalls noch nicht einheimische Zuckerrohr aus dem asiatischen Raum mit.
Da man auf einheimische Arbeitskräfte nicht zurückgreifen konnte, kauften sich die weißen Siedler Negersklaven aus Schwarzafrika. Aus Samen, die sie aus ihrer Heimat mitbrachten, zogen sie Okra, Akee und andere ihnen vertraute Früchte. Da es an einem ertragreichen, preiswerten Massennahrungsmittel für die Sklaven fehlte, organisierte der berühmte Captain William Bligh 1787 eine Expedition, um Brotfruchtbäume aus der Südsee in die Karibik zu schaffen. Der erste Versuch endete mit der bekannten Meuterei auf der »Bounty«, doch sechs Jahre später brachte er eine volle Schiffsladung mit jungen Pflanzen, deren Nachkommen heute auf fast allen karibischen Inseln verbreitet sind. In Kombination mit den einheimischen Tomaten und Chillies sind Brotfruchtgerichte genauso wie Eintöpfe, deren Basis grüne Pferdebananen oder Knollengewächse wie Cassava, Taro oder Yams sowie Mais sind, noch überall in den unteren Bevölkerungsschichten zu finden. Teilweise haben sich sogar die westafrikanischen Namen für diese Speisen erhalten.
Durch den engen Kontakt der spanischen Gouverneure mit Peru und anderen Teilen Südamerikas kamen die verschiedensten Boh-

nensorten auf die Insel und sind in Verbindung mit Reis zu einer Art Nationalgericht geworden. Kaum weniger beliebt ist der ebenfalls afrikanisch inspirierte Pfeffertopf mit Geflügel- oder Schweinefleisch sowie die Taroblättersuppe CALLALOO, die mit Fleisch oder Krustentieren angerichtet wird.
Mit der Abschaffung der Sklaverei ergab sich für die Plantagenbesitzer ein starker Arbeitskräftemangel. Doch nicht lange darauf ergoß sich eine neue Welle von Einwanderern aus Asien, vor allem aus Indien, China und Indonesien über den Archipel. Inzwischen sind rund hundert Jahre vergangen, und ihre Nachkommen haben sich zum Teil mit den Afrikanern oder den einheimisch gewordenen Europäern vermischt.

Südamerika

Die Nordstaaten

Die Nordspitze Südamerikas mit Ecuador, Kolumbien, Venezuela und den drei Guayana-Staaten bietet aus kulinarischer Sicht keine besonderen Attraktionen. Lange Zeit war es den Eroberern kaum möglich, in das Innere dieser Länder einzudringen, da gewaltige Bergmassive oder tropische Urwälder den Weg versperrten. Aus dem gleichen Grunde lebten in dieser Gegend auch relativ wenig Indianerstämme, die sich im Laufe der Jahrhunderte entweder vermischten oder in unzugängliche Gegenden zurückzogen. Noch heute gibt es weite Gebiete, die kaum je von Europäern betreten wurden. Dieser Unwegsamkeit ist es zu verdanken, daß sich entlang der nördlich des Amazonas gelegenen Flüsse teilweise komplette, einstmals von entflohenen Sklaven gegründete Negerdörfer befinden. In derartigen Siedlungen ist die tägliche Nahrung noch denkbar primitiv und besteht weitgehend aus erlegten Wildtieren beziehungsweise Fischen, gesammelten Wildfrüchten und den Erträgen aus einer geradezu steinzeitlich anmutenden Feldwirtschaft.
Auch in den fruchtbaren Hochtälern der Anden, wo es eine Reihe von Städten und zum Teil ausgedehnte Plantagen gibt, verwendet man Bananen- oder Maisblätter für einige Spezialitäten gewissermaßen als Kochgeschirr. Hierzu gehören in erster Linie die HALLACAS, in Blättern gedämpfte Maismehltaschen, die mit einer Fleischmasse gefüllt sind. In ihrer Art ähneln sie den mexikanischen ENCHILADAS beziehungsweise TAMALES, die als EMPANADAS auch in den südlichen Staaten zu finden sind.
Kolumbien und Ecuador gehören, wenn dies auch nicht in dem Maße wie bei Peru zum Ausdruck kommt, zu den Ursprungsländern der Kartoffel. Dabei findet man speziell in Kolumbien eine Vielfalt mehr oder weniger eintopfähnlicher Kartoffelsuppen mit Fleisch- und Avocadoeinlagen.
Unter den Gemüsesorten nehmen die großen Pferdebananen, die es in verschiedenen Varietäten gibt, sowie Yuca, die Knollen des Maniokstrauches, einen bevorzugten Platz ein.
In den Städten lehnt sich die tägliche Kost stark an europäisch-nordamerikanische Vorbilder, und man braucht kaum auf irgendwelche Lebensmittel zu verzichten. Selbst europäische Brotsorten und Kuchen sind überall zu finden, obwohl man auf dem Lande und bei der ärmeren Mischlingsbevölkerung nach wie vor ein hartes, in Kugeln oder Fladen gebackenes Maisbrot, Arepa, ißt.
Die traditionellen Süßspeisen in diesen Ländern werden in erster Linie aus Kokosnuß, Bananen, Ananas, Cherimoya, Maracuja und einem stärkehaltigen Bindemittel hergestellt. In den Städten hat jedoch in den letzten Jahrzehnten die Eiscreme-Industrie die Dessertgewohnheiten verändert.
Unverändert ist auch in diesem Teil Südamerikas die Vorliebe für Kaffee, der erheblich stärker getrunken wird, als wir es gewohnt sind. Unter den alkoholhaltigen Getränken genießt Bier die größte Popularität.

Peru

Lange Zeit galt Peru als das reichste Land Südamerikas und war in der Zeit nach der Eroberung höchster Verwaltungssitz. Anfangs mußten sogar die Waren, die aus Europa nach Südamerika gingen, immer über den Hafen von Lima, Callao, eingeführt werden, auch wenn sie für das jenseits der Anden gelegene Buenos Aires bestimmt waren. Heute erinnern nur noch wenige Häuser, Kirchen oder Klöster aus der Kolonialzeit an die einstige Blüte. Eine mißliche Agrarpolitik ließ das Land in den siebziger Jahren so herunterkommen, daß es noch lange dauern wird, bis man sich aus dieser Notlage erholt hat. Bei Besuchen in kurzen Abständen konnte ich mich von der zunehmenden Verarmung und der Verknappung vieler Lebensmittel überzeugen.
Fleisch- und Milchprodukte sind einer wohlhabenden Schicht vorbehalten. Selbst für ANTICUCHOS, den außerordentlich beliebten Fleischstücken vom Rinderherz, die mariniert und auf dem Rost gebraten werden, reicht bei großen Teilen der Bevölkerung das Geld nicht mehr. Für die indianischen Bevölkerungsteile, die auf dem Lande, vor allem aber im Hochland noch stark vertreten sind, gibt es dieses Problem weniger. Überall in den Häusern werden Meerschweinchen als Schlachttiere gezogen, und selbst in der Markthalle von Lima sah ich bei weitem mehr Fleischstände mit Meerschweinchen oder undefinierbaren Innereien als Rind-, Schweine- oder Lammfleisch.
Dagegen spielen Lamas als Schlachttiere keine Rolle. Man hält sie im Hochland der Anden wegen ihrer begehrten Wolle und nutzt zum Teil auch ihre Milch.
Was auf den Feuerstellen der Indios stundenlang bei schwacher Glut in den Töpfen brutzelt, sind Eintöpfe aus Bohnen und Kartoffeln mit mehr oder weniger Fleischeinlage. Doch wenn der indianische Bevölkerungsteil auch mehr als 50 Prozent der Einwohner ausmacht, so spielt er im Gesellschafts- und Wirtschaftsleben nur eine sehr kleine Rolle. Tonangebend im Lande sind die sogenannten Kreolen, die reinrassigen, im Lande geborenen Nachkommen spanischer Einwanderer. Auch bei ihnen hat der Bohneneintopf, allerdings mit Raffinesse und viel Gewürzen zubereitet, eine große Bedeutung. Enthält er Fleisch und Camote (Süßkartoffeln), so heißt er ESTOFADO.
Vor einem Essen gibt es meist ein Vorgericht, in Lima und anderen Städten am Meer weitgehend aus Fischen. Sehr beliebt sind CEBICHE, kleine Happen, gewöhnlich Hummerkrabben vom Corvina, die roh in Zitronensaft und etwas Gewürz mariniert werden. Auch Fischsuppe mit Garneleneinlage ist weit verbreitet.
Eine besondere Stellung nehmen im Lande Kartoffeln ein. Peru ist die Heimat der Kartoffeln, und auf dem Markt liegen die verschiedenen Sorten in kaum überschaubarer Menge, angefangen bei den kleinen, hellen Murmeln bis hin zu violetten, roten oder andersfarbigen gewaltigen Knollen. Dazu werden auf großen Versuchsfeldern des internationalen Kartoffelzentrums in Huancayo ständig neue Sorten gezüchtet und in den Verkehr gebracht. Für die Peruaner ist die Kartoffel das wichtigste Gemüse, das die Mahlzeit vom Vorgericht bis zum Dessert begleiten kann. Zu den Hauptgerichten, gehören die PAPAS A LA HUANCAÍNA mit Pfeffersauce und die CAUSA A LA LIMEÑA, ein Kartoffelpüree mit Hummerkrabben.
Die typische Beilage, gewissermaßen der Kohlenhydratträger, ist dagegen Reis. Daneben spielt aber auch Mais, den es in den verschiedensten Farben und Größen gibt, eine erhebliche Rolle. Man

ißt ihn auch zu Bratfleisch, dem BIFE, das man sehr schätzt, sich jedoch nur noch selten leisten kann.
Peru ist kein Land der Desserts. Früchte gibt es in Hülle und Fülle, die gern nach Tisch gegessen werden. Eine Fruchtspeise, die MAZAMORRA MORADA, die durch violetten Mais ihre Farbe erhält, repräsentiert am besten die wenigen Süßspeisen. Weitgehend sind sie übrigens für unseren Geschmack zu süß.

Brasilien

Für den fleischhungrigen Europäer bedeutet die Begegnung mit der brasilianischen Küche gewissermaßen eine Offenbarung. Die Fleischportionen sind riesengroß, auch wenn die Einheimischen einem versichern, daß sie früher noch gewaltiger waren. Am deutlichsten kommt der Viehreichtum des Landes beim CHURRASCO zum Ausdruck, einem Spießbratenessen, das insbesondere auf dem Lande bei jeder festlichen Gelegenheit zelebriert wird.
Wenn die Brasilianer trotzdem nicht an Gicht leiden, so liegt dies daran, daß ihre tägliche Nahrung zu einem großen Teil aus schwarzen oder roten Bohnen und Reis besteht. Eine klassische landeseigene Küche gibt es nicht, genausowenig wie ehern festgelegte Rezepte. Je nach den Zutaten, die man gerade bekommt, kann ein Gericht unterschiedlich ausfallen. Doch lassen sich in diesem riesigen Lande etwa drei Hauptküchen unterscheiden: In der Provinz Bahia mit vorwiegend schwarzer Bevölkerung liebt man dicke Saucen und Pürees, im Amazonas-Einflußgebiet spielen Flußfische eine große Rolle, während in der Provinz Rio Grande do Sul der Einfluß europäischer Küchen vorherrschend ist. Gemeinsam ist allen die Verwendung des Dandé-Öls in seinen Farbschattierungen zwischen Gelb und Orangerot sowie Bohnen und Reis, die zu jeder Mahlzeit wie in Europa Kartoffeln oder Brot gehören.
Die eigentliche Nationalspeise, die man in jedem Gespräch mit Brasilianern empfohlen bekommt, ist die FEIJOÃDA. Es ist ein ausgesprochen rustikales Gericht und stellt in gewisser Weise eine Weiterentwicklung der täglichen schwarzen Bohnen und Reis dar, nur daß es viel reichhaltiger und schwerer ist. Eine FEIJOÃDA kommt in den brasilianischen Familien traditionsgemäß an jedem Samstag zum Mittagessen auf den Tisch. Die Zusammensetzung hängt vom Geldbeutel ab. Je nach den finanziellen Möglichkeiten kommt das landesübliche Trockenfleisch Xarque und Knoblauchwurst zu den schwarzen Bohnen. Da es ursprünglich ein Sklavengericht war, gibt es hierzu ferner die Teile vom Schwein, die einstmals von den Herren nicht geschätzt wurden, also Ohren, Füße, Zunge, Schwanz und eine große Menge Bauchspeck. Alles ist sehr stark gesalzen. Um das Fett leicht zu binden, kommt ein Teller Maniokmehl auf den Tisch, das kurz vor dem Essen roh darübergestreut wird. Außerdem gießt man Orangensaft über das Ganze oder umlegt die FEIJOÃDA mit Orangenschalen und trinkt den Saft dazu.
Das klassische Getränk zu diesem Nationalgericht ist jedoch der CACHAÇA, ein kornähnlicher, klarer Schnaps, der vorwiegend aus Zuckerrohr, seltener aus Kokos- oder Erdnüssen hergestellt wird.

Bolivien

Die Tatsache, daß Bolivien mehr als viermal so groß wie die Bundesrepublik ist und dabei nur fünfeinhalb Millionen Einwohner zählt, läßt allein schon auf ein armes Land schließen. Der überwiegende Teil der Bevölkerung lebt auf einem felsigen Gebirgsplateau in Siedlungen zwischen 2500 und 4000 Meter Höhe. Die tiefer liegenden Gebiete erstrecken sich über weite regenlose, unfruchtbare Territorien, und nur ein schmaler Streifen im Norden des Landes fällt zu dem tropischen, undurchdringlichen Urwald der Amazonas-Quellflüsse ab.
Der ständige Aufenthalt in großen Höhen führt zu einer bedeutend stärkeren Konzentration roter Blutkörperchen und dadurch auch in gewisser Weise zu einer unterschiedlichen Verträglichkeit bestimmter Nahrungs- und Genußmittel.
Um trotz des mangelnden Sauerstoffs eine normale Arbeitskraft zu erlangen, trinken die Einheimischen schon zum Frühstück Kolatee, Schwarztee oder Kaffee, der wegen seiner speziellen Röstart stark von der europäischen Geschmacksrichtung abweicht. Europäisch ist dagegen das Frühstück mit Brot und Margarine, seltener mit Butter, sowie Marmelade, Honig oder auch Käse. Gelegentlich kann es am Morgen Spiegeleier geben, doch niemals Wurstwaren.
Einen Überblick über die verschiedenen Bestandteile eines bolivianischen warmen Hauptganges zu gewinnen, ist schwer, denn die spanische Sprache enthält heute viele Ketschua-Ausdrücke oder Vokabeln der Aimará-Indianersprache, in der sich über 30 Prozent der Hochlandindianer verständigen, sowie Wortbildungen aus dem Guarani, der Sprache der Tieflandindianer. Dabei ist es durchaus naheliegend, daß gerade die verbreiteten Gemüse- oder Obstsorten in einer der Ursprachen angegeben werden, für die es im Spanischen keine Übersetzung gibt. So können Spanier viele Zutaten in bolivianischen Kochbüchern nicht verstehen.
Dies bezieht sich ganz besonders auf Dutzende von Kartoffelsorten, die in allen Größen und Farben auf Boliviens Märkten zu finden sind und die mit großer Liebe in den verschiedensten Zubereitungsarten auf den Tisch gebracht werden. Es ist geradezu rührend, welche Sorgfalt eine Hausfrau darauf verwendet, um aus einfachen und billigen Rohstoffen täglich abwechslungsreiche Gerichte herzustellen. Eine große Hilfe sind die vielen würzigen Kräuter und aromatischen Blattgewächse, die überall auf den Straßen verkauft werden, übrigens in enger Verbindung zur Naturheilkunde. Die indianischen Kräuterweiblein wissen von den Wirkungen bestimmter Pflanzen, die man dem Essen bei verschiedenen Krankheitsfällen beimischen muß, beziehungsweise die man als Tee oder Salat zu sich nimmt.
Die nachfolgenden Gerichte, die jeweils für eine Region typisch sind, können nur mit den Grundsubstanzen angegeben werden. Durch unterschiedliche Würzung und zusätzliche Gemüse oder verschiedene Fleischarten können sie völlig voneinander abweichenden Geschmack haben.
In La Paz ißt man gern ein PLATO PASEÑO, gebratenes Fleisch mit Pellkartoffeln, gekochten Maiskolben und dicken Bohnen in der Schale sowie einer sehr scharfen Sauce, die sich LLACHUA (gesprochen: Jaschua) nennt. Das Fleisch ist gewöhnlich vom Rind, an zweiter Stelle steht Geflügel, meist Hühner oder Puten. Zum Braten oder Kochen verwendet man viel Schweineschmalz.
Im allgemeinen besteht das Essen auch in einfachen Familien aus zwei Gängen, die unter Umständen vom Kochvorgang her zusammengehören. Als ersten Gang serviert man nämlich eine Suppe, die, sofern sie angedickt ist, SOPA, als Brühe dagegen CALDO heißt. Die Zutaten, aus denen die Brühe ihre Kraft bekommen hat, werden häufig getrennt als Hauptgang mit scharfer Sauce gereicht.
In dem 300 Kilometer entfernten Oruro gehört CHAIRO zu den populärsten Mittagsgerichten, eine gedickte Suppe, hergestellt aus in den Anden gefriergetrockneten Kartoffeln, den Chuñios.
In Cochabamba, ebenfalls eine Großstadt im Hochland, ist die CHANKA genannte Hühnersuppe mit ganzen geschälten Kartoffeln, grünen Zwiebeln und grünen dicken Bohnenkernen oder auch PICANTE DE GALLINA, pikantes Huhn, ein beliebtes Mittagsgericht.

Fische gibt es eigentlich nur in der Umgebung des Titicacasees und der südlich gelegenen Hochlandseen. Die dort ansässigen Indianer schneiden die kleinen Weißfische auf und trocknen sie auf Matten. Relativ neu, aber sehr wohlschmeckend sind im Titicacasee gezüchtete Lachsforellen.
Süßspeisen sind wenig verbreitet, höchstens Reis oder Grieß mit Zucker und Zimt. Dagegen ißt man als Dessert viel Obst.
Außer dem Kolatee trinkt die einheimische indianische Bevölkerung CHICHA aus Mais. Ursprünglich zerkaute man zur Herstellung dieses Getränks Maiskörner, spuckte sie in einen Topf, ließ sie gären und filterte dann ab, heute wendet man hygienische industrielle Verfahren an und füllt es in Flaschen.

Argentinien/Paraguay/Uruguay

Wirtschaftsstruktur, Besiedlung und Klima der La-Plata-Staaten sind so ähnlich, daß sich besondere kulinarische Aspekte höchstens für eine bestimmte Gegend, nicht aber für ein ganzes Land aufzählen lassen.
Alle drei Staaten zusammen sind dreizehnmal so groß wie die Bundesrepublik, haben aber nur etwa halb soviel Einwohner. Dank der spanischen Besiedlung, die 1515 begann, wurzelt die Küche weitgehend im iberischen Mutterland. Von den ansässigen Indianern übernahm man Gemüse wie Kürbis, Paprika, Mais und Tomaten. Die Missionstätigkeit der Jesuiten führte 1608 nicht nur zur Gründung einer Ordensrepublik mit christlichen Indianerdörfern, sondern auch zur Verbreitung einer Fülle von Zubereitungsarten und Rezepten. Dieser Einfluß läßt sich bis heute in den Küchen der drei Länder verfolgen und ist fast das einzige, was, mit Ausnahme der Guarani-Sprache in Paraguay, von den Indianern übrigblieb. Der jesuitische christlich-kommunistische Staat war den gold- und machthungrigen Eroberern ein Dorn im Auge, und sie setzten ihre Lobby ein, um König Karl III. von Spanien 1767 zu einem Verbot des Jesuitenordens in Südamerika zu bewegen. Daraufhin mußten die geistlichen Schutzherren das Land verlassen und die Indianer wurden mit Ausnahme kleiner, versteckter Gruppen im Urwald ausgerottet. Die Negersklaven, die dann ins Land gebracht wurden, haben kaum Spuren hinterlassen, da sie bald nach Brasilien auswichen. Bis in unser Jahrhundert hinein bevölkerten Spanier die drei Länder, und auf ihren Herden kochte der beliebte PUCHERO, ein Eintopf mit Zutaten aus der Neuen Welt. Dazu kam die ebenso beliebte Suppe, in Küstennähe mit Meeresfrüchten, sonst meist als Erbsensuppe mit Mangold, und die aus der alten Heimat vertrauten Süßspeisen. Während man jedoch von der Iberischen Halbinsel her nicht mit Fleisch verwöhnt war, eröffnete sich am La Plata geradezu ein Fleischparadies. Auf der Pampa, einem der fruchtbarsten Gebiete der Erde, lebten Rinder in unüberschaubaren Mengen. So ist es nicht verwunderlich, daß für Argentinier, Paraguayer und Uruguayer der PUCHERO im Laufe der Zeit auf Platz zwei rückte. Rindfleischgerichte rückten an die Spitze, und die Argentinier haben heute den höchsten Fleischverbrauch pro Kopf in der Welt. Am beliebtesten sind ASADO (Spießbraten) und CHURRASCO (Grillfleisch). Ein richtiger ASADO ist gewöhnlich mit einem Gastmahl verbunden, falls man nicht ohnehin in ländlichem Gebiet wohnt und zu den Farmern gehört. Man braucht nicht unbedingt BIFES (Rindersteaks) auf den Grill zu legen, sondern kann auch das Fleisch von Lamm, Puter oder Ziege verwenden. Das kaum abgehangene Fleisch stammt übrigens von Kälbern der Aberdeen-, Angus-, Shorthorn- und Hereford-Rassen. Da im Lande des Überflusses das Fleisch heute auch teuer geworden ist, leistet man sich als Stadtbewohner ein ASADO seltener, gewöhnlich am Wochenende. Außerdem hat dies für die argentinische Frau den Vorteil, sich etwas Ruhe gönnen zu können, denn ASADO ist immer Männersache. Nur die Salate oder die als Beigabe gereichten EMPANADAS werden von Frauen angerichtet. Es sind Pasteten mit verschiedenartigen Füllungen und werden in dünnem Teig, Mais- oder Bananenblättern ausgebacken. Dieses Gericht gehört zum indianischen Erbe, genauso wie die HUMITAS, eine Art Pfannkuchen aus einem Püree von grünem Mais, Paprika, Zwiebeln, Tomaten, Kartoffeln, eventuell auch Käse, Milch und Zimt. Jeder hat hierfür sein Spezialrezept.
Erwähnenswert ist die Tatsache, daß speziell in Paraguay der Gemüseanbau fast vollständig in den Händen von Japanern liegt. Ihnen ist es zu verdanken, daß die Städte heute regelmäßig mit gutem Gemüse versorgt werden. Von Bedeutung für die dortige Landwirtschaft ist auch eine beachtliche Ansiedlung von deutschen Mennoniten, die in ihren deutschsprachigen Dörfern in der Art ihrer westpreußischen Vorfahren Ackerbau betreiben.
Seit der Jahrhundertwende sind nach Argentinien und Uruguay auch viele Italiener, später Levantiner, vor allem Syrer und Libanesen eingewandert, die neue Geschmacksrichtungen und Rezepte ins Land brachten. Je nach der Bindung zur alten Heimat und der Größe der zusammenlebenden ethnischen Gruppe wurden dabei die europäischen Grundrezepte dem neuen Lebensraum angepaßt und abgeändert. Im wesentlichen findet man dieses Nebeneinander in Buenos Aires und Montevideo. Auf dem Lande herrscht das spanische Element vor: PUCHERO am Wochentag, ASADO am Feiertag. Das Abendessen, das gewöhnlich erst nach 21 Uhr beginnt, spielt dabei die größere Rolle. Hier kann es auch zu Salaten CHORIZOS, pikant abgeschmeckte Würstchen, CHINCHULINES, oder gebratene Nieren- oder Leberstücke geben. Die CHINCHULINES verschlagen Europäern leicht den Appetit, da es sich dabei um noch gefüllte Därme von Milchkälbern handelt. Sehr spanisch wirkt dagegen wieder der Nachtisch DULCE DE LECHE, gekochter Karamelpudding. Ein anderes beliebtes Dessert, QUESO CON DULCE, besteht aus einer dicken Scheibe Käse, die mit einem gleichgroßen Stück Quittengelee bedeckt ist. Häufig gibt es auch Gelee aus Süßkartoffeln.
Argentinien gehört zwar zu den größten Weinbauländern der Welt und Wein steht fast in jeder Familie mittags und abends auf dem Tisch, doch werden zwei andere Getränke als viel wichtiger angesehen: MATE, ein südamerikanischer Tee, und Kaffee. MATE aus den gemahlenen Blättern des Yerba-Strauches wird schon vor dem Frühstück genossen. In der Pampa wird er zwar von den Gauchos bereitet, doch im normalen Haushalt stets von der Hausfrau. MATE, zu jeder Tageszeit mehrfach getrunken, stillt jedoch den Durst der Argentinier nur so weit, daß sie zwischendurch noch immer einen CAFECITO zu sich nehmen können. Er ist sehr stark, schwarz, süß und wird nur in Mokkatassen gereicht.
Übrigens werden bei Gesellschaften ebenfalls MATE und Kaffee zu einem geeigneten Zeitpunkt serviert. MATE reicht man stets in einer kugelförmigen Kalebasse mit Saugrohr, das jeder Gast nacheinander benutzt. Angst vor Infektionen kennen die Argentinier nicht: die Bombilla (Saugröhre) ist aus Silber, was genauso desinfizieren soll wie MATE selbst.

Chile

Unter allen Ländern der Erde nimmt Chile in kulinarischer Hinsicht eine Sonderstellung ein. Trotz seiner Nord-Süd-Ausdehnung von über 4000 Kilometern findet man eine gleichbleibende Küche fast ohne die für Europa typischen Regionalspezialitäten. Der Grund dürfte darin liegen, daß rund 40 Prozent der etwa 11 Millionen Einwohner in der Hauptstadt Santiago leben und die meisten der übrigen Einwohner in dem verhältnismäßig kleinen fruchtbaren Gebiet nördlich der Hauptstadt sowie Richtung Süden bis Val-

divia. Die sich in Richtung Äquator ausdehnende Atacama-Wüste ist praktisch unbewohnt, und südlich von Valdivia herrscht ein so schlechtes, regnerisches Klima, daß sich auch hierher wenig Siedler verirrt haben. Dafür trifft man dort noch die Reste der zurückgedrängten, zum Teil in der Bevölkerung aufgegangenen Urbewohner, der Araukaner.
Trotz eines bemerkenswerten deutschen Elements im chilenischen Wirtschaftsleben ist die Küche spanisch beeinflußt. Natürlich findet man auch hier, wie in anderen amerikanischen Staaten, Reste indianischer Kultur und Speisen, wozu die EMPANADAS gehören. Es handelt sich hierbei um Teigtaschen mit Fleischfüllung. Die chilenischen EMPANADAS sind gewöhnlich größer als die der Nachbarstaaten. Dabei gibt es zwei Variationen, die FRITAS, die schwimmend in Fett ausgebacken werden, oder – was populärer ist – im Ofen gebacken.
Ein anderes der indianischen Küchenkunst entlehntes Gericht heißt CURANTO und entspricht der peruanischen PACHAMANCA beziehungsweise der in Nordamerika praktizierten Methode des Clam-back. Dafür werden in einem Erdloch stundenlang Felssteine erhitzt, mit etwas Seetang oder Blättern belegt und Meeresfrüchte, Hühnchen und Gemüse daraufgestapelt. Dann wird das Loch geschlossen und nach einigen Stunden, wenn alles durch die Hitze der Steine gar ist, wieder geöffnet.
Mit allen übrigen Südamerikanern teilen die Chilenen ihre Vorliebe für Fleisch. Zwar ist hier die Viehzucht nicht so ausgedehnt wie jenseits der Anden, weil entsprechende Weideflächen fehlen, doch schätzt man durchaus den Grillbraten, der mit einer scharfen Pfeffersauce gewürzt wird. Die chilenische Version aus Pfefferschoten, Zwiebeln und Knoblauch nennt sich PEBRE, entspricht aber in ihrer Schärfe nicht ganz der argentinischen CHIMICHURRI. Eine andere, mildere Version von Paprikasauce nennt sich COLOR, wobei für Europäer zu beachten ist, daß fast alle scharfen Schotenfrüchte in Chile und Peru oft andere Namen haben als in den übrigen Staaten Südamerikas. Geflügelfleisch reichert die Alltagsküche an, Beispiele dafür sind PATATAS RELLENOS und ESCABECHE DE GALLINA, mariniertes Hähnchen.
Aus indianischem Kulturgut stammen die verschiedenen sehr gebräuchlichen Sorten von Mais. Eine besonders beliebte Beilage zu gebratenem Fleisch, aber auch als einzelnes Gericht verbreitet, ist HUMITAS. Dieses Maispüree weist gewisse Ähnlichkeiten mit der italienischen POLENTA auf, wird ebenfalls mit Parmesan abgeschmeckt, enthält jedoch darüber hinaus noch Paprikaschoten und ist anders gewürzt.
Ein ebenso verbreitetes und beliebtes Maisgericht ist PASTEL DE CHOCLO, ein überbackener Maisauflauf mit Geflügelstücken, Rind- oder Hammelfleisch.
Wie Mais gehören auch Bohnen und Kürbisse zu den altindianischen Gemüsesorten. Ein dicklicher Eintopf, in dem alle drei Bestandteile sowie zusätzlich noch Tomaten vereint sind, nennt sich POROTOS GRANADOS. Während hier das Fleisch fehlt, enthält die CAZUELA, ein ebenso populärer Eintopf, große Fleisch- und Gemüsestücke.
Neben den Krustentieren, die gern zu Aufläufen verwandt werden, gibt es zahlreiche Fischgerichte, wobei der Congrio, ein Meeraal, der in seinem Fleisch dem Kabeljau ähnelt, eine bedeutende Rolle spielt. Aus ihm bereitet man CALDILLO DE CONGRIO, eine Fischsuppe mit Tomaten.
An Desserts bietet Chile keine Besonderheiten, nach den Mahlzeiten wird Obst gereicht.
Eine erhebliche Rolle spielt beim Essen der Wein. Chile ist ein ausgesprochenes Weinland, und viele Kenner versichern, daß nirgends auf der Welt so exzellente Voraussetzungen für Spitzenweine bestehen wie gerade hier. Deshalb präsentiert sich auch der normale Tischwein schon als gute Qualität. Wem in Chile eine CHICHA angeboten wird, braucht nicht voller Schrecken an das gleichnamige indianische Kaubier zu denken. Es handelt sich hier um frisch vergorenen Wein, Sauser.

Südasien

Indien

Dieser dicht besiedelte Halbkontinent ist von so vielen Völkerschaften mit unterschiedlichen Religionen bewohnt, daß es schwer ist, in wenigen Sätzen eine Beschreibung der Landesküche beziehungsweise der Landesküchen zu geben. Selbst die Verallgemeinerung, indisches Essen sei immer scharf, ist irreführend, da es gerade in den mohammedanischen Gebieten sowie generell im nördlichen Teil des Landes viele milde Speisen gibt. Hier lassen sich zahlreiche Einflüsse aus dem arabisch-persischen Raum feststellen. Typisch ist dabei die starke Verwendung von Joghurt bei der Herstellung warmer Speisen.
Eine weitere verbreitete, doch falsche Ansicht besteht über Curry. Ein Curry-Essen beziehungsweise die Mehrzahl Curries sind nicht identisch mit dem bei uns erhältlichen Pulver, sondern sind die Bezeichnung für relativ dünnflüssige, ragoutartige Hauptgerichte. Allen gemeinsam ist eine Würzung, auf die bei den Indern besonders großen Wert gelegt wird, die von einem zart-duftigen Aroma bis zur beißenden Schärfe reichen kann. Je weiter man nach Süden kommt, desto feuriger sind die Curries. Die Gewürzmischung, Masala, wird nach altem Brauch für jedes Gericht extra zusammengestellt. Aus praktischen Gründen wurden bestimmte typische Geschmacksrichtungen schon frühzeitig konfektioniert und als Markenartikel unter dem Namen Curry Powder verkauft. Hierdurch entstand fälschlicherweise bei den Europäern der Eindruck, Curry sei ein Gewürz.
Ein großer Teil der Inder lebt vegetarisch und ernährt sich von Reis und einer Vielzahl von Gemüsen, die teilweise den Europäern unbekannt sind. Während die Vegetarier Eier akzeptieren, werden Fische und Krustentiere von ihnen meist abgelehnt. Trotzdem haben alle Meerestiere in der indischen Küche eine hohe Bedeutung.
Fleischgerichte, die im Nordwesten des Landes besonders zahlreich zu finden sind, bereiten die mohammedanischen Inder aus Schaf- oder Ziegenfleisch, Andersgläubige darüber hinaus auch vom Schwein. Generell sind die Gerichte in Nordindien in der Konsistenz fester, im Süden suppenartiger. Trotzdem wird Reis immer separat gereicht. Die Gemüsesorten bestehen aus zahlreichen Hülsenfrüchten, unter ihnen verschiedenste Arten von Linsen. Frische Würzkräuter spielen eine große Rolle.
Im Gegensatz zu den Ländern Ostasiens ißt man in Indien relativ viel Brot, allerdings mehr in Fladen- oder Brötchenform. Hieraus erklärt sich auch der hohe Weizenbedarf des Landes.
Obwohl Früchte in Hülle und Fülle vorhanden sind und den Abschluß eines Essens bilden, bietet man zuvor noch Desserts, creme- oder joghurtartige Speisen, auch konfektartige Zubereitungen mit hohem Zuckergehalt. Sie haben weitgehend ihren Ursprung in der Hindu-Küche, doch läßt sich auch ein arabisch-persischer Einfluß nachweisen.

Sri Lanka

Durch die räumliche Nähe und die rassische Verwandtschaft zwischen Südindern und Bewohnern von Ceylon bestehen zwischen

den Küchen von Sri Lanka und Indien keine wesentlichen Unterschiede. Generell wird weitgehend vegetarisch gegessen, die Früchte spielen eine große Rolle, und fast alle Speisen sind sehr scharf gewürzt. Dabei findet man oft einen leicht süßlichen Geschmack durch die häufig in warmen Gerichten verwandten Früchte und vor allem die gern benutzte Kokosmilch.
Gegessen wird grundsätzlich mit den Händen, wobei es üblich ist, als Unterlage Bananenblätter zu benutzen.

Südostasien

Birma

So wie der Name des Landes in der Schreibweise variiert, erheben auch unterschiedliche Küchen beziehungsweise Mischküchen den Anspruch darauf, als authentisch angesehen zu werden. Doch kann man sagen, daß Minderheiten wie das Volk der Shan, das rund 6 Prozent der Bevölkerung stellt, infolge der engen Thai-Verwandtschaft auch eine Thai-Küche pflegt, während die etwas größere Gruppe der Karen abstammungsmäßig den Khmer zugerechnet werden muß, was in einer Küche den Niederschlag findet, die verwandte Züge mit dem kambodschanisch-vietnamesischen Raum aufweist.
Doch insgesamt machen die Minderheitengruppen nur etwa ein Viertel der Bevölkerung aus, so daß man im wesentlichen davon ausgehen kann, daß die Masse der Bevölkerung birmanisch ißt. Wenn man von dieser Küche kaum je gehört hat, so liegt dies daran, daß die aus dem Hochland von Tibet im 9. Jahrhundert eingewanderten Birmanen außerordentlich strenggläubige Buddhisten sind und Gaumenfreuden bei ihnen als sündhaft gelten. Das spartanische Leben dürfte auch bereits bei der Pyu-Urbevölkerung Sitte gewesen sein, so daß die Einflüsse durch die mittelalterliche Mongolenherrschaft aus Indien, Thailand oder später England das religiös fest untermauerte kulinarische Gebäude nicht erschüttern konnten.
Das buddhistische Prinzip von Yin und Yang spiegelt sich auch in der birmanischen Küche. Die Speisen sind entweder sauer oder süß. Was sich dabei in den Gerichten befindet, hat untergeordnete Bedeutung, wenn auch Gemüse und Obst generell dominieren. Fleisch ist zwar nicht verboten, wird jedoch von Strenggläubigen relativ wenig oder gar nicht gegessen. In der Reihenfolge spielen dabei Geflügel und Rind, weitgehend Büffelfleisch, die Hauptrolle. Fisch und Krustentiere werden dagegen viel gegessen und bilden zusammen mit Reis die tägliche Basisnahrung der Birmanen. Man ißt dabei mit den Händen aus einfachen Schüsseln oder Kürbisschalen. Zur besseren Verdauung und zur Stimulierung des Kreislaufs werden zu den Speisen scharfe Gewürze beziehungsweise Würzpasten gereicht. Abgesehen von den Curry-Gerichten, die dem indischen Einfluß entstammen, sind die Speisen selbst nicht besonders scharf gewürzt, sondern nur nach dem Sauer-Süß-Gegensatz komponiert.
Die Enthaltsamkeit der Birmanen zeigt sich auch bei den Getränken. Alles, was Alkohol enthält, ist verpönt, nur Wasser sowie Tee begleiten die Mahlzeiten.

Thailand

Die historische Entwicklung des Landes prägte in vieler Hinsicht auch seine Küche. Die Vorliebe für Reis zeigt die enge Verbindung zu Indien und China. Gemeinsam mit China hat es auch die Bevorzugung von Schweinefleisch, das unter allen Fleischsorten den ersten Platz einnimmt. Die brennend heiße Zubereitung der meisten Hauptgerichte erinnert dagegen an Indien, und der Umgang mit Fisch, Schal- und Krustentieren zeigt gewisse Parallelen zum indonesischen Insel-Archipel.
Wie viele andere Länder hat auch Thailand regionale Unterschiede in der Küche aufzuweisen, die zum Teil eingewanderten fremden Volksgruppen zu verdanken sind. So gibt es im Norden, wo rundkörniger Klebreis angebaut wird, deutliche Einflüsse der Lao-Küche, während man im Südosten und Süden bei einigen Speisen Verwandtschaft zu den Küchen der Khmer, Vietnamesen oder Malaysier feststellen kann. Doch diese regionalen Unterschiede sind von Europäern kaum zu erkennen, sofern man sie nicht besonders darauf hinweist. Es ist zu vermuten, daß die Regionalküchen im Laufe der nächsten Jahre weitgehend ihre Eigenständigkeit verlieren werden, da man sich überall bemüht, dem Vorbild von Bangkok nachzueifern.
Ähnlich wie in der chinesischen Küche werden viele Bestandteile in einem Gericht miteinander verbunden, so daß man sie im einzelnen später kaum noch erkennen kann. Unter den Gemüsesorten stehen Paprikaschoten, Tomaten, Gurken, Zwiebeln und Pak Bung, eine ostasiatische Spinatart, an erster Stelle. Auch Sojakeime und Sojaquark sind verbreitet. Daneben gibt es eine gelbe Bohnenpaste sowie eine beliebte gelbe Bohnensauce. Zahlreiche Früchte befinden sich auf der Grenze zwischen Obst und Gemüse, wie beispielsweise die bitter-herben Melonensorten. Eine Abart vom Chinakohl, der Pak ga kao, erinnert an Stangensellerie.
Auch die Brotfrucht, in früheren Jahrhunderten von pazifischen Inseln eingeführt, ist in beschränktem Maß verbreitet sowie Wasserkastanien und die Frucht des Tamarindenbaums. Neben Chillies und einer Reihe scharfer Gemüse und Würzfrüchte spielen Mango, Ingwer und Zitronengras eine hervorragende Rolle. Besonders auffällig auf den Märkten sind die gewaltigen Kanun- oder Jak-Früchte. Sie können je nach Reifegrad als Gemüse- oder Dessertfrucht verarbeitet werden. Wie ein großer Igel sieht die Durian- oder Stinkfrucht aus. Der nach penetrantem Käse riechende Inhalt hat ihr auch den Namen Baumkäse eingebracht. Eiergerichte sind in der Thai-Küche beliebt, besonders in Form feingesponnener Eierkuchenfäden. Schnittlauch, Petersilie und Zitrone sind Würzbeigaben, die früher einmal aus Europa gekommen waren. Neben den erwähnten schärfenden Gemüsesorten wird für viele Speisen nach individuellen Familienrezepten Curry-Pulver gemischt. Für mildere Speisen verwendet man zum Abschmecken viel Kokosmilch, Basilikum, frische Korianderblätter oder Minze.
Als Nachtisch pflegen Thai-Familien Früchte oder gekochtes Kompott aus Melonen, Papaya, Jak-Früchten, Kokosnüssen oder anderem Obst herzustellen. Sie werden oft mit Rosen- oder Jasminwasser aromatisiert.

Vietnam

Als ich mich einmal mit einer vietnamesischen Schriftstellerin über die Küche ihres Landes unterhielt, zuckte sie resigniert die Achseln: »Solange ich denken kann, habe ich nur Krieg erlebt.« Das war die traurige Feststellung, mit der die etwa Fünfzigjährige zum Ausdruck bringen wollte, daß sich in den letzten Jahrzehnten die Küche ihres Landes nie richtig entfalten konnte. Seit ihrer Selbständigkeit ist es den Vietnamesen niemals vergönnt gewesen, ihre Eßkultur so zu kultivieren und weiterzuentwickeln, wie man sie aus der Zeit von Französisch-Indochina her kennt. In Vietnam vietnamesisch zu kochen, heißt heute nach wie vor nur überleben. Die vietnamesische Küche kennt eine Reihe von Spezialitäten, die in dieser Form nicht einmal in den Nachbarländern zu finden sind. Hierzu gehört CHA GIO. Im Französischen hat das Gericht den Namen PÂTÉE VIETNAMIENNE. Man könnte sagen, es ist die vietnamesische Form der chinesischen Frühlingsrolle, wobei sicher auch die gleiche Beliebtheit festzustellen ist. Das Gericht wird in der Familie wie auch bei großen Empfängen gewissermaßen als Hors d'œuvre gereicht. Es ist eine Art gefüllter Eierkuchen, genauer ein Reismehlfladen aus sehr dünnem Teig. Die Füllung besteht aus gehacktem Schweinefleisch, das mit Pfeffer und Sesamschrot gewürzt und mit Champignons und Krabben angereichert ist. Der langgezogene Wickel wird in Erdnußöl fritiert und anschließend in kleine Stücke geschnitten. Man sollte diese Speise unbedingt heiß essen. In der Familie serviert man hierzu üblicherweise eine Fischbrühe, NUOC MAM, in die die einzelnen Bissen eingetaucht werden.

Singapur und Malaysia

Die Großstadt Singapur wie das industriell aufblühende Malaysia lassen kaum mehr die Eigenart der ursprünglichen Küche erkennen, und bevor noch hierüber Aufzeichnungen gemacht wurden, hatten Inder, Chinesen, Araber und Europäer die angestammte Küche schon beeinflußt. Im Grunde genommen bedeutet die Vielfalt eine Bereicherung für die Bewohner, da für diese fröhlichen und geselligen Menschen das Essen eine große Rolle spielt. Fische und frische Seetiere kommen recht häufig auf den Tisch und werden gewöhnlich nach indischer oder indonesischer Art in sehr scharfer Sauce serviert. Kokosmilch oder Fruchtfleisch bringen bei manchen dieser Gerichte die harmonische Süße. Auch die Verwendung von Erdnußpaste oder Tamarindensaft gibt einigen Speisen eine besondere Note.

Philippinen

Die bewegte Geschichte der Inselgruppe im Pazifik spiegelt sich in den Eßgewohnheiten der Bevölkerung wider. Während des frühen Mittelalters waren es Inder und Chinesen, seit Mitte des 16. Jahrhunderts Spanier und schließlich seit der Jahrhundertwende Amerikaner, die die Küche beeinflußten.
Entsprechend schwer läßt sich der Ursprung des Nationalgerichtes definieren, sofern man überhaupt von einem solchen sprechen kann. Viele Inseln liegen abseits des Touristenstroms und hatten auch früher wenig Berührung mit der Hauptinsel oder ihren unmittelbaren Nachbarn. In diesen Gebieten haben sich viele Gerichte und Eßgewohnheiten erhalten, die entweder von einer Urbevölkerung oder kleinen Einwanderergruppen aus der pazifischen Inselwelt stammen. Dieses ist insbesondere dann zu vermuten, wenn auch in der Sprache Vokabeln oder Wortbildungen festzustellen sind, die in andere Kulturkreise gehören.
In der eigentlichen Landessprache, dem Tagalog, wird das populärste Gericht ADOBO genannt. Am besten läßt es sich mit Gulasch vergleichen. Die grobgewürfelten Fleischbestandteile stammen von Schwein und Huhn. Sie werden in heißem Fett kurz aufgebraten und kommen dann in eine Sauce aus Zwiebeln, Tomaten, Knoblauch und grünen Pfefferschoten. Durch Würzen mit Lorbeer, Sojasauce und Essig erhält das Ganze eine pikante Note. Zum Schluß werden in der dickflüssigen Masse kleingeschnittene Stücke der Yamswurzel gegart.
Der städtische Philippino trinkt zu seinem ADOBO gewöhnlich Bier. Die europäische Braukunst hat schon eine längere Tradition in dem Inselstaat, und das Bier ist auch nach europäischen Begriffen gut trinkbar. Die Einheimischen kennen übrigens auch die Sitte des gegenseitigen Zutrinkens, nur daß man anstelle von Prosit freundlich »Mabuhay« sagt.
Auf zwei Leckerbissen sind die Philippinos besonders stolz: Der erste ist im Lande so populär, daß man ihn auch in Sardinendosen konserviert, die sogar gelegentlich nach Deutschland kommen. Aus eigener Erfahrung muß ich sagen, daß es für einen Europäer schon eine gewisse Überwindung kostet, BALUT zu essen. Es handelt sich dabei nämlich um Eier mit gekochten Entenembryos, die sich schon kurz vor dem Schlüpfen befanden. Öffnet man die Schale, so hat man eine Miniaturente, bereits mit Füßen, Schnabel und etwas Federn vor sich. Ich habe mir sagen lassen, daß es in Manila unzählige Kellerküchen gibt, in denen Enteneier angebrütet und anschließend in dieser Weise zubereitet werden. Der Geschmack ist übrigens die Überwindung wert.
Um die zweite Delikatesse kennenzulernen, bedarf es guter einheimischer Beziehungen. Man kann sie nämlich weder in Geschäften noch in Restaurants auftreiben. Es handelt sich dabei um ein Barbecue aus dem Fleisch der Fliegenden Hunde. Auf den Inseln nennt man sie Fruit bat, da sie sich nur von Früchten ernähren. Die gewaltigen Fledermäuse werden in den frühen Morgenstunden geschossen und gleich darauf über ein Feuer gehalten. Sobald das Fell angesengt ist, zieht man es ab und entfernt die Fettsäcke unter Armen und Nacken, da sie ungenießbar sind. Das übrige Fleisch wird zerteilt und auf dem Grill gegart. Dabei gelten die gerösteten Därme sowie der Magen wegen des fruchtigen Inhalts als größte Delikatesse.

Indonesien

Trotz der Tatsache, daß dieser größte Inselarchipel der Welt aus einer Vielzahl unterschiedlicher Bevölkerungsgruppen des malaiisch-polynesischen Raumes besteht, die sich teilweise mit Europäern, Chinesen und Indern vermischt haben, gibt es eine verhältnismäßig einheitliche Küche. Hervorstechend sind einige Dutzend gewissermaßen klassische Gerichte, die zum größten Teil mit Gewürzsaucen oder Pasten, den Sambals geschärft und abgeschmeckt sind. Dabei werden sowohl kleine Chillies als auch scharfe Gemüsearten verwandt. Reis begleitet das tägliche Leben der Indonesier vom Frühstück bis zum Abend. Auffallend ist der Mangel an sichtbarem Fett. Viehwirtschaft gibt es kaum, so daß auch Butter und Milchprodukte fehlen. Den Ersatz bieten Kokosnüsse, deren Milch, beziehungsweise im Vorstadium die cremige, dicke Kokosmasse, zur Bereitung verschiedenster Gerichte verwendet wird.
Schweine, meist recht mager, und Geflügel bilden die wichtigste Fleischquelle. Eier gehören zu vielen Speisen ebenso wie Fisch in den verschiedensten Variationen.
Das Essen ist im allgemeinen selbst in einfachen Familien relativ vielseitig, wobei eine Gemüsesuppe vorweg, zwischen den Gängen oder als einziger Gang gegessen werden kann. Das Dessert besteht meist aus frischen Früchten, doch kennt man auch einige gekochte Süßspeisen.
Im Gegensatz zur chinesischen Küche erscheinen mir die indonesischen Gerichte im allgemeinen arbeitsaufwendiger. Es gibt viele Spezialitäten, die eine lange Vorbereitungszeit benötigen.
Während Brot nicht zur einheimischen Nahrung gehört, gibt es einen angenehmen Ersatz zur Beruhigung der Geschmacksnerven nach dem Genuß der scharfen Sambal-Pasten: KRUPUK, in Fett aufgeschäumte knusprige Fladen aus Tapioka und Garnelenmehl.
Ob die berühmte indonesische Reistafel schon vor der holländischen Besitzergreifung existiert hat, ist recht fraglich. Naheliegend erscheint vielmehr, daß die weißen Herren sich zu besonderen

Festlichkeiten von ihrem Personal alles das kochen und zusammenstellen ließen, was die Landesküche zu bieten hatte. Da sich daraus beachtliche Mengen ergaben, kamen die sparsamen und praktischen Holländer gleich auf eine nützliche Resteverwertung: Alles, was übrigblieb, wurde mit Reis vermischt, aufgewärmt, mit Spiegeleiern belegt und als NASI GORENG verspeist. Von den einstigen Kolonialherren wurde auch die Sitte übernommen, zu den scharfen Mahlzeiten ein kühlendes Bier zu trinken.

Ostasien

China

Ein Volk, das am Neujahrstag als erste offizielle Handlung dem Gott der Küche seine Referenz erweist, hat sicher einen ausgeprägten Sinn für gutes Essen. Dies kommt auch darin zum Ausdruck, daß jede Familie in der Küche kleine Opfergaben in Form besonders schöner Gerichte bringt, begleitet von der Bitte, im Himmel über die gepflegte Kochkunst der Hausfrau zu berichten. So verwundert es auch nicht, daß die chinesische Küche häufig in ihrer Qualität in einem Atemzug mit Frankreich genannt wird. Das Kochen wurde als eine echte Kunst gewertet, und Schriftsteller und Philosophen schrieben über Essen und Rezepte. So kann man die Entwicklung chinesischer Speisen durch Jahrtausende hindurch an Hand von alten Aufzeichnungen und Überlieferungen verfolgen. In Europa wurden dagegen höchstens einige Festgelage von Archivaren registriert, doch fehlen uns die unendlich vielen Einzelheiten über Speisen und Eßgewohnheiten verflossener Jahrhunderte. Schon in alter Zeit war China so dicht bevölkert, daß die Felder viel intensiver genutzt werden mußten als in Europa. Gleichzeitig war der Kinderreichtum groß und damit die Familien relativ arm. Man konnte sich also keine Verschwendung leisten. Das bezog sich nicht nur auf Lebensmittel, sondern auch auf Brennstoffe. Holz war knapp, und die Energie mußte optimal genutzt werden. So entwickelte man schon frühzeitig eine Reihe wichtiger Einsparungsmethoden: Alle Lebensmittel wurden möglichst klein geschnitten, um schnell gar zu werden. Der pfannenartig gewölbte Topf, der Wok, sorgt für schnelle Energieübertragung und ein aus Bambusfasern geflochtener Korb erlaubt das Garen im Dampf beziehungsweise Wasserbad in mehreren übereinanderliegenden Schichten.
In Chinas Küche gibt es keine zähen Braten und stundenlang ausgelaugtes Gemüse. In wenigen Minuten ist jede Mahlzeit servierfertig und enthält alle Nährstoffe in viel höherem Maße als bei uns. Da die Zutaten bereits kleingeschnitten sind, braucht man weder Messer noch Gabel, sondern kann alles mit einfachen Bambusstäbchen aufnehmen.
Nicht allein von der Funktion her ist die chinesische Küche besonders gesund, sondern auch in der Art ihrer Zusammensetzung. In den Schalen vom Reis befinden sich wertvolle Bestandteile, und mit Muscheln, Fischen und Krustentieren werden dem Körper Eiweiß und Mineralien zugeführt. Dabei essen nicht nur die Küstenbewohner Fisch, sondern man entwickelte schon frühzeitig eine ausgedehnte Binnenfischzucht. Hierzu kommen ebenfalls als Eiweiß- und Kohlenhydratträger verschiedenste Hülsenfrüchte, vor allem Sojabohnen, deren vegetabiles Eiweiß gerade die geistige Arbeit besonders unterstützt. Vielleicht ist das ein Grund, weshalb die Chinesen auf fast allen Gebieten der Wissenschaft und Künste anderen Kulturen um Jahrhunderte oder Jahrtausende voraus waren.
In der chinesischen Küche kann sich praktisch jeder das zum Essen wählen, wozu er gerade Lust hat. Man kennt nur wenige Dutzend von Hauptbestandteilen, die jeweils in der Küche kleingehackt und säuberlich vorbereitet werden. Die Zubereitung selbst ähnelt einem Zahlenlotto: Die Kombination von 30 oder 40 Zutaten ermöglicht eine Zusammenstellung Tausender von Gerichten. Auch in der Speisenfolge verfährt man in China anders als in Europa. So stehen Suppen keineswegs immer am Anfang eines Essens, sondern können eingeschoben oder am Schluß gegessen werden. Die Gänge werden auch nicht wie bei uns hintereinander, sondern in Schüben serviert, wie man es in Europa während des Mittelalters kannte. Die individuelle Speisenfolge erfordert eine gewisse Erfahrung. Es gibt Gerichte, die zum Schreiben, Dichten oder Reden animieren, andere werden wieder für gute Schlaf- oder Liebesfähigkeit kombiniert. Besonders wichtig ist dabei die Reihenfolge des Genusses, um schlechte Wirkungen oder Träume zu vermeiden.
Das normale chinesische Essen, bei dem Mittags- und Abendmahlzeiten etwa gleichwertig sind, enthält meist kein Dessert. Zwar kennt man Süßspeisen und konfektartige Leckereien, Kompott und frisches Obst, doch werden diese Dinge relativ selten serviert und können dann je nach Lust des einzelnen in das gesamte Menü eingebaut werden.
Tischgetränke nach europäischer Art sind im Grunde unbekannt, doch ist es üblich, während des Essens Tee zu trinken. Auch dies ist wieder ein Beispiel, wie ein Genußmittel, zur rechten Zeit konsumiert, den Geist beflügeln kann.
Es gibt auch Reiswein und Reisschnaps, vielleicht sogar viel länger als im Abendland, doch haben alkoholische Getränke nie eine besondere Rolle gespielt.
Diese grundsätzlichen Betrachtungen zur chinesischen Küche gelten für das gesamte Riesenreich, in dem mehr als ein Fünftel der Menschheit lebt. Innerhalb Chinas gibt es recht unterschiedliche Küchen in den einzelnen Landesteilen. Im Norden findet man Gerichte, die vorwiegend im Raum von Peking entstanden und einst im Kaiserhaus und in den Familien hochgestellter Staatsbeamter oder Gelehrter üblich waren. Hier spricht man von der Mandarin-Küche. Würzige Gemüsezusammenstellungen kombiniert man mit verschiedenen Fleischsorten, oder Kohl und Pilze mit süß-sauren Fleischgängen. Besonders beliebt sind Entengerichte, berühmt wurde die PEKING-ENTE.
In der Westprovinz Szechuan werden scharfe Gerichte bevorzugt, und in der Provinz Kanton liebt man milde Zubereitungen aus Meeresfrüchten. Dank dieser grundsätzlichen Geschmacksunterschiede lassen sich vielseitige Kombinationen herstellen, so daß sich eine unglaubliche Vielzahl von chinesischen Gerichten ergibt.

Japan

In der Zusammenstellung der Lebensmittel, ihrer Bearbeitung und Präsentation gibt es selbst unter den ostasiatischen Nachbarn keine Parallelen zur japanischen Küche. Als in grauer Vorzeit die Inseln vom Festland her besiedelt wurden, änderten wahrscheinlich die Ureinwohner ihre Lebensgewohnheiten grundlegend. An den Platz von Fleisch rückte Fisch, und an die Stelle der reichen Binnenlandsvegetation trat weitgehend ein karger Pflanzenwuchs, von dem man mehr schlecht als recht leben konnte. Aus der Notwendigkeit zu überleben wurden schon in vorgeschichtlicher Zeit die rund 2000 Inseln nach eßbaren Pflanzen abgesucht. Dabei entdeckte man Bodenschimmel, Moosgewächse und Meeresalgen, die bis heute zusätzliche Nahrungsquellen bieten.
Die Armut an Lebensmitteln brachte die Bevölkerung dazu, ihre tägliche Nahrung besonders zu achten und die Kärglichkeit durch optisch-künstlerische Darbietung auszugleichen. Ob Fische oder

Gemüse, Seetang oder Muscheln, jedes einzelne Stück wird mit größter Sorgfalt geschnitten und ausgelegt. Rettiche, Gurken, Möhren, grüner Meerrettich (Wasabi), Bambussprossen oder Lotoswurzeln werden zu Stilleben auf Schüsseln angeordnet. Die Armut an Brennmaterial machte die Japaner weitgehend zu Rohköstlern. Nur Reis und Sojabohnen, die wichtigsten Kohlenhydratträger im Lande, konnte man nicht ohne Garprozeß genießen. Brot hat man bis vor wenigen Jahrzehnten nicht gekannt, und selbst heute, da die Lebensmittel der ganzen Welt in den Supermärkten des Inselreiches zu finden sind, bleibt Brot eine fremdländische Spezialität. Der Japaner beginnt den Tag mit einer Sojasuppe, vielleicht mit einigen Reiskörnern angereichert, und einem dünnen Tee.
Gemüse und Fisch werden weitgehend in Fett – ursprünglich vermutlich nur von Fischen – ausgebacken. Diese TEMPURA genannten Speisen entstanden in der Zeit zwischen 1543 und 1637, als Holländer und Portugiesen im Lande Handelshäuser und Missionsstellen errichteten, die dann wieder geräumt wurden, als kein Fremder mehr das Inselreich betreten durfte. In der Zwischenzeit wurde die mediterrane Garungsart von japanischen Hausfrauen weiterentwickelt. Dabei zeigte sich, daß die Fett-Temperatur beim Ausbacken je nach dem Gargut unterschiedlich sein muß, um bestimmte Geschmackseffekte zu erzielen. Von den Portugiesen lernten die Japaner damals Fleisch kennen. Der Fleischgenuß wurde jedoch nur von einer fremdrassigen Bevölkerungsgruppe, den Eta, übernommen, die jedoch noch bis in dieses Jahrhundert hinein weitgehend außerhalb der japanischen Gesellschaft stand. So ist es auch nicht verwunderlich, daß die japanische Küche Butter und Schmalz eigentlich erst nach dem letzten Krieg kennenlernte.
Desserts und Süßspeisen kennt man mit Ausnahme einer Art Geleekonfekt, das künstlerisch geformt wird, nicht. Diese KYOGASHI werden nur für bestimmte Feiertagsessen hergestellt. Nach Tisch ißt man gern Früchte.
Nachdem das Land 1868 unter dem Meiji-Tenno für Fremde wieder geöffnet wurde, begannen sich in kleinem Umfang westliche Eßgewohnheiten in die traditionelle Küche einzuschleichen. Ganz entscheidend beeinflußte die Niederlage 1945 die kulinarische Szene. Westliche Lebensmittel und Markenartikel kamen ins Land, und eine eigene Lebensmittelindustrie schuf Fertigprodukte und Tiefkühlwaren. Westliche Kost bekam Prestigewert, und Bier begann den traditionellen Tee, Reis- und Pflaumenwein zu verdrängen.

Australien/Ozeanien

Südsee

Trotz der riesigen Entfernungen zeigt die polynesische Inselwelt im Dreieck zwischen Hawaii, Osterinseln und Neuseeland sowie auch die westlich hiervon gelegenen Archipele Mikronesiens und Melanesiens, kulinarisch gesehen, viele Parallelen. Überall bestimmt der Reichtum an tropischen Früchten die täglichen Gerichte, wobei Brotfrüchte, Süßkartoffeln, Taropflanzen und Yams die stärkehaltigen Kohlenhydratkalorien liefern. Kokosnüsse ersetzen die Milch, und mehr oder weniger wilde Gemüse sowie Ananas, Bananen, Guavas, Mango-, Passions- und Zitrusfrüchte ergeben schmackhafte Ergänzungen oder Desserts.
Die wichtigsten Fleischquellen sind Schweine und Geflügel, weiteres tierisches Eiweiß stammt von Fischen und Meeresfrüchten. Auf Fett läßt sich verzichten, da der hohe Anteil von Kokosnußfleisch beziehungsweise Kokosmilch den Fettbedarf allein deckt. Da fast sämtliche Inselgruppen während der letzten 200 Jahre von einer der europäischen Großmächte regiert wurden, sind in den Lebensstil der Einheimischen im Laufe der Zeit auch gewisse Elemente westlicher Zivilisation eingeflossen.
Die traditionelle Form der Zubereitung warmer Speisen ist das Kochen im Erdofen. Hierfür werden nach bestimmten Gewohnheiten Erdlöcher ausgehoben, mit Steinen gefüllt, diese durch Feuer stundenlang erhitzt und nach Beseitigung der Asche mit der vorbereiteten Nahrung ausgelegt. Die bratfertigen Tiere werden unzerteilt zwischen die Steine gelegt, während man die Beilagen in kleine Blätterpakete wickelt. Auch die Grube selbst wird gewöhnlich mit Palmblättern ausgelegt, deren Feuchtigkeit im Steinofen eine besondere Atmosphäre erzeugt. Das Ganze wird zugeschüttet und nach einigen Stunden wieder geöffnet. Für die Eingeborenen Polynesiens ist dies bis heute die alltägliche Garungsmethode. Daneben gibt es gewisse Speisen, die man auf offenem Feuer bereitet. Wenn Hütten und Häuser teilweise auch schon europäisches Mobiliar enthalten, hat man im allgemeinen, abgesehen von den Städten, Kochstellen außerhalb der Wohnung. Seit eh und je gibt es eine Trennung zwischen Wohn- und Küchenhaus. Es hängt dann meist vom Prozentsatz europäischen Blutes in einer Familie ab, ob man ganz mit den alten Sitten bricht und sich gänzlich nach westlichem Vorbild etabliert. In diesem Fall wird sich auch automatisch die Zusammenstellung der Gerichte mehr westlichen Vorbildern nähern.
Die Erdofen-Kochmethode bietet einen großen Vorteil: Schwierigkeiten bei großen Festessen können nicht entstehen, da je nach der erwarteten Personenzahl rundherum weitere Erdöfen ausgehoben und beheizt werden.
Die Flüssigkeit, in der ein großer Teil aller Speisen gegart wird, stammt weitgehend aus der Kokosnuß. Das noch nicht völlig erhärtete Innere wird ausgeschabt und ausgepreßt. Ist es schon recht hart, gibt man etwas Wasser dazu, um die Geschmacksstoffe zu lösen. Hierdurch enthalten die Speisen bereits ein bestimmtes Aroma. Die Kokosmilch ist zugleich ein wichtiges Getränk. Zur Bewirtung von Gästen und bei Feierlichkeiten bereitet man auf vielen Inseln einen Trank aus den Wurzelknollen des Kawa-Strauches, der aus eigens hierfür geschnitzten Holzschalen geschöpft wird. Im täglichen Leben trinkt man aber auch viel schwarzen Tee und Kaffee sowie die heute über die gesamte Südsee verbreiteten Cola- und Fruchtlimonaden.
Für Neuseeland gilt, soweit es die Maori-Urbevölkerung angeht, etwa das gleiche wie für die nördlich gelegenen Inseln. Die vorwiegend von Europäern abstammende Mehrzahl der Bevölkerung hat die traditionellen Gerichte ihrer Länder beziehungsweise ihrer Familien beibehalten und durch Früchte der Region und die vorhandenen Fische und Krustentiere bereichert. Auch bei der Zubereitung hält man sich an europäische Vorbilder.
Bemerkenswert ist bei Neuseeland die hohe Bedeutung von Lammfleisch, das in seinem Stellenwert vor Rind- und Schweinefleisch liegt. In Australien ist es umgekehrt, doch entsprechen hier die kulinarischen Sitten und Gebräuche in noch stärkerem Maße den jeweiligen Ursprungsländern der Einwohner. Von einer typisch australischen oder neuseeländischen Küche läßt sich deshalb nicht sprechen. Lediglich die wachsende Zahl neuer Einwanderer aus dem südeuropäischen und ostasiatischen Raum bereichert – ähnlich wie in Mitteleuropa – die bisherigen Speisen durch neue Gerichte.
Auch in bezug auf die Trinkgewohnheiten richtet man sich in Australien und Neuseeland nach europäischen Traditionen. Bemerkenswert ist jedoch, daß in Australien und Neuseeland ein außerordentlich guter Wein angebaut wird, der inzwischen auch den Weg nach Europa gefunden hat.

Die wichtigen Grundrezepte

Um ausführlich auf die speziellen, uns nicht vertrauten Zubereitungsarten vieler Rezepte dieses Buches eingehen zu können, mußten einige immer wiederkehrende Vorgänge, beispielsweise bei der Bereitung von Teigen oder Saucen im Rezepttext knapp gehalten werden. Wir haben deshalb eine Anzahl von Grundrezepten, die in vielen Ländern gleich oder sehr ähnlich zubereitet werden, für Sie zusammengestellt.
Rund um die Welt wird gebacken, gibt es Klöße und Nudeln. So lange gemahlenes Getreide zu Brei gekocht oder zu Brot verbakken wird, gibt es erprobte Methoden der Zubereitung, die sich weltweit gleichen. So ist Hefeteig zum Beispiel ein Produkt seines Triebmittels Hefe, gleichgültig nach welcher Technik der Teig zum Gehen gebracht wird. Auch Klöße aus Kartoffeln oder Mehlteig kommen prinzipiell nach einer ausgewogenen Zusammensetzung zustande und werden überall auf die gleiche Art hergestellt und gegart. Feinheiten, durch die sich diese Rezepte in den einzelnen Landesküchen unterscheiden, ergeben sich aus würzenden Zutaten oder geringen Verschiebungen in der Grundzusammensetzung der Teige. Die genauen Zutaten sind jeweils im Rezeptteil des Buches angegeben. In den Rezepten selbst wird auf das entsprechende Grundrezept, aus dem der Arbeitsvorgang ersichtlich ist, verwiesen.

Von Hefeteig bis Nudelteig

Die folgenden Teigrezepte von süß bis salzig finden in vielen Länderküchen Anwendung.

Hefeteig

Beispiel für die Zutaten:
500 g Mehl · 30 g Hefe · 60 g Zucker · ¼ l lauwarme Milch · 60 g Butter · 1 Ei · 1 Prise Salz · abgeriebene Schale von 1 Zitrone

Der Arbeitsablauf:

- Alle Zutaten rechtzeitig auf Raumtemperatur bringen.
- Das Mehl in eine Schüssel sieben, in die Mitte eine Vertiefung drücken, die Hefe hineinbröckeln und mit etwas Zucker, der Milch und wenig Mehl verrühren. Den Hefevorteig mit Mehl bestäuben und zugedeckt an einem warmen Platz mindestens 15 Minuten gehen lassen, bis das Mehl auf der Oberseite deutliche Risse zeigt.

Für den Hefeteig eine Mulde in das gesiebte Mehl drücken und die Hefe hineinbröckeln.

Beim genügend gegangenen Hefevorteig zeigt die bemehlte Oberfläche deutlich Risse.

- Den restlichen Zucker, die geschmolzene, aber nicht heiße Butter, das Ei, das Salz und die Zitronenschale auf dem Mehlrand verteilen und alle Zutaten mit dem gesamten Mehl und dem Hefevorteig verrühren. Den Teig schlagen, bis er Blasen wirft und sich vom Schüsselrand löst. Den Teig noch einmal mit Mehl bestäuben und zugedeckt mindestens 15 Minuten gehen lassen, bis er deutlich an Volumen zugenommen hat.
- Den Teig je nach Rezept auf einer leicht bemehlten Arbeitsfläche ausrollen, auf ein leicht gefettetes Backblech legen und mit einer Gabel mehrmals einstechen oder ausstechen oder zu Kugeln oder Strängen rollen formen und ebenfalls auf ein leicht gefettetes Backblech legen.

Von Hefeteig bis Nudelteig

- Das Gebäck mit einem Tuch bedecken und weitere 15 bis 20 Minuten gehen lassen. – Ausnahme: Wird ein Kuchenboden auf dem Blech mit Obst oder einem anderen Belag versehen, braucht er nicht zugedeckt zu werden.
- Den Backofen auf die im Rezept angegebene Temperatur vorheizen, für flaches oder halbhohes Gebäck auf etwa 220°.
- Das gegangene Gebäck je nach Rezept bestreichen oder bestreuen und auf der entsprechenden Schiebeleiste des Backofens 25 bis 35 Minuten backen.
- Das Gebäck nach der vorgeschriebenen Garzeit aus dem Backofen nehmen, kleine Gebäckteile sofort mit einem Spatel vom Backblech heben und auf einem Kuchengitter auskühlen lassen. Kuchen vom Blech auf dem Backblech 5 Minuten abkühlen lassen, dann in Stücke schneiden und mit einem Spatel auf ein Kuchengitter legen. Das Gebäck nach der jeweiligen Rezeptvorschrift bestreuen, besieben oder bestreichen.

Süßer Mürbeteig

Der Mürbeteig ist leicht und schnell bereitet und Grundlage einer Fülle süßer und herzhafter internationaler Spezialitäten. Die Grundzutaten für süßen Mürbeteig sind 1 Teil Zucker, 2 Teile Fett und 3 Teile Mehl. Salziger Mürbeteig enthält statt des Zuckers Ei oder eine entsprechende Menge Flüssigkeit.

Beispiel für die Zutaten:
100 g Zucker oder Puderzucker · 200 g Butter · 300 g Mehl

Der Arbeitsablauf:
- Alle benötigten Zutaten bereitstellen und exakt abwiegen. Das Fett, das Kühlschranktemperatur haben darf, in kleine Flöckchen schneiden. Das Mehl sieben.
- Den Zucker mit der Butter verkneten, das Mehl darübersieben und alles mit den Händen möglichst schnell zu einem glatten Teig verarbeiten. Keinesfalls zu lange kneten, da der Teig sonst leicht bröckelig wird.
- Den Backofen auf die im jeweiligen Rezept angegebene Temperatur vorheizen – etwa 200°.
- In den meisten Fällen wird Mürbeteig ausgerollt. Dafür das Backbrett dünn mit Mehl bestäuben, den Teigballen darauflegen und mit dem Nudelholz einmal kurz darüberrollen. Danach den Teig auch von oben mit wenig Mehl bestäuben. Zwischendurch mit der flachen Hand unter den Teig fahren, ihn anheben und wieder etwas Mehl auf das Backbrett stäuben. So fortfahren, bis der Teig die gewünschte Größe hat. Darauf achten, daß beim Ausrollen und Formen nicht zuviel Mehl unter den Mürbeteig verarbeitet wird.
- Wird Mürbeteig durch langes Verarbeiten zu weich, so dürfen Sie keinesfalls Mehl zugeben. Das würde die Teigqualität beeinträchtigen. Den Teig vielmehr in Alufolie gewickelt etwa 30 Minuten in den Kühlschrank legen.
- Wird Kleingebäck aus Mürbeteig geformt, den Teig in mehreren Portionen verarbeiten.
- Groß ausgerollte Mürbeteigflächen, die im Ganzen gebacken werden, lassen sich schlecht von der Arbeitsfläche zur Form oder zum Backblech transportieren. Teigplatten für eine runde Form deshalb einmal zusammen- und erst in der Form wieder auseinanderklappen. Größere Teigplatten mit Alufolie belegen, mit ihr zusammenrollen und auf dem Blech wieder auseinanderrollen.
- Mürbeteigkuchen- und Tortenböden, sowie Mürbeteigdecken vor dem Backen mehrmals in kleinen Abständen mit einer Gabel einstechen, um Blasenbildung beim Backen zu vermeiden. Bilden sich während des Backens trotzdem Luftblasen, so können Sie die

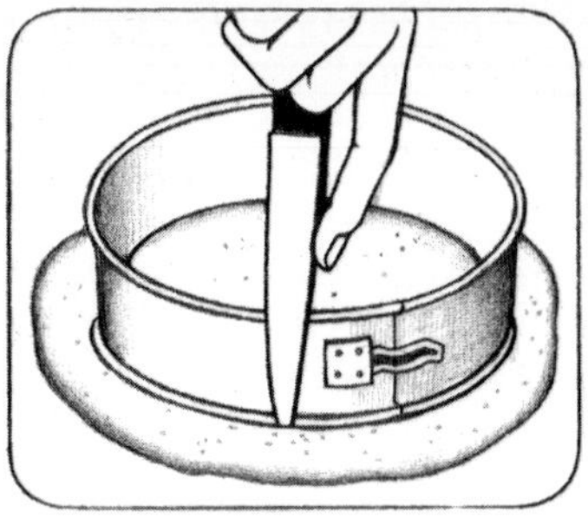

Zum Auslegen des Bodens einer Form mit Mürbeteig die Form auf die Teigplatte stellen und den überstehenden Teig abschneiden.

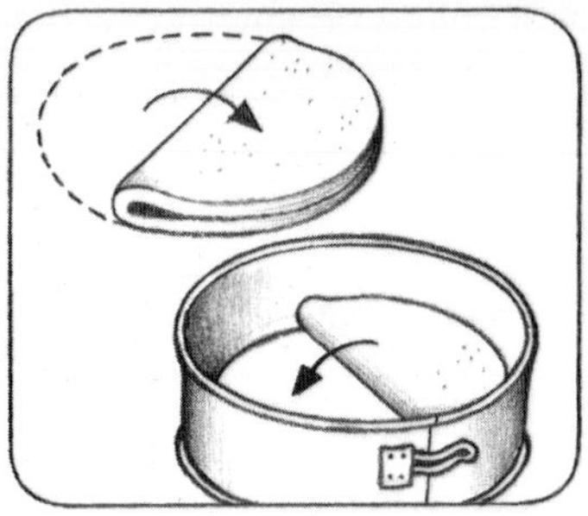

Den ausgeschnittenen Teigkreis zusammenfalten, in die Form legen und wieder auseinanderklappen.

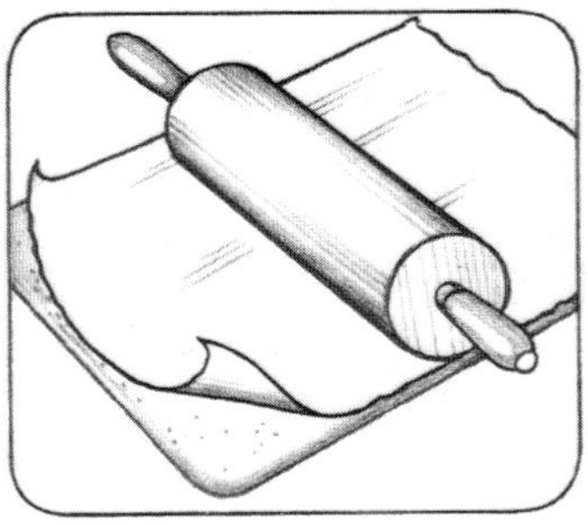

Große Teigplatten rollt man zum Transportieren auf das Backblech auf einem Stück Alufolie aus…

…legt die Rolle auf das Blech und breitet die Teigplatte mit Hilfe der Folie auf dem Blech aus.

Blasen nach dem Backen ohne weiteres durch Einstiche beseitigen. Überstehenden Teig am Rand der Form entlang mit dem Messer abschneiden.
- Den Teig in den vorgeheizten Backofen auf die entsprechende Schiebeleiste schieben und backen.
- Die im Rezept angegebene Backzeit einhalten, den Teig gegen Ende der Backzeit jedoch prüfen. Maßgebend ist der Bräunungsgrad des Teiges.
- Frischgebackener Mürbeteig bricht leicht. Er soll daher immer einige Minuten abkühlen, ehe er vorsichtig aus der Form gestürzt oder mit einem breiten Messer oder Spatel vom Backblech gehoben wird. Keinesfalls darf Mürbeteig aber vollständig auf dem Backblech oder in der Backform erkalten, weil dann das ausgetretene Fett fest würde und die Gebäckstücke kleben blieben.
- Die Zutaten für Mürbeteig können auch noch nach einer anderen Methode verknetet werden: Das Mehl auf ein Backbrett sieben, in die Mitte eine Mulde drücken und den Zucker beziehungsweise das Ei oder die Flüssigkeit hineinschütten. Das Fett in Flöckchen auf dem Mehlrand verteilen und alle Zutaten rasch mit möglichst kühlen Händen zu einem glatten Teig verkneten.

Pasteten-Mürbeteig

Beispiel für die Zutaten:
600 g Mehl · 300 g Butter · 1½ Teel. Salz · 8–12 Eßl. Wasser · 1 Ei

Der Arbeitsablauf:
- Das Mehl auf eine Arbeitsplatte sieben und in die Mitte eine Mulde drücken.
- Die Butter in Würfel in die Mulde im Mehl schneiden und das Salz darüberstreuen.

- 4 Eßlöffel Wasser auf die Butter geben. Das Ei über einer Tasse aufschlagen, um zu prüfen, ob es nicht verdorben ist, und auf die Butter geben.
- Die Buttermasse mit der Hand mischen und dabei portionsweise nach und nach das Mehl und das übrige Wasser unterarbeiten.
- Alle Zutaten zu einem geschmeidigen Teig verkneten. Rasch arbeiten, da sonst die Gefahr besteht, daß der Teig brandig (rissig) wird. Zeigt der Teig Risse, noch etwas kaltes Wasser zufügen.
- Den Teig zu einer Kugel formen, in Alufolie wickeln und vor der Weiterverarbeitung 60 Minuten im Kühlschrank ruhen lassen.

Biskuitboden

Beispiel für die Zutaten:
4 Eier · 180 g Zucker · 1 Päckchen Vanillinzucker · 3–4 Eßl. Wasser · 150 g Mehl · 100 g Speisestärke · 3 gestrichene Teel. Backpulver

Der Arbeitsablauf:
- Den Boden, nicht den Rand, einer Springform mit Butter oder Margarine ausfetten und mit Semmelbröseln oder Mehl ausstreuen.
- Den Backofen auf 180° vorheizen.
- Die Eier trennen.
- Die Eigelbe mit der Hälfte des Zuckers und dem Vanillinzucker schaumig rühren.
- Die Eiweiße mit dem Wasser in einer völlig fettfreien Schüssel zu Schnee schlagen. Hat der Eischnee eine weiche, flaumige Konsistenz, den restlichen Zucker einrieseln lassen und so lange weiterschlagen, bis der Eischnee steif ist.
- Den Eischnee auf die Eigelbmasse häufen und mit dem Rührlöffel unterheben.
- Das Mehl mit der Speisestärke und dem Backpulver mischen und über den Eischnee sieben. Alles locker vermengen.
- Den Teig in die vorbereitete Springform füllen, glattstreichen und auf der mittleren Schiebeleiste des Backofens 25 bis 30 Minuten backen. Während der ersten 15 Minuten Backzeit die Backofentür auf keinen Fall öffnen, da der zarte Teig sonst zusammenfallen könnte.
- Nach 25 Minuten Backzeit die Stäbchenprobe machen: Ein Holzstäbchen in die Mitte des Kuchens stecken. Bleiben keine Teigspuren am Holzstäbchen haften, ist der Kuchen durchgebakken. Den Kuchen gegebenenfalls noch einige Minuten nachbakken.

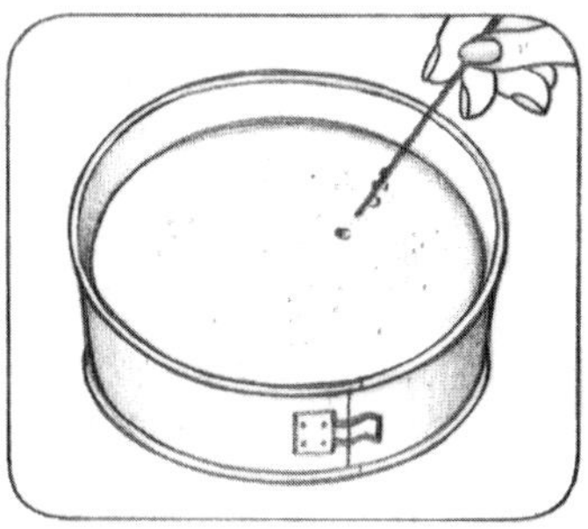

Zur Garprobe Biskuitteigböden kurz vor Beendigung der angegebenen Garzeit mit einem Holzstäbchen einstechen. Bleiben keine Teigspuren am Stäbchen haften, ist der Kuchen durchgebacken.

In Schichten schneidet man den Tortenboden am besten mit einem langen Messer, wobei die ganze Länge der Klinge den Tortenboden durchzieht.

- Den Tortenboden aus dem Backofen nehmen. 10 Minuten in der Form abkühlen lassen, dann mit einem sehr dünnen Messer vorsichtig vom Rand der Springform lösen, den Rand der Form entfernen, den Kuchenboden auf ein Kuchengitter stürzen und erkalten lassen.
- Je länger ein Tortenboden nach dem Backen ruht, desto leichter läßt er sich in Schichten schneiden. Er sollte 2 bis 6 Stunden, besser noch über Nacht ruhen.

Strudelteig

Die Zutaten:
250 g Mehl · ½ Tasse lauwarmes Wasser · 1 Ei · 1 Messerspitze Salz · 1 Eßl. Schweineschmalz oder Butter

Der Arbeitsablauf:
- Alle benötigten Zutaten rechtzeitig vor Backbeginn auf Raumtemperatur bringen.
- Das Mehl auf ein Backbrett sieben. Eine Mulde in das Mehl drücken und das Wasser, das Ei sowie das Salz hineingeben. Das Fett zerlassen, in die Vertiefung gießen und alles von innen nach außen mit dem gesamten Mehl verkneten.
- Den Teig durchkneten, bis er glatt und glänzend ist. Dann etwa 50mal auf ein bemehltes Brett schlagen.
- Den Teig zu einem Ballen formen und mit einer umgekehrten Schüssel zugedeckt bei Raumtemperatur 1 Stunde ruhen lassen. Inzwischen die Füllung vorbereiten.
- Den Backofen auf 200° vorheizen.
- Ein Leinentuch auf dem Tisch ausbreiten und mit wenig Mehl bestreuen. Den Teig so dünn wie möglich auf dem Tisch ausrollen.
- Den Teig dann mit den Handrücken vom Tuch heben und von der Mitte aus über beide Hände vorsichtig dehnen und ziehen, bis der ganze Teig bis zu den Rändern hin gleichmäßig dünn ist. Der Teig sollte papierdünn sein. Entstehen beim Ziehen einmal kleine Löcher im Teig, so werden sie wieder fest zusammengedrückt. Die dickeren Ränder vom Teig abschneiden.

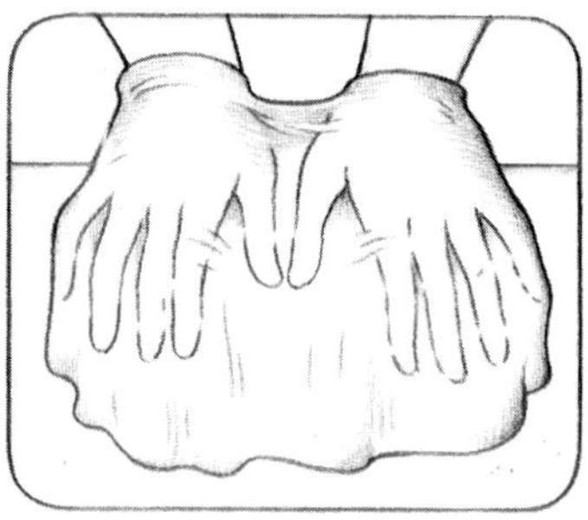

Den Strudelteig über die Handrükken papierdünn ausziehen.

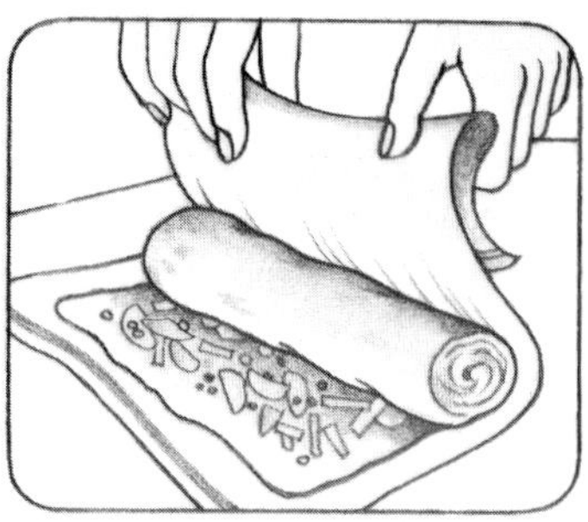

Den belegten Teig mit Hilfe des Tuches zu einer Rolle formen.

- Den Teig mit zerlassener Butter bestreichen und füllen, wie im jeweiligen Rezept beschrieben, dann mit Hilfe des Tuches zu einer Rolle formen.
- Den Strudel entweder auf ein leicht gefettetes Backblech oder in eine mit Fett ausgestrichene Bratenpfanne (Bratreine) legen. Den Strudel mit zerlassener Butter bestreichen und im Backofen auf der zweiten Schiebeleiste von unten 35 bis 40 Minuten backen. Nach dem Backen gegebenenfalls mit Puderzucker besieben und möglichst heiß servieren.

Eiernudeln
PASTA FRESCA ALL'UOVO

Aus einem Nudelgrundteig und einer leicht abgewandelten Form dieses Teiges werden alle hausgemachten italienischen Nudeln hergestellt.

Zutaten:
400 g Mehl · 4 Eier · 2 Messerspitzen Salz

Der Arbeitsablauf:
- Das Mehl hügelartig auf ein Backbrett sieben und in die Mitte eine Vertiefung drücken.
- Die Eier in die Vertiefung schlagen und das Salz darüberstreuen.
- Von der Mitte aus mit einer Gabel die Eier mit dem gesamten Mehl verrühren.
- Die Masse mit dem Handballen 10 bis 15 Minuten kräftig kneten, bis der Teig sich vom Brett löst und glatt und glänzend wird. Bilden sich kleine Blasen im Teig, hat er die richtige Beschaffenheit.
- Den Nudelteig zu einer Kugel formen, in ein bemehltes Küchentuch wickeln und eine Schüssel darüberstülpen. Den Teig 20 Minuten lang bei Raumtemperatur ruhen lassen.
- Das Backbrett und das Nudelholz leicht mit Mehl bestäuben. Die Teigkugel in 3 oder 4 Portionen und diese von der Mitte aus zu messerrückendünnen Teigblättern ausrollen.
- Die Teigblätter etwa 15 Minuten trocknen lassen, sie dürfen jedoch nicht hart werden, weil sie sich dann nicht mehr aufrollen lassen. Für LASAGNE und gefüllte Nudeln wie RAVIOLI die Teigblätter nur etwa 5 Minuten antrocknen lassen.
- Die Teigplatten leicht mit Mehl bestreuen, zusammenrollen und dann mit einem scharfen Messer in die gewünschte Breite schneiden.

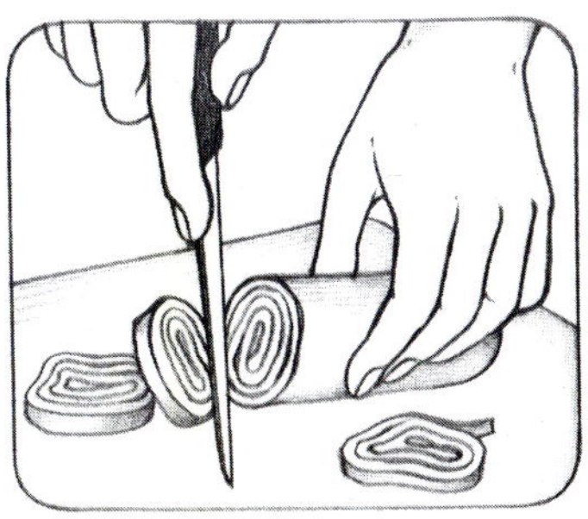

Den aufgerollten Nudelteig je nach der gewünschten Nudelbreite in Scheiben schneiden.

Die geschnittenen Nudeln mit der Gabel anheben und entrollen.

- Die Nudelrollen vorsichtig mit den Händen hochheben, durch Schütteln etwas lockern und auf ein bemehltes Tuch fallen lassen. Die Nudelstreifen behutsam mit einer Gabel anheben, damit sie sich vollends entrollen.
- Die aufgerollten Nudelteigblätter werden in Streifen meist folgender Breiten geschnitten:

Für FETTUCINE (Bandnudeln) 0,5 cm, TAGLIATELLE (breite Bandnudeln) 1 cm, PAPPARDELLE (Nudelflecke) 2 bis 3 cm, LASAGNE (Nudelblätter) 8 bis 10 cm.

Grüne Nudeln
PASTA VERDE

Zutaten:
400 g Mehl · 2 Eier · 200 g gegarter pürierter Spinat · ½ Teel. Salz · 2 Teel. Olivenöl

Der Arbeitsablauf:
- Das Mehl hügelartig auf ein Backbrett sieben und in die Mitte eine Mulde drücken.
- Die Eier in die Mulde schlagen und den Spinat daraufgeben.
- Das Salz darüberstreuen und das Öl daraufträufeln.
- Die Zutaten mit einer Gabel von der Mitte aus mit dem gesamten Mehl verrühren.
- Den Teig dann wie im Rezept Eiernudeln beschrieben fertigstellen und ausrollen.

Klöße und Knödel

Klöße, in Süddeutschland und Österreich Knödel genannt, sind eine beliebte Beilage zu vielen Gerichten, vor allem Fleischspeisen mit Sauce.

Klöße aus gekochten Kartoffeln

Zutaten:
1 kg mehlig oder vorwiegend mehlig kochende Kartoffeln · 80–150 g Mehl, je nach Bindekraft der Kartoffeln · 2 Eier · ½ Teel. Salz · 1 Messerspitze geriebene Muskatnuß · 3 l Wasser · 2 Teel. Salz · 1 Brötchen · 1 Eßl. Butter

Der Arbeitsablauf:
- Die Kartoffeln in der Schale garen, schälen, sofort durchpressen und sehr locker auf ein Backbrett oder auf eine Arbeitsfläche streuen.
- Zunächst ⅔ des Mehles darüberstäuben, die Eier mit dem Salz und der geriebenen Muskatnuß verquirlen und dazugeben. Die Kartoffelmasse zusammendrücken und zu einem lockeren Teig kneten. Dabei rasch arbeiten, weil sonst der Teig klebrig wird. Die Arbeitsfläche immer wieder mit dem Teigschaber saubermachen und wenn nötig nach und nach soviel Mehl unterkneten, bis ein nicht zu feuchter Teig entsteht.
- Mit bemehlten Händen eine Rolle formen (etwa 7 cm ∅).
- Das Wasser mit dem Salz zum Kochen bringen. Das Brötchen in Würfel schneiden und in der Butter goldgelb braten.
- Von der Teigrolle etwa 2 cm dicke Scheiben abschneiden. Mit bemehlten Händen Klöße daraus formen. Dabei in jeden Kloß einige Brötchenwürfel drücken.
- Die Klöße ins leicht sprudelnd kochende Salzwasser geben, einmal aufwallen lassen und im offenen Topf bei milder Hitze in etwa 20 Minuten gar ziehen lassen. Die Klöße sind gar, wenn sie wieder an die Wasseroberfläche steigen. Sie sollen seidig glänzen und innen locker und flockig sein.
- Die fertigen Klöße mit dem Schaumlöffel aus dem Wasser heben und abtropfen lassen.

Unser Tip
Zuerst einen Probekloß garen. Behält er nach einigen Minuten Kochzeit seine Form, alle Klöße einlegen. Verliert er an Volumen oder zerfällt, dem Teig noch etwas Mehl oder Grieß hinzufügen.

Klöße und Knödel

Klöße aus rohen Kartoffeln

Zutaten:
300 g Pellkartoffeln vom Vortag · 1 Brötchen · 1 Eßl. Butter · 1,5 kg rohe Kartoffeln · ¼ l Milch · 3 l Wasser · 2 Teel. Salz · 2 Eßl. Speisestärke

Der Arbeitsablauf:
- Die Pellkartoffeln schälen und feinreiben.
- Das Brötchen in Würfel schneiden. Die Butter zerlassen und die Brötchenwürfel darin goldgelb braten.
- Die rohen Kartoffeln schälen, kalt abwaschen, in längliche Stücke schneiden und in eine Schüssel mit kaltem Wasser reiben (dies verhindert, daß sich die Kartoffeln dunkel färben).
- Die geriebene Kartoffelmasse in einem Tuch sehr kräftig auspressen. Das Kartoffelwasser stehen lassen, damit sich die Stärke absetzen kann.
- Die Milch erhitzen.
- Das Wasser mit der Hälfte des Salzes zum Kochen bringen.
- Die ausgepreßten Kartoffeln in eine Schüssel geben. Das Kartoffelwasser abgießen und die abgesetzte Stärke zusammen mit der Speisestärke, den geriebenen gekochten Kartoffeln und dem restlichen Salz unter die Kartoffelmasse rühren. Die heiße Milch darübergießen und alles gut vermengen.
- Aus dem Teig mit nassen Händen etwa 12 Klöße formen; dabei jeweils in die Mitte einige gebratene Brotwürfel drücken.
- Die Klöße in das kochende Salzwasser legen, einmal aufwallen lassen und bei milder Hitze in etwa 30 Minuten im offenen Topf gar ziehen lassen. Die Klöße sind fertig, wenn sie wieder an die Oberfläche steigen und sich leicht drehen. Sie müssen außen glänzen und innen locker sein.
- Die Klöße mit dem Schaumlöffel aus dem Wasser heben, abtropfen lassen und in einer Schüssel anrichten.

Unser Tip
Wenn man einen flachen Teller umgekehrt in die Schüssel legt, kann sich das restliche Tropfwasser darunter sammeln.

Semmelknödel

Zutaten:
8 altbackene Brötchen · 1 Teel. Salz · ⅜ l Milch · ½ Zwiebel · ½ Bund Petersilie · 1 Eßl. Butter · 2½ l Wasser · 2 Teel. Salz · 2–3 Eier · 1 Messerspitze getrockneter Majoran · 2 Messerspitzen weißer Pfeffer

Der Arbeitsablauf:
- Die Brötchen in hauchdünne Scheiben schneiden und in eine große Schüssel geben. Das Salz darüberstreuen. Die Milch erwärmen, darübergießen, die Schüssel zudecken und die Brötchen etwa 60 Minuten durchziehen lassen.
- Die Zwiebel schälen und in kleine Würfel schneiden. Die Petersilie waschen, abtropfen lassen und kleinschneiden. Die Zwiebelwürfel und die Petersilie in der Butter anbraten und abkühlen lassen.
- Das Wasser mit dem Salz zum Kochen bringen.
- Die Eier verquirlen, mit dem Majoran, dem Pfeffer und den angebratenen Zwiebeln zu den Brötchenscheiben geben, mit den Händen zusammenkneten und in der Schüssel flachdrücken.
- Mit angefeuchteten Händen einen Probekloß formen, diesen ins kochende Salzwasser legen und garen. Wenn vom Teig des Probekloßes etwas loskocht, noch einige Eßlöffel Semmelbrösel unter den Teig mischen.
- Den Teig zu Klößen formen, alle ins kochende Salzwasser legen und bei milder Hitze im offenen Topf in etwa 20 Minuten gar ziehen lassen. Die Klöße sind gar, wenn sie nach oben steigen und sich leicht im Wasser drehen.
- Die Semmelknödel mit einem Schaumlöffel aus dem Wasser heben und in einer vorgewärmten Schüssel anrichten.

Hefeklöße/Hefeknödel

Zutaten:
500 g Mehl · 40 g Hefe · knapp ¼ l Milch · 1 Teel. Zucker · 60 g Butter · 1 Ei · 1 Teel. Salz · 3–4 l Wasser

Der Arbeitsablauf:
- Das Mehl in eine Schüssel sieben.
- Eine Vertiefung in die Mitte drücken und in die Vertiefung die Hefe bröckeln.
- Die Milch lauwarm werden lassen.
- Den Zucker auf die Hefe streuen, die Milch zufügen und mit etwas Mehl zu einem Brei rühren. Etwas Mehl über den Hefevorteig stäuben. Zugedeckt an einem warmen Ort gehen lassen, bis die Mehlschicht Risse zeigt.
- Den gegangenen Hefevorteig mit dem Mehl in der Schüssel mischen. Die Butter zerlassen und mit dem Ei und dem Salz zufügen. Den Teig schlagen, bis er Blasen wirft.
- Den Teig zugedeckt gehen lassen, bis er sein Volumen verdoppelt hat.
- Den gegangenen Hefeteig in 12 gleichgroße Portionen teilen und runde Klöße daraus formen. Die Hefeklöße nochmals auf einem leicht bemehlten Brett zugedeckt gehen lassen.
- Einen großen Topf zu ⅔ mit Wasser füllen. Ein Mulltuch so am Topfrand befestigen, daß es leicht durchhängt, jedoch nicht mit dem Wasser in Berührung kommt. Das Wasser zum Kochen bringen und die Klöße auf das Tuch legen. Eine Schüssel darüberstülpen und die Klöße über dem kochenden Wasser im heißen Dampf in 15 bis 20 Minuten garen. Die Klöße nach der Hälfte der Garzeit wenden.

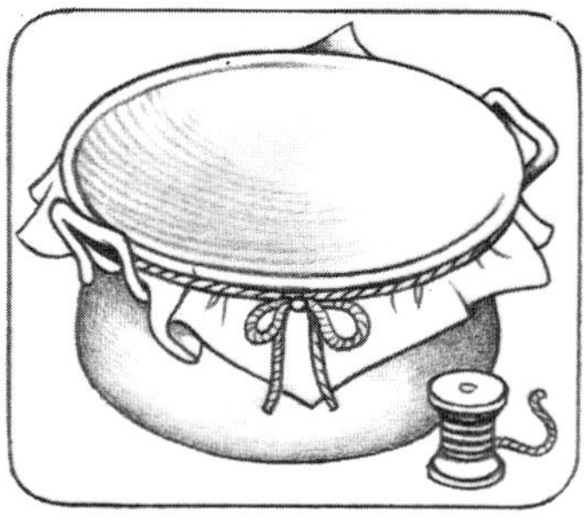

Zum Garen von Hefeklößen ein Mulltuch so am Topfrand festbinden, daß es leicht durchhängt.

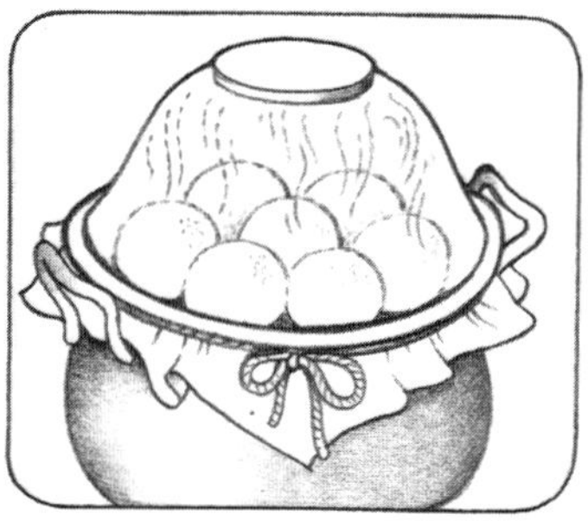

Die Klöße auf das Tuch über dem kochenden Wasser legen und eine passende Schüssel darüberstülpen.

- Die fertigen Klöße mit 2 Gabeln aufreißen und in die Öffnung etwas gebräunte Butter träufeln.

Saucen-Spezialitäten

Saucen können die Krönung eines Gerichts sein. Im folgenden Abschnitt finden Sie warme und kalte Feinschmeckersaucen aus nahen und fernen Ländern, die zu verschiedenen Speisen passen.

Holländische Sauce
SAUCE HOLLANDAISE

Zutaten:
½ Zwiebel · 2 frische Estragonblätter oder 1 Messerspitze getrockneter Estragon · 4 Eßl. Weißwein · 4 Eßl. Wasser · 4 Pfefferkörner · 2 Eigelbe · 160 g Butter · 2 Messerspitzen Salz · 1 Teel. Zitronensaft · 1 Prise geriebene Muskatnuß
nach Belieben: 1 Prise Cayennepfeffer

Der Arbeitsablauf:
- Die Zwiebel schälen und kleinwürfeln.
- Die Zwiebelwürfel, die Estragonblätter oder den getrockneten Estragon mit dem Weißwein, dem Wasser und den Pfefferkörnern in einem kleinen Topf bis auf etwa 2 Eßlöffel Flüssigkeit einkochen lassen. Die Flüssigkeit durch ein Sieb gießen und erkalten lassen.
- Die Eigelbe mit der kalten Flüssigkeit verquirlen und im heißen, nicht kochenden Wasserbad mit einem Schneebesen so lange schlagen, bis eine cremige Masse entstanden ist.
- Die Butter in einem anderen Topf bei sehr milder Hitze zerlassen, aber nicht erhitzen.
- Die Schüssel aus dem Wasserbad nehmen und die flüssige, lauwarme Butter zunächst tropfenweise, dann teelöffelweise unter die Eicreme rühren.

Saucen auf Eigelbbasis im Wasserbad unter Rühren erhitzen, bis sie cremig sind.

Die zerlassene Butter zuerst nur tropfenweise in die Sauce rühren, damit diese nicht gerinnt.

- Die Sauce mit dem Salz, dem Zitronensaft, dem Muskat und nach Belieben noch mit Cayennepfeffer abschmecken.

Buttersauce
SAUCE BÂTARDE

Zutaten:
¼ l Fleisch-, Fisch- oder Gemüsebrühe · 3 Eßl. Butter · 1 Eßl. Mehl · je 1 Messerspitze Salz und Pfeffer · 1 Teel. Zitronensaft · 1 Eigelb · 1 Eßl. Sahne

Der Arbeitsablauf:
- Die Brühe erhitzen.
- 1 Eßlöffel Butter zerlassen, das Mehl darüberstäuben und mit der Butter zu einer glatten Masse verrühren.
- Nach und nach eßlöffelweise die erhitzte Brühe unterrühren und die Sauce bei milder Hitze unter ständigem Rühren 10 Minuten kochen lassen.
- Die Sauce mit dem Salz, dem Pfeffer und dem Zitronensaft abschmecken.
- Das Eigelb mit der Sahne verquirlen.
- Die Sauce vom Herd nehmen, einige Eßlöffel heiße Sauce in das Eigelb-Sahne-Gemisch rühren und dieses dann unter die Sauce ziehen. Die Sauce nicht mehr kochen lassen.
- Die restliche Butter in Flöckchen schneiden und mit dem Schneebesen unter kräftigem Rühren unter die Sauce ziehen.

Béchamelsauce
SAUCE BÉCHAMEL

Zutaten:
3 Eßl. Butter · 2 Eßl. Mehl · ⅛ l Fleischbrühe · ⅛ l Milch · 2 Messerspitzen Salz · je 1 Messerspitze geriebene Muskatnuß und weißer Pfeffer

Der Arbeitsablauf:
- Die Butter bei milder Hitze zerlassen, aber nicht bräunen lassen.
- Das Mehl darüberstäuben und mit der Butter zu einer glatten Masse verrühren. Das Butter-Mehl-Gemisch rühren, bis es eine hellgelbe Farbe angenommen hat.
- Nach und nach unter ständigem Rühren mit dem Schneebesen die Fleischbrühe, dann die Milch zugießen, unter Rühren zum Kochen bringen und bei sehr milder Hitze 10 Minuten kochen lassen. Dabei öfters umrühren.
- Die Sauce mit dem Salz, der Muskatnuß und dem Pfeffer abschmecken.

Burgunder Sauce
SAUCE BOURGUIGNONNE

Diese Sauce wird gern zu gekochtem Rindfleisch und zu Fischen von der französischen Riviera serviert.

Zutaten:
2 Stengel Petersilie · 1 Zweig frischer Thymian · 1 Lorbeerblatt · 2 Schalotten · 0,65 l Rotwein · 2 Eßl. Butter · 1 gehäufter Eßl. Mehl · ¼ Teel. Salz · 1 Messerspitze schwarzer Pfeffer · 1 Prise Cayennepfeffer · 100 g Champignons

Der Arbeitsablauf:
- Die Kräuter waschen, trockentupfen und mit dem Lorbeerblatt zusammenbinden.
- Die Schalotten schälen und sehr fein würfeln.
- Den Rotwein bei milder Hitze mit den Schalottenwürfeln und dem Kräuterbündel etwa 10 Minuten im offenen Topf kochen lassen. Der Wein sollte etwa bis auf ½ l Flüssigkeit einkochen. Den Rotwein dann durch ein Sieb gießen.
- Die Butter bei milder Hitze zerlassen, das Mehl darüberstäuben, unter Umrühren hellgelb anbraten und nach und nach mit dem Rotwein auffüllen.
- Das Salz, den Pfeffer sowie den Cayennepfeffer zufügen und die Sauce 15 Minuten bei sehr milder Hitze kochen lassen.
- Die Champignons putzen, waschen, in dünne Scheiben schneiden und 5 Minuten in der Sauce kochen lassen.

Madeirasauce

SAUCE MADÈRE

Schmeckt gut zu gebratenen Tournedos, zu heißen Schinkenscheiben, zu Kalbs- oder Ochsenzunge und zu Kalbsbries.

Zutaten:
100 g Champignons · 1 Zwiebel · 3 Eßl. Butter · 2 Eßl. Mehl · 1 Tasse Weißwein, mit Wasser zu ⅓ l Flüssigkeit aufgefüllt · ½ Teel. Salz · 1 Messerspitze weißer Pfeffer · ½ Tasse Madeirawein

Der Arbeitsablauf:
- Die Champignons putzen und in Scheiben schneiden.
- Die Zwiebel schälen und kleinwürfeln.
- Die Butter in einem Topf zerlassen, die Zwiebelwürfel darin glasig braten, das Mehl darüberstäuben, hellgelb anbraten und nach und nach mit dem verdünnten Wein aufgießen.
- Die Sauce mit dem Salz und dem Pfeffer abschmecken und unter Rühren bei milder Hitze 15 Minuten kochen lassen.
- Nach 5 Minuten Kochzeit die Champignons zufügen und in der Sauce garen.
- Die Sauce vom Herd nehmen und mit dem Madeirawein verrühren.

Tomatensauce neapolitanische Art

SUGO ALLA NAPOLETANA

Spaghetti mit diesem SUGO sind nicht nur in Neapel beliebt!

Zutaten:
1 große Zwiebel · ½ Bund Petersilie · ½ Bund frisches Basilikum · 500 g frische Tomaten oder Tomaten aus der Dose · 5 Eßl. Olivenöl · ½ Teel. Salz · 1 kleine Chilischote (Peperoni)

Der Arbeitsablauf:
- Die Zwiebel schälen und in dünne Scheiben schneiden.
- Die Kräuter waschen und die Petersilie fein-, das Basilikum grobhacken.
- Frische Tomaten häuten und kleinschneiden; Tomaten aus der Dose zerdrücken.
- Das Öl in einem Topf erhitzen und die Zwiebelscheiben darin glasig braten. Die Kräuter, die Tomaten mit dem Saft, das Salz und die ganze Chilischote zufügen.
- Die Sauce bei sehr milder Hitze zugedeckt 30 bis 40 Minuten kochen lassen, bis sie eine dickflüssige Konsistenz hat.
- Die Chilischote vor dem Servieren entfernen.

Italienische Tomatensauce

SALSA DI POMODORI

Die einfache Tomatensauce ist mild im Geschmack. Sie bildet die »Grundlage« für überbackene Cannelloni.

Zutaten:
1 große Zwiebel · 500 g italienische Tomaten aus der Dose · 3 Zweige frisches Basilikum oder 1 Teel. getrocknetes Basilikum · 5 Eßl. Olivenöl · 5 Eßl. Tomatenmark · 2 Teel. Zucker · 1 Teel. Salz · 1 Messerspitze schwarzer Pfeffer

Der Arbeitsablauf:
- Die Zwiebel schälen und in kleine Würfel schneiden.
- Die Tomaten grobhacken.
- Frisches Basilikum feinhacken.
- Das Öl in einem Topf erhitzen und die Zwiebelwürfel darin glasig braten, nicht bräunen. Die Tomaten mit dem Saft, das Tomatenmark, das Basilikum, den Zucker, das Salz und den Pfeffer zufügen und die Sauce bei sehr milder Hitze in etwa 40 Minuten dicklich einkochen lassen.
- Die Sauce vor dem Servieren oder Weiterverarbeiten durch ein Sieb streichen.

Französische Salatsauce

SAUCE VINAIGRETTE

Zutaten:
2 Eßl. Weinessig · 1 Messerspitze Salz · 1 Prise weißer Pfeffer · 6 Eßl. reines Olivenöl oder 3 Eßl Olivenöl und 3 Eßl. Walnuß- oder Sonnenblumenöl · 1 Teel. Senf · 1 Schalotte · 2 Eßl. feingehackte Kräuter (Petersilie, Schnittlauch, Kerbel und Estragon)

Der Arbeitsablauf:
- Den Essig mit dem Salz und dem Pfeffer verrühren.
- Unter Rühren mit dem Schneebesen nach und nach das Öl und den Senf zufügen. So lange rühren, bis sich Essig, Öl und Senf gut miteinander verbunden haben.
- Die Schalotte sehr fein hacken und dazugeben.
- Die Kräuter unterrühren. Die Sauce über den vorbereiteten Salat gießen und erst bei Tisch sorgfältig unterheben.

Knoblauchsauce

AIOLI

Wird gerne zu kaltem Fleisch, zu heißem Fisch oder zu harten Eiern gegessen. Außerdem schätzt man die Sauce zu gekochtem Rindfleisch und zu Blumenkohl oder grünen Bohnen.

Zutaten:
4 Knoblauchzehen · 1 Eigelb · ½ Teel. Salz · 1 Messerspitze weißer Pfeffer · ¼ l Olivenöl · etwas Zitronensaft · ½–1½ Teel. warmes Wasser

Der Arbeitsablauf:
- Alle Zutaten für die Sauce müssen unbedingt Raumtemperatur haben.
- Die Knoblauchzehen schälen, würfeln und im Mörser zerdrükken.
- Das Eigelb und den zerdrückten Knoblauch mit dem Schneebesen kräftig verrühren.
- Das Salz und den Pfeffer zufügen und tropfenweise das Öl unterrühren. Nach und nach darf das Öl in einem dicken Strahl zugegossen werden.
- Den Zitronensaft und das Wasser unter die Sauce rühren.

Englische Apfelsauce

APPLE SAUCE

Wird in England gern warm oder kalt zu knusprigen Schweinebraten und Spanferkelbraten gegessen.

Zutaten:
500 g säuerliche Äpfel · 1 Eßl. Butter · 1 Eßl. Farinzucker · 1 Tasse Wasser · 1 Stück Zimtstange · 1 Messerspitze Salz · 2 Teel. scharfer Senf

Der Arbeitsablauf:
- Die Äpfel waschen, vierteln, vom Kerngehäuse befreien und die Apfelviertel ungeschält in Stücke schneiden.
- Die Butter mit dem Zucker unter Rühren erhitzen, bis der Zukker geschmolzen ist.
- Die Apfelstücke zufügen.
- Das Wasser darübergießen. Die Zimtstange einlegen und das Salz unterrühren.
- Die Äpfel zugedeckt bei milder Hitze in etwa 25 Minuten weich kochen.
- Die Äpfel durch ein Sieb streichen. Die Apfelsauce mit dem Senf und gegebenenfalls noch mit etwas Salz würzen.

Englische Pfefferminzsauce

MINT SAUCE

Die rasch zubereitete Sauce ist in ganz Großbritannien traditionelle Beigabe zu Hammel- und Lammfleischbraten.

Zutaten:
2–3 Stengel frische Pfefferminze · 1 Eßl. Zucker · 2 Eßl. kochendheißes Wasser · 1 Eßl. weißer Essig

Der Arbeitsablauf:
- Die Pfefferminze waschen und trockentupfen.
- Die Pfefferminzblätter von den Stielen streifen und sehr fein hacken.
- Den Zucker im heißen Wasser auflösen.
- Die Pfefferminzblätter zufügen und den Essig unterrühren. Kalt servieren.

Cumberland-Rum-Butter

CUMBERLAND RUM BUTTER

Zutaten:
100 g Butter · 100 g Farinzucker · 1 Schnapsglas Rum (2 cl) · 1 Prise geriebene Muskatnuß

Der Arbeitsablauf:
- Die Butter mit dem Zucker schaumig rühren.
- Nach und nach den Rum unterrühren und zuletzt die Muskatnuß zufügen.
- Die Rum-Butter vor dem Servieren zugedeckt 60 Minuten in den Kühlschrank stellen.

Unser Tip
Für die klassische Beigabe zum englischen Weihnachtspudding kann statt Rum auch Weinbrand verwendet werden, dann jedoch sollte weißer Zucker den Farinzucker ersetzen.

Italienische grüne Sauce

SALSA VERDE

Eine kalte, recht scharfe Sauce, die besonders gut zu kaltem Fleisch und kaltem, gebratenem Geflügelfleisch schmeckt.

Zutaten:
6 Schalotten oder Frühlingszwiebeln · 2 Knoblauchzehen · 1 kleine rote Chilischote (Peperoni) · 6 Anchovisfilets · 3 Eßl. Kapern · 1 Bund glattblättrige Petersilie · 6 Eßl. Olivenöl · Saft von ½ Zitrone · ½ Teel. Salz · ¼ Teel. schwarzer Pfeffer

Der Arbeitsablauf:
- Die Schalotten oder Frühlingszwiebeln und die Knoblauchzehen schälen und feinhacken.
- Die Chilischote halbieren, waschen, dabei die Kerne entfernen und die Schotenhälften sehr fein schneiden.
- Die Anchovisfilets kalt abspülen, trockentupfen und ebenfalls kleinschneiden.
- Die Kapern und die Petersilie hacken.
- Das Olivenöl mit dem Zitronensaft, dem Salz und dem frisch gemahlenen schwarzen Pfeffer verrühren. Die übrigen Zutaten mischen, mit der Öl-Zitronen-Sauce übergießen und diese sorgfältig unterheben.

Mexikanische Sauce

SALSA MEXICANA

Eine höllisch scharfe mexikanische Sauce, die kalt zu gebratenem Fleisch serviert wird.

Zutaten:
100 g rote Chilischoten (Peperoni) · 3 Fleischtomaten · 1 grüne Paprikaschote · 3 Zwiebeln · 1 Knoblauchzehe · ½ Teel. Salz · 2 Messerspitzen Cayennepfeffer · 1 Teel. Zucker · 1 Bund Petersilie · 3 Eßl. Olivenöl · 1 Prise gemahlener Koriander

Der Arbeitsablauf:
- Die Chilischoten, die Tomaten und die Paprikaschote waschen und in Stücke schneiden.
- Die Zwiebeln und die Knoblauchzehe schälen und grobhakken.
- Das gesamte zerkleinerte Gemüse mit dem Salz, dem Cayennepfeffer und dem Zucker im Mixer pürieren.
- Die Petersilie waschen, abtropfen lassen und feinhacken.
- Das Gemüsepüree mit dem Öl, der Petersilie und dem Koriander verrühren.
- Die mexikanische Sauce kann zugedeckt bis zu 3 Tagen im Kühlschrank aufbewahrt werden.

Chilischoten-Ingwer-Chutney

CHATPATI CHATNI

Zutaten:
200 g Zwiebeln · 50 g frische Ingwerwurzel · 2 grüne Chilischoten (Peperoni) · 6 Radieschen · 1 Eßl. Koriandersamen · 1 Teel. Salz · ½ Teel. frischgemahlener schwarzer Pfeffer · Saft von 1 Zitrone

Der Arbeitsablauf:
- Die Zwiebel schälen und hacken. Die Ingwerwurzel schälen und reiben. Die Chilischoten waschen, trockentupfen und grobhacken. Die Radieschen waschen, abtrocknen und in dünne Scheiben schneiden. Den Koriandersamen zerstoßen.
- Die zerkleinerten Zutaten in einer Schüssel mischen.
- Das Salz und den Pfeffer mit dem Zitronensaft verrühren, über die Mischung in der Schüssel gießen und sorgfältig unterheben.
- Das Chilischoten-Ingwer-Chutney kann 2 Tage im Kühlschrank aufbewahrt werden.

Saucen-Spezialitäten

Tomatenchutney

Zutaten:
2 Tomaten · 4 kleine Frühlingszwiebeln · 1 kleine Chilischote · 1 kleines Stück frische Ingwerwurzel · ½ Teel. Koriandersamen · ½ Teel. Salz · 1 Messerspitze frischgemahlener schwarzer Pfeffer · 1 Eßl. Zitronensaft

Der Arbeitsablauf:
- Die Tomaten häuten und grobhacken. Die Zwiebeln waschen, abtrocknen und mit dem Zwiebelgrün hacken. Die Chilischote waschen, abtrocknen und ebenfalls feinhacken. Die Ingwerwurzel schälen und reiben. Den Koriandersamen zerstoßen.
- Das Salz und den Pfeffer mit dem Zitronensaft verrühren und mit den zerkleinerten Zutaten mischen.
- Tomatenchutney kann bis zu 2 Tagen im Kühlschrank aufbewahrt werden.

Stachelbeerchutney

KARONDA CHATNI

Zutaten:
200 g grüne Stachelbeeren · 1 mittelgroße grüne Chilischote (Peperoni) · 1 Eßl. frische Pfefferminze oder ½ Eßl. getrocknete Pfefferminze · 1½ Teelöffel Salz

Der Arbeitsablauf:
- Die Stachelbeeren waschen, abtropfen lassen, von den Stielen und Blütenansätzen befreien, halbieren und entkernen.
- Die Chilischote waschen, abtrocknen und feinhacken.
- Die Pfefferminze feinhacken. Die zerkleinerten Zutaten mit dem Salz im Mixer pürieren oder im Mörser zerstoßen, bis sie eine pastenartige Masse ergeben.
- Stachelbeerchutney kann bis zu 3 Tagen im Kühlschrank aufbewahrt werden.

Barbecue-Sauce

Zutaten für 8 Personen:
2 Tassen Fleischbrühe · 2 Tassen Tomatenpüree · 4 Eßl. Tomatenketchup · 6 Eßl. geriebener frischer Meerrettich · 4 Knoblauchzehen · 1 Teel. Salz · 1 Eßl. Senfpulver · 1 Teel. Chilipulver · ½ Teel. Cayennepfeffer · 1 Teel. Zucker · 1–2 Teel. Worcestershiresauce

Der Arbeitsablauf:
- Die Fleischbrühe im offenen Topf bei milder Hitze auf die halbe Menge einkochen, dann erkalten lassen und entfetten.
- Die Fleischbrühe mit dem Schneebesen mit dem Tomatenpüree und dem Meerrettich verrühren.
- Den Knoblauch schälen, würfeln und mit dem Salz zerdrükken.
- Das Knoblauchsalz mit dem Senfpulver, dem Chilipulver, dem Cayennepfeffer und dem Zucker unter die Sauce mischen und die Sauce mit Worcestershiresauce abschmecken.
- Die Sauce bis zum Gebrauch im Kühlschrank gut durchziehen lassen.
- Barbecue-Sauce wird vor allem in den USA zu im Freien gegrillten Rindfleisch geschätzt.

Schwedische Mayonnaise

Zutaten:
½ Tasse Salatmayonnaise · ½ Tasse Apfelmus · 4–5 Eßl. geriebener frischer Meerrettich

Der Arbeitsablauf:
- Die Mayonnaise mit dem Apfelmus und dem Meerrettich mischen und kräftig scharf-süß abschmecken; nach Bedarf etwas mehr Meerrettich zugeben.
- Die Sauce bis zum Gebrauch im Kühlschrank gut durchziehen lassen und vor dem Servieren noch einmal durchrühren.
- Schmeckt gut zu kalten und warmen Fischspezialitäten und zu kaltem Braten.

Gemüsesorten aus allen Teilen der Welt werden bei uns häufig angeboten. Was man daraus bereiten kann, finden Sie in den Rezepten dieses Buches.
1 Zucchini, 2 Auberginen, 3 Frühlingszwiebeln, 4 Fenchel, 5 Broccoli, 6 Spanische Gemüsezwiebeln, 7 Kürbis, 8 Italienische Flaschentomaten, 9 Artischocken, 10 Staudensellerie, 11 Paprikaschoten, gelb und rot, 12 Bataten/Süßkartoffeln, 13 Okra, 14 Chillies, 15 Peperoni, 16 Avocado.

Gemüsesuppe

MINESTRONE

2 Tomaten
¼ Sellerieknolle
½ Stange Staudensellerie
½ rote Paprikaschote
1 Möhre, 1 Zwiebel
1 Zucchini, 1 Kartoffel
1 Knoblauchzehe
2 Eßl. Öl
50 g durchwachsener Speck
1½ l heiße Fleischbrühe
3 Eßl. Reis
1 Tasse tiefgefrorene Erbsen
4 Eßl. geriebener Parmesankäse

Die Tomaten häuten und kleinschneiden. Die Sellerieknolle schälen, waschen und kleinwürfeln. Den Staudensellerie in Scheibchen schneiden. Die Paprikaschote halbieren, von weißen Rippen und den Kernen befreien, waschen und würfeln. Das übrige Gemüse schälen oder schaben und würfeln. Die Knoblauchzehe schälen, grobschneiden, mit etwas Salz bestreuen und zerdrücken. Das Öl in einem großen Topf erhitzen. Den Speck in Würfel schneiden und in dem Öl ausbraten. Das kleingeschnittene Gemüse und den Knoblauch zugeben und alles unter Rühren einige Minuten anbraten. Die Fleischbrühe über das Gemüse gießen. Die Suppe 10 Minuten zugedeckt kochen lassen. Den Reis einstreuen, umrühren und alles weitere 15 Minuten kochen lassen. Danach die tiefgefrorenen Erbsen zufügen und in 6 Minuten in der Suppe garen. Die Suppe mit dem Parmesankäse bestreut servieren.

Selleriesuppe aus den Abruzzen

MINESTRA DI SEDANI

500 g Staudensellerie
1 Zwiebel
50 g durchwachsener Speck
1 l Fleischbrühe
2 Eßl. Olivenöl
2 Eßl. Tomatenmark
je 1 Messersp. Salz und Pfeffer
120 g Reis
4 Eßl. geriebener Parmesankäse

Den Sellerie putzen, waschen und in etwa 1 cm dicke Scheiben schneiden. Die Zwiebel schälen und würfeln. Den Speck ebenfalls würfeln. Die Fleischbrühe erwärmen. Das Olivenöl in einem Suppentopf erhitzen. Die Zwiebel- und die Speckwürfel unter Umrühren darin anbraten, bis die Zwiebelwürfel leicht gebräunt sind. Das Tomatenmark unterrühren und die Sellerieschеibchen zugeben. Alles unter Umwenden weitere 5 Minuten braten. Nach und nach die heiße Fleischbrühe zugießen und die Suppe zugedeckt bei milder Hitze 20 Minuten kochen lassen. Die Suppe mit dem Salz und dem Pfeffer abschmecken. Den Reis hineinstreuen, und die Suppe weitere 15 Minuten kochen lassen, bis der Reis gar ist. Die Suppe vor dem Servieren mit dem Käse bestreuen.

Tomaten-Paprika-Suppe aus der Toskana

ACQUACOTTA

2 Zwiebeln
2 rote Paprikaschoten
1 Stange Staudensellerie
1 kg Tomaten
4 Eßl. Olivenöl, 1 l Wasser
je 1 Prise Salz und Pfeffer
4 Eier
4 Eßl. geriebener Parmesankäse
8 kleine Scheiben Weißbrot

Die Zwiebeln schälen und würfeln. Die Paprikaschoten halbieren, von weißen Rippen und Kernen befreien, waschen, abtrocknen und in Streifen schneiden. Den Sellerie in Scheibchen schneiden. Die Tomaten häuten, entkernen und würfeln.

Das Olivenöl in einem Suppentopf erhitzen und die Zwiebelwürfel darin glasig braten. Die Paprikastreifen, die Selleriescheibchen und zuletzt die Tomatenwürfel zugeben, kurz mitbraten und zugedeckt bei sehr milder Hitze etwa 10 Minuten schmoren lassen. Das Wasser zum Kochen bringen und über das Gemüse gießen. Die Suppe mit Salz und Pfeffer abschmecken und zugedeckt bei milder Hitze weitere 10–15 Minuten kochen lassen. Die Eier mit dem Parmesankäse verquirlen. Die Weißbrotscheiben goldbraun toasten. Die Suppe vom Herd nehmen und noch einmal abschmekken. Die Eier-Käse-Mischung rasch unter die Suppe rühren. Die getoasteten Weißbrotscheiben in Suppenteller legen und darüber die Suppe gießen.

Piemonter Kohlsuppe

ZUPPA ALLA VALDOSTANA

1 kleiner Kopf Weißkohl von etwa 1 kg
1 Teel. Salz
500 g altbackenes Weißbrot
250 g Fontinakäse
1 l Fleischbrühe
Für die Form und zum Belegen: Butter

Den Weißkohl vierteln, die Strünke herausschneiden und die Kohlviertel in Streifen schneiden oder hobeln. Den Weißkohl mit dem Salz und mit Wasser bedeckt im geschlossenen Topf in etwa 40 Minuten weich kochen. Eine feuerfeste Form mit Butter ausstreichen.
Das Weißbrot in dünne Scheiben schneiden. Den Fontinakäse ebenfalls in möglichst dünne Scheiben schneiden.
Die Fleischbrühe erhitzen. Den Backofen auf 220° vorheizen. Den Boden der ausgebutterten Form mit einigen Weißbrotscheiben belegen und diese mit Fleischbrühe beträufeln. Den Weißkohl in ein Sieb schütten und abtropfen lassen. Auf das Weißbrot eine Schicht Kohl geben. Auf den Kohl einige Butterflöckchen setzen und Käsescheiben legen. Darauf wieder eine Schicht Weißbrot geben, mit Brühe beträufeln, Kohl, Butterflöckchen und Käse darüber geben, bis alle Zutaten verbraucht sind. Mit einer Schicht Weißbrot abschließen und darauf wiederum Butter in Flöckchen setzen. Die restliche Fleischbrühe in die Form gießen. Die Suppe im Backofen in etwa 20 Minuten völlig garen.

Seefisch mit Salbei

PESCE ALLA SALVIA

1 Zwiebel
1 Knoblauchzehe
8 Eßl. Olivenöl
Saft von 1 Zitrone
4 Seefischfilets von je 200 g
4 Eßl. Mehl
1 Teel. Salz, 1 Ei
1 Tasse Semmelbrösel
4 Eßl. geriebener Parmesankäse
2 Eßl. Butter
12 frische Salbeiblätter

Die Zwiebel schälen und auf der Rohkostreibe reiben. Die Knoblauchzehe schälen, grobhacken und mit etwas Salz bestreut zerdrücken. 4 Eßlöffel Olivenöl mit dem Zitronensaft, der geriebenen Zwiebel und dem Knoblauch mischen. Die Fischfilets kalt abbrausen, gut trockentupfen, in eine Schüssel legen, mit dem gewürzten Öl beträufeln und zugedeckt 60 Minuten im Kühlschrank marinieren. Das Mehl mit dem Salz mischen. Das Ei mit 1 Eßlöffel Wasser verquirlen. Die Semmelbrösel mit dem Parmesankäse mischen. Das restliche Olivenöl in einer Pfanne erhitzen. Die Fischfilets gut abtropfen lassen, in dem Mehl wenden, in das Ei tauchen und in den Semmelbröseln wenden. Die Fischfilets von jeder Seite etwa 6 Minuten braten, aus der Pfanne nehmen und warm stellen. Das Öl aus der Pfanne gießen und die Butter darin zerlassen. Die Salbeiblätter waschen, trockentupfen und in der Butter erhitzen. Die Salbeiblätter mit der Butter über die Fischfilets geben.

Gebratene Goldbrassen

ORATE FRITTE

2 küchenfertige Goldbrassen von je 300–400 g
4 Teel. Zitronensaft
1 Zwiebel
½ rote Paprikaschote
1 Zucchini, ½ Aubergine
2 Fenchelknollen
3 Knoblauchzehen
1½ Teel. Salz
2 Tomaten, 8 Eßl. Öl
2 Messersp. schwarzer Pfeffer
1 Eßl. frische kleingehackte Kräuter wie Majoran, Oregano und Thymian
2 Eßl. Mehl

Die Fische waschen, trockentupfen, mit dem Zitronensaft beträufeln und zugedeckt 15 Minuten ruhen lassen. Das Gemüse schälen, putzen oder waschen und in Würfel schneiden. Die Knoblauchzehen schälen, grobhacken und mit ½ Teelöffel Salz zerdrücken. Die Tomaten kleinschneiden. Die Hälfte des Öls in einer Pfanne erhitzen. Das Gemüse mit dem Knoblauch, 1 Messerspitze Pfeffer und den Kräutern anbraten und zugedeckt bei milder Hitze in 10 Minuten gar schmoren.
Die Fische trockentupfen, mit 1 Teelöffel Salz und dem restlichen Pfeffer einreiben und in dem Mehl wenden. Das restliche Öl erhitzen, die Fische darin anbraten, dann zugedeckt bei sehr milder Hitze in etwa 20 Minuten garen; dabei zweimal wenden. Das Gemüse über die Fische geben.

Genueser Fisch-Stew

BURRIDA
(im Bild hinten)

1 kg gemischte Seefische wie zum Beispiel Aal, Makrele, Tintenfisch, Seelachs
1 Knoblauchzehe, 1 Zwiebel
2 Anchovisfilets
500 g Tomaten
½ Tasse Olivenöl
3 Eßl. gehackte Petersilie
1 Lorbeerblatt, 1 Teel. Salz
½ Tasse gehackte Walnußkerne
2 Tassen trockener Weißwein
4 Scheiben Weißbrot

Die Fische kalt waschen, von Flossen, Schwänzen, Köpfen und Haut befreien und trokkentupfen. Die Knoblauchzehe schälen. Die Zwiebel schälen und würfeln. Die Anchovisfilets kleinschneiden. Die Tomaten häuten, entkernen und in Stücke schneiden.
Das Öl in einem feuerfesten Topf oder in einer Kasserolle, in der BURRIDA auch serviert werden kann, erhitzen. Die Zwiebelwürfel und die Knoblauchzehe unter ständigem Umwenden anbraten, bis die Zwiebelwürfel glasig sind. Die Knoblauchzehe dann entfernen. Die Anchovis- und die Tomatenstücke zugeben und mit 2 Tassen Wasser aufgießen.
Die Petersilie, das Lorbeerblatt und das Salz unterrühren und alles zugedeckt 10 Minuten kochen lassen.
Die Fische in kleine Stücke schneiden und mit den Nüssen und dem Weißwein in den Topf geben. Den Fisch-Stew bei sehr milder Hitze in 20 Minuten garen. Das Weißbrot toasten und dazu reichen.

Scampi in Knoblauchöl

SCAMPI ALL' AGLIO
(im Bild vorne)

2 kg frische Scampi oder 1 kg tiefgefrorene Scampischwänze
2 Knoblauchzehen
1 Tasse Olivenöl
½ Teel. Salz

2 l Salzwasser zum Kochen bringen, die Scampi hineinwerfen (eventuell in Portionen nacheinander) und 8 Minuten kochen lassen. Tiefgefrorene Scampi aus der Verpackung nehmen und zugedeckt, am besten im Kühlschrank, auftauen lassen. Den Backofen auf 250° vorheizen.
Die Knoblauchzehen schälen und sehr fein würfeln. Das Olivenöl in einer Pfanne erhitzen, die Knoblauchstückchen und das Salz zufügen.
Die gekochten Scampi etwas abkühlen lassen und die Schalen entfernen. Die Scampi in eine feuerfeste Form legen, mit dem Knoblauchöl begießen und 15 Minuten im Backofen braten.

Unser Tip

Im Handel sind ausgelöste tiefgefrorene Scampischwänze erhältlich und tiefgefrorene Scampi in der Schale. Diese sollten Sie bevorzugen und wie die frischen mit der Schale garen; sie sind saftiger als bereits ausgelöste.

Sommer-Risotto

RISOTTO DI ESTATE

1 Zwiebel
2 Knoblauchzehen
200 g Champignons
4 Tomaten
150 g Parmaschinken
3 Eßl. Olivenöl
300 g Reis
1 l heiße Fleischbrühe
2 Tassen tiefgefrorene Erbsen
1 Tasse feingehobelter Pecorinokäse
1 Eßl. gehackte Petersilie

Die Zwiebel und die Knoblauchzehen schälen und feinhacken. Die Champignons putzen, waschen und halbieren, große Pilze vierteln. Die Tomaten häuten und in kleine Stücke schneiden. Den Parmaschinken würfeln.
Das Öl in einem großen Topf erhitzen und die Zwiebel- und die Knoblauchstückchen darin glasig braten. Den Reis zugeben und unter Rühren anbraten. Die Schinkenwürfel kurz mitbraten. Die Champignons und die Tomatenstücke zufügen. Mit der Fleischbrühe aufgießen und alles zugedeckt bei milder Hitze in 20–25 Minuten garen. 6 Minuten vor Ende der Garzeit die tiefgefrorenen Erbsen unterrühren. Den Risotto in eine Schüssel geben. Mit dem Pecorinokäse und mit der Petersilie bestreut servieren.

Fenchelrisotto nach Veneter Art

RISOTTO CON I FINOCCHI

500 g Fenchelknollen
1 Zwiebel, 300 g Reis
1 l Fleischbrühe
6 Eßl. Butter
4 Eßl. geriebener Parmesankäse
2 Eßl. gehacktes frisches Fenchelgrün

Die Fenchelknollen waschen, die feine äußere Haut abziehen und die Knollen in dünne Scheiben schneiden. Die Zwiebel schälen und kleinwürfeln. Den Reis waschen und gut abtropfen lassen. Die Fleischbrühe zum Kochen bringen. 5 Eßlöffel Butter in einem Topf erhitzen. Die Zwiebelwürfel und die Fenchelrippen zufügen und unter ständigem Umrühren bei milder Hitze so lange anbraten, bis der Fenchel beginnt weich zu werden. Den Reis zufügen, hellbraun anbraten, von der kochenden Fleischbrühe etwa ½ Tasse zugießen und rühren, bis der Reis die Flüssigkeit aufgesogen hat. Nach und nach immer wieder 1 Tasse Fleischbrühe zum Reis gießen. Den Reis bei milder Hitze etwa 20 Minuten leicht kochen lassen. Die restliche Butter und den Parmesankäse unter den gegarten Reis mischen. Den Risotto 2–3 Minuten durchziehen lassen und mit dem Fenchelgrün bestreuen.

Unser Tip
Statt Fenchel können Sie auch frische Spargelspitzen verwenden.

Römische Kartoffelklößchen mit Fleischsauce

GNOCCHI DI PATATE

Für die Gnocchi:
1 kg Kartoffeln
1½ Tassen Mehl, 2 Eigelbe
je 1 Messersp. weißer Pfeffer und getrockneter Majoran
4 Eßl. geriebener Parmesankäse
2 Eßl. Butter
Für die Sauce:
1 kg Tomaten, 1 Zwiebel
1 Stange Staudensellerie
1 Möhre, ½ Knoblauchzehe
4 Eßl. Olivenöl
250 g Hackfleisch
⅛ l Fleischbrühe, ½ Teel. Salz
1 Messersp. weißer Pfeffer
1 Prise getrockneter Oregano

Die Kartoffeln schälen, halbieren, in Salzwasser weich kochen, abgießen und zerstampfen. Mit dem Mehl, den Eigelben, dem Pfeffer und dem Majoran verkneten. Kleine Bällchen daraus formen und in leicht kochendem Salzwasser garen. Den Backofen auf 200° vorheizen. Die Klößchen abtropfen lassen, in eine ausgefettete feuerfeste Form legen, mit dem Käse bestreuen, mit Butterflöckchen belegen und 10 Minuten im Ofen überbakken. Die Tomaten häuten, entkernen und kleinschneiden. Die Zwiebel würfeln, den Sellerie und die Möhre in Scheiben schneiden. Den Knoblauch zerdrücken. Das Öl erhitzen, das Gemüse und den Knoblauch darin etwa 5 Minuten anbraten. Das Hackfleisch mitbraten, die Fleischbrühe zugießen und die Sauce 40 Minuten köcheln lassen. Zuletzt mit den Gewürzen abschmecken.

Sardische Gnocchi

GNOCCHI MALLOREDDUS

Für die Gnocchi:
500 g Mehl, 1 Teel. Salz
1 Prise gemahlener Safran
Für die Sauce:
1 kg Tomaten
3 Knoblauchzehen
½ Tasse Olivenöl
je 2 Zweige frisches Basilikum und Petersilie
½ Teel. Salz
1 Messersp. weißer Pfeffer
1 Teel. frischer gehackter Oregano
Zum Bestreuen:
5 Eßl. geriebener Pecorino- oder Parmesankäse

Das Mehl in eine Schüssel sieben und das Salz darüberstreuen. Den Safran in wenig Wasser auflösen und zum Mehl geben. Nach und nach Wasser zufügen, bis ein knetbarer Teig entsteht, gut durchkneten. Etwa 1 cm dicke Stränge daraus formen, diese in 5 cm lange Stücke schneiden und etwa 2 Tage trocknen lassen. Für die Sauce die Tomaten häuten, entkernen und kleinschneiden, die Knoblauchzehen vierteln. Das Öl erhitzen. Den Knoblauch darin braun braten, dann herausnehmen. Das kleingeschnittene Basilikum, die Petersilie, die Tomaten, das Salz und den Pfeffer zugeben. Alles 30 Minuten köcheln lassen, gelegentlich umrühren. Zuletzt den Oregano untermischen.
Die Gnocchi in leicht kochendem Salzwasser garen, bis sie an die Oberfläche steigen und gut abtropfen lassen. Vor dem Servieren mit dem Käse und mit der Tomatensauce überziehen.

Spaghetti-Varianten

SPAGHETTI SVARIATI

400 g Spaghetti
4 l Wasser, 2 Teel. Salz

Die Spaghetti in das kochende Salzwasser gleiten lassen. Dann einmal umrühren und in 8–10 Minuten im sprudelnd kochenden Wasser garen. Gegen Ende der Garzeit probieren, ob die Nudeln weich, aber noch »al dente« sind, das heißt, noch einen Biß haben. Die Spaghetti in ein Sieb schütten und nur kurz abtropfen lassen, nicht abbrausen und in eine vorgewärmte Schüssel schütten. Die Spaghetti je nach Rezept vor dem Auftragen oder bei Tisch mit den übrigen Ingredienzen mischen.

Spaghetti mit Basilikumsauce
PESTO ALLA GENOVESE
(im Bild vorne)

5 Knoblauchzehen
50 g Pinienkerne, 1 Teel. Salz
50 g alter Pecorinokäse
100 g Parmesankäse
100 g frische Basilikumblätter
2 Messersp. weißer Pfeffer
¼ l Olivenöl

Den Knoblauch schälen und kleinwürfeln, die Pinienkerne grobhacken und beides mit dem Salz in einem Mörser zerstoßen. Den Käse reiben oder zerbröckeln und mit dem Basilikum und dem Pfeffer zum Knoblauch geben, alles fein zerstoßen. Das Öl nach und nach unterrühren. Die Sauce gesondert zu den sehr heißen Spaghetti servieren.

Spaghetti mit Thunfisch
SPAGHETTI DEL FATTORE
(im Bild hinten, rechts)

200 g Thunfisch aus der Dose
250 g Steinpilze oder Pfifferlinge
300 g Tomaten, 3 Eßl. Olivenöl
1 Knoblauchzehe, 1 Teel. Salz
2 Messersp. weißer Pfeffer
1 Eßl. frische gemischte gehackte Kräuter

Den Thunfisch abtropfen lassen. Die Pilze putzen und in Streifen schneiden. Die Tomaten häuten und kleinschneiden. Das Öl erhitzen, die geschälte Knoblauchzehe darin braun braten und entfernen. Die Pilze und die Tomaten in das Öl geben und zugedeckt 10 Minuten schmoren lassen. Den Thunfisch in Stücke zerteilen, mit dem Salz und dem Pfeffer zugeben und die Kräuter untermischen.

Spaghetti mit Sardellensauce
SPAGHETTI ALLA GHIOTTA
(im Bild vorne, links)

1 kg Tomaten
6 Sardellen, 150 g grüne Oliven
2 Knoblauchzehen
4 Eßl. Olivenöl, 2 Eßl. Kapern
¼ Teel. Salz
1 Messersp. Ingwerpulver
1 Eßl. gehackte Petersilie

Die Tomaten häuten und mit den Sardellen und den Oliven kleinschneiden, die Knoblauchzehen schälen. Das Öl erhitzen, die Knoblauchzehen braun braten und aus dem Öl nehmen. Die Tomaten zufügen und 15 Minuten dünsten. Die Sardellen und die Oliven mit den Kapern zugeben und in 10 Minuten garen. Die Sauce mit dem Salz und dem Ingwer abschmecken und mit der Petersilie bestreut servieren.

Bandnudeln nach Köhlerin Art

FETTUCCINE ALLA CARBONARA

4 l Wasser, 2 Teel. Salz
400 g Bandnudeln
200 g durchwachsener Speck
⅛ l Sahne
2 Eßl. gehackte Kräuter wie Petersilie, Borretsch, Salbei, Majoran
4 Eßl. geriebener Parmesankäse
je 1 Messersp. Salz und schwarzer Pfeffer
4 Eigelbe in der Schale
1 Tasse geriebener Pecorinokäse

Das Wasser mit dem Salz zum Kochen bringen, die Nudeln einstreuen, einmal kurz umrühren und 8–10 Minuten sprudelnd kochen lassen. Den Speck in Streifen schneiden und in einer Pfanne ausbraten. Die Sahne leicht erwärmen, mit den Kräutern, dem Parmesankäse, dem Salz und dem Pfeffer mischen und warm halten. Die Bandnudeln abgießen und in gut vorgewärmte Teller verteilen. Die Speckstreifen mit dem Fett und die gewürzte Sahne über die Bandnudeln geben. Auf jede Portion ein Eigelb in der Schale setzen. Den Pecorinokäse gesondert dazu reichen.

Unser Tip

ALLA CARBONARA können Sie auch Spaghetti servieren. Außerdem kann man die Eigelbe mit der Sahne und den Kräutern verrühren.

Gefüllte Teigrollen

CANNELLONI ALLA NAPOLETANA

400 g Mehl, 4 Eier
½ Teel. Salz
1 Eßl. Olivenöl
500 g gehacktes Kalbfleisch
1 Prise Salz
150 g roher Schinken
150 g Champignons
2 Eßl. Mehl, 2 Eßl. Butter
¼ l Milch
je 1 Prise Pfeffer und Oregano
1 Eigelb
Tomatensauce nach dem Rezept auf Seite 46
8 Scheiben Mozzarellakäse
3 Eßl. Butter

Das Mehl, die Eier und das Salz verkneten. Den Teig 20 Minuten ruhen lassen. Das Öl erhitzen, das Fleisch darin anbraten, salzen, etwas heißes Wasser zugießen und zugedeckt 15 Minuten schmoren lassen. Den Schinken und die Champignons feinhacken und mit dem Fleisch mischen. Das Mehl in der Butter anbraten, mit der Milch aufgießen und mit den Gewürzen abschmekken. Das Eigelb in die Sauce rühren und die Fleischmasse untermischen. Den Nudelteig dünn ausrollen, in 10 cm große Quadrate schneiden, in Salzwasser 7 Minuten kochen und abtropfen lassen. Den Backofen auf 200° vorheizen. Tomatensauce in eine feuerfeste Form gießen. Die Teigstücke mit Füllung bestreichen, aufrollen und auflegen. Mit übriger Tomatensauce und Fleischmasse auffüllen, den Käse und Butterflöckchen daraufgeben und 15 Minuten überbacken.

Maisauflauf aus den Abruzzen

POLENTA STUFATA

Etwa 2 l Wasser, 1 Teel. Salz
400 g grobgemahlenes Maismehl
500 g Tomaten, 2 Eßl. Olivenöl
250 g Schweinemett
je 1 Prise Cayennepfeffer und Salz
4 Eßl. Butter
je 5 Eßl. geriebener Pecorino- und Parmesankäse

Das Wasser mit dem Salz zum Kochen bringen. Das Maismehl unter ständigem Rühren mit einem Holzkochlöffel in das Wasser rieseln lassen. Den Maisbrei 50 Minuten kochen, bis er glatt und fest ist, dabei immer wieder umrühren. Die heiße Polenta in eine flache eckige Form streichen und erkalten lassen.
Die Tomaten häuten, entkernen und kleinschneiden. Das Öl erhitzen. Das Schweinemett darin anbraten und dabei zerstoßen. Die Tomaten, den Cayennepfeffer und das Salz zufügen. Zugedeckt 10 Minuten köcheln lassen. Den Backofen auf 180° vorheizen.
Die kalte Polenta in etwa 2 cm breite und 7 cm lange Streifen schneiden. Den Boden einer feuerfesten ausgebutterten Form mit einem Teil der Maisschnitten auslegen. Den Käse mischen. Etwas Tomatensauce über die Maisschnitten geben, darauf Käse und Butterflöckchen. Die Lagen so fortsetzen, abschließend die Maisschnitten mit Käse bestreuen und mit Butterflöckchen belegen. Den Auflauf im Backofen 50–60 Minuten überbacken.

Maisschnitten lombardische Art

POLENTA ALLA LODIGIANA

⅜ l Milch, ½ Teel. Salz
100 g feingemahlenes Maismehl
200 g Greyerzer Käse in ½ cm dicken Scheiben
½ Tasse Mehl, 1 Ei
1 Tasse Semmelbrösel
4 Eßl. Butter

Die Milch mit dem Salz zum Kochen bringen. Das Maismehl unter Rühren in die heiße Milch streuen und bei milder Hitze unter ständigem Rühren 30 Minuten kochen lassen, bis der Maisbrei beginnt dick zu werden. Den Topf vom Herd nehmen und die Polenta noch einige Minuten rühren. Die Polenta dann etwa 1 cm dick auf eine mit kaltem Wasser abgespülte Platte streichen und erkalten lassen.
Die kalte Polenta und die Käsescheiben in gleichgroße Quadrate schneiden. Jeweils 1 Käsescheibe zwischen 2 Polentascheiben geben und diese leicht zusammendrücken. Die gefüllten Schnitten von beiden Seiten in dem Mehl wenden. Das Ei mit wenig Wasser verquirlen, die Polentascheiben in das Ei tauchen und anschließend von beiden Seiten in den Semmelbröseln wenden. Die Butter in einer großen Pfanne erhitzen und die panierten Maisschnitten darin von jeder Seite goldbraun braten.

Broccoli, in Wein gegart

BROCCOLI A CRUDO

1 kg Broccoli
1 Knoblauchzehe
5 Eßl. Olivenöl
1 Teel. Salz
2 Messersp. weißer Pfeffer
2 Tassen trockener Weißwein

Die Broccoli unter fließendem kaltem Wasser abbrausen. Die Röschen auseinanderschneiden und die harten Stielenden entfernen. Die verbleibenden Stiele kreuzweise einschneiden, damit sie gleichmäßig mit den zarteren Teilen garen. Die Knoblauchzehe schälen und kleinhacken. Das Olivenöl in einem großen Topf erhitzen, den Knoblauch darin anbraten, die Broccoli zugeben, mit dem Salz und dem Pfeffer bestreuen und einige Minuten im heißen Öl wenden. Nach und nach den Weißwein zugießen. Die Broccoli zugedeckt bei milder Hitze 20 Minuten schmoren. Broccoli dürfen nicht zu weich gekocht werden.
Schmeckt gut zu: feinen Braten.

Unser Tip

Statt in Weißwein können Sie Broccoli auch in Salzwasser garen. Die Knoblauchzehe wird dann nicht in Öl angebraten, sondern gesondert in 2 Eßlöffel Schmalz. 200 g rohen gewürfelten Schinken zufügen, ebenfalls anbraten und zuletzt über die Broccoli gießen.

Zucchini mit Paprikaschoten

ZUCCHINE CON PEPERONI

4 mittelgroße Zucchini
5 Eßl. Olivenöl, 1 Teel. Salz
2 gelbe Paprikaschoten
4 Tomaten, 1 Knoblauchzehe
3 Zweige frisches Basilikum
4 Anchovisfilets
150 g Fontina- oder Greyerzer Käse in dünnen Scheiben

Von den Zucchini die Stielenden abschneiden, die Früchte längs halbieren, 2 Minuten in kochendem Salzwasser blanchieren und gut abtropfen lassen. Eine feuerfeste Form mit Öl ausstreichen, die Zucchinihälften hineinlegen und mit ½ Teelöffel Salz bestreuen. Die Schoten über der Gasflamme oder auf der Elektroplatte rösten, bis die Haut bräunt und reißt. Die Haut abziehen und die Schoten in Streifen schneiden. Die Tomaten häuten und kleinschneiden. Die Knoblauchzehe schälen und zerdrücken. Das Basilikum kleinschneiden. Die Anchovisfilets längs halbieren. 2 Eßlöffel Öl erhitzen, den Knoblauch, das Basilikum und die Tomaten darin anbraten, das restliche Salz zufügen und alles bei milder Hitze 20 Minuten schmoren lassen. Den Backofen auf 220° vorheizen.
Die Tomaten und die Schotenstreifen auf den Zucchini verteilen und alles mit Käsescheiben bedecken. Die Anchovisfilets auf den Käse geben und das restliche Öl darüberträufeln. Die Zucchini im Ofen etwa 15 Minuten überbacken.

Kalbshaxe

OSSOBUCO

1 Zwiebel, 1 Knoblauchzehe
1 Eßl. Mehl
½ Teel. Salz
1 Messersp. weißer Pfeffer
1 Prise getrockneter Majoran
1 große oder 2 kleine Kalbshaxen, je nach Größe in 4–8 Scheiben gesägt
100 g Butter
1 Tasse Weißwein
je 1 kleines Stück Orangen- und Zitronenschale
½ Tasse Fleischbrühe
1 Prise geriebene Muskatnuß

Die Zwiebel schälen und in Ringe schneiden. Die Knoblauchzehe schälen und kleinwürfeln. Das Mehl mit dem Salz, dem Pfeffer und dem Majoran mischen. Die Kalbshaxenscheiben darin wenden und überflüssiges Mehl wieder abschütteln. Die Hälfte der Butter in einer Pfanne zerlassen, die Zwiebelringe und die Knoblauchstückchen darin glasig dünsten, die Fleischscheiben zufügen und von beiden Seiten hellbraun braten. Den Wein, die Orangen- und die Zitronenschale zugeben und alles zugedeckt bei milder Hitze 50–60 Minuten schmoren lassen. Während der Garzeit ab und zu einige Eßlöffel Fleischbrühe zu den Fleischscheiben gießen. Die Fleischscheiben warm stellen, die Sauce durch ein Sieb passieren, mit der restlichen Butter mischen und mit dem Muskat und eventuell etwas Salz abschmecken.

Das schmeckt dazu: Grießgnocchi und geschmorte Pilze.

Kalbsschnitzel mit Salbei

SALTIMBOCCA

8 Kalbsschnitzel von je 60 g
8 frische Salbeiblätter
8 sehr dünne Scheiben Parmaschinken
4 Eßl. Öl
je Schnitzel 1 Prise Salz und weißer Pfeffer
4 Eßl. Weißwein
3 Eßl. Butter

Die Schnitzel waschen, abtrocknen und mit dem Handballen gleichmäßig dünn drükken. Die Salbeiblätter waschen, trockentupfen und auf die Schnitzel legen, darauf je 1 Scheibe Parmaschinken. Die Schinkenscheiben mit Holzspießchen auf den Schnitzeln feststecken. Das Öl erhitzen und die Schnitzel darin bei mittlerer Hitze von jeder Seite 2–3 Minuten braten. Die nicht mit Schinken belegte Seite der Schnitzel mit dem Salz und dem Pfeffer bestreuen und etwas Weißwein über die Schnitzel träufeln. Die gegarten Schnitzel auf einer vorgewärmten Platte anrichten. Den Bratenfond in der Pfanne mit dem restlichen Weißwein lösen. Die Butter im Bratenfond schmelzen lassen. Die Sauce über die Schnitzel geben.

Das schmeckt dazu: körnig gekochter Reis oder Salzkartoffeln und ein Blattsalat.

Kalbsleber auf venezianische Art

FEGATO DI VITELLO
ALLA VENEZIANA

600 g Kalbsleber
4 Zwiebeln
3 Eßl. Olivenöl
3 Eßl. gehackte Petersilie
¾ Tasse trockener Weißwein
½ Teel. Salz
1 Messersp. weißer Pfeffer
2 Eßl. Butter

Die Leber kalt abbrausen, trokkentupfen und in dünne Scheiben schneiden. Die Zwiebeln schälen und in dünne Ringe schneiden. Das Olivenöl in einer Pfanne erhitzen und die Zwiebelringe darin unter wiederholtem Umwenden bei milder Hitze in etwa 30 Minuten glasig braten. Die Zwiebeln dürfen dabei nicht bräunen, sondern sollen nur weich werden. Dann die Petersilie zu den Zwiebeln geben. Nach und nach den Weißwein in die Pfanne gießen, auf starke Hitze schalten. Sobald der Wein kocht, die Leberscheiben zugeben und etwa 4 Minuten mit den Zwiebeln schmoren lassen, salzen und pfeffern. Die Butter zufügen und schmelzen lassen. Die Leber in einer gut vorgewärmten Schüssel servieren.

Das schmeckt dazu: Polenta oder Kartoffelpüree.

Römisches Ochsenschwanzragout

CODA ALLA VACCINARA

1,5 kg Ochsenschwanz, in kleine Stücke gehackt
2 Zwiebeln, 1 Möhre
1 Knoblauchzehe
100 g fetter Speck
1 rote Paprikaschote
4 Eßl. Olivenöl
2 Eßl. Tomatenmark
½ Teel. Salz
2 Tassen trockener Weißwein
⅜–½ l heiße Fleischbrühe
2 Stangen Staudensellerie

Die Ochsenschwanzstücke kalt abbrausen und trockentupfen. Die Zwiebeln schälen und würfeln. Die Möhre schaben und in Würfel schneiden. Die Knoblauchzehe schälen und hacken. Den Speck würfeln. Die Schote vom Blütenansatz, den weißen Rippen und Kernen befreien und in Streifen schneiden. Das Öl mit dem Speck in einem großen Topf erhitzen, die Zwiebelwürfel und die Knoblauchstückchen darin glasig braten, die Ochsenschwanzstücke zugeben und von allen Seiten braun anbraten. Die Möhrenwürfel und die Paprikastreifen zufügen. Das Tomatenmark mit etwas heißem Wasser anrühren, mit dem Salz zum Ochsenschwanz geben. Nach und nach den Wein zugießen. Alles so lange unter Rühren schmoren, bis der Wein fast verkocht ist. Mit Fleischbrühe auffüllen, und das Ragout in 3–3½ Stunden gar schmoren. Gelegentlich Fleischbrühe nachgießen. Den Sellerie in Scheiben schneiden und nach 2½ Stunden zufügen.

Römische Lammkeule

AGNELLO ALLA ROMANA

Zutaten für 6 Personen:
1,5 kg Lammkeule
2 Knoblauchzehen
2 Tassen Semmelbrösel
3 Eßl. gehackte Petersilie
1 Teel. Salz
1 Messersp. schwarzer Pfeffer
10 Eßl. Olivenöl

Die Keule waschen und gut trockentupfen. Den Backofen auf 200° vorheizen. Die Knoblauchzehen schälen, grobschneiden und mit etwas Salz zerdrücken. Den Knoblauch mit den Semmelbröseln, der Petersilie, dem Salz und dem Pfeffer mischen und so viel Öl zufügen, daß eine geschmeidige Paste entsteht. Die Lammkeule mit Öl bestreichen, in die Bratenpfanne des Backofens legen und mit der vorbereiteten Paste bestreichen. Das restliche Öl über die Lammkeule träufeln und diese im Backofen 1½ Stunden braten. Während des Garens das Fleisch wiederholt mit dem sich bildenden Fleischsaft beträufeln; eventuell heißes Wasser zugießen.

Unser Tip

Wenn Sie zur Lammkeule genügend heiße Fleischbrühe gießen, können Sie nach der halben Garzeit geschälte Kartoffeln zufügen. Sie werden vom Geschmack der Lammkeule durchzogen.

Kaninchenkasserolle

CONIGLIO IN POTACCHIETTO

1 Kaninchen von etwa 1,5 kg, zerlegt in Keulen und Rückenstücke
½ Tasse Weinessig
2 Knoblauchzehen
1 kleines Stück frische Pfefferschote
1 Zweig Rosmarin
1 Tasse Olivenöl
½ Teel. Salz
1 Messersp. Pfeffer
1 Tasse trockener Weißwein
½–1 Tasse heiße Fleischbrühe

Die Kaninchenstücke in einer Wasser-Essig-Mischung waschen und gut trockentupfen. Die Knoblauchzehen schälen und grob zerkleinern. Das Schotenstück waschen und kleinschneiden. Die Kaninchenteile mit den Knoblauch- und den Pefferschotenstückchen, dem Rosmarinzweig und dem Öl in eine Kasserolle legen. Zugedeckt 12 Stunden im Kühlschrank marinieren. Während dieser Zeit die Kaninchenstücke in der Marinade öfter wenden.
Die Kaninchenstücke in der Kasserolle im vorhandenen Öl bei mittlerer Hitze von allen Seiten braun anbraten. Dann die Knoblauchstückchen entfernen. Das Salz, den Pfeffer und den Weißwein zufügen und das Kaninchen zugedeckt bei milder Hitze etwa 40 Minuten schmoren. Eventuell während der Garzeit einige Male etwas Fleischbrühe zugießen.

Das schmeckt dazu: Gnocchi oder Polenta.

Geflügel-Varianten

VARIANTI COL POLLO

Geschmortes Huhn mit Oliven
POLLO CON LE OLIVE
(im Bild links)

1 junges Huhn von etwa 1,5 kg
2 Knoblauchzehen
4 große Tomaten
100 g schwarze Oliven
6 Eßl. Olivenöl
4 frische Salbeiblätter
1 Teel. Salz
1 Tasse trockener Weißwein
1 Messersp. weißer Pfeffer

Das Huhn waschen, abtrocknen und in 12 Stücke zerteilen. Die Knoblauchzehen schälen. Die Tomaten häuten und mit den Oliven kleinschneiden. Das Öl erhitzen, die Knoblauchzehen darin anbraten und entfernen. Die Geflügelstücke im Öl goldbraun braten. Die Salbeiblätter und die Tomaten zufügen, mit dem Salz bestreuen und alles unter Umwenden schmoren, bis die Flüssigkeit fast völlig verdampft ist. Den Wein zugießen, alles 15 Minuten schmoren lassen. Mit den Oliven und dem Pfeffer in weiteren 15 Minuten garen.

Sizilianisches Hähnchen
POLLO SPEZZATO E MELANZANE
(im Bild vorne)

3 Auberginen, 1 Teel. Salz
1 Brathähnchen von etwa 1,5 kg
1 Knoblauchzehe
500 g Tomaten
100 g durchwachsener Speck
1 Tasse Olivenöl
½ Teel. Salz, 1 Prise Pfeffer
1 Tasse trockener Weißwein
½ Tasse heiße Fleischbrühe
2 Eßl. gehackte Petersilie

Die Auberginen waschen, in kleine Stücke schneiden, salzen und 60 Minuten ziehen lassen. Das Hähnchen waschen, abtrocknen und in Portionsstücke teilen. Die Knoblauchzehe schälen und vierteln. Die Tomaten häuten, entkernen und kleinschneiden. Den Speck würfeln. Die Hälfte des Öls erhitzen, den Knoblauch darin braun braten, entfernen, und die Hähnchenteile anbraten. Das Fleisch salzen und pfeffern, den Wein zugießen und schmoren lassen, bis der Wein verdampft ist. Die Tomaten und den Speck zugeben und zugedeckt 30 Minuten schmoren lassen; mit Fleischbrühe aufgießen. Das restliche Öl erhitzen, die Auberginen 10 Minuten darin dünsten, pfeffern, mit den Hähnchenteilen mischen. Mit der Petersilie bestreuen.

Abruzzen-Hähnchen
POLLO ALL' ABRUZZESE
(im Bild hinten, rechts)

1 Brathähnchen von etwa 1,5 kg
1 kleine Zwiebel, 500 g Tomaten
½ Tasse Olivenöl, 1 Teel. Salz
1 Messersp. weißer Pfeffer
2 grüne Paprikaschoten

Das Hähnchen in Portionsstücke teilen. Die Zwiebel würfeln. Die Tomaten häuten, entkernen und kleinschneiden. Die Zwiebel in dem Öl goldgelb braten. Die Hähnchenteile darin braun braten; salzen und pfeffern. Mit den Tomaten zugedeckt 30 Minuten schmoren. Die Schoten rösten, häuten, in Streifen schneiden und mit dem Hähnchen in weiteren 15 Minuten garen.

Italienische Pizzen

PIZZE ITALIANE

Neapolitanische Pizza
PIZZA NAPOLETANA
(im Bild vorne)

Zutaten für 6 Personen:
Für den Teig:
500 g Mehl, 20 g Hefe
knapp ¼ l lauwarmes Wasser
½ Teel. Salz
Für den Belag:
24 Anchovisfilets
600 g Tomaten, 1 Zwiebel
1 Knoblauchzehe
18 schwarze Oliven
6 Eßl. Olivenöl
12 frische Basilikumblätter
300 g Mozzarellakäse in Scheiben
½ Teel. Salz
1 Messersp. schwarzer Pfeffer
Für die Backbleche:
Olivenöl

Das Mehl in eine Schüssel sieben, eine Mulde hineindrükken, die Hefe hineinbröckeln und mit etwas Mehl und lauwarmem Wasser zu einem Vorteig verrühren, mit Mehl bestreuen und zugedeckt gehen lassen, bis das Mehl auf der Oberfläche feine Risse zeigt. Danach den Hefevorteig mit dem restlichen Wasser, dem Salz und dem übrigen Mehl verkneten und schlagen, bis er Blasen wirft. Den Teig in 3 oder 6 Stücke teilen, Kugeln formen und im Kühlschrank 1–2 Stunden ruhen lassen. 2 Backbleche mit Öl bestreichen. Den Backofen auf 220° vorheizen.
Die Anchovisfilets wässern. Die Tomaten häuten und kleinschneiden. Die Zwiebel schälen und in Ringe schneiden. Die geschälte Knoblauchzehe und die Oliven kleinschneiden. 2 Eßlöffel Öl erhitzen, die Zwiebelringe und den Knoblauch darin glasig braten. Die Tomaten zugeben und etwa 5 Minuten dünsten. Das Basilikum in Streifen schneiden. Aus dem Hefeteig 3 oder 6 dünne Fladen formen, deren Rand etwas höher als die Innenfläche ist und auf die Bleche legen. Die Tomaten, die Käsescheiben, die Anchovis und die Oliven auf den Fladen verteilen. Die Tomaten mit dem Salz, dem Pfeffer und dem Basilikum bestreuen und das restliche Öl darüberträufeln. Die Pizzen 15–20 Minuten backen; heiß servieren.

Pizza Margherita
PIZZA MARGHERITA
(im Bild hinten)

Zutaten für 6 Personen:
Für den Belag:
400 g Tomaten
300 g Mozzarellakäse
½ Teel. Salz
1 Messersp. schwarzer Pfeffer
100 g geriebener Parmesankäse
1 Teel. getrockneter Oregano
6 Eßl. Olivenöl

Denselben Hefeteig wie für die PIZZA NAPOLETANA zubereiten und zu Fladen formen. Den Backofen auf 220° vorheizen, 2 Backbleche mit Öl bestreichen.
Die Tomaten häuten und in Scheiben, den Mozzarella in Stücke schneiden, beides auf den Fladen verteilen. Die Tomaten salzen und pfeffern, den Parmesankäse und den Oregano über die Fladen streuen und mit dem Öl beträufeln.
15–20 Minuten backen. – Den Hefeteig können Sie auch auf einem geöltem Backblech ausrollen. Die Pizza vor dem Servieren in Portionsstücke teilen.

Pizza mit Knoblauchwurst
PIZZA CON SALAME D'AGLIO

Zutaten für 6 Personen:
Für den Belag:
400 g Tomaten
250 g Knoblauchwurst
je 1 rote und grüne Paprikaschote
300 g Asiagokäse
1 Tasse gefüllte grüne Oliven
12 mit Kapern gefüllte Sardellen
je ½ Teel. getrockneter Oregano und getrocknetes Basilikum
2 Eßl. Olivenöl

Denselben Hefeteig wie für die PIZZA NAPOLETANA zubereiten und zu Fladen formen. Den Backofen auf 220° vorheizen, 2 Backbleche mit Öl bestreichen.
Die Tomaten waschen und mit der Wurst in Scheiben schneiden. Die Schoten in Streifen schneiden. Den Käse würfeln. Die Tomaten- und die Wurstscheiben auf den Fladen verteilen. Die Oliven halbieren und mit den Sardellen und den Paprikastreifen auf die Tomatenscheiben legen. Die Käsewürfel auf den Pizzen verteilen, den Oregano und das Basilikum darüberstreuen. Die Pizzen mit dem Öl beträufeln und 15–20 Minuten im Backofen backen.

Ländliche Pizza
PIZZA RUSTICA

Zutaten für 6 Personen:
Für den Belag:
400 g Tomaten
200 g Champignons
1 kleine Dose Artischockenherzen
100 g Garnelen aus der Dose
je 8 schwarze und gefüllte grüne Oliven
100 g Salami in Scheiben
4 Eßl. Olivenöl
200 g Mozzarellakäse

Denselben Hefeteig wie für die PIZZA NAPOLETANA zubereiten und zu Fladen formen. Den Backofen auf 220° vorheizen, 2 Backbleche mit Öl bestreichen.
Die Tomaten in Scheiben schneiden. Die Champignons putzen, waschen und halbieren. Die Artischockenherzen abtropfen lassen und vierteln. Die Garnelen kalt abbrausen und abtropfen lassen. Die schwarzen Oliven entkernen und mit den grünen Oliven halbieren. Die Tomaten- und die Salamischeiben auf dem Pizzaboden verteilen. Die Artischockenherzen und die Champignons dazwischen legen. Die Garnelen und die Oliven darüberstreuen und das Olivenöl darüberträufeln. Den Käse in Stückchen schneiden und auf den Fladen verteilen. Die Pizzen im Backofen 15–20 Minuten backen.

Weinschaumcreme

ZABAGLIONE

4 Eigelbe
1 Ei
120 g Puderzucker
4 Schnapsgläser (8 cl) Marsalawein oder Weißwein

Wasser für das Wasserbad in einem größeren Topf erhitzen. Die Eigelbe, das Ei und den Puderzucker mit dem elektrischen Handrührgerät schaumig rühren. Die Schüssel in das Wasserbad stellen, nach und nach den Marsala- oder den Weißwein zugießen und weiterrühren, bis die Creme schaumig wird. Die Weinschaumcreme in 4 Gläser füllen.

Unser Tip

Ganz nach Belieben kann man ZABAGLIONE noch mit Vanillemark oder mit abgeriebener Orangen- oder Zitronenschale würzen. – ZABAGLIONE schmeckt warm ebenso gut wie kalt. Soll die Creme kalt serviert werden, nimmt man die Schüssel aus dem Wasserbad und rührt die ZABAGLIONE so lange, bis sie kalt ist. – Zur Weinschaumcreme reicht man zartes Kleingebäck.

Biskuit-Creme-Speise

ZUPPA INGLESE

1 Biskuit-Tortenboden
je 3 Schnapsgläser (6 cl) Alchermes (Florentiner Kräuterlikör) oder anderer Kräuterlikör und Rum
200 g kandierte Früchte
3 Eigelbe, 6 Eßl. Zucker
abgeriebene Schale von 1 Zitrone
3 Eßl. Mehl, ⅜ l Milch
2 Eiweiße, 5 Eßl. Zucker

Den Biskuit in ½ cm dünne, etwa 4 cm lange Streifen schneiden. Die Hälfte der Biskuitstreifen mit dem Kräuterlikör, die andere Hälfte mit dem Rum beträufeln. Die kandierten Früchte kleinwürfeln. Die Eigelbe mit dem Zucker und der Zitronenschale in einem Topf gut schaumig rühren, nach und nach das Mehl und die Milch untermischen. Die Creme bei milder Hitze unter ständigem Rühren zum Kochen bringen, vom Herd nehmen und kalt rühren. Eine runde feuerfeste Platte mit likörgetränkten Biskuitstreifen auslegen und darauf Creme füllen. Die Creme mit rumgetränkten Streifen abdecken und wieder Creme daraufstreichen. Die Früchte auf der Creme verteilen und diese wieder mit Biskuitstreifen abdecken. Alle Zutaten verbrauchen und dabei ein kuppelähnliches Gebilde formen. Die Eiweiße mit dem Zucker steif schlagen. Den Backofen auf 120° vorheizen. Die Speise mit Baisermasse überziehen und hellgelb backen. Die Cremespeise eisgekühlt servieren.

Mandelcreme

CREMA DI MANDORLE

1 Eßl. Öl
1 Eßl. Butter
100 g Zucker
100 g gehackte Mandeln
3 Blätter Gelatine
1 Becher Sahne (0,2 l)
2 Eßl. Brandy oder Orangenlikör
Zum Garnieren: beliebige Süßigkeiten

Ein Backblech mit dem Öl bestreichen. Die Butter in einer Pfanne zerlassen, den Zucker unter ständigem Rühren darin hellbraun schmelzen lassen und die gehackten Mandeln unterrühren. Die Mandelmasse auf dem geölten Backblech verteilen, abkühlen lassen und dann fein zerstoßen. Die Gelatineblätter in kaltem Wasser einweichen und quellen lassen. 2 Eßlöffel von der Sahne mit dem Brandy oder mit dem Orangenlikör verrühren, erhitzen und vom Herd nehmen. Die Gelatine aus dem Wasser nehmen, ausdrücken und in der warmen Sahnemischung auflösen. Die restliche Sahne steif schlagen und mit der Mandelmasse und der aufgelösten Gelatine mischen. Etwas Krokantmasse zum Garnieren zurückbehalten. Die Mandelcreme in 4 Portionsgläsern anrichten, mit der restlichen Krokantmasse bestreuen und mit Süßigkeiten verzieren.

Geeiste Quarkbombe sizilianische Art

CASSATA ALLA SICILIANA

5 Eßl. Sahne
200 g Puderzucker
500 g Speisequark (20%)
1 Eßl. Vanillezucker
150 g Rosinen
je 50 g Zitronat und Orangeat
100 g Belegkirschen
je 5 Eßl. Pinienkerne und Pistazien
100 g bittere Schokolade
1 Biskuit-Tortenboden nach dem Rezept auf Seite 42
2 Schnapsgläser (4 cl) Maraschinolikör

Die Sahne mit dem Puderzucker unter den Quark mischen. Den Vanillezucker unterrühren und den Quark zugedeckt 12 Stunden im Kühlschrank durchziehen lassen.
Die Rosinen waschen und abtropfen lassen. Das Zitronat und das Orangeat feinhacken. Einige Kirschen, Pinienkerne und Pistazien zum Garnieren zurückbehalten, die restlichen Früchte mit der Schokolade kleinhacken. Den Biskuit in 1 cm dicke und 5 × 7 cm große Rechtecke schneiden. Eine Eisbombenform oder eine hohe Schüssel von etwa 20 cm ∅ mit den Biskuitstücken auslegen und diese mit Likör beträufeln. Alle Früchte und die Schokolade unter den Quark mischen, in die Form füllen und mit Biskuitstreifen belegen, ebenfalls mit Likör beträufeln. Die Quarkbombe 2–3 Stunden im Gefriergerät oder 8–10 Stunden im Kühlschrank durchfrieren lassen, stürzen und nach Belieben garnieren.

Grießsuppe mit Mandeln

SOPA CREMA DE SÉMOLA CON ALMENDRAS

60 g abgezogene, geröstete Mandeln
1 Prise Salz
4 Eßl. Grieß
1 Eßl. Butter
¾ l Fleisch- oder Gemüsebrühe
3 Eigelbe
⅛ l Sahne
je 1 Prise Salz und Pfeffer

Die gerösteten Mandeln in der Mandelmühle zerkleinern oder im Mörser zerstoßen. Die Mandeln mit dem Salz in einer feuerfesten Form oder in einem Topf unter ständigem Rühren erhitzen. Den Grieß zufügen, kurz mitrösten und die Butter in der Grieß-Mandel-Masse schmelzen lassen. Nach und nach mit der Fleisch- oder Gemüsebrühe auffüllen. Die Suppe bei milder Hitze unter öfterem Umrühren zum Kochen bringen, den Grieß danach 10 Minuten bei milder Hitze quellen lassen. Die Eigelbe mit der Sahne, dem Salz und dem Pfeffer verquirlen. Etwa 5 Eßlöffel der heißen Grießsuppe in die Eigelb-Sahne-Mischung rühren, den Topf vom Herd nehmen und die Suppe mit der Eigelb-Sahne legieren.

Unser Tip

Die Suppe sieht appetitanregender aus, wenn Sie sie vor dem Servieren mit frischen kleingehackten Kräutern bestreuen.

Muschelcremesuppe

CREMA DE ALMEJAS

400 g Fischabschnitte (Flossen, Schwänze, Köpfe)
1 Möhre, 1 Teel. Salz
⅜ l Wasser, 4 Tomaten
4 Schalotten, 2 Eßl. Butter
1 Prise Safran
2 Eßl. Speisestärke, ⅛ l Milch
400 g naturell eingelegte Muscheln
2 Eigelbe, ⅛ l Sahne
1 Prise weißer Pfeffer
1 Eßl. frischer kleingeschnittener Rosmarin
1 Teel. frische kleingeschnittene Zitronenmelisse

Die Fischabschnitte waschen. Die Möhre schaben und in Scheiben schneiden. Die Fischabschnitte mit den Möhrenscheiben, dem Salz und dem Wasser zugedeckt bei milder Hitze 15 Minuten kochen lassen. Die Tomaten häuten, vierteln und entkernen, die Schalotten würfeln. Die Butter zerlassen und die Schalotten darin glasig dünsten. Die Fischbrühe durch ein Sieb zu den Schalotten gießen, die Tomaten zufügen und alles zugedeckt 10 Minuten köcheln lassen. Den Safran in 1 Teelöffel heißem Wasser auflösen. Die Speisestärke mit der Milch und dem Safran verrühren, in die Suppe geben und unter Rühren aufkochen. Die Muscheln mit der Flüssigkeit in der Suppe erwärmen. Die Eigelbe mit der Sahne, dem Pfeffer und einigen Eßlöffeln heißer Suppe verquirlen. Die Suppe vom Herd nehmen und mit der Eigelb-Sahne legieren; mit den Kräutern bestreut servieren.

Suppe mit Gemüsestreifen

SOPA JULIANA

4 Frühlingszwiebeln
200 g Weißkohl
2 grüne Paprikaschoten
2 Möhren
300 g Kartoffeln
2 Eßl. Olivenöl
1 l Fleischbrühe
4 Tomaten
2 Tassen tiefgefrorene Erbsen
3 Eßl. gehackte Petersilie

Die Zwiebeln in Streifen schneiden. Den Weißkohl hobeln. Die Schoten in Streifen schneiden. Die Möhren schaben, waschen und mit dem Buntmesser in Scheiben schneiden. Die Kartoffeln schälen und würfeln. Das Öl erhitzen, die Zwiebelstreifen darin glasig braten, die Fleischbrühe zugießen und alles zum Kochen bringen. Die Kohl- und die Schotenstreifen, die Möhrenscheiben und die Kartoffelwürfel in die Suppe geben und alles zugedeckt 20 Minuten kochen lassen. Die Tomaten häuten, achteln und entkernen. Nach der Garzeit die tiefgefrorenen Erbsen und die Tomatenachtel in die Suppe geben. Die Gemüsesuppe weitere 8–10 Minuten bei milder Hitze kochen lassen. Vor dem Servieren mit der gehackten Petersilie bestreuen.

Madrider Knoblauchsuppe

SOPA DE AJO A LA MADRILEÑO

200 g Weißbrot
4 Knoblauchzehen
½ Teel. Salz
2 Eßl. Olivenöl
1 Eßl. Paprikapulver, edelsüß
¾ l Wasser, 4 Eier
2 Eßl. kleingeschnittener Schnittlauch

Das Weißbrot in sehr dünne Scheiben schneiden. Die Knoblauchzehen schälen, grob zerkleinern und mit dem Salz zerdrücken. Das Öl in einem großen Topf erhitzen und den Knoblauch mit dem heißen Öl verrühren. Die Weißbrotscheiben in das Öl geben und von jeder Seite unter vorsichtigem Umwenden leicht anbraten. Den Paprika über das Weißbrot streuen und das kalte Wasser zugießen. Die Suppe zum Kochen bringen und bei milder Hitze 2–3 Minuten kochen lassen. Den Topf vom Herd nehmen. Die Eier nacheinander aufschlagen, jeweils in eine Schöpfkelle gleiten lassen und von der Schöpfkelle in die heiße Suppe geben. Den Suppentopf dann wieder auf die Herdplatte stellen und bei milder Hitze so lange dort lassen, bis die Eiweiße fest sind. Jeweils 1 Ei aus der Suppe heben, in eine Suppentasse geben, salzen und pfeffern und mit Suppe übergießen; mit Schnittlauch bestreuen.

Krustentier-Eintopf

ZARZUELA DE MARISCOS

400 g tiefgefrorener Tintenfisch
16 tiefgefrorene Scampi
400 g frische Miesmuscheln
250 g Kabeljaufilet
1 Eßl. Zitronensaft
2 Zwiebeln, 1 Bund Petersilie
3 Knoblauchzehen
1 Teel. Salz, 4 Tomaten
¼ l Weißwein, 5 Eßl. Öl
¼ Teel. weißer Pfeffer

Den Tintenfisch und die Scampi auftauen lassen. Den Tintenfisch kleinschneiden. Die Muscheln waschen, bürsten und die Fäden abschneiden. Den Kabeljau waschen, in 4 cm große Stücke schneiden und mit dem Zitronensaft beträufeln. Die Zwiebeln schälen, eine würfeln, die zweite achteln. Die Petersilie waschen, die Blätter hacken, die Stiele aufbewahren. Den Knoblauch schälen und mit dem Salz zerdrücken. Die Tomaten häuten und vierteln. Die Zwiebelachtel mit dem Wein, den Petersilienstielen und dem Knoblauch zum Kochen bringen und die Muscheln darin zugedeckt bei starker Hitze in 5–8 Minuten garen, aus dem Sud heben; den Sud durchseihen. Das Öl erhitzen und die Zwiebelwürfel darin glasig braten. Die Tomaten, den Kabeljau, den Pfeffer und den Tintenfisch zugeben, mit dem Muschelsud aufgießen und alles zugedeckt in etwa 15 Minuten garen. Die Scampi und die Muscheln in der Schale im Eintopf erwärmen. ZARZUELA mit der Petersilie bestreut servieren.

Gebratenes Brot mit Eiern

MIGAS CON HUEVOS FRITOS

500 g altbackenes Weißbrot
1 Tasse lauwarmes Wasser
½ Teel. Salz
2 Knoblauchzehen
200 g Paprikawurst
200 g roher Schinken
5 Eßl. Olivenöl
1 Teel. Paprikapulver, scharf
4 Eier
je Ei 1 Prise Salz und weißer Pfeffer

Das Brot in hauchdünne Scheiben schneiden und einige Stunden vor der Mahlzeit in eine Kasserolle legen, mit dem Wasser beträufeln, mit dem Salz bestreuen und zugedeckt stehen lassen. Die Knoblauchzehen schälen und hacken. Die Paprikawurst und den Schinken in kleine Würfel schneiden. 3 Eßlöffel Olivenöl in einer Pfanne erhitzen. Den Knoblauch darin anbraten, die Paprikawurst, den Schinken und das Paprikapulver zugeben und anbraten. Das eingeweichte Brot zufügen, alles mischen und unter Umwenden 15 Minuten braten, das Brot dabei mit dem Pfannenwender in kleine Stükke zerstoßen. Das restliche Öl in einer zweiten Pfanne erhitzen und die Eier darin braten. Die Spiegeleier mit Salz und Pfeffer würzen und auf dem gebratenen Brot anrichten.

Flamenco-Eier

HUEVOS A LA FLAMENCA

1 Zwiebel, 2 Knoblauchzehen
2 Tomaten
1 rote Paprikaschote
100 g roher Schinken
200 g Paprikawurst
5 Eßl. Olivenöl
1 Tasse tiefgefrorene Erbsen
1 Tasse tiefgefrorene grüne Bohnen, 1 Teel. Salz
je 1 Prise weißer Pfeffer und Paprikapulver, scharf
8 Eier

Die Zwiebel schälen und würfeln. Die Knoblauchzehen schälen und hacken. Die Tomaten häuten, entkernen und in Stücke schneiden. Die Paprikaschote halbieren, von Rippen und Kernen befreien, waschen und in Streifen schneiden. Den Schinken ebenfalls in Streifen schneiden. Die Paprikawurst in Scheiben schneiden. Das Öl in einer feuerfesten Form erhitzen. Die Zwiebelwürfel und den Knoblauch darin anbraten. Die Tomaten, die Paprikaschote, die Erbsen und die Bohnen zufügen, würzen, alles mischen und zugedeckt 15 Minuten schmoren lassen. Den Backofen auf 200° vorheizen. 8 Scheiben von der Paprikawurst zurückbehalten, die restliche Wurst mit dem Schinken unter das Gemüse mischen. Mit einem kleinen Schöpflöffel 8 Vertiefungen in das Gemüse drücken und je 1 Ei hineinschlagen. Jedes Ei mit 1 Scheibe Paprikawurst bedecken. Die Eier im Backofen auf der mittleren Schiebeleiste garen. Sobald das Eiweiß gestockt ist, die Form aus dem Ofen nehmen. Die Flamenco-Eier heiß servieren.

Lammfleisch-pastetchen

EMPANADILLAS

600 g tiefgefrorener Blätterteig
400 g Lammfleisch
50 g fetter Speck
½ Zwiebel, 2 Eßl. Olivenöl
½ Teel. Salz
½ Teel. Paprikapulver, scharf
1 Eßl. kleingeschnittener Schnittlauch
1 Ei, 1 Eigelb

Den Blätterteig auftauen lassen. Das Lammfleisch und den Speck in Würfel schneiden und anschließend mit dem Wiegemesser oder dem Hackmesser zerkleinern. Die Zwiebel schälen und sehr klein würfeln. Das Öl erhitzen, die Zwiebelwürfel und den gehackten Speck darin glasig braten. Das Lammfleisch zufügen, unter öfterem Umwenden etwa 5 Minuten braten und mit dem Salz und dem Paprika abschmecken. Den Schnittlauch und das Ei zugeben und untermischen. Die aufgetauten Blätterteigscheiben aufeinanderlegen, leicht zusammendrücken und auf einer bemehlten Arbeitsfläche 2–3 mm dick ausrollen. Aus dem Teig Quadrate schneiden. Die Fleischfüllung auf den Quadraten verteilen, die Quadrate zu Dreiecken zusammenschlagen und die Ränder mit einer Gabel fest andrücken. Die Teigtaschen auf ein kalt abgespültes Backblech legen und 15 Minuten ruhen lassen. Den Backofen auf 200° vorheizen. Die Teigtaschen mit dem Eigelb bestreichen und 20–25 Minuten backen; heiß oder kalt servieren.

Reispfanne

PAELLA

Zutaten für 6 Personen:
1 Hähnchen von etwa 1,2 kg
2 Zwiebeln, 3 Knoblauchzehen
6 Tomaten
1 Tasse Olivenöl
1½ Teel. Salz
2 Messersp. weißer Pfeffer
300 g Langkornreis
1 l heiße Fleischbrühe
2 Messersp. Safran
250 g Rotbarschfilet
200 g Langustenschwänze aus der Dose
250 g naturell eingelegte Miesmuscheln
1 Tasse tiefgefrorene Erbsen
⅛ l trockener Weißwein
15 rotgefüllte Oliven
250 g geräucherte, knoblauchhaltige Würstchen

Das Hähnchen in Portionsstücke teilen, waschen und abtrocknen. Die Zwiebeln und den Knoblauch schälen und feinhacken. Die Tomaten häuten und achteln. ¾ der Ölmenge in einer großen tiefen Pfanne (am besten einer echten Paellapfanne) erhitzen und die Hähnchenteile darin von allen Seiten goldbraun braten, salzen und pfeffern. Die Zwiebeln, den Knoblauch und den Reis in die Pfanne geben und unter ständigem Umwenden glasig braten. Die Fleischbrühe zugießen, den Safran unterrühren und alles bei milder Hitze etwa 15 Minuten kochen lassen. Das Fischfilet waschen, trockentupfen und in Würfel schneiden. Die Langustenschwänze und die Miesmuscheln abtropfen lassen. Die Fischwürfel, die Langustenschwänze, die Muscheln, die Erbsen und die Tomaten behutsam unter den Reis mischen, den Weißwein darübergießen und alles weitere 15 Minuten bei sehr milder Hitze ziehen lassen. Die Oliven kalt abbrausen, abtropfen lassen und halbieren. Das restliche Öl in einer kleinen Pfanne erhitzen und die Würstchen darin knusprig braun braten. Die Paella mit den Oliven bestreuen und mit den gebratenen Würstchen belegen.

Für die PAELLA gibt es in Spanien je nach Region und nach Marktangebot sehr unterschiedliche Zubereitungsarten. In Küstennähe werden die Muscheln natürlich nicht aus dem Glas, sondern frisch zur PAELLA gegeben. Vielerorts wird sie noch mit Tintenfisch angereichert, mit Hummerkrabben oder mit verschiedenen Arten von Seefisch. Wer sich von seiner Spanienreise die typischen Chorizo-Würste mitbringt, kann die PAELLA natürlich noch originalgetreuer zubereiten. Wird die PAELLA für eine größere Personenzahl geplant, erhöht sich nicht nur die Reismenge; zum Hähnchen wird noch Lammfleisch aus der Keule gegeben. Außerdem kann man ganz nach Belieben Artischockenböden, rote oder grüne Paprikaschoten und Auberginenscheiben unter die PAELLA mischen.

Hasenrücken nach Art der Jägerin

LIEBRE A LA CAZADORA

2 Hasenrücken zu je 600 g
Saft von 2 Zitronen
¼ l trockener Rotwein (Rioja)
2 Schnapsgläser spanischer Weinbrand (4 cl)
3 Knoblauchzehen
1 Messersp. schwarzer Pfeffer
150 g fetter Speck in Scheiben
4 Schalotten, 1 Möhre
200 g Weintrauben
1 Lorbeerblatt
2 Gewürznelken
½ Teel. getrockneter Thymian
⅛ l Crème fraîche
je 1 Prise Salz und Zucker

Die Hasenrücken häuten, mit dem Zitronensaft beträufeln und 2 Stunden zugedeckt ruhen lassen. Den Rotwein und den Weinbrand mischen. Die Knoblauchzehen zerdrücken. Die Hasenrücken mit dem Knoblauch und dem Pfeffer einreiben, mit dem Wein übergießen und zugedeckt 4–5 Stunden marinieren.
Den Backofen auf 220° vorheizen. Den Hasen aus der Marinade nehmen, trockentupfen und mit den Speckscheiben umwickeln. Die Marinade bis zur weiteren Verwendung beiseite stellen. Die Hasenrücken im Backofen auf der zweiten Schiebeleiste von unten in 35–40 Minuten garen; dabei häufig mit dem austretenden Speckfett begießen. Die Schalotten hacken, die Möhre kleinwürfeln. Die Weintrauben halbieren und entkernen.
Die Hasenrücken von den Speckscheiben befreien und warm stellen. Den Bratenfond entfetten und mit etwas Marinade ablöschen. Die Schalotten- und die Möhrenwürfel in wenig Bratfett anbraten, das Lorbeerblatt, die Nelken und den Thymian zugeben, mit restlicher Marinade aufgießen und gut einkochen lassen. Die Sauce durchseihen, mit der Crème fraîche und dem Bratenfond verrühren und abschmecken. Die Weintrauben in der Sauce erhitzen.

Ländliche Omelette

TORTILLA A LA PAISANO

300 g Kalbshirn
1 Eßl. Essig
100 g roher Schinken
4 mittelgroße Kartoffeln
1 rote Paprikaschote
4 Eßl. Öl, 1 Teel. Salz
1 Tasse tiefgefrorene Erbsen
4 Eier, 1 Prise weißer Pfeffer

Das Kalbshirn waschen und so lange im kalten Wasser liegen lassen, bis sich das Blut völlig gelöst hat; das Wasser dabei öfter wechseln. 1 l Wasser mit dem Essig zum Kochen bringen und das Hirn darin 7 Minuten im offenen Topf ziehen lassen. Das Hirn kalt abbrausen, von der Haut sowie sämtlichen Blutgerinnseln und Äderchen befreien und in Scheiben schneiden. Den Schinken würfeln. Die Kartoffeln schälen und in Scheiben hobeln. Die Schote in Streifen schneiden. 2 Eßlöffel Öl erhitzen, die Hirnscheiben darin von beiden Seiten rasch anbraten und herausnehmen. Die Kartoffeln ins heiße Öl geben, mit ½ Teelöffel Salz würzen und gar braten. Die Erbsen, die Hirnscheiben, den Schinken und die Schotenstreifen zugeben, alles mischen und 2–3 Minuten braten. Die Eier mit dem restlichen Salz und dem Pfeffer verquirlen und untermischen. Die TORTILLA braten, bis die untere Seite eine goldbraune Kruste hat; dann auf eine Platte stürzen, das restliche Öl in die Pfanne geben und die TORTILLA von der anderen Seite goldbraun braten.

Gemüsetopf von der Biskaya

MINESTRA A LA VIZCAINA

1 kleiner Kopf Blumenkohl
1 Brathähnchen von etwa 1 kg
250 g Kalbfleisch
1 Zwiebel
3 Stangen Lauch/Porree
1 Möhre, 2 Tomaten
12 kleine neue Kartoffeln
3 Eßl. Olivenöl, 1 Eßl. Mehl
½ l Fleischbrühe
1 Eßl. gehackte Petersilie
1 Teel. Salz
1 Messersp. weißer Pfeffer
½ Tasse Weißwein
8 Artischockenherzen
2 hartgekochte Eier

Den Blumenkohl bei milder Hitze etwa 30 Minuten dämpfen. Das Hähnchen von Haut und Knochen befreien und mit dem Kalbfleisch in 4–5 cm große Stücke schneiden. Die Zwiebel würfeln. Den Lauch und die Möhre in Scheiben schneiden. Die Tomaten häuten, entkernen und in Stücke schneiden. Die Kartoffeln schälen. Das Öl erhitzen, alles Fleisch darin gut anbraten, aus dem Topf nehmen und beiseite stellen. Die Zwiebel, den Lauch, die Möhre und das Mehl im Öl anbraten. Mit der Fleischbrühe, den Tomaten, der Petersilie, dem Salz, dem Pfeffer und dem Wein mischen; 15 Minuten kochen lassen. Das Gemüse durch ein Sieb passieren und wieder in den Topf geben. Das Fleisch und die Kartoffeln zufügen und zugedeckt 30 Minuten kochen lassen. Die Blumenkohlröschen und die Artischockenherzen im Eintopf erwärmen. Das Gericht mit Eischeiben garnieren.

Süß-saure Hähnchenkeulen

POLLO A LA CATALANA

8 frische Hähnchenkeulen
½ Teel. Salz
1 Eßl. Paprikapulver, edelsüß
2 Zwiebeln, 4 Knoblauchzehen
6 Eßl. Olivenöl, 1 Lorbeerblatt
2 getrocknete Chilischoten
⅛ l trockener Rotwein (Rioja)
2 Eßl. Crème fraîche
1 Eßl. Sherryessig
2 getrocknete Steinpilze
1 Eßl. Bienenhonig
einige Tropfen Sojasauce
1 Prise Cayennepfeffer
30 g geröstete Erdnüsse

Die Keulen einige Male einschneiden, mit dem Salz und dem Paprika einreiben und 15 Minuten ruhen lassen. Die Zwiebeln kleinhacken. Die Knoblauchzehen zerdrücken. Das Öl erhitzen, die Keulen von allen Seiten darin braun anbraten und aus der Pfanne nehmen. Die Zwiebeln und den Knoblauch im Öl goldgelb braten. Die Keulen, das zerriebene Lorbeerblatt, die Chilischoten zufügen. Den Rotwein, die Crème fraîche und den Essig zugießen, die Pilze zugeben und alles zugedeckt bei milder Hitze 20 Minuten schmoren lassen. Die Keulen aus der Sauce nehmen, häuten und warm stellen. Die Schmorflüssigkeit durchseihen. Die Sauce entfetten, mit dem Honig verrühren und bei starker Hitze einkochen, bis sie cremig wird. Mit Sojasauce, dem Cayennepfeffer und eventuell mit etwas Sherryessig abschmecken. Die Sauce über die Keulen gießen und diese mit den Erdnüssen bestreuen.

Lammnieren mit Sherry

RIÑONES AL JEREZ

8 Lammnieren
1 Knoblauchzehe
1 Zwiebel
1 Scheibe Weißbrot
5 Eßl. Olivenöl
1 Eßl. gehackte Petersilie
⅛ l Sherry
1 Lorbeerblatt
½ Teel. Salz
1 Messersp. weißer Pfeffer

Die Nieren waschen und in Scheiben schneiden. Die Knoblauchzehe schälen. Die Zwiebel schälen und würfeln. Vom Weißbrot die Rinde abschneiden und das Brot in Stücke brechen. 3 Eßlöffel Olivenöl in einer Pfanne erhitzen, 2 Scheiben Nieren, die Knoblauchzehe und das Brot zugeben. Alles unter Umwenden einige Minuten anbraten. Den Inhalt der Pfanne in einen Mörser geben, 1 Eßlöffel Wasser zugießen, alles gut mischen und zerstoßen. Das restliche Öl in der Pfanne erhitzen und die Zwiebelwürfel mit der Petersilie darin anbraten. Die restlichen Nierenscheiben in die Pfanne geben und von beiden Seiten braun anbraten. Den Sherry, das Lorbeerblatt, das Salz, den Pfeffer und die Mischung aus dem Mörser in die Pfanne geben und alles unter Umwenden in weiteren 5 Minuten garen. Das Lorbeerblatt entfernen und die Lammnieren heiß servieren.

Das schmeckt dazu: körnig gekochter Reis oder Weißbrot und gemischter Salat.

Kastaniensuppe

SOPA DE CASTANHAS

500 g Edelkastanien
¾ l Fleisch- oder Gemüsebrühe
100 g Weißbrot
je 1 Prise Salz, weißer Pfeffer und Zucker
2 Eßl. Butter

Den Backofen auf 250° vorheizen. Die Kastanien am spitzen Ende kreuzweise einschneiden, auf ein Backblech legen und etwa 20 Minuten im Backofen rösten, bis die Schalen aufplatzen. Die Kastanien dann schälen und mit der Fleisch- oder der Gemüsebrühe zugedeckt etwa 40 Minuten kochen lassen. 8 Kastanien aus der Brühe nehmen, kleinwürfeln und beiseite legen. Die übrigen Kastanien mit der Fleischbrühe durch ein Sieb passieren und in den Topf zurückgeben. Vom Weißbrot rundherum die Rinde abschneiden und die lockere Weißbrotkrume kleinzupfen. Das Weißbrot in die Suppe rühren und einige Minuten darin kochen lassen. Die Suppe mit dem Salz, dem Pfeffer und dem Zucker abschmecken und vor dem Servieren die Butter darin zerlassen. Die Suppe mit den gewürfelten Kastanien bestreuen.

Unser Tip

Wer wegen der Kastanien den Backofen nicht heizen möchte, kann die kreuzweise eingeschnittenen Kastanien auch 20 Minuten im Wasser kochen.

Grüne Kartoffelsuppe

CALDO VERDE

250 g Römischer Salat oder Mangold
150 g Chorizo-Würste oder 1 harte knoblauchhaltige Schweinewurst zum Erhitzen
500 g Kartoffeln
1 l Wasser
1 Teel. Salz
2 Eßl. Olivenöl
1 Messersp. schwarzer Pfeffer

Den Salat oder den Mangold waschen, abtropfen lassen und in Streifen schneiden. Die Wurst 15 Minuten in heißem Wasser ziehen, dann abkühlen lassen und in Scheiben schneiden. Die Kartoffeln schälen, waschen und in Scheiben schneiden. Das Wasser mit dem Salz zum Kochen bringen, die Kartoffelscheiben 20 Minuten darin kochen lassen, mit dem Schaumlöffel aus dem Wasser heben und zerstampfen. Das Kartoffelpüree wieder ins Kochwasser geben, das Olivenöl, den Pfeffer, die Salat- oder Mangoldstreifen und die Wurstscheiben zufügen und alles zugedeckt weitere 10 Minuten kochen lassen.

Das schmeckt dazu: Weißbrot oder Maisbrot.

Krabbenkroketten

CROQUETES DE CAMARÃO

500 g frische Krabben in der Schale
1 Teel. Salz, 2 Eßl. Butter
4 Eßl. Mehl, 2 Eigelbe
je 1 Prise Salz und weißer Pfeffer
1 Ei, 1 Tasse Semmelbrösel
2 Tassen Olivenöl

Die Krabben gründlich waschen. Dann mit dem Salz und mit Wasser bedeckt 5 Minuten kochen lassen, in ein Sieb schütten und das Kochwasser aufbewahren. Die Krabben aus den Schalen lösen. Die Köpfe und Schalen der Krabben zurück in den Kochsud geben und weitere 10 Minuten kochen lassen. Den Sud dann durchseihen. Die Krabben abkühlen lassen und kleinhacken. Die Butter zerlassen, das Mehl anstäuben und so lange rühren, bis eine homogene Masse entstanden ist. Die Einbrenne mit etwas Kochsud von den Krabben ablöschen und bei milder Hitze kochen lassen, bis ein dicker Brei entsteht. Die gehackten Krabben mit den Eigelben, dem Salz und dem Pfeffer unter den Mehlbrei rühren, kurz erhitzen, vom Herd nehmen und abkühlen lassen.
Aus der Masse walnußgroße Bällchen formen. Das Ei verquirlen und die Krabbenbällchen zuerst in dem Ei, dann in den Semmelbröseln wenden. Das Öl erhitzen und die Krabbenkroketten rundherum im heißen Öl knusprig braun braten. Die Krabbenkroketten auf saugfähigem Papier abtropfen lassen und noch heiß zu Bier oder Wein reichen.

Stockfisch nach Art von Gomes de Sá

BACALHAU À GOMES DE SÁ

1 kg Stockfisch
1–2 Tassen Milch
1 kg Kartoffeln
4 Eier, 4 Zwiebeln
1 Tasse Olivenöl
je 2 Messersp. Salz und Pfeffer
1 Eßl. Butter
10 grüne Oliven
1 Eßl. gehackte Petersilie

Den Fisch 12 Stunden in Wasser einweichen. Dann mit kochendem Wasser übergießen und 15 Minuten ziehen lassen; häuten, entgräten und in kleine Stücke teilen. Die Milch erhitzen und den Fisch von Milch bedeckt 60 Minuten ziehen lassen.
Die Kartoffeln kochen, schälen und in Scheiben schneiden. Die Eier hart kochen. Die Zwiebeln schälen, in Scheiben schneiden. Den Backofen auf 240° vorheizen. Das Öl in einer feuerfesten Kasserolle erhitzen. Die Zwiebelscheiben darin glasig braten. Abwechselnd eine Schicht Kartoffelscheiben und eine Schicht Stockfischstücke über die Zwiebelscheiben geben. Jede Kartoffelschicht mit etwas Salz und Pfeffer bestreuen. Mit Kartoffeln abschließen. 1–2 Eßlöffel Milch vom Stockfisch über den Auflauf gießen und die oberste Schicht mit der zerlassenen Butter beträufeln. Im Backofen in 20 Minuten garen. Die Eier schälen und achteln. Die Oliven kleinschneiden. Den Auflauf mit den Olivenstückchen, mit der Petersilie und mit den Eiachteln garnieren.

Grüne Bohnen, typisch portugiesisch

FEIJÃO VERDE À MINHOTA
(im Bild hinten)

750 g große grüne Bohnen
2 Zwiebeln, 4 große Tomaten
3 Eßl. Olivenöl, 1 Teel. Salz
2 Messersp. weißer Pfeffer
1 Eßl. Mehl, 1 Schuß Weinessig
2 Eßl. gehackte Petersilie

Die Bohnen in Streifen, die Zwiebeln in Ringe, die Tomaten häuten und in Stücke schneiden; alles im Öl anbraten, mit heißem Wasser auffüllen, salzen, pfeffern und zugedeckt in 30 Minuten garen. Das Mehl mit Wasser anrühren, das Gemüse damit binden, mit Essig abschmecken und mit der Petersilie bestreuen.

FEIJÃO VERDE GUISADO
(im Bild vorne)

500 g grüne Bohnen
4 Zwiebeln, 2 Eßl. Öl
2 Eßl. gehackte Petersilie
½ Teel. Salz
1 Messersp. weißer Pfeffer
1 Schuß Weinessig
1 Eßl. Butter
2 Eßl. Semmelbrösel

Die Bohnen in Stücke brechen. Die Zwiebeln würfeln und mit der Petersilie im Öl musig dünsten, durch ein Sieb streichen, in den Topf geben und die Bohnen mit dem Salz und dem Pfeffer zufügen. So viel Wasser zugießen, daß die Bohnen von Zwiebelsauce umgeben sind. Die Bohnen in 30 Minuten garen, mit Essig abschmecken. Die Butter zerlassen. Die Semmelbrösel darin bräunen und über das Gemüse geben.

Reis aus dem Backofen

ARROZ DE FORNO

300 g Langkornreis
1 l Wasser, 1 Teel. Salz
100 g Schinken
200 g geräucherte Wurst
2 Zwiebeln, 2 Möhren
2 Eßl. Schweineschmalz
2 Eßl. gehackte Petersilie
1 Eßl. Olivenöl

Den Reis unter fließendem kaltem Wasser im Sieb so lange waschen, bis das abtropfende Wasser klar ist. Das Wasser mit dem Salz zum Kochen bringen, den Reis hineinstreuen und zugedeckt bei mittlerer Hitze 10 Minuten kochen lassen. Den Backofen auf 200° vorheizen. Den Schinken in Würfel und die Wurst in Scheiben schneiden, die Scheiben je nach Größe halbieren oder vierteln. Die Zwiebeln schälen und würfeln. Die Möhren schaben, waschen und ebenfalls in Würfel schneiden. Das Schweineschmalz in einer feuerfesten Form zerlassen. Die Zwiebel- und die Möhrenwürfel darin anbraten. Die Schinkenwürfel, die Wurstscheiben und die Petersilie zugeben und alles unter Umwenden anbraten. Den Reis mit der Kochflüssigkeit unter die angebratenen Zutaten mischen, mit dem Öl beträufeln und im Backofen auf der zweiten Schiebeleiste von unten in weiteren 15–20 Minuten ausquellen lassen. Zum ARROZ DE FORNO einen beliebigen Salat reichen.

Schweinefleisch mit Muscheln

AMEIJOAS À MARINHEIRA
COM CARNE DE PORCO FRITA

500 g Schweinelende
je 1 Prise Salz und weißer Pfeffer
1 Eßl. Schweineschmalz
2 kg Muscheln
2 Zwiebeln, 4 Tomaten
1 Knoblauchzehe, 3 Eßl. Öl
1 Eßl. Mehl
1 Tasse Weißwein
½ Teel. Salz
1 Eßl. gehackte Petersilie
je ½ Teel. getrockneter Thymian und getrocknetes Basilikum

Den Backofen auf 220° vorheizen. Die Schweinelende mit dem Salz und dem Pfeffer einreiben und in eine Bratreine legen. Das Schweineschmalz erhitzen, über die Lende gießen und diese im Backofen in 25 Minuten garen. Die Muscheln waschen. Die Zwiebeln schälen und würfeln. Die Tomaten häuten und in Stücke schneiden. Die Knoblauchzehe schälen. Das Öl in einem großen Topf erhitzen, die Zwiebelwürfel mit dem Knoblauch darin glasig braten, den Knoblauch entfernen, die Tomaten zugeben und dünsten, bis sie zerfallen. Das Mehl in etwas Wein anrühren. Den restlichen Wein zu den Tomaten gießen und sprudelnd kochen lassen. Die Muscheln in die Sauce schütten und bei starker Hitze 10 Minuten zugedeckt kochen lassen. Die Muscheln aus den Schalen lösen. Das angerührte Mehl mit dem Salz, der Petersilie und den getrockneten Kräutern in die Sauce geben und durchkochen lassen. Die Schweinelende in Würfel schneiden und mit den Muscheln in der heißen Sauce durchziehen, aber nicht kochen lassen.

Bohnen-Gemüsesuppe

POTÉE DAUPHINÉ

200 g weiße Bohnenkerne
2 Möhren, 2 Zwiebeln
2 Stangen Lauch/Porree
4 Tomaten
5 Eßl. Butter, 1 Teel. Salz
¼ Teel. weißer Pfeffer
1 Tasse Sauerampferblätter
1 Tasse Sahne
4 Scheiben Weißbrot

Die Bohnen 12 Stunden in kaltem Wasser einweichen.
Die Möhren schaben und würfeln. Die Zwiebeln schälen und in Ringe schneiden. Den Lauch gründlich waschen, putzen und in Scheiben schneiden. Die Tomaten häuten und vierteln. 1 l Wasser zum Kochen bringen.
3 Eßlöffel Butter in einem großen Topf erhitzen. Die Möhrenstückchen, die Zwiebelringe und die Lauchscheiben darin andünsten. Die Tomaten und die Bohnen mit dem Einweichwasser zugeben und so viel kochendes Wasser aufgießen, daß das Gemüse gut mit Wasser bedeckt ist. Die Suppe salzen und pfeffern und zugedeckt bei milder Hitze 60 Minuten kochen lassen. Die Sauerampferblätter waschen, trockentupfen und in feine Streifen schneiden. 1 Eßlöffel Butter erhitzen und den Sauerampfer unter ständigem Umwenden etwa 15 Minuten darin anbraten. Die Sahne unter die Gemüsesuppe rühren und den Sauerampfer darübergeben. Die Weißbrotscheiben halbieren, in der restlichen Butter hellbraun braten, in 4 Suppenteller geben und die Gemüsesuppe darübergießen.

Kartoffel-Gemüsesuppe

POTAGE PARMENTIER

400 g Kartoffeln
2 Stangen Lauch/Porree
1 Zwiebel
2 Möhren
¾ l Wasser oder Geflügelbrühe
1 Teel. Salz
1 Messersp. schwarzer Pfeffer
½ Tasse Sahne
2 Eßl. kleingeschnittener Schnittlauch

Die Kartoffeln schälen, waschen und würfeln. Den Lauch längs halbieren, gründlich waschen und in Scheiben schneiden. Die Zwiebel schälen und in Ringe schneiden. Die Möhren schaben, waschen und in Scheiben schneiden. Das Gemüse mit dem Wasser oder der Geflügelbrühe in einen Topf geben, salzen und pfeffern und zugedeckt bei milder Hitze 60 Minuten kochen lassen.
Wenn Geflügelbrühe verwendet wird, die ja bereits gewürzt ist, sollten Sie mit dem Salz sparsamer umgehen. Das gegarte Gemüse durch ein Sieb passieren, in den Topf zurückgeben, mit der Sahne verrühren und noch einmal kräftig erhitzen, aber nicht mehr kochen lassen. Die Suppe mit dem Schnittlauch bestreuen.

Gratinierte Zwiebelsuppe

SOUPE À L'OIGNON

3 große Zwiebeln
4 Eßl. Butter
1 Eßl. Mehl
¾ l Wasser
1 Teel. Salz
1 Messersp. weißer Pfeffer
2 Scheiben Weißbrot
1 Tasse trockener Weißwein
50 g geriebener Greyerzer Käse (Gruyère)

Die Zwiebeln schälen und in dünne Scheiben schneiden. Die Hälfte der Butter zerlassen und die Zwiebelringe darin unter Umwenden goldgelb braten. Das Mehl über die Zwiebeln stäuben, leicht bräunen lassen, nach und nach unter Rühren mit dem Wasser aufgießen. Das Salz und den Pfeffer zufügen. Die Zwiebelsuppe zugedeckt bei mittlerer Hitze 20 Minuten kochen lassen. Die Weißbrotscheiben halbieren und in der restlichen Butter von beiden Seiten goldbraun braten.
Den Elektrogrill oder den Backofen auf starke Oberhitze vorheizen. Die Weißbrotscheiben in 4 feuerfeste Suppentassen verteilen. Die Zwiebelsuppe vom Herd nehmen und den Weißwein unterrühren. Die Suppe über die Weißbrotscheiben gießen, mit dem geriebenen Käse bestreuen und auf der obersten Schiebeleiste des Backofens oder im Grill 5–10 Minuten überbacken, bis der Käse zu schmelzen beginnt und leicht goldbraun wird.

Kürbiscremesuppe

SOUPE DE COURGE À LA CRÈME

1 kg Kürbis
200 g Crème fraîche
1 Tasse Milch, 1 Teel. Salz
1 Messerp. weißer Pfeffer
1 Prise geriebene Muskatnuß
1½ Tassen Geflügelbrühe
2 Scheiben Weißbrot
2 Eßl. Butter
2 Eßl. geriebener Greyerzer Käse (Gruyère)

Den Backofen auf 180° vorheizen. Das Kürbisfleisch aus der Schale lösen, die Kürbiskerne entfernen und das Kürbisfleisch in kleine Würfel schneiden. Die Crème fraîche mit der Milch, dem Salz, dem Pfeffer, der Muskatnuß und der Geflügelbrühe verrühren und mit dem Kürbisfleisch mischen. Die Masse in eine feuerfeste Form füllen und die Suppe zugedeckt in 60 Minuten im Backofen garen.
Die Weißbrotscheiben in kleine Würfel schneiden. Die Butter in einer Pfanne zerlassen und die Brotwürfel darin goldbraun braten. Die Suppe aus dem Backofen nehmen, mit dem Schneebesen kräftig durchrühren und in 4 Suppentassen füllen. Die Brotwürfel auf den Portionen verteilen und den geriebenen Käse darüberstreuen.

Unser Tip
Noch feiner wird die Suppe, wenn man sie im Mixer püriert und danach noch einmal erhitzt.

Graupensuppe mit Estragon

CRÈME D'ORGE À L'ESTRAGON

1 Stange Lauch/Porree
1 Zwiebel, 1 Gewürznelke
12 frische Estragonblätter
¾ l Wasser
2 Eßl. Butter
100 g Perlgraupen
1 Teel. Salz
1 Messersp. weißer Pfeffer
1 Eigelb
1 Tasse Sahne

Vom Lauch die dunkelgrünen Blätter abschneiden, die Lauchstange längs halbieren, waschen und in Scheiben schneiden. Die Zwiebel schälen, halbieren und eine Hälfte mit der Gewürznelke bestekken. Die Estragonblätter waschen, trockentupfen und in Streifen schneiden. Das Wasser zum Kochen bringen. Die Butter in einem Topf zerlassen und die Graupen unter ständigem Umwenden 3 Minuten darin anbraten. Die Lauchscheibchen und die Estragonstreifen zugeben und unter Umwenden einige Minuten mitbraten. Mit dem heißen Wasser auffüllen, das Salz, den Pfeffer und die halbierte Zwiebel zugeben. Alles zugedeckt bei milder Hitze 60 Minuten kochen lassen. Das Eigelb mit der Sahne verquirlen und 4 Eßlöffel heiße Suppe in die Eigelb-Sahne rühren. Die Suppe vom Herd nehmen, die Zwiebelhälften entfernen und die Eigelb-Sahne-Mischung unter die Suppe ziehen. Die Suppe sofort servieren.

Fenchelsuppe aus Avignon

POTAGE AU FENOUIL AVIGNON

1 kg Fenchelknollen
300 g Kartoffeln
3 Knoblauchzehen
1 Zwiebel, 1 Lorbeerblatt
1 Teel. Salz
1 Messersp. weißer Pfeffer
1 l Wasser
1 säuerlicher Apfel
2 Eßl. Butter
3 Eßl. gehackte Petersilie

Die Fenchelknollen putzen, waschen und in kleine Stücke schneiden. Die feingefiederten grünen Fenchelblätter waschen, abtropfen lassen und hacken. Die Kartoffeln schälen, waschen und in kleine Würfel schneiden. Die Knoblauchzehen und die Zwiebel ebenfalls schälen und würfeln. Alles vorbereitete Gemüse – ohne dem Fenchelgrün – mit dem Knoblauch, der Zwiebel, dem Lorbeerblatt, dem Salz, dem Pfeffer und dem Wasser in einen Topf geben, zum Kochen bringen und zugedeckt bei milder Hitze in 50 Minuten garen. Den Apfel schälen und auf der Rohkostreibe raspeln. Die Butter zerlassen. Die Petersilie und die gehackten Fenchelblättchen in der Butter unter Umwenden etwa 5 Minuten braten und beiseite stellen.
Das Lorbeerblatt aus dem Suppentopf entfernen. Das Gemüse durch ein Sieb passieren und zurück in den Topf geben. Den geraspelten Apfel und die angedünsteten Kräuter unter die Suppe rühren. Die Suppe sofort servieren.

Gemüseeintopf aus Béarn

GARBURE À LA BÉARNAISE

Zutaten für 6 Personen:
500 g Rindfleisch (Brustkern)
2 Gänsekeulen
1 l Wasser, 1 Teel. Salz
½ Zwiebel, ½ Lorbeerblatt
1 große Möhre
4 kleine weiße Rüben
3 mittelgroße Kartoffeln
¼ Kopf Weißkohl (etwa 250 g)
1 Tasse Bohnenkerne aus der Dose
250 g grüne Bohnen
1 Petersilienwurzel
2 Stengel Kerbel
1 Zweig Liebstöckel
½ Teel. weißer Pfeffer
4 Eßl. geraspelter Cataloukäse
2 Eßl. gehackte Petersilie

Das Fleisch und die Keulen waschen. Das Wasser mit dem Salz, der Zwiebel und dem Lorbeerblatt zum Kochen bringen. Das Fleisch und die Gänsekeulen einlegen und bei milder Hitze zugedeckt 1½ Stunden kochen lassen.
Die Möhre schaben, die Rüben und die Kartoffeln schälen, waschen und würfeln. Den Weißkohl vom Strunk befreien und hobeln. Die Bohnenkerne abtropfen lassen. Die grünen Bohnen putzen und in Stücke schneiden. Die Petersilienwurzel schaben und waschen.
Das Fleisch und die Keulen aus der Brühe nehmen. Die Brühe durchseihen und mit dem vorbereiteten Gemüse, dem Kerbel und dem Liebstökkel erneut zum Kochen bringen. Das Rindfleisch in etwa 3 cm große Würfel schneiden, das Fleisch der Gänsekeulen von den Knochen lösen und kleinschneiden, zurück in die Brühe geben und bei milder Hitze in weiteren 25–30 Minuten garen. Den Eintopf vor dem Servieren mit Salz und dem Pfeffer abschmecken, die Petersilienwurzel entfernen und den Eintopf mit dem Käse und der Petersilie bestreuen.

Nizzaer Salat

SALADE NIÇOISE

1 kleiner Kopfsalat
½ kleine Salatgurke
4 Tomaten, 1 Zwiebel
150 g Thunfisch aus der Dose
4 Anchovisfilets aus dem Glas
24 schwarze Oliven
4 Eßl. Olivenöl
1 Eßl. Weinessig
¼ Teel. Salz
1 Messersp. weißer Pfeffer
1 Prise getrocknete Kräuter aus der Provence
2 hartgekochte Eier

Den Kopfsalat in einzelne Blätter zerpflücken, die Blätter unter fließendem kaltem Wasser waschen, gut abtropfen lassen und trockenschleudern. Die Blätter in kleine Stücke reißen. Die Gurke waschen und in Scheiben hobeln. Die Tomaten waschen, abtrocknen und achteln. Die Zwiebel schälen und in Ringe schneiden. Den Thunfisch abtropfen lassen und in kleine Stücke zerteilen. Die Anchovisfilets der Länge nach halbieren. Die Oliven kalt abbrausen und abtropfen lassen. Das Öl mit dem Essig, dem Salz, dem Pfeffer und den getrockneten Kräutern verrühren. Die Sauce unter die Kopfsalatblätter mischen. Die Gurkenscheiben, die Tomatenachtel, die Zwiebelringe, den Thunfisch und die Oliven locker unter die Salatblätter heben. Die Eier schälen und achteln. Den Salat mit den Anchovisstreifen und den Eispalten garnieren.

Salat aus Artischockenherzen

CŒURS D'ARTICHAUTS EN SALADE

12 tiefgefrorene Hummerkrabbenschwänze
8 kleine Artischocken
1 Teel. Salz
Saft von 1 Zitrone
einige Blätter Kopfsalat
1 Knoblauchzehe, ½ Teel. Salz
4 Eßl. Öl, 1 Eßl. Zitronensaft
je 1 Prise Zucker und weißer Pfeffer
2 hartgekochte Eier
1 Eßl. kleingeschnittener Dill

Die Krabbenschwänze zugedeckt auftauen lassen. Von den frischen Artischocken die Stiele abschneiden und die Blütenblätter um gut ⅔ kürzen. Die Artischocken mit Wasser bedeckt, mit dem Salz und dem Zitronensaft zugedeckt 30 Minuten kochen lassen, dann im Kochsud abkühlen lassen. Das sogenannte Artischockenheu aus der Mitte der Blüten entfernen und die äußeren Blütenblätter abnehmen. Große Artischockenherzen vierteln, kleine halbieren. Die Salatblätter waschen, abtropfen lassen, kleinzupfen und auf einer Salatplatte verteilen. Die Knoblauchzehe schälen, würfeln und mit der Messerklinge mit dem Salz zermusen. Das Öl mit dem Zitronensaft, dem Knoblauch, dem Zucker und dem Pfeffer verrühren. Die Artischockenherzen, Eiachtel und die Krabbenschwänze auf den Salatblättern anrichten, die Salatsauce darüberträufeln und mit dem Dill bestreuen.

Omelette Savoyer Art

OMELETTE SAVOYARDE

100 g durchwachsener Speck
3 Eßl. Öl, 2 Kartoffeln
1 Stange Lauch/Porree
8 Eier, ½ Teel. Salz
1 Prise weißer Pfeffer
50 g Greyerzer Käse (Gruyère)
2 Eßl. gehackte Petersilie

Den Speck mit Wasser zum Kochen bringen und etwa 5 Minuten kochen lassen, dann trockentupfen und in Würfel schneiden. Die Speckwürfel in einer großen Pfanne knusprig braun ausbraten und wieder aus der Pfanne nehmen. 1 Eßlöffel Öl zum Speckfett geben. Die Kartoffeln schälen, waschen und in sehr kleine Würfel schneiden. Den Lauch putzen, waschen und in Scheibchen schneiden. Die Kartoffelwürfel und die Lauchscheibchen in der Pfanne bei milder Hitze unter öfterem Umwenden braten, bis sie gar sind. Die Speckwürfel unter das Gemüse mischen. Die Pfanne vom Herd nehmen. Die Eier mit dem Salz und dem Pfeffer verquirlen. Den Käse in kleine Würfel schneiden. Das Gemüse und die Käsewürfel unter die Eier mischen. Das restliche Öl in der Pfanne erhitzen und die Omelettemasse auf einmal in die Pfanne geben. Die Omelette bei milder Hitze braten, bis die Unterseite fest, die Oberseite aber noch weich ist und glänzt. Die Omelette auf eine Platte stürzen, zusammenklappen und mit der Petersilie bestreuen.

Grüne Erbsen mit Zwiebeln

PETITS POIS

1 kleiner Kopfsalat
400 g frische ausgehülste Erbsen
12 Schalotten
4 Zweige Petersilie
100 g Butter
½ Tasse Wasser
1 Teel. Salz
½ Teel. Zucker

Die äußeren Blätter vom Kopfsalat entfernen, den Strunk abschneiden und den Salatkopf vierteln. Die Salatviertel unter fließendem kaltem Wasser behutsam waschen, gut abtropfen lassen und mit Küchengarn locker zusammenbinden. Die Salatviertel in einen Topf legen und die Erbsen darüberschütten. Die Schalotten häuten und zu den Erbsen geben. Die Petersilienzweige waschen, ebenfalls zusammenbinden und auf das Gemüse legen. Die Butter in Flöckchen auf dem Gemüse verteilen, das Wasser zugießen, das Salz und den Zucker darüberstreuen und alles zugedeckt bei milder Hitze zum Kochen bringen. Danach einmal vorsichtig umrühren, den Topf wieder zudecken und alles in etwa 30 Minuten garen. Den Topf dabei hin und wieder schwenken. Die Petersilienzweige entfernen, vom Kopfsalat das Garn entfernen und das Gemüse anrichten.

Schmeckt gut zu: zartem kurzgebratenem Fleisch.

Gefüllte Sardinen mit Spinat

SARDINES FARCIES
AUX ÉPINARDS

500 g große Sardinen
300 g tiefgefrorener Blattspinat
½ Teel. Salz, 1 Zwiebel
1 Tasse Milch, 5 Eßl. Olivenöl
1 Eßl. Mehl
je 1 Messersp. weißer Pfeffer und geriebene Muskatnuß
2 Knoblauchzehen
2 Teel. Semmelbrösel

Die Sardinen ausnehmen, waschen und die Köpfe abschneiden. Die Fische an der Bauchseite aufschneiden und die Mittelgräte entfernen; auf ein Tuch legen. Den Spinat mit dem Salz erwärmen, gut ausdrücken und hacken. Die Zwiebel schälen und würfeln. Die Milch erhitzen. Die Zwiebelwürfel in 2 Eßlöffel Öl glasig braten, den Spinat zugeben und einige Minuten dünsten. Das Mehl über den Spinat stäuben, umrühren, die Milch zugießen und mit dem Pfeffer und dem Muskat würzen. Den Spinat bei milder Hitze weitere 10 Minuten zugedeckt kochen lassen. Die Knoblauchzehen schälen, zerdrücken und unter den Spinat mischen. Den Backofen auf 250° vorheizen. Je 2 Teelöffel Spinat auf 1 Sardine geben und die Sardinen vom Kopf zum Schwanz hin aufrollen. Eine feuerfeste Form mit Öl ausstreichen. Den restlichen Spinat in die Form geben und die Sardinenrollen auf den Spinat setzen. Mit den Semmelbröseln bestreuen und das restliche Öl darüberträufeln; 10 Minuten überbacken.

Weinbergschnecken Burgunder Art

ESCARGOTS À LA
BOURGUIGNONNE

75 g weiche Butter
½ Bund Petersilie
4 Eßl. Kerbel
2 Schalotten
2 Knoblauchzehen, ½ Teel. Salz
1 Prise weißer Pfeffer
1 Teel. Zitronensaft
24–36 Schnecken aus der Dose mit Schneckenhäuschen

Die Butter in eine Schüssel geben. Die Petersilie und den Kerbel waschen, abtropfen lassen und kleinwiegen. Die Schalotten schälen und ebenfalls kleinwiegen. Die Knoblauchzehen schälen, würfeln und mit dem Salz zermusen. Die Kräuter, den Knoblauch, die Schalotten, den Pfeffer und den Zitronensaft unter die Butter rühren. Die Schnecken abtropfen lassen, in die Häuschen stekken, jeweils ½ Teelöffel Schneckensud in die Häuschen geben und diese mit der Kräuterbutter zustreichen. Den Backofen auf 200° vorheizen. Die Schnecken in eine Schnekkenpfanne legen oder eine feuerfeste Form etwa 1 cm hoch mit Salz ausstreuen und die Schneckenhäuschen mit der Kräuterbutter nach oben in die Form setzen. Die Schnekken im vorgeheizten Backofen erhitzen, bis die Butter anfängt zu schäumen. Frisches Stangenweißbrot zu den Schnecken reichen.

Getrüffelte Perlhuhnterrine

TERRINE DE PINTADE
AUX TRUFFES

1 Perlhuhn von 1 kg
1 Teel. Pastetensalz
3 Eßl. Öl
250 g mageres Schweinefleisch
250 g fetter Speck
2 Schalotten
1 Knoblauchzehe
1 Eßl. Butter
1 Schnapsglas Cognac (2 cl)
¼ l dicker Fleischfond
abgeriebene Schale von ½ Zitrone und ½ Orange
1 Prise weißer Pfeffer
6 zerdrückte Wacholderbeeren
120 g gekochter gewürfelter Schinken
50 g gewürfelte Trüffeln
300 g fetter Speck in dünnen Scheiben
1 Kräutersträußchen

Vom Perlhuhn die Brüste auslösen, die Keulen von Knochen befreien. Brüste und Keulen mit dem Pastetensalz einreiben, in dem Öl von allen Seiten braun anbraten. Das restliche Hühnerfleisch mit dem Schweinefleisch und dem Speck zweimal durch die feinste Scheibe des Fleischwolfs drehen. Das durchgedrehte Fleisch durch ein Sieb passieren. Die Schalotten würfeln. Die Knoblauchzehe schälen und zerdrücken. Die Schalottenwürfel in der Butter anbraten, mit dem Cognac und dem Fleischfond aufgießen und aufkochen lassen. Den Knoblauch, die Orangen- und die Zitronenschale und die Gewürze zufügen, alles dick einkochen und erkalten lassen. Die Masse mit den Schinken- und den Trüffelwürfeln unter die Fleischfarce mischen.
Eine feuerfeste Terrine mit Speckscheiben auslegen und ⅓ der Farce einfüllen. Brüste und Keulen darauflegen, mit restlicher Farce bedecken.
1 Speckscheibe und das Kräutersträußchen darauflegen.
Die Terrine schließen. Im Backofen im Wasserbad bei 80° in 50 Minuten garen.

Gefülltes Gemüse, provenzalisch

LES FARCIS À LA PROVENÇALE

4 große Tomaten
4 Zucchini
2 große Gemüsezwiebeln
4 Eßl. Olivenöl
400 g gemischtes Hackfleisch
3 Knoblauchzehen
2 Eßl. gehackte Petersilie
2 Eier
50 g geriebener Greyerzer Käse (Gruyère)
½ Teel. Salz
1 Messersp. weißer Pfeffer
4 Eßl. Semmelbrösel, 1 Eßl. Öl
Für das Backblech: Öl

Die Tomaten waschen, abtrocknen und quer halbieren. Die Zucchini ebenfalls waschen, abtrocknen und längs halbieren. Die Zwiebeln schälen und quer halbieren. Die Tomaten, die Zucchini und die Zwiebeln aushöhlen und das Fruchtfleisch kleinwürfeln. Den Backofen auf 240° vorheizen. 1 Eßlöffel Öl erhitzen, das Fruchtfleisch darin anbraten und in eine Schüssel geben. Das Hackfleisch im restlichen Öl anbraten und mit dem Fruchtfleisch mischen. Die Knoblauchzehen schälen und durch die Knoblauchpresse drücken. Die Petersilie, die Eier, den Käse und den Knoblauch unter die Hackfleischmasse mischen und alles mit dem Salz und dem Pfeffer abschmecken. Die Fleischmasse in die ausgehöhlten Früchte füllen, leicht andrücken und mit den Semmelbröseln bestreuen. Das Öl auf die Semmelbrösel träufeln. Ein Backblech mit Öl bestreichen und die Früchte daraufsetzen. Das Gemüse im Backofen auf der mittleren Schiebeleiste in etwa 45 Minuten garen; die Garzeit hängt von der Größe der Früchte ab.
Die gefüllten Früchte können heiß oder kalt serviert werden.

Tomatentorte

TARTE AUX TOMATES

½ Paket tiefgefrorener Blätterteig (150 g)
500 g Tomaten, 3 Eier
je 1 gute Prise Salz und weißer Pfeffer
1 Messersp. getrocknetes oder ½ Teel. frisches gehacktes Basilikum
4–5 Eßl. Crème fraîche
1 Eßl. geschmolzene Butter
4–5 Eßl. geriebener Greyerzer Käse (Gruyère)
1 Zweig frisches Basilikum

Den Blätterteig auftauen lassen und auf einer bemehlten Arbeitsfläche ausrollen. Eine Springform von 25 cm Ø damit auslegen. Den Backofen auf 200° vorheizen.
Die Tomaten häuten, entkernen und das Tomatenfleisch grobhacken. Die Eier mit dem Salz, dem Pfeffer und dem Basilikum schaumig rühren. Nach und nach die Crème fraîche und die Butter unterrühren. Das Tomatenfleisch unter die Eimasse mischen und auf dem Teig verteilen. Den Käse über die Füllung streuen. Die Torte im Ofen auf der zweiten Schiebeleiste von unten 8 Minuten backen. Die Hitze dann auf 180° reduzieren und die Torte in weiteren 20–25 Minuten fertig backen. Wird der Belag gegen Ende der Garzeit zu dunkel, mit Butterbrotpapier abdecken. Die Tomatentorte heiß servieren und mit dem Basilikumzweig garnieren.

Champignonquiche

QUICHE AUX CHAMPIGNONS

200 g Mehl, 125 g Butter
1 Schnapsglas Öl (2 cl)
1 Prise Salz, etwas Wasser
400 g Champignons
2 Zwiebeln, 2 Eßl. Butter
3 Eier, 300 g Crème fraîche
je 1 Prise Salz und Pfeffer
1 Eßl. gehackte Petersilie

Den Backofen auf 200° vorheizen. Das Mehl auf ein Backbrett sieben, in die Mitte eine Vertiefung drücken. Die Butter in Flöckchen auf dem Mehl verteilen, das Öl in die Mitte gießen, das Salz darüberstreuen und alles zu einem geschmeidigen festen Teig verkneten; nach Bedarf Wasser zugeben. Den Teig ausrollen und den Boden einer Springform von etwa 30 cm Ø damit auslegen; einen dünnen Rand formen. Den Teigboden mehrmals einstechen und 10 Minuten im Ofen auf der mittleren Schiebeleiste backen.
Die Champignons putzen, waschen und in dünne Scheiben schneiden. Die Zwiebeln kleinwürfeln. Die Butter zerlassen, die Zwiebelwürfel darin glasig braten, die Champignons zugeben und unter Umwenden bei milder Hitze so lange dünsten, bis alle Flüssigkeit verdampft ist. Die Champignons abkühlen lassen. Die Eier mit der Crème fraîche, dem Salz und dem Pfeffer verquirlen und die Champignons unterheben. Alles auf dem Teigboden verteilen und die Quiche weitere 20 Minuten backen, mit der Petersilie bestreut heiß servieren.

Krebse in Sahnesauce

ÉCREVISSES À LA CRÈME

30 lebende Flußkrebse
1 l Wasser, 1 l Weißwein
⅛ l Weinessig
1 Zwiebel, 1 Knoblauchzehe
1 Möhre
1 Eßl. Salz, 2 Gewürznelken
4 Pfefferkörner, 1 Lorbeerblatt
je 1 Zweig Petersilie und Thymian
2 Schalotten, 4 Eßl. Butter
1½ Eßl. Mehl, ¼ l Weißwein
350 g Crème fraîche
2 Eßl. frische Dillspitzen

Die Krebse unter fließendem kaltem Wasser waschen. Das Wasser mit dem Wein und dem Essig zum Kochen bringen. Die Zwiebel, die Knoblauchzehe und die Möhre in Stücke schneiden, mit dem Salz, den Gewürzen, der Petersilie und dem Thymianzweig in das Weinwasser geben und 10 Minuten sprudelnd kochen lassen. Jeweils 5 Krebse mit dem Kopf voraus ins kochende Wasser werfen, 10 Minuten sprudelnd kochen lassen und aus der Brühe nehmen. Alle 30 gegarten Krebse zuletzt in der Brühe erkalten lassen. Die Brühe dann durchseihen, ½ l abmessen und auf ¼ l einkochen lassen. Das Krebsfleisch aus den Schalen lösen. Die Schalotten kleinwürfeln und in der Butter glasig braten. Das Mehl darüberstäuben, nach und nach mit der Brühe aufgießen und 5 Minuten kochen lassen. Den Weißwein und die Crème fraîche unterrühren, einmal aufwallen lassen. Das Krebsfleisch und den Dill in die Sauce geben.

Überbackene Jakobsmuscheln

COQUILLES SAINT-JACQUES AU GRATIN

4 frische Jakobsmuscheln
1 Schalotte
100 g Champignons
50 g Butter
1 Eßl. gehackte Petersilie
2 Eßl. Mehl, ½ Tasse Weißwein
1 Eigelb
4 Eßl. Semmelbrösel
2 Eßl. Butter

Die Muscheln wie Austern öffnen. Das helle Muschelfleisch und den orangeroten Corail – die Geschlechtsorgane – von den sie umgebenden dunklen Schleimhäuten lösen und in wenig kochendem Wasser 3 Minuten blanchieren. Die Muschelschalen etwa 10 Minuten auskochen. Das Muschelfleisch abtropfen lassen; in kleine Stücke teilen. Vom Blanchierwasser ½ Tasse abmessen. Den Backofen auf 200° vorheizen. Die Schalotte schälen und kleinwürfeln. Die Champignons putzen, waschen und in Scheiben schneiden. Die Schalottenwürfel in der Butter glasig braten, die Champignons und die Petersilie zugeben und anbraten. Das Mehl darüberstäuben, hellbraun anbraten und nach und nach mit dem Muschelsud ablöschen. Den Weißwein unterrühren, die Sauce 2 Minuten kochen lassen und vom Herd nehmen. Das Eigelb unterziehen und das Muschelfleisch unterheben. Die Masse in die Muschelschalen verteilen, mit Semmelbröseln bestreuen und mit Butterflöckchen belegen. 10 Minuten im Ofen überbacken.

Gegrillter Hummer

HOMARD GRILLÉ

Für die Hummer:
2 Hummer zu je 600 g
1 Möhre, 1 Zwiebel
6 l Wasser, 3 Eßl. Salz
¼ l Weißwein, Saft von 1 Zitrone
6 Pfefferkörner
4 Eßl. Olivenöl
Für die Butter:
150 g weiche Butter
2 Knoblauchzehen
2 Eßl. feingeriebene Mandeln
2 Eßl. gehackte Schalotten
2 Eßl. gehackte Petersilie
½ Teel. Salz
1 Messersp. weißer Pfeffer
1 Prise Cayennepfeffer
Für die Sauce:
175 g Crème fraîche
1 Teel. Estragonsenf
1 Eßl. gehackte gemischte Kräuter wie Kerbel, Schnittlauch und Estragon
1 Teel. Speisestärke
je 1 Messersp. Salz und Pfeffer
1 Prise Cayennepfeffer
2½ Schnapsgläser Calvados (7 cl)

Die Tiere unter fließendem kaltem Wasser abspülen. Die Möhre schaben und kleinschneiden, die Zwiebel schälen und achteln. Das Wasser mit dem Salz, dem Wein, dem Zitronensaft, den Möhren- und den Zwiebelstücken und den Pfefferkörnern zum Kochen bringen. Der Kochtopf muß so hoch sein, daß ein Hummer sofort ganz untertauchen kann. 1 Hummer mit dem Kopf voraus in das sprudelnd kochende Wasser werfen und 5 Minuten mit einem Kochlöffelstiel darin untertauchen. Danach in 10 Minuten im leicht kochenden Wasser garen, aus dem Sud heben und abkühlen lassen. Mit dem zweiten Hummer genauso verfahren. Die Hummer längs halbieren. Den orangeroten Corail und den cremigen Inhalt aus dem Kopf entfernen und in eine Schüssel geben. Die Scheren aufbrechen und das Fleisch zu dem Corail geben. Die leeren Kopfteile abbrechen, die halbierten Unterteile mit dem Öl bestreichen und mit der Schnittseite nach oben auf ein geöltes Backblech legen. Den Backofen auf 220° vorheizen.

Die Butter in eine Schüssel geben. Die Knoblauchzehen schälen und durch die Knoblauchpresse dazu drücken. Die Mandeln, die Schalotten, die Petersilie und die Gewürze unter die Butter kneten. Die Hummer in den Ofen geben und die Hitze sofort auf 180° zurückschalten. Die Hummer nach 5 Minuten aus dem Ofen nehmen und gewürzte Butter auf das Hummerfleisch streichen; erneut 5 Minuten braten. Das beiseite gestellte Hummerfleisch mit der restlichen Würzbutter mischen, die Hummerhälften damit bestreichen und auf der obersten Schiebeleiste 5 Minuten überbacken; dann heiß halten.

Die Crème fraîche erhitzen und mit dem Senf und den Kräutern verrühren. Die Speisestärke mit den Gewürzen und dem Calvados anrühren, in die Sauce geben, einmal aufkochen lassen und zu den Hummern servieren.

Marseiller Fischsuppe

BOUILLABAISSE MARSEILLAISE

Zutaten für 6–8 Personen:
1 kg Mittelmeerfische wie Knurrhahn, Merlan, Petermännchen, Seeaal und Seeteufel – oder Kabeljau, Makrele, Schellfisch, Scholle und Seehecht, aber keine Brassen
2 Eßl. Zitronensaft, 1 Teel. Salz
500 g Miesmuscheln
1 Zwiebel, 1 Möhre
1 Stange Lauch/Porree
¼ Stange Staudensellerie
3 Tomaten, 4 Knoblauchzehen
2 Kartoffeln, ½ Tasse Öl
1 Lorbeerblatt
1 Zweig Thymian
1 Stengel Fenchelgrün
2 Zweige Petersilie
1 Stückchen Orangenschale
1 Prise Safran
1 Messersp. weißer Pfeffer
12 tiefgefrorene Scampi
1 Knoblauchzehe
1 Eßl. Olivenöl
8 kleine Scheiben Weißbrot

Die Fische waschen, von Schwänzen, Köpfen und Flossen befreien, trockentupfen, mit dem Zitronensaft beträufeln und zugedeckt 20 Minuten ziehen lassen. Die Fischabschnitte mit 1¼ l Wasser und dem Salz im offenen Topf 15 Minuten kochen lassen.
Die Muscheln unter fließendem Wasser bürsten und die Fäden abschneiden. Die Fischbrühe durchseihen, erneut zum Kochen bringen. Die Muscheln darin in etwa 10 Minuten garen, aus dem Sud heben und erkalten lassen. Den Sud nochmals durchseihen und aufbewahren. Die Zwiebel schälen und würfeln. Die Möhre schaben und in Scheiben schneiden. Vom Lauch die dunkelgrünen Blätter abschneiden, das gelbliche Stück waschen und mit dem Sellerie in Scheiben schneiden. Die Tomaten häuten, entkernen und achteln. Die Knoblauchzehen zerdrücken. Die Kartoffeln in Scheiben schneiden.
Das Öl in einem großen Topf erhitzen. Die Zwiebelwürfel, die Möhren-, die Lauch- und die Selleriescheibchen sowie den Knoblauch unter Rühren darin anbraten. Das Lorbeerblatt, den Thymian, das Fenchelgrün, die Petersilie und die Orangenschale zusammenbinden und mit den Kartoffelscheiben ebenfalls in den Topf geben. Mit dem Fischsud aufgießen. Die Fische in den Sud legen und bei milder Hitze im offenen Topf in 15–20 Minuten garen. Die Tomaten, den Safran und den Pfeffer in die Brühe geben. Nach 10 Minuten die Scampi in der Suppe erhitzen. Die Muscheln in den Schalen in die Suppe geben.
Die Knoblauchzehe schälen, zerdrücken und mit dem Öl mischen. Die Brotscheiben von beiden Seiten damit bestreichen und rösten.
Die Fische und die Kartoffeln aus der Suppe heben und auf einer Platte anrichten. Das Weißbrot in einem Brotkorb zugedeckt warm halten. Die Suppe in einer Terrine servieren. Man bedient sich von den Fischen, zerteilt sie, befreit sie von Gräten und gibt sie zerteilt mit Kartoffeln in seine Suppenportion.

Seezunge bretonisch

SOLE BRETONNE

8 Seezungenfilets
1 Teel. Zitronensaft
je 2 kleine Stangen Lauch/Porree und Staudensellerie
2 Schalotten, 4 Eßl. Butter
½ Teel. Salz, ½ Tasse Mehl
je 0,1 l leichter Weißwein und Sahne
1 Eßl. gehackte Petersilie

Die Fischfilets waschen, trokkentupfen, mit dem Zitronensaft beträufeln und zugedeckt 15 Minuten ziehen lassen. Vom Lauch die dunkelgrünen Blätter entfernen, die gelben Stücke mit dem Sellerie in Scheibchen schneiden. Die Schalotten schälen und würfeln.

Den Backofen auf 200° vorheizen. Die Butter zerlassen und das Gemüse bei milder Hitze 10 Minuten darin braten. Die Fischfilets trockentupfen, salzen und in dem Mehl wenden, überflüssiges Mehl abschütteln. Das Gemüse in eine feuerfeste Form geben und die Fischfilets einmal zusammengeklappt darauflegen. Etwas Wein um die Seezungenfilets träufeln und die Form zugedeckt in den Backofen schieben. Die Filets alle 5 Minuten mit Weißwein begießen; nach 15 Minuten die Sahne über die Filets und über das Gemüse gießen, und alles unbedeckt weitere 10 Minuten überbakken. Die Filets mit der Petersilie bestreuen.

Das schmeckt dazu: Weißbrot oder Salzkartoffeln.

Hechtklößchen

QUENELLES DE BROCHET

1 Hecht von etwa 1 kg
1 Zwiebel, ¼ l Weißwein
½ Lorbeerblatt, 4 Eier
1 Teel. Salz
1 Messersp. weißer Pfeffer
1 Prise gemahlene Muskatnuß
150 g Butter, 1 Tasse Milch
100 g Mehl

Den Hecht vom Kopf, dem Schwanz und den Flossen befreien, häuten, entgräten und dabei die dunkle Haut in der Bauchhöhle entfernen. Die Zwiebel schälen und vierteln. Die Fischabschnitte mit dem Wein, den Zwiebelvierteln und dem Lorbeerblatt im offenen Topf 40 Minuten kochen lassen; der Wein soll dabei zur Hälfte verkochen. Den Sud durch ein Sieb gießen. Das Fischfleisch grob zerkleinern und durch die feinste Scheibe des Fleischwolfs drehen. Die Eier in Eigelbe und Eiweiße trennen; die Eiweiße steif schlagen. Den Eischnee unter das Fischpüree heben, schaumig schlagen, würzen und 30 Minuten kühl stellen. Die Hälfte der Butter in der Milch aufkochen lassen. Das Mehl in die kochendheiße Milch rühren, bis sich ein Kloß gebildet hat; dann abkühlen lassen. Die Eigelbe, die Fischmasse und die restliche flüssige Butter unter den Teigkloß rühren. Den Weinsud mit so viel Wasser auffüllen, daß die Klößchen darin schwimmend gar ziehen können, und erhitzen. Aus der Fischmasse Klößchen formen und 15 Minuten im Weinsud gar ziehen lassen. Mit SAUCE HOLLANDAISE (Rezept Seite 45) und Blattspinat servieren.

Kalbsfrikassee nach alter Art

BLANQUETTE DE VEAU
À L'ANCIENNE

800 g Kalbsschulter ohne Knochen
1 Möhre, 1 Zwiebel
1 Stange Lauch/Porree
½ Stange Staudensellerie
½ Teel. Salz
1 Messersp. getrockneter Thymian
1 l Geflügelbrühe
8–10 Schalotten
400 g Champignons
3 Eßl. Butter, 2 Eßl. Mehl
1 Eigelb, ½ Tasse Sahne
1 Messersp. Salz
1 Prise weißer Pfeffer
2 Eßl. gehackte Petersilie

Das Fleisch in 3 cm große Stükke schneiden. Das Gemüse kleinschneiden und mit dem Fleisch, dem Salz, dem Thymian und ¾ l Brühe im offenen Topf 60–70 Minuten kochen lassen. Die Schalotten schälen, in der restlichen Geflügelbrühe 15 Minuten kochen, aus der Brühe heben und warm stellen. Die Champignons putzen, vierteln, ebenfalls in der Geflügelbrühe in 7 Minuten garen, herausheben und mit den Schalotten warm stellen. Das Fleisch mit dem Gemüse in ein Sieb schütten und zu den Champignons geben. Die gesamte Brühe zur Hälfte einkochen lassen. Das Mehl in der Butter anbraten, mit Brühe aufgießen und aufkochen. Mit dem Eigelb und der Sahne legieren, salzen, pfeffern. Das Fleisch, die Champignons und die Schalotten in die Sauce geben; mit der Petersilie bestreuen.

Kalbskoteletts mit Calvados

CÔTES DE VEAU
AU CALVADOS

4 Kalbskoteletts
je Kotelett 1 Prise Salz und weißer Pfeffer
2 Eßl. Mehl, 2 Eßl. Butter
2 Eßl. Öl
1 Schnapsglas Calvados (2 cl)
6 Eßl. Tomatenmark
6 Eßl. Sahne
100 g Butter, 2 Eigelbe
1 Prise Salz
1 Teel. Zitronensaft
1 Prise weißer Pfeffer
½ Tasse Champagner

Die Koteletts waschen, trokkentupfen, salzen und pfeffern und in Mehl wenden. Die Butter mit dem Öl in einer Pfanne erhitzen. Die Koteletts darin von jeder Seite je 5 Minuten braten; dann warm stellen. Das übrig gebliebene Mehl im Fett anbraten. Den Calvados zufügen, das Tomatenmark unterrühren und aufkochen lassen. Die Sahne in die Sauce geben und diese warm stellen.
Die Butter schmelzen lassen. Die Eigelbe mit dem Salz und dem Zitronensaft in einer kleinen Kasserolle verquirlen, die Kasserolle ins heiße aber nicht kochende Wasserbad stellen. Tropfenweise unter ständigem Rühren die zerlassene Butter zugeben. Wenn die Butter untergerührt ist, den Topf vom Herd nehmen. Die Eigelb-Butter-Mischung mit dem Pfeffer, dem Champagner und mit der Tomatensauce mischen, heiß über die Koteletts gießen.

Das schmeckt dazu: Butternudeln und grüner Salat.

Kalbsbries nach Art der Schäferin

RIS DE VEAU À LA BERGERETTE

500 g Kalbsbries, 6 Eßl. Öl
1 Teel. Sojasauce
einige Tropfen Worcestersauce
je 1 Prise Salz und weißer Pfeffer
150 g Champignons
2 Schalotten
6 Eßl. Butter
2 Schnapsgläser Bourbon-Whisky (4 cl)
je 1 Prise Salz und weißer Pfeffer
2 Eßl. Butter
175 g Crème fraîche
4 Eßl. Kalbfleischbrühe

Das Bries kalt abspülen und 7 Minuten in siedendem Wasser blanchieren, aus dem Wasser heben und die äußere Haut abziehen. Das Bries in Scheiben schneiden. Das Öl mit der Sojasauce, der Worcestersauce, dem Salz und dem Pfeffer mischen, über die Briesscheiben gießen und diese zugedeckt 2 Stunden marinieren. Die Champignons putzen, waschen und in Scheiben schneiden. Die Schalotten schälen und würfeln. Die Briesscheiben trockentupfen und in der Butter bei milder Hitze etwa 10 Minuten braten. Den Whisky darübergießen, anzünden und ausbrennen lassen. Die Briesscheiben salzen, pfeffern und warm stellen. Die restliche Butter zerlassen, die Schalottenwürfel darin glasig dünsten, die Champignons zugeben und einige Minuten braten. Die Crème fraîche und die Brühe unter die Sauce rühren. Die Briesscheiben 2–3 Minuten in der Sauce durchziehen lassen.

Kalbsschnitzel mit Steinpilzen

ESCALOPES DE VEAU AUX CÈPES

2 Schalotten, 400 g Steinpilze
3 Eßl. Öl, ½ Teel. Salz
1 Prise getrockneter Thymian
1 Eßl. Speisestärke
2 Eßl. kalte Fleischbrühe
½ Tasse Crème fraîche
4 Kalbsschnitzel von je 120 g
je Schnitzel 1 Prise Salz und weißer Pfeffer
je 1 Eßl. milder Senf und Tomatenmark
1 Eßl. Mehl, 2 Eßl. Butter
2 Eßl. gehackte Petersilie

Die Schalotten würfeln. Die Pilze putzen und kleinschneiden. 2 Eßlöffel Öl in einem Topf erhitzen und die Schalottenwürfel unter Umwenden darin glasig braten. Die Pilze zugeben, mit dem Salz und dem Thymian bestreuen und bei milder Hitze unter öfterem Wenden 7–8 Minuten dünsten. Die Speisestärke mit der Fleischbrühe anrühren, mit der Crème fraîche mischen und über die Pilze gießen, diese zugedeckt bei sehr milder Hitze in weiteren 5 Minuten garen. Die Schnitzel waschen, abtrocknen und mit Salz und Pfeffer einreiben. Den Senf und das Tomatenmark verrühren, die Schnitzel damit bestreichen und mit Mehl bestäuben. Das restliche Öl in einer Pfanne erhitzen. Die Schnitzel darin etwa 4 Minuten braten, wenden, die Butter in die Pfanne geben und die Schnitzel weitere 3–4 Minuten braten. Das Fleisch anrichten, mit den Pilzen bedecken und die Petersilie darüberstreuen.

Geschmorte Lammkeule aus der Auvergne

GIGOT BRAYAUDE

Für 4–6 Personen:
3 Knoblauchzehen, 2 Möhren
2 Zwiebeln
1 l Fleischbrühe
1,5 kg Lammkeule, 1 Teel. Salz
1 Messersp. weißer Pfeffer
100 g fetter Speck
100 g Schweineschmalz
1 Zweig frischer Thymian
1 Lorbeerblatt
750 g Kartoffeln, ½ Teel. Salz

Die Knoblauchzehen schälen und in Stifte schneiden. Die Möhren schaben und in Scheiben schneiden. Die Zwiebeln schälen und in Ringe schneiden. Die Brühe erhitzen. Die Lammkeule waschen, abtrocknen, mit den Knoblauchstiften spicken und mit dem Salz und dem Pfeffer einreiben. Den Speck in dünne Scheiben schneiden und die Lammkeule damit umwickeln. Das Schmalz in einer großen Kasserolle erhitzen. Die Möhren und die Zwiebeln 10 Minuten darin anbraten. Die Lammkeule zufügen und von allen Seiten anbraten. Etwa die Hälfte der Fleischbrühe, den Thymianzweig und das Lorbeerblatt zugeben. Die Keule zugedeckt bei äußerst milder Hitze in 5–6 Stunden garen. Während der Garzeit eventuell heiße Brühe nachgießen. Die Kartoffeln schälen, in dicke Scheiben schneiden, 30 Minuten vor Ende der Garzeit zur Lammkeule geben und mit dem Salz bestreuen.

Lammrücken nach Hausfrauen Art

CÔTE D'AGNEAU
BONNE FEMME

1 kg Lammrücken
100 g durchwachsener Speck
2 große Möhren
1 große Zwiebel
2 Knoblauchzehen
4 Eßl. Olivenöl, 1 Teel. Salz
1 Messersp. schwarzer Pfeffer
je 1 Teel. getrockneter Thymian und getrockneter Salbei
1 Lorbeerblatt
2 Tassen Weißwein, 8 Tomaten

Vom Lammrücken schon beim Einkaufen die Rippen kurz absägen lassen. Das Fleisch waschen und abtrocknen. Den Speck würfeln. Die Möhren schaben, waschen und in Scheiben schneiden. Die Zwiebel schälen und in Ringe schneiden. Die Knoblauchzehen schälen und längs vierteln. Das Öl in einem großen Topf erhitzen. Die Speckwürfel darin ausbraten. Das Fleisch mit Salz und Pfeffer einreiben und von allen Seiten im Speckfett braun anbraten. Die Möhrenscheiben, die Zwiebelringe, den Knoblauch, den Thymian, den Salbei, das Lorbeerblatt und den Wein zum Fleisch geben. Alles zugedeckt bei mittlerer Hitze 60 Minuten schmoren lassen. Die Tomaten häuten, halbieren, entkernen und das Tomatenfleisch kleinschneiden. Nach 60 Minuten Garzeit die Tomaten zum Fleisch geben und 20 Minuten mitschmoren lassen.

Das schmeckt dazu: Salzkartoffeln oder frisches Stangenweißbrot.

Kutteln auf Nizzaer Art

TRIPES À LA NIÇOISE

750 g küchenfertige blanchierte Kutteln
150 g durchwachsener Speck
1 große Zwiebel
2 Gewürznelken
1 Knoblauchzehe
2 Zweige Petersilie
1 Zweig frischer Thymian
1 Lorbeerblatt
½ Tasse Tomatenmark
2 Tassen Weißwein
2 Eßl. Butter, 1 Eßl. Mehl
1 Teel. Salz
2 Messersp. weißer Pfeffer
1 Schnapsglas Cognac (2 cl)

Die Kutteln waschen, abtrocknen und in gleichgroße Streifen schneiden. Den Speck würfeln. Die Zwiebel schälen und mit den Gewürznelken bestecken. Die Knoblauchzehe schälen und kleinwürfeln. Die Petersilie und den Thymian waschen und mit dem Lorbeerblatt zusammenbinden.
Das Tomatenmark mit dem Weißwein verrühren. Die Butter in einem großen Schmortopf erhitzen und die Speckwürfel darin ausbraten. Das Mehl darüberstäuben und unter Rühren ebenfalls kurz anbraten; nach und nach mit der Tomaten-Wein-Mischung aufgießen und einmal aufkochen lassen. Die Kuttelstreifen, die besteckte Zwiebel, den Knoblauch, das Kräutersträußchen, das Salz und den Pfeffer zufügen, umrühren und alles zugedeckt bei milder Hitze 2 Stunden kochen lassen. Vor dem Anrichten das Kräutersträußchen und die Zwiebel entfernen und den Cognac unterrühren.

Rindfleisch auf Burgunder Art

BŒUF BOURGUIGNON

1 kg Rindfleisch vom Schwanzstück
50 g fetter Speck
2 Zwiebeln, 1 Knoblauchzehe
4 Eßl. Öl, 1 Teel. Salz
1 Messersp. schwarzer Pfeffer
1 Eßl. Mehl, ⅜ l Rotwein
1 Tasse Fleischbrühe
je 1 Zweig Petersilie und Thymian
100 g Champignons

Das Rindfleisch waschen, abtrocknen und in 5 cm große Würfel schneiden. Den Speck kleinwürfeln. Die Zwiebeln schälen und in Achtel schneiden. Die Knoblauchzehe schälen und durch die Knoblauchpresse drücken. Das Öl in einem großen Topf erhitzen, die Speckwürfel darin ausbraten und aus dem Fett nehmen. Das Fleisch im heißen Fett von allen Seiten in etwa 10 Minuten knusprig braun anbraten. Die Zwiebelachtel zugeben und kurz mitdünsten. Das Fleisch mit dem Salz, dem Pfeffer und dem Knoblauch würzen. Das Mehl darüberstäuben, anbraten und mit dem Rotwein und der Fleischbrühe ablöschen. Alles gut mischen, die Petersilie und den Thymian zugeben und das Fleisch zugedeckt bei milder Hitze 3 Stunden schmoren lassen. Die Champignons putzen, waschen und in Scheiben schneiden. Das gare Fleisch aus der Sauce heben und die Sauce durch ein Sieb passieren. Das Fleisch, die Champignons und den Speck in der Sauce weitere 20 Minuten schmoren lassen.

Steak nach Weinhändler Art

BIFTECK MARCHAND DE VIN

4 Schalotten, 1 Eßl. Butter
1 Tasse Rotwein, ¼ Lorbeerblatt
1 Prise getrockneter Thymian
1 Zweig Petersilie
2 Teel. Fleischextrakt
150 g Butter
1 Teel. Zitronensaft
1 Teel. Mehl
1 Eßl. gehackte Petersilie
4 Beef- oder Rumpsteaks von je 200 g
1 Eßl. Butter, 2 Eßl. Öl
1 Teel. Salz
je Steak 1 Prise schwarzer Pfeffer

Die Schalotten schälen, würfeln und in der Butter glasig braten. Den Wein, das Lorbeerblatt, den Thymian und die Petersilie zufügen und alles kochen lassen, bis der Wein etwa zur Hälfte verkocht ist. Den Fleischextrakt in 1 Eßlöffel heißem Wasser auflösen. Den Wein durch ein Sieb gießen und die Schalotten und Kräuter mit einem Löffel gut ausdrücken. Den Fleischextrakt zum Wein geben, noch einmal aufkochen lassen und beiseite stellen. Die Butter schaumig rühren und mit dem Zitronensaft, dem Mehl und der gehackten Petersilie mischen. Die Steaks in der mit dem Öl erhitzten Butter von jeder Seite 3–5 Minuten braten, dann salzen und pfeffern und auf einer Platte warm stellen. Die Weinsauce in die Pfanne gießen, zum Kochen bringen und dabei den Bratensatz lösen. Die Sauce vom Herd nehmen, die Petersilienbutter untermischen; gesondert dazu reichen.

Rinderfilet am Bindfaden

BŒUF À LA FICELLE

800 g Rinderfilet
5 Stangen Lauch/Porree
3 Möhren, ¼ Knolle Sellerie
2 Tomaten, 1 Zwiebel
2 Gewürznelken
1 Stengel Estragon
1 Zweig Thymian
2 Zweige Petersilie
2 Teel. Salz
3 Eßl. kleingeschnittener Schnittlauch

Das Fleisch waschen und wie einen Rollbraten schnüren; an einem Ende eine etwa 5 cm lange Schlaufe aus Bindfaden befestigen. Die gelben Stücke vom Lauch waschen und in Scheiben schneiden. Die Möhren und den Sellerie in Stifte schneiden. Die Tomaten häuten und vierteln. Die Zwiebel mit den Nelken bestecken. Den Estragon, den Thymian und die Petersilie zusammenbinden. 1½ l Wasser mit dem Salz zum Kochen bringen. Das vorbereitete Gemüse mit dem Kräuterbündel ins Wasser geben und zugedeckt 30 Minuten kochen lassen. Die Zwiebel und das Kräuterbündel entfernen, das Gemüse aus der Brühe heben und warm stellen. Das Fleisch an einem Kochlöffel hängend in die kochende Brühe geben, zugedeckt 20 Minuten kochen lassen, aus der Brühe heben und diese im offenen Topf einkochen lassen; das Fleisch im Backofen warm halten. Das Filet aufschneiden; mit dem Gemüse umlegen. Die Brühe mit Schnittlauch bestreuen. Salzkartoffeln und AIOLI, Rezept Seite 46, dazu reichen.

Fleischtopf

POT-AU-FEU

Zutaten für 6 Personen:
1 Suppenhuhn von etwa 1,5 kg
500 g Rinderschulter
2 Suppenknochen
2 Lorbeerblätter
1½ Teel. Salz
2 Möhren
4 weiße Rüben (Pastinaken)
2 Zwiebeln
4 Stangen Lauch/Porree
1 Messersp. schwarzer Pfeffer
1 Schnapsglas Cognac (2 cl)
4 Eßl. gehackte Petersilie

Das Suppenhuhn und das Rindfleisch waschen. Die Suppenknochen 5 Minuten sprudelnd von Wasser bedeckt kochen lassen, dann das Wasser weggießen. Etwa 2½ l Wasser zum Kochen bringen. Die Lorbeerblätter, das Salz, die Suppenknochen, das Huhn und das Rindfleisch in das Wasser geben und zunächst im offenen Topf kochen lassen, dabei den Schaum wiederholt abschöpfen. Das Fleisch dann zugedeckt bei milder Hitze in 2½ Stunden garen. Die Möhren schaben und längs achteln. Die weißen Rüben schälen und in Achtel oder Viertel schneiden. Die Zwiebeln schälen und achteln. Den Lauch längs halbieren, waschen und in etwa 4 cm lange Stücke schneiden. Nach etwa 2 Stunden Kochzeit die Möhren und die weißen Rüben zum Fleisch geben, 10 Minuten kochen lassen, dann den Lauch zufügen und alles weiter kochen lassen. Das Fleisch auf einer Platte anrichten. Das Suppenhuhn in Portionsstücke zerlegen und ebenfalls auf die Platte geben. Das Gemüse um das Fleisch arrangieren. Die Brühe durchseihen und mit dem Pfeffer und dem Cognac abschmecken. Die Petersilie und die Brühe gesondert zur Fleischplatte reichen. Man bedient sich bei Tisch nach Belieben von allem.

Hähnchen in Rotweinsauce

COQ AU VIN

1 Hähnchen von etwa 1,5 kg
100 g Speckschwarte
4 Schalotten, 1 kleine Möhre
3 Knoblauchzehen
3 Eßl. Butter, 2 Eßl. Mehl
1 Schnapsglas Cognac (2 cl)
¾ l Rotwein (Burgunder)
2 Eßl. Tomatenmark
1 Tasse Wasser
1 Zweig frischer Thymian
1 Lorbeerblatt, 1 Teel. Salz
250 g Champignons
100 g fetter Speck

Das Hähnchen in Portionsstücke zerlegen, die Hähnchenleber zerdrücken. Die Speckschwarte in Stücke schneiden. Die Schalotten hacken, die Möhre würfeln. Den Knoblauch zerdrücken. Die Butter in einem großen Topf zerlassen. Die Schwarten- und die Hähnchenstücke darin goldbraun braten. Das Gemüse und den Knoblauch zufügen. Das Mehl darüberstäuben und alles anbraten. Den Cognac zugießen, anzünden und ausbrennen lassen. Den Rotwein zugießen. Das Tomatenmark mit dem Wasser verrühren und mit dem Thymian, dem Lorbeerblatt und dem Salz in die Sauce rühren. Alles zugedeckt 1½ Stunden schmoren lassen. Die Champignons putzen und halbieren. Den Speck würfeln, ausbraten und mit den Champignons 8 Minuten dünsten. Die Hähnchenteile mit den Champignons warm stellen. Die Sauce einkochen lassen, mit der Leber durch ein Sieb passieren und über die Hähnchenteile gießen.

Huhn mit Mais gefüllt

POULE FARCIE AU MAÏS

2 Maiskolben, 1 Teel. Salz
1 Huhn von 1,2 kg
10 grüne Oliven
1 kleine grüne Paprikaschote
4 Blätter Kopfsalat
50 g Bratwurstfüllung
2 Eßl. Butter, ½ Teel. Salz
1 Messersp. weißer Pfeffer
1 Ei, 2 Eßl. Öl
1 kleine Möhre, 1 Zwiebel
1 Knoblauchzehe
2 Eßl. Butter, 1 Eßl. Mehl
½ Tasse Weißwein
⅜ l Geflügelbrühe
100 g Crème fraîche

Die Maiskolben von Blättern und Fäden befreien und 40 Minuten in Salzwasser kochen lassen. Die Körner von den Kolben lösen. Das Huhn waschen und trockentupfen. Das Herz und die Leber hacken. Den Backofen auf 200° vorheizen. Die Oliven und die Schote würfeln. Die Salatblätter kleinschneiden. Die Bratwurstfüllung in der Butter anbraten. Die Oliven, die Schote und die Salatblätter mitbraten, salzen, pfeffern, vom Herd nehmen, mit den Maiskörnern und dem Ei mischen. Das Huhn damit füllen, zunähen, mit Öl bestreichen und im Ofen 1¼ Stunden braten. Die Möhre, die Zwiebel und die Knoblauchzehe würfeln und mit den Innereien in der Butter goldbraun braten. Mit dem Mehl bestäuben, mit dem Wein und der Brühe aufgießen und 30 Minuten einkochen lassen. Die Sauce durchpassieren, mit der Crème fraîche aufkochen lassen und zum Huhn reichen.

Baskisches Hähnchen

POULET BASQUAIS

1 Brathähnchen von etwa 1,2 kg
1 kg Tomaten
250 g grüne Paprikaschoten
2 Zwiebeln, 3 Knoblauchzehen
5 Eßl. Öl, 1 Teel. Salz
1 Messersp. schwarzer Pfeffer
250 g Langkornreis
1 Messersp. Salz
1 Messersp. schwarzer Pfeffer
1 Teel. Paprikapulver, edelsüß

Das Hähnchen waschen, abtrocknen und in 8 gleichgroße Portionsstücke schneiden; dabei das Rückgrat entfernen. Die Tomaten häuten, vierteln und entkernen. Die Schoten halbieren, von Rippen und Kernen befreien und in Streifen schneiden. Die Zwiebeln schälen und würfeln. Die Knoblauchzehen schälen und sehr klein würfeln. 3 Eßlöffel Öl in einem großen Topf erhitzen und die Hähnchenstücke darin goldbraun anbraten. Die Zwiebelwürfel zugeben, glasig braten; dann die Tomaten, die Schoten, den Knoblauch, das Salz und den Pfeffer zufügen und alles zugedeckt bei milder Hitze in 50 Minuten garen.
20 Minuten vor Ende der Garzeit den Reis waschen und abtropfen lassen. Das restliche Öl erhitzen, den Reis darin unter Umwenden gut anbraten, die doppelte Menge Wasser zugießen, salzen und pfeffern. Den Reis zugedeckt in 17–20 Minuten bei milder Hitze garen, dann mit dem Paprikapulver verrühren. Den Paprikareis auf einer vorgewärmten Platte anrichten und die Geflügelteile mit dem Gemüse daraufgeben.

Béarner Huhn

POULE FARCIE BÉARNAISE

1 Huhn von 1,2 kg
150 g Schinken, 2 Möhren
3 Stangen Lauch/Porree
1 Zwiebel, ½ Kopf Wirsing
⅛ Knolle Sellerie
200 g grüne Bohnen
2 Knoblauchzehen
1 Zweig frischer Thymian
2 Zweige Petersilie
1 Lorbeerblatt
200 g Bratwurstmasse
2 Eßl. gehackter Schnittlauch
100 g Semmelbrösel
½ Teel. Salz

Das Huhn waschen und abtrocknen. Den Schinken würfeln. Die Möhren und das Gelbe vom Lauch in Scheiben schneiden. Die Zwiebel würfeln. Den Wirsing kleinschneiden und 3 Minuten blanchieren. Die Sellerieknolle kleinwürfeln. Die Bohnen putzen und beiseite stellen. Die Knoblauchzehen zerdrücken. Den Thymian, die Petersilie und das Lorbeerblatt zusammenbinden. Die Wurstmasse mit dem Schnittlauch, den Semmelbröseln, dem Knoblauch und den Schinkenwürfeln mischen, salzen. Das Huhn damit füllen, zunähen und mit Salzwasser bedeckt, zugedeckt 60 Minuten kochen lassen. Das Gemüse und das Gewürzsträußchen zufügen und alles weitere 30 Minuten kochen lassen. Das Huhn in Portionsstücke teilen und mit dem Gemüse umlegen. Die Brühe durchseihen und dazu reichen. Dazu gehören außerdem Gewürzgurken, geröstete Weißbrotwürfel und grobes Salz.

Wachteln mit Äpfeln

CAILLES AUX POMMES EN L'AIR
(im Bild hinten)

8 küchenfertige Wachteln
1 Teel. Salz, 2 Eßl. Öl
3 Eßl. Butter
½ Tasse Madeirawein
1½ Tassen Geflügelbrühe
4 säuerliche Äpfel
Saft von ½ Zitrone
4 Eßl. Butter, 1 Teel. Zucker
1 Prise weißer Pfeffer
8 dicke Scheiben Weißbrot
1 Eßl. Butter

Die Wachteln waschen, abtrocknen und innen mit dem Salz einreiben. Das Öl und die Butter in einem großen Topf erhitzen. Die Wachteln von allen Seiten etwa 3 Minuten anbraten, zugedeckt etwa 5 Minuten braten, dann aus dem Topf nehmen und warm stellen. Den Bratenfond mit dem Madeira und der Brühe lösen und zum Kochen bringen. Die Wachteln in den Topf geben und in 10 Minuten gar schmoren; ältere Wachteln brauchen etwa 16–20 Minuten. Die Äpfel schälen, vom Kerngehäuse befreien, vierteln und mit dem Zitronensaft beträufeln. Die Butter erhitzen und die Apfelviertel darin mit dem Zucker und dem Pfeffer weich dünsten, aber nicht zerfallen lassen. Das Weißbrot in der Größe der Wachteln zurechtschneiden, von einer Seite aushöhlen und in der Butter goldbraun braten. Die Wachteln in der Höhlung der Brotscheiben anrichten; mit den Äpfeln umlegen. Die Schmorflüssigkeit durch ein Sieb über die Wachteln gießen.

Tauben mit Erbsen

PIGEONNEAUX AUX PETITS POIS
(im Bild vorne)

50 g durchwachsener Speck
6 Schalotten, 1 Kopfsalat
4 junge Tauben, 1 Teel. Salz
2 Messersp. weißer Pfeffer
2 Eßl. Butter
500 g ausgehülste frische Erbsen
1 Zweig Petersilie
3 Eßl. Weißwein, 1 Eßl. Butter

Den Speck in Würfel schneiden. Die Schalotten schälen und achteln. Vom Kopfsalat etwa ⅓ der äußeren Blätter entfernen. Das Salatherz waschen, trockentupfen und in Streifen schneiden. Die Tauben innen und außen waschen, abtrocknen; die Leber im Innern der Tauben lassen. Die Tauben innen mit ½ Teelöffel Salz und dem Pfeffer ausreiben. Die Butter mit den Speckwürfeln erhitzen, die Schalotten zugeben und unter Umwenden glasig braten. Die Speckwürfel und die Schalotten aus dem Topf nehmen und die Tauben unter ständigem Umwenden in 15–20 Minuten von allen Seiten goldbraun braten, dann aus dem Topf nehmen und warm stellen. Den Speck und die Schalotten wieder in das Bratfett geben, die Erbsen, die Salatstreifen, die Petersilie, 3 Eßlöffel Wasser und den Wein zufügen, salzen. Die Erbsen in 30 Minuten weich dünsten. Die Tauben darauflegen und 5–10 Minuten erhitzen. Die Tauben auf einer Platte anrichten. Die Erbsen mit der Butter mischen und zu den Tauben auf die Platte geben.

Rebhühner mit Linsen

ESTOUFFADE DE PERDRIX AUX LENTILLES
(im Bild hinten)

2 junge Rebhühner
½ Teel. Salz, 2 Messersp. Pfeffer
50 g fetter Speck in dünnen Scheiben
1 Möhre, 2 Zwiebeln
1 Gewürznelke
2 Knoblauchzehen
50 g Schweineschmalz
1 Tasse Weißwein
300 g kleine grüne Linsen
½ Teel. Salz, 1 Zweig frischer Thymian
1 Zweig Petersilie
1 Lorbeerblatt

Die Rebhühner innen salzen und pfeffern und mit den Speckscheiben umwickeln. Die Möhre in Scheiben schneiden. Die Zwiebeln schälen, 1 in Ringe schneiden, die zweite mit der Nelke bestecken. Die Knoblauchzehen schälen und halbieren. Das Schmalz erhitzen, die Rebhühner darin braun anbraten. Die Möhrenscheiben, den Knoblauch und die Zwiebelringe mitbraten. Den Wein und 1 Tasse Wasser zugießen; zugedeckt 50 Minuten schmoren. Die Linsen mit kaltem Wasser bedeckt zum Kochen bringen; das Salz, die Zwiebel, die Kräuter und das Lorbeerblatt zufügen und alles in etwa 50 Minuten garen. Die Kräuter, das Lorbeerblatt und die Zwiebel entfernen, die Rebhühner auf die Linsen legen und noch weitere 20 Minuten köcheln lassen. Die Schmorflüssigkeit der Rebhühner durchseihen und gesondert dazu servieren.

Gefüllter Fasan

FAISAN FARCI AUX NOIX
(im Bild vorne)

1 Fasan von etwa 1,2 kg
50 g Sultaninen
2 Schnapsgläser Cognac (4 cl)
50 g altbackenes Weißbrot
½ Tasse Milch
250 g Walnußkerne
1 Teel. Salz
2 Messersp. weißer Pfeffer, 1 Ei
100 g fetter Speck in dünnen Scheiben
je 1 kleine Möhre und Zwiebel
1 Zweig frischer Thymian
2 Zweige Petersilie
1 Lorbeerblatt, 50 g Butter

Den Fasan waschen und abtrocknen; das Herz und die Leber feinhacken. Die Sultaninen in dem Cognac einweichen. Das Brot in der Milch einweichen. Die Nüsse kleinhacken. Die Innereien mit den Nüssen, dem ausgedrückten Brot und den abgetropften Sultaninen, ½ Teelöffel Salz, 1 Messerspitze Pfeffer und dem Ei mischen. Den Fasan damit füllen, zunähen, salzen und pfeffern, mit dem Speck belegen und diesen festbinden. Die Möhre und die Zwiebel kleinschneiden. Die Kräuter und das Lorbeerblatt zusammenbinden. Den Backofen auf 200° vorheizen. Die Butter in einer Bratreine zerlassen. Den Fasan, die Möhren- und die Zwiebelstücke sowie das Kräuterbündel zugeben und im Backofen 10 Minuten braten, zugedeckt in 60 Minuten garen. Den Speck entfernen und den Fasan warm stellen. Den Bratenfond mit dem Cognac von den Sultaninen mischen und über den Fasan passieren.

Kaninchen nach einem Rezept aus Bresse

LAPIN À LA BRESSANE

1 Kaninchen von etwa 1,5 kg
100 g durchwachsener Speck
1 Zwiebel, 1 Knoblauchzehe
1 Teel. Salz
1 Tasse Geflügelbrühe
2 Eßl. Butter, 1 Eßl. Mehl
1 Tasse trockener Weißwein
1 Prise getrockneter Rosmarin
1 Messersp. weißer Pfeffer
2 Eigelbe, ¾ Tasse Sahne

Das küchenfertige Kaninchen waschen, abtrocknen und in Portionsstücke zerlegen. Den Speck würfeln. Die Zwiebel schälen und würfeln. Die Knoblauchzehe schälen, grob zerkleinern und mit dem Salz zerdrücken. Die Geflügelbrühe erhitzen. Die Butter in einem Schmortopf zerlassen, die Kaninchenstücke darin von allen Seiten braun anbraten. Die Speck- und die Zwiebelwürfel zugeben, alles unter Umwenden glasig braten, das Mehl darüberstäuben und mit der Geflügelbrühe ablöschen. Den Knoblauch, den Wein, den Rosmarin und den Pfeffer zu den Kaninchenstücken geben und diese zugedeckt in etwa 60 Minuten garen. Die Kaninchenstücke warm stellen. Die Eigelbe mit der Sahne verquirlen, 4–5 Eßlöffel von der heißen Schmorflüssigkeit in die Eigelb-Sahne rühren, den Topf vom Herd nehmen und die Eigelb-Sahne unter die Sauce ziehen. Die Sauce über das Fleisch gießen.

Das schmeckt dazu: Weißbrot oder Kartoffelkroketten.

Wildschweinrücken mit Kirschsauce

SELLE DE MARCASSIN À LA SAUCE AUX CERISES

1,5 kg Wildschweinrücken
je ½ Teel. getrockneter Thymian und Salbei
1 Teel. schwarze Pfefferkörner
1 Möhre, ⅛ Sellerieknolle
3 Zwiebeln, 50 g fetter Speck
½ l Rotwein, 1 Teel. Salz
4 Eßl. Butter, 3 Eigelbe
5 Eßl. Semmelbrösel
1 Teel. Zucker
1 Tasse Sauerkirschkompott
1 Tasse Kirschsaft

Das Fleisch waschen und trockentupfen. Die Kräuter mit den Pfefferkörnern im Mörser zerstoßen, das Fleisch damit einreiben und 2 Stunden stehen lassen. Die Möhre in Scheiben, die Sellerieknolle kleinschneiden. Die Zwiebeln schälen, 2 in Ringe, die dritte in Würfel schneiden. Den Speck würfeln. Den Wein mit der Möhre, dem Sellerie, den Zwiebelringen und 2 Tassen Wasser zum Kochen bringen, noch warm über das Fleisch gießen; 2 Stunden marinieren. Den Backofen auf 200° vorheizen. Das Fleisch trockentupfen und salzen. Die Speckwürfel ausbraten, die Zwiebelwürfel und das Fleisch anbraten, mit Marinade ablöschen und zugedeckt im Backofen in 60 Minuten garen. Die Butter zerlassen, mit den Eigelben, den Semmelbröseln und dem Zucker mischen. Den Braten damit bestreichen, überkrusten und warm stellen. Die Bratensauce durchseihen, mit den restlichen Zutaten mischen und etwas einkochen.

Korsischer Fleischtopf

STUFATU

Zutaten für 6 Personen:
600 g Rinderhüfte
300 g Schweinenacken
100 g durchwachsener Speck
3 Tomaten, 1 Zwiebel
3 Knoblauchzehen
½ Tasse Olivenöl
1 Tasse Weißwein, 1 Teel. Salz
2 Messersp. weißer Pfeffer
1 Teel. Salz, 250 g Makkaroni
100 g geriebener Greyerzer Käse (Gruyère)
2 Eßl. gehackte Petersilie

Das Fleisch waschen, abtrocknen und kleinwürfeln. Den Speck in Streifen schneiden. Die Tomaten häuten, entkernen und in Stücke schneiden. Die Zwiebel und die Knoblauchzehen schälen und würfeln. Das Öl in einem großen Topf erhitzen und die Fleischwürfel darin anbraten. Die Zwiebel, den Knoblauch, die Tomaten und den Speck zugeben. Den Wein darübergießen, das Fleisch salzen und pfeffern und einige Minuten schmoren lassen. Wasser zufügen, bis das Fleisch von Flüssigkeit bedeckt ist. Zugedeckt in 2 Stunden garen. Salzwasser zum Kochen bringen, die Makkaroni darin garen, kalt abschrecken und abtropfen lassen.
Den Backofen auf 180° vorheizen. In eine feuerfeste Form eine Schicht Fleisch und Sauce füllen, darauf Makkaroni, diese mit Käse und Petersilie bestreuen. Mit Makkaroni und Käse abschließen. Den Fleischtopf 30 Minuten im Ofen durchziehen lassen.

Toulouser Bohnentopf

CASSOULET TOULOUSAIN

150 g weiße Bohnen
300 g frischer Schweinebauch
3 Zwiebeln, 1 Gewürznelke
3 Knoblauchzehen, 1 Teel. Salz
1 Kräutersträußchen
2 Messersp. weißer Pfeffer
500 g Lammschulter
1 Eßl. Mehl
3 Eßl. Gänseschmalz
1 Eßl. Tomatenmark
100 g Knoblauchwurst in Scheiben
1 Tasse Semmelbrösel
2 Eßl. Butter

Die Bohnen 12 Stunden einweichen. Das Schweinefleisch würfeln. Die Zwiebeln schälen, 1 mit der Nelke bestecken, 2 würfeln. Die Knoblauchzehen schälen, 2 mit dem Salz zerdrücken. Den Schweinebauch mit dem Kräutersträußchen, der besteckten Zwiebel, der Knoblauchzehe, dem zerdrückten Knoblauch und dem Pfeffer zu den Bohnen geben, mit Wasser auffüllen. Zugedeckt 60 Minuten kochen lassen. Das Lammfleisch würfeln, mit den Zwiebelwürfeln und dem Mehl in dem Schmalz anbraten. Das Tomatenmark mit so viel Wasser zum Fleisch geben, daß alles bedeckt ist, 60 Minuten kochen lassen.
Den Backofen auf 220° vorheizen. Die Bohnen und das Fleisch in eine feuerfeste Form geben. Die Wurst, das Lammfleisch mit der Schmorflüssigkeit zufügen. Den Bohnentopf mit den Semmelbröseln bestreuen, Butterflöckchen daraufsetzen und 20 Minuten im Backofen überbacken.

Karamelcreme

CRÈME AU CARAMEL

Zutaten für 6 Personen:
100 g Zucker
1 Schnapsglas Wasser (2 cl)
½ l Milch
¼ Vanillestange
90 g Zucker
3 Eier
2 Eigelbe
Für die Förmchen: Öl
6 kleine Puddingförmchen

Den Backofen auf 200° vorheizen. Eine feuerfeste Form mit Wasser gefüllt in den Backofen stellen, damit sich dieses auf 80° erwärmt. Die Förmchen mit Öl ausstreichen. Den Zukker in eine Kasserolle geben und darin bei mittlerer Hitze schmelzen lassen. Sobald der Zucker am Rand zu schmelzen beginnt, langsam umrühren, bis er sich völlig aufgelöst hat. Das Wasser zugeben und unterrühren. Den Boden der Förmchen mit dem Karamel ausgießen, den Rest des Karamels mit etwas Wasser aufkochen und die Sauce beiseite stellen. Die Milch mit der Vanillestange aufkochen lassen. Den Zucker mit den Eiern und den Eigelben verrühren. Nach und nach die heiße Milch unter die Eimasse rühren und alles durch ein feines Sieb streichen. Die Masse in die Förmchen füllen und diese im Wasserbad im Backofen in etwa 20 Minuten stocken lassen. Die Creme gut durchkühlen lassen und kurz vor dem Servieren stürzen. Die Karamelsauce gesondert dazu reichen.

Kirschauflauf

CLAFOUTIS

500 g schwarze Kirschen
4 Eßl. Mehl
8 Eßl. Zucker
1 Prise Salz
3 Eier
2 Tassen Milch
Für die Form: Butter
Zum Besieben: Puderzucker

Die Kirschen waschen, von den Stielen zupfen und gut abtropfen lassen. Das Mehl mit dem Zucker und dem Salz in einer Schüssel mischen. 1 Ei in Eigelb und Eiweiß trennen und das Eiweiß zu steifem Schnee schlagen. Die übrigen Eier und das Eigelb mit dem Mehl und dem Zucker verrühren. Nach und nach die Milch unterrühren und den Teig zugedeckt einige Minuten stehen lassen. Den Backofen auf 200° vorheizen. Eine feuerfeste Form mit Butter ausstreichen und die Kirschen in die Form geben. Den Eischnee unter den Teig heben und diesen über die Kirschen füllen. Den Auflauf im vorgeheizten Backofen auf der zweiten Schiebeleiste von unten etwa 45 Minuten backen. Den Kirschauflauf nach Belieben heiß oder abgekühlt servieren. Vor dem Servieren dick mit Puderzucker besieben.

Unser Tip

Je nach Saison kann man diesen Auflauf auch mit Aprikosen, Pfirsichen, Äpfeln, Stachelbeeren oder Johannisbeeren bereiten.

Champagner-sorbet

SORBET AU CHAMPAGNE

Zutaten für 6 Personen:
400 g Zucker
Saft von 4 Zitronen
1 Flasche trockener Champagner

½ l Wasser unter öfterem Umrühren mit dem Zucker kochen lassen, bis der Zucker völlig aufgelöst ist. Den Sirup dann unter wiederholtem Rühren abkühlen lassen und mit dem Zitronensaft mischen. Den kalten Sirup mit dem Champagner verrühren, die Masse in eine elektrische Eismaschine (glacière) füllen und im Gefrierfach des Kühlschranks, besser noch im Gefriergerät cremig rühren. Wenn Sie keine glacière haben, so lassen Sie den Sorbet im Tiefkühlgerät gefrieren. Die Temperatur muß mindestens −15° betragen. Damit der Sorbet weich und geschmeidig wird, muß man ihn zweimal jeweils nach 60 Minuten im Mixer durchrühren und weitere 60 Minuten gefrieren lassen. 60 Minuten vor dem Servieren den Sorbet aus dem Gefriergerät nehmen und in den Kühlschrank stellen. Den Sorbet mit einem Kugelausstecher in eisgekühlte Gläser füllen und nach Belieben verzieren.

Unser Tip

Statt des Champagners können Sie Weißwein oder frischgepreßten Fruchtsaft für ein Sorbet verwenden, die Fruchtmasse mit Rum, Likör oder den Weißweinsorbet mit Obst aromatisieren und nach den Vorschlägen auf dem Bild garnieren.

Eissoufflé

SOUFFLÉ GLACÉ

3 Blätter Gelatine
8 Eigelbe
250 g Zucker
3 Tassen kalter starker Kaffee
1 Schnapsglas Cointreau (Orangenlikör, 2 cl)
4 Eiweiße
⅜ l Sahne
30 g Zucker
Zum Besieben: Kakaopulver
1 Souffléform (1¼ l Inhalt)

Die Souffléform mit einer 7 cm hohen Manschette aus Pergamentpapier versehen. Die Gelatine in reichlich kaltem Wasser einweichen. Die Eigelbe mit der Hälfte des Zuckers schaumig rühren. Die Gelatine ausdrücken, unter die Eimasse rühren und alles im Wasserbad unter ständigem Rühren erwärmen, bis die Masse cremig ist. Die Creme aus dem Wasserbad heben, mit dem Kaffee und dem Cointreau verrühren und 30 Minuten im Kühlschrank erkalten lassen. Die Eiweiße mit dem restlichen Zucker steif schlagen. Den Eischnee unter die abgekühlte Kaffeemasse heben. Die Sahne mit dem Zucker steif schlagen und unter die Masse ziehen. Die Creme in die vorbereitete Souffléform füllen und mindestens 4 Stunden gefrieren lassen. Das Soufflé vor dem Servieren mit Kakaopulver besieben und die Papiermanschette entfernen.

Gewürzsoufflé

SOUFFLÉ AUX ÉPICES

110 g weiche Butter
50 g Zucker
6 Eigelbe
110 g Honigkuchen
50 g Biskuitbrösel
je 1 Messersp. gemahlener Zimt und Nelkenpulver
je 25 g gewürfeltes Zitronat und Orangeat
50 g Korinthen
abgeriebene Schale von ½ Zitrone
6 Eiweiße
65 g Zucker
Für die Formen: Butter und Zucker
6 Auflaufförmchen (8–10 cm ∅)

Die Auflaufförmchen mit Butter ausstreichen und mit Zukker ausstreuen. Den Backofen auf 180° vorheizen. Eine große feuerfeste Form mit Wasser gefüllt in den Ofen stellen.
Die Butter mit dem Zucker schaumig rühren und nach und nach die Eigelbe unterziehen. Den Honigkuchen feinreiben, die Hälfte davon mit der Hälfte der Biskuitbrösel unter die Eigelbmasse mischen, den Zimt, das Nelkenpulver, das Zitronat, das Orangeat, die Korinthen und die Zitronenschale unterrühren. Die Eiweiße mit dem Zucker steif schlagen und den Eischnee mit dem restlichen Honigkuchen und den restlichen Bröseln unter die Masse heben. Die Soufflémasse in die Förmchen füllen, die Oberflächen glattstreichen. Das Soufflé im vorbereiteten Wasserbad im Backofen in 25–30 Minuten garen.

Schneeklößchen auf Eiercreme

ŒUFS À LA NEIGE

½ l Milch
1 Prise Salz
1 Päckchen Vanillinzucker
4 Eier
100 g Zucker

Die Milch mit dem Salz und dem Vanillinzucker zum Kochen bringen; vom Herd nehmen. Die Eier in Eigelbe und Eiweiße trennen. Die Eigelbe in einer Kasserolle mit dem Zucker schaumig rühren, nach und nach die Milch unterrühren, die Kasserolle auf den Herd stellen und alles bei milder Hitze unter ständigem Rühren so lange erhitzen, bis die Masse cremig wird. Die Creme vom Herd nehmen, bevor sie zum Kochen kommt; sie könnte sonst gerinnen. Die Masse erkalten lassen.
Die Eiweiße zu sehr steifem Schnee schlagen. In einem großen Topf Wasser zum Kochen bringen. Wenn das Wasser siedet, also nicht sprudelnd kocht, mit einem Eßlöffel Klößchen vom Eischnee abstechen und jeweils 5 Klößchen in das siedende Wasser geben. Die Klößchen einige Sekunden darin ziehen lassen, rasch umdrehen, ebenfalls kurz ziehen lassen, mit einem Schaumlöffel aus dem Wasser heben und auf die kalte Eiercreme setzen. Alle Schneeklößchen in derselben Weise garen, kurz abtropfen lassen und auf die kalte Eiercreme setzen.

Schokoladenschaum

MOUSSE AU CHOCOLAT

100 g halbbittere Schokolade oder Blockschokolade
1 Eßl. Butter
3 Eigelbe
4 Eiweiße
1 Prise Salz
2 Teel. Puderzucker
abgeriebene Schale von ¼ Orange

Die Schokolade in Stücke brechen und mit der Butter im Wasserbad schmelzen lassen und verrühren. Die Eigelbe im heißen Wasserbad kräftig mit der Schokolade verrühren; das Wasserbad darf dabei nicht zum Kochen kommen. Die Eiweiße mit dem Salz zu sehr steifem Schnee schlagen. Den Puderzucker in die Schokolade sieben, die Orangenschale zufügen und alles gut mischen. Vom Eischnee etwa 3 Eßlöffel abnehmen und ebenfalls kräftig unter die Schokoladenmasse rühren; sie wird dadurch dünner. Den restlichen Eischnee dann über die Schokoladenmasse füllen und mit dem Rührlöffel, keinesfalls mit dem Schneebesen, unter die Schokoladenmasse heben, bis alles gut gemischt ist. Den Schokoladenschaum abkühlen lassen und bis zum Servieren in den Kühlschrank stellen. Die Creme nach Belieben mit Schlagsahne und Maraschinokirschen garnieren.

Flämische Hühnercremesuppe

WATERZOOI À LA GANTOISE

1 Suppenhuhn von etwa 1,5 kg
250 g Suppenfleisch
2 Zwiebeln
1 Stange Staudensellerie
2 Stangen Lauch/Porree
1 Möhre, 1 Teel. Salz
2 Eigelbe, ½ Tasse Sahne
1 Messersp. weißer Pfeffer
etwas Zitronensaft

Das Huhn und das Suppenfleisch waschen; das Suppenhuhn in 4 Stücke zerlegen und mit den Innereien und dem Suppenfleisch von Wasser bedeckt zum Kochen bringen. Den sich bildenden Schaum mehrmals abschöpfen. Die Zwiebeln schälen und achteln. Den Sellerie waschen und in Stücke schneiden. Die gelben Stücke vom Lauch waschen und kleinschneiden. Die Möhre schaben, waschen und längs vierteln. Das Gemüse mit dem Salz in die Suppe geben; etwa 2 Stunden kochen lassen. Das Fleisch aus der Brühe nehmen, das Suppenfleisch für ein Haschee verwenden. Das Hühnerfleisch von Haut und Knochen befreien und in kleine Stücke schneiden. Die Brühe durchseihen; das Gemüse dabei gut ausdrücken, dann wegwerfen. Die Brühe im offenen Topf auf etwa 1 l Flüssigkeit einkochen lassen. Die Eigelbe mit der Sahne und dem Pfeffer verquirlen und die Suppe damit legieren. Das Hühnerfleisch in der Suppe erwärmen; mit Zitronensaft abschmecken.

Ardenner Chicoréesuppe

SOUPE À L'ARDENNAISE

400 g Chicorée
2 Stangen Lauch/Porree
250 g Kartoffeln
4 Eßl. Butter
¾ l Milch
1 Teel. Salz
1 Messersp. weißer Pfeffer
2 Eigelbe, ½ Tasse Sahne
2 Eßl. kleingeschnittener Schnittlauch

Den Chicorée putzen, waschen und in ½ cm dicke Scheiben schneiden. Vom Lauch das dunkle Grün abschneiden, die gelben Stücke waschen und ebenfalls in ½ cm dicke Scheiben schneiden. Die Kartoffeln schälen, waschen und kleinwürfeln. Die Butter in einem Topf zerlassen, den Chicorée und den Lauch unter Umrühren kurz in der Butter anbraten, die Kartoffelwürfel zugeben und die Milch dazugießen. Die Suppe salzen und pfeffern und unter gelegentlichem Umrühren zum Kochen bringen; dann bei milder Hitze zugedeckt in 45 Minuten garen. Die Eigelbe mit der Sahne verquirlen und die Suppe damit legieren; vor dem Servieren mit dem Schnittlauch bestreuen.

Unser Tip
Die Suppe schmeckt herzhafter und sättigt mehr, wenn Sie zuletzt noch 100–200 g gekochten Schinken, in feine Streifen geschnitten, darin erwärmen.

Chicorée nach Brüsseler Art

CHICORÉE ET VOLAILLE À LA BRUXELLOISE

4 Stauden Chicorée
100 g Butter
½ Teel. Salz
2 Eßl. Zitronensaft
250 g ausgelöste Hühnerbrüste
2 Eßl. Mehl, ⅛ l Geflügelbrühe
⅛ l Sahne
1 Prise gemahlene Muskatnuß
2 Messersp. Salz
1 Messersp. weißer Pfeffer
4 Scheiben gekochter Schinken
1 Eigelb
4 Eßl. geriebener Goudakäse

Den Backofen auf 180° vorheizen. Am Wurzelende der Chicoréestauden einen Keil herausschneiden. Eine Form mit Butter ausstreichen. Den Chicorée hineinlegen, salzen, mit dem Zitronensaft beträufeln und mit 2 Eßlöffel Butter in Flöckchen belegen; zugedeckt in 60 Minuten im Ofen garen. Die Hühnerbrüste würfeln und in 2 Eßlöffel Butter 10 Minuten braten. Aus dem Mehl und der restlichen Butter eine Schwitze bereiten, mit der Geflügelbrühe löschen und 5 Minuten kochen lassen. Die Sahne und die Gewürze zugeben. Die Garflüssigkeit und das Geflügelfleisch in die Sauce rühren. Die Chicorées längs halbieren und jeweils 1 Chicoréehälfte mit Frikassee füllen, die zweite Hälfte darauflegen und die Stauden mit Schinken umhüllen. Das Eigelb mit dem Käse und dem übrigen Frikassee mischen. Den Chicorée in die Form zurücklegen, mit dem Frikassee bedecken und goldbraun überbacken.

Flämisches Bierfleisch

CARBONNADE À LA FLAMANDE

800 g Rinderhüfte
100 g durchwachsener Speck
2 Zwiebeln, ½ Knoblauchzehe
1 Teel. Salz
1 Eßl. Schweineschmalz
1 Eßl. Mehl
⅛ l dunkles Bier
⅛–¼ l Fleischbrühe
1 Zweig Petersilie
½ Lorbeerblatt
1 Prise getrockneter Thymian
2 Prisen Zucker
etwas Rotweinessig

Das Fleisch und den Speck in etwa 3 cm breite Streifen schneiden. Die Zwiebeln schälen und in Ringe schneiden. Die Knoblauchzehe schälen, würfeln und mit dem Salz zerdrücken. Das Schmalz in einem großen Topf zerlassen und die Fleischstreifen darin kräftig anbraten, aus dem Fett nehmen und beiseite stellen. Anschließend die Speckstreifen knusprig braun braten; ebenfalls beiseite stellen. Die Zwiebelringe im Schmalz etwa 10 Minuten braten, den Knoblauch und das Mehl kurz mitbraten, mit dem Bier ablöschen, ⅛ l Fleischbrühe zugießen und aufkochen lassen. Den Backofen auf 180° vorheizen. Die Petersilie, das Lorbeerblatt, den Thymian, den Zucker und den Essig in die Sauce rühren, das Fleisch und den Speck zugeben und so viel Brühe, daß alles von Sauce bedeckt ist. Das Fleisch zugedeckt in 60 Minuten im Backofen garen.

Kalbsnieren Lütticher Art

ROGNONS DE VEAU
À LA LIÉGEOISE

12 Wacholderbeeren
2 Kalbsnieren
5 Eßl. Butter
1 Teel. Salz
je Nierenstück 1 Messersp. schwarzer Pfeffer
4 Eßl. Genever (belgischer Wacholderbranntwein)
1 Tasse Geflügelbrühe

Die Wacholderbeeren im Mörser zerstoßen oder mit einer Messerklinge zerdrücken. Die Kalbsnieren wässern, von den Häuten und vom Fett befreien, abtrocknen und waagerecht halbieren. Die Butter in einer Pfanne erhitzen und die Wacholderbeeren unter Umwenden kurz darin anbraten. Die Nieren mit der Schnittseite nach unten in die Butter legen und von jeder Seite 4–5 Minuten braten; mit Salz und Pfeffer bestreuen. Den Genever in einem Schöpflöffel über einer Kerzenflamme erwärmen, anzünden und über die Nieren gießen. Die Pfanne hin und her bewegen, bis die Flammen erloschen sind. Die Geflügelbrühe seitlich um die Nieren gießen und diese zugedeckt bei sehr milder Hitze in weiteren 10–15 Minuten garen. Die Nieren dann auf einer vorgewärmten Platte anrichten. Den Bratensatz gut mit der Schmorflüssigkeit verrühren und über die Nieren gießen.

Das schmeckt dazu: knusprig braun gebratene Bratkartoffeln und ein frischer Blattsalat.

Apfelküchlein

BEIGNETS AUX POMMES

5 Eßl. Mehl
1 Ei
1 Eßl. Öl
1 Messersp. Salz
1 Teel. Rum
¾ Tasse helles Bier
2 Eiweiße
500 g Äpfel
Zum Fritieren: 1 l Öl
Zum Besieben: Puderzucker

Das Mehl mit dem Ei, dem Öl, dem Salz und dem Rum in einer Schüssel mischen. Nach und nach so viel Bier dazugießen, daß ein dickflüssiger Teig entsteht und diesen zugedeckt etwa 60 Minuten ruhen lassen. Die Eiweiße sehr steif schlagen. Den Eischnee erst kurz vor Gebrauch des Teiges mit einem Rührlöffel unter den Ausbackteig heben. Die Äpfel schälen, mit einem Apfelausstecher das Kerngehäuse herausstechen und die Äpfel in etwa ½ cm dicke Scheiben schneiden. Das Öl auf 180° erhitzen. Die Apfelscheiben in den Ausbackteig tauchen und anschließend ins heiße Öl legen, immer nur 2–3 Apfelküchlein auf einmal von beiden Seiten goldgelb ausbacken. Die BEIGNETS auf saugfähigem Papier abtropfen lassen und bis zum Servieren im vorgeheizten Backofen warm halten. Wenn alle BEIGNETS gebacken sind, das Gebäck dick mit Puderzucker besieben. Die Apfelküchlein schmecken am besten, wenn sie heiß serviert werden.

Käsekuchen aus Gent

PLATTEKAASTARTE

250 g Mehl, 20 g Hefe
knapp 1 Tasse lauwarme Milch
1 Eßl. Zucker, 1 Prise Salz
50 g Butter, 1 Ei
5 Eßl. Apfelmus, 2 Eier
50 g Suppenmakronen
250 g Hüttenkäse (körniger Frischkäse)
75 g Zucker
1 Päckchen Vanillinzucker
4 Eßl. gemahlene Mandeln
1 Schuß Rum

Das Mehl in eine Schüssel sieben und in die Mitte eine Vertiefung drücken. Die Hefe mit wenig Mehl, der Milch und dem Zucker verrühren und zugedeckt 15–20 Minuten gehen lassen. Das Mehl dann mit dem Hefevorteig, dem Salz, der flüssigen, aber nicht heißen Butter und dem Ei verkneten; zugedeckt etwa 60 Minuten gehen lassen. Den Hefeteig dünn ausrollen und eine ausgebutterte Form von 24 cm Ø mit dem Teig auslegen; einen kleinen Rand aus Teig formen. Auf den Teigboden das Apfelmus streichen. Den Backofen auf 180° vorheizen. Die Eier in Eiweiße und Eigelbe trennen und die Eiweiße steif schlagen. Die Makronen mit dem Wellholz zerdrücken. Den Hüttenkäse mit den Eigelben, den Makronen, dem Zucker, dem Vanillinzucker, den Mandeln und dem Rum verrühren und den Eischnee unter die Käsecreme heben. Die Käsecreme auf das Apfelmus streichen. Den Kuchen im Ofen in 55–60 Minuten backen.

Holländische Erbsensuppe

HOLLANDSE ERWTENSOEP

300 g grüne gespaltene Erbsen
2 Schweinsfüße
1 Teel. Salz
3 Stangen Lauch/Porree
100 g Sellerieknolle
einige Zweige Selleriegrün
4 Kartoffeln
200 g Fleischwurst

Die Erbsen 12 Stunden von Wasser bedeckt einweichen. Die Schweinsfüße waschen, zu den Erbsen geben, und so viel Wasser zugießen, daß alles von Wasser bedeckt ist. Das Salz unter die Erbsen rühren und diese mit den Schweinsfüßen bei milder Hitze 3 Stunden kochen lassen. Den Lauch waschen und in Scheiben schneiden. Den Sellerie schälen, waschen und kleinwürfeln. Das Selleriegrün waschen und abtropfen lassen. Die Kartoffeln schälen, waschen und in Würfel schneiden. Das Gemüse unter die Suppe mischen und alles in weiteren 30 Minuten garen. Die Kartoffelwürfel sollen fast zerfallen sein; die Suppe ist dadurch leicht gebunden. 10 Minuten vor Ende der Garzeit die Wurst in die Suppe geben. Die Schweinsfüße aus der Suppe heben, das Fleisch von den Knochen lösen und die heiße Wurst in Scheiben schneiden; beides gesondert zur Suppe reichen. Oder das Fleisch und die Wurst würfeln und unter die Suppe mischen.

Bohnensuppe aus Overijsel

SNIJBONENSOEP

300 g weiße Bohnen
750 g Spareribs, 1 Teel. Salz
700 g grüne Bohnen
einige Zweige Selleriegrün
250 g Kartoffeln

Die weißen Bohnen mit Wasser bedeckt 12 Stunden einweichen. Dann im Einweichwasser mit den Spareribs und dem Salz und so viel Wasser zum Kochen bringen, daß alles mit Wasser bedeckt ist. Die Bohnen zugedeckt bei milder Hitze 60 Minuten kochen lassen. Gegen Ende der Garzeit die Bohnen mit einem Holzlöffel immer wieder umrühren und dabei zerdrücken. Die grünen Bohnen waschen, die Stielenden abschneiden und wenn nötig die Fäden abziehen. Die Bohnen kleinschneiden, zu den weißen Bohnen geben und unterrühren. Das Selleriegrün waschen, bündeln und zu den Bohnen geben. Die Kartoffeln schälen, waschen und in kleine Würfel schneiden. Die Kartoffeln unter das Gemüse mischen und in 30 Minuten so weich kochen, daß man sie ebenfalls leicht zerdrücken kann. Die Spareribs und das Selleriebündel aus der Suppe nehmen. Das Fleisch von den Knochen lösen, kleinschneiden und wieder in die Suppe geben. Die Suppe nochmals abschmecken.
Diese kräftige Suppe wird auch oft unter der Bezeichnung STUMPELBONENSOEP serviert. – Die Spareribs kann man auch gesondert zur Suppe reichen.

Gebratener Aal mit Sirup

GEBAKKEN PALING
MET STROOP

500 g küchenfertiger Aal
1 Teel. Salz
1 Tasse Wasser
2 Eßl. Butter
2 Teel. Rübensirup

Den Aal waschen und in 5 cm lange Stücke schneiden. Die Aalstücke nebeneinander in eine Bratpfanne legen und mit dem Salz bestreuen. Das Wasser über die Aalstücke gießen und alles rasch zum Kochen bringen. Dann das Wasser bei milder Hitze in der offenen Pfanne verdampfen lassen. Die Butter in die Pfanne geben und die Aalstücke darin goldbraun braten. Mit einer Gabel den Sirup in dünnen Fäden über den Aal träufeln. Die Stücke wenden und so lange weiterbraten, bis sie von allen Seiten knusprig sind.

Das schmeckt dazu: Bratkartoffeln und grüner Salat.

Unser Tip
Eine besondere Note erhält das Aalgericht, wenn die Stücke nach dem Kochen mit Mehl, Eigelb und wenig Semmelbrösel paniert und dann erst gebraten und mit dem Sirup beträufelt werden.

Gebratene Heringe

PANHARING

4 küchenfertige junge grüne Heringe
1 Teel. Salz
je Hering 1 Messersp. weißer Pfeffer
2 Eßl. Mehl
4 Eßl. Öl

Die Heringe wenn nötig schuppen, innen und außen kalt abspülen und gut trockentupfen; innen und außen mit dem Salz und dem Pfeffer einreiben. Das Mehl auf einen flachen Teller geben, die Heringe darin wenden, anschließend etwas schütteln, damit nicht festhaftendes Mehl wieder abfällt. Das Öl in einer Pfanne erhitzen. Die Heringe im heißen Öl von beiden Seiten in etwa 6 Minuten pro Seite knusprig braun braten. Die jungen wohlschmeckenden Heringe werden im Mai angeboten. Deshalb gibt es dazu die auch noch etwas teueren ersten Frühkartoffeln. Die Kartoffeln werden in der Schale gegart und die Schale kurz vor dem Servieren abgezogen. Dazu gibt es einen beliebigen frischen grünen Salat.
»De Hollandse nieuwe«, die jungen grünen Heringe sind eine Delikatesse; sie stehen im Mai in den Niederlanden auch in jedem guten Restaurant auf der Speisekarte.

Reis mit Fleischsauce

SUB GUM

300 g Schweinenacken
50 g Sellerieknolle
2 Stangen Lauch/Porree
100 g Weißkohl
4 Eßl. Öl
¼ l Fleischbrühe
1 Eßl. Speisestärke
½ Eßl. Farinzucker
½ Teel. Ingwerpulver
1 Teel. Salz
1 Schuß Essig
2 Tomaten
50 g abgezogene Mandeln
200 g Langkornreis

Das Fleisch waschen, abtrocknen und in Würfel schneiden. Den Sellerie schälen und würfeln. Den Lauch waschen und in Scheiben schneiden. Den Kohl in Streifen hobeln. Das Öl erhitzen, die Fleischwürfel darin von allen Seiten braun anbraten. Das Gemüse mit der Fleischbrühe zum Fleisch geben und alles bei milder Hitze zugedeckt 30 Minuten kochen lassen. Die Speisestärke mit dem Farinzucker, dem Ingwerpulver, dem Salz, dem Essig und etwas Wasser anrühren. Die Sauce damit binden und aufkochen lassen. Die Tomaten häuten, entkernen und in kleine Stücke schneiden. Die Tomatenstücke in die Fleischsauce geben und darin in etwa 10 Minuten garen. Die Mandeln hacken. Die Sauce warm halten. Den Reis in Salzwasser kochen und in eine Schüssel füllen. Die Fleischsauce über den Reis gießen und die gehackten Mandeln darüberstreuen.

Saures Ragout

HACHEE

1 große Zwiebel
4 Eßl. Butter oder Schweineschmalz
3 Eßl. Mehl
½ l heiße Fleischbrühe
2–3 Eßl. Weinessig
1 Lorbeerblatt
3 weiße Pfefferkörner
1 Gewürznelke
½ Teel. Zucker
2 Eßl. Tomatenmark
500 g gekochtes Rindfleisch

Die Zwiebel schälen und kleinwürfeln. Die Butter oder das Schmalz erhitzen. Die Zwiebelwürfel darin glasig braten, das Mehl darüberstäuben, unter Rühren anbraten und nach und nach mit der heißen Fleischbrühe ablöschen. Den Essig, das Lorbeerblatt, die Pfefferkörner, die Gewürznelke, den Zucker und das Tomatenmark in die Sauce rühren und aufkochen lassen. Die Sauce zugedeckt bei sehr milder Hitze etwa 15 Minuten kochen lassen. Das gekochte Rindfleisch in sehr kleine Würfel schneiden und in die Sauce geben. Nach Bedarf noch etwas Fleischbrühe zugießen und das Fleisch in der Sauce erwärmen.

Das schmeckt dazu: körnig gekochter Reis oder Salzkartoffeln und Rotkohl oder grüne Bohnen.

Eintopf aus Leiden

HUTSPOT

400 g Rinderbrust
1 Teel. Salz
4 Zwiebeln
400 g Möhren
200 g Pastinaken
500 g Kartoffeln
2 Messersp. grobgemahlener schwarzer Pfeffer

Die Rinderbrust waschen, mit dem Salz und mit Wasser bedeckt zum Kochen bringen; bei milder Hitze zugedeckt 1½ Stunden kochen lassen. Die Zwiebeln schälen und in Ringe schneiden. Die Möhren schaben, waschen und würfeln. Die Pastinaken und die Kartoffeln schälen, waschen und ebenfalls würfeln. Nach 1½ Stunden Kochzeit das vorbereitete Gemüse und die Kartoffelwürfel zum Rindfleisch geben und alles weitere 45 Minuten kochen lassen. Die Rinderbrust aus dem Eintopf nehmen und in Würfel schneiden. Den Eintopf mit dem grobgemahlenen Pfeffer abschmecken, in eine Terrine füllen und die Fleischwürfel auf das Gemüse legen.

Unser Tip

Von HUTSPOT haben wir mindestens 7 verschiedene Rezepte gefunden. Teilweise wird er statt mit Rinderbrust mit Schweinebauch bereitet und zusätzlich oft mit weißen Bohnen. HUTSPOT ist ein kräftiger Eintopf, der als Hauptmahlzeit serviert wird.

Traditionelles holländisches Wintergericht

STAMPPOT

600 g Schweineschulter
2 Eßl. Schweineschmalz
1 l Fleischbrühe
je 500 g Weiß- und Rotkohl
800 g Kartoffeln
1 Teel. Salz
50 g Butter
1 gute Prise weißer Pfeffer

Das Fleisch waschen und trockentupfen. Das Schmalz in einem großen Kochtopf erhitzen und das Fleisch darin von allen Seiten braun braten. Die Fleischbrühe zum Kochen bringen, um das Schweinefleisch gießen und dieses zugedeckt bei mittlerer Hitze 15 Minuten kochen lassen. Vom Kohl die schlechten Blätter entfernen, die Strünke herausschneiden und die Kohlviertel in Streifen hobeln. Die Kohlstreifen zum Schweinefleisch geben und alles weitere 20 Minuten zugedeckt kochen lassen. Die Kartoffeln schälen, waschen und vierteln, in den Fleisch-Kohl-Topf geben, das Salz zufügen und alles zugedeckt bei mittlerer Hitze weitere 30 Minuten kochen lassen. Das Fleisch dann aus dem Gemüse nehmen und in Würfel schneiden. Das Gemüse mit einem Holzlöffel kräftig umrühren und dabei die Kartoffeln etwas zerstampfen. Die Butter unter das Gemüse ziehen; mit Pfeffer und wenn nötig nochmals mit Salz abschmecken. Die Fleischwürfel auf dem heißen Gemüse anrichten.

Hasenpfeffer

HAZEPEPER

1 küchenfertiger Hase
3 Tassen Rotwein
½ Tasse Rotweinessig
4 weiße Pfefferkörner
½ Lorbeerblatt
100 g Schweinebauch
1 Zwiebel, 300 g Champignons
1 Teel. Salz
2 Messersp. weißer Pfeffer
100 g Butter, 4 Eßl. Mehl
1 Prise Zucker
1 Tasse Weißbrotwürfel
1 Eßl. Butter

Den Hasen in 8 Stücke teilen und häuten, die Hasenleber aufbewahren. Den Rotwein mit dem Essig und den Gewürzen über den Hasen gießen und 2 Tage im Kühlschrank marinieren. Den Schweinebauch in Streifen schneiden. Die Zwiebel schälen und würfeln. Die Champignons in Scheiben schneiden. Die Hasenteile abtrocknen, salzen und pfeffern, in der Butter anbraten und aus dem Topf nehmen. Den Schweinebauch, die Zwiebelwürfel und die Champignons in der Butter anbraten; ebenfalls aus dem Topf nehmen. Die Marinade durchseihen, mit Wasser zu ¾ l Flüssigkeit auffüllen und mit der verbliebenen Butter aufkochen. Die Hasenstücke darin zugedeckt in 1½ Stunden garen. Das Schweinefleisch, die Zwiebelwürfel, die Champignons zufügen. Das Mehl mit dem Zucker in wenig Wasser anrühren; die Sauce damit binden. Die Leber durch ein Sieb und in den Hasenpfeffer streichen. Die Brotwürfel in der Butter braten und über den Hasenpfeffer streuen.

Jagd-Schüssel

JACHTSCHOTEL

800 g Kartoffeln, 2 Zwiebeln
600 g Wildfleisch
knapp ¼ l heiße Fleischbrühe
50 g Butter
1 Lorbeerblatt, 2 Gewürznelken
je 1 Messersp. Salz und weißer Pfeffer
⅛–¼ l heiße Milch
1 Teel. Salz, 2 Eßl. Butter
1 säuerlicher Apfel
2 Eßl. Butter

Die Kartoffeln schälen, waschen, vierteln und in wenig Salzwasser zugedeckt in 30 Minuten garen. Die Zwiebeln schälen und in Ringe schneiden. Das Wildfleisch häuten und würfeln. Die Fleischbrühe erhitzen. Die Butter zerlassen, die Zwiebeln darin anbraten, die Fleischwürfel zugeben, von allen Seiten braun anbraten; mit der Fleischbrühe umgießen. Die Gewürze zugeben und alles zugedeckt 20 Minuten schmoren lassen. Den Backofen auf 220° vorheizen. Die Kartoffeln abgießen, zerstampfen und mit der Milch verrühren. Den Kartoffelbrei mit dem Salz und der Butter mischen. Den Apfel schälen, das Kerngehäuse ausstechen und den Apfel in Scheiben schneiden. Eine Lage Wildragout in eine feuerfeste Form geben, Kartoffelbrei darüberstreichen, wieder Wildragout und darauf die Apfelscheiben geben; die Lagen fortführen, bis alle Zutaten verbraucht sind und mit Kartoffelbrei abschließen. Die Butter schmelzen lassen, über den Kartoffelbrei träufeln und alles 15 Minuten im Ofen überbacken.

Neujahrs-Krapfen

OLIEBOL

375 g Mehl
25 g Hefe
2 Eßl. Zucker
⅛ l lauwarme Milch
½ Teel. Salz
3 Eier
4 Eßl. Korinthen
4 Eßl. Rosinen
4 Eßl. gehacktes Orangeat
1 Eßl. abgeriebene Zitronenschale
Zum Fritieren: 1 l Öl
Zum Besieben: Puderzucker

Das Mehl in eine Schüssel sieben und in die Mitte eine Vertiefung drücken. Die Hefe in die Vertiefung bröckeln, mit dem Zucker, etwas Mehl und einem Teil der lauwarmen Milch zu einem Hefevorteig verrühren. Den Hefevorteig mit Mehl bestäuben und zugedeckt so lange gehen lassen, bis das Mehl auf der Oberfläche Risse zeigt. Die restliche Milch, das Salz und die Eier über das Mehl geben, alles mit dem Hefevorteig zu einem geschmeidigen Teig verkneten. Den Teig schlagen, bis er Blasen wirft und sich vom Schüsselboden löst; zugedeckt etwa 60 Minuten gehen lassen. Der Hefeteig soll dann sein Volumen verdoppelt haben.
Das Öl in der Friteuse oder im Fritiertopf auf 160° erhitzen. Den Hefeteig zusammendrücken, die Korinthen, die Rosinen, das Orangeat und die Zitronenschale rasch unter den Teig arbeiten. Jeweils 4 Eßlöffel Teig zu einer kleinen Kugel formen, diese ins heiße Öl geben und von jeder Seite etwa 5 Minuten fritieren. 4–5 Krapfen auf einmal in das Öl legen; nach dem Herausnehmen stets warten, bis das Öl wieder 160° erreicht hat. Die Krapfen auf saugfähigem Papier abtropfen lassen, dick mit Puderzucker besieben und möglichst noch warm servieren.

Gebratene Heringe in Hafermehl

HERRINGS FRIED IN OATMEAL

Für die Senfsauce:
3 Eßl. Butter
2 Eßl. Mehl, ¼ l Milch
1 Eßl. mittelscharfer Senf
1 Teel. Zitronensaft
2 Messersp. Salz
1 Messersp. Pfeffer
1 Prise Zucker
Für die Heringe:
4 bratfertige grüne Heringe
1 Tasse Milch
8 Eßl. Hafermehl, 1 Teel. Salz
½ Teel. schwarzer Pfeffer
5 Eßl. Bratfett

Für die Sauce die Butter in einem Topf zerlassen. Das Mehl hineinstäuben und rühren, bis eine glatte Masse entstanden ist. Unter Rühren die Milch zufügen und bei milder Hitze 5 Minuten kochen lassen. Den Senf unterrühren und die Sauce mit dem Zitronensaft, dem Salz, dem Pfeffer und dem Zucker abschmecken. Die Senfsauce warm stellen. Die Heringe einzeln in die Milch tauchen, im Hafermehl wenden und mit dem Salz und dem Pfeffer bestreuen. Das Fett in einer großen Pfanne zerlassen und die Heringe darin von jeder Seite 5 Minuten braten. Die Heringe auf einer vorgewärmten Platte anrichten. Die Senfsauce getrennt dazu reichen.

Überbackener Kabeljau

OLD ENGLISH BAKED COD

1 Zwiebel, 50 g Champignons
1 Bund Petersilie
2 Eßl. Butter
4 Kabeljaufilets von je 200 g
½ Teel. Salz
2 Messersp. schwarzer Pfeffer
2 Messersp. getrockneter Thymian
1 Lorbeerblatt, ½ l Milch
2 Eßl. Speisestärke
4 dünne Scheiben durchwachsener Speck
3 Eßl. Semmelbrösel

Den Backofen auf 175 ° vorheizen. Die Zwiebel schälen und feinhacken. Die Champignons putzen und blättrig schneiden. Die Petersilie waschen, abtropfen lassen und feinhacken. Die Butter in einem Topf zerlassen; die Zwiebel und die Pilze 5 Minuten darin andünsten. Die Mischung in eine feuerfeste Form geben. Die Fischfilets kurz kalt waschen, trockentupfen und auf die Champignons legen. Die Petersilie darüberstreuen. Mit dem Salz, dem Pfeffer und dem Thymian würzen und das Lorbeerblatt zufügen. Die Milch zum Kochen bringen. Die Speisestärke mit 3 Eßlöffel Wasser verrühren und in die kochende Milch gießen; rühren, bis eine dicke Sauce entstanden ist. Die Sauce über den Fisch gießen; zugedeckt in 10 Minuten im Ofen garen. Den Speck knusprig braten. Den Backofen auf 220 ° schalten. Den Fisch mit den Semmelbröseln bestreuen, die Speckscheiben darauflegen und alles 10 Minuten im Ofen überbacken.

Gedünsteter Lachs und Gurken

POACHED SALMON WITH CUCUMBER
(im Bild links)

Für den Lachs:
4 Lachssteaks von je 200 g
4 Eßl. Weinessig, ½ Teel. Salz
½ l Wasser, ½ Eßl. Salz
Saft von 1 Zitrone
¼ l trockener Weißwein
Für die Gurke:
1 Salatgurke
2 Eßl. Butter
1 Teel. Salz
1 Messersp. weißer Pfeffer
1 Eßl. frische Dillspitzen

Die Lachsscheiben waschen, trockentupfen, von beiden Seiten mit dem Essig beträufeln und mit dem Salz bestreuen. Das Wasser mit dem Salz in einem großen flachen Topf zum Kochen bringen, den Zitronensaft und den Weißwein zufügen und den Sud erneut aufkochen lassen. Die Lachssteaks einlegen und bei milder Hitze in 15 Minuten gar ziehen lassen, dann aus dem Sud heben und auf einer vorgewärmten Platte anrichten.
Die Gurke waschen und in etwa 2 cm große Würfel schneiden. Die Butter in einem Topf zerlassen. Die Gurkenwürfel zugeben und mit dem Salz und dem Pfeffer bestreuen; zugedeckt bei milder Hitze in etwa 15 Minuten weich schmoren. Zuletzt mit den Dillspitzen bestreuen. Den Lachs vor dem Servieren mit den Gurkenstükken umlegen. Eine SAUCE HOLLANDAISE, nach dem Rezept auf Seite 45 bereitet, dazu reichen.

Eingelegte Krabben

POTTED SHRIMPS
(im Bild rechts)

200 g Butter
375 g gekochte kleine Krabben (Garnelen)
¼ Teel. Salz
je 2 Messersp. gemahlener Macis, geriebene Muskatnuß und gemahlener Piment

Die Butter in einer Kasserolle bei milder Hitze zum Schäumen bringen, abschäumen und vom Herd nehmen. Die etwas abgekühlte Butter in einen anderen Topf gießen. Den milchigen Rückstand, der sich am Boden der Kasserolle abgesetzt hat, wegschütten. 5 Eßlöffel der geklärten Butter aufbewahren, die übrige im Topf erhitzen. Die Krabben zufügen und wenden, bis sie ganz von Fett überzogen sind. Das Salz und die Gewürze zufügen, und die Krabben bei mittlerer Hitze 5 Minuten braten, dabei häufig umrühren. Die gebratenen Krabben in eine Schüssel füllen und die restliche geklärte Butter darübergießen. Die Krabben abkühlen und zugedeckt einige Stunden im Kühlschrank durchkühlen lassen.

Unser Tip
POTTED SHRIMPS wird gern mit Toast und Butter genossen. Wenn Sie eingelegte Krabben als Vorspeise reichen wollen, verteilen Sie sie vor dem Kühlen in Portionsförmchen.

Irish Stew

IRISH STEW

1 kg Hammelnacken ohne Knochen
750 g Kartoffeln
500 g Zwiebeln
2 Teel. Salz
1 Teel. getrockneter Thymian
¼–½ l Hühnerbrühe
2 Eßl. gehackte Petersilie

Das Fleisch waschen, abtrocknen, gegebenenfalls von Fetträndern und Sehnen befreien und in Scheiben schneiden. Die Kartoffeln und Zwiebeln schälen und ebenfalls in Scheiben schneiden.
Den Backofen auf 175 ° vorheizen. Den Boden eines Topfes oder einer feuerfesten Form mit ⅓ der Kartoffelscheiben belegen. Die Hälfte vom Hammelfleisch daraufgeben und dieses mit der Hälfte der Zwiebeln bedecken. Die Zwiebelringe mit Salz und Thymian bestreuen. Auf die Zwiebeln wieder eine Lage Kartoffeln geben, dann das restliche Fleisch und darauf die Zwiebelringe schichten. Die Zwiebeln wieder mit Salz und Thymian bestreuen und mit den restlichen Kartoffelscheiben abdecken. ¼ l Hühnerbrühe darübergießen. Den Eintopf zugedeckt in etwa 1½ Stunden im Backofen garen. Nach der Hälfte der Garzeit kontrollieren, ob noch genügend Flüssigkeit im Topf ist; eventuell Hühnerbrühe nachgießen. Die Kartoffeln sollen zerfallen und mit der Garflüssigkeit eine dicke Sauce bilden. IRISH STEW mit der Petersilie bestreut servieren.

Hotpot mit Lammnieren

LANCASHIRE HOTPOT

3 Lammnieren, ersatzweise Kalbsnieren
750 g Lammrücken ohne Knochen
500 g Kartoffeln, 2 Möhren
1 kleine Kohlrübe
1 große Zwiebel
1–1½ Teel. Salz
2 Messersp. Pfeffer
½ l Fleischbrühe
Für die Form: Butter

Die Nieren 30 Minuten in kaltes Wasser legen. Das Fleisch waschen, abtrocknen und in dicke Scheiben, die Nieren in kleine Stücke schneiden. Die Kartoffeln schälen, die Möhren schaben und beides in dikke Scheiben schneiden. Die Kohlrübe schälen und würfeln. Die Zwiebel schälen und in dünne Ringe schneiden.
Den Backofen auf 175 ° vorheizen. Einen hohen Topf mit Butter ausstreichen und die Hälfte der Kartoffelscheiben einfüllen. Die Möhrenscheiben und Rübenwürfel zufügen. Das Lammfleisch darauf verteilen; salzen und pfeffern. Die Hälfte der Zwiebelringe daraufgeben, die Nieren zufügen, ebenfalls pfeffern und salzen. Die restlichen Zwiebelringe daraufschichten und mit den übrigen Kartoffelscheiben abdecken. Die Fleischbrühe darübergießen. Den Eintopf zugedeckt 2 Stunden im Backofen garen. Das Gericht anschließend weitere 30 Minuten im offenen Topf überbacken, bis die Kartoffeln eine braune Kruste haben.

Rindfleisch-Stew alte Art

OLD FASHIONED BEEF STEW WITH ONION DUMPLINGS

Für das Stew:
750 g Rinderbug oder -hüfte
4 Eßl. Mehl, 2 Messersp. Pfeffer
1 Teel. Salz, 3 Eßl. Bratfett
¾ l heiße Fleischbrühe
250 g Möhren, 250 g Zwiebeln
1 kleine Pastinake oder
1 Petersilienwurzel
Für die Klöße:
100 g Mehl
1 Eßl. Schweineschmalz
1 Teel. abgeriebene Zitronenschale
1 Eßl. feingehackte Zwiebel
2 Messersp. Salz
1 Eßl. gehackte Petersilie

Das Fleisch in Würfel schneiden. 3 Eßlöffel Mehl mit dem Pfeffer und dem Salz mischen und die Fleischwürfel darin wenden. Das Fett erhitzen, das Fleisch darin braun anbraten und aus dem Topf nehmen. Das restliche Mehl in das Fett rühren. Nach und nach die Fleischbrühe zugießen. Das Fleisch zurück in den Topf geben und zugedeckt bei sehr milder Hitze in etwa 2½ Stunden weich kochen. Die Möhren, die Zwiebeln, die Pastinake oder die Petersilienwurzel schaben oder schälen, kleinschneiden und nach 1½ Stunden Garzeit zum Fleisch geben.
Das Mehl mit dem Schmalz, der Zitronenschale, der Zwiebel, dem Salz und 3 Eßlöffel Wasser gut verkneten. 8 Klöße aus dem Teig formen und 30 Minuten auf das Stew legen und gar ziehen lassen; mit der Petersilie bestreuen.

Schweinebraten mit Apfelsauce

ROAST PORK

Zutaten für 8 Personen:
2 kg Schweinekeule ohne Knochen
2 Teel. Salz, 1 Zwiebel
500 g Brät, 5 Eßl. Semmelbrösel
1 Ei, 2 Eßl. frischer gehackter Salbei oder 1 Eßl. getrockneter Salbei
500 g säuerliche Äpfel

Die Schwarte der Keule vom Fleischer rautenförmig einschneiden und das Fleisch zum Rollen vorbereiten lassen. Die Keule waschen, trockentupfen und mit dem Salz einreiben. Den Backofen auf 200° vorheizen. Die Zwiebel schälen und kleinwürfeln. Das Brät mit den Semmelbröseln, den Zwiebelwürfeln, dem Ei und dem Salbei zu einer geschmeidigen Farce verarbeiten. Das Fleisch damit bestreichen, aufrollen und zubinden. Die Keule in die Bratreine legen; ¼ l heißes Wasser zugießen. Im Backofen in 2–2½ Stunden knusprig braun braten. In den letzten 30 Minuten die Schwarte häufig mit Salzwasser bestreichen, damit sich eine Kruste bildet. Für die Apfelsauce die Äpfel vierteln, schälen, vom Kerngehäuse befreien, in kleine Stücke schneiden und mit wenig Wasser breiig kochen.

Unser Tip
Das Rezept für eine besonders raffinierte Apfelsauce finden Sie auf Seite 46.

Lamm-Pie

LAMB PIE

750 g Lammschulter
1 Teel. Salz, 2 Prisen Pfeffer
3 Eßl. Bratfett
500 g Kartoffeln
1 Tasse heiße Milch
2 Eßl. Butter, 2 Messersp. Salz
¼ l Fleischbrühe
1 Eßl. Speisestärke
1 gehackte Zwiebel
50 g gewürfelte Champignons
1 Eßl. Öl, 1–2 Messersp. Salz
1–2 Prisen Pfeffer
Für die Form: Butter
Zum Bestreichen: 1 Ei
Zum Bestreuen: 50 g geriebener Cheddarkäse

Den Backofen auf 230° vorheizen. Das Fleisch mit dem Salz und dem Pfeffer einreiben. Das Fett in einem Bräter zerlassen; das Fleisch zugedeckt im Bräter in 40 Minuten im Backofen garen.
Die Kartoffeln schälen, weich kochen und mit der Milch, der Butter und dem Salz zu einem festen Brei verarbeiten.
Den Backofen auf 200° schalten. Das Fleisch aus dem Bräter nehmen.
Den Bratenfond mit der Fleischbrühe loskochen. Die Sauce mit der angerührten Speisestärke binden. Das Fleisch würfeln und in die Sauce geben. Die Zwiebel und die Champignons in dem Öl anbraten, salzen und pfeffern und mit dem Ragout in eine feuerfeste, ausgebutterte Form füllen. Den Kartoffelbrei daraufgeben; mit dem verquirlten Ei und dem Käse bedecken und 35–40 Minuten im Ofen überbacken.

Fleischpastetchen aus Cornwall

CORNISH PASTIES

350 g Mehl, 1 Messersp. Salz
150 g Butter, 3–4 Eßl. Wasser
350 g magere Rinderhüfte
1 Zwiebel, 2 Kartoffeln
1 kleines Stück Kohlrübe oder 1 weiße Rübe
½ Teel. Salz
1 Messersp. Pfeffer
2 Eßl. Fleischbrühe
Zum Bestreichen: 1 Ei

Für den Teig das Mehl mit dem Salz in eine Schüssel sieben. Die Butter darüberschneiden und zu einer krümeligen Mischung verarbeiten. Das Wasser zufügen, alles gut verkneten. Für die Füllung das Fleisch kleinwürfeln; die Zwiebel, die Kartoffeln und die Rübe schälen und kleinwürfeln; alles mit dem Salz, dem Pfeffer und der Fleischbrühe mischen.
Den Backofen auf 200° vorheizen. Ein Backblech mit Butter bestreichen. Den Teig in zwei Portionen etwa ½ cm dick ausrollen. Jeweils zwei runde Teigscheiben von etwa 18 cm ∅ ausschneiden und deren Ränder mit Wasser befeuchten. Jeweils ¼ der Füllung auf die Hälfte der Scheiben häufen; die andere Hälfte darüberschlagen und die Ränder fest zusammendrücken. Die Teigtaschen mit dem verquirlten Ei bestreichen, auf das Backblech legen und 20 Minuten backen. Die Temperatur dann auf 160° schalten und die Pastetchen in weiteren 15–20 Minuten garen.

Rindfleisch-Nieren-Pudding

STEAK AND KIDNEY PUDDING

250 g Rindertalg, 400 g Mehl
1 Teel. Salz, 250 g Rindernieren
750 g Rinderbug
1 Tasse Mehl, 1 Teel. Salz
¼ Teel. schwarzer Pfeffer
2 Messersp. geriebene Muskatnuß
100 g Champignons, 1 Zwiebel
2 Tassen Fleischbrühe
Für die Form: Butter

Den Talg durch den Fleischwolf drehen, mit dem Mehl, dem Salz und Wasser zu einem festen Teig verkneten, in ein größeres und ein kleineres Stück teilen und 1 cm dick ausrollen. Eine hohe feuerfeste Form ausbuttern und mit der größeren Teigplatte auskleiden. Die Nieren wässern. Das Rindfleisch und die Nieren kleinwürfeln. Das Mehl mit den Gewürzen mischen. Die Fleisch- und die Nierenwürfel darin wenden. Die Pilze vierteln. Die Zwiebel grobhacken, mit den Pilzen und dem Fleisch mischen, in die Form füllen und 1 Tasse heiße Fleischbrühe zugießen. Die Füllung mit Teig abdecken. Die Teigränder zusammendrücken. Pergamentpapier auf den Teig legen. Die Form mit einem bemehlten Küchentuch bedecken und dieses unter dem Rand festbinden. Die Zipfel des Tuches oben verknoten. Den Pudding bis zur halben Höhe in kochendes Wasser stellen und in 4½ Stunden garen. Ein Loch in die Teigdecke schneiden und vor dem Auftragen 1 Tasse kochende Fleischbrühe einfüllen.

Farmers Pudding

FARMHOUSE PUDDING

Zutaten für 8 Personen:
3 große Kartoffeln
500 g Möhren, 60 g Nierentalg
50 g entsteinte Backpflaumen
je 100 g Rosinen und Korinthen
je 1 Eßl. Orangeat und Zitronat
je 1 Messersp. gemahlene Gewürznelken, geriebene Muskatnuß, gemahlener Zimt, gemahlener Piment und Pfeffer
2 Messersp. Salz
2 Eier
Für die Puddingform: Butter, Semmelbrösel

Die Kartoffeln schälen, in Stücke schneiden, in Salzwasser weich kochen, abgießen und zerdrücken. Die Möhren schaben, in Scheiben schneiden, in wenig Wasser weich dünsten und pürieren. Den Talg und die Backpflaumen sehr fein hakken. Die Rosinen und die Korinthen waschen und trockentupfen. Das Orangeat und das Zitronat sehr klein würfeln. Alle Zutaten mit den Gewürzen und dem Salz in einer Schüssel mischen. Die Eier unterrühren.

Eine Puddingform dick mit Butter ausstreichen und mit Semmelbröseln ausstreuen. Die Kartoffel-Möhren-Masse einfüllen. Die Form fest verschließen und den Pudding im Wasserbad in 3 Stunden garen. Das Wasser soll nicht sprudelnd kochen, sondern nur kleine Blasen werfen. Den Pudding auf eine Platte stürzen und heiß servieren.

Huhn im Topf nach Farmer Art

FARMHOUSE CHICKEN CASSEROLE

2 Brathühner von je 500 g
100 g Mehl
1 Teel. Salz
½ Teel. Pfeffer
2 Eßl. Butter, 1 Eßl. Öl
8 Schalotten oder Frühlingszwiebeln
8 kleine neue Kartoffeln
8 Champignons
4 Scheiben Frühstücksspeck
⅜ l Hühnerbrühe
1 Eßl. Speisestärke
2 Eßl. gehackte Petersilie

Jedes Brathuhn in 4 Teile zerlegen. Das Mehl mit dem Salz und dem Pfeffer mischen und die Geflügelstücke darin wenden. Die Butter und das Öl in einer Pfanne erhitzen, die Geflügelteile portionsweise darin rundherum goldbraun anbraten und in einen großen Topf legen.
Die Schalotten oder die Frühlingszwiebeln und die Kartoffeln schälen, unzerkleinert in der Pfanne, in der die Hühner gebraten wurden, bräunen und zu dem Geflügel geben. Die Champignons putzen, vierteln, ebenfalls kurz anbraten und zum Geflügel geben. Den Backofen auf 180° vorheizen. Die Speckscheiben knusprig braun braten, auf die Pilze legen und das Speckfett darübergießen. Die Hühnerbrühe zugießen und alles zugedeckt in 50 Minuten im Backofen garen. Die Speisestärke in wenig kaltem Wasser anrühren und die Flüssigkeit damit binden. Das Gericht mit der Petersilie bestreuen.

Gebratene Ente

ROAST DUCK

1 Zwiebel
3 Stengel Selleriegrün
2 säuerliche Äpfel
2 Eßl. Butter
60 g Semmelbrösel, möglichst frisch gerieben
je 2 Messersp. gemahlener Zimt und schwarzer Pfeffer
½ Teel. Salz
1 Teel. abgeriebene Zitronenschale
1 Tasse Apfelwein
1 bratfertige Ente von 2 kg
2 Eßl. weiche Butter
½ Teel. Salz, 1 Messersp. Pfeffer
2 Eßl. Honig

Für die Füllung die Zwiebel schälen und sehr fein würfeln, die Selleriestengel kleinschneiden. Die Äpfel schälen, vom Kerngehäuse befreien und in Scheiben schneiden. Die Butter in einer Pfanne zerlassen. Die Zwiebel, das Selleriegrün und die Äpfel darin unter Wenden 3 Minuten anbraten. Die Pfanne vom Herd nehmen und die Semmelbrösel mit den Gewürzen und dem Apfelwein unter den Pfanneninhalt rühren.
Den Backofen auf 200° vorheizen. Die Ente mit der Farce füllen; die Öffnungen zunähen. Die Haut der Entenkeulen mehrmals mit einer Nadel einstechen. Die Ente dressieren, mit der Butter einreiben, salzen und pfeffern. Im Backofen auf dem Rost etwa 1¼ Stunden braten. 15 Minuten vor Beendigung der Bratzeit den Honig in 1 Eßlöffel heißem Wasser lösen und die Ente damit bepinseln. Vom Bratenfond das Fett abschöpfen und den Fond als Sauce dazu reichen.

Fruchtcreme

GROSET FOUL

500 g Stachelbeeren oder Himbeeren
100–125 g Zucker
3/8 l Sahne
60 g Zucker
2 Teel. Vanillezucker oder das Mark von ½ Vanilleschote

Die Beeren verlesen und waschen, Stiel- und Blütenansätze entfernen und die Beeren mit ½ Tasse Wasser und dem Zukker zum Kochen bringen. Stachelbeeren benötigen wegen ihres höheren Säuregehalts 125 g Zucker. Die Beeren bei sehr milder Hitze in 10–15 Minuten weichdünsten und durch ein Sieb streichen. Das Fruchtpüree abkühlen lassen.
Die Sahne halbsteif schlagen. Die 60 g Zucker und den Vanillezucker oder das -mark zufügen und weiterschlagen, bis sich der Zucker aufgelöst hat. Die Schlagsahne unter das Fruchtpüree ziehen. Die Creme vor dem Servieren einige Stunden durchkühlen lassen.

Unser Tip
Vanillezucker, der ein viel stärkeres Aroma als Vanillinzucker hat, können Sie leicht selbst herstellen: 2 in Stücke geschnittene Vanilleschoten mit 250 g Zucker mischen, in ein Glas mit Schraubdeckelverschluß geben und 2–3 Wochen stehen lassen. Der Zucker hat dann sein volles Aroma erreicht.

Apfel-Pie mit Käse

APPLE PIE WITH CHEESE

250 g Mehl, 1 Messersp. Salz
150 g Butter
5–8 Eßl. eiskaltes Wasser
750 g säuerliche Äpfel
200 g brauner Zucker
Saft und abgeriebene Schale von ½ Zitrone
¼ Teel. gemahlener Zimt
2 Eßl. Butter
1 Tasse Crème double
2 Eßl. Zucker
150 g Cheddarkäse in Scheiben
Für die Form: Butter

Aus dem Mehl, dem Salz, der Butter und wenig Wasser einen Mürbeteig bereiten. Die Äpfel schälen, vierteln, vom Kerngehäuse befreien und in Scheiben schneiden; mit dem Zucker, dem Zitronensaft, der -schale und dem Zimt mischen. Den Backofen auf 200° vorheizen. Eine hohe, runde, feuerfeste Form mit Butter ausstreichen. ⅔ des Teiges ausrollen und den Boden sowie den Rand mit der Teigplatte auskleiden. Den übrigen Teig zu einem Deckel ausrollen. Die Äpfel in die Form füllen und mit der Butter in Flöckchen belegen. Den Teigdeckel darauflegen, die Ränder festdrücken und die Teigplatte mehrmals mit der Gabel einstechen. Aus Teigresten kleine Formen ausstechen und die Pie damit belegen. Die Pie erst 10 Minuten bei 200°, dann 30 Minuten bei 180° im Ofen backen. Die Oberfläche mit der Crème double bestreichen, mit dem Zucker bestreuen und die Pie weitere 5 Minuten backen. Käsestreifen dazu reichen.

Englischer Weihnachtspudding

CHRISTMAS PUDDING

Zutaten für 8–10 Personen:
100 g Rindertalg
150 g Korinthen
150 g Rosinen
je 50 g Zitronat und Orangeat
100 g abgezogene Mandeln
100 g kandierte Kirschen
100 g Mehl, 150 g Semmelbrösel
100 g brauner Zucker
abgeriebene Schale und Saft von 1 Zitrone
je 2 Messersp. gemahlener Zimt, gemahlene Gewürznelken und Piment, ½ Teel. Salz
Saft von 1 Orange
¾–1 Tasse Milch
3 Eier, 3 Eßl. Cognac
Für die Puddingform: Öl

Den Rindertalg feinhacken. Die Korinthen und die Rosinen heiß waschen und abtropfen lassen. Das Zitronat, das Orangeat und die Mandeln feinhacken. Die kandierten Kirschen vierteln. Die Trockenfrüchte und die Mandeln in einer großen Schüssel mischen. Den Rindertalg, das Mehl, die Semmelbrösel, den Zucker, die Zitronenschale, die Gewürze und das Salz zufügen. Die Zutaten miteinander vermengen. Den Zitronen- und den Orangensaft sowie die Milch unterrühren. Die Eier mit dem Cognac verquirlen, in die Schüssel gießen und rühren, bis sich die einzelnen Bestandteile gut miteinander verbunden haben. Gegebenenfalls noch etwas Milch zufügen.
Für ein Wasserbad Wasser zum Kochen bringen. Eine große Puddingform und den Deckel mit Öl ausstreichen. Die Puddingmasse bis höchstens 5 cm unter dem Rand einfüllen und die Form mit dem Deckel verschließen. Die Form in das kochende Wasser stellen; sie muß zu ⅔ ihrer Höhe davon umgeben sein. Den Pudding 4 Stunden kochen lassen.
Den Christmaspudding auskühlen lassen und stürzen. In ein mit Rum angefeuchtetes Tuch wickeln, in extra starke Alufolie verpacken und mindestens 4 Wochen im Kühlschrank lagern. Vor dem Verzehr in der Puddingform, in der er gegart wurde, 1–1½ Stunden im kochenden Wasserbad erhitzen. Mit Cumberland-Rum-Butter (Rezept Seite 47) servieren.
Nicht ganz so alt wie der CHRISTMAS PUDDING ist der Brauch, ihn zu flambieren. Dafür mit 2 Eßlöffel schwach erwärmtem Cognac beträufeln, anzünden und brennend auftragen.

Unser Tip

CHRISTMAS PUDDING, auch unter dem Namen PLUMPUDDING bekannt, muß unbedingt mehrere Wochen, bevor er verzehrt wird, zubereitet werden, damit seine mannigfaltigen Ingredienzen einander völlig durchdringen können. In England bereitet man ihn sogar in der Vorweihnachtszeit für das Weihnachtsfest im folgenden Jahr zu.

Sirupkuchen

TREACLE TART

Für den Teig:
150 g Mehl
2 Teel. Zucker
90 g Butter
3 Eßl. Schweineschmalz
3 Eßl. eiskaltes Wasser
Für die Füllung:
150 g Weißbrot
1 Eßl. Zitronensaft
½ Teel. Ingwerpulver
1 Ei
3 Tassen Ahornsirup
2 Eßl. Melasse
Für die Form: Butter

Das Mehl mit dem Zucker, der kleingeschnittenen Butter, dem Schmalz und dem Wasser zu einem Mürbeteig nach dem Grundrezept auf Seite 41 verarbeiten, zu einer Kugel formen und 60 Minuten im Kühlschrank ruhen lassen.
Das Weißbrot in kleine Stücke zerpflücken. Mit dem Zitronensaft, dem Ingwer, dem verquirlten Ei, dem Sirup und der Melasse gut verrühren.
Den Backofen auf 180° vorheizen. Eine Auflaufform mit Butter ausstreichen. Den Teig auf einer bemehlten Arbeitsfläche etwa 3 mm dick ausrollen; Boden und Rand der Form damit auslegen und überhängende Teigränder abschneiden. Die Weißbrot-Sirup-Mischung einfüllen und glattstreichen. Den Kuchen im Backofen auf der mittleren Schiebeleiste 20–30 Minuten backen. Die Füllung soll fest sein und die Teigkruste goldbraun.
TREACLE TART wie eine Torte in Stücke schneiden und warm mit Vanillesauce servieren.

Teegebäck aus Schottland

SCONES

250 g Mehl
1 Teel. Backpulver
2 Messersp. Salz
3 Eßl. Butter, 50 g Zucker
knapp 1 Tasse Buttermilch
Für das Backblech: Öl
Zum Füllen: Butter und Gelee

Den Backofen auf 230° vorheizen. Das Mehl mit dem Backpulver und dem Salz in eine Schüssel sieben. Die Butter in Flöckchen darauf verteilen und alles zu einer krümeligen Masse verkneten. Den Zucker und so viel Buttermilch unterarbeiten, daß ein geschmeidiger Teig zum Ausrollen entsteht. Den Teig auf einer bemehlten Arbeitsplatte 2 cm dick ausrollen und Scheiben von 6 cm ∅ ausstechen.
Ein Backblech mit Öl bestreichen, die Teigscheiben daraufsetzen und in 15–20 Minuten goldbraun backen.
Die SCONES erkalten lassen. Dann auseinanderschneiden, mit Butter und Gelee bestreichen, zusammenklappen und mit Schlagsahne verzieren.
SCONES wurden in vergangenen Zeiten, als nur wenige Küchen über einen Backofen verfügten, in einem »griddle« – einer flachen runden Form aus Eisen – direkt über dem Feuer gebacken. Eine schwere Eisenpfanne ist ein vollkommener Ersatz dafür. Probieren Sie die alte Methode aus: Die Pfanne auf der Herdplatte sehr heiß werden lassen, mit Öl bestreichen und die SCONES darin nacheinander von jeder Seite 5 Minuten »braten«.

Räucherlachs mit Spinat

RØGET MED SPINAT

750 g Spinat
3 Eßl. Butter, 2 Eßl. Mehl
⅛ l Sahne, ½ Teel. Salz
je 1 Prise Zucker und geriebene Muskatnuß
4 Eier, ⅛ l Sahne
2 Messersp. Salz
1 Prise weißer Pfeffer
1 Eßl. Butter
4 große Scheiben Räucherlachs

Den Spinat verlesen, waschen und dicke Stiele abschneiden; dann mit dem anhaftenden Wasser ohne Zugabe von Flüssigkeit zugedeckt bei milder Hitze in etwa 5 Minuten weich dünsten und abtropfen lassen. Die Butter in einem Topf zerlassen. Den Spinat zufügen und das Mehl darüberstäuben. Langsam unter Rühren die Sahne zum Spinat gießen und alles 2 Minuten kochen lassen; dabei umrühren. Mit dem Salz, dem Zucker und dem Muskat abschmecken. Den Spinat in eine vorgewärmte Schüssel füllen und warm stellen. Die Eier mit der Sahne, dem Salz und dem Pfeffer verquirlen. Die Butter in einer Pfanne zerlassen und die Eimasse bei milder Hitze darin stocken lassen. Die heißen Rühreier auf den Lachsscheiben verteilen; diese aufrollen und rund um den Spinat in der Schüssel anrichten.

Grünkohl mit glasierten Kartoffeln

GRØNLANDKAAL MED BRUNEDE KARTOFLER

1 kg Grünkohl
2 Teel. Salz
5 Eßl. Butter
3 Eßl. Mehl
⅛ l Milch
1 Becher Sahne (0,2 l)
2 Messersp. schwarzer Pfeffer
750 g neue kleine Kartoffeln
3 Eßl. Zucker
5 Eßl. Butter

Den Grünkohl von den harten Stielen befreien, waschen und in Stücke reißen. Dann in wenig Wasser mit 1 Teelöffel Salz zugedeckt bei milder Hitze in 25–30 Minuten weich dünsten. Den Kohl in einem Sieb abtropfen lassen und etwas ausdrücken.
Die Butter zerlassen, das Mehl anstäuben und hellgelb anbraten. Die Milch und die Sahne unterrühren und die Sauce mit dem Schneebesen schlagen, bis sie glatt und dickflüssig ist. Den Grünkohl unter die Sauce heben und mit dem restlichen Salz und Pfeffer abschmecken. Den Kohl in der Sauce noch einmal aufkochen lassen.
Die Kartoffeln in der Schale weich kochen und schälen.
Den Zucker bei mittlerer Hitze unter Rühren hellgelb werden lassen. Die Herdplatte auf milde Hitze schalten, die Butter zufügen und zerlassen. Die Kartoffeln kurz kalt abbrausen, trockentupfen und in der Zucker-Butter-Mischung wenden, bis sie rundherum goldbraun sind und glänzen.

Schweinebraten mit Backpflaumen

SVINEMØRBRAD MED SVEDSKER OG ÆBLER

150 g Backpflaumen
2 säuerliche Äpfel
1,5 kg Schweinekamm mit eingeschnittener Tasche
½ Teel. Salz
je 2 Messersp. schwarzer Pfeffer und Ingwerpulver
4 Eßl. Bratfett
1–2 Tassen heiße Fleischbrühe
½ Tasse Sahne
1 Eßl. Johannisbeergelee

Die Backpflaumen mit Wasser bedeckt zum Kochen bringen, vom Herd nehmen, auskühlen lassen und entsteinen. Die Äpfel schälen, vierteln, vom Kerngehäuse befreien und in große Würfel schneiden. Das Fleisch waschen, abtrocknen und die Tasche mit dem Salz, dem Pfeffer und dem Ingwer einreiben. Die Äpfel und die Backpflaumen einfüllen und die Tasche zunähen. Das Fett erhitzen und das Fleisch darin von allen Seiten braun anbraten. Den Backofen auf 180° vorheizen. Das Bratfett bis auf einen kleinen Rest abgießen. 1 Tasse Fleischbrühe seitlich zum Fleisch schütten und den Braten im Backofen in 1–1¼ Stunden weich schmoren. Nach Bedarf wenig heiße Fleischbrühe nachfüllen. Das Fleisch warm stellen. Den Bratensatz mit der Sahne loskochen, das Gelee unterrühren und die Sauce mit Salz und Pfeffer abschmecken. Die Fäden vom Schweinebraten entfernen und das Fleisch in Scheiben schneiden.

Seemanns-Eintopf

SKIPPERLABSKOVS

750 g mehlig kochende Kartoffeln
2 Zwiebeln
750 g Rinderbug oder -unterschale
1 Teel. Salz
1–2 Lorbeerblätter
6 schwarze Pfefferkörner
1 Gewürznelke
2 Eßl. gehackte Petersilie

Die Kartoffeln und die Zwiebeln schälen und würfeln. ¾ l Wasser zum Kochen bringen. Das Fleisch waschen, in etwa 3 cm große Würfel schneiden, in das Wasser geben und einige Minuten kochen lassen. Dabei den sich bildenden Schaum abschöpfen. Die Kartoffeln, die Zwiebeln und das Salz zufügen. Die Lorbeerblätter, die Pfefferkörner und die Gewürznelke in ein Mullsäckchen geben, zubinden, am Topfhenkel befestigen und mitkochen lassen. Das Gericht zugedeckt in 1½–2 Stunden garen; die Kartoffeln und die Zwiebeln sollen dann zerfallen und die Fleischwürfel weich sein. Das Gewürzsäckchen entfernen. SKIPPERLABSKOVS in eine Suppenschüssel füllen und mit der Petersilie bestreuen.

Das schmeckt dazu: Gewürzgurken oder Mixed Pickles, Rote-Bete-Salat und Schwarzbrot mit Butter.

Rote Grütze mit Sahne

RØDGRØD MED FLØDE

je 200 g rote Johannisbeeren, schwarze Johannisbeeren und Himbeeren oder Erdbeeren
½ l Wasser
150 g Zucker
2 Eßl. Speisestärke
4–5 Eßl. Wasser
⅜ l Sahne

Die Beeren verlesen, waschen, von den Rispen streifen oder die Stiele abzupfen. Dann mit dem Wasser zum Kochen bringen, 5 Minuten kochen lassen und durch ein Haarsieb streichen. Das Beerenmus in einem Topf erhitzen und den Zucker unterrühren. Die Speisestärke mit dem Wasser glattrühren. Den Topf von der Herdplatte nehmen, die Speisestärke einrühren und alles unter Rühren bis kurz vor dem Siedepunkt erhitzen, aber nicht mehr kochen. Die Speise erkalten lassen, dabei ab und zu umrühren, damit sich keine Haut an der Oberfläche bildet. Die Grütze in eine kalt ausgespülte Glasschüssel füllen und einige Stunden kühl stellen. Die rote Grütze vor dem Servieren stürzen und mit einigen Beeren garnieren. Die Sahne ungeschlagen dazu reichen.

Verschleiertes Bauernmädchen

BONDEPIGE MED SLØR

300 g altbackenes Roggenbrot
1 Eßl. Butter
2 Eßl. Zucker
2 Tassen Apfelmus
⅛ l Sahne
1 Eßl. Preiselbeergelee

Das Schwarzbrot reiben. Die Butter in einem Topf zerlassen. Das geriebene Brot und den Zucker zufügen und bei milder Hitze unter ständigem Umwenden darin krokantartig braten. Das Brot auf eine Platte streuen und abkühlen lassen. Kurz vor dem Servieren eine Lage von dem gerösteten Schwarzbrot in eine Schüssel geben, darauf eine Lage Apfelmus füllen, wiederum eine Lage geröstetes Brot, Apfelmus und zuletzt wieder geröstetes Brot. Die Sahne steif schlagen und das Dessert damit überziehen oder nur 1 Sahnetupfen auf die Oberfläche setzen. Die Sahne mit dem Preiselbeergelee garnieren. Wenn Sie nur einen Tupfen Sahne auf das Dessert setzen, reichen Sie die restliche Sahne gesondert dazu.

Reis-Mandel-Pudding

RIS A L'AMANDE

100 g Rundkornreis
1 l Milch, ½ Vanilleschote
100 g abgezogene Mandeln
1 Bittermandel
⅜ l Sahne, 3 Eßl. Zucker
1 Eßl. geröstete Mandelblättchen

Den Reis waschen und mit der Milch und der aufgeschnittenen Vanilleschote zum Kochen bringen; dabei ständig umrühren. Die Herdplatte auf milde Hitze schalten und den Reis in etwa 45 Minuten sehr weich kochen. Die Mandeln grobhakken und die Sahne steif schlagen. Aus dem Milchreis die Vanilleschote entfernen und den Reis erkalten lassen. Den Zukker, die gehackten Mandeln und die Schlagsahne unterrühren, den Reispudding in eine Glasschüssel füllen und einige Stunden kühl stellen. Mit den Mandelblättchen bestreuen und heiße Kirschsauce dazu reichen.
In Dänemark wurde der Reispudding früher nur mit einer einzigen ganzen Mandel bereitet. Wer sie fand, bekam den »Mandelpreis«, ein Marzipanschwein.

Unser Tip

Für die Kirschsauce 500 g Sauerkirschen aus dem Glas mit dem Saft erhitzen, mit 1 Eßlöffel angerührter Speisestärke andicken und mit Kirschlikör verfeinern.

Zitronencreme

CITRONFROMAGE

4 Eier, 5 Eßl. Zucker
abgeriebene Schale von 1 Zitrone
Saft von 2 Zitronen
1 Päckchen gemahlene Gelatine
⅛ l Sahne
4 Eßl. Borkenschokolade

Die Eier in Eigelbe und Eiweiße trennen. Die Eigelbe mit dem Zucker und der abgeriebenen Zitronenschale schaumig rühren. Den Zitronensaft in einer kleinen Kasserolle erhitzen und die Gelatine darin auflösen, jedoch nicht kochen; dann wieder abkühlen lassen. Die Eiweiße steif schlagen. Den kalten Zitronensaft unter die Eigelbmischung rühren und den Eischnee unterheben. Die Creme in eine Glasschüssel füllen und im Kühlschrank 3 Stunden erstarren lassen. Die Sahne steif schlagen. Die Creme mit der Schlagsahne und der Borkenschokolade verzieren.

Unser Tip

Die Dänen mögen Cremespeisen. Eine der beliebtesten ist ROM FROMAGE, »Rumcreme«. Dafür 2 Eigelbe mit 2 Eßlöffel Zucker und 5 Schnapsgläser Rum verrühren. Mit 1 Päckchen gemahlener Gelatine steifen und mit Eischnee, ¼ l Schlagsahne und gehackten Mandeln mischen.

Gelbe Erbsen mit Schweinefleisch

ÄRTER MED FLÄSK

375 g getrocknete gelbe Erbsen
1 Zwiebel, 1 Möhre
1 Teel. getrockneter Majoran
½ Teel. Thymian
1–1½ Teel. Salz
500 g gepökeltes Schweinefleisch (Eisbein)

Die Erbsen verlesen, waschen und in 1 l Wasser 12 Stunden einweichen. Die Zwiebel schälen und grobhacken. Die Möhre schaben und in Würfel schneiden. Die Erbsen im Einweichwasser zum Kochen bringen. Die sich an der Oberfläche absetzenden Hülsen abschöpfen. Die gehackte Zwiebel, die Möhrenwürfel, den Majoran, den Thymian und 1 Teelöffel Salz zu den Erbsen geben. Das Schweinefleisch im ganzen in 1½ Stunden in der Suppe garen. Die Suppe mit Salz abschmecken.
Das Fleisch in Scheiben mit Schwarzbrot und Senf zur Erbsensuppe servieren.

Unser Tip
Erbsensuppe ist in allen skandinavischen Ländern beliebt. Noch schmackhafter wird sie, wenn Sie die Erbsen mit Suppengrün, reichlich frischem Thymian und Schalotten zum Kochen bringen, die Suppe durch ein Sieb passieren und das Fleisch in Würfel geschnitten wieder zufügen.

»Janssons Versuchung« Anchovisauflauf

JANSSONS FRESTELSE

750 g Kartoffeln
2 große Zwiebeln
3 Eßl. Butter
¼ Teel. weißer Pfeffer
125 g Anchovisfilets
1 Becher Sahne (0,2 l)
2 Eßl. Semmelbrösel
1 Bund Petersilie
Für die Form: Butter

Den Backofen auf 200° vorheizen. Die Kartoffeln schälen, waschen, in Scheiben und diese in dünne Streifen schneiden. Die Zwiebeln schälen, in dünne Ringe schneiden und in 2 Eßlöffel Butter glasig braten. Die Form mit Butter ausstreichen. Die Hälfte der Kartoffelstreifen einfüllen und mit 1 Prise Pfeffer bestreuen. Die Zwiebelringe darauf verteilen, ebenfalls mit Pfeffer bestreuen und mit den Anchovisfilets belegen. Als oberste Schicht die restlichen Kartoffeln einfüllen, mit Pfeffer bestreuen und die Sahne darübergießen. Die Semmelbrösel daraufstreuen und mit der restlichen Butter in Flöckchen belegen. Den Auflauf im Backofen auf der mittleren Schiebeleiste etwa 45 Minuten überbacken, bis die Semmelbrösel eine braune Kruste bilden und die Kartoffeln weich sind. Die Petersilie waschen, abtropfen lassen, feinschneiden und JANSSONS FRESTELSE damit bestreuen.

Schwedische Fleischbällchen

SVENSKA KÖTTBULLAR

1 Brötchen
1 kleine rote Zwiebel
450 g Rinderhackfleisch
1 Teel. Salz
1 Teel. gemahlener Piment
1 Eigelb
5–6 Eßl. Bratfett

Das Brötchen in lauwarmem Wasser einweichen. Die Zwiebel schälen und reiben. Das Hackfleisch in einer Schüssel mit der geriebenen Zwiebel, dem gut ausgedrückten Brötchen, dem Salz, dem Piment und dem Eigelb zu einem glatten Teig verarbeiten. Aus dem Fleischteig mit nassen Händen Bällchen von etwa 2½ cm Ø formen. Das Bratfett in einer Pfanne erhitzen und die Fleischbällchen darin portionsweise bei mittlerer Hitze rundherum braun braten.

Das schmeckt dazu: Kartoffelpüree und Preiselbeerkompott.

Unser Tip
KÖTTBULLAR steckt man auch auf Spießchen und serviert sie kalt oder warm mit einer Dip-Sauce. Zu den Fleischbällchen paßt zum Beispiel gut eine Sauce aus 1 Tasse saurer Sahne, 2 Teelöffel scharfem Senf, 1 Teelöffel Zwiebelpulver, 1 Teelöffel Zitronensaft und je 1 Messerspitze Salz und schwarzem Pfeffer.

Hackfleisch à la Lindström

BIFF À LA LINDSTRÖM

2 Zwiebeln, 2 Eßl. Butter
3 Eßl. Kapern
125 g rote Bete aus dem Glas
500 g Rinderhackfleisch
3 Eßl. Einlegflüssigkeit von den roten Beten
½ Tasse Crème double oder Crème fraîche
1 Ei, 1–2 Teel. Salz
½ Teel. Pfeffer, 4 Eßl. Bratfett

Die Zwiebeln schälen, feinhakken und in der Butter glasig braten. Die Kapern und die roten Beten abtropfen lassen und ebenfalls feinhacken. Das Hackfleisch mit den Zwiebeln, den Kapern, den roten Beten, dem Rote-Bete-Saft, der Crème double oder Crème fraîche, dem Ei, 1 Teelöffel Salz und dem Pfeffer zu einem glatten Teig verarbeiten; wenn nötig noch etwas Salz zufügen. Aus dem Hackfleischteig runde abgeflachte Frikadellen von etwa 6 cm Ø formen.
Das Bratfett zerlassen und die Frikadellen darin von jeder Seite 3–4 Minuten braten. Sie sollen außen knusprig braun, innen jedoch noch rosa sein.

Unser Tip
Eine andere Version: Aus getoastetem Weißbrot Taler ausstechen und eine Seite dick mit der Hackfleischmischung bestreichen. Die Häppchen im Backofen 5–6 Minuten überbacken. Heiß servieren!

Süße Bohnenkerne

BRUNA BÖNOR

400 g getrocknete braune Bohnen
1–2 Eßl. Salz
6 Eßl. Weinessig
½ Tasse Rübensirup
1 Eßl. brauner Zucker

Die Bohnen verlesen, waschen und in 1½ l Wasser 12 Stunden einweichen. Die Bohnen dann im Einweichwasser 60 Minuten bei sehr milder Hitze kochen; den Topfdeckel dabei einen Spalt breit offen lassen. Das Salz, den Essig, den Sirup und den Zucker unterrühren und die Bohnen in nochmals 60 Minuten bei sehr milder Hitze weich kochen. Während des Garens gegebenenfalls wenig Wasser zufügen. Das Gericht soll die Konsistenz eines dicken Eintopfgerichts haben. Darauf achten, daß die Bohnen nicht zerfallen. Schon vor Beendigung der angegebenen Garzeit probieren, ob die Bohnen weich sind, da bei Hülsenfrüchten die Garzeit recht unterschiedlich sein kann.

Unser Tip

15 Minuten vor Beendigung der Garzeit Kochwürste wie Polnische Würstchen im Gericht mitziehen lassen – oder BRUNA BÖNOR mit gebratenen Scheiben von durchwachsenem Speck servieren.

Krebse

KRÄFTOR

30 lebende Krebse
5 l Wasser
4 Eßl. Salz
10 frische Dolden Dill

Die lebenden Krebse unter kaltem Wasser gründlich waschen und etwa 60 Minuten in einer großen Schüssel mit frischem kaltem Wasser schwimmen lassen. Die Krebse entleeren in dieser Zeit ihren Darm.
Das Wasser mit dem Salz und der Hälfte des Dills zum Kochen bringen. Nach und nach jeweils 3–4 Krebse mit dem Kopf voran ins sprudelnd kochende Wasser geben, den Deckel auflegen und die Krebse 10 Minuten kochen lassen. Dann herausnehmen und die nächsten 3–4 Krebse in der gleichen Weise garen. Wenn alle Krebse gegart sind, die Tiere in eine große Porzellanschüssel legen, den Sud durchseihen und über die Krebse gießen. Den restlichen Dill in den Sud geben. Die Krebse zugedeckt 10–12 Stunden im Kühlschrank ziehen lassen.
Die Krebse vor dem Servieren aus dem Sud heben, in einer Schüssel anrichten und mit frischen Dilldolden garnieren.

Das schmeckt dazu: getoastetes Weißbrot und Butter.

Pfannkuchen

PLÄTTAR

2 Eier
3 Eigelbe
¼ l Milch
80 g Mehl
3 Eßl. Butter
⅛ l Sahne
½ l Teel. Salz
2 Teel. Öl

Die Eier mit den Eigelben und ½ Tasse Milch verquirlen. Das Mehl darübersieben. Die Masse so lange rühren, bis ein glatter Teig entstanden ist. Die Butter zerlassen, aber keinesfalls bräunen, mit der restlichen Milch, der Sahne und dem Salz unter den Teig rühren und diesen 60 Minuten ruhen lassen. Den Pfannkuchenteig dann durchrühren.
Das Öl in einer kleinen Eisenpfanne von etwa 15 cm ∅ erhitzen. Jeweils 2 Eßlöffel des Pfannkuchenteigs einfüllen und in etwa 4 Minuten von beiden Seiten goldbraun braten. Die Pfanne braucht aufgrund der im Teig enthaltenen Butter nicht mehr eingefettet zu werden. Die PLÄTTAR gleich aus der Pfanne auf die Teller geben oder warm stellen, bis alle Pfannkuchen gebraten sind.

Das schmeckt dazu: gekühltes Beerenkompott.

Unser Tip
Das Rezept für PLÄTTAR ist das Grundrezept für alle schwedischen Pfannkuchengerichte. Probieren Sie auch einmal PANAKAKSTARTA. Dafür aus dem Teig dünne Pfannkuchen von etwa 20 cm ∅ braten, aufeinanderschichten und jede Schicht mit dickflüssigem Heidelbeerkompott bestreichen. Die ausgekühlte »Torte« mit Schlagsahne überziehen.

Kabeljau mit Eiersauce

TORSK MED EGGESAUS

Für den Kabeljau:
1 Teel. Salz, 1 kleine Zwiebel
1 Eßl. Weinessig
5 Pfefferkörner
800 g Kabeljaufilets
Für die Eiersauce:
2 hartgekochte Eier
1 Tomate, 125 g Butter
je 1 Eßl. Petersilie und Schnittlauch, gehackt
2 Messersp. schwarzer Pfeffer
2–3 Messersp. Salz
2 Möhren, 1 Zitrone

Für den Fisch einen Fischkessel oder einen Bräter 10 cm hoch mit Wasser füllen. Das Salz, die geschälte Zwiebel, den Essig und die Pfefferkörner zufügen und alles zum Kochen bringen. Die Hitze reduzieren, die Fischfilets einlegen und bei milder Hitze 5–7 Minuten ziehen lassen. Dabei den sich bildenden Schaum abschöpfen. Den Fisch dann aus dem Sud heben, abtropfen lassen und warm stellen. ½ Tasse vom Fischsud für die Eiersauce zurückbehalten.
Für die Eiersauce die Eier schälen und hacken. Die Tomate häuten und kleinschneiden, die Kerne entfernen. Die Butter in einem Topf zerlassen. Den Fischsud mit den Eiern, der Tomate, der Petersilie und dem Schnittlauch in die Butter rühren. Die Sauce mit dem Pfeffer und dem Salz abschmecken und erhitzen. Die Möhren schaben, in Scheiben schneiden, mit dem Zitronensaft beträufeln und auf dem Kabeljau anrichten. Die Sauce gesondert dazu reichen.

Kohlkasserolle mit Lammfleisch

FÅR I KÅL

750 g Weißkohl
200 g Kartoffeln
750 g Lammfleisch ohne Knochen
75 g Butter
1 Eßl. Mehl
2 Teel. Salz
5 Pfefferkörner
1 Lorbeerblatt
¼ l Fleischbrühe
1 Eßl. gehackte Petersilie

Den Weißkohl waschen, vom Strunk befreien und in große Stücke schneiden. Die Kartoffeln schälen, waschen und in Scheiben schneiden. Das Fleisch waschen, abtrocknen und in etwa 4 cm große Würfel schneiden. Die Butter in einem großen Topf erhitzen, die Fleischwürfel zufügen, das Mehl darüberstäuben. Das Fleisch unter Wenden braun anbraten, dann aus dem Topf nehmen. Im verbliebenen Fett den Kohl anbraten und ebenfalls in eine Schüssel geben. Den Topf nicht auswaschen. Das Fleisch, den Kohl und die Kartoffelscheiben abwechselnd in den Topf schichten. Jede Lage mit dem Salz bestreuen. Mit einer Lage Kohl abschließen. Die Gewürze in ein Mullsäckchen binden, am Topfhenkel befestigen und während des Garens in den Topf hängen lassen. Die Fleischbrühe zufügen und das Gericht zugedeckt bei milder Hitze in 1½ bis 2 Stunden garen. Das Mullsäckchen mit den Gewürzen entfernen. FÅR I KÅL mit der Petersilie bestreuen und im Topf servieren.

Reh- oder Rentierbraten

DYRESTEG

1 Reh- oder Rentierrücken von 1–1,5 kg
1–2 Teel. Salz
2 Messersp. weißer Pfeffer
1 Teel. gehackte Petersilie
1 Prise getrockneter Thymian
150 g fetter Speck in dünnen Scheiben
50 g Butter, 4 Eßl. Öl
1 Eßl. Mehl
½ l heiße Fleischbrühe
1 Tasse Crème double
1 Teel. Sojasauce
1 Eßl. rotes Johannisbeergelee
½ Teel. Salz
50 g norwegischer Ziegenkäse

Den Backofen auf 160° vorheizen. Den Reh- oder Rentierrükken kurz waschen, abtrocknen und von den weißen Häuten befreien. Das Fleisch mit dem Salz, dem Pfeffer, der Petersilie und dem Thymian einreiben und mit den Speckscheiben bedecken. Den Rücken auf ein Stück extra starke Alufolie legen und dieses sorgfältig durch mehrmaliges Umknicken der Ränder über dem Fleisch verschließen. Den Reh- oder Rentierrücken im Backofen auf dem Bratenrost auf der zweiten Schiebeleiste von unten 60 Minuten braten. Die Folie dann öffnen und seitlich herunterdrücken. Den Backofen auf 200° schalten und das Fleisch nochmals 40–50 Minuten braten.

Etwa 10 Minuten vor Beendigung der Garzeit die Butter und das Öl in einem Topf erhitzen. Das Mehl hineinstäuben und glattrühren. Nach und nach mit der Fleischbrühe auffüllen und die Sauce aufkochen lassen. Den Fleischsaft aus der Folie zufügen. Die Crème double, die Sojasauce, das Johannisbeergelee und das Salz unterrühren. Den Käse würfeln und in der nicht kochenden Sauce schmelzen lassen. Den Reh- oder Rentierrücken tranchieren und mit der Sauce überziehen.

Gemüsesuppe

KESÄKEITTO

Zutaten für 6 Personen:
1 kleiner Blumenkohl
je 125 g Möhren und frische Erbsen
3 Kartoffeln
200 g grüne Bohnen
5 Radieschen, 125 g Spinat
2 l Wasser, 1 Eßl. Zucker
2 Teel. Salz
3 Eßl. Butter, 3 Eßl. Mehl
1 Tasse Milch, 2 Eigelbe
½ Tasse Sahne, 1–2 Teel. Salz
2 Messersp. Pfeffer
200 g gekochte geschälte Garnelen oder Krebsschwänze
2 Eßl. gehackter Dill

Das Gemüse waschen und putzen. Den Blumenkohl in Röschen zerteilen. Die Möhren und die Kartoffeln kleinwürfeln. Die Bohnen in Stücke schneiden. Die Radieschen halbieren. Den Spinat verlesen. 2 l Wasser mit dem Zucker und dem Salz zum Kochen bringen. Das Gemüse – außer dem Spinat – einlegen und zugedeckt bei milder Hitze 5–8 Minuten kochen lassen, bis es fast weich ist. Den Spinat zufügen und alles weitere 5 Minuten kochen lassen. Die Suppe dann durchseihen. Das Gemüse beiseite stellen. Die Butter zerlassen, das Mehl anstäuben. Nach und nach unter Rühren die Gemüsebrühe zugießen, die Milch zufügen. Die Eigelbe mit der Sahne und mit 3 Eßlöffel Suppe verquirlen, in die Suppe rühren und diese mit dem Salz und dem Pfeffer abschmecken. Das Gemüse einlegen. Die Garnelen oder Krebsschwänze zufügen. Die heiße Suppe mit dem Dill bestreut servieren.

Gebratene Mischpilze in saurer Sahne

PAISTETUT SEIENET

500 g gemischte Pilze
1 Zwiebel, 3 Eßl. Butter
4 Eßl. Semmelbrösel
2 Messersp. Salz
1 Prise Pfeffer
knapp 1 Tasse saure Sahne
1 Eßl. gehackte Petersilie

Die Pilze kurz kalt waschen, abtropfen lassen, putzen und feinblättrig schneiden. Die Zwiebel schälen und feinwürfeln. Die Butter in einer großen Pfanne zerlassen und die Zwiebelwürfel darin glasig braten. Die Pilze zufügen und 5 Minuten mitbraten, dabei ab und zu umrühren. Die Semmelbrösel darüberstreuen und unterrühren. Die Pilze salzen und pfeffern. Die Pfanne vom Herd nehmen. Die Pilze mit der sauren Sahne mischen und mit der Petersilie bestreuen.

Unser Tip

Für SIENISSALAATTE (Pilzsalat) frische Steinpilze in dünne Scheiben schneiden und in wenig kochendem Zitronenwasser einige Minuten ziehen lassen, dann abgießen und trockentupfen. Aus Sahne, Zucker, Salz, Pfeffer und feingeriebener Zwiebel eine Sauce bereiten, über die Pilze gießen und behutsam untermischen.

Auflauf aus Steckrüben

LANTTULAATIKKO

1 kg Steckrüben
1½ Teel. Salz
6 Eßl. Semmelbrösel
½ Tasse Sahne
2 Eier
2 Messersp. geriebene Muskatnuß
1–2 Teel. Salz
Für die Form und zum Belegen:
3 Eßl. Butter

Die Steckrüben waschen, schälen, in kleine Würfel schneiden und von Wasser bedeckt mit dem Salz in 15–20 Minuten weich kochen.
Das Kochwasser abgießen und die Steckrüben durch ein Haarsieb streichen. Die Semmelbrösel in einer Schüssel mit der Sahne übergießen und einige Minuten einweichen. Den Backofen auf 175° vorheizen. Die Eier verquirlen und mit dem Steckrübenpüree unter die Semmelbrösel-Sahne-Mischung rühren. Das Püree mit dem Muskat und dem Salz würzen. Eine Auflaufform mit Butter ausstreichen. Die Steckrübenmasse einfüllen. Die restliche Butter in Flöckchen darauf verteilen. Den Auflauf etwa 60 Minuten im Ofen backen, bis die Oberfläche braun geworden ist.

Schmeckt gut zu: Schweinebraten.

Hackfleischpastete

LIHAMUREKE PIIAAS

Zutaten für 6–8 Personen:
275 g Mehl, 1 Teel. Salz
200 g Butter, 1 Ei
½ Tasse saure Sahne
100 g frische Pilze
1 Zwiebel, 1 Bund Petersilie
3 Eßl. Butter
750 g gemischtes Hackfleisch aus Rind-, Schweine- und Kalbfleisch sowie etwas Schinken
1 Teel. Salz
¼ Teel. weißer Pfeffer
1 Tasse geriebener skandinavischer Käse
Für das Backblech: Butter
Zum Bestreichen: 1 Ei

Das Mehl mit dem Salz, der Butter, dem Ei und der sauren Sahne zu einem glatten Teig kneten; in Alufolie wickeln und 60 Minuten kühl stellen. Für die Fleischfarce die Pilze, die Zwiebeln und die Petersilie feinhacken. Die Butter in einer Pfanne zerlassen und die Pilze darin anbraten. Das Hackfleisch kurz mitbraten; die Zwiebeln, die Petersilie, das Salz, den Pfeffer und den Käse untermischen. Den Backofen auf 190° vorheizen. Den Teig zu 2 Platten von etwa 15 × 35 cm ausrollen. Ein Backblech einfetten. 1 Teigplatte darauflegen und diese mit der Fleischmasse und der zweiten Teigplatte bedecken. Die Pastete mit Teigstreifen belegen, mit dem Ei bestreichen, in 45 Minuten goldbraun backen; heiß servieren.

Das schmeckt dazu: Preiselbeerkompott und saure Sahne.

Vorspeisen-Tafel

SAKUSSKA

Die SAKUSSKA-Tafel stammt aus dem Rußland der Zarenzeit. Mit den kleinen, aber delikaten Genüssen, die sie bereithielt, sollten sich die Gäste, die meist eine lange Wagen- oder Schlittenfahrt hinter sich gebracht hatten, erst einmal stärken. Die Zeit bis zum großen Abendessen wurde so kulinarisch ausgefüllt. Für uns symbolisiert die SAKUSSKA die sprichwörtliche russische Gastfreundschaft. Außer den von uns ausgewählten Rezepten gehören PIROSCHKI auf die Tafel und natürlich Kaviar; darüber finden Sie Näheres auf den Seiten 297 und 303. Marinierte Pilze, verschiedene Salate, pikant gewürzte kalte Buchweizengrütze, verschiedene Brotsorten, Gewürzgurken und eisgekühlter Wodka könnten diesen »Stehimbiß« vervollständigen.

Leberpaste
PASCHTET

Zutaten für 8 Personen:
1 Möhre, 3 Zwiebeln
500 g Kalbsleber
4 Eßl. Öl, 150 g Butter
1 Eßl. gehackte Petersilie
1 Teel. Salz, 2 Messersp. Pfeffer
1 Messersp. geriebene Muskatnuß

Die Möhre und die Zwiebeln grobhacken. Die Leber kleinwürfeln. Das Öl erhitzen, die Leber darin anbraten und in eine Schüssel füllen. 30 g Butter zerlassen. Die Möhre und die Zwiebeln darin weich dünsten. Das Gemüse mit der Petersilie und der Leber durch die feinste Scheibe des Fleischwolfes drehen; mit den Gewürzen abschmecken. Die restliche Butter unterrühren und alles nochmals durch den Fleischwolf drehen. Die Masse in eine Form füllen, 10 Stunden kühl stellen; auf eine Platte stürzen.

Fisch in Aspik
OSSETRINA SALIWNAJA

1 kg Fischabschnitte
1 Bund Suppengrün
1 große Möhre, 1 Zwiebel
1 Lorbeerblatt
4 Gewürzkörner
1 Teel. Salz, 3 Eßl. Essig
2 Heilbuttkoteletts
1 Päckchen gemahlene Gelatine
2 Eiweiße

Aus 2 l Wasser und den Zutaten einschließlich Essig in 2 Stunden eine kräftige Fischbrühe kochen, die auf etwa ¾ l einkochen soll. Die Brühe durch ein Haarsieb gießen. Die Möhre in Scheiben schneiden. Die Fischkoteletts in 8 Minuten in der Brühe garen und in kleine Stücke teilen. Die Gelatine 5 Minuten in kaltem Wasser quellen lassen. Die Eiweiße steif schlagen. Die Fischbrühe zum Kochen bringen, die Gelatine und den Eischnee hineinrühren. Wenn die Flüssigkeit zu schäumen beginnt, den Topf vom Herd nehmen; die Brühe durch ein Mulltuch gießen. Förmchen mit den Möhrenscheiben auslegen, mit Aspikflüssigkeit bedecken und diese im Kühlschrank erstarren lassen. Fischstücke darauflegen, mit Aspik begießen; erstarren lassen. Die restlichen Fischstücke daraufgeben, mit Aspik begießen und völlig erstarren lassen.

Krautsuppe mit roten Beten

BORSCHTSCH

Zutaten für 6 Personen:
1½ l Wasser
2 Teel. Salz, 500 g Rindfleisch
250 g Schweinefleisch
500 g rote Bete, 1 Zwiebel
2 Eßl. Schweineschmalz
2 Eßl. Rotweinessig
½ Teel. Salz, 1 Prise Zucker
500 g Weißkohl, 1 große Möhre
1 Stück Sellerieknolle
1 Eßl. Zitronensaft
1 Lorbeerblatt
250 g durchwachsener Speck
½ Becher saure Sahne (0,1 l)
1 Eßl. gehackte Petersilie

1½ l Salzwasser zum Kochen bringen. Das gesamte Fleisch darin in 70 Minuten garen. Die roten Beten schälen und in Streifen schneiden, die Zwiebel würfeln. Das Schmalz in einem Topf erhitzen und die Zwiebelwürfel darin glasig braten. Die roten Beten zugeben und mit dem Essig, dem Salz und dem Zucker würzen. 1 Tasse Fleischbrühe zugießen und alles zugedeckt 50 Minuten kochen lassen. Den Kohl putzen und in Streifen schneiden. Die Möhre und den Sellerie raspeln, mischen und mit dem Zitronensaft beträufeln. Das Gemüse mit dem Lorbeerblatt zu den roten Beten geben. Das Fleisch und den Speck in Würfel schneiden, zum Gemüse geben und alles 25 Minuten kochen lassen. BORSCHTSCH mit der sauren Sahne und der Petersilie garniert servieren.

Sibirische Maultaschen

SIBIRSKIJE PELJMENI

Für den Teig:
300 g Mehl, 2 Eier
2 Messersp. Salz
Für die Füllung:
500 g Rinderhackfleisch
1 feingehackte Zwiebel
1 Teel. Salz
2 Messersp. Pfeffer
Zum Bestreichen:
1 Eigelb
Zum Garen und Anrichten:
1½ l Fleischbrühe
½ Bund gehackter Dill

Aus dem Mehl, den Eiern, dem Salz und 3–5 Eßlöffel warmem Wasser einen geschmeidigen Nudelteig kneten.
Das Hackfleisch mit der Zwiebel, 3 Eßlöffel eiskaltem Wasser, dem Salz und dem Pfeffer mischen.
Den Teig messerrückendick ausrollen, Scheiben von etwa 4 cm ∅ ausstechen; die Ränder mit dem Eigelb bestreichen.
Die Teigscheiben mit je 1 Teelöffel Hackfleischmischung belegen, zu Halbkreisen zusammenfalten und die Ränder gut festdrücken. Die Maultaschen auf einer bemehlten Unterlage etwas trocknen lassen.
Die Fleischbrühe zum Kochen bringen. Die Maultaschen portionsweise einlegen; darauf achten, daß die Brühe ständig kocht. Dann die Hitze reduzieren und die Brühe im offenen Topf noch 10 Minuten leicht kochen lassen. Die Brühe mit den PELJMENI in einer Terrine servieren, mit dem Dill bestreuen.

Buchweizenplinsen

BLINI

20 g Hefe
2 Tassen lauwarme Milch
200 g Buchweizenmehl
2 Eier, 1 Teel. Zucker
2 Messersp. Salz
2 Eßl. zerlassene Butter
100 g Mehl, 2 Eßl. Öl
Zum Eintauchen und Füllen:
¼ l saure Sahne oder
100 g zerlassene Butter
50 g Ketakaviar oder
deutscher Kaviar oder
125 g Räucherlachs
2 hartgekochte Eier

Die Hefe in 2 Tassen lauwarmem Wasser und 1 Tasse Milch auflösen. 100 g Buchweizenmehl unterrühren; den Teig 2–3 Stunden gehen lassen. Die Eier in Eigelbe und Eiweiße trennen; die Eigelbe mit dem Zucker, dem Salz, der restlichen Milch und der Butter verrühren. Die Mischung unter den Vorteig rühren, das restliche Buchweizenmehl und das Mehl zufügen und schlagen, bis die Masse glatt ist. Die Eiweiße steif schlagen, unter den Teig heben und diesen nochmals 45 Minuten ruhen lassen.

Etwas Öl erhitzen. Aus dem Teig dünne Pfannkuchen braten. Die BLINI nach Belieben in die saure Sahne oder in die zerlassene Butter tauchen. Etwas Kaviar oder 1 Scheibe Lachs und gehacktes Ei daraufgeben. BLINI ißt man aus der Hand!

Geschmorte Leber

TSCHARENAJA TEL JATSCHJA PETSCHONKA

800 g Kalbsleber
½ l Milch
100 g fetter Speck in Scheiben
3 Eßl. Butter
½ Teel. Salz
½ Teel. getrockneter Oregano
1½–2 Tassen Fleischbrühe
1 Tasse saure Sahne
2 Teel. Mehl

Die Leber häuten, harte Stränge herausschneiden und die Leber 60 Minuten in die Milch legen. Den Speck in etwa 5 cm lange Streifen schneiden. Die Leber trockentupfen und mit dem Speck spicken (durchziehen). Die Butter in einer Pfanne erhitzen und die Leber darin rundherum braun anbraten. Dann mit dem Salz und dem Oregano würzen. Die Fleischbrühe erhitzen, zugießen und die Leber zugedeckt bei milder Hitze in etwa 30 Minuten garen; dabei eventuell wenig heiße Fleischbrühe nachfüllen. Die gegarte Leber in Scheiben schneiden, auf einer Platte anrichten und warm stellen. Die saure Sahne mit dem Mehl verquirlen und die Schmorflüssigkeit damit binden. Die Sauce nochmals aufkochen lassen; über die Leberscheiben gießen. Das schmeckt dazu: Kartoffelpüree.

Unser Tip

Die Sahnesauce wird delikater, wenn man ihr 2 Eßlöffel Kaviar zufügt, der gut mit der Kalbsleber harmoniert.

Usbekischer Pilaw

PLOW PO USBEZKI

500 g Hammelkeule ohne Knochen
500 g Möhren
1 Zwiebel, 4 Eßl. Öl
¾ l Fleischbrühe
300 g Reis, ½ Teel. Salz
1 Messersp. weißer Pfeffer
3 Tomaten

Das Hammelfleisch waschen, abtrocknen und in 2 cm große Würfel schneiden. Die Möhren schaben, längs halbieren und dann in Stücke schneiden. Die Zwiebel schälen und feinhaken. Das Öl in einem Topf erhitzen und das Hammelfleisch unter Wenden darin rundherum braun anbraten. Die Zwiebel 5 Minuten mitbraten, die Möhren und 1 Tasse Fleischbrühe zufügen. Alles bei milder Hitze 30 Minuten dünsten. Den Reis waschen, unter das Fleisch und das Gemüse rühren und 5 Minuten mitdünsten; mit der restlichen Fleischbrühe auffüllen. Das Gericht bei milder Hitze in 15–20 Minuten fertig garen und würzen. Den Pilaw mit Tomatenscheiben garnieren.

Das schmeckt dazu: Radieschen und Joghurt.

Unser Tip
Eine reizvolle Variante ist der turkmenische Pilaw. Dafür rührt man zuletzt je 1 Eßlöffel eingeweichte Rosinen und Backpflaumen unter die Zutaten.

Huhn nach kaukasischer Art

TSCHACHOCHBILI

1 Brathähnchen von 1 kg
2 Zwiebeln, 1 Möhre
1 kleine Sellerieknolle
je 100 g Gurke und Kürbis
4 Eßl. Öl, 1 Teel. Salz
1 Messersp. Pfeffer
1 Lorbeerblatt
1 Prise gemahlener Fenchelsamen
60 g Reis, 1 große Essiggurke
4 Eßl. saure Sahne

Das Hähnchen innen und außen waschen, abtrocknen und in 4 Teile zerlegen. Das Gemüse schälen beziehungsweise schaben und in kleine Würfel schneiden. Das Öl in einem großen Topf erhitzen und die Hähnchenteile darin rundherum anbraten. Das Gemüse zufügen und unter Wenden ebenfalls anbraten.
Den Backofen auf 180° vorheizen. Das Salz und alle Gewürze in den Hähnchen-Gemüsetopf geben; mit 1 l Wasser auffüllen. Den Reis waschen und zufügen. Das Gericht zugedeckt im Backofen in 1½ Stunden garen. Die Essiggurke würfeln und vor dem Servieren mit der sauren Sahne unter das Gemüse rühren.
TSCHACHOCHBILI, so heißt es, sei Stalins Lieblingsspeise gewesen. Stalin war ein Feinschmecker und leidenschaftlicher Koch.

Kohlpastete

KULEBJAKA

1 kg Weißkohl, 1 Teel. Salz
3 Zwiebeln, 3 Eßl. Butter
Pastetenteig von 600 g Mehl, Rezept auf Seite 41
3 hartgekochte Eier
3 Eßl. kleingeschnittener Dill
2 Eßl. gehackte Petersilie
1½ Teel. Salz
je 1 Prise Zucker und weißer Pfeffer
Zum Bestreichen: 2 Eigelbe
Für das Backblech: Butter

Den Backofen auf 180° vorheizen. Den Kohl vierteln, vom Strunk befreien und in Streifen schneiden. 3½ l Wasser mit dem Salz zum Kochen bringen. Den Kohl 5 Minuten darin kochen, dann herausnehmen und abtropfen lassen. Die Zwiebeln würfeln. Die Butter in einem großen Topf zerlassen und die Zwiebelwürfel darin hellgelb anbraten. Den Kohl zugeben, ¼ l Wasser darübergießen und alles zugedeckt im Backofen in 30–40 Minuten garen. Den Pastetenteig herstellen, zu 2 dünnen Teigplatten ausrollen und 1 Teigplatte auf ein gefettetes Backblech legen. Wenn der Kohl weich ist, die Flüssigkeit im Backofen verdampfen lassen, den Kohl dann abtropfen und abkühlen lassen. Die Backofentemperatur auf 220° schalten. Die Eier hacken, mit den Kräutern und den Gewürzen unter den Kohl mischen, auf den Teigboden schichten, mit der zweiten Teigplatte abdecken und ein Loch in die Mitte schneiden. Die Pastete mit Teigresten verzieren und mit Eigelb bestreichen; 15 Minuten kühl stellen. Dann 30 Minuten backen.

Quarktörtchen

WATRUSCHKI

500 g Magerquark
1 Eßl. saure Sahne
2 Eier, ½ Teel. Salz
1 Prise weißer Pfeffer
1 Teel. Zucker
300 g Mehl
½ Teel. Backpulver
½ Teel. Salz
80 g Butter, 1 Ei
⅛ l saure Sahne
Zum Bestreichen: 1 Eigelb

Den Quark in einem Sieb abtropfen lassen – er soll gut trokken sein – dann durch das Sieb streichen und mit der sauren Sahne, den Eiern, dem Salz, dem Pfeffer und dem Zucker mischen und 45 Minuten kühl stellen.
Aus dem Mehl, dem Backpulver, dem Salz, der Butter, dem Ei und der sauren Sahne einen Teig kneten, diesen zu einer Kugel formen, in Pergamentpapier wickeln und 45 Minuten im Kühlschrank ruhen lassen. Den Backofen auf 200° vorheizen.
Den Teig 3 mm dick ausrollen und je zur Hälfte Teigscheiben von 12 und von 9 cm Ø ausstechen. In die Mitte der größeren Teigscheiben jeweils 2 Eßlöffel der Quarkmasse geben und mit 1 kleineren Teigscheibe bedekken. Die Ränder der größeren Teigscheiben mit dem Eigelb bestreichen und wie abgebildet nach oben klappen. Die Oberflächen ebenfalls mit Eigelb bestreichen. Die Quarktörtchen im Ofen auf der zweiten Schiebeleiste von unten 20 Minuten backen.

Oster-Quarkspeise

PAS'CHA

Zutaten für 6 Personen:
1 kg Magerquark
125 g weiche Butter
1 Messersp. Salz, 5 Eier
¼ l saure Sahne
1 Tasse Rosinen
200 g Zucker
abgeriebene Schale von 1 Zitrone
1 Tasse abgezogene gehackte Mandeln
je 1 Eßl. feingehacktes Zitronat und Orangeat
Zum Verzieren:
12 Belegkirschen
50 g abgezogene Mandeln
Zitronat und Orangeat

Den Quark in ein Tuch geben, dieses zubinden und einige Stunden über einem Topf befestigen, damit die Molke abfließen kann. Der Quark soll möglichst trocken sein. Die Butter schaumig rühren und mit dem Salz, den Eiern, der sauren Sahne und dem Quark in einen Topf geben. Die Masse unter ständigem Rühren erhitzen, aber keinesfalls kochen lassen. Sobald sich Bläschen zeigen die Quarkmischung vom Herd nehmen und unter Rühren erkalten lassen. Die Rosinen waschen, abtrocknen und mit dem Zucker, der Zitronenschale, den gehackten Mandeln, dem Zitronat und dem Orangeat unterziehen.
Einen hohen Blumentopf mit Loch mit einem Mulltuch auslegen. Die Quarkmasse einfüllen und festdrücken. Mit einem Teller und einem Gewicht beschweren. PASSCHA 12 Stunden kühl stellen. Die Quarkspeise vor dem Servieren stürzen und das Tuch abziehen. Mit den Belegkirschen, den Mandeln sowie Zitronat und Orangeat nach Vorschlag auf dem Bild verzieren.

Gerstensuppe mit Gemüse

KRUPNIK

75 g Perlgraupen
1½ l Fleischbrühe
2 Eßl. getrocknete oder 50 g frische Pilze
2 Zwiebeln, 1 Möhre
1 Pastinake
3 Zweige Selleriegrün
2 Kartoffeln
2 Eßl. Öl
1 Lorbeerblatt, ½ Teel. Salz
2 Messersp. schwarzer Pfeffer
1 Bund Dill oder Petersilie

Die Graupen von Wasser bedeckt 12 Stunden lang quellen lassen. Dann abtropfen lassen und in 1 l Fleischbrühe 1½ Stunden lang bei milder Hitze kochen.
Getrocknete Pilze in wenig lauwarmem Wasser einweichen, frische Pilze putzen und blättrig schneiden. Die Zwiebeln, das Gemüse und die Kartoffeln schälen oder putzen, waschen und in Würfel schneiden. Das Öl in einem großen Topf erhitzen und die Zwiebeln darin glasig braten. Die Graupen mit der Kochflüssigkeit und dem Rest der Fleischbrühe zugießen. Die Pilze, das Gemüse, die Kartoffeln und das Lorbeerblatt zufügen und alles bei milder Hitze zugedeckt in etwa 30 Minuten garen. Das Lorbeerblatt entfernen. Die Suppe mit dem Salz und dem Pfeffer würzen. Den Dill oder die Petersilie waschen, abtropfen lassen und feinhacken. Die Suppe mit den Kräutern bestreut servieren.

Suppe mit Kwass

ŻUR

375 g Roggenmehl
Rinde von 1 Scheibe Graubrot
2 Eßl. getrocknete Pilze
1 Bund Suppengrün
1 Knoblauchzehe
250 g Kartoffeln
4 polnische Würstchen
½ Teel. Salz, 50 g fetter Speck

Das Mehl mit so viel kochendem Wasser verrühren, daß ein zähflüssiger Teig entsteht. Den Teig abkühlen lassen und mit ¾ l lauwarmem Wasser verrühren. Die Brotrinde untermischen. Die Masse in ein Steingutgefäß füllen, mit einem Stück Gaze abdecken und 3 Tage bei Raumtemperatur stehen lassen. Der Teig wird dann zu »Kwass«, das heißt, er wird »sauer«.

Die Pilze in Wasser 2 Stunden einweichen. Das Suppengrün putzen und kleinschneiden. 1 l Wasser zum Kochen bringen. Die abgetropften Pilze und das Suppengrün zufügen und 30 Minuten zugedeckt bei milder Hitze kochen lassen. Die Brühe durchseihen. Die Pilze kleinschneiden und wieder in die Brühe geben. Je nachdem, wie sauer die Suppe gewünscht wird, ½–¾ l vom Kwass zufügen. Den Knoblauch durch die Knoblauchpresse in die Suppe drücken und diese weitere 30 Minuten köcheln lassen. Die Kartoffeln schälen, in etwa 1 cm große Würfel schneiden und nach 15 Minuten in die Suppe geben. Die Würstchen in Scheiben in der Suppe erwärmen. Die Suppe salzen. Den Speck würfeln, braun ausbraten und mit dem Fett in die Suppe rühren.

Karpfen in polnischer Sauce

KARP PO POLSKE

1 Karpfen von 1,5 kg
1 Teel. Salz
1 Tasse Weinessig
1 Kartoffel
100 g Saucenlebkuchen
3 Eßl. Rosinen
½ l dunkles Bier
1 Zwiebel
1 Möhre
2 Zweige Petersilie
3 Eßl. Butter
2 Eßl. Mehl
1 Teel. Salz
½ Tasse Rotwein

Den Fisch bereits beim Einkaufen ausnehmen lassen. Den Karpfen innen und außen waschen, aber nicht schuppen. Einen flachen Topf etwa 1 cm hoch mit Wasser füllen, das Salz zugeben und das Wasser aufkochen lassen. Den Essig gesondert erhitzen. Die Kartoffel schälen und in den Bauch des Karpfens schieben. Den Karpfen so in das Wasser stellen, als ob er schwimmen würde. Sofort mit dem heißen Essig übergießen und zugedeckt bei mittlerer Hitze in 20–25 Minuten gar dünsten; der Fisch ist gar, wenn sich die Flossen leicht herausziehen lassen. Den Karpfen auf einer Platte anrichten und warm stellen.
Die Lebkuchen und die Rosinen in etwa ¼ l Bier einweichen. Die Zwiebel schälen und in Ringe schneiden. Die Möhre schaben und längs vierteln. Die Petersilie waschen und kleinschneiden. Die Butter zerlassen. Die Zwiebelringe, die Möhrenstücke und die Petersilie in der Butter anbraten. Das Mehl darüberstäuben, kurz mitbraten und nach und nach mit dem restlichen Bier ablöschen. Die Lebkuchen und Rosinen mit dem Salz zufügen. Die Sauce unter häufigem Umrühren bei milder Hitze 10 Minuten kochen lassen, durch ein Sieb streichen, abschmecken und mit dem Rotwein verfeinern. Die Sauce gesondert zum Karpfen reichen.

Jäger-Topf

BIGOS

Zutaten für 6 Personen:
250 g Weißkohl
500 g Sauerkraut
1 Zwiebel, 2 säuerliche Äpfel
3 Tomaten
3 Eßl. Schweineschmalz
250 g Rindfleisch
200 g mageres Schweinefleisch
200 g Wildbret oder mageres Lammfleisch
60 g fetter Speck
2 polnische Würstchen
je 1 Tasse Fleischbrühe und Rotwein
1 Teel. Zucker, 1 Teel. Salz
2 Messersp. schwarzer Pfeffer
1 Eßl. Paprikapulver, edelsüß
1 Lorbeerblatt, 5 Pimentkörner

Den Kohl in Streifen schneiden, das Sauerkraut ausdrükken. Die Zwiebel schälen und würfeln. Die Äpfel schälen, vierteln, vom Kerngehäuse befreien und würfeln. Die Tomaten häuten und grobhacken. Das Schmalz in einem Topf zerlassen. Die Zwiebel- und die Apfelwürfel anbraten. Den Kohl, das Sauerkraut und die Tomaten zufügen, umrühren und den Topf vom Herd nehmen. Den Backofen auf 180° vorheizen. Das Fleisch in große Würfel schneiden. Den Speck würfeln und glasig braten. Die Fleischwürfel darin braun anbraten und in den Kohltopf geben. Die Würstchen in Scheiben zufügen. Den Bratensatz mit der Fleischbrühe lösen, den Wein zufügen. Die Sauce unter den Eintopf rühren; die Gewürze zufügen. BIGOS im Backofen zugedeckt in 1½ Stunden und im offenen Topf in weiteren 30 Minuten garen.

Glasierter Schweinerippenbraten

PIECZONY SCHAB

Für die Apfelsauce:
500 g säuerliche Äpfel
75 g Zucker
¼ Stange Zimt
1 Eßl. Zitronensaft
Für den Braten:
1,5 kg Schweinerücken
1 Teel. Salz
2 Messersp. schwarzer Pfeffer
10 Gewürznelken

Die Äpfel vierteln und vom Kerngehäuse befreien. Die Apfelviertel in Stücke schneiden und mit dem Zucker, dem Zimt, dem Zitronensaft und 1 Tasse Wasser bei milder Hitze in etwa 10 Minuten weich kochen. Die Zimtstange entfernen. Die Äpfel durch ein Sieb streichen. Den Backofen auf 180° vorheizen. Das Fleisch mit dem Salz und dem Pfeffer einreiben und in gleichmäßigen Abständen mit den Gewürznelken spicken. Das Rippenstück mit der Fettseite nach oben in eine Bratreine legen und auf der mittleren Schiebeleiste im Backofen 1½ Stunden braten. Den Braten dann dick mit der Apfelsauce bestreichen und – ohne ihn zu wenden – in weiteren 30 Minuten im Backofen garen. Die Apfelsauce bildet eine goldbraune Glasur. Das Fleisch im abgeschalteten Backofen noch 10 Minuten ruhen lassen. Vor dem Servieren in dicke Scheiben schneiden.

Das schmeckt dazu: süß-sauer eingelegte Pflaumen und Sauerkrautsalat.

Mohnrolle

ZAWIJANIEC MAKOWY

Für den Teig:
100 g Butter, 30 g Hefe
1 Teel. Zucker, 1 Tasse Milch
400 g Mehl, 1 Messersp. Salz
2 Eier, 75 g Zucker
Für die Füllung:
2 Tassen Milch, 1 Eßl. Honig
2 Eßl. Vanillezucker
300 g gemahlener Mohn
2 Eßl. feingehackte Sukkade
1 Teel. Zimt
Zum Bestreichen: 2 Eßl. Butter

Die Butter zerlassen und mit der Hefe, dem Zucker und der lauwarmen Milch verrühren. Aus dem Mehl, dem Salz und der Hefe-Milch-Mischung einen Teig kneten und diesen zugedeckt 30 Minuten gehen lassen.
Für die Füllung die Milch mit dem Honig und dem Vanillezucker erhitzen. Den Mohn einstreuen und rühren, bis die Masse dicklich wird. Die Sukkade und den Zimt zufügen. Den Mohnbrei abkühlen lassen. Die Eier und den Zucker unter den Teig arbeiten. Diesen schlagen, bis er Blasen wirft und nochmals 30 Minuten gehen lassen. Den Hefeteig zu einem 1 cm dicken Rechteck ausrollen, die Ränder anfeuchten. Die Mohnmasse auf die Teigplatte streichen und diese aufrollen. Die Mohnrolle mit einem Tuch bedeckt nochmals 30 Minuten gehen lassen. Den Backofen auf 190 ° vorheizen. Die Mohnrolle mit der geschmolzenen Butter bestreichen und auf einem bemehlten Backblech im Ofen 50–60 Minuten backen.

Walnußtorte

TORT ORZECAOWY

Für den Teig:
5 Eier, 100 g Puderzucker
½ Vanilleschote
250 g feingemahlene Walnußkerne
2 Eßl. Biskuitbrösel
Für die Buttercreme:
½ l Milch, 1 Päckchen Vanillepudding-Pulver
3 Eßl. Zucker
250 g weiche Butter
100 g Puderzucker, 2 Eigelbe
100 g grobgehackte Walnußkerne
Für die Form: Butter und Mehl

Den Backofen auf 180 ° vorheizen. Eine Springform von 24 cm Ø mit Butter ausstreichen und mit Mehl ausstäuben. Die Eier in Eiweiße und Eigelbe trennen. Die Eiweiße steif schlagen. Die Eigelbe mit dem Puderzucker und dem Mark der Vanilleschote cremig rühren. Den Eischnee unterheben. Eßlöffelweise die Walnüsse und die Biskuitbrösel unterziehen, den Teig in die Springform füllen und im Ofen auf der mittleren Schiebeleiste 30–35 Minuten backen.
Aus der Milch, dem Puddingpulver und dem Zucker den Flammeri bereiten; abkühlen lassen. Die Butter mit dem Puderzucker schaumig rühren und die Eigelbe einzeln unterziehen. Eßlöffelweise den Flammeri unter die Buttercreme mischen. Den Tortenboden zweimal durchschneiden, alle Böden mit der Buttercreme bestreichen, aufeinandersetzen. Den Rand der Torte mit Creme bestreichen. Die Torte mit den Nüssen bestreuen und nach Belieben verzieren.

Frankfurter grüne Sauce

Zutaten für 6 Personen:
5 Eier, ⅛ l Öl
⅛ l Joghurt
je 1½ Eßl. frische kleingeschnittene Petersilie, Kerbel, Schnittlauch, Kresse, Dill, Estragon, Liebstöckel, Borretsch, Pimpinelle und Sauerampfer
½ Teel. Salz
2 Messersp. Knoblauchsalz
2 Messersp. weißer Pfeffer
1 Prise geriebene Muskatnuß
½ Eßl. milder Senf
⅛ l saure Sahne

Die Eier in kochendes Wasser legen und in 10–12 Minuten hart kochen. Dann kalt abschrecken, schälen, halbieren und abkühlen lassen. Das Eigelb aus den Eiweißen lösen, in einer Schüssel zerdrücken und mit dem Öl zu einer homogenen Masse verrühren. Die Eiweiße kleinwürfeln und mit dem Joghurt, den Kräutern, dem Salz, dem Knoblauchsalz, dem Pfeffer, dem Muskat, dem Senf und der sauren Sahne verrühren. Die Kräutersauce nach und nach mit der Eigelb-Öl-Mischung vermengen. Die Sauce kalt zu gekochter Rinderbrust reichen.

Unser Tip
Es wird behauptet, die Frankfurter Sauce dürfe nur aus 7 Kräutern bestehen. Andere Kenner finden, daß diese Sauce um so besser schmeckt, je mehr frische Kräuter man für sie verwendet.

Münsterländer Töttchen

Zutaten für 6 Personen:
2 kleine Zwiebeln
2 Gewürznelken, 1 Lorbeerblatt
10 weiße Pfefferkörner
1 Teel. Salz
½ Kalbskopf
1 Kalbszunge
500 g Kalbsschulter
4 kleine Zwiebeln
2 Eßl. Butter, 2 Eßl. Mehl
2–3 Eßl. Weinessig
1–2 Teel. Zucker
1 Spritzer Worcestersauce

3 l Wasser zum Kochen bringen. Die Zwiebeln schälen, mit je 1 Gewürznelke bestecken und mit dem Lorbeerblatt, den Pfefferkörnern und dem Salz im Wasser kräftig aufkochen lassen. Den Kalbskopf, die Zunge und das Fleisch in das kochende Wasser geben und 1½ Stunden kochen lassen. Dabei den sich bildenden Schaum wiederholt abschöpfen, dann den Topf bis auf einen Spalt zudecken.
Die Zwiebeln schälen und kleinwürfeln. Die Butter zerlassen und die Zwiebelwürfel darin glasig braten. Das Mehl darüberstäuben, unter Rühren hellbraun anbraten; nach und nach mit ¾ l Fleischbrühe aufgießen. Die Sauce bei milder Hitze 10–15 Minuten kochen lassen.
Das Fleisch vom Kalbskopf lösen. Die Zunge häuten und in Scheiben schneiden. Das restliche Fleisch würfeln. Die Sauce mit dem Essig, dem Zucker und der Worcestersauce süßsauer abschmecken. Die Zungenscheiben und die Fleischwürfel in die Sauce geben und darin nochmals erhitzen.

Fränkisches Schäuferl

1 kg Schweineschulter mit Schwarte
1 Zwiebel, 1 Möhre
½ l Fleischbrühe
1 Teel. Salz
½ Teel. gemahlener Kümmel
½ Teel. getrockneter Majoran
400 g Steinpilze

Den Backofen auf 200° vorheizen.
Das Fleisch waschen, abtrocknen und die Schwarte rautenförmig einschneiden. Die Zwiebel schälen und achteln. Die Möhre längs achteln. Die Fleischbrühe erhitzen. Das Salz, den Kümmel und den Majoran mischen und das Fleisch damit einreiben. Die Zwiebelachtel, die Möhrenstifte und das Fleisch in eine Bratreine legen und mit der Hälfte der Fleischbrühe umgießen. Den Braten im Backofen in etwa 1½–2 Stunden garen. Das Fleisch wiederholt mit dem Bratensaft begießen; wenn nötig erneut Fleischbrühe zugießen. Die Steinpilze putzen, große Pilze vierteln oder halbieren, kleine ganz lassen. Nach 60 Minuten Bratzeit die Zwiebelstücke und die Möhrenstifte aus der Bratreine nehmen, die Pilze um das Fleisch legen, mit Bratenfond beträufeln und mit dem Braten garen. Das Fleisch vor dem Servieren in Scheiben schneiden und auf einer vorgewärmten Platte anrichten. Den Bratenfond mit den Pilzen gesondert zum Braten reichen.

Das schmeckt dazu: Klöße aus rohen Kartoffeln (Rezept Seite 44) und Rotkohl.

Hessischer Dippehas

Zutaten für 8 Personen:
1 bratfertiger Hase von 2,5 kg
3 Zwiebeln, 2 Knoblauchzehen
2 Tassen Weinessig
je 4 Pimentkörner und Gewürznelken
½ Teel. schwarzer Pfeffer
1 Sträußchen frischer Thymian
1 Flasche Rotwein (Burgunder, 0,75 l)
600 g frischer Schweinebauch
3 Eßl. Mehl, 50 g Bratfett
300 g geriebenes Schwarzbrot
4 Aachener Printen
1 Teel. Salz
250 g Brotteig vom Bäcker

Den Hasen in Portionsstücke zerlegen. Die Zwiebeln und die Knoblauchzehen schälen, würfeln und mit dem Essig, den Gewürzen und dem Rotwein über die Hasenstücke gießen. Das Hasenfleisch 12 Stunden im Kühlschrank marinieren.
Den Backofen auf 180° vorheizen.
Den Schweinebauch würfeln und ohne Bratfett braun anbraten. Die Hasenteile abtrocknen und in dem Mehl wenden. Die Marinade durchseihen. Das Bratfett erhitzen und die Hasenteile darin anbraten. Das übrige Mehl darüberstäuben; nach und nach mit der Marinade aufgießen. Das Schweinefleisch, das geriebene Schwarzbrot, die zerdrückten Printen und das Salz unter die Sauce mischen. Den Topf zudecken und die Ränder mit dem Brotteig fest verschließen. Den Dippehas im Backofen 1½ Stunden schmoren lassen.

Schwäbische Maultaschen

Zutaten für 6 Personen:
400 g Mehl, 1 Prise Salz
1 Eßl. Essig, 5 Eßl. Öl
250 g Spinat, 1 Zwiebel
1½ altbackene Brötchen
2 Eßl. gehackte Petersilie
je 200 g Hackfleisch und Bratwurstbrät
2 Eier, 1 Messersp. Salz
je 1 Prise Pfeffer und geriebene Muskatnuß
1½ l Fleischbrühe
1 Zwiebel, 2 Eßl. Butter

Das Mehl mit dem Salz, ½ Tasse lauwarmem Wasser, dem Essig und dem Öl verkneten. Den Teig unter einer angewärmten Schüssel 20 Minuten ruhen lassen. Den Spinat waschen, verlesen und in wenig kochendem Wasser zugedeckt 3 Minuten ziehen lassen. Die Zwiebel schälen und kleinwürfeln. Die Brötchen einweichen. Den Spinat abtropfen lassen, kleinschneiden und mit den ausgedrückten Brötchen, der Petersilie, dem Hackfleisch, dem Brät, den Zwiebelwürfeln, den Eiern und den Gewürzen verkneten. Den Teig 3 mm dick ausrollen und Quadrate von 15 cm Seitenlänge ausschneiden. Jeweils 2 Eßlöffel der Füllung daraufgeben. Die Quadrate zusammenklappen und die Ränder festdrücken. Die Fleischbrühe zum Kochen bringen. Die Maultaschen darin im offenen Topf in etwa 10 Minuten gar ziehen lassen. Die Zwiebel in Ringe schneiden, in der Butter goldgelb braten und in die Brühe geben.

Berliner Leber

4 Scheiben Kalbsleber von je 150 g
2 große Zwiebeln
2 große Äpfel
3 Eßl. Mehl, 100 g Butter
1 Teel. Salz
2 Messersp. weißer Pfeffer

Die Leberscheiben von Häuten und Strängen befreien, waschen und trockentupfen. Die Zwiebeln schälen und in Ringe schneiden. Die Äpfel schälen, das Kerngehäuse mit einem Apfelausstecher ausstechen und die Äpfel in 8 Scheiben schneiden. Die Leber in dem Mehl wenden, nicht fest haftendes Mehl wieder abklopfen. ⅓ der Butter zerlassen. Die Apfelscheiben darin von beiden Seiten hellbraun anbraten, dann aus der Pfanne nehmen und warm stellen. Die Zwiebelringe im verbliebenen Fett knusprig braun braten und ebenfalls warm stellen.
Die restliche Butter in einer anderen Pfanne erhitzen und die Leberscheiben darin von beiden Seiten 3–4 Minuten braten; währenddessen wiederholt mit Butter aus der Pfanne beträufeln. Die Leberscheiben würzen, auf einer vorgewärmten Platte anrichten und mit den Apfelscheiben und den Zwiebelringen belegen.

Unser Tip

Die Leber schmeckt delikat, wenn Sie statt der Apfelscheiben frische Ananasscheiben braten und auf die Leber legen.

Schlesisches Himmelreich

400 g gemischtes Trockenobst
400 g durchwachsener Speck
½ Zitrone
1 Stange Zimt
1 Eßl. Speisestärke

Das Trockenobst in so viel kaltem Wasser, daß die Früchte davon bedeckt sind, 12 Stunden einweichen.
Den Speck mit ½ l Wasser zum Kochen bringen; zugedeckt bei mittlerer Hitze etwa 25 Minuten kochen lassen. Die Zitrone waschen, abtrocknen und die Schale spiralenförmig abschneiden; den Saft auspressen. Das Trockenobst mit dem Einweichwasser, der Zitronenschale und der Zimtstange zum Kochen bringen. Den vorgegarten Speck zum Trockenobst geben und alles bei milder Hitze zugedeckt in etwa 30 Minuten gar kochen. Den Speck herausnehmen, von der Schwarte befreien und in Scheiben schneiden. Die Speisestärke mit 3 Eßlöffel Wasser anrühren. Die Zimtstange und die Zitronenschale aus dem Topf nehmen. Die Garflüssigkeit mit der Speisestärke binden und mit dem Trockenobst einmal aufkochen lassen. Den Zitronensaft unterrühren. Das Obst in einer Schüssel anrichten und mit den Speckscheiben belegt servieren.

Das schmeckt dazu: Hefeklöße oder Klöße aus gekochten Kartoffeln (Rezepte Seite 43).

Birnen, Bohnen und Speck Hamburger Art

400 g Schweinebauch
½ Teel. Salz
1 kg grüne Bohnen
500 g Kochbirnen (Bergamotte)
1 Zweig Bohnenkraut
Salz, Pfeffer

Das Fleisch mit ¾ l Wasser und dem Salz zum Kochen bringen; zugedeckt bei mittlerer Hitze 30 Minuten kochen lassen. Inzwischen die grünen Bohnen waschen, putzen, wenn nötig die Fäden abziehen, und die Bohnen in Stücke brechen. Die Birnen waschen und ungeschält mit den Stielen und den Blütenansätzen zum Fleisch geben. Alles weitere 10 Minuten kochen lassen. Dann die Bohnen und das Bohnenkraut zufügen und zugedeckt in weiteren 30 Minuten mit den Birnen und dem Fleisch garen.
Das Fleisch aus dem Eintopf nehmen und in Scheiben schneiden. Das Bohnenkraut entfernen. Den Eintopf mit Salz und Pfeffer abschmecken. Die Fleischscheiben wieder auf den Eintopf legen.
Das schmeckt dazu: Petersiliekartoffeln.

Unser Tip
Sie können das Gericht variieren, indem Sie die Birnen schälen, vierteln und erst 10 Minuten nach dem Einlegen der Bohnen mit Kartoffelstücken in den Topf geben.

Badischer Rehrücken

Zutaten für 6 Personen:
1 bratfertiger Rehrücken
1 Teel. Salz
2 Messersp. weißer Pfeffer
100 g fetter Speck in Scheiben
100 g flüssige Butter
2 Birnen, 4 Eßl. Weißwein
1 Teel. abgeriebene Zitronenschale
8 Wacholderbeeren
½ Teel. getrockneter Thymian
1 Eßl. Tomatenmark
7 Eßl. Preiselbeerkompott
4 Eßl. Rotwein

Den Backofen auf 220° vorheizen. Den Rehrücken am Mittelknochen beidseitig längs einschneiden, mit dem Salz und dem Pfeffer einreiben und mit den Speckscheiben belegen; im Backofen in 50–60 Minuten garen. Das Fleisch soll innen noch zartrosa sein. Nach etwa 30 Minuten die Speckscheiben entfernen und den Rehrücken wiederholt mit der Butter beträufeln.
Die Birnen schälen, halbieren, vom Kerngehäuse befreien und mit dem Weißwein und der Zitronenschale weich dünsten.
Den Bratenfond mit etwas heißem Wasser lösen, mit den zerdrückten Wacholderbeeren und dem Thymian kurz kochen lassen, durchpassieren und mit dem Tomatenmark, dem Saft des Preiselbeerkompotts und dem Rotwein verrühren. Die Birnen mit den Preiselbeeren füllen.
Das schmeckt dazu: Spätzle und Rotkohl.

Pommerscher Gänsebraten

Zutaten für 6 Personen:
5 altbackene Brötchen
150 g durchwachsener Speck
2 Zwiebeln
400 g Maroni (Eßkastanien)
3 Teel. Zucker, 3 Eßl. Butter
¼ l Fleischbrühe
2 Teel. Salz, 1 Ei
1 Gans von etwa 3 kg
1 Teel. weißer Pfeffer
Zum Braten:
50 g Schweineschmalz

Den Backofen auf 200° vorheizen. Die Brötchen einweichen. Den Speck und die geschälten Zwiebeln kleinwürfeln. Die Maroni kreuzweise einritzen, im Ofen rösten, bis die Schalen aufplatzen, schälen und halbieren. Den Zucker und die Maroni in der Butter anbraten, mit der Fleischbrühe auffüllen und 10 Minuten dünsten. Die Brötchen ausdrücken. Den Speck auslassen und die Zwiebelwürfel darin glasig braten. Die abgetropften Maroni mit 1 Teelöffel Salz, dem Ei, dem Speck und den Zwiebelwürfeln unter die Brötchenmasse mischen.
Die Gans innen mit dem restlichen Salz und dem Pfeffer ausreiben, mit der Maronimasse füllen und die Öffnungen zunähen. Die Gans mit der Brustseite nach unten in eine Bratreine legen, mit dem zerlassenen Schmalz bestreichen und im Backofen 3 Stunden braten.
Den Bratenfond wiederholt mit etwas Wasser lösen; die Gans damit beschöpfen und nach 1½ Stunden umdrehen.
Das schmeckt dazu: Apfelrotkraut und Kartoffelklöße aus rohen oder gekochten Kartoffeln (Rezepte Seite 43 und 44).

Rheinischer Sauerbraten

800 g Rindfleisch (Bürgermeisterstück)
50 g Speckstreifen
1 Tasse Weinessig
1 Möhre, 1 Petersilienwurzel
1 kleines Stück Sellerieknolle
1 Knoblauchzehe
1 Lorbeerblatt
je 3 Piment- und Pfefferkörner
1 Zweig Thymian
½ l Rotwein (Burgunder)
4 Eßl. Schweineschmalz
1 Eßl. Tomatenmark
1 Saucenlebkuchen
1 Scheibe Pumpernickel
75 g Apfelkraut
1 Eßl. Mehl, 50 g Rosinen

Das Fleisch waschen, abtrocknen und mit den Speckstreifen spicken. Den Essig mit ⅛ l Wasser aufkochen; dann abkühlen lassen. Das Gemüse und den Knoblauch schaben oder schälen, kleinschneiden und mit den Gewürzen, dem Wein und dem Essigwasser zum Fleisch geben; dieses zugedeckt 24–36 Stunden kühl stellen.
Den Backofen auf 220° vorheizen. Das Fleisch im Schmalz braun anbraten. Die Marinade durchseihen. Die Gewürze, das Gemüse aus der Marinade und das Tomatenmark zum Fleisch geben; nach und nach die Marinade zugießen. Den Braten im Backofen etwa 2 Stunden schmoren lassen. Nach 60 Minuten den zerbröckelten Lebkuchen, den Pumpernickel und das Apfelkraut in die Sauce rühren. Die Sauce durchseihen, mit dem angerührten Mehl binden und mit den Rosinen mischen.

Königsberger Klopse

1 altbackenes Brötchen
6 Sardellenfilets
1 Zwiebel
500 g Hackfleisch, halb und halb
1 Eßl. geriebener Käse, 1 Ei
1 Messersp. geriebene Muskatnuß
½ Teel. Salz
2 Eßl. Butter, 3 Eßl. Mehl
⅜ l heiße Fleischbrühe
⅛ l Weißwein, 2 Eßl. Kapern
½ Teel. Salz
1 Teel. Zitronensaft
4 Eßl. Sahne, 1 Eigelb

Das Brötchen in lauwarmem Wasser einweichen. Die Sardellenfilets kleinschneiden. Die Zwiebel schälen und kleinwürfeln. Das Hackfleisch mit dem ausgedrückten Brötchen, den Sardellenstückchen, den Zwiebelwürfeln, dem Käse, dem Ei, dem Muskat und dem Salz verkneten und zugedeckt 15 Minuten durchziehen lassen. Die Butter zerlassen, das Mehl einstäuben und hellgelb anbraten. Mit der Fleischbrühe aufgießen und unter Rühren einige Minuten kochen lassen. Den Weißwein und die Kapern zugeben und die Sauce mit dem Salz und dem Zitronensaft abschmecken. Aus dem Fleischteig etwa walnußgroße Klößchen formen, in die Sauce legen und bei milder Hitze in 15 Minuten gar ziehen lassen. Die Sahne mit dem Eigelb verquirlen. Die Sauce damit binden; danach nicht mehr kochen lassen.

Das schmeckt dazu: Salzkartoffeln oder Kartoffelpüree.

Sächsische Quarkkeulchen

400 g Pellkartoffeln, am Vortag gekocht
50 g Rosinen
2 Eier, 2–3 Eßl. Mehl
1 Messersp. Salz
400 g Magerquark
5 Eßl. Zucker
abgeriebene Schale von ½ Zitrone
4 Eßl. Öl oder Bratfett
Zum Bestreuen:
Zucker und gemahlener Zimt

Die Kartoffeln schälen und feinreiben oder durch den Fleischwolf drehen. Die Rosinen heiß waschen und abtropfen lassen. Die Kartoffelmasse mit den Rosinen, den Eiern, dem Mehl, dem Salz, dem Quark, dem Zucker und der Zitronenschale zu einem Teig verarbeiten. Mit bemehlten Händen Plätzchen von etwa 5 cm Ø formen.
Das Fett in der Pfanne erhitzen. Die Keulchen darin nacheinander in etwa 8 Minuten von beiden Seiten goldbraun braten. Die fertigen Keulchen im vorgeheizten Backofen bei etwa 75° warm stellen, bis alle gebraten sind. Zimt und Zukker mischen und die Keulchen von beiden Seiten damit bestreuen.

Das schmeckt dazu: Apfelmus, Pflaumenkompott oder anderes Kompott.

Schwäbischer Kirschenmichel

8 altbackene Brötchen
½ l lauwarme Milch
750 g Kirschen
50 g Zucker
80 g Sultaninen
4 Eier
50 g weiche Butter
80 g Zucker
abgeriebene Schale von 1 Zitrone
50 g gehackte Haselnüsse
Für die Form und zum Belegen: Butter
Zum Besieben: Puderzucker

Die Brötchen in dünne Scheiben schneiden, mit der lauwarmen Milch übergießen und 30 Minuten einweichen. Die Kirschen entsteinen und mit dem Zucker bestreuen. Die Sultaninen in heißem Wasser einweichen. Die Eier in Eiweiße und Eigelbe trennen.
Den Backofen auf 210° vorheizen. Eine Auflaufform mit Butter ausstreichen.
Die Butter mit dem Zucker, den Eigelben und der Zitronenschale schaumig rühren.
Die Brötchenmasse, die abgetropften Sultaninen, die Nüsse und die Kirschen mit dem gezogenen Saft untermischen.
Die Eiweiße zu steifem Schnee schlagen und unter die Auflaufmasse heben. Die Masse in die Auflaufform füllen, die Oberfläche glattstreichen und mit Butterflöckchen belegen.
Den Auflauf im Ofen auf der zweiten Schiebeleiste von unten in 45 Minuten goldgelb backen. Vor dem Servieren mit Puderzucker besieben.
Das schmeckt dazu: Vanillesauce oder Chaudeau (Rezept Seite 291).

Bayerische Dampfnudeln

Für den Hefeteig:
500 g Mehl, 20 g Hefe
⅜ l lauwarme Milch
80 g Zucker
100 g geschmolzene Butter
2 Eier, 1 Prise Salz
Zum Garen:
100 g Butter, 6 Eßl. Zucker
¼ l Milch

Das Mehl in eine Schüssel sieben und in die Mitte eine Vertiefung drücken. Die Hefe in die Mulde bröckeln und mit ½ Tasse lauwarmer Milch, 2 Teelöffel Zucker und etwas Mehl zu einem Hefevorteig verrühren; zugedeckt 20 Minuten gehen lassen. Den Vorteig dann mit dem gesamten Mehl, der restlichen lauwarmen Milch, dem übrigen Zucker, der Butter, den Eiern und dem Salz zu einem weichen, geschmeidigen Teig verrühren und so lange schlagen, bis der Teig Blasen wirft. Klöße aus dem Teig formen und diese zugedeckt gehen lassen, bis sie ihr Volumen verdoppelt haben. Die Butter in einem flachen Topf zerlassen und den Zucker darin leicht anbräunen, die Milch zugießen. Die Nudeln nebeneinander in den Topf setzen, ein feuchtes Tuch über den Topf legen, den Deckel aufsetzen und die Ränder des Deckels mit dem Tuch abdichten. Die Nudeln bei mittlerer Hitze in 30 Minuten garen; den Topf während der Garzeit keinesfalls öffnen.

Das schmeckt dazu: Vanillesauce oder Chaudeau (Rezept Seite 291).

Unser Tip
Zu Dampfnudeln wird in vielen Familien zusätzlich zur Sauce noch Zwetschgenkompott gereicht.

Zürcher Kalbs-geschnetzeltes

1 Zwiebel
300 g Champignons
1 Eßl. Butter
1 Eßl. Mehl
4 Eßl. Öl
600 g geschnetzeltes Kalbfleisch aus dem Frikandeau geschnitten
⅛ l trockener Weißwein
1 Becher Sahne (0,2 l)
1 Teel. Salz
2 Messersp. weißer Pfeffer

Die Zwiebel schälen und kleinwürfeln. Die Champignons putzen und blättrig schneiden. Die Butter mit dem Mehl verkneten. Das Öl erhitzen, das Kalbfleisch in Portionen darin braun anbraten, aus der Pfanne nehmen und über einer Schüssel in ein Sieb schütten. Die Zwiebelwürfel im Öl glasig braten. Die Champignonscheibchen zufügen und mitbraten. Mit dem Wein und der Sahne aufgießen. Den Mehlkloß unterrühren. Die Sauce einige Minuten durchkochen lassen; salzen und pfeffern.
Das Fleisch und den -saft aus der Schüssel unter die Sauce mischen. Das Geschnetzelte nochmals erwärmen.

Das schmeckt dazu: Rösti und ein Blattsalat oder Gurkensalat.

Unser Tip
Für Zürcher Geschnetzeltes gibt es viele Rezepte. Nicht in allen werden Champignons verwendet. Nehmen Sie nur frische Pilze, sonst lassen Sie sie besser ganz weg, da Dosenpilze das Gericht in Geschmack und Konsistenz beeinträchtigen würden.

Mais-Grieß-Auflauf

BÜNDNER PLAIN IN PIGNA

100 g Sultaninen
250 g durchwachsener Speck
150 g Salami am Stück
2 Kartoffeln, 100 g Butter
150 g Mehl, 300 g Maisgrieß
1 Teel. Salz, etwa ½ l Milch

Den Backofen auf 180° vorheizen. Die Sultaninen heiß waschen und abtropfen lassen. Den Speck und die Salami kleinwürfeln. Die Kartoffeln schälen und in etwas größere Würfel schneiden. Die Butter zerlassen, eine feuerfeste Form ausstreichen. Ein Drittel der Speckwürfel und der Sultaninen beiseite stellen. Die restlichen Sultaninen mit dem restlichen Speck, der Salami, den Kartoffelwürfeln, dem Mehl, dem Grieß, dem Salz, der übrigen Butter und mit so viel Milch verrühren, daß ein dickflüssiger Brei entsteht. Den Brei in die Form füllen. Die zurückbehaltenen Speckwürfel und Sultaninen daraufstreuen. Den Auflauf im Backofen in etwa 50 Minuten garen.
Das schmeckt dazu: gemischter oder grüner Salat.

Unser Tip

PLAIN IN PIGNA wird in vielen Varianten zubereitet: Man kann den Speck durch eine größere Portion Wurst oder durch Bratenreste ersetzen oder nur Schinken in den Auflauf geben.

Thurgauer Leberknöpfli

250 g Mehl, 2 Eier
2 Teel. Salz
1 Prise getrockneter Majoran
350 g gehackte Rinderleber
5 Eßl. gehackte Petersilie
4 Eßl. Semmelbrösel
100 g Butter
1 Messersp. schwarzer Pfeffer

Das Mehl mit den Eiern, 1 Teelöffel Salz und etwa 0,1 l Wasser zu einem Teig verarbeiten. Den Majoran mit der Leber und 2 Eßlöffel Petersilie in den Teig geben und diesen schlagen, bis er Blasen wirft; dann zugedeckt 60 Minuten ruhen lassen.
2 l Wasser mit dem restlichen Salz zum Kochen bringen. Den Teig portionsweise auf ein Holzbrett streichen und dann mit einem Messer Streifen in das kochende Salzwasser schaben; das Messer kurz in das Salzwasser tauchen, damit sich der Teig vom Messer löst. Die Knöpfli einige Minuten kochen, bis sie an die Oberfläche steigen, dann aus dem Topf heben und in einem zweiten Topf mit etwas heißem Wasser warm halten, bis alle Knöpfli gegart sind. Die Leberknöpfli in einer vorgewärmten Schüssel anrichten. Die Semmelbrösel in der geschmolzenen Butter goldbraun anbraten, über die Knöpfli geben, die restliche Petersilie und den Pfeffer darüberstreuen.
Das schmeckt dazu: Salzkartoffeln und Salat.

Weißbrot-Käse-Auflauf

RAMEQUIN

400 g Weißbrot
250 g Emmentaler Käse in nicht zu dünnen Scheiben
3 Eier, ½ l Milch
½ Teel. Salz
je 1 Prise weißer Pfeffer und geriebene Muskatnuß
Für die Form: Butter

Den Backofen auf 200° vorheizen. Eine feuerfeste Form mit Butter ausstreichen. Das Weißbrot in gleichmäßig dünne Scheiben schneiden. Die Käsescheiben etwas größer als die Weißbrotscheiben zurechtschneiden. Die Eier mit der Milch, dem Salz, dem Pfeffer und dem Muskat verquirlen. Die Weißbrotscheiben abwechselnd mit den Käsescheiben dachziegelartig in die Auflaufform legen, mit der Eiermilch übergießen und im vorgeheizten Backofen etwa 30 Minuten backen, bis die Oberfläche knusprig goldbraun ist.
Das schmeckt dazu: frischer grüner Salat.

Unser Tip
Eine Art von Käsekuchen oder kleine Käsetörtchen mit Mürbeteigboden bezeichnet man in Frankreich als RAMEQUIN, manchmal auch kleine Windbeutel. In der Schweiz versteht man unter RAMEQUIN aber den hier beschriebenen Auflauf.

Walliser Omeletten

PANNEQUETS

200 g Mehl, knapp ¼ l Milch
je ½ Tasse Weißwein und Wasser
2 Eßl. Öl, 4 Eier
½ Teel. Salz
150 g geriebener Bagneskäse
100 g geriebener Greyerzer Käse (Gruyère)
⅛ l Weißwein
je 1 Prise weißer Pfeffer und geriebene Muskatnuß
3 Eßl. Öl
Für die Béchamelsauce:
30 g Butter, 1 Eßl. Mehl
⅜ l Milch
150 g geriebener Bagneskäse
2 Eßl. Kirschwasser
1 Prise weißer Pfeffer
Für die Form: Butter

Das Mehl mit der Milch, dem Wein, dem Wasser, dem Öl, den Eiern und dem Salz zu einem Teig verrühren; 60 Minuten zugedeckt quellen lassen. Den Käse mit dem Wein, dem Pfeffer und dem Muskat glattrühren und beiseite stellen. Aus dem Teig mit dem Öl dünne Pfannkuchen backen. Diese mit der Käsemasse füllen und zweimal zusammenklappen. Eine Auflaufform mit Butter ausstreichen. Die Omelettenpäckchen dachziegelartig hineinlegen.
Den Backofen auf 250° vorheizen. Für die Sauce die Butter zerlassen, das Mehl anstäuben und mit der Milch aufgießen. Den Käse in der Béchamelsauce zerlassen, mit dem Kirschwasser und dem Pfeffer würzen, über die Omelettenpäckchen gießen und im Ofen 20 Minuten überbacken.

Neuenburger Fondue

FONDUE NEUCHÂTELOISE

1 Knoblauchzehe
0,3–0,4 l Weißwein (Neuenburger)
300–400 g Greyerzer Käse (Gruyère)
300–400 g Emmentaler Käse
1 Teel. Speisestärke
2 Schnapsgläser Kirschwasser (4 cl)
je 1 Prise geriebene Muskatnuß und weißer Pfeffer aus der Mühle
500 g–1 kg Weißbrot

Die Knoblauchzehe schälen, halbieren und ein Caquelon – eine feuerfeste Steingutform, speziell für Käsefondue – mit den Schnittflächen der Knoblauchzehe ausreiben. Oder die Knoblauchzehe sehr fein hakken und in die Form streuen. Den Wein in die Form gießen und leicht erwärmen. Den Greyerzer- und den Emmentaler Käse in Würfel schneiden und unter ständigem Umrühren bei mittlerer Hitze im erwärmten Wein zum Schmelzen bringen. Die Speisestärke mit dem Kirschwasser anrühren und unter den geschmolzenen Käse mischen. Die Käsemasse mit dem Muskat und frischgemahlenem Pfeffer würzen. Die Steingutform dann auf ein Rechaud stellen. Die Flamme des Rechauds so regulieren, daß die Käsemasse stets kurz vor dem Siedepunkt gehalten wird. Das Weißbrot in etwa 3 cm große Würfel schneiden und gesondert dazu reichen.
Bei Tisch spießt jeder Teilnehmer der Tafelrunde 1 Weißbrotwürfel auf seine Fonduegabel, taucht ihn in die Käsemasse und läßt das Brot mit Käse vollsaugen. Jeder Kanton der Schweiz hat sein spezielles Rezept für eine Käsefondue, wobei hauptsächlich die regionalen Käseprodukte zur Geltung kommen. Je nach Marktangebot können Sie demnach die Fondue auch mit anderen Schweizer Käsesorten erproben!

Unser Tip

Hervorragend eignet sich französisches Stangenweißbrot für die Fondue, da die schmalen Stangen besonders viel Rinde aufweisen und somit besser aufzuspießen sind. – Die Würze einer Käsefondue wird weitgehend durch das Alter des Käses bestimmt; je jünger der Käse, desto milder ist er im Geschmack! – Als Getränk reicht man entweder den gleichen Wein, der für die Fondue verwendet wurde, besser für die Bekömmlichkeit der Fondue heißen schwarzen Tee und etwas Kirschwasser.

Apfeltörtchen

1 Paket tiefgefrorener Blätterteig (300 g)
5 Äpfel
10 Eßl. Aprikosenmarmelade
1 Eigelb
2 Eßl. geröstete Mandelblättchen

Den Blätterteig auftauen lassen. Die Teigscheiben auf einer bemehlten Arbeitsfläche zu 5 etwa 10 × 20 cm großen Rechtecken ausrollen, diese halbieren, so daß 10 Quadrate entstehen. Die Äpfel schälen, längs halbieren, das Kerngehäuse auslösen und die Apfelhälften von der runden Seite her mehrmals tief einschneiden, aber nicht durchschneiden! Die Marmelade erwärmen und 1–2 Eßlöffel Wasser unterrühren, so daß sie dickflüssig wird. Jedes Teigquadrat mit 1 Apfelhälfte belegen, die Ränder etwas hochrollen und die Ecken einschlagen. Den Blätterteig mit dem verquirlten Eigelb, die Apfelhälften mit Marmelade bestreichen. Ein Backblech kalt abspülen, die Apfeltörtchen daraufsetzen und 15 Minuten ruhen lassen. Den Backofen auf 200° vorheizen. Die Törtchen im Ofen 20–30 Minuten backen; dann auf einem Kuchengitter auskühlen lassen, mit der restlichen Aprikosenmarmelade bestreichen und mit den Mandelblättchen bestreuen.

Papette-Törtchen

Für die Füllung:
1 kg Backpflaumen
400 g Sultaninen
200 g Zucker
Für den Teig:
600 g Mehl, 300 g Butter
½ Teel. Salz, 1 Ei
Zum Bestreichen: 1 Eigelb

Die Backpflaumen und die Sultaninen getrennt mit Wasser bedeckt 12 Stunden einweichen und abtropfen lassen. Die Pflaumen entsteinen, grobhakken und mit den Sultaninen, dem Zucker und so viel Wasser in einen Topf geben, daß alles bedeckt ist, und 60 Minuten kochen lassen. Sobald die Masse dick wird, den Topf vom Herd nehmen und die Masse unter öfterem Umrühren abkühlen lassen.

Für den Teig das Mehl auf eine Arbeitsfläche sieben. Die Butter in kleinen Stückchen daraufgeben; beides mit den Händen zu Streuseln reiben. In die Mitte der Streuselmasse eine Mulde drücken, das Salz, etwa 10 Eßlöffel Wasser und das Ei hineingeben; alles von außen nach innen zu einen Teig kneten. Den Teig in Pergamentpapier wickeln und 60 Minuten im Kühlschrank ruhen lassen. Den Backofen auf 230° vorheizen. Den Teig ausrollen und 12 Törtchen-Formen damit auslegen. Das Pflaumenmus darauf verteilen. Aus dem restlichen Teig kleine Stränge formen und diese gitterartig auf die Füllung legen. Die Teiggitter mit dem verquirlten Eigelb bestreichen und die Törtchen im Ofen auf der mittleren Schiebeleiste in 20–25 Minuten backen.

Schweizer Wähen

MÜRBETEIGKUCHEN

250 g Mehl, 1 Prise Salz
100 g Butter
2 Eßl. Schweineschmalz
1 Eßl. zerlassene Butter

Das Mehl mit dem Salz auf ein Backbrett geben. Die Butter und das Schmalz darauf verteilen, etwa 3 Eßlöffel kaltes Wasser in die Mitte träufeln und alles zu einem festen Teig verkneten. Den Teig 60 Minuten kühl stellen.
Den Backofen auf 200° vorheizen. Den Teig etwa 3 mm dick ausrollen. Eine Springform von 22 cm Ø damit auslegen und einen Rand formen. Den Mürbeteig in der Form mit der Butter bestreichen. Alufolie in der Größe der Form ausschneiden, mit Butter bestreichen und auf den Teigboden und den -rand drücken. Den Kuchen im Ofen 10 Minuten backen, die Folie entfernen und den Kuchen weitere 5–8 Minuten backen. Dann abkühlen lassen.

Käsewähe
(im Bild links)

1 Zwiebel,
je 150 g Emmentaler und Greyerzer Käse (Gruyère)
2 Eßl. Öl
1 Messersp. Paprikapulver, scharf
2 Eier
⅛ l Milch
1 Eßl. Mehl
⅛ l Sahne
¼ Teel. Salz
1 Prise geriebene Muskatnuß

Den Backofen auf 175° schalten. Die Zwiebel schälen und würfeln. Den Käse grobreiben und mischen. Die Zwiebelwürfel in dem Öl glasig braten, vom Herd nehmen und mit dem Paprika bestreuen. Die Hälfte des Käses auf den vorgebackenen Mürbeteigboden streuen. Darauf die Zwiebelwürfel verteilen und den restlichen Käse. Die Eier mit der Milch, dem Mehl, der Sahne, dem Salz und dem Muskat verquirlen; über den Käse gießen. Den Kuchen im Ofen 10 Minuten backen. Dann die Temperatur auf 220° schalten und die Wähe weitere 15 Minuten backen.

Apfelwähe
(im Bild rechts)

1 kg Äpfel
10 Eßl. Zucker
1 Ei
⅛ l Sahne
2 Eßl. Mehl
1 Eßl. Cognac
150 g Aprikosenkonfitüre

Den Backofen auf 200° vorheizen. Die Äpfel schälen, vierteln, vom Kerngehäuse befreien und in dünne Scheiben schneiden. 8 Eßlöffel Zucker mit den Apfelscheiben mischen und diese auf den vorgebackenen Mürbeteigboden geben. Den Kuchen 20 Minuten backen. Das Ei mit der Sahne, dem restlichen Zucker, dem Mehl und dem Cognac verquirlen und über die heißen Äpfel gießen. Den Kuchen weitere 15 Minuten backen. Die Konfitüre mit 1 Eßlöffel Wasser verrühren, erhitzen, durch ein Sieb streichen und die Apfelwähe damit bepinseln.

Leberknödelsuppe

350 g Rinderleber
8 altbackene Brötchen
1 Teel. Salz
⅜ l lauwarme Milch
½ Zwiebel
2 Eßl. gehackte Petersilie
1 Eßl. Butter, 2 Eier
1 Messersp. getrockneter Majoran
2 Messersp. weißer Pfeffer
1 l Fleischbrühe

Die Leber schaben oder durch den Fleischwolf drehen. Die Brötchen in hauchdünne Scheiben schneiden, mit dem Salz bestreuen und die lauwarme Milch darübergießen. Die Brötchen zugedeckt 60 Minuten durchziehen lassen. Die Zwiebel schälen und kleinwürfeln. Die Zwiebelwürfel mit der Petersilie in der Butter anbraten und abkühlen lassen. 2½ l Salzwasser zum Kochen bringen. Die Eier verquirlen und mit dem Majoran, dem Pfeffer, der Zwiebel-Petersilie-Mischung und der Leber zu den Brötchen geben. Die Masse gut durchkneten. Einen Probekloß in das leicht kochende Salzwasser legen. Sollte der Probekloß zerfallen, noch einige Eßlöffel Semmelbrösel unter den Teig mischen. Aus der Masse 8 Klöße formen, alle in das leicht kochende Salzwasser legen und in 20 Minuten im offenen Topf gar ziehen lassen; sie sind gar, wenn sie an die Wasseroberfläche steigen und sich leicht drehen. Die Fleischbrühe erhitzen und die Knödel darin servieren.

Tiroler Speckknödel

6 altbackene Brötchen
200 g gekochtes, geräuchertes Schweinefleisch
100 g fetter Speck
½ kleine Zwiebel
1 Eßl. gehackte Petersilie
5 Eßl. Mehl
2 Eier
je 1 Prise Salz und weißer Pfeffer
¼ l kalte Milch
1 Teel. Salz

Die Brötchen in etwa 1 cm große Würfel schneiden. Das Fleisch und den Speck sehr klein würfeln. Die Zwiebel schälen und feinhacken. Den Speck in einer großen Pfanne glasig ausbraten, die gehackte Zwiebel und die Petersilie zugeben und unter Rühren mitbraten. Dann die Fleisch- und die Brotwürfel zufügen und alles unter Umwenden bei milder Hitze etwa 10 Minuten rösten. Die Masse in eine Schüssel geben und mit dem Mehl mischen. Die Eier mit dem Salz, dem Pfeffer und der Milch verquirlen und über die Brötchenmasse gießen. Die Masse gut durchkneten, fest zusammendrücken und 10 Minuten ruhen lassen. 3 l Wasser mit dem Salz zum Kochen bringen. Aus der Brötchenmasse 8 Knödel formen, diese in das kochende Salzwasser legen und bei milder Hitze in 15–20 Minuten gar ziehen lassen.
Das schmeckt dazu: Sauerkraut.

Wiener Salonbeuschel

je 400 g Kalbslunge und Kalbsherz
1 Bund Suppengrün
6 Pfefferkörner
1 Teel. Salz, 1 Lorbeerblatt
1 Zweig Thymian
Saft von 1 Zitrone
1 kleine Zwiebel
2 Essiggurken, 10 Kapern
4 Zweige Petersilie
1 Stück Zitronenschale
2 Eßl. Mehl
1 Messersp. Zucker
4 Eßl. Schweineschmalz
1 Teel. Senf
1 Schuß Estragonessig
1 Spritzer Worcestersauce

Die Kalbslunge und das -herz waschen. Das Suppengrün grob zerschneiden. Die Pfefferkörner zerquetschen. Das Fleisch mit Wasser bedeckt mit dem Salz, den Gewürzen und dem Suppengrün zugedeckt 60 Minuten kochen lassen. Das Fleisch in feine Streifen schneiden und mit dem Zitronensaft mischen. Die Zwiebel schälen und mit den Essiggurken, den Kapern, der Petersilie und der Zitronenschale feinhacken. Das Mehl und den Zucker im Schmalz anbraten. Das gehackte Gemüse mitbraten. Mit durchgeseihter Kochbrühe aufgießen, bis eine dickflüssige Sauce entsteht; bei milder Hitze 30 Minuten kochen lassen. Die Sauce mit dem Senf, dem Essig und der Worcestersauce abschmecken. Die Fleischstreifen zufügen und alles weitere 15 Minuten köcheln lassen.
Das schmeckt dazu: Semmelknödel.

Zwiebelrostbraten

4 Scheiben Rindfleisch von je 150 g, aus der runden Nuß
4 Zwiebeln
4 Eßl. Schweineschmalz
1 Teel. Salz
½ Teel. weißer Pfeffer
2 Eßl. Butter
1 Tasse Kalbfleischbrühe
eventuell 1 Schuß Weinessig

Das Fleisch waschen, trockentupfen, gleichmäßig flachdrükken und die Ränder einschneiden. Die Zwiebeln schälen und in Ringe schneiden. Das Schmalz in einer großen Pfanne stark erhitzen. Die Fleischscheiben von jeder Seite etwa 2 Minuten darin braten; sie sollen außen braun werden und innen noch leicht blutig sein. Das Fleisch nach dem Wenden salzen und pfeffern, aus der Pfanne nehmen und warm stellen. Die Zwiebelringe im Schmalz goldgelb anbraten. Das Schmalz aus der Pfanne abgießen, die Butter darin zerlassen und die Zwiebelringe darin wenden. Die Fleischbrühe zu den Zwiebelringen gießen, alles kurz kochen lassen und nach Belieben die Zwiebelsauce mit einem Schuß Essig abschmecken. Die Zwiebeln mit der Sauce über die Fleischscheiben gießen und servieren.
Das schmeckt dazu: Essiggurken oder grüne Bohnen und Bratkartoffeln.

Steirisches Wurzelfleisch

800 g Schweineschulter
1 große Zwiebel
2 Möhren
¼ Sellerieknolle
1 Kohlrübe
4 große Kartoffeln
1 Knoblauchzehe
1 Teel. Salz
2 Messersp. weißer Pfeffer
2 Gewürznelken
½ Lorbeerblatt
1 Eßl. Essig
1 Eßl. geriebener Meerrettich
2 Eßl. gehackte Petersilie

Das Fleisch waschen und in etwa 3 cm große Würfel schneiden. Die Zwiebel schälen und würfeln. Die Möhren schaben, waschen und in Stifte schneiden. Die Sellerieknolle und die Kohlrübe schälen, waschen und ebenfalls in Stifte schneiden. Die Kartoffeln schälen, waschen und vierteln. Die Knoblauchzehe schälen, grob zerkleinern, mit dem Salz bestreuen und zerdrücken. Das Fleisch mit dem vorbereiteten Gemüse, dem Knoblauch, dem Pfeffer, den Gewürznelken und dem Lorbeerblatt in einen Topf geben; mit Wasser bedeckt zum Kochen bringen und zugedeckt 30 Minuten kochen lassen. Die Kartoffelviertel zugeben und alles in weiteren 20 Minuten garen. Das Lorbeerblatt entfernen. Den Eintopf mit dem Essig, dem Meerrettich und wenn nötig noch mit etwas Salz und Pfeffer abschmecken. Zugedeckt noch so lange kochen lassen, bis das Fleisch wirklich weich ist. Den Eintopf vor dem Servieren mit der gehackten Petersilie bestreuen.

Wiener Tafelspitz

Zutaten für 6 Personen:
1 kg Rindfleisch aus dem hinteren Teil der Lende oder aus der Unterschale
1 Teel. Salz, 1 Zwiebel
2 große Möhren
¼ Sellerieknolle
1 Petersilienwurzel
2 Stangen Lauch/Porree

Das Fleisch waschen. 2½ l Wasser mit dem Salz erhitzen. Das Fleisch in das heiße Wasser legen und zum Kochen bringen; den sich bildenden Schaum abschöpfen. Das Fleisch bei milder Hitze, bis auf einen Spalt breit zugedeckt, 1½ Stunden kochen lassen. Die Zwiebel schälen und in Ringe schneiden. Die Möhren und den Sellerie schaben oder schälen und in dünne Stifte schneiden. Die Petersilienwurzel waschen und halbieren. Vom Lauch die dunkelgrünen Blätter entfernen, die Stangen waschen, in 5 cm lange Stücke schneiden und diese längs halbieren. Das Gemüse zum Fleisch geben und kochen lassen, bis das Fleisch und das Gemüse weich sind. Das Fleisch in etwa 1 cm dicke Scheiben schneiden und auf einer vorgewärmten Platte anrichten. Das Gemüse auf die Fleischscheiben geben und einige Eßlöffel heiße Brühe daraufgießen.
In Österreich ißt man zum Tafelspitz Bratkartoffeln und feingeschnittene, sautierte grüne Bohnen.

Buchteln

500 g Mehl
30 g Hefe
50 g Zucker
¼ l lauwarme Milch
40 g Butter
2 Eier
1 Teel. Salz
abgeriebene Schale von 1 Zitrone
Für die Form: 75 g Butter
Zum Besieben: Puderzucker

Das Mehl in eine Schüssel sieben. In die Mitte eine Vertiefung drücken, die zerbröckelte Hefe mit etwas Zucker, Milch und Mehl darin verrühren und 15 Minuten gehen lassen. Die Butter zerlassen, mit dem übrigen Zucker, der restlichen Milch, den Eiern, dem Salz und der Zitronenschale zum Hefevorteig geben und alles verkneten. Den Teig schlagen, bis er Blasen wirft; nochmals zugedeckt 15–20 Minuten gehen lassen.
Den Backofen auf 220° vorheizen. Die Butter in einer feuerfesten Form oder Bratreine zerlassen. Aus dem Teig etwa 50 g schwere Kugeln formen, in der Butter wenden und nebeneinander in die Form setzen. Die Buchteln 20–30 Minuten im Ofen backen. Vor dem Servieren mit Puderzucker besieben.

Unser Tip
Wenn die Buchteln heiß serviert werden, reicht man eine Vanillesauce dazu; ofenfrisch aber abgekühlt ißt man sie ohne Sauce.

Apfelstrudel

250 g Mehl, 1 Prise Salz, 1 Ei
1 Eßl. zerlassene Butter
50 g Rosinen, 1 Eßl. Rum
1 kg säuerliche Äpfel
Saft von 1 Zitrone
100 g Zucker
50 g geriebene Haselnüsse
⅛ l saure Sahne (Sauerrahm)
1 Messersp. gemahlener Zimt
⅛ l Sahne
Für das Backblech: Butter
Zum Bestreichen:
80 g zerlassene Butter
⅛ l Sahne

Aus dem Mehl, dem Salz, dem Ei und etwa ⅛ l lauwarmem Wasser einen Teig kneten. 2 Kugeln formen, mit der zerlassenen Butter bestreichen und unter einer angewärmten Schüssel 60 Minuten ruhen lassen.
Die Rosinen waschen, trockentupfen und mit dem Rum begießen. Die Äpfel schälen, vierteln, vom Kerngehäuse befreien, in feine Scheiben schneiden, mit dem Zitronensaft beträufeln und mit dem Zucker, den geriebenen Nüssen, den Rosinen, dem Sauerrahm und dem Zimt mischen. Den Backofen auf 200° vorheizen.
Die beiden Teigstücke nacheinander auf einem großen, leicht bemehlten Tuch dünn ausrollen. Den Teig dann über beiden Handrücken papierdünn dehnen, wieder auf das Tuch legen, mit Sahne bestreichen; Apfelfüllung darauf verteilen. Den Strudel aufrollen, auf das gefettete Backblech legen und mit zerlassener Butter bestreichen; im Ofen 60 Minuten backen. Sobald der Strudel Farbe annimmt, öfters mit Butter bestreichen und mit der Sahne beträufeln.

Kaiserschmarrn

4 Eßl. Rosinen, 2 Teel. Rum
250 g Mehl, 1 Messersp. Salz
4 Eigelbe, 2 Eßl. Zucker
½–1 Tasse kalte Milch
4 Eiweiße, 4 Eßl. Butter
Zum Besieben: Puderzucker

Die Rosinen heiß waschen, trockentupfen und mit dem Rum beträufeln. Das Mehl mit dem Salz, den Eigelben, 1 Eßlöffel Zucker und so viel Milch verquirlen, daß ein dickflüssiger Teig entsteht. Die Eiweiße mit dem restlichen Zucker steif schlagen und den Eischnee unter den Teig heben. Die Butter in einer Pfanne zerlassen, den Teig zugießen und die Rum-Rosinen daraufstreuen. Den Pfannkuchen braten, bis die untere Seite knusprig braun ist, dann umdrehen und von der anderen Seite Farbe annehmen lassen. Den Pfannkuchen dann mit 2 Gabeln in kleine Stückchen reißen. Den »Schmarrn« noch einige Minuten in der Pfanne ausdämpfen lassen, auf eine vorgewärmte Platte geben; mit Puderzucker besieben.

Unser Tip
In Österreich ißt man zum Kaiserschmarrn »Zwetschgenröster«. Dafür werden 1 kg reife Pflaumen halbiert, entkernt und mit je 5 Eßlöffel Weißwein, Wasser, Zucker und 1 Prise Zimt bei milder Hitze gedünstet, bis die Haut der Pflaumen beginnt, sich zu ringeln. Das Kompott dann erkalten lassen.

Marillenknödel

5 Eßl. zerlassene Butter
250 g Speisequark
1 Prise Salz, 2 Eier
120–150 g Mehl
500–750 g Aprikosen (Marillen)
je Aprikose 1 Stück Würfelzucker
1 Teel. Salz
100 g Semmelbrösel
2 gehäufte Eßl. Zucker
80–100 g Butter

Die Butter mit dem Quark, dem Salz, den Eiern und so viel Mehl verkneten, daß ein weicher Teig entsteht. Den Teig zu einem Laib formen und zugedeckt etwa 30 Minuten ruhen lassen. Die Aprikosen waschen, abtrocknen, entsteinen und in jede Aprikose 1 Stück Würfelzucker stecken. 3 l Wasser mit dem Salz zum Kochen bringen. Den Quarkteig auf einem bemehlten Brett etwa 1 cm dick auseinanderdrücken und 5 cm große Quadrate ausschneiden. Jede Aprikose in ein Teigstück hüllen und den Teig zusammendrücken. Die Knödel in das leicht kochende Salzwasser legen und in 8–10 Minuten gar ziehen lassen. Die Semmelbrösel mit dem Zucker in der Butter goldbraun braten und über die Knödel streuen.

Unser Tip
Sie können die Marillen auch mit einem Teig aus 800 g gekochten, geriebenen Kartoffeln, 250 g Mehl, 5 Eßlöffel Grieß, 50 g Butter und 2 Eiern umhüllen.

Topfen-palatschinken

⅛–0,2 l Milch, 1 Ei
1 Prise Salz, 1 Teel. Zucker
150 g Mehl
4 Eßl. Butter
Für die Füllung:
4 Eßl. Rosinen
je 70 g Butter und Zucker
1 Prise Salz
abgeriebene Schale von ¼ Zitrone
3 Eigelbe
300 g Speisequark (Topfen)
⅛ l Sahne, 3 Eiweiße
2 Eßl. Zucker
Zum Begießen: 1 Ei
⅛ l Milch, 1 Eßl. Zucker
Für die Form: Butter
Zum Besieben: Puderzucker

Die Milch mit dem Ei, dem Salz und dem Zucker verquirlen; so viel Mehl unterrühren, daß ein dünnflüssiger Teig entsteht. Die Butter zerlassen und aus dem Teig dünne Pfannkuchen von etwa 15 cm ∅ backen. Die Rosinen heiß waschen und trockentupfen. Die Butter mit dem Zucker, dem Salz, der Zitronenschale und den Eigelben schaumig rühren. Den Topfen, die Sahne und die Rosinen untermischen. Die Eiweiße mit dem Zucker zu Schnee schlagen und unter die Topfenmasse heben.
Den Backofen auf 180° vorheizen. Eine feuerfeste Form mit Butter ausstreichen. Die Topfenmasse auf die Palatschinken streichen, diese aufrollen und nebeneinander in die Form legen. Das Ei mit der Milch und dem Zucker verquirlen, über die Palatschinken gießen und diese im Ofen in 20 Minuten goldbraun backen; mit Puderzucker besieben.

Salzburger Nockerln

6 Eier
50 g Zucker
40 g Mehl
Mark von ½ Vanilleschote
Für die Form: 3 Eßl. Butter
Zum Besieben: Puderzucker

Den Backofen auf 220° vorheizen.
Die Eier in Eiweiße und Eigelbe trennen. Die Eiweiße in einer Schüssel steif schlagen; dabei nach und nach den Zukker einrieseln lassen. Die Eigelbe mit 2 Eßlöffel Eischnee mischen und zum Eischnee geben. Das Mehl darübersieben und das Vanillemark darauf verteilen. Das Mehl und die Eigelbe behutsam aber rasch unter den Eischnee heben. Die Butter in einer feuerfesten Form zerlassen. Von der Schaummasse mit zwei Eßlöffeln 3 gleichgroße Nockerln abstechen und in die Form setzen. Die Nockerln auf der mittleren Schiebeleiste in 4–8 Minuten goldbraun backen, mit Puderzucker besieben und gleich servieren.

Unser Tip

Salzburger Nockerln, die ja eigentlich ein Eiersoufflé sind, vertragen keine Zugluft, wenn sie aus dem Ofen kommen, da sie sonst gleich zusammenfallen würden. Die Gebilde sind sogar dann schon gefährdet, wenn Sie die Auflaufform etwas unsanft auf den Tisch stellen.

Rinderfilet mit Serviettenknödel

SVÍČKOVÁ/KNEDLIKY

Für den Braten:
3 Zwiebeln
½ kleine Sellerieknolle
1 Möhre, 1 Pastinake
75 g fetter Speck
750 g Rinderfilet
1 Teel. Salz
2 Messersp. Pfeffer
4 Pfefferkörner
2 Gewürznelken
1 Lorbeerblatt
2 Eßl. Butter
¼ l Fleischbrühe
2 Eßl. Mehl, ¼ l saure Sahne
1 Eßl. Zitronensaft
1 Messersp. Salz
1–2 Prisen Pfeffer
Für den Serviettenknödel:
6 Brötchen, 1 Zwiebel
½ Bund Petersilie
5 Eßl. Butter, 125 g Mehl
½ Teel. Salz
je 2 Messersp. Pfeffer und geriebene Muskatnuß
⅛ l Milch, 2 Eigelbe
3 Teel. Salz

Das Gemüse schälen oder schaben, waschen und mit dem Speck in kleine Würfel schneiden.
Den Backofen auf 220° vorheizen. Das Fleisch waschen, abtrocknen, gegebenenfalls das dünne Ende umschlagen und festbinden. Das Filet mit dem Salz und dem Pfeffer einreiben und mit dem Gemüse, dem Speck und den Gewürzen in einen Bräter legen. Die Butter zerlassen und das Filet damit beträufeln. Das Fleisch im offenen Bräter 20 Minuten auf der mittleren Schiebeleiste im Backofen garen; nach 10 Minuten Bratzeit wenden. Die Fleischbrühe zum Kochen bringen. Den Backofen auf 180° zurückschalten. Die Fleischbrühe über das Gemüse gießen und das Filet in weiteren 15–20 Minuten fertig braten. Den Braten im abgeschalteten Backofen warm halten. Die Garflüssigkeit durchseihen, in den Bräter zurückgießen und auf dem Herd zum Kochen bringen. Das Mehl mit der sauren Sahne verquirlen, mit 2 Eßlöffel Garflüssigkeit mischen und die Sauce damit binden. Mit dem Zitronensaft, dem Salz und dem Pfeffer abschmecken. Das Rinderfilet in dünne Scheiben schneiden und die Sauce dazu reichen.
Für den Serviettenknödel die Brötchen und die geschälte Zwiebel kleinwürfeln. Die Petersilie feinhacken. 3 Eßlöffel Butter zerlassen und die Brotwürfel darin unter Wenden anbraten, dann in eine große Schüssel geben. 1 Eßlöffel Butter in der Pfanne zerlassen, die Zwiebel darin glasig braten und zu den Brotwürfeln geben. Das Mehl mit dem Salz, dem Pfeffer, dem Muskat und der Petersilie unterrühren. Die Milch erwärmen, mit den Eigelben verquirlen und über die Brotmischung gießen; alles vermengen und 20 Minuten ruhen lassen. 3 l Wasser mit dem Salz in einem hohen Topf zum Kochen bringen. Die restliche Butter zerlassen und eine große Serviette damit bestreichen. Die Brötchenmasse daraufgeben und laibartig formen. Die Serviette zubinden und einen langen Kochlöffelstiel unter den Knoten schieben. Den Kloß in das kochende Wasser hängen und in 40 Minuten garen. Dann kalt abschrecken und in Scheiben schneiden.

Geschmortes Kaninchen

ZAJÍE NA ČERNE

1 Kaninchen
100 g fetter Speck
1 große Zwiebel, 3 Eßl. Butter
1 Lorbeerblatt
½ Teel. getrockneter Thymian
6 schwarze Pfefferkörner
6 Pimentkörner
1 Stück Zitronenschale
1 Teel. Salz, 2 Eßl. Mehl
2 Eßl. Rotweinessig
1 Eßl. Farinzucker

Das Kaninchen schon beim Kauf in 8 Teile zerlegen lassen. Die Kaninchenstücke mit einem mit Essigwasser befeuchteten Tuch abreiben. Den Speck und die Zwiebel würfeln. Den Speck in einem Topf ausbraten, 1 Eßlöffel Butter zufügen und die Zwiebelwürfel darin glasig braten. Die Gewürze mit der Zitronenschale und dem Salz zugeben. Die Kaninchenteile einlegen und so viel warmes Wasser zugießen, daß das Fleisch knapp davon bedeckt ist. Zugedeckt bei milder Hitze 1½–2 Stunden schmoren lassen.
Die übrige Butter zerlassen, das Mehl anstäuben und glattrühren. Nach und nach mit Kochflüssigkeit aufgießen, bis eine dicke Sauce entsteht. Den Essig und den Zucker zufügen und unter Rühren 5 Minuten kochen lassen. Die Kaninchenteile in einer Schüssel warm stellen. Die restliche Kochflüssigkeit in die Sauce seihen, aufkochen lassen und über das Fleisch gießen.

Böhmische Schinkenfleckerl

1 Eßl. Salz
400 g Bandnudeln
300 g gekochter Schinken
1 Zwiebel
5 Eßl. Butter
3 Eier
⅛ l saure Sahne
1 Teel. Salz
1 Messersp. geriebene Muskatnuß
1 Messersp. schwarzer Pfeffer
Für die Form: Butter

3 l Wasser mit dem Salz zum Kochen bringen. Die Bandnudeln zerbrechen, in das kochende Salzwasser geben und in etwa 10 Minuten garen; die Nudeln sollen »bißfest« sein. Dann abgießen, kurz mit kaltem Wasser überbrausen und abtropfen lassen.
Den Backofen auf 200° vorheizen. Eine feuerfeste Form mit Butter ausstreichen. Den Schinken würfeln, die Zwiebel schälen und hacken. 2 Eßlöffel Butter in einer Pfanne zerlassen. Die Zwiebel darin goldgelb braten. Die Zwiebel und die Schinkenwürfel mit den Nudeln mischen. Die Eier mit der sauren Sahne, dem Salz, dem Muskat und dem Pfeffer verquirlen. Die Schinkennudeln in die Form füllen und mit der Eiersahne übergießen.
Den Auflauf im Backofen auf der mittleren Schiebeleiste 30 Minuten backen. Danach die restliche Butter in Flöckchen auf dem Nudelauflauf verteilen, mit Alufolie abdekken und die Schinkenfleckerl weitere 10 Minuten backen.
Das schmeckt dazu: Kopfsalat mit Tomaten und Kräutern.

Pflaumenmus-taschen

POVIDLOVĚ TAŠKY

300 g Mehl, 2 Eier
2 Messersp. Salz
250 g Pflaumenmus (Powidl)
1 Schnapsglas Rum (2 cl)
½ Teel. gemahlener Zimt
1 Eigelb, 2 Teel. Salz
100 g Butter
200 g Semmelbrösel
Zum Besieben:
3 Eßl. Puderzucker

Aus dem Mehl, den Eiern, dem Salz und ½ Tasse Wasser einen glatten Teig kneten und diesen zugedeckt 30 Minuten ruhen lassen. Das Pflaumenmus mit dem Rum und dem Zimt verrühren. Den Teig etwa 2 mm dick ausrollen und Scheiben von 9 cm ∅ ausschneiden. Auf jede Scheibe 1 Eßlöffel Pflaumenmus geben, die Teigränder mit Eigelb bestreichen, die Scheiben zusammenklappen und die Ränder gut festdrükken. 3 l Wasser mit dem Salz zum Kochen bringen. Die Taschen einlegen und in 8 Minuten bei milder Hitze garen; dann abtropfen lassen. Die Butter zerlassen, die Semmelbrösel darin goldgelb braten, die »Powidltascherl« darin wenden, mit restlichen Semmelbröseln bestreuen und mit dem Puderzucker besieben.

Unser Tip
Den Teig können Sie auch aus 750 g geriebenen Pellkartoffeln, 250 g Mehl, 2 Eiern und Salz bereiten.

Böhmische Liwanzen

LĬVANCY

400 g Mehl
20 g Hefe
¼ l lauwarme Milch
30 g Butter, 30 g Zucker
1 Prise Salz
abgeriebene Schale von ½ Zitrone
2 Eier
Zum Füllen:
250 g Pflaumenmus
1 Schnapsglas Rum (2 cl)
½ Teel. gemahlener Zimt
Für die Pfanne: 3 Eßl. Butter
Zum Besieben: Puderzucker

Das Mehl in eine Schüssel sieben, in der Mitte die Hefe zerbröckeln und mit ⅛ l Milch und etwas Mehl verrühren. Den Hefevorteig zugedeckt an einem warmen Platz 20 Minuten gehen lassen.
Die Butter zerlassen, mit dem Zucker, dem Salz, der Zitronenschale und den Eiern verrühren, mit der übrigen Milch zum Hefevorteig geben und alles zu einem dickflüssigen Teig rühren. Den Hefeteig 30–60 Minuten gehen lassen.
Das Pflaumenmus mit dem Rum und dem Zimt verrühren. Eine Liwanzenpfanne mit flüssiger Butter ausstreichen oder die Butter in einer Bratpfanne zerlassen. Den Hefeteig in die Liwanzenpfanne füllen und von jeder Seite goldgelb backen; oder runde Küchlein in der Bratpfanne backen. Auf die Hälfte der Küchlein jeweils 1 Eßlöffel Pflaumenmus geben, 1 zweites Küchlein daraufsetzen und dieses mit Puderzucker besieben.

Karlsbader Torte

PIŠINGRUV DORT

250 g weiche Butter
250 g Zucker
250 g Bitterschokolade
4 Eiweiße
100 g gemahlene Haselnüsse
1 Päckchen Vanillinzucker
6 große Karlsbader Oblaten
150 g Puderzucker

Die Butter mit der Hälfte des Zuckers schaumig rühren. 150 g der Schokolade zerbrechen und im Wasserbad schmelzen lassen. Die Eiweiße steif schlagen, dabei den restlichen Zucker langsam einrieseln lassen. Löffelweise die schaumig gerührte Butter in die geschmolzene, lauwarme Schokolade rühren. Die gemahlenen Haselnüsse und den Vanillinzucker unterziehen. Den Eischnee unterheben. 1 Oblate auf eine Tortenplatte legen, mit Schokoladen-Butter-Creme bestreichen und mit 1 weiteren Oblate bedecken. So fortfahren, bis die Creme und alle Oblaten verbraucht sind. Die oberste Oblate wird auch mit Creme bestrichen. Die restliche Schokolade im Wasserbad schmelzen lassen, den Puderzucker und 2–3 Eßlöffel lauwarmes Wasser zufügen und alles zu einer glatten Masse rühren. Die Oberfläche und die Seiten der Oblatentorte damit glasieren. Die Torte vor dem Servieren einige Stunden kühl stellen.

Unser Tip

Wenn Sie statt der großen Karlsbader Oblaten entsprechend viele kleinere runde Waffeln verwenden, erhalten Sie mehrere kleinere Törtchen, die sich zum Beispiel gut als Geschenk für Krankenbesuche eignen.

Hühnersuppe mit Kohlrabi

KALARÁBÉLEVES

2 Teel. Salz
2 Zwiebeln
1 Suppenhuhn
4 Kohlrabi
2 Eßl. weiche Butter
2 Eßl. Mehl
3 Eßl. gehackte Petersilie

2 l Wasser mit dem Salz zum Kochen bringen. Die Zwiebeln schälen. Das Huhn innen und außen gründlich waschen und mit den Zwiebeln ins kochende Salzwasser legen. Das Huhn bei milder Hitze in etwa 2 Stunden weich kochen. Am Anfang der Kochzeit wiederholt den sich bildenden Schaum abschöpfen.
Die Kohlrabi schälen und in etwa 1 cm große Würfel schneiden. Das gegarte Huhn aus der Brühe nehmen. Die Hühnerbrühe durch ein Sieb gießen, das Fett abschöpfen. 1½ l Brühe abmessen und wieder in den Topf gießen. Die Kohlrabiwürfel zufügen und bei milder Hitze zugedeckt in etwa 30 Minuten garen. Vom Huhn die Haut abziehen, das Fleisch von den Knochen lösen, wie die Kohlrabi in Würfel schneiden, wieder in die Brühe geben und mitkochen lassen, bis die Kohlrabi weich sind. Die Butter mit dem Mehl zu einem Kloß verkneten, diesen unter Rühren mit dem Schneebesen in der Hühnersuppe auflösen und die Suppe bei sehr milder Hitze noch weitere 10 Minuten köcheln lassen. Vor dem Servieren mit der Petersilie bestreuen.

Schweinepörkölt

SERTÉSPÖRKÖLT

600 g Schweineschulter oder Halsgrat ohne Knochen
3 Zwiebeln
4 Eßl. Schweineschmalz oder Bratfett
1 Eßl. Rosenpaprikapulver
1–2 Teel. Salz
3 grüne Paprikaschoten
1 Knoblauchzehe, 2 Tomaten

Das Fleisch waschen, abtrocknen und in etwa 3 cm große Würfel schneiden. Die Zwiebeln schälen und grob zerschneiden. Das Fett erhitzen, die Zwiebeln zufügen und glasig braten. Das Paprikapulver und 1 Eßlöffel Wasser zufügen und rasch mit den Zwiebeln verrühren. Das Fleisch zugeben, salzen und zugedeckt bei milder Hitze in etwa 50 Minuten fast weich schmoren; wenn nötig ab und zu wenig Wasser nachgießen.
Inzwischen die Paprikaschoten halbieren, von Kernen und Rippen befreien, waschen und kleinschneiden. Die Knoblauchzehe schälen, grob zerkleinern und mit etwas Salz zerdrücken. Die Tomaten häuten, vierteln und mit den Paprikaschoten und dem Knoblauch zum Fleisch geben. Alles zugedeckt noch etwa 20 Minuten kochen lassen, bis Fleisch und Gemüse weich sind.

Unser Tip
Wer das Pörkölt feuriger mag, kocht 1–2 ganze Peperoni mit, die jedoch vor dem Servieren wieder entfernt werden.

Dreimal Gulasch

Ungarisches Gulasch
MAGYAR GULYÁS
(im Bild in der Mitte)

750 g Rinderschulter oder -unterschale
5 große rote Zwiebeln
4 Eßl. Bratfett, 1 Teel. Salz
1 Eßl. Delikateß-Paprikapulver
2 Eßl. Tomatenmark
1 Teel. Kümmel
½ l heiße Fleischbrühe
1 Teel. Paprikapulver, scharf

Das Fleisch in 2 cm große Würfel schneiden. Die Zwiebeln in Ringe schneiden und in dem Fett hellgelb braten. Die Fleischwürfel zufügen und anbraten. Das Salz, den Paprika, das Tomatenmark, den Kümmel und so viel Brühe zufügen, daß das Fleisch davon bedeckt ist. Zugedeckt in 2 Stunden garen. Das Gulasch mit dem scharfen Paprika würzen.

Szegediner Gulasch
SZÉKELY GULYÁS
(im Bild links)

650 g Schweineschulter
2 Zwiebeln
3 Eßl. Schweineschmalz
1 Eßl. Rosenpaprikapulver
1 Teel. Salz, 3 Paprikaschoten
2 Knoblauchzehen
1 Teel. Kümmel
3 Eßl. Tomatenmark
500 g Sauerkraut
⅛ l saure Sahne, 2 Eßl. Mehl

Das Fleisch in 3 cm große Würfel schneiden. Die Zwiebeln kleinwürfeln und in dem Schmalz glasig braten, das Paprikapulver unterrühren und mit 3 Eßlöffel Wasser ablöschen. Wenn das Wasser verdampft ist die Fleischwürfel zufügen, salzen und zugedeckt 10 Minuten schmoren lassen. Die Schoten kleinschneiden, den Knoblauch feinhacken und mit dem Kümmel und dem mit wenig Wasser angerührten Tomatenmark zum Fleisch geben. Nach 20 Minuten das Sauerkraut unterrühren, alles in weiteren 30 Minuten garen. Die saure Sahne mit dem Mehl verrühren und das Gulasch damit binden. 10 Minuten im offenen Topf etwas einkochen lassen.

Kalbfleischpaprikas
BORJUPAPRIKÁS
(im Bild rechts)

600 g Kalbsschulter
2 Zwiebeln, 4 Eßl. Bratfett
1 Eßl. Paprikapulver, edelsüß
1 Teel. Salz
2 Paprikaschoten, 2 Tomaten
1 Becher saure Sahne (0,2 l)
2 Teel. Mehl

Das Fleisch in 3 cm große Würfel schneiden. Die Zwiebeln kleinwürfeln und in dem Fett glasig braten. Das Paprikapulver darüberstäuben und mit 2 Eßlöffel Wasser ablöschen. Die Fleischwürfel zufügen, salzen und 10 Minuten zugedeckt schmoren lassen; gelegentlich umrühren. Die Schoten und die gehäuteten Tomaten kleinschneiden und zum Fleisch geben. Alles zugedeckt in 30 Minuten garen, wenn nötig heißes Wasser zugießen. Die saure Sahne mit dem Mehl anrühren und das Gulasch damit binden.

Debrecziner Rostbraten

DEBRECENI ROSTÉLYOS

3 Zwiebeln
1 Knoblauchzehe
4 Scheiben Rinderfilet von je etwa 175 g
2 Teel. Salz, 2 Eßl. Mehl
4 Eßl. Schweineschmalz
3 Eßl. Paprikapulver, edelsüß
1 Messersp. getrockneter Majoran
½ Teel. Kümmel
750 g Kartoffeln
4 grüne Paprikaschoten
4 Tomaten
4 Paar Debrecziner Würstchen

Die Zwiebeln kleinwürfeln. Die Knoblauchzehe zerdrükken. Die Fleischscheiben leicht salzen, im Mehl wenden und im Schmalz anbraten, dann in einen großen Topf legen. Die Zwiebeln im verbliebenen Schmalz goldgelb braten. Das Paprikapulver, das restliche Salz, den Majoran, den Kümmel und den Knoblauch darüberstreuen, ½ Tasse Wasser zufügen, aufkochen lassen und über die Filets gießen. Das Fleisch in 40–50 Minuten zugedeckt gar schmoren. Wenn nötig, wenig heißes Wasser zugießen. Nach 20 Minuten Garzeit die Kartoffeln schälen und vierteln. Die Schoten kleinschneiden, die Tomaten häuten und vierteln. Die Würstchen in Scheiben schneiden. Die Kartoffeln und die Wurstscheiben neben das Gemüse auf das Fleisch legen. So viel heißes Wasser zugießen, daß alles halb davon bedeckt ist. Das Gericht zugedeckt in etwa 20 Minuten fertig garen.

Paprikahähnchen

PAPRIKÁS CSIRKE

2 Brathähnchen von insgesamt 1,2 kg
2 Zwiebeln
1 Knoblauchzehe
2 Eßl. Schweineschmalz
2 Eßl. Delikateß-Paprikapulver
1 Tasse Hühnerbrühe
⅛ l saure Sahne
1 Teel. Salz
½ Teel. weißer Pfeffer

Die Hähnchen waschen, jedes in 4 Teile zerlegen und die Hähnchenteile trockentupfen. Die Zwiebeln und die Knoblauchzehe schälen und sehr fein würfeln. Das Schmalz in einer großen Pfanne erhitzen, die Hähnchenteile einlegen und von allen Seiten gut bräunen. Die Geflügelstücke aus der Pfanne nehmen, das Fett bis auf einen kleinen Rest abgießen und die Zwiebeln und den Knoblauch im verbliebenen Schmalz goldgelb braten. Das Paprikapulver und die Hühnerbrühe unterrühren. Die Hähnchenteile wieder zufügen und zugedeckt bei milder Hitze in etwa 30 Minuten weich schmoren. Zuletzt die saure Sahne unterrühren und die Sauce mit dem Salz und dem Pfeffer abschmecken.
Das schmeckt dazu: Salzkartoffeln oder Reis und frischer grüner Salat.

Paprika-Tomaten-Gemüse

PAPRIKÁS-PARADICSOMOS LECSÓ

500 g Tomaten
500 g grüne oder gelbe Paprikaschoten
1 große Zwiebel
50 g fetter Speck
2 Teel. Paprikapulver, edelsüß
½ Teel. Salz
2 Messersp. Pfeffer

Die Tomaten häuten und vierteln. Die Paprikaschoten halbieren, von den Kernen und Rippen befreien, waschen und die Schotenhälften quer in Streifen schneiden. Die Zwiebel schälen und kleinwürfeln. Den Speck in Würfel schneiden und in einem Topf glasig braten. Die Zwiebelwürfel zufügen und unter Rühren goldgelb braten. Die Paprikastreifen zugeben und mit den Zwiebelwürfeln 5 Minuten dünsten. Dann die Tomatenviertel in den Topf geben, das Paprikapulver unterrühren. Das Gemüse mit dem Salz und dem Pfeffer würzen und zugedeckt bei milder Hitze in 30–40 Minuten sehr weich kochen. Dabei ab und zu umrühren.
LECSÓ zu Reis und Rühreiern, Omeletten oder gebratenen Debrecziner oder anderen Würstchen reichen.

Unser Tip

LECSÓ kann man auch aus anderen Gemüsesorten bereiten; beispielsweise aus Auberginen und Tomaten, aus Zucchini und Tomaten, aus Fenchel und Tomaten oder aus einem Gemisch von allen Sorten!

Bohnensuppe

PASUY

200 g weiße Bohnen
1 Teel. Salz
½ Teel. schwarzer Pfeffer
2 Zwiebeln
1 Knoblauchzehe
3 Eßl. Schweineschmalz
400 g gekochtes gewürfeltes Rindfleisch
2 kleine Dosen Tomatenmark (140 g)
280 g Maiskörner aus der Dose
150 g frische ausgehülste Erbsen
1 Eßl. gehackte Petersilie
1 Teel. getrockneter Thymian
1 Messersp. getrockneter Rosmarin

Die Bohnen 12 Stunden mit kaltem Wasser bedeckt einweichen. Das Wasser dann abgießen. 2 l frisches Wasser mit den Bohnen, dem Salz und dem Pfeffer zum Kochen bringen. Die Bohnen zugedeckt bei milder Hitze 2 Stunden kochen lassen. Die Zwiebeln schälen und würfeln. Die Knoblauchzehe schälen, grob zerkleinern und mit etwas Salz bestreut zerdrücken. Das Schmalz erhitzen, die Zwiebelwürfel und den Knoblauch darin hellgelb anbraten, das Rindfleisch zugeben und kurz mitbraten. Das Tomatenmark mit wenig Wasser anrühren und unter das Fleisch mischen.
Die Maiskörner abtropfen lassen und mit den Erbsen und der Fleischmischung zu den weißen Bohnen geben; alles bei milder Hitze 10 Minuten kochen lassen. Die Suppe mit der Petersilie, dem Thymian und dem Rosmarin würzen.

Fisch, auf Reis gebacken

RIBA PEČENA NA PIRINČU

1 bratfertiger Zander (1 kg) oder anderer Süßwasserfisch
2 Eßl. Zitronensaft
2 Zwiebeln
5 Eßl. Öl
200 g Langkornreis
¾ l Gemüsebrühe
1 Teel. Salz, 1 Messersp. Pfeffer
je 2 Eßl. Paprikapulver, edelsüß und Mehl
4 Eßl. Butter
½ Tasse Sahne
1 Zitrone

Den Fisch auf beiden Seiten mit dem Zitronensaft beträufeln. Die Zwiebeln schälen und feinwürfeln. 3 Eßlöffel Öl in einem Topf erhitzen und die Zwiebelwürfel darin glasig braten. Den Reis zufügen und unter Rühren ebenfalls glasig braten. Mit der Gemüsebrühe aufgießen und den Reis in etwa 20 Minuten garen.
Den Backofen auf 200° vorheizen. Den Fisch vom Bauch bis zum Rücken dreimal bis zur Mittelgräte einschneiden und mit dem Salz und dem Pfeffer einreiben. Das Paprikapulver mit dem Mehl mischen und den Fisch darin wenden. Eine feuerfeste Form mit dem restlichen Öl ausstreichen. Den Reis in die Form füllen und den Fisch darauflegen. Die Butter zerlassen, den Fisch damit beträufeln und mit der Sahne begießen. Im Backofen auf der mittleren Schiebeleiste in etwa 30 Minuten garen. Den Fisch mit Zitronenachtel servieren.

Djuveč

DJUVEČ SA JAGNJEĆIM MÉSOM

250 g Zwiebeln, 1 Aubergine
200 g Kürbisfleisch
4 grüne Paprikaschoten
7 Eßl. Öl
750 g Lammfleisch ohne Knochen
1 Tasse Reis
1 Teel. Salz
2 Messersp. scharzer Pfeffer
1 Eßl. Paprikapulver, edelsüß
4 Tomaten

Die Zwiebeln halbieren und in Ringe schneiden. Die Aubergine und den Kürbis schälen, die Paprikaschoten halbieren, von den Kernen und Rippen befreien, waschen und alles würfeln. 6 Eßlöffel Öl erhitzen und die Zwiebeln darin anbraten. Das Gemüse zufügen, umrühren und zugedeckt 10 Minuten dünsten. Den Backofen auf 175° vorheizen. Das Fleisch in dünne Scheiben schneiden und mit dem Reis zum Gemüse geben. Mit dem Salz, dem Pfeffer und dem Paprikapulver würzen. 1 Tasse Wasser zugießen und alles gut umrühren. Eine feuerfeste Form mit dem restlichen Öl ausstreichen und die Mischung einfüllen. Die Tomaten waschen, in Scheiben schneiden, DJUVEČ damit belegen und zugedeckt im Backofen auf der mittleren Schiebeleiste in etwa 1½ Stunden garen.
Das schmeckt dazu: grüner Salat oder Rote-Bete-Salat.

Zucchini-Musaka

MÚSAKA OD TIKVICA SA SIROM

1 kg Zucchini
1 Teel. Salz
1 Ei
1 Eßl. Mehl
5 Eßl. Öl
175 g roher Schinken
4 Eier
½ l Milch
500 g Magerquark
Für die Form: Butter

Die Zucchini schälen, längs in etwa ½ cm dicke Scheiben schneiden, mit dem Salz bestreuen und 10 Minuten ziehen lassen. Das Ei verquirlen. Die Zucchinischeiben trockentupfen, im Mehl wenden und in das verquirlte Ei tauchen. Das Öl erhitzen, die Zucchinischeiben portionsweise darin von beiden Seiten goldbraun braten und auf saugfähigem Papier abtropfen lassen. Den Backofen auf 200° vorheizen. Den Schinken würfeln. Die Eier mit der Milch verquirlen. Den Schinken und so viel Eiermilch unter den Quark rühren, daß ein dicker Brei entsteht; etwa ⅓ der Eiermilch aufbewahren. Eine feuerfeste Form mit Butter ausstreichen. Den Boden mit Zucchinischeiben belegen und diese mit Quarkmasse bestreichen. Die Zucchini und den Quark abwechselnd in die Form schichten. Die oberste Schicht Zucchinischeiben mit dem Rest der Eiermilch übergießen. Zucchini-Musaka in etwa 40 Minuten im Backofen garen.

Kesselgulasch

SATARAŠ

je 250 g Rind-, Hammel- und Schweinefleisch
3 Zwiebeln
2 Knoblauchzehen
6 Eßl. Bratfett
1 Eßl. Rosenpaprikapulver
1 Teel. Salz, 1 Teel. Kümmel
5 Tomaten, 3 Paprikaschoten
1 Tasse saure Sahne

Das Fleisch in Würfel schneiden. Die Zwiebeln feinhacken. Die Knoblauchzehen schälen und zerdrücken. Das Fett in einem Topf zerlassen und die Fleischwürfel bei starker Hitze unter Wenden darin bräunen. Die Zwiebeln und den Knoblauch zufügen und kurze Zeit mitbraten. Das Paprikapulver darüberstreuen, umrühren und sofort mit ⅛ l Wasser ablöschen. Das Fleisch mit dem Salz und dem Kümmel würzen und zugedeckt bei milder Hitze 45 Minuten schmoren lassen. Wenn nötig während der Schmorzeit wenig Wasser zugießen. Die Tomaten häuten und grobhacken. Die Schoten halbieren, waschen und kleinschneiden. Das Gemüse unterrühren, in 20–30 Minuten garen; zuletzt die saure Sahne unterrühren.

Unser Tip
Das scharfe Rosenpaprikapulver schmeckt bitter, wenn es zu lange im heißen Fett gebraten wird. Deshalb rasch unter das Fleisch rühren und mit dem Wasser auffüllen.

Hammelspieß

ŠIŠ ĆEVAP

1 kg mageres Hammelfleisch
3 Zwiebeln
3 Paprikaschoten
3 Fleischtomaten
1 Teel. Salz
1 Teel. Pfeffer
1 Eßl. Paprikapulver, edelsüß
3 Eßl. Öl

Das Fleisch waschen, abtrocknen und in 5–6 cm große Würfel schneiden. Die Zwiebeln schälen und in dicke Scheiben schneiden. Die Paprikaschoten vierteln, von Kernen und Rippen befreien, waschen und die Viertel quer halbieren. Die Tomaten waschen und je nach Größe in Sechstel oder Achtel schneiden. Die Fleischwürfel salzen und pfeffern und mit dem Paprikapulver bestreuen.

Einen großen Grillspieß einölen und jeweils 1 Fleischwürfel, 1 Stück Paprikaschote, 1 Stück Tomate und 1 Zwiebelscheibe nacheinander daraufstecken, bis alles Fleisch und Gemüse aufgespießt ist. Den Spieß mit dem Öl bestreichen. ŠIŠ ĆEVAP auf dem Rost über dem gut vorgeheizten Holzkohlengrill in 20–30 Minuten grillen, dabei mehrmals drehen. Im Elektrogrill beträgt die Grillzeit etwa 15 Minuten. Das gegarte Fleisch und Gemüse dann vom Spieß in eine Schüssel streifen.
Das schmeckt dazu: gehackte Zwiebeln und feingeschnittene Peperoni.

Hackfleischkuchen

PLJESKAVICA

je 300 g gehacktes Schweine- und Lammfleisch
3 Zwiebeln
2 Knoblauchzehen
1 große grüne Paprikaschote
1 Teel. Salz
½ Teel. schwarzer Pfeffer
½ Teel. getrockneter Oregano
1 Eßl. gehackte Petersilie
3 Eßl. Öl
4 Tomaten

Das Hackfleisch in eine Schüssel geben. Die Zwiebeln sehr fein würfeln. Die Knoblauchzehen zerdrücken. Die Schote halbieren, von Kernen und Rippen befreien, waschen und sehr klein schneiden. Die Zwiebelwürfel, den Knoblauch, die Schotenstückchen, das Salz, den Pfeffer, den Oregano und die Petersilie zum Hackfleisch geben; alles gut durchmengen. Aus dem Fleischteig etwa handtellergroße flache Kuchen formen und diese im Kühlschrank 2 Stunden durchziehen lassen.
Die Hackfleischkuchen auf einem geölten Grillrost von jeder Seite etwa 3–5 Minuten grillen. Während des Grillens wiederholt mit Öl bestreichen. Die Tomaten halbieren; 5 Minuten mitgrillen.
Zu PLJESKAVICA reicht man in Jugoslawien einen Salat aus gegarten weißen Bohnen, kleingewürfelten grünen und roten Paprikaschoten und 1 großen Zwiebel, mit einer Salatsauce aus Olivenöl, Weinessig, Salz, Pfeffer, zerdrücktem Knoblauch und etwas Oregano angemacht.

Hackfleischröllchen Fleischspieße

ĆEVAPČIĆI/RAŽNJIĆI

Für die Hackfleischröllchen:
500 g Hackfleisch halb und halb
300 g gehacktes Lammfleisch
3 Knoblauchzehen
2 Teel. Salz
½ Teel. weißer Pfeffer
3 Zwiebeln
2 Eßl. Öl
Für die Fleischspieße:
400 g Kalbfleisch
400 g mageres Schweinefleisch
4 Zwiebeln
⅛ l Öl
1 Teel. Salz

Für die Hackfleischröllchen das Fleisch zweimal durch die feinste Scheibe des Fleischwolfes drehen. Die Knoblauchzehen schälen, zerdrücken und mit dem Salz und dem Pfeffer unter das Fleisch mischen. Röllchen aus dem Fleischteig formen und einige Stunden kühl stellen.
Die Zwiebeln schälen und hakken. Die Fleischröllchen mit Öl bestreichen und auf dem Holzkohlen- oder im Elektrogrill von allen Seiten knusprig braun anbraten. Die gehackten Zwiebeln dazu reichen.
Für die Spieße das Fleisch in 2 cm große Würfel schneiden. Die Zwiebeln schälen, 2 in dünne Ringe und 2 in Würfel schneiden. Das Fleisch mit den Zwiebelringen und dem Öl mischen und 3–4 Stunden marinieren. Die Fleischwürfel auf 4 Spieße stecken und unter Umwenden knusprig braun grillen, salzen und mit den Zwiebelwürfeln servieren.

Kuttelsuppe

CHKEMBE TCHORBA

1 Zwiebel
1 rote Paprikaschote
3 Eßl. Butter, 2 Eßl. Mehl
1 kleine Dose Tomatenmark
750 g gekochte, in feine Streifen geschnittene Kutteln
1 l Fleischbrühe, 1 Teel. Salz
½ Teel. getrockneter Majoran
1 Lorbeerblatt
1 Bund Petersilie
1 Knoblauchzehe
50 g geriebener Kaškavalkäse oder ein anderer würziger geriebener Käse

Die Zwiebel in kleine Würfel schneiden. Die Paprikaschote vierteln, von den Kernen und Rippen befreien, waschen und die Schotenviertel in dünne Streifen schneiden. Die Butter in einem Topf zerlassen, die Zwiebelwürfel und Schotenstreifen unter Rühren darin glasig braten. Das Mehl darüberstäuben und das mit der gleichen Menge Wasser verrührte Tomatenmark unterrühren. Die Kutteln zugeben, mit der Fleischbrühe auffüllen, salzen und den Majoran und das Lorbeerblatt zufügen. Die Suppe bei milder bis mittlerer Hitze 30 Minuten kochen lassen. Den Deckel dabei einen Spalt breit offen lassen. Die Petersilie feinschneiden. Die Knoblauchzehe schälen und zerdrücken. Die Petersilie mit dem Käse und dem Knoblauch mischen und über die heiße Suppe streuen.

Paprikaschoten mit Käsefüllung

TSCHUSCHKI SIS SIRENE

4 hellgrüne längliche Paprikaschoten
150 g bulgarischer Schafkäse »sirene« oder griechischer Feta, 1 Ei
eventuell saure Sahne
½ Teel. Salz, 4 Eßl. Öl

Den Backofen auf 200° vorheizen. Die Paprikaschoten waschen und abtrocknen. Die Schoten zum Häuten nebeneinander auf ein Backblech legen, in den Backofen schieben und so lange dort lassen, bis sie sich dunkelbraun gefärbt haben und die Haut aufspringt. Die Schoten dann etwa 10 Minuten in einem geschlossenen Topf stehen lassen. Die Haut von den Schoten abziehen, die Schoten längs aufschneiden und auseinanderklappen. Die Kerne und Rippen entfernen. Den Käse mit einer Gabel zerdrücken und das Ei unterrühren. Der Käse soll sämig und nicht fest sein; gegebenenfalls etwas saure Sahne zufügen. Die Schoten mit der Käsemasse füllen, zusammenklappen, mit der Öffnung nach oben in eine feuerfeste Form legen, mit dem Salz bestreuen und mit dem Öl beträufeln. Den Backofen auf 180° schalten. Die gefüllten Paprikaschoten in etwa 40 Minuten im Backofen garen. Zu diesem einfachen, aber sehr schmackhaften Gericht ißt man in Bulgarien nur frisches Weißbrot.

Ente auf Sauerkraut

PATKA SIS SELE

1 junge Mastente mit den Innereien
100 g Langkornreis
100 g gehackte Walnußkerne
je 2 Messersp. schwarzer Pfeffer und Cayennepfeffer
1 Teel. getrockneter Majoran
1½ Teel. Salz
¼ Teel. weißer Pfeffer
2 Zwiebeln
4 Eßl. Schweineschmalz
1 kg Sauerkraut
2 Eßl. Paprikapulver, edelsüß

Die Ente waschen und trockentupfen. Die Innereien waschen und kleinschneiden. Den Reis waschen, gut abtropfen lassen und mit den Innereien, den gehackten Nüssen, dem schwarzen Pfeffer, dem Cayennepfeffer, dem Majoran und ½ Teelöffel Salz mischen. Die Ente mit der Reismischung nicht zu prall füllen und zunähen. Die gefüllte Ente mit dem restlichen Salz und dem weißen Pfeffer einreiben.
Den Backofen auf 190° schalten. Die Zwiebeln schälen und grobhacken. Das Schmalz in einer großen Bratreine auf dem Herd erhitzen und die Zwiebeln darin goldgelb braten. Das Sauerkraut zufügen, zerpflücken und mit den Zwiebeln und dem Paprika mischen. Die Ente mit der Brustseite nach unten auf das Sauerkraut betten und im Backofen auf der zweiten Schiebeleiste von unten in etwa 3 Stunden garen. Das Geflügel nach etwa 2 Stunden wenden.
Die Ente tranchieren und auf dem Sauerkraut anrichten.

Sauerkrautwickel

SARMA

1 großer Kopf Weißkohl
50 g Langkornreis
½ Teel. Salz
600 g Schweinehackfleisch
350 g gehackte Zwiebeln
½ Teel. getrockneter Majoran
1 Teel. Salz
100 g Butter
2 kleine Dosen Tomatenmark
2 Prisen Cayennepfeffer
1 kg Sauerkraut
4 geräucherte Schweinerippchen

Den Kohlkopf 10 Minuten in reichlich Wasser kochen lassen; 12 große Blätter ablösen. Den Reis 10 Minuten in reichlich Salzwasser kochen lassen und kalt abschrecken. Das Hackfleisch mit 3 Eßlöffel gehackten Zwiebeln, dem Majoran und dem Salz mischen. Die dicken Rippen von den Kohlblättern flachschneiden und die Blätter mit je 2–3 Eßlöffel der Fleischfarce belegen. Die Ränder einschlagen und die Blätter aufrollen. Den Backofen auf 180° vorheizen. Die restlichen Zwiebeln in der Butter anbraten, das mit 1 Tasse Wasser verrührte Tomatenmark und den Cayennepfeffer zufügen und die Sauce mit dem Sauerkraut mischen. Die Hälfte des Sauerkrauts in eine feuerfeste Form füllen. Die Rippchen darauflegen, mit dem restlichen Sauerkraut bedecken und die Krautwickel darauflegen. Das Gericht auf dem Herd zum Kochen bringen und dann im Backofen in etwa 1½ Stunden garen.

Huhn mit Aprikosen

PUI CU CĂISE

1 Zwiebel
500 g frische Aprikosen
1 bratfertiges Jungmasthuhn oder 2 Brathähnchen von insgesamt 1,2 kg
6 Eßl. Öl
1–2 Eßl. Mehl
2 Teel. Farinzucker
1 Teel. Salz
2 Messersp. weißer Pfeffer

Die Zwiebel würfeln. Die Aprikosen waschen und entsteinen; ⅜ l Wasser erhitzen. Das Huhn oder die Hähnchen in jeweils 4 Teile zerlegen. Das Öl in einem großen Topf erhitzen. Die Geflügelteile bei starker Hitze darin rundherum braun anbraten, dann aus dem Topf nehmen. Das Öl bis auf etwa 1 Eßlöffel abgießen. Das Mehl anstäuben und rühren, bis eine glatte Masse entstanden ist; unter Rühren so viel heißes Wasser zufügen, daß eine dicke Sauce entsteht. Die Zwiebelwürfel zufügen und bei milder Hitze zerkochen lassen. Die Aprikosen unterrühren und mit dem Zucker, dem Salz und dem Pfeffer würzen. Die Geflügelteile einlegen und zugedeckt bei milder Hitze in 20–30 Minuten weich schmoren lassen.
Das schmeckt dazu: körnig gekochter Reis oder Kartoffelpüree und ein grüner Salat.

Unser Tip
PUI CU CĂISE gewinnt noch merklich an Wohlgeschmack, wenn es bereits am Vortag gekocht wird.

Siebenbürger geschichtetes Kraut

100 g Langkornreis
500 g Schweinehalsgrat
2 Zwiebeln, 1 Knoblauchzehe
250 g Speck
4 Paar Debrecziner Würstchen
2 Messersp. Salz
1 Eßl. Paprikapulver, edelsüß
750 g Sauerkraut
je ½ Tasse Milch und saure Sahne
1 Teel. Rosenpaprikapulver
½ Teel. Salz

Den Reis in 1 l Salzwasser 5 Minuten kochen; abtropfen lassen. Das Fleisch in Würfel schneiden. Die Zwiebeln und die Knoblauchzehe mit dem Speck kleinwürfeln. Die Würstchen in Scheiben schneiden. Den Backofen auf 180° vorheizen. Die Speckwürfel ausbraten und in eine Schüssel geben. Vom ausgelassenen Fett so viel zu den Speckwürfeln gießen, daß noch etwa 2 Eßlöffel in der Pfanne verbleiben. Die Fleischwürfel darin braun anbraten, salzen und zu den Speckwürfeln geben. Dann die Zwiebeln und den Knoblauch goldgelb braten, mit dem edelsüßen Paprika verrühren und zum Fleisch geben. Die Wurstscheiben anbraten und ebenfalls in die Schüssel geben. Den Bratenfond mit 1 Tasse Wasser lösen und mit den Zutaten in der Schüssel mischen. Schichtweise das Sauerkraut, die Fleischmischung und den Reis in eine feuerfeste Form geben. Die Milch mit der Sahne, dem Paprika und dem Salz verrühren; über den Reis gießen, in 60 Minuten im Backofen garen. Nach 30 Minuten 1 Tasse heißes Wasser zugießen.

Zucchini-Auflauf

DOVLĂCEI CU BRENZĂ

1 kg kleine Zucchini
2 Teel. Salz, 2 Bund Petersilie
75 g geriebener Käse
4 Eßl. Butter, 1–2 Teel. Salz
½ Teel. weißer Pfeffer
2 Tassen Crème double
1 Teel. Zucker
Für die Form: Butter
Zum Bestreuen:
2 Eßl. Semmelbrösel

Die Zucchini von Salzwasser bedeckt bei mittlerer Hitze im halb geschlossenen Topf in 10–15 Minuten nicht zu weich kochen und längs halbieren. Den Backofen auf 180° vorheizen. Die Petersilie sehr fein schneiden. Eine Auflaufform mit Butter ausstreichen und mit 1 Eßlöffel Semmelbröseln ausstreuen. Den Boden mit Zucchinihälften – mit den Schnittflächen nach oben – belegen. Die Zucchini mit geriebenem Käse bestreuen, mit Butter in Flöckchen belegen und mit Petersilie, Salz und Pfeffer bestreuen. Die übrigen Zucchini ebenso in die Form schichten, jeweils mit Käse, Butter und Petersilie bedecken, salzen und pfeffern. Auf die oberste Schicht den restlichen Käse und die übrigen Semmelbrösel streuen. Den Auflauf in 30–40 Minuten im Ofen auf der mittleren Schiebeleiste goldbraun backen. Die Crème double mit dem Zucker verrühren und dazu reichen.

Zitronensuppe

SOUPA AVGOLEMONO

1½ l Hühnerbrühe
50 g Langkornreis
4 Eier
Saft von 1 Zitrone
1–2 Messersp. Salz
1–2 Prisen weißer Pfeffer

Die Hühnerbrühe zum Kochen bringen. Den Reis waschen, abtropfen lassen und in die kochende Brühe streuen. Zugedeckt bei milder Hitze in 15–20 Minuten garen. Inzwischen die Eier leicht schaumig schlagen. Nach und nach den Zitronensaft zufügen; dabei ständig mit dem Schneebesen weiterschlagen. ¼ l der kochenden Hühnerbrühe abmessen und langsam unter die Ei-Zitronensaft-Mischung rühren. Den Topf mit der Hühnerbrühe vom Herd nehmen und die Eier-Zitronen-Sauce unter ständigem Rühren mit dem Schneebesen langsam in die Hühnerbrühe gießen. Die Suppe nochmals erhitzen, jedoch nicht mehr kochen lassen. Die Zitronensuppe mit Salz und Pfeffer abschmecken und vor dem Servieren noch 5 Minuten ziehen lassen.

Unser Tip
Mit AVGOLEMONO – Zitronensauce – werden viele griechische Gerichte wie Ragouts, Frikassees und Suppen legiert und verfeinert.

Ägäische Kalmare

KALAMARÁKJA KRASATA

800 g Kalmare, 1–2 Eßl. Salz
2–3 Fleischtomaten (etwa 350 g)
1 Bund Petersilie
2 Knoblauchzehen
½ Tasse Olivenöl
⅛ l trockener Weißwein
2 Messersp. Salz
1 Messersp. Pfeffer
1 Eßl. Zitronensaft

Den Kopf und die Fangarme der Kalmare aus dem sackförmigen Körper ziehen. Das Kalkblatt vom Körper lösen, die Innereien und den Tintenbeutel entfernen. Die Fangarme oberhalb der Augen vom Kopf schneiden und den kleinen Knorpel zwischen den Fangarmen entfernen. Körper und Fangarme waschen, alle anderen Teile wegwerfen. Die Kalmare mit dem Salz einreiben, abspülen und in Ringe schneiden. Die Tomaten häuten und in kleine Stücke schneiden. Die Petersilie feinschneiden. Die Knoblauchzehen zerdrücken. Die Kalmare im Öl anbraten. Den Wein, die Tomaten, die Petersilie und den Knoblauch zufügen, alles zugedeckt in etwa 40 Minuten weich kochen. Mit dem Salz, dem Pfeffer und dem Zitronensaft abschmecken.

Unser Tip
Bei uns sind Kalmare tiefgefroren oder in Dosen erhältlich. Tiefgefrorene werden – aufgetaut – wie frische vorbereitet; Kalmare aus der Dose sind küchenfertig.

Schafkäse in Blätterteig

TIROPITTA

2 Pakete tiefgefrorener Blätterteig (600 g)
500 g Feta (griechischer Schafkäse)
5 Eßl. Butter, 8 Eßl. Mehl
¼ l Milch, ½ Teel. Salz
2 Messersp. weißer Pfeffer
7 Eier
Für die Form und zum Bestreichen: weiche Butter

Den Blätterteig auftauen lassen. Den Käse zerdrücken. Die Butter zerlassen, das Mehl einrühren und nach und nach mit der Milch aufgießen; 5 Minuten bei milder Hitze kochen lassen. Die Sauce mit dem Salz und dem Pfeffer würzen und abkühlen lassen; dabei ab und zu umrühren. Die Eier einzeln unter die Sauce rühren und zuletzt den Käse. Den Backofen auf 200° vorheizen. Den Blätterteig zu 6 Teigscheiben von 24 cm Ø ausrollen und die Oberseiten mit Butter bestreichen. Den Boden einer ausgebutterten Springform von 24 cm Ø mit 1 Teigschicht belegen. Käsemasse daraufstreichen und diese wiederum mit Teigschicht bedecken. So fortfahren, bis die Füllung und alle Teigscheiben in die Form geschichtet sind; mit 1 Teigscheibe abschließen. Im Ofen etwa 45 Minuten backen. TIROPITTA wie eine Torte in Stücke schneiden und warm servieren.
Das schmeckt dazu: grüner oder gemischter Salat.

Rebhuhn in Weinsauce

PERDIKES KRASATES

2 küchenfertige Rebhühner
1 Teel. Salz
2 Messersp. Pfeffer
5 Eßl. Butter
¼ l trockener Rotwein
Saft von 1 Zitrone
1 Stück Zitronenschale
eventuell 1 Tasse Fleischbrühe
1–2 Messersp. Salz
1 Prise weißer Pfeffer

Die Rebhühner gründlich waschen, halbieren und trockentupfen. Das Salz mit dem Pfeffer mischen und die Innenseiten der Rebhuhnhälften damit einreiben. Die Butter in einem großen flachen Topf zerlassen und die Rebhuhnhälften darin goldbraun anbraten. Die Rebhühner dann aus dem Topf nehmen und den Bratensatz mit wenig Rotwein lösen. Den übrigen Wein, den Zitronensaft und die -schale zufügen. Die Rebhühner wieder einlegen und zugedeckt bei milder Hitze in 40–50 Minuten weich schmoren. Während dieser Zeit nach Bedarf ab und zu wenig Rotwein oder heiße Fleischbrühe seitlich zu den Rebhuhnhälften gießen.
Die Rebhühner auf einer vorgewärmten Platte anrichten. Die Sauce mit Salz und Pfeffer abschmecken und über die Rebhühner gießen.
In Griechenland reicht man dazu Kartoffelpüree oder Reis und grünen Salat oder Salat aus gekochtem Broccoli – BROCCOLA SALATA –, mit einer Salatsauce aus Olivenöl, Salz und reichlich Zitronensaft angemacht.

Musaka

MELITSANES MUSAKÁS

Zutaten für 6 Personen:
1,5 kg Auberginen
2 Eßl. Salz, 2 Zwiebeln
4 Eßl. Öl, 3 Eßl. Bratfett
600 g gehacktes Lammfleisch
1 Glas Wermutwein (5 cl)
je 1 Teel. Salz und Zucker
2 Messersp. schwarzer Pfeffer
1 Prise geriebene Muskatnuß
1 Teel. Oregano
6 Eßl. Semmelbrösel
500 g Fleischtomaten
100 g geriebener Käse
50 g Butter, 5 Eßl. Mehl
⅜ l Milch, 3 Eier
je 1 Messersp. Salz und weißer Pfeffer

Die Auberginen schälen, in dicke Scheiben schneiden, mit dem Salz bestreuen und 60 Minuten ziehen lassen. Die Zwiebeln reiben. Die Auberginenscheiben abspülen, trockentupfen und im Öl fast weich braten. Das Fett erhitzen. Das Hackfleisch mit den Zwiebeln anbraten. Den Wermut, ½ Tasse Wasser und die Gewürze zufügen. Das Lammfleisch 10 Minuten dünsten und mit den Semmelbröseln mischen. Die Tomaten in dicke Scheiben schneiden. Eine feuerfeste Form mit Auberginenscheiben auslegen, mit Käse bestreuen, Fleischmasse darauf verteilen. So fortfahren, bis alle Zutaten verbraucht sind. Auf die letzte Fleischschicht Tomatenscheiben legen. Den Backofen auf 180° vorheizen. Aus der Butter, dem Mehl, der Milch, den Eiern, dem Salz und dem Pfeffer eine Béchamelsauce bereiten, über den Auflauf gießen und diesen im Ofen 60 Minuten backen.

Gefüllte Weinblätter

DOLMATHAKIA YALADZI

3 Zwiebeln, ½ Tasse Öl
1 Tasse Langkornreis
50 g Pinienkerne
je 2 Eßl. gehackter Dill und gehackte Petersilie
½ Eßl. gehackte Pfefferminzblätter
½ Teel. Salz
2 Messersp. Pfeffer
1 Teel. Zucker
200 g Weinblätter, frisch oder aus der Dose
2 Eßl. Zitronensaft
3 Eßl. zerlassene Butter

Die Zwiebeln schälen und reiben. Das Öl in einem Topf erhitzen und die Zwiebeln mit dem Reis glasig braten. 1 Tasse heißes Wasser, die Pinienkerne, die gehackten Kräuter, das Salz, den Pfeffer und den Zucker unterrühren, zugedeckt bei milder Hitze etwa 10 Minuten kochen, dann abkühlen lassen. Frische Weinblätter überbrühen, kalt abspülen und abtropfen lassen; Weinblätter aus der Dose abtropfen lassen. Den Boden eines Topfes mit Blättern auslegen, die übrigen mit der Blattunterseite nach oben auf einer Arbeitsplatte ausbreiten. Auf jedes Weinblatt 1–2 Teelöffel Reisfüllung geben. Die Ränder über die Füllung schlagen, die Weinblätter aufrollen und in den Topf legen. Mit dem Zitronensaft, der Butter und 1½ Tassen heißem Wasser begießen, mit einem Teller beschweren und zugedeckt bei milder Hitze 30–40 Minuten kochen lassen. Die Weinblätter abgekühlt mit Zitronensauce reichen.

Gemüse aus dem Backofen

TURLU FURNO

3 Auberginen, 1 Eßl. Salz
500 g Kartoffeln
500 g Zucchini
1 Zwiebel, 1 Knoblauchzehe
1 Bund Dill
½ Bund Petersilie
1 Tasse Olivenöl, 1 Teel. Salz
2 Messersp. schwarzer Pfeffer
⅜ l heiße Fleischbrühe
2 Fleischtomaten
1 Eßl. Semmelbrösel
3 Eßl. geriebener Parmesankäse

Die Auberginen schälen, in ½ cm dicke Scheiben schneiden, mit dem Salz bestreuen und 60 Minuten ziehen lassen. Die Kartoffeln schälen und in dicke Stifte schneiden. Die Zucchini waschen und in ½ cm dicke Scheiben schneiden. Die Zwiebel und den Knoblauch schälen und sehr fein würfeln. Den Dill und die Petersilie feinschneiden. Die Auberginen abspülen, abtropfen lassen und mit den Kartoffelstiften, den Zucchinischeiben und den Kräutern mischen. Den Backofen auf 180° vorheizen. Das Öl erhitzen, die Zwiebel und den Knoblauch darin glasig braten und mit dem Salz, dem Pfeffer und der Fleischbrühe unter das Gemüse rühren; zugedeckt 60 Minuten im Backofen garen. Die Tomaten häuten und in Stücke schneiden. Die Semmelbrösel mit 1 Eßlöffel Käse mischen und mit den Tomaten nach 45 Minuten Garzeit unter das Gemüse mengen; weitergaren, bis die Tomaten fast zerfallen sind. Das Gemüse mit dem restlichen Käse bestreut servieren.

Rindfleisch mit Kastanien

KREAS ME KASTANA

500 g Eßkastanien (Maroni)
2 Zwiebeln
750 g Rinderkeule ohne Knochen
3 Eßl. Butter
1 l Fleischbrühe, 1 Teel. Salz
2 Messersp. weißer Pfeffer

Die Kastanien kreuzweise einschneiden und in Wasser kochen, bis die Schalen aufspringen. Die Kastanien schälen. Die Zwiebeln schälen und würfeln. Das Fleisch waschen, trockentupfen und in 3 cm große Würfel schneiden. Die Butter in einem Topf zerlassen und die Zwiebelwürfel darin goldgelb braten. Das Fleisch zufügen und unter Wenden rundherum bräunen. Die Fleischbrühe erhitzen, zum Fleisch gießen und das Salz und den Pfeffer zufügen. Das Fleisch bei milder Hitze zugedeckt in 1 bis 1½ Stunden garen. Etwa 20 Minuten vor Beendigung der Garzeit die Kastanien unterrühren und mit dem Fleisch weich kochen, aber nicht zerfallen lassen.

Unser Tip
Wenn keine frischen Maroni erhältlich sind, können Sie auch Kastanien aus der Dose verwenden. Die abgetropften Kastanien dann nur mit dem Rindfleisch erhitzen. – Rosenkohl ist eine landesübliche Beilage zu diesem Gericht.

Spinatpastete

SPANAKOPITTA

1 Paket tiefgefrorener Blätterteig (300 g oder Pastetenteig von 300 g Mehl, Rezept auf Seite 41)
750 g frischer Blattspinat
1 Bund Frühlingszwiebeln oder 5 Schalotten
1 Knoblauchzehe
50 g Butter, 2 Teel. Salz
¼ Teel. weißer Pfeffer
1 Prise geriebene Muskatnuß
4 Eier, ⅛ l Sahne
4–5 Eßl. Semmelbrösel
Zum Bestreichen: 1 Eigelb

Den Blätterteig auftauen lassen. Den Spinat verlesen, waschen und abtropfen lassen. Die Zwiebeln und den Knoblauch schälen und kleinwürfeln. Die Butter erhitzen. Die Zwiebeln und den Knoblauch darin glasig braten. Den Spinat zufügen, 8–10 Minuten dünsten. Den Spinat in einem Sieb abtropfen lassen, grobhacken und wieder in den Topf geben. Das Gemüse salzen und pfeffern und mit dem Muskat würzen. Die Eier mit der Sahne verquirlen und unter den Spinat rühren. Zuletzt die Semmelbrösel unter den Spinat mischen. Den Backofen auf 200° vorheizen. Ein Backblech kalt abspülen.
Den Blätterteig dünn ausrollen und zu 6 jeweils 25 × 30 cm großen Rechtecken ausschneiden. Mit 3 Teigscheiben die Hälfte des Backblechs auslegen, so daß die Teigscheiben über den Rand des Bleches hinausragen. Die Spinatmasse darauf verteilen, die Ränder über die Füllung schlagen und die restlichen Teigplatten darauflegen. Mit einem Holzspieß mehrere Löcher in die Teigdekke stechen. Die Pastete mit dem verquirlten Eigelb bestreichen und im Ofen auf der mittleren Schiebeleiste in 40–50 Minuten goldbraun backen. Die Spinatpastete auf dem Blech in gleichgroße Quadrate schneiden und heiß servieren.

Gebratene Lammleber

SIKOTAKJA LADORIGHANI I TIGHANITA

750 g Lammleber (ersatzweise Kalbsleber)
6 Eßl. Olivenöl
1 Teel. Salz
2 Messersp. weißer Pfeffer
Saft von 2 Zitronen
2 Eßl. frisches feingeschnittenes Basilikum
½ Bund Petersilie

Die Leber waschen, trockentupfen, häuten und in etwa 3 cm große Würfel schneiden, dabei alle groben Stränge entfernen. Das Öl in einer großen Pfanne erhitzen und die Leberwürfel darin bei starker Hitze unter Wenden 3 Minuten anbraten. Die Herdplatte auf milde Hitze schalten. Die Leber salzen und pfeffern, mit dem Zitronensaft beträufeln und das Basilikum darüberstreuen. Die Leberwürfel unter gelegentlichem Umrühren in weiteren 6 Minuten fertig braten. Die Petersilie waschen, abtropfen lassen und feinschneiden. Die gebratene Leber mit der Petersilie bestreuen.
Das schmeckt dazu: griechischer Bauernsalat (Rezept Seite 293).

Unser Tip
Wenn Sie frischen wilden Majoran bekommen, verwenden Sie diesen anstatt des Basilikums; jedoch nur 1 Teelöffel, da er sehr intensiv schmeckt.

Marinierte Leber

SIKOTAKJA MARINATA

750 g Kalbsleber
6 Eßl. Mehl, 1 Teel. Salz
2 Messersp. weißer Pfeffer
6 Eßl. Olivenöl
1½ Tassen Tomatensaft aus der Dose
1 Zweig Rosmarin
1 Lorbeerblatt
1 Teel. Zucker
3–4 Eßl. Rotweinessig
2 Knoblauchzehen
2 Eßl. gehackte Petersilie

Die Leber waschen, trockentupfen, häuten, von den harten Strängen befreien und in etwa 1 cm dicke Scheiben schneiden. Das Mehl mit dem Salz und dem Pfeffer mischen und die Leberscheiben darin wenden. Das Öl erhitzen. Die Leberscheiben darin in 6–8 Minuten von beiden Seiten braten, dann auf eine vorgewärmte Platte geben und warm stellen. Das restliche gewürzte Mehl in der Pfanne bräunen, mit ½ Tasse Wasser ablöschen und den Tomatensaft zugießen. Den Rosmarin, das Lorbeerblatt und den Zucker zufügen. Die Sauce mit dem Essig abschmecken; sie soll nur leicht säuerlich schmecken. Die Knoblauchzehen schälen und durch die Knoblauchpresse in die Sauce drücken. Die Sauce 5–6 Minuten köcheln lassen; den Rosmarinzweig und das Lorbeerblatt entfernen und die Sauce über die Leberscheiben gießen. Die Leber mit der Petersilie bestreuen und kalt oder warm servieren.

Lammkeule, in Pergament gegart

ARNI BOUTI STO CHARTI

750 g Lammkeule
3 Knoblauchzehen, 1 Zitrone
4 Eßl. frische gehackte Kräuter
1 Eßl. Senf
1 Teel. grüne Pfefferkörner
½ Teel. Piment
½ Teel. Kräutersalz
1 Eßl. Speisestärke
1 Teel. getrocknete Pfefferminzblätter

Die Lammkeule waschen und trockentupfen. Den Backofen auf 200° vorheizen.
Die Knoblauchzehen schälen und in Stifte schneiden. Die Schale der Zitrone abreiben; die Zitrone schälen und in Scheiben schneiden. Die Kräuter mit dem Senf, den Pfefferkörnern, der Zitronenschale, dem Piment und dem Kräutersalz zu einer Paste verrühren. Mit einem spitzen Messer kleine Löcher in die Lammkeule bohren, die Paste hineinfüllen und die Löcher jeweils mit einem Knoblauchstift wieder verschließen. Die Lammkeule auf ein großes Stück geöltes Pergamentpapier legen, die Zitronenscheiben auf der Lammkeule verteilen und das Papier über der Lammkeule zusammenschlagen. Die Keule nochmals in ungeöltes Pergamentpapier wickeln, verschnüren und im Backofen in etwa 1–1½ Stunden garen.
Die Lammkeule auswickeln; den Bratenfond auffangen. Die Keule warm halten, den Bratenfond mit wenig Wasser mischen, mit der Speisestärke binden und mit den zerriebenen Pfefferminzblättern würzen.

Gegrillte Fleischspießchen

SUWLAKJA

600 g mageres Schweine- oder Lammfleisch aus der Keule
8 Eßl. Olivenöl
4 Eßl. herber Weißwein
3 Eßl. Zitronensaft
½ Teel. schwarzer Pfeffer
1 Teel. Salz
je 1 Teel. gehackter frischer Oregano und frischer Thymian
1 Lorbeerblatt
Zum Bestreichen: Öl

Das Fleisch waschen, abtrocknen und in etwa 4 cm große Würfel schneiden und in eine Schüssel geben. Das Olivenöl mit dem Weißwein, dem Zitronensaft, dem Pfeffer und dem Salz verrühren. Die Kräuter und das kleingebrochene Lorbeerblatt untermischen. Die Marinade über die Fleischwürfel gießen und diese zugedeckt 12 Stunden im Kühlschrank durchziehen lassen. Während dieser Zeit die Fleischwürfel wiederholt in der Marinade wenden.
Den Grill vorheizen.
Die Fleischwürfel aus der Marinade nehmen und auf saugfähigem Papier abtropfen lassen. Dann auf Holz- oder Metallspieße stecken und auf dem Grillrost im Abstand von etwa 8 cm von den Grillstäben unter öfterem Wenden in etwa 20 Minuten grillen.
Das schmeckt dazu: körnig gekochter Reis mit frischen Kräutern und gegarte Möhren in Olivenöl.

Blätterteiggebäck mit Nußfüllung

BAKLAWAS

2 Pakete tiefgefrorener Blätterteig (600 g)
250 g Butter
500 g gehackte Walnußkerne
4 Eßl. Semmelbrösel
5 Eßl. Zucker, 1 Teel. Zimt
½ Teel. Nelkenpulver
200 g Zucker, 5 Eßl. Honig
Saft und abgeriebene Schale von 1 Zitrone

Den Blätterteig auftauen lassen. Die Butter zerlassen. Eine 22 × 23 cm große, 6 cm hohe Form mit wenig zerlassener Butter ausstreichen. Die Walnüsse mit den Semmelbröseln, dem Zucker und den Gewürzen mischen. Aus dem Blätterteig etwa 20 hauchdünne Platten in Größe der Form ausrollen. Den Backofen auf 180° vorheizen. 5 Teigblätter in die Form legen; jedes Blatt mit Butter bestreichen, ehe das nächste daraufgelegt wird. Nußfüllung darauf verteilen, mit 2 mit Butter bestrichenen Teigplatten bedecken, wiederum Nußfüllung daraufgeben und auf diese Weise alle Teigblätter und die Füllung verarbeiten. Die oberste Lage soll aus mehreren Teigblättern bestehen. Die BAKLAWAS in 50–60 Minuten im Backofen goldbraun backen. Nach 40 Minuten die Temperatur auf 150° zurückschalten. Den Zucker mit ¼ l Wasser, dem Honig, dem Zitronensaft und der -schale 10 Minuten kochen lassen und heiß über das fertige Gebäck gießen. BAKLAWAS vor dem Servieren abkühlen lassen.

Grießkuchen

RAVANI

160 g Mehl
3 Teel. Backpulver
2 Messersp. Salz
6 Eier, 120 g Zucker
200 g weiche Butter
abgeriebene Schale von 1 Orange
100 g Grieß
⅛ l Orangensaft
50 g Mandelstifte
Für die Form: Butter
Für den Sirup:
350 g Zucker
1 Schnapsglas Cognac (2 cl)

Eine große flache Backform mit Butter ausstreichen. Den Backofen auf 180° vorheizen. Das Mehl mit dem Backpulver und dem Salz sieben. Die Eier in Eiweiße und Eigelbe trennen. Die Eiweiße zu steifem Schnee schlagen; dabei nach und nach die Hälfte des Zukkers einrieseln lassen.
Die Butter mit dem restlichen Zucker, den Eigelben und der abgeriebenen Orangenschale schaumig rühren. Nacheinander das Mehl, den Grieß, den Orangensaft und die Mandelstifte unter die Schaummasse rühren. Den Eischnee unterheben und den Teig in die Form füllen. Den Kuchen im Ofen auf der mittleren Schiebeleiste in 40–50 Minuten goldbraun backen. Dann in der Form erkalten lassen.
Den Zucker mit ⅛ l Wasser 5 Minuten kochen und den Cognac zufügen. Den Sirup über den Kuchen gießen. RAVANI in Quadrate schneiden.

Fisch in Olivenöl

ZEYTIN YAĞI
ILE KIZARTILMIS BALIK

1 rote Meeräsche von 1 kg
2 große Zwiebeln
2 grüne Paprikaschoten
2 Knoblauchzehen
500 g Tomaten
1 Bund Petersilie
½ Tasse Olivenöl
3 Eßl. Tomatenmark
1 Teel. Salz
1 Prise schwarzer Pfeffer
12 schwarze Oliven

Den Fisch wenn nötig schuppen, innen und außen kalt abspülen und gut trockentupfen. Die Zwiebeln schälen und in Ringe schneiden. Die Schoten in Streifen schneiden. Die Knoblauchzehen schälen und durch die Knoblauchpresse drücken. Die Tomaten häuten und in Scheiben schneiden. Die Petersilie feinhacken. Das Öl erhitzen und den Fisch von beiden Seiten darin anbraten, dann aus dem Fett nehmen. Die Zwiebelringe im Öl goldgelb braten. Die Schoten zufügen und weich braten. Den Knoblauch untermischen, die Tomatenscheiben und die Petersilie darauf verteilen. Das Tomatenmark mit 1 Tasse Wasser anrühren und mit dem Salz und dem Pfeffer zugeben. Die Gemüsemischung 10 Minuten kochen lassen. Den Fisch in die Sauce legen und eventuell Wasser zugießen; er soll mit Flüssigkeit bedeckt sein. Alles 10–15 Minuten leicht kochen lassen. Die Oliven halbieren und entkernen. Den Fisch und das Gemüse auf einer Platte anrichten, die Oliven darüberstreuen. Den Fisch kalt servieren.

Weißkohl-Hackfleisch-Auflauf

LAHANA FIRINDA

1 Kopf Weißkohl von etwa 1 kg
2 Zwiebeln, 4 Eßl. Butter
300 g Hackfleisch, halb und halb
½ Teel. Salz
1 Teel. Paprikapulver, scharf
1 Teel. Tomatenmark
¼ l Fleischbrühe
75 g trockener Schafkäse
2 Eier, ¼ l Milch
Für die Form:
Butter und Semmelbrösel

Den Kohlkopf vierteln und den Strunk herausschneiden. Die Kohlviertel in Streifen schneiden, waschen und abtropfen lassen. Die Zwiebeln schälen und sehr fein würfeln. Die Butter in einem Topf zerlassen, die Zwiebeln zufügen und leicht bräunen lassen. Das Hackfleisch zugeben und 5 Minuten mit anbraten. Den Kohl, das Salz und den Paprika zum Hackfleisch geben, umrühren und bei milder Hitze 30 Minuten dünsten. Eine große, flache, feuerfeste Form mit Butter ausstreichen, mit Semmelbröseln ausstreuen und die Kohl-Hackfleisch-Masse einfüllen. Das Tomatenmark mit der Fleischbrühe verrühren und darübergießen. Die Flüssigkeit in der Form bei mittlerer Hitze auf der Herdplatte fast völlig verdunsten lassen. Das Gericht vom Herd nehmen und etwas abkühlen lassen.
Den Backofen auf 175° vorheizen. Den Käse reiben und den Auflauf damit bestreuen. Die Eier mit der Milch verquirlen und darübergießen. LAHANA FIRINDA 45 Minuten im Ofen backen.

Auberginen »Der Imam fiel um«

IMAM BAYILDI

4 mittelgroße Auberginen
3 Zwiebeln, 500 g Tomaten
3 Knoblauchzehen
5 Eßl. Olivenöl
1 Lorbeerblatt
1 Stück Zimtstange
1 Messersp. Zucker
1 Teel. Salz
1 Eßl. gehackte Petersilie
2 Eßl. gehackte Mandeln

Den Backofen auf 200° vorheizen. Die Auberginen 15 Minuten im Backofen rösten; öfters wenden und aus dem Herd nehmen. Den Backofen auf 180° schalten. Die Haut von den Auberginen abziehen. Die Früchte halbieren und bis auf einen 2 cm breiten Rand aushöhlen. Das Fruchtfleisch kleinschneiden. Die Zwiebeln in Ringe schneiden. Die Tomaten häuten und kleinschneiden. Die Knoblauchzehen schälen und durch die Knoblauchpresse drücken. 2 Eßlöffel Öl erhitzen und die Zwiebelringe darin 5 Minuten anbraten. Die Tomaten und den Knoblauch zugeben und zugedeckt 5 Minuten dünsten. Das Lorbeerblatt, die Zimtstange, den Zucker, das Salz, die Petersilie und das Auberginenfleisch zufügen und alles weitere 10 Minuten dünsten. Das Lorbeerblatt und die Zimtstange entfernen, die Mandeln unterrühren. Eine feuerfeste Form einölen, die Auberginenhälften hineinlegen, mit der Gemüsemischung füllen, mit dem restlichen Öl beträufeln und 15–20 Minuten im Backofen überbacken.

Auberginen-Fleisch-Pfanne

PATLICAN KEBABI

500 g kleine Auberginen
1 Eßl. Salz
3 Zwiebeln, 1 Knoblauchzehe
2 Fleischtomaten
750 g Lammschulter oder -keule ohne Knochen
3 Eßl. Butter
3 Eßl. Sesam- oder Sonnenblumenöl
½ Teel. Salz
2 Messersp. grobgemahlener schwarzer Pfeffer
½ l Fleischbrühe

Die Auberginen waschen, von den Stielansätzen befreien, in Stücke schneiden, mit 1 Eßlöffel Salz mischen und 30 Minuten ziehen lassen. Die Zwiebeln grobhacken und den Knoblauch zerdrücken. Die Tomaten häuten und kleinschneiden. Das Fleisch in 2 cm große Würfel schneiden. Die Auberginen abspülen und trockentupfen. Die Butter und das Öl in einer Pfanne erhitzen, die Auberginenstücke darin hellbraun braten und auf saugfähigem Papier abtropfen lassen. Die Fleischwürfel im verbliebenen Fett bei starker Hitze braun braten, dann in einen Topf geben. Die Zwiebeln in der Pfanne goldgelb braten. Die Tomaten und den Knoblauch 5 Minuten mitdünsten und alles zum Fleisch in den Topf geben. Das Salz und den Pfeffer unterrühren. Die Fleischbrühe erhitzen und dazugießen. Das Gericht zugedeckt bei milder Hitze 30 Minuten kochen lassen. Die Auberginen zufügen und alles in weiteren 30 Minuten fertig garen.

Hammelpilaw

KARIŞIK PILAV

Zutaten für 6 Personen:
500 g Langkornreis
2 Teel. Salz
100 g Lamm- oder Kalbsnieren
100 g Lamm- oder Kalbsleber
250 g mageres Hammelfleisch
3 Eßl. Butter, 2 Zwiebeln
4 Eßl. Olivenöl
2 Eßl. Pinienkerne, ½ Teel. Salz
je 1 Messersp. Pfeffer und gemahlener Zimt
1 Teel. Pimentkörner
¾ l heiße Fleischbrühe
2 Eßl. Korinthen
1 Teel. Zucker
1 Eßl. Tomatenmark
3 Eßl. feingehackter Dill

Den Reis wie im Rezept für Geflügelpilaw in Salzwasser geben und abtropfen lassen. Die Nieren 30 Minuten wässern. Die Leber und das Hammelfleisch kleinschneiden. Die Nieren abtrocknen, in Stücke schneiden; dabei Stränge und Fett entfernen. Die Butter zerlassen. Die Leber- und die Nierenstücke darin 5 Minuten anbraten und vom Herd nehmen. Die Zwiebeln feinwürfeln und in dem Öl glasig braten. Das Hammelfleisch bei starker Hitze 5 Minuten mitbraten. Den Reis zum Fleisch geben und unter Rühren glasig braten. Die Pinienkerne, die Gewürze, die Fleischbrühe, die gewaschenen Korinthen, den Zucker und das Tomatenmark zugeben. Kochen lassen, bis die Flüssigkeit fast verdampft ist. Die Leber und Nieren mit dem Bratfett und dem Dill unter das Reisfleisch mischen. Den Reis in etwa 20 Minuten ausquellen lassen.

Geflügelpilaw Istanbul

ISTANBUL-PILÂVI

Zutaten für 6 Personen:
500 g Langkornreis
2 Teel. Salz, 6 Eßl. Öl
⅜ l Hühnerbrühe
2 Messersp. Safranfäden
75 g Geflügelleber
100 g Hühnerbrüstchen
2 Eßl. abgezogene Mandeln
100 g grüne ausgehülste Erbsen
1 Teel. Salz

Die Türken waschen ihren Pilawreis nicht wie wir unter fließendem kalten Wasser, sondern geben ihn einige Zeit in Salzwasser. Den Reis zu diesem Zweck in eine Schüssel schütten und mit so viel lauwarmem Salzwasser übergießen, daß er reichlich davon bedeckt ist. Wenn das Salzwasser erkaltet ist, den Reis in einem Sieb abtropfen lassen.
Das Öl in einem Topf erhitzen. Den Reis zufügen und unter Rühren 10 Minuten anbraten. Inzwischen die Hühnerbrühe erhitzen und die Safranfäden in wenig heißem Wasser einweichen. Den Safran mit dem Einweichwasser und die Hühnerbrühe zum Reis geben. Die Geflügelleber und die Hühnerbrüstchen waschen, trockentupfen, kleinschneiden und mit den Mandeln, den Erbsen und dem Salz in die Brühe geben. Das Gericht bei mittlerer Hitze im offenen Topf unter Rühren kochen lassen, bis die Flüssigkeit verdampft ist. Den Deckel auflegen und den Reis bei sehr milder Hitze in etwa 20 Minuten ausquellen lassen. Den Pilaw auf eine Platte häufen und sehr heiß servieren.

Lammfleischspieße mit Joghurtsauce

YOĞORTLU KEBAB

1 große Zwiebel
1 Teel. Salz
750 g Lammschulter
2 Eßl. Olivenöl
4 etwa 1 ½ cm dicke Scheiben Graubrot
5 Eßl. weiche Butter
5 Tomaten
3 Becher Sahnejoghurt
1 Messersp. Salz

Die Zwiebel schälen und reiben, mit dem Salz verrühren und zugedeckt 15 Minuten ziehen lassen. Das Fleisch waschen und in große Würfel schneiden. Das Zwiebelmus durch ein Haarsieb streichen. Das Fleisch in eine Schüssel geben, mit dem Öl und der Zwiebelmasse begießen und zugedeckt 60 Minuten marinieren. Den Backofen auf 75° vorheizen. Das Brot entrinden, schwach toasten, in Würfel schneiden und in eine Schüssel geben. Die Butter schaumig rühren, auf die Brotwürfel geben und diese im vorgeheizten Backofen warm stellen.
Den Grill vorheizen.
Die Fleischwürfel trockentupfen, locker mit viel Zwischenraum auf geölte Spieße stekken, auf den geölten Grillrost legen und im Abstand von 5 cm unter den Grillstäben in 10–15 Minuten garen; dabei viermal wenden.
Die Tomaten häuten, feinhakken und bei milder Hitze unter Rühren in einer Pfanne braten, bis sie ganz zerfallen sind. Den Joghurt verrühren und salzen. Die Brotwürfel auf eine Platte geben. Das gegrillte Fleisch darauf verteilen, mit dem Tomatenmus bedecken und die Joghurtsauce darübergießen.

Lammfleisch-Tomaten-Suppe

MEZZA BISHURBA

1 kg Hammelknochen
250 g mageres Lammfleisch
1,5 kg Tomaten
2 Zwiebeln, 2 Teel. Salz
je 1 Messersp. geriebene Muskatnuß und schwarzer Pfeffer
½ Teel. Zucker
100 g Langkornreis
2 Eßl. frisches gehacktes Basilikum

Die Hammelknochen in reichlich Wasser 10 Minuten sprudelnd kochen lassen und anschließend sofort mit kaltem Wasser abspülen. Den Topf ausspülen. Das Lammfleisch waschen, mit den Knochen in den Topf geben, mit 2 l Wasser übergießen und alles zum Kochen bringen. Das Fleisch bei milder Hitze in etwa 1½ Stunden weich kochen; dabei wiederholt den sich anfangs bildenden Schaum abschöpfen. Inzwischen die Tomaten häuten, die Kerne entfernen, und das Tomatenfleisch sehr fein hacken. Die Zwiebeln schälen und feinwürfeln. Nach etwa 60 Minuten Garzeit die Knochen aus der Brühe heben. Die Tomaten, die Zwiebeln, das Salz, den Muskat, den Pfeffer und den Zucker zufügen und die Suppe weitere 10 Minuten kochen lassen. Dann den Reis waschen, abtropfen lassen und in die Suppe geben. Im geschlossenen Topf bei milder Hitze in 20 Minuten ausquellen lassen. Das Lammfleisch in Streifen schneiden und mit dem Basilikum unter die Suppe rühren.

Fisch mit Sesamsauce

SAMAKAH HARRAH

Zutaten für 6 Personen:
1 ganzer bratfertiger Fisch von 1,5 kg (Barsch, Hecht, Zander, Dorade)
3 Teel. Salz
1½ Tassen Olivenöl
3 gehackte Zwiebeln
1 große grüne gehackte Paprikaschote
100 g gehackte Walnußkerne
3 Eßl. gehackte Petersilie
3 Eßl. Granatapfelkerne oder 200 g weiße halbierte Trauben
2 Messersp. schwarzer Pfeffer
3 Knoblauchzehen
100 g Sesampaste (aus dem Reformhaus)
½ Tasse Zitronensaft
1 Teel. Salz

Den Fisch innen und außen mit 2 Teelöffel Salz einreiben. In eine feuerfeste Form ½ Tasse Öl gießen, den Fisch hineinlegen, mit ½ Tasse Öl beträufeln und 15 Minuten stehen lassen. Den Backofen auf 200° vorheizen. Die Zwiebeln in dem restlichen Öl hellbraun braten, die Schote und die Nüsse zufügen, 5 Minuten mitbraten. 2 Eßlöffel Petersilie und 2 Eßlöffel Granatapfelkerne oder 120 g Trauben unterrühren; salzen und pfeffern. Den Fisch mit der Mischung füllen und zustecken. Im Backofen 40–50 Minuten braten.
Für die Sauce den Knoblauch zerdrücken, mit der Sesampaste, ½ Tasse Wasser, dem Zitronensaft und dem Salz verrühren. Den Fisch mit Petersilie und Granatapfelkernen oder Trauben bestreuen.

Salat mit Weizenschrot

TABBOULEH

4 Eßl. grobgeschroteter Weizen
4 Tomaten
2 Zwiebeln
4 Eßl. gehackte Petersilie
Saft von 1 Zitrone
1 Teel. Salz
4 Eßl. Olivenöl
2 Eßl. frische gehackte Pfefferminzblätter
einige Blätter Kopfsalat

Den Weizenschrot mit kaltem Wasser bedeckt 30 Minuten quellen lassen. Die Tomaten häuten und feinhacken. Die Zwiebeln schälen und in sehr kleine Würfel schneiden. Den Schrot in einem mit einem Mulltuch ausgelegtem Haarsieb abtropfen lassen, im Mulltuch vorsichtig ausdrücken und in eine Schüssel geben. Die Tomaten, die Zwiebeln, die gehackte Petersilie, den Zitronensaft und das Salz locker mit dem Schrot mischen. Das Öl und die Pfefferminze unterrühren. Die Salatblätter waschen, abtropfen lassen und eine Schüssel damit auslegen. TALBOULEH darin anrichten.

Unser Tip
Dieser Schrotsalat ist eine vortreffliche und typische Beilage zu SFEEHA, den mit Hammelfleisch gefüllten Hefebrötchen, deren Rezept Sie rechts auf dieser Seite finden.

Gefüllte Hefebrötchen

SFEEHA

Für den Hefeteig:
500 g Mehl, 30 g Hefe
1 Messersp. Zucker
1 Teel. Salz, 3 Eßl. Olivenöl
Für die Füllung:
150 g gehackte Zwiebeln
2 Teel. Salz, 2 Eßl. Pinienkerne
375 g Hammelhackfleisch
100 g gewürfelte Tomaten
½ gewürfelte grüne Paprikaschote
3 Eßl. gehackte Petersilie
3 Eßl. Zitronensaft
2 Eßl. Weinessig
1 Eßl. Tomatenmark
1 Teel. Salz
je 2 Messersp. Cayennepfeffer und gemahlener Piment
Für das Backblech: Butter
Zum Bestreichen: 1 Eigelb

Aus dem Mehl, der Hefe, dem Zucker, ¼–⅜ l Wasser, dem Salz und dem Öl einen Hefeteig bereiten (Rezept Seite 40). Aus dem gegangenen Hefeteig 16 Bällchen formen; nochmals 30 Minuten gehen lassen. Für die Füllung die Zwiebeln mit dem Salz mischen, 30 Minuten ziehen lassen, durch ein Sieb drücken und mit den übrigen Zutaten mischen. Den Backofen auf 220° vorheizen. Ein Backblech mit Butter bestreichen. Die Teigbällchen zu Scheiben von 10 cm ∅ ausrollen und die Füllung darauf verteilen. Die Teigränder mit Eigelb bestreichen, über der Füllung zusammenlegen und festdrücken. Die Brötchen auf dem Backblech 30 Minuten gehen lassen; im Ofen 30 Minuten backen. Heiß servieren.

Dattel-Nuß-Kuchen

GILACGI

125 g Grieß
125 g Mehl
1 Teel. Backpulver
4 Eßl. Zucker
½ Vanilleschote
125 g Butter
250 g frische Datteln, ersatzweise 200 g getrocknete Datteln
2 Eßl. Honig
1 Eßl. Zitronensaft
½ Teel. gemahlener Zimt
60 g gehackte Walnüsse
Für die Form: Butter und Semmelbrösel

Den Grieß mit dem Mehl, dem Backpulver, dem Zucker und dem Mark der Vanilleschote mischen. Die Butter zerlassen und unterrühren. Die Datteln entsteinen und kleinschneiden. Eine Springform von 22 cm Ø mit Butter ausstreichen und mit Semmelbrösel ausstreuen.
Den Backofen auf 200° vorheizen.
⅛ l Wasser zum Kochen bringen und die Datteln darin unter Rühren 5 Minuten kochen lassen. Den Honig, den Zitronensaft, den Zimt und die Walnüsse zufügen, umrühren und die Mischung vom Herd nehmen. Die Hälfte der Mehl-Grieß-Masse in die Springform füllen, festdrücken und die Datteln gleichmäßig darauf verteilen. Die restliche Mehl-Grieß-Mischung in Form von Streuseln auf die Dattel-Nuß-Füllung krümeln. Den Kuchen im Ofen auf der mittleren Schiebeleiste in etwa 45 Minuten goldgelb backen.

Spinatsuppe mit Fleischbällchen

ASH SAK

1 kg zersägte Hammelknochen
250 g Spinat
3 Eßl. gehackte Petersilie
2 gehackte Zwiebeln
50 g Langkornreis, 1 Eßl. Salz
75 g geschälte gelbe Erbsen
1½ Teel. gemahlener Kurkuma
250 g Lammhackfleisch
2 Eßl. Langkornreis
1 feingehackte Schalotte, 1 Ei
2 Messersp. gemahlener Zimt
2 Messersp. Salz
1 Zwiebel, 2 Eßl. Öl
50 g Butter
4 Eßl. gehackte Pfefferminzblätter
1 Eßl. gemahlener Kurkuma
2 Becher Sahnejoghurt

Die Knochen 10 Minuten kochen, abgießen und kalt abbrausen. Erneut mit 1½ l Wasser zum Kochen bringen, abschäumen, 60 Minuten kochen lassen und durchseihen. Den Spinat feinhacken und mit der Petersilie, den Zwiebeln, dem Reis, dem Salz, den Erbsen und dem Kurkuma in die Brühe geben und 20 Minuten zugedeckt leicht kochen lassen. Das Hackfleisch mit dem Reis, der Schalotte, dem Ei, dem Zimt und dem Salz vermengen. Bällchen formen, in die Suppe geben; in 15 Minuten garen. Die Zwiebel schälen, in Ringe schneiden und im Öl bräunen. Die Butter zerlassen, mit der Minze und dem Kurkuma mischen und unter die Suppe rühren. Den Joghurt in eine Suppenschüssel geben, die Suppe darübergießen und mit den Zwiebelringen bestreuen.

Fleischklößchen in süß-saurer Sauce

HODU KABAB

250 g mageres Lammfleisch
100 g Linsen, ½ Teel. Salz
1 Messersp. gemahlene Nelken
je ½ Teel. gemahlener Kardamom und gemahlener Zimt
1 Messersp. Safranpulver
5 Eier, 6 Backpflaumen
je 1 Eßl. Rosinen und Mandelblättchen
3 Eßl. Öl
2 Zwiebeln, 20 g Butter
¼ l Fleischbrühe
½ Tasse Weinessig
Saft von 3 Zitronen
100 g Zucker
1–2 Messersp. Salz

Das Fleisch in Würfel schneiden und mit den Linsen, dem Salz und den Gewürzen in wenig Wasser in etwa 60 Minuten weich kochen. Alles durchseihen, die Garflüssigkeit aufbewahren. Das Fleisch und die Linsen durch den Fleischwolf drehen. 4 Eier hart kochen, schälen und hacken. Die entsteinten Backpflaumen und die gewaschenen Rosinen feinhacken und mit den Eiern, dem rohen Ei und den Mandelblättchen unter die Fleischmasse arbeiten. Aus dem Fleischteig Klößchen formen und in dem Öl braun braten. Die Zwiebeln feinwürfeln und in der Butter anbraten. Die Fleischbrühe, den Essig, den Zitronensaft, den Zucker und ¼ l der zurückbehaltenen Garflüssigkeit zufügen, die Sauce etwas einkochen lassen und salzen. Die Fleischklößchen 5 Minuten in der Sauce erhitzen.
Das schmeckt dazu: körnig gekochter Reis.

»Des Derwischs Rosenbeet«

MASBAHET EL DARWEESH

250 g Kartoffeln
250 g Auberginen
250 g Kürbis oder Zucchini
3 Tomaten, 3 Zwiebeln
400 g Rinderhackfleisch
2 Eßl. Mehl, 3 Eßl. Bratfett
je 2 Messersp. geriebene Muskatnuß und gemahlene Gewürznelken
1 Teel. Salz, ⅜ l Fleischbrühe
Für die Form: Butter

Die Kartoffeln schälen, waschen und würfeln. Die Auberginen, den Kürbis oder die Zucchini waschen und in nicht zu dünne Scheiben schneiden. Die Tomaten häuten und in Stücke schneiden. Die Zwiebeln schälen und halbieren. Das Hackfleisch mit dem Mehl mischen. Den Backofen auf 180° vorheizen. Eine Auflaufform mit Butter ausstreichen. Das Hackfleisch im Fett anbraten und mit den Gewürzen mischen. Das Gemüse mit den Kartoffelwürfeln in die Auflaufform füllen, das Hackfleisch darauf verteilen und die Fleischbrühe darübergießen. Den Auflauf im Backofen in 40 Minuten garen.

Unser Tip
Wenn Sie 100 g trockenen Schafkäse über den Auflauf bröckeln, so erhöht sich nicht nur des Derwischs Entzücken an diesem köstlichen Gericht, sondern auch das Ihre.

Geschmorte Wachteln

HAMAAN BI NABIED

8 bratfertige Wachteln
1 Teel. Salz
8 dünne Scheiben durchwachsener Speck
6 Eßl. Öl, 3 Eßl. Sultaninen
3 Zwiebeln
2 Gläser Sauterneswein oder anderer Süßwein (10 cl)
1 Messersp. gemahlener Piment
1–2 Messersp. Salz

Die Wachteln waschen, trokkentupfen, innen mit dem Salz einreiben, mit je 1 Scheibe Speck umwickeln und diese feststecken. Das Öl in einem großen flachen Topf erhitzen. Die Wachteln 10 Minuten von allen Seiten darin anbraten, herausnehmen und beiseite stellen. Die Sultaninen in lauwarmem Wasser einweichen. Die Zwiebeln schälen, würfeln und im verbliebenen Öl goldgelb braten. Den Wein mit der gleichen Menge Wasser zu den Zwiebeln gießen und die abgetropften Sultaninen zufügen. Den Piment und das Salz unterrühren, die Sauce 20 Minuten kochen lassen, durchseihen und in den Topf zurückgießen. Die Wachteln darin in 30 Minuten weich schmoren.

Unser Tip
Die Wachteln mit Safranreis servieren. Dafür Langkornreis ausquellen lassen, 1 Messerspitze Safranpulver in wenig heißem Wasser auflösen und unter den Reis rühren.

Geeister Obstsalat aus Trockenfrüchten

CHOZHAFFE

je 75 g ungeschwefelte getrocknete Aprikosen, Backpflaumen ohne Steine, Trockenfeigen, getrocknete Birnen- oder Apfelringe
3 Eßl. Rosinen
je 2 Eßl. abgezogene Mandeln, Pistazien und Pinienkerne
je 1 Prise gemahlener Kardamom und gemahlener Zimt
4 Eßl. Grenadinesirup
4 Eßl. Rosenwasser
kleine Eiswürfel oder Eiskugeln

Das Trockenobst mit den Rosinen unter fließendem lauwarmem Wasser gründlich waschen und von kaltem Wasser bedeckt 24 Stunden zugedeckt im Kühlschrank weichen lassen.
Das eingeweichte Obst abtropfen lassen. Die Mandeln, die Pistazien und die Pinienkerne zufügen. Mit dem Kardamom, dem Zimt, dem Grenadinesirup und dem Rosenwasser unter das Trockenobst mischen. Den Obstsalat mindestens 2 Stunden im Kühlschrank durchziehen lassen und kurz vor dem Servieren mit Eiswürfeln mischen.

Unser Tip

Orientalische Desserts sind für unseren Geschmack oft zu süß. Runden Sie deshalb nach Belieben CHOZHAFFE mit Zitronensaft ab. Dcr Obstsalat wird dadurch noch erfrischender.

Gefüllter Fisch

GEFILTE FISCH

Zutaten für 8 Personen:
1 küchenfertiger Karpfen oder Hecht (ersatzweise Zander)
300 g Zwiebeln
500 g Seelachsfilet
2 hartgekochte Eier
2 Eiweiße, 2 große Möhren
10 Eßl. Matzenmehl
6 abgezogene Bittermandeln
5 Eßl. Puderzucker
1 Teel. Salz, 4 Zwiebeln
20 Stück Würfelzucker

Den Fisch in 8 dicke Scheiben schneiden. Die Zwiebeln schälen, blanchieren und hacken. Das Filet und die Eier hacken. Die Eiweiße steif schlagen. Die Möhren in Scheiben schneiden. Die gehackten Zutaten mit dem Matzenmehl, 3 Mandeln, dem Puderzucker, dem Salz und dem Eischnee mischen und in die Bauchhöhlung der Fischscheiben füllen. Den Fisch wieder zusammensetzen. Die Möhrenscheiben und die Zwiebeln zugeben. Mit Wasser bedeckt in 60 Minuten gar ziehen lassen. Nach 45 Minuten die restlichen Mandeln und den Würfelzucker zufügen. Den Fisch mit Garflüssigkeit und den Möhrenscheiben anrichten; kalt oder warm servieren.

Unser Tip

GEFILTE FISCH wird meistens nicht in der dargestellten Form serviert. Das Fleisch des Karpfens wird gehackt, mit Füllung gemischt und als Klößchen gegart.

Maultaschen als Suppeneinlage

KREPLACH

2 Eier
½ Teel. Salz
1 Eßl. Öl
150–200 g Mehl
100 g gekochtes Rind- oder Geflügelfleisch
je 2 Teel. gehackte Petersilie und Zwiebelwürfel
1 Eßl. Gänseschmalz oder Öl
½ Teel. Salz
je 1 Messersp. schwarzer Pfeffer und Ingwerpulver

Die Eier mit dem Salz und dem Öl verquirlen, nach und nach so viel von dem Mehl zufügen, daß ein fester Teig entsteht. Den Teig möglichst dünn ausrollen und in etwa 5 cm große Quadrate schneiden.

Das Fleisch durch die feinste Scheibe des Fleischwolfes drehen und mit der Petersilie, den Zwiebelwürfeln, dem Schmalz oder dem Öl, dem Salz, dem Pfeffer und dem Ingwerpulver mischen. Die Füllung auf den Teigquadraten verteilen. Jedes Quadrat zu einem Dreieck zusammenschlagen. Die Teigränder mit einer in Mehl getauchten Gabel fest zusammendrücken. Die KREPLACH auf einer bemehlten Arbeitsfläche 60 Minuten ruhen lassen, dann in leicht kochendem Wasser 15 Minuten garen. KREPLACH gehören als festliche Einlage in Bouillon. Zum Festessen zu Purim, Rosch Ha-Schana oder Jom Kippur.

Sabbat-Eintopf

CHOLENT

200 g weiße Bohnen
600 g Kartoffeln
1 große Zwiebel
600 g Rinderbrust
1–2 Rinderknochen
je 1 Teel. Salz, Paprikapulver, edelsüß und Zucker
1 Messersp. schwarzer Pfeffer

Die Bohnen 12 Stunden einweichen.
Die Kartoffeln schälen. Die Zwiebel schälen und würfeln. Die Bohnen abgießen und in eine große feuerfeste Form geben. Die Zwiebelwürfel und die Hälfte der Kartoffeln auf die Bohnen schichten. Das Fleisch und die Knochen in die Mitte geben und die restlichen Kartoffeln dazu legen. Das Salz, den Paprika, den Zucker und den Pfeffer darüberstreuen und so viel kochendes Wasser zugießen, daß alles davon bedeckt ist. Den Backofen auf 180° schalten. Die Form mit Alufolie bedecken, diese eng um den Rand drücken und den Deckel darauflegen. Den CHOLENT im Backofen in etwa 30 Minuten zum Kochen bringen, die Hitze dann auf 100° zurückschalten und das Gericht über Nacht bis zum folgenden Mittag im Backofen lassen.
CHOLENT wird nicht nur dem Verbot einer Arbeitsleistung am Sabbat gerecht, sondern ergibt auch eine sättigende Mahlzeit.

Leber im Topf

500 g Kalbs- oder Lammleber
50 g Mehl
2 Zwiebeln
5 Eßl. Öl
½ l Fleischbrühe
1 Teel. Salz
1 Messersp. schwarzer Pfeffer
300 g Kartoffeln
250 g Äpfel

Die Leber 30 Minuten in kaltes Wasser legen. Dann beidseitig reichlich salzen, weitere 30 Minuten ruhen lassen, abspülen, trockentupfen, in dünne Scheiben schneiden und in dem Mehl wenden. Die Zwiebeln schälen und in Ringe schneiden. Das Öl in einer Grillpfanne erhitzen, die Leberscheiben und die Zwiebelringe unter ständigem Umwenden darin hellbraun braten, aus der Pfanne nehmen und in eine feuerfeste Kasserolle schichten.
Das übrige Mehl im verbliebenen Öl goldgelb braten. Nach und nach mit der Fleischbrühe auffüllen und kochen lassen, bis die Sauce cremig wird, salzen und pfeffern.
Den Backofen auf 180° schalten.
Die Kartoffeln schälen und in Scheiben schneiden. Die Äpfel schälen, vierteln, vom Kerngehäuse befreien und in Scheiben schneiden. Die Kartoffel- und die Apfelscheiben über die Leber in der Kasserolle schichten. Die Sauce darübergießen und die Kasserolle zudecken. Die Leber im Topf in 1½ Stunden im Backofen garen.

Gefüllte Pfannkuchen

BLINTZES

Für die Pfannkuchen:
250 g Kartoffelmehl oder Speisestärke
2 Eier
1 Prise Salz
Zum Füllen:
250 g gekochtes Rind- oder Geflügelfleisch
2 kleine Zwiebeln
1 Eßl. Öl
½ Teel. Salz
je 1 Messersp. schwarzer Pfeffer und Paprikapulver, scharf
1 Ei
Zum Braten: Öl

Das Kartoffelmehl mit den Eiern und dem Salz verrühren, nach und nach so viel Wasser zugießen, daß ein dünnflüssiger Teig entsteht. 30 Minuten ruhen lassen.
Das Fleisch durch die feinste Scheibe des Fleischwolfes drehen. Die Zwiebeln schälen, würfeln und in dem Öl goldgelb braten. Das Fleisch mit den Zwiebelwürfeln, dem Salz, dem Pfeffer, dem Paprika und dem Ei mischen.
In einer Pfanne von etwa 18 cm ∅ nach und nach etwas Öl erhitzen. Dünne goldgelbe Fladen aus dem Pfannkuchenteig nur von einer Seite braten, bis die Masse fest ist. Die ungebakkene Seite der Pfannkuchen mit der Fleischfüllung bestreichen. Die Pfannkuchen zusammenschlagen und dann noch einmal zu Vierteln falten. Die Viertel von beiden Seiten in Öl goldbraun braten.

Unser Tip

BLINTZES werden als Süßspeise auch mit einer Quarkmasse gefüllt, die man mit Honig süßt und mit gehackten Mandeln verfeinert.

Reisauflauf

REIS-KUGEL

100 g Rundkornreis
1 Prise Salz
2 Äpfel
50 g Rosinen
1–2 Eier
75 g Farinzucker
50 g Butter
1 Eßl. Marmelade
2 Eßl. gemahlene Mandeln
Für die Form: 2 Eßl. Butter
Zum Bestreuen: 2 Eßl. Farinzucker

Den Reis waschen und abtropfen lassen. 1 l Wasser mit dem Salz zum Kochen bringen, den Reis einstreuen und 15 Minuten leicht kochen lassen; dann in ein Sieb schütten, kalt abbrausen und abtropfen lassen. Eine tiefe feuerfeste Form mit 1 Eßlöffel Butter ausstreichen.
Den Backofen auf 180° vorheizen. Die Äpfel schälen und raspeln. Die Rosinen heiß waschen und trockentupfen. Die Eier mit dem Farinzucker verquirlen und mit den Apfelraspeln, den Rosinen, der Butter, der Marmelade und den Mandeln unter den Reis mischen. Die Reismasse in die Form füllen, mit der restlichen Butter in Flöckchen belegen und mit dem Zucker bestreuen. Die Kugel in 40 Minuten im Backofen garen und heiß servieren.

Feiner Rübenkuchen

KIHEN FIN VEISSERIBEN

250 g weiße Rüben (Pastinaken)
125 g Butter, 150 g Zucker
3 Eier, 200 g Mehl
je ½ Teel. Natron und Zimt
½ Teel. gemahlene Muskatnuß
1 Prise gemahlene Gewürznelken
1 Prise Salz
75 g gehackte Walnüsse
Zum Füllen:
200 g Butter, 2 Eigelbe
350 g Puderzucker
Für die Form: Butter und Mehl
Zum Bestreuen: 100 g geriebene Walnüsse

Die Rüben schälen, halbieren und in Salzwasser kochen, bis sie zerfallen. Die Butter mit dem Zucker schaumig rühren.
Mit den Eiern, dem Rübenpüree, dem Mehl, dem Natron, dem Zimt, dem Muskat, dem Nelkenpulver, dem Salz und den Nüssen zu einem Teig verarbeiten.
Den Backofen auf 180° vorheizen. Eine Springform mit Butter ausstreichen und mit Mehl ausstäuben. Den Teig in die Form füllen, die Oberfläche glattstreichen und den Kuchen im Ofen 50 Minuten backen; auf einem Kuchengitter abkühlen lassen.
Die Butter mit den Eigelben und dem Puderzucker cremig rühren. Den Kuchen einmal durchschneiden, mit der Creme bestreichen und wieder zusammensetzen. Die restliche Creme auf den Kuchen streichen, die Nüsse daraufstreuen. Den Kuchen im Kühlschrank aufbewahren.

Linsensuppe mit Knoblauch

SHURIT ADS

400 g geschälte rote Linsenhälften oder andere geschälte Linsen
2 l Hühnerbrühe
3 Zwiebeln, 2 Tomaten
4 Knoblauchzehen
2 Eßl. Butter
1 Teel. Salz
1 Messersp. schwarzer Pfeffer
2 Teel. gemahlener Kreuzkümmel

Die Linsen verlesen und waschen. Die Hühnerbrühe in einem großen Topf zum Kochen bringen. Die Zwiebeln schälen. 2 Zwiebeln vierteln, die dritte in kleine Würfel schneiden. Die Tomaten häuten und vierteln. Die Knoblauchzehen schälen und grobhacken. Die Linsen mit den Zwiebelvierteln, den Tomaten und dem Knoblauch in die kochende Brühe geben und bei milder Hitze in etwa 45 Minuten weich kochen; dabei den Topfdeckel nicht ganz schließen. ½ Eßlöffel Butter in einer Pfanne zerlassen und die Zwiebelwürfel darin unter häufigem Wenden bräunen. Die Suppe durch ein Sieb streichen, noch einmal erhitzen, mit dem Salz, dem Pfeffer und dem Kreuzkümmel würzen. Kurz vor dem Servieren die restliche Butter unter die Suppe arbeiten und die gebräunten Zwiebelwürfel darüberstreuen.
In Ägypten werden zu SHURIT ADS Zitronenspalten gereicht.

Okra-Auflauf

BAMIA

750 g frische Okras
1 Zwiebel, 7 Tomaten
2 Knoblauchzehen, 6 Eßl. Öl
500 g Rinderhackfleisch
¼ l Fleischbrühe
1 Teel. Salz
je 3 Eßl. Joghurt und saure Sahne
½ Teel. weißer Pfeffer
1 Zitrone
Für die Form: Öl

Die Okras mit einem Tuch abreiben, waschen, trockentupfen und die Stiele abschneiden. Die Zwiebel schälen und feinwürfeln. 6 Tomaten häuten und kleinschneiden. Die Knoblauchzehen zerdrücken. 3 Eßlöffel Öl erhitzen. Die Okras darin 6 Minuten braten, herausnehmen und abtropfen lassen. Das Fett weggießen und 2 weitere Eßlöffel Öl erhitzen. Die Tomatenstücke und die Zwiebelwürfel darin anbraten. Das Hackfleisch zufügen und braun braten. Die Fleischbrühe erhitzen. Den Knoblauch, das Salz und die Fleischbrühe zufügen und schmoren, bis die Flüssigkeit fast verdampft ist. Den Backofen auf 180° vorheizen. Den Joghurt, die saure Sahne und den Pfeffer unter das Hackfleisch rühren. Eine Auflaufform mit Öl ausstreichen, die Hälfte der Fleischmasse einfüllen, die Okras darauf verteilen, mit dem restlichen Fleisch bedecken, mit Öl beträufeln und 50–60 Minuten im Ofen backen. Die restliche Tomate und die Zitrone in Scheiben schneiden. Den Auflauf damit belegen.

Tauben mit Weizenfüllung

HAMAM MAHSHI

1 Bund Frühlingszwiebeln
die Innereien der Tauben
2 Teel. Salz
2 Messersp. schwarzer Pfeffer
125 g Butter
50 g grobgeschroteter Weizen
1 Eßl. frische gehackte oder 2 Teel. getrocknete Pfefferminzblätter
4 bratfertige junge Tauben
¾ l Hühnerbrühe

Die Zwiebeln und die Innereien waschen und feinhacken; mit 1 Teelöffel Salz und 1 Messerspitze Pfeffer in der Hälfte der Butter anbraten. Den Weizenschrot und die Minze unterrühren. Die Tauben innen mit dem restlichen Salz und Pfeffer einreiben. Jede Taube mit 2 Eßlöffel Schrotmischung füllen und die Öffnungen zustecken. Den Rest des Schrotes aufbewahren. Den Backofen auf 210° vorheizen. Die Tauben mit der restlichen Butter bestreichen, in einen Topf legen, ⅜ l Wasser zugießen und auf dem Herd zum Kochen bringen. Dann zugedeckt im Backofen in 50 Minuten fertig garen; die Tauben dabei alle 10 Minuten mit der Flüssigkeit im Topf beschöpfen. Die Hühnerbrühe zum Kochen bringen, die restliche Schrotmischung darin aufkochen lassen und zugedeckt in etwa 30 Minuten garen. Die Schrotmischung zu den Tauben servieren.

Flammeri aus Reismehl

MEHALLABIA

50 g Rosinen
1 l Milch, 100 g Zucker
120 g Reismehl
2 Eßl. Speisestärke
1 Vanilleschote
2 Eßl. gehackte Pistazien
2 Teel. Rosenwasser

Die Rosinen in heißem Wasser quellen lassen. Die Milch erhitzen. In einem Topf den Zucker mit dem Reismehl und der Speisestärke mischen. Unter Rühren nach und nach die heiße Milch zugeben und weiterrühren, bis ein glatter Brei entstanden ist; 15 Minuten kochen lassen. Den Backofen auf 210° vorheizen. Die Rosinen abtropfen lassen, trockentupfen und mit dem Mark der Vanilleschote und den Pistazien unter den Reismehlflammeri mischen. Den Flammeri im Ofen 15–20 Minuten überbakken, bis sich eine braune Kruste gebildet hat. Die Speise gut durchrühren und abkühlen lassen. MEHALLABIA mit dem Rosenwasser beträufeln und einige Stunden in den Kühlschrank stellen.

Unser Tip

Die braune Kruste, die unter die Speise gerührt wird, gibt dieser den zarten Karamelgeschmack. Statt mit dem kostbaren Rosenwasser kann man MEHALLABIA auch mit Zimtpulver würzen.

»Süßes Fleisch«

LAHM LHALOU

1 kg magere Lammschulter oder -bug ohne Knochen
½ Teel. Salz, 2 Eßl. Bratfett
60 g abgezogene Mandeln
100 g Zucker, ½ Zimtstange
2 Eßl. Orangenblütenwasser
300 g Backpflaumen ohne Steine

Das Fleisch waschen, trockentupfen, wie für Gulasch in Würfel schneiden und mit dem Salz bestreuen. Das Fett in einem Topf zerlassen und die Fleischwürfel darin in zwei Portionen nacheinander unter Wenden rundherum scharf anbraten. Das Fleisch aus dem Topf nehmen. Die Mandeln, den Zucker und die zerbrochene Zimtstange in das im Topf verbliebene Fett geben, umrühren und ¼ l Wasser und das Orangenblütenwasser zugießen. Unter Rühren zum Kochen bringen. Das Lammfleisch mit dem Fleischsaft, der sich gebildet hat, zufügen und zugedeckt in etwa 60 Minuten weich schmoren. 15 Minuten vor Beendigung der Garzeit die Backpflaumen unterrühren.

Unser Tip

In Algerien reicht man dieses recht schwere Gericht als Bestandteil einer mehrgängigen Mahlzeit. Soll es als Hauptgericht serviert werden, empfehlen wir als Beilage Couscous (Rezept auf Seite 214).

Huhn mit Käsekroketten

SFERIA

1 bratfertiges Jungmasthuhn von 1,5 kg
1 feingehackte Zwiebel
2 Eßl. Butter
½ Teel. gemahlener Zimt
1 Teel. Salz, 1 Messersp. Pfeffer
250 g Kichererbsen aus der Dose
250 g Weißbrot ohne Rinde
6 Eßl. Milch, 1 Ei
je ¼ Teel. gemahlener Zimt und Salz
100 g geriebener Emmentaler Käse
1 Teel. Orangenblütenwasser
¼ l Öl
1 Eigelb, 1 Eßl. Zitronensaft
2 Eßl. gehackte Petersilie

Das Huhn in 8 Teile zerlegen und mit der Zwiebel in der Butter goldbraun anbraten. Den Zimt, das Salz, den Pfeffer, die abgetropften Kichererbsen und ¼ l Wasser zufügen, zum Kochen bringen und alles zugedeckt in 60 Minuten garen. Für die Kroketten das Weißbrot würfeln, in der Milch einweichen, gut ausdrücken und mit dem Ei, dem Zimt, dem Salz, dem Käse und dem Orangenblütenwasser glattrühren. Aus der Weißbrotmischung abgeflachte Bällchen formen und diese im Öl goldbraun braten. Die Hühnerteile auf einer Platte mit den Käsekroketten umlegen, mit den Erbsen bedecken; warm stellen. Das Eigelb mit dem Zitronensaft und ⅛ l Schmorflüssigkeit verquirlen. Die Sauce erhitzen, jedoch nicht kochen lassen und über die Erbsen gießen. SFERIA mit der Petersilie bestreuen.

Dattelkuchen

DJAMILAH

300 g frische Datteln
150 g abgezogene Mandeln
150 g Zucker, 3 Eßl. Butter
4 Eier, ½ Vanilleschote
3 Eßl. Speisestärke
1 Schnapsglas Cointreau (Orangenlikör, 2 cl)
Für die Form: Butter

Die Datteln entsteinen und feinhacken. Die Mandeln mit 100 g Zucker im Mörser zerstoßen oder im Mixer pürieren. Die Butter zerlassen.
Den Backofen auf 230° vorheizen.
Die Eier in Eigelbe und Eiweiße trennen. Die Eigelbe mit dem restlichen Zucker und dem Mark der Vanilleschote schaumig rühren. Die Speisestärke, die Datteln, die Mandeln, die zerlassene Butter und den Cointreau unter die Eigelb-Schaummasse rühren. Die Eiweiße zu steifem Schnee schlagen und unter die Dattelmasse heben. Eine Springform von 26 cm ∅ mit Butter ausstreichen, die Dattelmasse einfüllen und im Backofen auf der mittleren Schiebeleiste 20 Minuten backen. Den Backofen dann auf 200° schalten und den Kuchen in weiteren 10–15 Minuten fertig backen.

Unser Tip
Nach Belieben kann DJAMILAH nach dem Erkalten mit halbierten, entsteinten, getrockneten Datteln verziert werden.

Mandelmakronen

MAKROUL EL LOUSE

Zutaten für 35 Makronen:
650 g feingemahlene Mandeln
300 g Zucker
abgeriebene Schale von 1 Zitrone
2 große Eier
2 Teel. Orangenblütenwasser
250 g Puderzucker
Zum Formen und Bestäuben: Mehl

Die gemahlenen Mandeln, 220 g Zucker, die abgeriebene Zitronenschale und die Eier zu einer glatten festen Masse rühren. Den Backofen auf 175° vorheizen.
Den Mandelteig halbieren. Aus jeder Hälfte mit bemehlten Händen eine Rolle von 4 cm Durchmesser formen. Beide Rollen in 4 cm dicke Scheiben schneiden, diese mit bemehlten Händen zu Kugeln formen und mit Mehl bestäuben. Die Makronen auf ein ungefettetes Backblech legen und im Backofen in etwa 15 Minuten Farbe annehmen lassen. Dann auf einem Kuchengitter abkühlen lassen. ¼ l Wasser mit dem restlichen Zucker im offenen Topf 15 Minuten sprudelnd einkochen lassen. Den Zuckersirup in eine flache Form gießen, abkühlen lassen und das Orangenblütenwasser unterrühren. Die Makronen in den Sirup tauchen, im Puderzucker wenden und trocknen lassen.

Unser Tip
In einer fest verschlossenen Blechdose bleibt das Gebäck mehrere Monate frisch.

Couscous mit Rindfleischragout

KUSKI BIL LHAM

Zutaten für 6 Personen:
Für den Couscous:
400 g Weizengrieß
1 Teel. Salz
2 Teel. Olivenöl
Für das Ragout:
250 g Zwiebeln, 2 Möhren
2 rote Beten, 375 g Weißkohl
2 große Tomaten
250 g Zucchini
250 g Kürbis
500 g Kartoffeln
2 Tassen Kichererbsen aus der Dose
500 g Rinderbug ohne Knochen
⅛ l Öl
je ½ Teel. gemahlener Cayennepfeffer und Kreuzkümmel
2 Messersp. Piment, 1 Teel. Salz

Für den Couscous den Grieß auf einem Backbrett ausbreiten, zuerst mit ¼ l Salzwasser, dann mit dem Öl beträufeln. Den Grieß zwischen den Handflächen reiben, so daß Kügelchen entstehen und zugedeckt quellen lassen.
Für das Ragout die Zwiebeln schälen und würfeln. Das Gemüse und die Kartoffeln schälen, schaben oder häuten und in etwa 5 cm lange Stücke schneiden. Die Kichererbsen abtropfen lassen. Das Fleisch in kleine Würfel schneiden.
Das Öl in einem großen, hohen Topf erhitzen. Die Fleisch- und die Zwiebelwürfel unter häufigem Wenden 10 Minuten darin anbraten. Die Gewürze, das Salz und ⅛ l Wasser zufügen. Das Fleisch unter Rühren bei milder Hitze 30 Minuten schmoren lassen. Dann das Gemüse und die Kartoffeln zufügen und so viel Wasser, daß Fleisch und Gemüse knapp davon bedeckt sind.
Einen hitzebeständigen Durchschlag mit einem Mulltuch auslegen und in den Topf mit dem Ragout hängen; den Raum zwischen Durchschlag und Topfrand mit feuchten zusammengedrehten Küchentüchern abdichten. Eine Tasse Couscous zwischen den Handflächen in den Durchschlag reiben. Sobald Dampf aufsteigt, die nächste Portion hineinreiben. So fortfahren, bis der gesamte Couscous verbraucht ist. Im offenen Topf 20 Minuten dämpfen lassen, dann auf eine Platte geben und ausgebreitet trocknen lassen.
Das weiche Fleisch und Gemüse aus dem Topf nehmen und warm stellen. Den Couscous weitere 10–15 Minuten im Durchschlag über der Schmorflüssigkeit dämpfen, bis er weich, aber noch körnig ist. Auf eine große Platte häufen und warm stellen. Das Fleisch und das Gemüse noch einmal kurz im Topf erhitzen und den Couscous damit umlegen. Die Sauce gesondert dazu reichen.

Orangenkrapfen mit Honig

YO-YO

Für den Krapfenteig:
4 Eier, 4 Eßl. Öl
4 Eßl. Orangensaft
abgeriebene Schale von 1 Orange
50 g Zucker, 375 g Mehl
1 Päckchen Backpulver
Für den Honigsirup:
400 g Zucker
Saft von 1 Zitrone
1 Tasse Honig
Zum Ausbacken:
500 g Fritierfett

Die Eier mit dem Öl, dem Orangensaft, der -schale und dem Zucker zu einer glatten Masse schlagen. Das Mehl mit dem Backpulver sieben und eßlöffelweise nur so viel unter die Eimasse rühren, daß ein sehr weicher, aber formbarer Teig entsteht. Den Teig 30 Minuten zugedeckt ruhen lassen. Für den Sirup den Zucker mit ⅜ l Wasser und dem Zitronensaft kochen lassen, bis der Zucker aufgelöst ist; danach noch 5 Minuten sprudelnd einkochen lassen. Den Honig unterrühren und den Sirup weitere 5 Minuten köcheln lassen; warm stellen. Das Fritierfett auf 180° erhitzen. Aus dem Teig 10 abgeflachte Bällchen formen. In die Mitte eines jeden Bällchens ein Loch drükken. Jeweils 2 Bällchen im heißen Fett von jeder Seite 2–3 Minuten fritieren; auf saugfähigem Papier abtropfen lassen und warm stellen. Die Krapfen dann mehrmals mit einem Holzspießchen einstechen, in den warmen Sirup tauchen und gleich servieren.

Blätterteig mit Mandel-Sesam-Füllung

SAMSA

2 Pakete tiefgefrorener Blätterteig (600 g)
500 g Mandelstifte
500 g ungerösteter Sesam
1 Eigelb, 220 g Zucker
Saft von 1 Zitrone
1 Eßl. Rosenwasser

Den Blätterteig auftauen lassen. Den Backofen auf 175° vorheizen. Die Mandelstifte und den Sesam auf ein Backblech streuen und im Backofen leicht bräunen; dabei ab und zu umrühren. Die Mandel-Sesam-Mischung dann im Mixer pürieren oder mahlen. Den Blätterteig zu 5 Scheiben von 26 cm Ø ausrollen. Eine Springform von 26 cm Ø kalt ausspülen. Eine Teigscheibe auf den Boden der Form legen, ¼ der Mandel-Sesam-Masse daraufgeben und mit einer Teigplatte bedecken. So fortfahren, bis die Füllung verbraucht ist; mit einer Teigplatte abschließen, mit dem verquirlten Eigelb bestreichen. Den Kuchen in Stücke schneiden und im Ofen in 50–60 Minuten goldbraun backen. Nach 30 Minuten auf 150° schalten. ¼ l Wasser mit dem Zucker unter Rühren 5 Minuten kochen lassen, vom Herd nehmen, mit dem Zitronensaft und dem Rosenwasser mischen, etwas abkühlen lassen und über das heiße Gebäck gießen. SAMSA warm servieren.

Lammfleischsuppe

HARIRA

250 g mageres Lammfleisch
3 große Tomaten
2 Zwiebeln
1 Bund Petersilie
2 Eßl. Olivenöl
½ Teel. Ingwerpulver
2 Messersp. gemahlener Kurkuma
1 Teel. Salz
½ Teel. schwarzer Pfeffer
1 l heiße Fleischbrühe
50 g kleine Nudeln, 2 Eier
2 Teel. Zitronensaft
1 Messersp. gemahlener Zimt

Das Fleisch waschen, trockentupfen und in dünne etwa 3 cm lange Streifen schneiden. Die Tomaten häuten und in Stücke schneiden; dabei die Kerne entfernen. Die Zwiebeln schälen und feinwürfeln. Die Petersilie waschen, abtropfen lassen und hacken. Das Öl in einem Topf erhitzen, das Fleisch zufügen und unter Wenden anbraten. Den Ingwer und das Kurkuma unterrühren. Die Tomaten, die Zwiebeln, die Petersilie, das Salz und den Pfeffer zufügen, umrühren und mit der heißen Fleischbrühe auffüllen. Die Suppe 45 Minuten zugedeckt bei milder Hitze kochen lassen.
Die Nudeln einstreuen, aufkochen und im offenen Topf noch 10 Minuten bei milder Hitze kochen lassen. Den Topf vom Herd nehmen. Die Eier mit dem Zitronensaft und dem Zimt verquirlen und in die Suppe rühren. Die Suppe dann nicht mehr kochen lassen.

Poularde mit Oliven

TAJIEN NTA DJIADJIA

1 bratfertige Poularde von 1,5 kg
3 Eßl. Olivenöl
2 Zwiebeln
2 Knoblauchzehen
1 Teel. Salz
je 1 Messersp. gemahlener Kurkuma und Safran
½ Teel. Ingwerpulver
2 Messersp. schwarzer Pfeffer
¼ l Hühnerbrühe
2 Zitronen
200 g schwarze Oliven

Die Poularde in 8 Stücke zerteilen. Das Öl in einem großen Topf erhitzen und die Geflügelteile darin von allen Seiten anbraten. Die Zwiebeln und die Knoblauchzehen schälen und feinhacken, mit dem Salz und den Gewürzen zum Hühnerfleisch geben und unter häufigem Wenden 10 Minuten mitbraten. Die Hühnerbrühe erhitzen und zugießen. Die Zitronen waschen, vierteln, entkernen und in den Geflügeltopf geben. Das Gericht zugedeckt bei milder Hitze 30–40 Minuten schmoren lassen. Das Poulardenfleisch soll sehr weich sein.
Die Oliven entkernen. Die Poulardenstücke auf einer vorgewärmten Platte anrichten und warm stellen. Die Oliven in der Sauce im Topf erhitzen und mit den Zitronenspalten um die Poularde legen. Die Sauce bei sehr starker Hitze dickflüssig einkochen lassen und die Geflügelstücke damit überziehen.

Taubenpastete

BASTILA

500 g Mehl, 1 Teel. Salz
3 Zwiebeln
4 bratfertige junge Tauben von je 500 g, mit den Innereien
½ Teel. Salz
2 Messersp. weißer Pfeffer
200 g Butter
3 Eßl. gehackte Petersilie
2 Teel. frischgeriebene Ingwerwurzel
je ½ Teel. gemahlener Kreuzkümmel und Cayennepfeffer
je 2 Messersp. gemahlener Kurkuma und Safran
6 Eier, 2 Eigelbe
150 g abgezogene Mandeln
1 Teel. Zimt, 2 Eßl. Zucker
Zum Braten: 3 Eßl. Öl
Zum Besieben:
2 Eßl. Puderzucker
1 Teel. gemahlener Zimt

Die Fladen für die Pastete am besten am Vortag backen. Aus dem Mehl, dem Salz und ⅜–½ l Wasser einen dünnflüssigen Teig rühren und mindestens 6 Stunden ruhen lassen.
Aus dem Teig ohne Fett 18–20 hauchdünne Fladen backen. Die Fladen nur von einer Seite und nicht braun backen.
Für die Füllung die Zwiebeln schälen und würfeln. Die Innereien feinhacken. Die Tauben salzen und pfeffern. 100 g Butter zerlassen, die Tauben darin braun anbraten und aus dem Fett nehmen. Die Zwiebelwürfel und die Innereien im verbliebenen Fett anbraten. Die Petersilie, die Gewürze und ¼ l Wasser zufügen, zum Kochen bringen, die Tauben einlegen und zugedeckt in etwa 50 Minuten weich schmoren. Das Fleisch der Tauben von den Knochen lösen, kleinschneiden. Die Hälfte der Sauce abgießen und aufbewahren. Den Bratenfond bei starker Hitze auf etwa 4 Eßlöffel einkochen lassen, entfetten und aufbewahren.
Die übrige Sauce wieder erhitzen. Die Eier und die Eigelbe verquirlen und die Sauce damit legieren. Den Saucenextrakt zufügen. 50 g Butter zerlassen und die Mandeln darin hellbraun braten, abtropfen lassen, hacken und mit dem Zimt und dem Zucker mischen.
Für die Pastetenhülle auf Alufolie 6 Fladen zu einem Kreis anordnen. Darauf eine Schicht aus 6 weiteren Fladen legen, in der Mitte 4 Fladen übereinanderlegen. Die Mandelmasse auf den Fladen in der Mitte geben. Das Taubenfleisch mit der Sauce mischen und auf die Mandelmasse häufen. Den Rand der oberen Fladenschicht über die Pastetenfüllung schlagen und mit noch nicht verwendeten Fladen bedecken. Den Rand der unteren Fladenschicht nach oben schlagen.
Die restliche Butter und das Öl in einer großen Pfanne erhitzen. Die Pastete ins heiße Fett gleiten lassen, in etwa 5 Minuten goldbraun braten, mit Hilfe eines Topfdeckels wenden und die Unterseite ebenfalls goldbraun braten. Die BASTILA auf eine Platte gleiten lassen. Den Puderzucker mit dem Zimt mischen; die Pastete damit besieben und wie eine Torte in Stücke schneiden. Heiß servieren.

Huhn in Erdnußsauce

NIKATSE NKWA

1 Jungmasthuhn von 1,5 kg
2 Teel. Salz
4 Lorbeerblätter
3 Zwiebeln, 6 Tomaten
1 kleine Dose Tomatenmark (70 g)
250 g Erdnußbutter
je 1 Messersp. Salz und weißer Pfeffer

Das Huhn waschen, in 8 Teile zerlegen und mit dem Salz und den Lorbeerblättern mit Wasser bedeckt bei milder Hitze in 1–1½ Stunden zugedeckt weich kochen.
Die Zwiebeln schälen und grobschneiden. Die Tomaten häuten, in Stücke schneiden und mit den Zwiebeln und dem Tomatenmark im Mixer pürieren. Die Hühnerteile aus der Brühe heben und warm stellen. Von der Hühnerbrühe ¾ l abmessen und in einen anderen Topf seihen. Das Tomaten-Zwiebel-Püree zufügen und 10 Minuten im offenen Topf köcheln lassen. Den Topf vom Herd nehmen und die Erdnußbutter eßlöffelweise mit dem Schneebesen unterrühren. Die Sauce zugedeckt bei milder Hitze weitere 10 Minuten kochen lassen, mit dem Salz und dem Pfeffer abschmecken und das Hühnerfleisch einlegen.

Das schmeckt dazu: körnig gekochter Reis.

Poularde mit Joloff-Reis

150 g kleine getrocknete Bohnenkerne
1 Poularde von etwa 1,5 kg
2 Teel. Salz
250 g Langkornreis
4 Zwiebeln, ⅛ l Öl
6 Tomaten
1 Dose Tomatenmark (70 g)
1 Messersp. Salz
1 Prise Cayennepfeffer
3 Eßl. Mehl, 2 Eier
3 Eßl. Semmelbrösel
4 Eßl. Öl

Die Bohnen mit Wasser bedeckt 12 Stunden einweichen. Die Poularde in 8 Stücke zerteilen. ¾ l Wasser mit 1 Teelöffel Salz zum Kochen bringen. Die Poulardenteile darin 10 Minuten kochen und dann abtropfen lassen. Die Bohnen im Einweichwasser in 40–50 Minuten weich kochen.
½ l Wasser mit dem restlichen Salz zum Kochen bringen. Den Reis im kochenden Salzwasser zugedeckt bei milder Hitze in 20 Minuten garen.
Die Zwiebeln schälen, in Ringe schneiden und in dem Öl glasig braten. Die Tomaten häuten, kleinschneiden und mit dem Tomatenmark, dem Salz und dem Cayennepfeffer zu den Zwiebeln geben und zu einer sämigen Sauce kochen. Die Bohnen abtropfen lassen. Den Reis mit der Sauce mischen, mit den Bohnen in eine Schüssel schichten und warm stellen. Die Poulardenteile salzen und pfeffern, in dem Mehl, in den verquirlten Eiern und zuletzt in den Semmelbröseln wenden und in dem Öl knusprig braun braten. Mit dem Joloff-Reis servieren.

Eintopf aus der Kolonialzeit

KONTO-MIRE

375 g Gulaschfleisch (halb Schwein, halb Rind)
1 Lorbeerblatt
375 g Spinat
½ Tasse Öl
2 Zwiebeln
4 Tomaten
100 g magerer Speck
½ Tasse gemahlene Kürbiskerne
1 Messersp. Pfeffer
½–1 Teel. Salz

Das Fleisch waschen, abtrocknen und in Würfel schneiden. Die Fleischwürfel mit dem Lorbeerblatt in wenig Wasser zugedeckt in etwa 60 Minuten garen.
Inzwischen den Spinat verlesen, waschen, abtropfen lassen und grobhacken. Das Öl in einem Topf erhitzen. Die Zwiebeln schälen, kleinschneiden und in dem Öl glasig braten. Die Tomaten häuten, pürieren, zu den Zwiebeln geben und unter Rühren etwas einkochen lassen. Den Speck würfeln, zu der Tomaten-Zwiebel-Mischung geben und 5 Minuten mitkochen lassen. Die gemahlenen Kürbiskerne untermischen und nach weiteren 5 Minuten Kochzeit den Spinat. Alles noch etwa 10 Minuten kochen lassen; dabei nach und nach die Garflüssigkeit vom Fleisch und zuletzt die Fleischwürfel zufügen. Mit dem Pfeffer und dem Salz abschmecken.

Unser Tip

Im Schnellkochtopf gekocht beträgt die Garzeit für das Fleisch nur etwa 15 Minuten. Den Schnellkochtopf dann öffnen und den Eintopf wie beschrieben fertigstellen.

Kariba-Schinken

HAM KARIBA

1 Ei, 2 große Avocados
Saft von ½ Zitrone
3 Tomaten
1 kleine Zwiebel
1 Kopf römischer Salat oder ½ Kopfsalat
50 g Erdnußkerne
4 Eßl. Salatmayonnaise
½ Teel. Salz
2 Prisen Cayennepfeffer
200 g gekochter Schinken in 4 großen Scheiben
½ Bund Petersilie

Das Ei hart kochen, abschrekken, schälen und hacken. Die Avocados halbieren, die Steine herauslösen, das Fruchtfleisch aus den Schalen lösen und in dünne Streifen schneiden. Die Avocadostreifen mit dem Zitronensaft beträufeln.

Die Tomaten häuten und in Scheiben schneiden; dabei das weiche Innere und die Kerne entfernen. Die Zwiebel schälen und kleinwürfeln. Den Salat in Blätter zerlegen, waschen und trockenschleudern. Die zarten inneren Blätter in sehr dünne Streifen schneiden. Die Erdnüsse hacken. Die Mayonnaise mit dem Salz und dem Pfeffer würzen und mit den kleingeschnittenen oder gehackten Zutaten mischen. Die Masse gleichmäßig auf die Schinkenscheiben verteilen und diese locker zu Tüten zusammenrollen. Auf großen Salatblättern anrichten und mit der Petersilie garnieren.

Nudeleintopf

500 g Schweinefilet
3 Zwiebeln
1 Eßl. Bratfett
3 Tomaten
1 Knoblauchzehe
1 Chilischote
½ Teel. Salz
1 Messersp. schwarzer Pfeffer
2 Teel. Zitronensaft
2 Teel. Zucker
1 Eßl. Worcestersauce
2 Teel. Salz
350 g breite Nudeln
150 g geriebener Cheddarkäse

Das Fleisch waschen, abtrocknen und in etwa 2 cm große Würfel schneiden. Die Zwiebeln schälen und würfeln. Das Bratfett in einem Topf erhitzen und die Zwiebeln mit den Fleischwürfeln darin anbraten. Die Tomaten häuten, in Stücke schneiden und zum Fleisch geben. Die Knoblauchzehe schälen und durch die Knoblauchpresse zum Fleisch drücken. Die Chilischote halbieren, waschen, sehr fein schneiden und in den Topf geben. Mit dem Salz, dem Pfeffer, dem Zitronensaft, dem Zucker und der Worcestersauce würzen und das Fleisch zugedeckt bei milder Hitze in etwa 30 Minuten garen.
Inzwischen für die Nudeln 3 l Wasser mit dem Salz zum Kochen bringen und die Nudeln in etwa 10 Minuten darin garen. Den Käse und die gut abgetropften Nudeln unter die Fleischmischung mengen.

Passionsfrucht-creme aus Rhodesien

GRENADILLA-CREAM

6 Blätter Gelatine
3 Eßl. Zucker
¼ l Maracujasaft
¼ l frisch ausgepreßter Orangensaft
¼ l Sahne
Zum Garnieren:
12 frische Kirschen oder Kompottkirschen
⅛ l Sahne
2 Eßl. gehackte Nüsse

Die Gelatine in kaltem Wasser 10 Minuten quellen lassen und ausdrücken. 1 Tasse Wasser erhitzen. Die Gelatine unter Rühren darin auflösen, jedoch nicht kochen lassen und vom Herd nehmen. Den Zucker mit dem Maracujasaft und dem Orangensaft verrühren, bis der Zucker völlig aufgelöst ist. Die abgekühlte Gelatine unterrühren. Die flüssige Mischung in den Kühlschrank stellen, bis sich ein etwa 5 cm breiter Geleerand gebildet hat. Die Sahne steif schlagen und unter die Creme ziehen. Die Creme in 4 Gläser verteilen und im Kühlschrank in etwa 60 Minuten völlig erstarren lassen.
Vor dem Servieren jedes Glas mit 3 Kirschen belegen, die Sahne steif schlagen und in Tupfen um die Kirschen spritzen. Mit den gehackten Nüssen bestreuen.

Aprikosen im Blätterteig

WATERBUL

Für die Teigrolle:
1 Paket tiefgefrorener Blätterteig (300 g)
250 g Aprikosenmarmelade
100 g geriebene Mandeln
1 Eigelb
Zum Bestreichen:
125 g Zucker, ¼ l Milch
1 Stück Orangenschale
1 Teel. gemahlener Zimt
1 Eßl. Butter, ⅛ l Sherry
2 Teel. Maismehl

Den Blätterteig auftauen lassen. Den Backofen auf 250° vorheizen.
Den Teig auf einem leicht bemehlten Backbrett 3 mm dick ausrollen und eine Platte von 28 × 35 cm ausschneiden. Die Marmelade mit den Mandeln mischen und auf die Teigplatte streichen. Die Ränder der Teigplatte mit verquirltem Eigelb bestreichen. Die Teigplatte von der Längsseite her aufrollen und die Teigenden der Rolle gut zusammendrücken. Die Oberseite der Rolle im Abstand von 1 cm leicht einschneiden. Die Rolle auf ein kalt abgespültes Backblech legen und im Backofen auf der mittleren Schiebeleiste in etwa 30 Minuten goldbraun backen.
Den Zucker mit der Milch, der Orangenschale, dem Zimt, der Butter und dem Sherry erhitzen. Das Maismehl mit 2 Eßlöffel Wasser anrühren, in die kochende Flüssigkeit geben, einige Male aufkochen lassen und die Orangenschale entfernen. Das Gebäck mit der heißen Sauce bestreichen. WATERBUL warm servieren.

Wilder Reis mit Pilzen

WILD RICE AND MUSHROOM CASSEROLE

180 g wilder Reis
je ¼ Teel. getrockneter Thymian und getrocknetes Basilikum
½ Teel. Salz
¾ l Geflügelbrühe
500 g Pilze
1 Zwiebel
50 g Butter
¼ Teel. Salz
1 Messersp. weißer Pfeffer
2 Eßl. gehackte Petersilie

Den Reis unter fließendem Wasser waschen, mit den Gewürzen, dem Salz und der Geflügelbrühe in einen Topf geben und zugedeckt zum Kochen bringen. Die Hitze dann zurückschalten und den Reis etwa 40 Minuten ausquellen lassen.
Den Backofen auf 180° vorheizen.
Die Pilze putzen und waschen. Große Pilze in Scheiben schneiden, kleine halbieren. Die Zwiebel schälen und würfeln. Die Butter in einer großen feuerfesten Form zerlassen, die Zwiebelwürfel darin goldgelb braten, die Pilze zugeben und unter Umwenden so lange erhitzen, bis sie leicht Farbe angenommen haben. Die Pilze mit dem Salz und dem Pfeffer abschmecken.
Den gequollenen Reis mit der noch verbliebenen Geflügelbrühe unter die Pilze mischen, die Form schließen und das Gericht im Backofen 15–20 Minuten gut durchziehen lassen. Die Pilzkasserolle vor dem Servieren mit der gehackten Petersilie bestreuen.

Geschmortes Rindfleisch

BŒUF EN DAUBE

200 g getrocknete Bohnen
800 g Bug vom jungen Rind
1 Zwiebel, 2 Eßl. Öl
1 Teel. Mehl
2 Eßl. Tomatenmark
½ Tasse herber Rotwein
¼ l Fleischbrühe
1 Lorbeerblatt
1 Prise getrockneter Thymian
½ Teel. Salz
1 Messersp. schwarzer Pfeffer
200 g Karotten aus der Dose

Die Bohnen mit Wasser bedeckt 12 Stunden einweichen. Das Fleisch in etwa 2 cm große Würfel schneiden. Die Zwiebel schälen und kleinwürfeln. Das Öl in einer feuerfesten Kasserolle erhitzen, zunächst die Zwiebelwürfel darin anbraten, dann die Fleischwürfel zugeben und nicht zu stark anbraten. Das Mehl darüberstäuben, kurz mitbraten, das Tomatenmark unterrühren; mit dem Rotwein und der Fleischbrühe aufgießen, die Gewürze zufügen und alles zum Kochen bringen.
Den Backofen auf 200° vorheizen.
Die Bohnen mit dem Einweichwasser zum Fleisch schütten. Den Eintopf in etwa 60 Minuten im Backofen garen. Die Karotten abtropfen lassen und auf das Schmorfleisch geben. Die Kasserolle wieder zudecken und das Gericht nochmals in dem abgeschalteten Backofen erhitzen.

Kanadische süße Pies

CANADIAN SWEET PIES

Für den Teig pro Pie:
300 g Mehl, 150 g kalte Butter
1 Prise Salz, 1 Eigelb

Das Mehl auf ein Backbrett sieben, die Butter in Flocken darüber verteilen, das Salz darüberstreuen und alles mischen, bis eine krümelige Masse entsteht. Nach und nach etwa 5 Eßlöffel eiskaltes Wasser zufügen, einen homogenen Teig kneten und diesen 15–30 Minuten im Kühlschrank ruhen lassen. Den Teig dann dünn ausrollen, den Boden und den Rand einer Pie-Form von 26 cm Ø damit auslegen und ein Teigblatt zum Abdecken ausrollen. Dieses mit einer Gabel mehrmals einstechen, so daß ein Muster entsteht. Die Teigplatte vor dem Backen gleichmäßig mit dem verquirlten Eigelb bestreichen.

Walnuß-Pie

WALNUT PIE
(im Bild vorne)

2 Eier, 100 g Zucker
1 Päckchen Vanillinzucker
150 g Sirup (am besten Ahornsirup)
2 Eßl. Butter
100 g grobgehackte Walnüsse

Den Backofen auf 200° vorheizen. Die Eier leicht verquirlen und mit dem Zucker, dem Vanillinzucker, dem Sirup, der Butter und den gehackten Nüssen mischen. Die Füllung auf den Pie-Boden streichen. Die Pie mit der Teigplatte bedekken und 10 Minuten im Ofen backen. Den Backofen dann auf 180° zurückschalten und die Pie in weiteren 30 Minuten fertig backen.

Aprikosen-Pie

APRICOT PIE
(im Bild hinten, links)

50 g geriebene Mandeln
2 Eßl. Semmelbrösel
2 Eßl. gehackte Walnüsse
500 g Aprikosen

Den Backofen auf 200° vorheizen. Die geriebenen Mandeln, die Semmelbrösel und die gehackten Nüsse mischen und auf den Pie-Boden streuen. Die Aprikosen halbieren, entsteinen, häuten und auf der Nußmischung verteilen. Die Teigplatte für den Deckel in Streifen schneiden und gitterförmig auf die Pie legen. Die Pie im Ofen 30 Minuten backen.

Blaubeeren-Pie

BLUEBERRY PIE
(im Bild hinten, rechts)

350 g Blaubeeren, 75 g Zucker
¼ Teel. gemahlener Zimt
1 Prise Salz, 1 Eßl. Mehl
½ Eßl. Zitronensaft
1 Eßl. Butter

Den Backofen auf 200° vorheizen. Die Blaubeeren verlesen, gründlich waschen und abtropfen lassen. Den Zucker, den Zimt, das Salz und das Mehl mischen. Den Pie-Boden mit der Hälfte der Mischung bestreuen, die Blaubeeren darübergeben und über die Blaubeeren die restliche Zuckermischung streuen. Den Zitronensaft darüberträufeln und die Butter in Flöckchen daraufsetzen. Die Pie mit der Teigplatte bedecken und im Ofen 30 Minuten backen.

Weißkohlsalat

COLESLAW

1 kleiner Kopf Weißkohl
4 Scheiben Frühstücksspeck
2 Eßl. Öl, 2 Eßl. Weinessig
½ Teel. Zucker, 1 Teel. Salz
1 Messersp. weißer Pfeffer
4 Eßl. Mayonnaise

Vom Weißkohl die äußeren schlechten Blätter entfernen. Den Kohl vierteln und die Strunkteile herausschneiden. Die Kohlviertel gleichmäßig feinstreifig schneiden oder hobeln. Den Frühstücksspeck würfeln, in 1 Eßlöffel Öl knusprig braun braten und mit dem Bratfett über die Kohlstreifen geben. Das restliche Öl mit dem Essig, dem Zucker, dem Salz und dem Pfeffer gründlich verrühren und mit der Mayonnaise mischen. Das Dressing unter die Kohlstreifen heben; zugedeckt 15 Minuten durchziehen lassen.

Unser Tip

Unter den COLESLAW 1 geraspelten Apfel und etwa 1 Tasse in feine Streifen geschnittenen Stangensellerie mischen. Ist der Apfel süß, eventuell etwas mehr Essig zugeben. – Eine betont süß-saure Geschmacksrichtung erhält der COLESLAW, wenn Sie noch 1 Tasse Ananasstückchen aus der Dose unter den Salat mischen. Den Salat mit grobgehackten Walnüssen bestreuen.

Shrimpcocktail

600 g tiefgefrorene Shrimps (Kaisergranate)
50 g schwarze Oliven
4 Eßl. Mayonnaise
4 Eßl. Kaffeesahne
½ Teel. Worcestersauce
½ Teel. Zucker
½ Teel. Zitronensaft
¼ Teel. Salz
1 Teel. Senfpulver
1 Teel. Sardellenpaste
einige Salatblätter

Die Shrimps auftauen lassen, kalt abbrausen und gut abtropfen lassen. Die Oliven ebenfalls kalt abbrausen, abtropfen lassen, entsteinen und in dünne Scheiben schneiden.
Die Mayonnaise mit der Kaffeesahne, der Worcestersauce, dem Zucker, dem Zitronensaft, dem Salz, dem Senfpulver und der Sardellenpaste verrühren.
Die Salatblätter waschen, trockentupfen und in feine Streifen schneiden. Vier Cocktailgläser mit den Salatstreifen auslegen. Die Shrimps und die Olivenscheiben mit der Mayonnaisesauce mischen und in den vorbereiteten Cocktailgläsern anrichten.

Unser Tip

Statt der Mayonnaise und der Kaffeesahne können Sie das Dressing auch aus halbsteif geschlagener Sahne bereiten. Der Cocktail schmeckt auch gut, wenn ihm 1–2 Eßlöffel kleingeschnittene Ananas oder Orangen zugefügt werden.

Bostoner Bohneneintopf

BOSTON BAKED BEANS

500 g weiße Bohnen
1 Zwiebel, ½ Teel. Salz
4 Eßl. Ahornsirup oder anderer Sirup
4 Eßl. Farinzucker
1 Teel. Senfpulver
300 g gepökelter Schweinebauch
schwarzer Pfeffer

Die Bohnen abbrausen, in eine feuerfeste Form schütten und mit kaltem Wasser bedeckt 12 Stunden einweichen.
Die Zwiebel schälen und würfeln. Das Salz, den Sirup, den Zucker und das Senfpulver verrühren und mit den Zwiebelwürfeln unter die Bohnen mischen. Das Fleisch waschen und in etwa 1 cm dicke Scheiben schneiden, auf die Bohnen legen und so viel Wasser zugießen, daß alle Zutaten davon bedeckt sind. Den Backofen auf 160 ° vorheizen.
Den Deckel auf die feuerfeste Form legen; eventuell mit Alufolie abdichten und den Bohneneintopf im Backofen auf der zweiten Schiebeleiste von unten in 4–5 Stunden garen. Während der Garzeit von Zeit zu Zeit umrühren und wenn nötig etwas Wasser nachfüllen. 30 Minuten vor Ende der Garzeit den Deckel abnehmen und so etwas Flüssigkeit verdampfen lassen. Über die Bohnen Pfeffer aus der Mühle mahlen.

Maisauflauf aus den Südstaaten

SOUTHERN CORN SOUFFLÉ

600 g Maiskörner aus der Dose
200 g durchwachsener Speck in Scheiben
1 kleine Zwiebel
4 Eßl. Butter, 2 Eßl. Mehl
⅛ l Milch, 1 Teel. Salz
je ¼ Teel. Senf, Paprikapulver, scharf, und Zucker
1 Eigelb
3 Scheiben Toastbrot
½ Tasse Semmelbrösel
3 Eßl. geriebener Käse

Den Backofen auf 200 ° vorheizen. Die Maiskörner abtropfen lassen. Den Speck ausbraten und mit dem Speckfett in eine feuerfeste Form geben. Die Zwiebel kleinwürfeln. 2 Eßlöffel Butter zerlassen, die Zwiebelwürfel darin glasig braten, das Mehl darüberstäuben und mit der Milch aufgießen. Die Sauce mit dem Salz, dem Senf, dem Paprika und dem Zucker abschmecken und 5 Minuten kochen lassen. Das Eigelb verquirlen und unter die Sauce ziehen. Die Sauce vom Herd nehmen. Das Toastbrot in Würfel schneiden, in 1 Eßlöffel Butter goldbraun braten, mit den Maiskörnern und der Sauce mischen und auf die Speckscheiben füllen. Die Semmelbrösel mit dem Käse mischen, über den Auflauf streuen und die restliche Butter in Flöckchen daraufsetzen. Den Auflauf etwa 20 Minuten im Ofen überbacken.

Nancy's Hackbraten

NANCY'S HAM LOAF

800 g Hackfleisch, gemischt aus 400 g Schinken, 200 g Rinderlende und 200 g Schweinelende
1 Zwiebel
1 Tasse kleine Weißbrotwürfel
1 Teel. Salz
1 Messersp. weißer Pfeffer
1 Ei
1 Tasse Tomatensaft
1 Eßl. Öl
2 Scheiben Ananas
1 Eßl. Butter

Den Backofen auf 180 ° vorheizen. Das Hackfleisch in eine Schüssel geben. Die Zwiebel schälen, feinwürfeln und über das Hackfleisch streuen. Die Weißbrotwürfel, das Salz und den Pfeffer ebenfalls über das Hackfleisch streuen. Das Ei verquirlen. Das Fleisch mit allen Zutaten, dem Ei und so viel Tomatensaft mischen, daß ein fester aber geschmeidiger Teig entsteht. Aus dem Fleischteig einen Laib formen und diesen in eine Bratreine legen. Das Öl über den Hackbraten träufeln und den Hackbraten 1–1½ Stunden auf der zweiten Schiebeleiste von unten im Backofen braten.
Die Ananasscheiben abtropfen lassen und quer halbieren.
20 Minuten vor Ende der Garzeit die Ananasscheiben auf den Hackbraten legen. Die Butter in Flöckchen darüber verteilen und den Braten noch so lange im Backofen lassen, bis die Ananasscheiben leicht zu bräunen beginnen.

Schinken mit Bataten

HAM AND SWEET POTATOES

750 g gekochter Schinken
4 Bataten (Süßkartoffeln)
1 Orange, 2 Eßl. Butter
½ Teel. Salz
3 Eßl. Farinzucker
1 Eßl. Zitronensaft

Den Schinken in eine feuerfeste Form mit Deckel legen. Knapp ¼ l heißes Wasser um den Schinken gießen. Die Kartoffeln schälen, waschen und vierteln. Die Orange schälen und in Scheiben schneiden. Die Kartoffelviertel und die Orangenscheiben so um den Schinken legen, daß jeweils zwischen 2 Kartoffelvierteln 1 Orangenscheibe steckt. Die Butter in Flöckchen auf dem Schinken verteilen, alles mit dem Salz und dem Zucker bestreuen und mit dem Zitronensaft beträufeln. Den Backofen auf 160 ° vorheizen.
Die feuerfeste Form schließen. Den Schinken im Backofen auf der zweiten Schiebeleiste von unten in 60 Minuten garen; dabei zwei- bis dreimal mit der Garflüssigkeit begießen.

Unser Tip

Für dieses im tiefen Süden der USA berühmte Gericht gibt es eine Menge von Varianten. Statt der Orangenscheiben werden manchmal Ananas- oder Apfelscheiben zwischen die Kartoffeln gesteckt.

Gebackene Schweinerippen

BAKED SPARERIBS

1 Zwiebel
2 Eßl. Schweineschmalz
4 Eßl. Tomatenketchup
3 Eßl. Worcestersauce
2 Eßl. Essig, 4 Eßl. Zitronensaft
2 Teel. Senf, 2 Eßl. Zucker
1 Teel. getrocknetes Basilikum
½ Teel. Chilipulver
2 kg Spareribs (Schweinerippen)
½ Teel. Salz
1 Messersp. schwarzer Pfeffer

Die Zwiebel würfeln und im Schmalz anbraten. Das Tomatenketchup mit 5 Eßlöffel Wasser und den Würzzutaten mischen und zugedeckt 30 Minuten köcheln lassen. Die SPARERIBS salzen und pfeffern. Den Backofen auf 230 ° vorheizen. Die SPARERIBS im Backofen 30 Minuten braten. Den Ofen auf 180 ° zurückschalten. Die Spareribs auf dem Rost weitere 60 Minuten braten; dabei öfters mit der Sauce bestreichen.

Unser Tip

SPARERIBS können Sie beim Fleischer unter der englischen Bezeichnung kaufen. Sie sind aus dem vorderen Brustkorb mit dem Brustbein und den Rippenknorpeln oder aus dem rückwärtigen Brustkorb ohne Rückenwirbel geschnitten.

Gegrilltes Flankensteak

GRILLED FLANK STEAK

1 Knoblauchzehe
1 Stückchen Ingwerwurzel
¼ l Sojasauce
1 Glas trockener Sherry (6 cl)
150 g Zucker
1,5 kg Flankensteak aus der flachen Flanke (Bauchlappen) des Ochsen

Die Knoblauchzehe schälen und zerdrücken. Von der Ingwerwurzel so viel raspeln, daß es ½ Teelöffel ergibt. Die Sojasauce mit dem Knoblauch, dem Ingwer, dem Sherry und dem Zucker verrühren, bis sich der Zucker völlig gelöst hat. Das Flankensteak kurz kalt waschen und gut trockentupfen. Das Steak in eine große flache Schüssel legen und mit der Marinade übergießen. Das Fleisch mindestens 2 Stunden marinieren; während dieser Zeit wiederholt umwenden und die Oberfläche mit der Marinade beträufeln.
Den Elektrogrill vorheizen.
Die Marinade vom Steak etwas abtropfen lassen, das Steak auf den Grillrost legen und etwa 8 cm unter den Grillstäben einschieben. Jede Seite des Steaks so lange grillen, bis sie gut gebräunt ist. Das Steak während des Grillens eventuell noch ein- bis zweimal leicht mit Marinade bestreichen. Das Steak bei Tisch in Scheiben schneiden.
Die übriggebliebene Marinade für andere Fleischgerichte verwenden; sie ist im Kühlschrank aufbewahrt bis zu 2 Wochen haltbar.

Kreolisches Festgericht

JAMBALAYA

Zutaten für 8 Personen:
1 Hähnchen von etwa 1,2 kg
1 Tasse Öl
300 g gepökelter Schweinekamm
2 Zwiebeln
2 Tomaten
1 grüne Paprikaschote
½ l heiße Hühnerbrühe
½ Teel. getrockneter Thymian
1 gute Messersp. Cayennepfeffer
½ Teel. Salz
200 g Reis
½ Teel. Safran
1 Tasse tiefgefrorene Erbsen
2 Paar geräucherte Würstchen
600 g ausgelöstes gekochtes Hummerfleisch

Das Hähnchen in 8 Teile zerlegen. Das Öl über die Hähnchenteile gießen. Das Schweinefleisch in 2 cm große Würfel schneiden, ebenfalls in das Öl geben und ½ Stunde marinieren. Die Zwiebeln schälen und würfeln. Die Tomaten häuten und in Stücke schneiden. Die Schote würfeln. Die Hähnchenteile und die Fleischwürfel etwa 10 Minuten anbraten; eventuell Öl zugeben. Die Zwiebeln mit anbraten; dann die Tomaten und die Schote zugeben; zugedeckt 30 Minuten schmoren lassen. Die Hühnerbrühe mit dem Thymian, dem Cayennepfeffer, dem Salz, dem Reis und dem Safran zufügen und zugedeckt weitere 20 Minuten schmoren lassen. Die Erbsen, die Würstchen und das Hummerfleisch zuletzt im Eintopf erhitzen.

Glasierter Schinken

BAKED GLAZED HAM

Zutaten für 10–12 Personen:
1 Schinken von 5–6 kg
¼ l Ananassaft
100 g Zucker
1 Eßl. Senfpulver
je ½ Teel. Ingwer- und Knoblauchpulver
1 Prise Salz
8 Gewürznelken
4–6 Scheiben Ananas
1 Eßl. grüne Pfefferkörner

Den Schinken 12 Stunden in kaltes Wasser legen. Den Backofen auf 175° vorheizen. Den Schinken abtrocknen und mit der Schwarte nach unten auf den Bratenrost über die Bratenpfanne legen; 2–2½ Stunden braten. Den Schinken abkühlen lassen; die Schwarte abschneiden. Die Fettschicht rautenförmig einschneiden. Den Ananassaft mit dem Zucker erhitzen, einkochen lassen und mit den Gewürzen mischen. Den Schinken damit beträufeln. Die Gewürznelken in die Einschnitte stecken. Den Schinken bei 225° weitere 20–30 Minuten braten; dabei alle 5 Minuten mit dem Saft bestreichen. Nach 20 Minuten die Ananasscheiben auf den Schinken legen und in die Mitte der Ananasscheiben den grünen Pfeffer füllen.

Gefüllter Truthahn

STUFFED TURKEY

Zutaten für 8–10 Personen:
1 Truthahn von 5–6 kg
1 Teel. Salz
½ Teel. weißer Pfeffer
1 Zwiebel
4 Stangen Staudensellerie
750 g altbackenes Weißbrot
Herz und Leber des Truthahns
500 g Kalbsbrät
2 Eier
100 g Butter
6 Eßl. Orangensaft
2 Teel. abgeriebene Orangenschale
½ Teel. abgeriebene Zitronenschale
4 Eßl. gehackte Petersilie
1 Teel. getrockneter Thymian
¼ Teel. getrockneter Majoran
¼ Teel. getrockneter Salbei
1 Teel. Salz
¼ Teel. weißer Pfeffer
1 Tasse Öl

Den Truthahn innen mit dem Salz und dem Pfeffer einreiben. Den Backofen auf 200° vorheizen.
Die Zwiebel schälen und würfeln. Den Staudensellerie in Scheibchen schneiden. Die Rinde vom Weißbrot abreiben und das Weißbrot kleinwürfeln. Das Herz und die Leber hacken, mit dem Brät, den Zwiebelwürfeln, den Selleriescheibchen, dem Weißbrot, den verquirlten Eiern, der zerlassenen Butter, dem Orangensaft, der Orangen- und Zitronenschale, der Petersilie, dem Thymian, dem Majoran, dem Salbei, dem Salz und dem Pfeffer zu einem Teig verkneten.
Den Truthahn mit dieser Masse nicht zu prall füllen und die Öffnungen zunähen. Den Truthahn mit Öl bestreichen und mit der Brust nach unten auf den Bratenrost über die ausgespülte Bratenpfanne in den Backofen geben. Den Truthahn locker mit 1 Stück Bratfolie bedecken und 2½ Stunden braten; während der Garzeit etwa alle 15–20 Minuten mit Öl bestreichen. Nach etwa 2 Stunden die Folie entfernen, den Truthahn noch 30 Minuten braten, dann umdrehen. Den Truthahn wieder gut mit Öl bestreichen und mit Folie bedekken. Nach weiteren 60 Minuten Bratzeit die Folie entfernen, den Truthahn mit dem restlichen Öl bestreichen und danach mit dem abgetropften Bratensaft begießen. Weitere 2–2½ Stunden braten.
Den garen Truthahn im abgeschalteten geöffneten Backofen 15–20 Minuten ruhen lassen. Den Bratenfond mit heißem Wasser oder heißer Geflügelbrühe lösen, in eine Kasserolle schütten, abschmecken und nach Belieben binden oder klar zum Truthahn servieren.

Unser Tip

Wenn Sie einen tiefgefrorenen Puter kaufen, rechnen Sie die Zeit zum Auftauen mit in Ihre Vorbereitungen ein: Im Kühlschrank benötigt ein Puter von 5–6 kg etwa 36 Stunden Auftauzeit.

Fritiertes Hähnchen

FRIED CHICKEN

80 g Mehl
1 Teel. Backpulver
¼ Teel. Salz
2 Eier
½–⅔ Tassen Milch
1 Hähnchen von etwa 1,5 kg
1 l Öl
1 Teel. Salz

Das Mehl mit dem Backpulver in eine Schüssel sieben. Das Salz mit den Eiern verquirlen und nach und nach ½ Tasse Milch dazurühren. Die Eier-Milch-Mischung zum Mehl gießen und unterrühren, wenn nötig noch wenig Milch zugeben.
Das Hähnchen innen und außen gründlich kalt waschen und gut trockentupfen. Das Hähnchen vierteln und jedes Viertel noch einmal halbieren.
Das Öl in einer elektrischen Friteuse oder im Fritiertopf mit Fritierthermometer auf 180 ° erhitzen.
Die Hähnchenteile mit Salz einreiben, nacheinander in den Ausbackteig tauchen und ins heiße Öl legen. Je nach Größe der Friteuse oder des Fritiertopfs die Hähnchenteile eventuell in 2 Portionen 10–15 Minuten fritieren und während dieser Zeit einige Male im heißen Öl wenden.
Zu FRIED CHICKEN wird grüner Salat, Tomatensalat oder Salat aus Maiskörnern und Weißbrot gegessen.

Hähnchen mit Maisfritters

CHICKEN MARYLAND

Für das Hähnchen:
1 Hähnchen von 1,5 kg
½ Tasse Mehl, 1 Teel. Salz
1 Ei
2 Tassen Semmelbrösel
4 Eßl. Butter
Für die FRITTERS:
1 Ei, 80 g Mehl
½ Teel. Backpulver
½ Teel. Salz
1 Messersp. Cayennepfeffer
1 Teel. Worcestersauce
2 Tassen Maiskörner aus der Dose
½ l Öl, 2 Bananen
1 Eßl. Butter

Den Backofen auf 200 ° vorheizen. Das Hähnchen in 4 Teile schneiden. Das Mehl mit dem Salz mischen und die Hähnchenteile darin wenden. Das Ei mit 1 Eßlöffel Wasser verquirlen. Die Hähnchenteile in dem verquirlten Ei, dann in den Semmelbröseln wenden, in eine Bratreine legen, die Butter zerlassen und darüberträufeln. Die Hähnchenstücke im Backofen 30–40 Minuten braten.
Für die FRITTERS das Ei in Eigelb und Eiweiß trennen. Das Eiweiß zu steifem Schnee schlagen. Das Mehl mit dem Backpulver, den Gewürzen und dem Eigelb verrühren. Die abgetropften Maiskörner untermischen und zuletzt den Eischnee unterheben. Das Öl erhitzen. Eßlöffelweise Maismasse in das heiße Öl geben. Von jeder Seite 4–5 Minuten fritieren. Die Bananen schälen, halbieren, in der Butter braten und zum CHICKEN MARYLAND reichen.

Ente mit Ananassauce

DUCK WITH
PINEAPPLE SAUCE

1 junge Ente
1 Eßl. Maiskeimöl
⅛ l Ananassaft
¼ l Rotwein
½ Teel. Salz
1 Messersp. weißer Pfeffer
Saft von ½ Zitrone
1 Eßl. Speisestärke
Saft von 1 Orange
abgeriebene Schale von 1 Orange
4 Eßl. kleingeschnittene Ananas

Den Backofen auf 200° vorheizen.
Die Ente vierteln, mit dem Öl bestreichen und in eine Bratreine legen. Den Ananassaft mit dem Rotwein, dem Salz, dem Pfeffer und dem Zitronensaft mischen, über die Entenstücke gießen und diese im Backofen auf der zweiten Schiebeleiste von unten etwa 40 Minuten braten. Während der Garzeit wiederholt mit dem Saft aus der Bratreine beschöpfen.
Für die Sauce die Speisestärke mit dem Orangensaft verrühren. Das Fett auf dem Bratensaft in der Bratreine abschöpfen, mit der angerührten Speisestärke verrühren, ⅛ l Wasser zufügen und alles unter Rühren erhitzen, bis es anfängt, dick zu werden. Die abgeriebene Orangenschale und die Ananasstükke in die Sauce geben, die Sauce mit dem verbliebenen Bratensaft in der Bratreine mischen und zu den Entenstükken servieren.
Das schmeckt dazu: Bataten (Süßkartoffeln).

Unser Tip
Verwenden Sie für dieses Rezept möglichst frische Ananas! Auch wenn Sie nur wenig von der Frucht benötigen; geschmacklich übertrifft sie Dosenobst.

Waffeln mit Ahornsirup

WAFFLES WITH MAPLE SIRUP

120 g Mehl
3 Teel. Backpulver
1 Prise Salz, 2 Teel. Zucker
2 Eier, 3 Eßl. Butter
je ½ Tasse Milch und Sahne
1–2 Tassen Ahornsirup

Das Mehl mit dem Backpulver in eine Schüssel sieben und mit dem Salz und dem Zucker mischen. Die Eier verquirlen. Die Butter schmelzen lassen, aber nicht erhitzen. Die geschmolzene Butter mit der Milch, der Sahne und den Eiern verquirlen. Das Mehl in die Eimasse schütten und mit dem elektrischen Rührgerät glattrühren. Ist der Teig dicker als eine schwere Creme, noch etwas Milch dazurühren.
Das Waffeleisen erhitzen, aber nicht fetten. Auf jedes Viertel des Waffeleisens knapp 1 Eßlöffel Teig geben, das Waffeleisen schließen und so lange geschlossen lassen, bis kein Dampf mehr entweicht. Die Waffeln sollen gleichmäßig goldbraun gebacken sein. Weitere Waffeln aus dem übrigen Teig backen.
Den Ahornsirup erwärmen und zu den Waffeln reichen.

Unser Tip
Wenn Sie kein Waffeleisen haben, so backen Sie aus dem Teig kleine Pfannkuchen und reichen diese zum erwärmten Ahornsirup.

Preiselbeer-Quarkcreme-Bombe

CRANBERRY CREAM CHEESE FROST

225 g Preiselbeeren
225 g Zucker
450 g Speisequark
2 Becher Sahne (0,4 l)
2 Eßl. Honig
2 Eßl. geriebene Mandeln

Die Preiselbeeren mehrmals in kaltes Wasser schütten und jeweils die an die Oberfläche steigenden schlechten Beeren und Blättchen abnehmen. Die Beeren dann auf einem Tuch abtropfen lassen, einige zum Garnieren zurückbehalten, die übrigen hacken oder im Mixer zerkleinern. Mit der Hälfte des Zuckers mischen. Den Quark mit dem restlichen Zucker cremig rühren. Die Sahne steif schlagen, etwa 1 Tasse davon abnehmen, den Rest mit den Preiselbeeren unter die Quarkcreme ziehen.
Den Honig in eine Eisbombenform oder in eine Puddingform träufeln und die Form so lange drehen und wenden, bis alle Innenflächen von Honig bedeckt sind. Die geriebenen Mandeln in die Form schütten und die Form damit ausstreuen. Die Quarkcreme einfüllen und die »Bombe« in 4–5 Stunden im Gefriergerät gefrieren lassen.
Die »Bombe« vor dem Servieren in der Form kurz in heißes Wasser tauchen, auf eine Platte stürzen und mit den zurückbehaltenen Beeren und der restlichen Sahne garnieren.

»Teufels Nahrung«

DEVIL'S FOOD

100 g bittere Schokolade
60 g Zucker, ⅛ l Milch
1 Eigelb, 3 Eiweiße
2 Eßl. Zucker
4 Eßl. Butter
2 Teel. Vanillinzucker
80 g Zucker
2 Eigelbe, ½ Tasse Milch
1 Prise Salz
200 g Mehl, 1 Teel. Backpulver
½ l Sahne
1 Teel. Vanillinzucker
3 Eßl. Puderzucker
2 Eßl. Kakaopulver
2 Eßl. Borkenschokolade
Für die Form: Butter und Mehl

Eine Springform von etwa 22 cm Ø ausfetten und mit Mehl ausstreuen. Den Backofen auf 180° vorheizen. Die Schokolade zerlassen. Den Zucker mit der Milch und dem Eigelb verquirlen, unter die Schokolade rühren und abkühlen lassen. Die Eiweiße mit dem Zucker steif schlagen. Die Butter mit dem Vanillinzucker und dem Zucker schaumig rühren, die Eigelbe, die Milch, das Salz und das Mehl mit dem Backpulver unterrühren. Die Schokoladenmasse unterziehen und zuletzt den Eischnee unterheben. Den Teig in die Springform füllen und im Ofen 40–45 Minuten backen. Den Kuchen erkalten lassen. Die Sahne mit dem Vanillinzucker und dem Puderzucker steif schlagen und das Kakaopulver unterrühren. Die Torte halbieren, mit Sahne füllen, wieder zusammensetzen, dick mit Sahne überziehen und mit der Borkenschokolade bestreuen.

Preiselbeer-Nuß-Brot

CRANBERRY NUT BREAD

150 g Mehl
2 Teel. Backpulver
200 g Zucker
1 Prise Salz, 50 g Butter
6 Eßl. Orangensaft
1 Eßl. abgeriebene Orangenschale
1 Ei
100 g geriebene oder kleingehackte Walnüsse
150 g gewaschene, verlesene Preiselbeeren
Für die Form: Butter und Semmelbrösel

Eine Kastenkuchenform von etwa 20 cm Länge ausfetten und mit Semmelbröseln ausstreuen. Den Backofen auf 180° vorheizen.
Das Mehl mit dem Backpulver in eine Schüssel sieben. Den Zucker und das Salz darüberstreuen. Die Butter in Flöckchen über das Mehl geben und mit dem Mehl mischen, bis ein streuselartiger Teig entsteht. Den Orangensaft mit der Orangenschale mischen und mit dem Ei verquirlen, über den Teig gießen und vermengen. Die gehackten oder geriebenen Nüsse darüberschütten. Die Preiselbeeren etwas kleinhakken und ebenfalls über den Teig geben. Die Masse leicht mischen, in die vorbereitete Kastenform füllen und die Oberfläche glattstreichen. Im Ofen auf der zweiten Schiebeleiste von unten in etwa 1½ Stunden goldbraun backen. Den Kuchen möglichst 12 Stunden ruhen lassen, weil er sich dann leichter in Scheiben schneiden läßt.

Mexiko

Avocadosuppe

SOPA DE AGUACATE

3 reife Avocados
⅛ l Sahne
¾ l Geflügelbrühe
2 Eßl. trockener Sherry
½ Teel. Salz
1 Messersp. weißer Pfeffer
4 Eßl. Maismehl
1 Prise Salz

Die Avocados halbieren, die Steine herauslösen. Das Fruchtfleisch mit einem kleinen Löffel oder mit einem Kugelausstecher aus den Schalen lösen und mit der Sahne im Mixer pürieren oder durch ein Sieb streichen und mit der Sahne verrühren. Die Geflügelbrühe zum Kochen bringen, vom Herd nehmen, das Avocadopüree einrühren. Die Suppe mit dem Sherry, dem Salz und dem Pfeffer abschmecken und warm stellen.
Das Maismehl mit dem Salz und mit wenig Wasser zu einem festen Teig verkneten. Den Teig zwischen Pergamentpapier zu einem 3 mm dünnen Fladen ausrollen. Eine Eisenpfanne leer erhitzen, den Maisfladen darin von beiden Seiten goldgelb braten, aufrollen, in dünne Streifen schneiden und diese in die Suppe geben.

Unser Tip

Sollte die Suppe von 3 Avocados nicht cremig genug werden, so muß man eine weitere pürieren und unter die Suppe mischen. Je reifer die Früchte sind, desto cremiger wird die Suppe.

Gefüllte Paprikaschoten

CHILES RELLENOS

4 grüne Paprikaschoten
1 Zwiebel, 1 Knoblauchzehe
½ Teel. Salz, 2 Tomaten
1 Eßl. Rosinen, 2 Eßl. Öl
400 g Rinderhackfleisch
50 g abgezogene gehackte Mandeln
1 Messersp. schwarzer Pfeffer
1 Eßl. gehackte grüne Oliven
1 Eßl. Essig, 2 Eßl. Mehl
1 Ei, 1 Tasse Semmelbrösel
1 Tasse Öl, 6 Tomaten
2 Eßl. gehackte Petersilie
je 1 Messersp. Salz, schwarzer Pfeffer und Chilipulver
1 Banane

Die Schoten rösten, bis die Schale platzt, dann häuten, längs einschneiden und die Kerne und Rippen entfernen. Die Zwiebel würfeln, die Knoblauchzehe grob zerkleinern und mit dem Salz zerdrükken. Die Tomaten häuten und kleinschneiden. Die Rosinen waschen. Die Zwiebelwürfel im Öl glasig braten. Das Hackfleisch kurz mitbraten. Die Mandeln, den Knoblauch, den Pfeffer, die Rosinen, die Oliven, die Tomaten und den Essig untermischen. Alles 5 Minuten durchbraten. Die Schoten damit füllen und in dem Mehl, im verquirlten Ei und in den Semmelbröseln wenden. Das Öl in einer tiefen Pfanne erhitzen. Die Schoten darin goldbraun braten; warm stellen. Die Tomaten häuten, würfeln und im verbliebenen Öl erhitzen. Die Petersilie und die Gewürze zufügen; kurz schmoren lassen. Die Banane in Scheiben untermischen.

Tortillas mit Schinkenfüllung

TORTILLAS TASCO DE JAMÓN

200 g Mehl, 175 g Maismehl
1 Teel. Salz, 1 Ei
400 g Schinken
1 Zwiebel
je 1 rote und grüne Peperoni
2 Tomaten
200 g Speisequark
1 Eßl. Sahne, ½ Teel. Salz
1 Prise weißer Pfeffer
4 Eßl. Schmalz oder Öl

Das Mehl und das Maismehl mit dem Salz in einer Schüssel mischen. Das Ei und nach und nach so viel Wasser (knapp ½ l) zugeben, daß ein fester knetfähiger Teig entsteht; 20 Minuten ruhen lassen. Dann walnußgroße Bällchen aus dem Teig formen und diese zwischen Pergamentpapier zu etwa 2 mm dicken Fladen ausrollen. Die Fladen in einer ungefetteten Eisenpfanne braten. Die fertigen Tortillas mit je 1 Stück Pergamentpapier dazwischen übereinanderlegen, in ein Tuch einschlagen und warm halten. Den Schinken und die Zwiebel in sehr kleine Würfel schneiden. Die Peperoni halbieren, von Rippen und Kerne befreien und feinhacken. Die Tomaten häuten, entkernen und kleinwürfeln. Den Quark mit der Sahne, dem Salz, dem Pfeffer und den kleingeschnittenen Zutaten mischen. Die Tortillas damit bestreichen, aufrollen, mit Holzspießchen feststecken und im heißen Fett goldbraun braten. SALSA MEXICANA (Mexikanische Sauce, Rezept Seite 47) dazu reichen.

Tortilla-Auflauf

TORTILLA CASSEROLE

200 g Mehl, 175 g Maismehl
½ Teel. Salz, 1 Ei
1 Tasse Olivenöl
1 Zwiebel, 400 g Tomaten
½ Teel. Salz
½ Teel. getrockneter Oregano
1 Teel. Tabascosauce
175 g geriebener Käse
6 hartgekochte Eier
Für die Form: Öl

Aus dem Mehl und dem Maismehl, dem Salz, dem Ei und knapp ½ l Wasser nach Anweisung im nebenstehenden Rezept einen Teig bereiten, daraus Tortillas backen, diese aufrollen und erkalten lassen. Die Rollen dann in ½ cm breite Streifen schneiden.
Das Öl erhitzen und die Tortillastreifen darin nacheinander portionsweise knusprig braun ausbacken.
Die Zwiebel schälen und kleinwürfeln. Die Tomaten häuten, entkernen und in Stücke schneiden. Die Zwiebelwürfel im Öl, in dem die Tortillastreifen fritiert wurden, glasig braten, die Tomaten, das Salz, den Oregano und die Tabascosauce zugeben. Alles unter öfterem Umrühren erhitzen, bis die Tomaten zerfallen. Den Backofen auf 190° vorheizen.
Eine feuerfeste Form ausfetten und den Boden mit einer Lage Tortillastreifen bedecken, darüber Sauce träufeln und geriebenen Käse streuen. Die Eier schälen, in Scheiben schneiden, auf den Käse geben und die Lagen wiederholen, bis alle Zutaten verbraucht sind; mit Sauce abschließen. Die Form zudecken und den Auflauf im Backofen in 30 Minuten garen.

Schweinefleisch nach Art der Tischtuchfärber

MANCHA MANTELES DE CERDO

1 l Geflügelbrühe
1 kg Schweinehalsgrat
1 Lorbeerblatt
je 1 Messersp. getrockneter Thymian, Oregano und gemahlene Gewürznelken
12 Pfefferschoten (Peperoni)
100 g Walnußkerne
400 g grüne mexikanische Tomaten aus der Dose
2 Zwiebeln
1 Knoblauchzehe
1 Teel. Salz
2 Eßl. gehackte Petersilie
1 Eßl. Olivenöl
3 Birnen
3 Äpfel
3 Bananen
1 kleine frische Ananas
2 mittelgroße Zucchini
300 g enthülste grüne Erbsen

¾ l Geflügelbrühe zum Kochen bringen. Das Schweinefleisch in 3 cm große Würfel schneiden. Die Fleischwürfel, das Lorbeerblatt, den Thymian, den Oregano und die Nelken in die Geflügelbrühe geben und zugedeckt bei milder Hitze 30 Minuten kochen lassen.
Von den Schoten die Stengel, die Kerne und die Rippen aus dem Inneren entfernen. Die Schoten waschen und in Stükke schneiden. Die Walnußkerne im Mixer pürieren. Die Tomaten abtropfen lassen, in Stücke schneiden und mit den Peperoni zu den Nüssen in den Mixer geben. Die Zwiebeln schälen, grobhacken und ebenfalls in den Mixer geben. Die Knoblauchzehe schälen, grob zerkleinern, mit dem Salz zerdrücken und mit der Petersilie und der restlichen Geflügelbrühe ebenfalls in den Mixer geben; alles pürieren. Das Öl erhitzen, das Püree aus dem Mixer zugeben und 5 Minuten kochen lassen. Den Topf vom Herd nehmen und die Sauce warm stellen.
Die Kochbrühe vom Schweinefleisch abgießen, etwas erkalten lassen und das Fett abschöpfen. Die Brühe in die Sauce rühren.
Die Birnen und die Äpfel achteln, schälen und vom Kerngehäuse befreien. Die Bananen schälen und in ½ cm dicke Scheiben schneiden. Die Ananas schälen, den holzigen Strunk in der Mitte herausschneiden und das Fruchtfleisch würfeln. Die Zucchini waschen, abtropfen lassen und in ½ cm dicke Scheiben schneiden.
Das Lorbeerblatt aus der Fleisch-Kasserolle entfernen. Die Birnen- und die Apfelspalten, die Bananen- und die Zucchinischeiben und die Ananaswürfel auf dem Fleisch anrichten. Alles mit der Sauce übergießen und zugedeckt bei milder Hitze 30 Minuten schmoren lassen. Die Erbsen einstreuen und in weiteren 15 Minuten darin garen.
Das Schweinefleisch nach Art der Tischtuchfärber wird in der Kasserolle aufgetragen.

Ingwercreme

GINGER MOUSSE

4 Eßl. kandierter Ingwer aus dem Glas
½ Päckchen gemahlene Gelatine
¼ l Kaffeesahne
2 Eigelbe
50 g Zucker
2 Eßl. weißer Rum
2 Eiweiße
1 Prise Salz
1 Eßl. Zucker

Den Ingwer sehr fein hacken und beiseite stellen. Die Gelatine in 2 Eßlöffel kaltem Wasser 10 Minuten quellen lassen, im heißen Wasserbad auflösen und im Wasserbad warm halten. Die Kaffeesahne unter ständigem Rühren bei milder Hitze bis knapp unter den Siedepunkt erhitzen. Die Eigelbe mit dem Zucker schaumig rühren, nach und nach die Kaffeesahne untermischen; alles unter Rühren bei sehr milder Hitze erwärmen, aber nicht kochen lassen. Die aufgelöste Gelatine und den kleingehackten Ingwer in die Creme rühren. Den Rum etwas erwärmen, anzünden und ausbrennen lassen; ebenfalls unter die Creme rühren. Die Eiweiße zu steifem Schnee schlagen, das Salz und den Zucker gut unterrühren und den Eischnee behutsam unter die Creme heben. Die Creme in eine Schüssel füllen und im Kühlschrank zugedeckt in etwa 3 Stunden fest werden lassen.

Mangodessert

CREMA DE MANGO

3 reife Mangos
2 Eßl. frischgepreßter Limonensaft
4 Eßl. Zucker
2 Eiweiße, 1 Eßl. Zucker
1 Prise Salz
⅛ l Sahne
2 Eßl. Borkenschokolade

Die Mangos schälen und das Fruchtfleisch rundherum vom Stein schneiden. Die Hälfte des Fruchtfleisches in kleine Würfel schneiden. Das restliche Fruchtfleisch mit dem Limonensaft und dem Zucker im Mixer pürieren. Die Eiweiße zu steifem Schnee schlagen. Den Zucker und das Salz gründlich unterrühren und den Eischnee so lange weiterschlagen, bis Einschnitte eines Messers auf der Oberfläche des Eischnees sichtbar bleiben. Die Sahne ebenfalls steif schlagen. Den Eischnee behutsam mit der Schlagsahne mischen. Das Mangopüree unter die Sahne heben und zuletzt das gewürfelte Fruchtfleisch unterziehen. Die Creme 30 Minuten in den Kühlschrank stellen. Vor dem Servieren mit der Borkenschokolade verzieren.

Unser Tip

Wenn Sie das Mangodessert nicht unmittelbar vor einer Mahlzeit zubereiten, sollten Sie die Sahne mit Sahnesteifmittel verrühren, damit sich keine Flüssigkeit absetzt.

Maispasteten

HALLACAS

200 g Schweineschulter
½ Teel. Salz
½ Brathuhn von etwa 250 g
1 Zwiebel, 2 Knoblauchzehen
1 grüne Paprikaschote
2 Tomaten, 5 gefüllte Oliven
2 Eßl. Rosinen
1½ Eßl. Olivenöl
1 Eßl. gehackte Petersilie
1 Eßl. Kapern, ½ Eßl. Essig
½ Eßl. Zucker, ½ Teel. Salz
je 1 Messersp. schwarzer Pfeffer und Chilipulver
½ Teel. Salz, 200 g Maismehl
2 Eßl. Butter, 1 Ei
je 12–15 25 × 25 cm große Stücke Pergamentpapier und Alufolie

Das Schweinefleisch mit Salzwasser bedeckt 30 Minuten kochen. Vom Brathuhn die Haut und die Knochen entfernen und das Fleisch in kleine Stükke schneiden. Die Zwiebel und den Knoblauch schälen und kleinwürfeln. Die Schote von Rippen und Kernen befreien und kleinschneiden. Die Tomaten häuten und kleinschneiden. Die Oliven in Scheiben schneiden. Die Rosinen heiß abbrausen und abtropfen lassen. Das Öl in einer großen Pfanne erhitzen und die Zwiebelwürfel darin glasig braten. Den Knoblauch, die Schote, die Tomaten, die Petersilie, die Kapern, den Essig, den Zucker, die Rosinen, die Oliven, das Salz, den Pfeffer und das Chilipulver zugeben. Alles gut mischen, das Hühnerfleisch darauf verteilen und 25–30 Minuten zugedeckt schmoren. Das Schweinefleisch kleinwürfeln und nach 20 Minuten in die Gemüsepfanne geben. ½ l Wasser mit dem Salz in einem Topf zum Kochen bringen. Das Maismehl einrühren und kochen lassen, bis ein dicker Brei entsteht. Die Butter unterrühren. Den Brei kochen lassen, bis er sich wie ein Kloß vom Topfboden löst, dann vom Herd nehmen, das Ei unterrühren und den Teig zugedeckt etwas abkühlen lassen.
In Venezuela verwendet man zum Garen der Maispasteten Blätter der Bananenpalme. Wir müssen uns mit Pergamentpapier behelfen. Auf jedes Papierquadrat etwa 2 Eßlöffel Maisteig geben und diesen mit den Fingern zu einem Rechteck von etwa 15 × 18 cm auseinanderstreichen. Darauf 3–4 Eßlöffel Fleisch-Gemüse-Füllung geben. Das Pergamentpapier über die Füllung legen und mit der Öffnung nach unten auf 1 Stück Alufolie legen, darin einschlagen und die Ränder gut verschließen. Die Alupakete in einen großen Durchschlag legen. Einen großen Topf mit Wasser füllen, so daß der Durchschlag im Topf hängend nicht mit dem Wasser in Berührung kommt. Das Wasser zum Kochen bringen. Die Pasteten zugedeckt 60 Minuten im Dampf garen.

Unser Tip

Sie können auch eine ganze Pastete in einer feuerfesten Form mit Deckel garen. Maisteig und Füllung in die Form schichten und die Pastete im Wasserbad im Backofen bei etwa 180° in 60 Minuten garen.

Reis mit Bananen als Beilage

ARROZ CON BANANAS

250 g Langkornreis
1 Teel. Salz
1 Prise Safranpulver
4 Bananen
1 Eßl. Öl
je Banane 1 Prise Salz und Cayennepfeffer
2 Eßl. gehackte Petersilie

Den Reis in einem Sieb unter fließendem kaltem Wasser so lange waschen, bis das Spülwasser klar abtropft. 2 l Wasser mit dem Salz zum Kochen bringen. Den Reis ins sprudelnd kochende Wasser geben, einmal kurz umrühren und anschließend im offenen Topf 12–15 Minuten sprudelnd kochen lassen. Das Safranpulver in 1–2 Teelöffel heißem Wasser auflösen und unter den garen Reis mischen.
Den Backofen auf 150° vorheizen.
Den Reis in ein Sieb schütten, einen Topf darunterstellen und im Backofen richtig ausdämpfen lassen.
Die Bananen schälen und längs halbieren. Das Öl erhitzen und die Bananen von beiden Seiten darin goldbraun braten. Die gebratenen Bananen mit dem Salz und dem Cayennepfeffer würzen.
Den Reis in einer Schüssel anrichten, mit der gehackten Petersilie bestreuen und die gebratenen Bananenhälften darauf verteilen.

Gemüsetopf mit Mais

LORCO

2 Zwiebeln
400 g frische Erbsen
500 g Kürbisfleisch
4 frische Maiskolben
5 Tomaten
je 1 grüne und rote Paprikaschote
4 Kartoffeln, 1 Knoblauchzehe
150 g Bauchspeck
3 Eßl. Olivenöl
½ Teel. getrockneter Majoran
1 Teel. Salz
1 Messersp. schwarzer Pfeffer
50 g geriebener Käse
2 Eßl. gehackte Petersilie

Die Zwiebeln schälen und würfeln. Die Erbsen enthülsen. Den Kürbis schälen und würfeln. Die Maiskolben von den Blättern und Fäden befreien, waschen und in dicke Scheiben schneiden. Die Tomaten häuten, entkernen und vierteln.
Die Paprikaschoten waschen, halbieren, von Rippen und Kernen befreien und in Stücke schneiden. Die Kartoffeln schälen, waschen und würfeln.
Die Knoblauchzehe schälen, durch die Knoblauchpresse drücken. Den Bauchspeck würfeln.
Das Öl mit den Speckwürfeln erhitzen. Die Zwiebelwürfel darin glasig braten. Das vorbereitete Gemüse, den zerdrückten Knoblauch, die Kartoffelwürfel, den Majoran, das Salz, den Pfeffer und 1–2 Tassen Wasser untermischen. Das Gemüse zugedeckt 25–30 Minuten kochen lassen.
Mit dem geriebenen Käse und der gehackten Petersilie bestreuen.

Filetsteaks auf kreolische Art

PABELLON CRIOLLA

Für die schwarzen Bohnen:
200 g schwarze Bohnenkerne
½ grüne Paprikaschote
1 Knoblauchzehe
½ Zwiebel
2 Eßl. Olivenöl
½ Teel. Salz
Für die Filetsteaks:
4 Filetsteaks zu je 200 g
2 Zwiebeln
700 g Tomaten
3 Eßl. Olivenöl
1 Teel. Salz
1 Messersp. gemahlener Kreuzkümmel
Für den Reis:
200 g Langkornreis
3 Eßl. Olivenöl
½ Zwiebel
1 grüne Pfefferschote (Peperoni)
1 Teel. Salz
Für die Bananen:
4 noch grüne Bananen
3 Eßl. Öl

Die Bohnenkerne im Sieb abbrausen; mit Wasser bedeckt 12 Stunden einweichen. Die Bohnen im Einweichwasser im offenen Topf 60–80 Minuten köcheln lassen; eventuell etwas Wasser zugießen. Die Schotenhälfte von Rippen und Kernen befreien, waschen und mit dem Knoblauch kleinhacken. Die Zwiebel würfeln. Das Öl erhitzen. Die Schote, die Zwiebel und die Hälfte des Knoblauchs darin braten, salzen und zu den Bohnen geben. Die Bohnen zudecken und weitere 15 Minuten kochen lassen.
Die Steaks waschen, trockentupfen und im vorgeheizten Elektrogrill von jeder Seite 4 Minuten grillen. Das Fleisch in dünne Streifen schneiden und beiseite stellen. Die Zwiebeln schälen und grob zerschneiden. Die Tomaten häuten, entkernen und vierteln. Das Öl erhitzen. Die Zwiebelstücke und den restlichen Knoblauch darin anbraten. Die Tomaten, das Salz und den Kümmel zugeben, alles mischen und 30 Minuten durchschmoren lassen. Die Filetstreifen auf das Gemüse geben; alles zugedeckt bei sehr milder Hitze warm halten.
Den Reis im Sieb abbrausen. Den Backofen auf 125° vorheizen. Das Öl in einem Topf erhitzen. Die Zwiebel schälen, halbieren und ins heiße Öl geben. Die Pfefferschote von Rippen und Kernen befreien und in grobe Stücke schneiden und ebenfalls im Öl 5 Minuten braten. Den abgetropften Reis dazuschütten und unter Rühren 5 Minuten anbraten. ½ l kochendes Wasser über den Reis gießen, das Salz zugeben, umrühren, den Topf zudecken und in den Backofen stellen. Den Reis 20 Minuten quellen lassen. Die Zwiebelviertel und die Schotenstücke aus dem Reis nehmen, und den Reis zugedeckt im Backofen warm halten.
Die Bananen schälen, längs halbieren und die Hälften in je 3 Stücke schneiden. Die Bananenstücke in dem Öl von jeder Seite goldbraun braten.
Die Filetstreifen in der Tomatensauce auf eine vorgewärmte Platte geben, abwechselnd 1 Portion Reis und 1 Portion schwarze Bohnen ringsum anrichten. Die Bananenstücke auf das Fleisch legen.

Tomatensuppe mit Bananen

SOPA DE TOMATES
CON PLÁTANOS

1 kg Tomaten
½ l Fleischbrühe
½ Teel. Salz, 2 Zwiebeln
4 Bananen, 2 Eßl. Öl
2 Teel. Speisestärke
4 Eßl. Sahne
1 Messersp. weißer Pfeffer
2 Eßl. Kokosraspel

Die Tomaten waschen, grob zerschneiden und mit der Fleischbrühe und dem Salz in einen Topf geben. Die Tomaten zugedeckt bei milder Hitze dünsten, bis sie zerfallen. Inzwischen die Zwiebeln schälen und würfeln. Die Bananen schälen und in Scheiben schneiden. Das Öl in einem anderen Topf erhitzen, die Zwiebelwürfel unter Wenden darin glasig braten, die Bananenscheiben zugeben, ebenfalls anbraten und dabei leicht zerdrücken. Die Tomaten mit der Fleischbrühe durch ein Sieb in die angebratenen Zwiebeln gießen, durch das Sieb passieren und mit den Zwiebeln und den Bananen verrühren. Die Speisestärke mit der Sahne anrühren und die Suppe damit binden. Die Suppe mit dem Pfeffer würzen und mit den Kokosraspeln bestreuen.

Unser Tip
Sie können die Suppe auch mit bereits geschälten Tomaten aus der Dose bereiten.

Hammelkeule mit Bohnen

PIERNA DE CARNERO
CON HABAS

1 kg Hammelkeule
1 Teel. Senf, 2 Eßl. Öl
1 Messersp. schwarzer Pfeffer
½ Teel. Salz
¼ l Fleischbrühe
500 g grüne Bohnen
½ Teel. Salz
2 Zwiebeln, 1 Eßl. Öl

Den Backofen auf 200° vorheizen. Die Hammelkeule kalt abwaschen und gut trockentupfen. Den Senf mit dem Öl, dem Pfeffer und dem Salz verrühren und die Keule damit bestreichen. Die Hammelkeule in eine Bratreine legen und im Backofen auf der untersten Schiebeleiste in 50–60 Minuten garen. Die Fleischbrühe erhitzen und nach etwa 20 Bratminuten etwas davon um den Hammelbraten gießen. Die Hammelkeule während der restlichen Garzeit wiederholt mit Bratflüssigkeit aus der Bratreine beschöpfen. Wenn nötig etwas Fleischbrühe nachgießen.
Die grünen Bohnen putzen, von den Fäden befreien, waschen, große Bohnen halbieren, kleine Bohnen ganz lassen. Die Bohnen mit dem Salz und etwa 2 Tassen Wasser zugedeckt 10 Minuten kochen lassen. Die Zwiebeln kleinwürfeln und in dem Öl glasig braten. Die Bohnen abgießen und unter die Zwiebelwürfel mischen. 20 Minuten vor Ende der Bratzeit der Hammelkeule die grünen Bohnen um den Braten geben und gar schmoren.
Das schmeckt dazu: Salzkartoffeln.

Kartoffeln mit Pfeffersauce

PAPAS A LA HUANCAÍNA

1 Zwiebel
Saft von 1 Zitrone
½ Teel. Salz
1 Messersp. schwarzer Pfeffer
1 Teel. Chilipulver
700 g Kartoffeln
½ Teel. Salz
1 grüne Paprikaschote
1 frische rote Pfefferschote
200 g Frischkäse
½ Tasse Sahne
1 Teel. Kurkuma
2 hartgekochte Eier
8 grüne oder schwarze Oliven
einige Blätter Kopfsalat

Die Zwiebel in dünne Ringe schneiden. Den Zitronensaft mit dem Salz, dem Pfeffer und dem Chilipulver mischen, über die Zwiebelringe gießen und diese zugedeckt ziehen lassen. Die Kartoffeln schälen, mit dem Salz in kochendes Wasser geben und zugedeckt etwa 20 Minuten kochen lassen; sie sollen nicht zu weich sein. Die Paprikaschote und die Pfefferschote halbieren, von Rippen und Kernen befreien und waschen. Die Paprikaschote sehr fein hacken, die Pfefferschote in feine Streifen schneiden. Den Frischkäse mit den Schotenstückchen, der Sahne und dem Kurkuma im Mixer pürieren und unter Rühren erhitzen. Die Zwiebelringe abtropfen lassen. Die Kartoffeln mit der Pfeffersauce übergießen. Die Pfefferschotenstreifen und die Zwiebelringe darauf verteilen. Mit den halbierten Eiern, den Oliven und den Salatblättern garnieren.

Kartoffelpüree mit Hummerkrabben

CAUSA A LA LIMEÑA

400 g tiefgefrorene Hummerkrabben
750 g Kartoffeln
½ Teel. Salz
4 frische Maiskolben
1 Zwiebel, ¼ l Olivenöl
2 Eßl. Zitronensaft
1 Teel. frische feingehackte Chilischote
1 Messersp. Cayennepfeffer
2 hartgekochte Eier
8 schwarze Oliven

Die Hummerkrabben aus der Verpackung nehmen und zugedeckt in etwa 8 Stunden im Kühlschrank auftauen lassen (bei Raumtemperatur tauen sie in der halben Zeit auf). Die Kartoffeln schälen, halbieren und in Salzwasser in etwa 25–30 Minuten sehr weich kochen. Die Maiskolben von den Blättern und Fäden befreien, jeden Kolben in 4 Stücke schneiden und diese in kochendem Wasser in 15–20 Minuten garen. Die Zwiebel schälen und reiben. Vom Öl 3 Eßlöffel abnehmen und die Hummerkrabben bei milder Hitze von beiden Seiten darin braten. Das Zwiebelpüree mit dem Zitronensaft, der gehackten Chilischote, dem Cayennepfeffer und dem restlichen Olivenöl verrühren. Die Kartoffeln abgießen, pürieren und nach und nach die Olivenölsauce untermischen. Das Püree mit den garen Maiskolben und den Hummerkrabben anrichten. Die Eier längs halbieren, auf das Püree legen und die Oliven darüberstreuen.

Bohnentopf mit Rinderzunge

FEIJOÃDA

350 g schwarze Bohnenkerne
800 g gepökelte Rinderzunge
4 Pfefferkörner
2 Zwiebeln
2 Möhren
1 Knoblauchzehe
5 Tomaten
2 grüne Paprikaschoten
¼ Kopf Weißkohl
4 kleine Schweinswürstchen
3 Eßl. Schweineschmalz
Salz

Die Bohnenkerne mit Wasser bedeckt 12 Stunden einweichen. Die Rinderzunge 12 Stunden wässern; das Wasser einige Male wechseln.
Die Rinderzunge danach mit den Pfefferkörnern und den Bohnenkernen mit dem Einweichwasser in einen großen Topf geben, frisches Wasser zufügen, so daß alles damit bedeckt ist und zum Kochen bringen. Die Zwiebeln schälen.
1 Zwiebel halbieren und zur Rinderzunge geben. Die Rinderzunge 1½ Stunden kochen lassen. Die Möhren schaben, waschen, längs vierteln, nach 60 Minuten zur Rinderzunge geben und mitgaren.
Die zweite Zwiebel würfeln. Die Knoblauchzehe schälen und hacken. Die Tomaten häuten, entkernen und in Stücke schneiden. Die Paprikaschoten halbieren, von Rippen und Kernen befreien, waschen, abtrocknen und in Würfel schneiden. Vom Weißkohl die äußeren schlechten Blätter entfernen, den Strunk herausschneiden und den Kohl in feine Streifen schneiden.
Den Backofen auf 200° vorheizen. Die gare Rinderzunge aus dem Topf nehmen, häuten und in Scheiben schneiden. Die Zwiebelhälften entfernen. Die Schweinswürstchen im Bohnentopf erhitzen. Die Zungenscheiben wieder auf die Bohnen legen und warm halten.
Das Schweineschmalz in einem Topf zerlassen, die Zwiebelwürfel darin glasig braten, den Knoblauch, die Tomatenstücke, die Schotenwürfel und die Kohlstreifen zugeben und alles unter Umwenden kurz anbraten. Zugedeckt bei milder Hitze 20 Minuten schmoren lassen.
Die Zungenscheiben, die Würstchen und die Möhren auf einer Platte anrichten. Die Gemüsesauce mit den Bohnen mischen und den Eintopf eventuell mit Salz abschmecken.

Unser Tip

Für festliche Gelegenheiten wird das Gericht nicht als Eintopf serviert, sondern es werden – wie auf dem Bild gezeigt – das Fleisch, die Bohnen und die Gemüsesauce separat angerichtet. Außerdem reicht man dazu noch Reis.

Gefüllte Avocados

PALTA RELLENOS

100 g Shrimps, tiefgefroren oder aus dem Glas
2 Avocados, ½ Banane
2 Teel. Zitronensaft
400 g gegartes Gefügelfleisch ohne Haut und Knochen
einige Blätter Kopfsalat
4 Eßl. Salatmayonnaise
1 Eßl. Kaffeesahne
je 1 Prise Salz, weißer Pfeffer, Paprikapulver und Zucker

Tiefgefrorene Shrimps zugedeckt auftauen lassen; Shrimps aus dem Glas kurz abbrausen und abtropfen lassen. Die Avocados halbieren und die Steine herauslösen. Das Fruchtfleisch mit einem Kugelausstecher aus den Schalen lösen. Die Banane schälen, in Scheiben schneiden, zu den Avocadokugeln geben und mit dem Zitronensaft beträufeln. Das Geflügelfleisch in kleine Stücke schneiden. Die Salatblätter waschen, abtropfen lassen und in Streifen schneiden.
Die Salatmayonnaise mit der Kaffeesahne, dem Salz, dem Pfeffer, dem Paprika und dem Zucker verrühren, mit den Avocadokugeln, den Bananenscheiben, dem Geflügelfleisch und den Salatstreifen mischen. Die ausgehöhlten Avocados damit füllen. Die Shrimps auf den Avocados verteilen.

Unser Tip

Statt des Geflügelfleisches können Sie auch gegarten Fisch zum Füllen der Avocados verwenden.

Pikantes Huhn

PICANTE DE GALLINA

1 Poularde von etwa 1,2 kg
¼ l Fleischbrühe
3 Zwiebeln, 1 Knoblauchzehe
1 Teel. Salz
4 Eßl. Olivenöl
1 Messersp. schwarzer Pfeffer
1 Teel. Paprikapulver, scharf
6 Tomaten
1 rote Paprikaschote
½ Teel. getrockneter Oregano
1 Teel. Kümmel
½ Tasse Semmelbrösel
1 hartgekochtes Ei
12 grüne Oliven

Die Poularde waschen und in 8 Teile zerschneiden. Die Fleischbrühe erhitzen. Die Zwiebeln schälen und in Ringe schneiden. Die Knoblauchzehe schälen, kleinschneiden und mit dem Salz zerdrücken. Das Öl erhitzen, zwei Drittel der Zwiebelringe darin glasig braten, die Poulardenstücke zugeben, von allen Seiten anbraten. Die Hälfte der Fleischbrühe zugießen, den Pfeffer und das Paprikapulver unterrühren und alles zugedeckt 60 Minuten schmoren lassen. Die Tomaten häuten, entkernen und zerschneiden. Die Schote kleinschneiden. Die Tomaten- und die Schotenstücke mit der restlichen Fleischbrühe begießen, den Oregano, den Kümmel, die übrigen Zwiebelringe und den Knoblauch zufügen und zugedeckt 20 Minuten schmoren lassen. Zuletzt die Semmelbrösel unter das Gemüse mischen.
Die Poularde anrichten, mit dem Gemüse bedecken und mit Eischeiben und den Oliven garnieren.

Kichererbsensuppe mit Mangold

POTAJE DE GARBANZO CON ACELGA

250 g Kichererbsen
2 Tomaten, 1 Zwiebel
4 Knoblauchzehen
1 Teel. Rosenpaprikapulver
1 Teel. Salz, 1 Lorbeerblatt
750 g Mangold
2 Eßl. Olivenöl
2 Eßl. Weißwein
2 Eßl. gehackte Petersilie

Die Kichererbsen 12 Stunden mit Wasser bedeckt einweichen. Dann gründlich in einem Sieb abbrausen und mit 1½ l Wasser zum Kochen bringen. Die Tomaten waschen und ungeschält im ganzen zu den Erbsen geben. Die Zwiebel schälen und vierteln. Die Knoblauchzehen schälen und halbieren. Die Zwiebelviertel, den Knoblauch, den Paprika, das Salz und das Lorbeerblatt zu den Erbsen geben und alles zugedeckt 60 Minuten bei milder Hitze kochen lassen.
Den Mangold waschen, abtropfen lassen, putzen und grob zerkleinern. Nach Beendigung der Garzeit zu den Erbsen geben und alles weitere 15 Minuten kochen lassen. Die Zwiebelviertel, die Tomaten, die Knoblauchstücke und 1 Eßlöffel Erbsen aus dem Topf nehmen und durch ein Sieb passieren. Das Öl erhitzen und das Tomatenmus im Öl einige Minuten anbraten. Mit dem Weißwein wieder in die Suppe geben, 10 Minuten leicht kochen lassen und mit der Petersilie bestreuen.

Buletten mit Mais

BORI-BORI

1 Dose Maiskörner (340 g)
500 g Hackfleisch, halb und halb
1 Teel. Salz
1 Messersp. weißer Pfeffer
½ Teel. Paprikapulver, scharf
2 Eier, 4–8 Eßl. Semmelbrösel
2 Eßl. Olivenöl

Die Maiskörner gründlich abtropfen lassen. Das Hackfleisch mit dem Salz, dem Pfeffer, dem Paprikapulver, den Eiern und den abgetropften Maiskörnern mischen. So viel von den Semmelbröseln zum Fleischteig geben, daß eine formbare Masse entsteht.
Mit nassen Händen 8 gleichgroße Buletten formen. Das Olivenöl erhitzen und die Buletten von jeder Seite bei mittlerer Hitze 6–7 Minuten braten.

Unser Tip
Zu BORI-BORI schmekken gebratene Bananen sowie eine dicke Sauce aus pürierten gewürzten Tomaten, mit etwas Kartoffelpüree gemischt.

Viertelstunden-Suppe

SOPA DE CUARTO DE HORA

400 g Seefischfilet
200 g Fischabschnitte wie Flossen, Schwänze und Köpfe
1 Teel. Zitronensaft
½ Lorbeerblatt, 1 Teel. Salz
1 Tasse tiefgefrorene Erbsen
1 Zwiebel, 1 Tomate
2 Eßl. Öl, 4 Eßl. gekochter Reis
140 g Krabben, 24 Austern
1 Scheibe Weißbrot
1 Eßl. gehackte Petersilie

Das Fischfilet und die Fischabschnitte waschen. Das Filet trockentupfen, mit dem Zitronensaft beträufeln und zugedeckt ziehen lassen. Die Fischabschnitte mit dem Lorbeerblatt, dem Salz und 1 l Wasser zum Kochen bringen und 10 Minuten kochen lassen. Den Sud durch ein Sieb gießen und erneut zum Kochen bringen. Das Fischfilet in kleinere Stücke teilen und im leicht kochenden Wasser mit den Erbsen 6 Minuten ziehen lassen. Die Zwiebel kleinwürfeln, die Tomate häuten, entkernen und kleinschneiden. 1 Eßlöffel Öl erhitzen. Die Zwiebelwürfel darin glasig braten. Die Tomatenstücke zugeben, alles gut durchbraten und mit dem Reis und den Krabben in die Suppe geben. Die Austern aufbrechen, aus den Schalen lösen und mit der Flüssigkeit in die Suppe gießen. Das Weißbrot würfeln und im restlichen Öl goldbraun braten. Die Brotwürfel vor dem Servieren mit der Petersilie über die Suppe streuen.

Rinderlende mit Oliven

LOMO DE VACA CON ACEITUNAS

1 Zwiebel
4 Knoblauchzehen
4 Tomaten
750 g Rinderlende
1 Teel. Salz
2 Messersp. weißer Pfeffer
2 Eßl. Mehl
4 Eßl. Olivenöl
1 Tasse Weißwein
20 entsteinte schwarze Oliven
2 hartgekochte gehackte Eier
2 Eßl. gehackte Petersilie

Die Zwiebel und den Knoblauch schälen und sehr fein schneiden. Die Tomaten häuten, entkernen und in Stücke schneiden. Die Rinderlende kalt abbrausen, trockentupfen und in etwa 2 cm dicke Scheiben schneiden. Das Salz mit dem Pfeffer und dem Mehl mischen. Die Lendenscheiben darin wenden. Den Backofen auf 200° vorheizen. Das Öl erhitzen und die Lendenscheiben darin anbraten, herausnehmen und in eine Kasserolle legen. Die Zwiebel im Öl glasig braten. Den Knoblauch und die Tomatenstücke zugeben. Alles unter Wenden durchbraten. Den Wein unterrühren. Die Tomatensauce über das Fleisch gießen, die Oliven darüberstreuen. Die Kasserolle 10 Minuten in den Backofen geben und das Fleisch darin fertig garen. Die Rinderlende mit der Sauce anrichten, mit den gehackten Eiern und der Petersilie bestreuen.

Maisgericht als Beilage

HUMITA

8 frische Maiskolben
5 Schalotten
½ grüne Paprikaschote
½ Tasse Milch
2 Eier
2 Teel. Paprikapulver, edelsüß
½ Teel. Salz
1 Messersp. schwarzer Pfeffer
60 g Butter
½ Tasse geriebener Käse

Die Maiskolben von den Blättern und Fäden befreien und die Körner aus den Kolben lösen. Die Schalotten schälen und feinwürfeln. Die Schote von Rippen und Kernen befreien, waschen und in kleine Würfel schneiden. Die Maiskörner mit der Milch im Mixer pürieren. Die Eier, das Paprikapulver, das Salz und den Pfeffer unter das Maispüree mischen. Die Butter in einer Pfanne zerlassen, die Schalottenwürfel und die Paprikastückchen darin unter Wenden weich und glasig braten. Das Maispüree zufügen und alles unter ständigem Umwenden bei milder Hitze 8–10 Minuten braten. Dabei verdampft der größte Teil der Flüssigkeit und das Püree wird ziemlich fest. Zuletzt den geriebenen Käse unter das Maispüree mischen und dieses weiterbraten, bis der Käse geschmolzen ist.

Gebackene Teigtaschen

EMPANADAS DE HORO

Für die Füllung:
2 Zwiebeln
250 g Beefsteak
2 Eßl. Rosinen
1 Eßl. Olivenöl
je ½ Teel. Paprikapulver, scharf, gemahlener Kümmel und Salz
Für den Teig:
200 g Mehl
1 Teel. Salz
250 g Butter

Die Zwiebeln schälen und feinhacken. Das Beefsteak in sehr kleine Würfel schneiden. Die Rosinen einweichen und gut abtropfen lassen. Das Öl erhitzen, die Zwiebelwürfel darin glasig braten, ⅛ l Wasser in die Pfanne gießen und kochen lassen, bis es fast völlig verdampft ist. Die Fleischwürfel, die Rosinen, den Paprika, Kümmel und Salz zugeben und braten, bis die Fleischwürfel braun sind.
Den Backofen auf 200° vorheizen. Das Mehl, das Salz und die Butter in Flöckchen zu einer krümeligen Masse verarbeiten, 3 Eßlöffel Wasser zugießen und einen festen Teig kneten. Den Teig etwa 3 mm dick ausrollen. Scheiben von 12 cm ∅ ausstechen. Auf jede Teigscheibe 1½ Eßlöffel der Füllung geben und die Teigränder befeuchten. Die Scheiben zusammenklappen, die Ränder festdrükken und die Teigtaschen auf ein ungefettetes Backblech legen. Im Backofen auf der mittleren Schiebeleiste in 5–10 Minuten goldbraun backen; EMPANADAS heiß servieren.

Gefüllte Riesenroulade

MATAMBRE

Zutaten für 8–12 Personen:
2 kg Rinderroulade in 2 großen Scheiben von etwa 20 × 40 cm
½ Knoblauchzehe
1 Tasse Rotweinessig
1 Teel. getrockneter Thymian
6 Möhren, 1 große Zwiebel
350 g Spinat
4 hartgekochte Eier
3 Eßl. gehackte Petersilie
1 Teel. Salz
1 Teel. Paprikapulver, scharf
4 Eßl. Öl
¾ l heiße Fleischbrühe

Die Fleischscheiben von der Breitseite her so einschneiden, daß zwei gleichdünne Scheiben entstehen, die aber etwa 2 cm vor dem entgegengesetzten Ende noch zusammenhängen. Die aufgeklappten Fleischscheiben flachdrücken. Den Knoblauch schälen, zerdrücken und mit dem Essig und dem Thymian mischen. Die Fleischscheiben in eine genügend große Schüssel legen und mit dem gewürzten Essig beträufeln. Das Fleisch zugedeckt 6 Stunden marinieren. Die Möhren putzen, in Salzwasser etwa 20 Minuten kochen lassen. Die Zwiebel in Ringe schneiden. Den Spinat verlesen, waschen und abtropfen lassen. Die Eier schälen und achteln. Den Backofen auf 200° vorheizen.
Die Fleischscheiben aus der Marinade nehmen, trockentupfen und mit der Schnittseite nach oben so auf eine Arbeitsplatte legen, daß sie an den Schmalseiten etwa 5 cm übereinander liegen. Diese übereinanderliegende Fleischschicht zusammenklopfen. Den Spinat auf dem Fleisch verteilen, darauf die Möhren legen, dazwischen die Eiachteln und die Zwiebelringe. Alles mit der Petersilie, dem Salz und dem Paprika bestreuen. Das Fleisch zu einer großen Roulade aufrollen, wie einen Rollbraten mit Küchengarn binden, mit dem Öl in die Bratenpfanne geben und im Backofen etwa 10 Minuten anbraten. Dann Fleischbrühe um die Roulade gießen, mit doppelter Alufolie zudekken und 60 Minuten im Backofen schmoren lassen. Wenn nötig, wenig Fleischbrühe nachgießen.
Die Roulade nach Beendigung der Garzeit 10 Minuten im abgeschalteten, leicht geöffneten Backofen ruhen lassen, dann die Fäden entfernen, die Roulade in Scheiben schneiden, auf einer vorgewärmten Platte anrichten und mit der Sauce übergießen.

Unser Tip
In Argentinien wird die Riesenroulade am liebsten kalt serviert. Bevor man die Roulade in Scheiben schneidet, drückt man durch Beschweren mit Gewichten allen Saft aus dem gegarten Fleisch.

Gefüllte Kartoffelkroketten

PATATAS RELLENOS

500 g Kartoffeln
1 Teel. Salz
1 Zwiebel, 1 hartgekochtes Ei
400 g gegartes Geflügelfleisch ohne Haut und Knochen
1 Teel. Rosinen, 1 Eßl. Butter
1 Teel. gehackte Petersilie
¼ Teel. getrockneter Thymian
1 Eßl. Fleischbrühe, 1 Eigelb
2–3 Eßl. Speisestärke
Zum Fritieren:
etwa ½ l Olivenöl

Die Kartoffeln schälen und vierteln, mit Salzwasser bedeckt 25–30 Minuten kochen lassen. Die Zwiebel, das Ei und das Geflügelfleisch feinhaken. Die Rosinen warm abbrausen und abtropfen lassen. Die Butter erhitzen, die Zwiebel darin glasig braten, die Petersilie, den Thymian und die Fleischbrühe zugeben und alles unter Umwenden anbraten. Das gehackte Ei, die Rosinen und das Geflügelfleisch untermischen, vom Herd nehmen und etwas abkühlen lassen. Die Kartoffeln abgießen, zerstampfen, das Eigelb unterrühren und den Kartoffelbrei ebenfalls etwas abkühlen lassen. Das Öl in einer tiefen Pfanne erhitzen. Mit bemehlten Händen von der Geflügelmischung etwa walnußgroße Bällchen formen und diese mit Kartoffelpüree umhüllen. Die Kartoffelkroketten in der Speisestärke wenden und im Öl goldbraun fritieren.

Mariniertes Hähnchen

ESCABECHE DE GALLINA

1 Brathähnchen von etwa 1,2 kg
2 Zwiebeln
1 Möhre
1 Stange Lauch/Porree
1 Zitrone
1 Zweig Selleriegrün
2 Zweige Petersilie
2 Gewürznelken
¼ Teel. getrockneter Thymian
¼ l trockener Weißwein
⅛ l Weinessig
1 Teel. Salz
½ Tasse Olivenöl

Das Hähnchen waschen, in 8 Teile zerlegen und trockentupfen. Die Zwiebeln in Ringe schneiden. Die Möhre schaben, den Lauch waschen und beides in dünne Scheiben schneiden. Die Zitrone waschen, abtrocknen, längs halbieren und in Scheiben schneiden. Das Selleriegrün mit der Petersilie und den Gewürzen in ein Mulltuch binden. Den Wein mit dem Essig, dem Salz und ¼ l heißem Wasser mischen. Das Öl in einer Kasserolle erhitzen. Die Hähnchenteile darin nacheinander gut anbraten, dann in die Kasserolle schichten und die Weinmischung, die Zwiebelringe, die Möhren- und Lauchscheiben und das Gewürzsäckchen zugeben. Zugedeckt 30 Minuten schmoren lassen. Die Geflügelteile in eine Schüssel legen, die Kochflüssigkeit mit dem Gemüse darübergießen. Die Zitronenscheiben darauf verteilen. Die Hähnchenteile abkühlen lassen und zugedeckt 6 Stunden im Kühlschrank marinieren.

Huhn mit Linsen und Fladenbroten

DHANSAK/CHAPATIS

Für das Huhn und die Linsen:
250 g kleine Linsen
1 bratfertiges Jungmasthuhn von etwa 1,4 kg
1 große Zwiebel
2 Knoblauchzehen
4 Eßl. Öl, 1 l Hühnerbrühe
4 Frühlingszwiebeln
6 Tomaten
2–3 frische Chilischoten
300 g Kartoffeln, 2 Teel. Salz
je ½ Teel. gemahlener Kardamom und Kreuzkümmel
je ¼ Teel. schwarzer Pfeffer, Ingwer- und Kurkumapulver
1 Messersp. gemahlene Gewürznelken
1 Teel. gehackte Korianderblätter oder Petersilie
½ Teel. frische gehackte Pfefferminzblätter
Für die Brote:
500 g Mehl, 1 Teel. Salz
2 Eßl. Öl

Die Linsen 12 Stunden einweichen, danach abgießen. Das Huhn waschen, trockentupfen und in 8–10 Teile zerlegen. Die Zwiebel und die Knoblauchzehen schälen und feinhacken. Das Öl in einem Wok oder in einer großen Pfanne erhitzen. Die Zwiebel und den Knoblauch darin glasig braten. Die Hühnerteile zufügen, bei starker Hitze von allen Seiten braun anbraten; dann wieder herausnehmen. Die Linsen in den Wok schütten und die Hühnerbrühe zugießen. Die Linsen bei milder Hitze garen. Das Weiße von den Frühlingszwiebeln grobhacken. Die Tomaten häuten und in Stücke schneiden. Die Schoten putzen und feinhacken. Die Kartoffeln schälen und in große Stükke schneiden. Das Gemüse und die Kartoffeln zu den kochenden Linsen geben, das Salz und alle Gewürze zufügen. Nach 30 Minuten Kochzeit der Linsen die Hühnerteile einlegen und alles bei milder Hitze in etwa 60 Minuten fertig garen; das Fleisch soll so weich sein, daß es sich von den Knochen löst. Mit dem Koriander oder der Petersilie und der Minze bestreuen und mit den CHAPATIS (ungesäuerten Fladenbroten) servieren.

Für die CHAPATIS das Mehl in einer Schüssel mit dem Salz mischen und das Öl unterarbeiten. ¼ l lauwarmes Wasser zugießen. Alles zu einem festen, geschmeidigen Teig verarbeiten. Diesen 10–12 Minuten kneten, zu einer Kugel formen, in Alufolie wickeln und mindestens 60 Minuten, am besten jedoch einige Stunden, ruhen lassen. Walnußgroße Kugeln aus dem Teig formen und auf einem bemehlten Backbrett dünn ausrollen. Eine Eisenpfanne sehr heiß werden lassen und die Teigscheiben darin nacheinander ohne Fettzugabe von jeder Seite etwa 1 Minute backen; dabei mit den zuerst ausgerollten Teigscheiben beginnen. Während des Backens mit dem Bratenwender rundherum leicht auf die Ränder der CHAPATIS drücken. Dadurch entstehen kleine Luftblasen, die das Gebäck lockern. Die gebackenen CHAPATIS in ein Tuch einschlagen, bis alle fertig sind.

Lammfleisch mit Joghurt

KORMA

1 Zwiebel, 1 Knoblauchzehe
50 g frische Ingwerwurzel
6 getrocknete rote Chilischoten
8 Chashewnüsse
½ Teel. Kreuzkümmel
2 Teel. gemahlener Koriander
je ¼ Teel. gemahlener Kardamom, Zimt und gemahlene Gewürznelken
½ Teel. Safranfäden
1 kg magere Lammkeule ohne Knochen
1 Zwiebel
1 Eßl. Butterschmalz
2 Teel. Salz, 150 g Joghurt
1 Eßl. gehackte Korianderblätter oder Petersilie
eventuell 2 Eßl. frischgeriebene Kokosnuß

Die Zwiebel, den Knoblauch und die Ingwerwurzel schälen und kleinschneiden. Die Schoten zerdrücken und alles mit den Cashewnüssen und ⅛ l Wasser im Mixer pürieren. Die Gewürze außer dem Safran zufügen. Im Mixer eine Paste herstellen. Den Safran mit 2 Eßlöffel kochend heißem Wasser übergießen. Das Lammfleisch in Würfel schneiden. Die Zwiebel feinhacken, im Schmalz glasig braten, die Gewürzpaste zufügen und braten, bis sich das Fett absetzt. ½ Tasse Wasser zugießen und etwas einkochen lassen. Die Fleischwürfel, den Safran, das Salz und den Joghurt unterrühren. Das Fleisch zugedeckt in 60 Minuten garen. Mit dem Koriander oder der Petersilie und nach Belieben mit Kokosraspeln bestreut servieren.

Fleischbällchen-Curry

KOFTA KARI

600 g mageres Lammfleisch
150 g altbackenes Weißbrot
1 getrocknete rote Chilischote
1 Ei
1 Teel. frische gehackte Ingwerwurzel
1 Messersp. gemahlener Zimt
¼ Teel. gemahlener Kardamom
1 Teel. Salz, 2 Zwiebeln
1 frische Chilischote
2 Eßl. Öl
je ½ Teel. Kurkumapulver und Kreuzkümmel
1 Teel. zerdrückter Koriandersamen
3 Gewürznelken
je ½ Teel. Salz und Zucker
¾ l Fleischbrühe
2 Eßl. frischgeriebene Kokosnuß

Das Fleisch von Fett und Sehnen befreien und zweimal durch die feinste Scheibe des Fleischwolfes drehen. Das Brot feinreiben, die getrocknete Schote zerdrücken. Das Fleisch mit dem geriebenen Brot, dem Ei, der Schote, dem Ingwer, dem Zimt, dem Kardamom und dem Salz verkneten und zugedeckt 60 Minuten im Kühlschrank durchziehen lassen. Aus dem Fleischteig Bällchen formen. Die Zwiebeln grob- und die frische Chilischote feinhacken. Das Öl erhitzen und die Zwiebeln darin glasig braten. Die Schote und die übrigen Gewürze, das Salz und den Zucker zufügen und kurz braten. Mit der Fleischbrühe aufgießen und 3 Minuten kochen lassen. Die Fleischbällchen einlegen und 15 Minuten ziehen lassen. Mit den Kokosraspeln bestreuen.

Meeresfrüchte-Curry

MALU CURRY

500 g Seehecht oder Kabeljau im Stück
500 g Schildkrabben oder Scampi
1 Zwiebel
2 Knoblauchzehen
3 frische Chilischoten
30 g frische Ingwerwurzel
½ Stange Lauch/Porree
3 Eßl. Öl
2 Eßl. mittelscharfes Currypulver
½ l Kokosmilch aus der Dose
250 g Tomaten
eventuell 1 Zweig Curryblätter und etwas Zitronengras
Saft von 1 Limette

Den Fisch waschen, trockentupfen und in nicht zu kleine Stücke schneiden. Die Schildkrabben in Stücke zerschlagen, Scampi schälen und den Darm entfernen. Die Zwiebel und die Knoblauchzehen schälen und feinhacken. Die Schoten halbieren, von den Kernen befreien und kleinschneiden. Die Ingwerwurzel schälen und reiben. Den Lauch putzen, waschen und in dünne Ringe schneiden. Das Öl in einer großen Pfanne erhitzen. Die Zwiebel und den Knoblauch darin hellgelb braten. Das Currypulver, die Schoten und den Ingwer zufügen und unter ständigem Rühren 2–3 Minuten braten. Die Kokosmilch zugießen und den Lauch unterrühren. Alles bei milder Hitze 10 Minuten köcheln lassen. Die Tomaten häuten und vierteln. Den Fisch und die Krabben oder Scampi zufügen und nach Belieben die Curryblätter und Zitronengras. Das Gericht in weiteren 10–15 Minuten bei milder Hitze garen; Die Pfanne dabei öfters rütteln, damit nichts anbrennt. Kurz vor Beendigung der Garzeit die Tomatenviertel zugeben. Den Meeresfrüchte-Curry mit dem Limettensaft abschmecken. Eventuell wenig Kokosmilch oder Wasser nachgießen.

Unser Tip
Die Kokosmilch können Sie auch selbst herstellen. Dafür 300 g frisches Kokosnußfleisch reiben. Die Kokosraspel in ½ l Milch aufkochen lassen, in ein Haarsieb schütten und ausdrükken. Die gewonnene Kokosmilch wie im Rezept beschrieben verwenden; die Kokosraspel wegwerfen.

Pfeffer-Curry

HARAK MAS CURRY

1 kg Rinderlende
2 Eßl. Öl, 2 Teel. Salz
2 Teel. gefriergetrockneter grüner Pfeffer oder schwarzer Pfeffer
50 g frische Ingwerwurzel
2 Zwiebeln, 4 Knoblauchzehen
2 Eßl. Butter
2 Eßl. mittelscharfes Currypulver
Saft von ½ Limette
½ l Kokosmilch aus der Dose
eventuell 1 Zweig Curryblätter und etwas Zitronengras
400 g Bambussprossen

Das Fleisch in kleine 1 cm dicke Scheiben schneiden. Das Öl mit dem Salz und dem Pfeffer mischen. Das Fleisch darin wenden und 30 Minuten marinieren. Die Ingwerwurzel schälen und in dünne Scheiben schneiden. Die Zwiebeln schälen und feinhacken. Die Knoblauchzehen schälen, durch die Knoblauchpresse drücken und mit den Zwiebeln in der Butter goldgelb braten. Das Currypulver darüberstäuben, umrühren und 2 Minuten mitbraten. Den Ingwer mit dem Limettensaft und der Kokosmilch zufügen. Alles bei sehr milder Hitze weitere 10 Minuten köcheln lassen. Die Sauce danach in einen Topf schütten und warm stellen. Das Fleisch ohne weitere Fettzugabe in der Pfanne bei starker Hitze braun anbraten, dann in die Currysauce geben. Nach Belieben die Curryblätter und Zitronengras zufügen und 5 Minuten in der Sauce kochen lassen. Die Bambussprossen abtropfen lassen, in Scheiben schneiden, unterrühren; 3–5 Minuten kochen lassen.

Gestürzte Kokosnußcreme

VATTALAPPAM

Zutaten für 8 Personen:
300 g frische Kokosnuß oder getrocknete Kokosraspel
0,4 l Milch
180 g Palmzucker oder 125 g Rohrzucker und 100 g Rübensirup
4 Eier
je ¼ Teel. gemahlener Kardamom, Macis und gemahlene Gewürznelken
120 g Cashewnüsse
Für die Förmchen: Öl

Das Kokosnußfleisch raspeln, in einem Topf mit der Milch übergießen und aufkochen lassen. Die Kokosraspel mit der Milch in ein Haarsieb schütten und ausdrücken. Die gewonnene Kokosmilch aufbewahren. Den Palmzucker in Stücke schlagen und den Palmzucker oder den Rohrzucker und den Sirup mit 6 Eßlöffel Wasser aufkochen, bis sich der Zucker völlig aufgelöst hat.
Den Backofen auf 170 ° vorheizen.
Die Eier mit der Kokosmilch verquirlen. Den aufgelösten Zucker und die Gewürze zufügen. 8 feuerfeste Förmchen dünn mit Öl auspinseln. Die Cashewnüsse in Scheibchen schneiden und in den Förmchen verteilen. Die Kokosmilch-Ei-Masse einfüllen. Die Förmchen bis zur halben Höhe in ein heißes Wasserbad stellen. Die Kokosnußcreme in etwa 1¼ Stunden im Backofen im Wasserbad garen. Die Creme dann erkalten lassen und stürzen.

Pfannengerührtes Gemüse

AKYAW

1 Zwiebel, 1 Knoblauchzehe
1 Bund Frühlingszwiebeln
750 g Gemüse wie Auberginen, Kürbis, Zucchini, grüne Bohnen, Erbsen, Chinakohl, Bambussprossen, Sojabohnenkeimlinge
2 Eßl. Öl
1 Eßl. Fisch- oder Austernsauce
1 Messersp. schwarzer Pfeffer
1 Teel. Salz
½–1 Teel. helle Sojasauce

Die Zwiebel feinhacken, den Knoblauch zerdrücken und die Frühlingszwiebeln feinschneiden. Das Gemüse putzen und kleinschneiden. Das Öl im Wok oder in einer großen Pfanne erhitzen und alle Zwiebeln mit dem Knoblauch, der Fisch- oder der Austernsauce, dem Pfeffer und dem Salz darin 2 Minuten braten. Das Gemüse zufügen und bei starker Hitze unter Rühren garen; es soll nicht zu weich sein. Mit Sojasauce würzen; sofort servieren. Gemüse wird in Birma – ähnlich wie in der chinesischen Küche – nie gekocht oder gedünstet, sondern im Wok gebraten. Die Gemüsesorten behalten dadurch ihren Eigengeschmack und ihr appetitlich frisches Aussehen. Man reicht es in Birma mit Reis als Hauptgericht oder auch als Beilage zu einem Fleisch- oder Fisch-Curry. Wichtig ist, daß das einzelne Gemüse in kleine Stücke oder dünne Scheiben geschnitten wird, damit es gleichmäßig gart. Da es schnell zusammenfällt, sollte das Gemüse gleich verzehrt werden.

Hühner-Curry

KYETHA HIN

1 Huhn von etwa 1,4 kg
1 Zwiebel, 2 Knoblauchzehen
30 g Ingwerwurzel, 1 Teel. Salz
1 Stengel Zitronengras oder 1 Teel. abgeriebene Zitronenschale
1 Teel. Kurkumapulver
4 getrocknete rote Chilischoten
4 Eßl. Öl
2 Tomaten, 2 Kartoffeln
150 g Kürbisfleisch
1 Teel. Shrimp-Paste
2 Teel. frische gehackte Korianderblätter oder Petersilie
¼ Teel. gestoßener Kardamom

Das Huhn waschen, abtrocknen und in 12–14 Stücke zerschneiden. Die Zwiebel, die Knoblauchzehen und die Ingwerwurzel schälen, grobhacken und mit dem Salz, dem Zitronengras oder der -schale, dem Kurkuma, den Schoten und 2 Teelöffel Öl im Mixer pürieren. Das restliche Öl im Wok oder in einer großen Pfanne erhitzen. Die Gewürzpaste darin 3–4 Minuten braten. ¼ l Wasser zugießen. Die Hühnerstücke einlegen und alles 20 Minuten bei milder Hitze kochen lassen. Die Tomaten häuten, die Kartoffeln schälen und beides in kleine Würfel schneiden. Das Kürbisfleisch in Streifen schneiden und mit den Tomaten- und Kartoffelwürfeln zum Hühnerfleisch geben. Die Shrimp-Paste zufügen und – wenn nötig – noch etwas Wasser. Den Curry bei milder Hitze in 30–35 Minuten fertig garen, bis das Hühnerfleisch sehr weich ist. Mit dem Koriander oder der Petersilie und dem Kardamom bestreut servieren.

Krabbensuppe

KAENG CHUED

100 g Garnelen (Krabben), frisch oder tiefgefroren
je ½ l Sahne und Milch
200 g Kokosraspel
2 Messersp. Salz
4 Schalotten
1 Knoblauchzehe
1 Teel. gemahlener Koriandersamen
1 Eßl. Sojasauce
1 Eßl. Zucker
1 Messersp. Cayennepfeffer
10 schwarze Pfefferkörner
abgeriebene Schale von 1 Zitrone
1 Scheibe Weißbrot
1 Teel. Butter

Die Garnelen auslösen, tiefgefrorene Garnelen auftauen lassen. Die Sahne mit der Milch, den Kokosraspel und dem Salz aufkochen lassen, vom Herd nehmen und 30 Minuten ziehen lassen.
Die Schalotten und die Knoblauchzehe schälen und feinhacken. Die Kokos-Sahne-Mischung durch ein Sieb in einen Topf schütten. Die Kokosraspel ausdrücken. Den Koriander, die Sojasauce, den Zucker, den Cayennepfeffer, die Pfefferkörner und die abgeriebene Zitronenschale zufügen. Die Schalotten und den Knoblauch unterrühren und die Suppe aufkochen lassen. Die Garnelen einlegen und einige Minuten in der Suppe erhitzen. Die Brotscheibe in Würfel schneiden, in der Butter goldgelb braten und vor dem Servieren auf die Suppe streuen.

Scharfes Reisfleisch

KHAO PHAT

250 g Langkornreis
200 g mageres Schweinefleisch
1 große Zwiebel
1 Knoblauchzehe, 4 Eßl. Öl
200 g Garnelen (Krabben)
2 Tomaten
2 Teel. Chilisauce oder 4–6 getrocknete rote Chilischoten
250 g Frühlingszwiebeln
1 Teel. Salz
1 Teel. Shrimp-Paste, 3 Eier
1 Eßl. gehackte Korianderblätter oder Petersilie

Den Reis körnig kochen und abkühlen lassen. Das Fleisch in Streifen schneiden. Die Zwiebel feinhacken, den Knoblauch zerdrücken. Das Öl im Wok oder in einer großen Pfanne erhitzen. Die Zwiebel und den Knoblauch darin glasig braten. Das Fleisch zufügen und anbraten. Die Krabben 3–4 Minuten mitbraten. Die Tomaten häuten und würfeln. Die Chilischoten in kaltem Wasser einweichen und zerdrücken. Die Frühlingszwiebeln feinhacken. Den Reis mit den Tomatenwürfeln, der Chilisauce oder den zerriebenen Schoten, dem Salz und der Shrimp-Paste zum Fleisch geben und erhitzen. Die Eier verquirlen, unter das Reisfleisch rühren und stocken lassen. Die Frühlingszwiebeln zufügen und mit Koriander oder Petersilie bestreut servieren.
KHAO PHAT wird mit Fleisch, Fisch, Krabben oder Gemüse, immer aber mit Eiern zubereitet. Und es ist immer höllisch scharf.

Frühlingsrollen mit scharfer Sauce

CHA GIO/NUOC MAM

Für die Frühlingsrollen:
10 kleine tiefgefrorene Frühlingsrollen-Blätter
50 g Glasnudeln
1 kleine Zwiebel
3 Frühlingszwiebeln
100 g Crabmeat aus der Dose oder geschälte Krabben
125 g mageres Schweinehackfleisch
¼ Teel. Salz
1 Prise schwarzer Pfeffer
je 1 Teel. Shrimp-Paste und gehackte Petersilie
Zum Fritieren: 1 l Öl
*Für die Sauce (*NUOC-MAM-*Sauce):*
4 getrocknete Chilischoten
2 Knoblauchzehen
1 Zitrone, 1 Teel. Zucker
1 Eßl. Weinessig
1 Eßl. Shrimp-Paste
1 Eßl. Austernsauce

Die Frühlingsrollen-Blätter auftauen lassen. Die Glasnudeln 10 Minuten in heißem Wasser einweichen, abtropfen lassen und in 3 cm lange Stücke schneiden. Die Zwiebel und die Frühlingszwiebeln feinhakken. Das Crabmeat oder die Krabben kleinschneiden. Die Nudeln mit den Zwiebeln, dem Crabmeat oder den Krabben, dem Hackfleisch, dem Salz, dem Pfeffer, der Shrimp-Paste und der Petersilie zu einer geschmeidigen Paste verarbeiten. Auf jedes Frühlingsrollen-Blatt 2 gehäufte Teelöffel Füllung geben und etwas flachdrücken. Die Längsseiten der Teigblätter einschlagen, damit die Füllung während des Garens nicht herausläuft, und die Blätter von einer Schmalseite her aufrollen. Die Ränder befeuchten und fest andrücken. Das Öl in einer Friteuse auf 140 ° erhitzen. Die Rollen darin in 2 Portionen nacheinander in 7–8 Minuten goldgelb backen, dann abtropfen lassen.
Die Chilischoten zerdrücken. Die Knoblauchzehen schälen und hacken. Die Zitrone schälen, die weiße Haut dabei entfernen und das Fruchtfleisch kleinschneiden. Die Schoten, den Knoblauch, die Zitrone, den Zucker, den Essig, 1 Eßlöffel Wasser, die Shrimp-Paste und die Austernsauce im Mixer pürieren; es soll eine glatte, dickflüssige Sauce entstehen.
In Vietnam ißt man die gefüllten Rollen mit Sojabohnenkeimlingen und Gurkenstückchen in Salatblätter gewickelt mit den Fingern. Man taucht sie in die Sauce und beißt ab.

Unser Tip
Mit Hilfe eines Keimapparates können Sie Sojakeimlinge selbst ziehen. In die drei Keimschalen gibt man je 2 Eßlöffel keimfähige Sojabohnen und stellt sie übereinander in die dazugehörige Wasserauffangschale. In die oberste Schale gießt man Wasser und deckt sie zu. Das Wasser benetzt die Samen. Nach 1–3 Tagen können die Keimlinge geerntet werden.

Fischsuppe mit Ananas

CAN MANG CHUA THOM

½ frische Ananas
450 g Bambussprossen aus der Dose
350 g Fischfilet (Zackenbarsch oder Goldbrassen)
½ Eßl. Tamarindenmark
2 Eßl. Öl
1 Teel. Zucker
½ Teel. Salz
je 1 Messersp. Ingwerpulver und weißer Pfeffer
½ Eßl. NUOC-MAM-*Sauce (Rezept Seite 256)*
Saft von ½ Limette
½ Eßl. frische gehackte Pfefferminzblätter

Die Ananas schälen, vom holzigen Strunk in der Mitte befreien und in Stücke schneiden. Die Bambussprossen abtropfen lassen und in Scheiben schneiden. Das Fischfilet waschen, trockentupfen und würfeln. Das Tamarindenmark mit ½ Tasse Wasser bis auf die Hälfte der Flüssigkeit einkochen lassen und durch ein Sieb streichen. Das Öl in einem Wok oder in einer großen Pfanne erhitzen und die Bambussprossen mit den Ananasstükken kurz darin anbraten. Den Zucker darüberstreuen, die Tamarindenbrühe daraufgießen und umrühren. ¾ l Wasser mit dem Salz zum Kochen bringen, die Fischfiletwürfel einlegen und mit dem Ingwerpulver, dem Pfeffer, der NUOC-MAM-Sauce und dem Limettensaft würzen. Die Bambussprossen-Ananas-Mischung zufügen und die Suppe bei milder Hitze noch 2–3 Minuten kochen lassen. Mit der Minze bestreuen.

Schweinefleisch mit Krabben

MANG XAO THIY HEO

1 Bund Frühlingszwiebeln
2–3 getrocknete Chilischoten
300 g Schweinelende
150 g Schweineleber
150 g Bambussprossen
2 Eßl. Öl
250 g geschälte Krabben
1 Teel. Salz
1 Prise weißer Pfeffer
2 Tomaten
1 Teel. Speisestärke
½ Eßl. NUOC-MAM-*Sauce (Rezept Seite 256)*
1 Teel. Shrimp-Paste
½ Eßl. gehackte Korianderblätter oder Petersilie

Das Weiße von den Frühlingszwiebeln feinhacken; das Zwiebelgrün nicht mitverwenden. Die Chilischoten zerstoßen. Die Schweinelende in dünne Scheiben und die -leber in Streifen schneiden. Die Bambussprossen abtropfen lassen und ebenfalls in Scheiben schneiden. Das Öl im Wok oder in einer großen Pfanne erhitzen. Die Zwiebeln mit den Schoten kurz darin anbraten. Das Schweinefleisch und die -leber zufügen; nach 2 Minuten Bratzeit die Bambussprossen und die Krabben unterrühren. Mit dem Salz und dem Pfeffer würzen. Zuletzt die Tomaten häuten, würfeln und 2 Minuten mitbraten. Die Speisestärke mit 2 Eßlöffel Wasser, der NUOC-MAM-Sauce und der Shrimp-Paste verrühren. Das Gericht damit binden und einmal aufkochen lassen. MANG XAO THIY HEO mit dem Koriander oder der Petersilie bestreut servieren.

Schweinefleisch in Kokosmilch

BABI LEMAK

125 g frische Kokosnuß
2 Zwiebeln
8 getrocknete rote Chilischoten
1 Teel. Shrimp-Paste
500 g mageres Schweinefleisch
3 Eßl. Öl
¼ Teel. Ingwerpulver
1 Teel. Salz, 2 Teel. Zucker
2 Eßl. Limettensaft

Das Kokosnußfleisch reiben, mit ¼ l Wasser aufkochen, abkühlen lassen und die Kokosraspel in einem Tuch ausdrükken, die Kokosmilch aufbewahren. Die Zwiebeln schälen und hacken, die Chilischoten zerstoßen und mit den Zwiebeln und der Shrimp-Paste im Mixer pürieren. Das Fleisch in nicht zu kleine Würfel schneiden. Das Öl im Wok oder in einer großen Pfanne erhitzen und die Gewürzmischung darin 1–2 Minuten anbraten. Die Fleischwürfel zufügen und in 2–3 Minuten braun anbraten. Das Ingwerpulver, das Salz, den Zucker und ⅛ l Wasser unterrühren. Alles in einen Topf umfüllen und zugedeckt bei milder Hitze in 30–40 Minuten weich dünsten. Zuletzt die Kokosmilch zugießen und den Limettensaft unterrühren.

Unser Tip
Durch Zugabe von Kokosmilch oder Kokosraspel kann die Schärfe dieses Gerichts gemildert werden.

Gewürzte Ananas

PACHADI BUAH NANAS

1 frische Ananas
1 Eßl. Zucker
1 Teel. Kurkumapulver
2 Zwiebeln
2 Knoblauchzehen, 3 Eßl. Öl
2 ganze Sternanis
1 Zimtstange, 6 Gewürznelken
50 g frische Ingwerwurzel
1 Teel. Salz, 1 Eßl. Zucker
2 Chilischoten

Die Ananas schälen; stehengebliebene »Augen« ausstechen. Die Ananas längs vierteln, den holzigen Strunk herausschneiden und die Viertel quer in 4 Stücke schneiden. Die Ananasstücke in einem Topf mit dem Zucker und dem Kurkuma bestreuen und mit Wasser bedeckt im offenen Topf 10 Minuten kochen lassen. Die Zwiebeln und den Knoblauch feinhacken. Das Öl im Wok oder in einer großen Pfanne erhitzen. Die Zwiebeln, den Knoblauch, den Sternanis, die Zimtstange und die Nelken zufügen. Alles 2 Minuten braten. Die Ingwerwurzel schälen, feinreiben, mit 1 Tasse Wasser, dem Salz und dem Zucker zur Zwiebelmischung geben; 3–4 Minuten kochen lassen. Die Schoten halbieren, waschen, dabei von den Kernen befreien und mit den abgetropften Ananasstücken im Wok noch 3–4 Minuten ziehen lassen.
Gewürzte Ananas ist sowohl als pikantes Dessert zu servieren, als auch eine gute Beilage zu scharfen Curries.

Hühnerleber in Chilisauce

SAMBAL GORENG HATI

200 g frische Kokosnuß
⅛ l Milch, 1 Zwiebel
2 Knoblauchzehen
1 Teel. Shrimp-Paste
8 getrocknete Chilischoten
4 Macadamia- oder Cashewnüsse
500 g Hühnerleber
3 Eßl. Öl
je 1 Teel. Salz und Zucker
1 Stengel Zitronengras oder 1 Teel. abgeriebene Zitronenschale

Das Kokosnußfleisch reiben. Die Milch zum Kochen bringen. Die Kokosraspel zufügen. Den Topf vom Herd nehmen und die Kokosraspel 30 Minuten ziehen lassen; dann in einem Tuch ausdrücken. Die Kokosmilch aufbewahren.
Die Zwiebel und die Knoblauchzehen schälen und hakken und mit der Shrimp-Paste, den Chilischoten und den Nüssen im Mixer pürieren. Die Hühnerleber kalt abbrausen und trockentupfen. Das Öl im Wok oder in einer großen Pfanne erhitzen. Die Gewürzpaste unter Rühren 2 Minuten darin braten. Die Hühnerleber zufügen und bei starker Hitze 2 Minuten anbraten. Das Salz, den Zucker, das Zitronengras oder die abgeriebene Zitronenschale zufügen, mit ½ Tasse Wasser aufgießen und 3–4 Minuten köcheln lassen. Die Kokosmilch zugießen und die Flüssigkeit bei milder Hitze etwas einkochen lassen.

Das schmeckt dazu: körnig gekochter Reis.

Muscheln in Chilisauce

KEPAH MASAK KUAH PEDAS

Zutaten für 2 Personen:
750 g Miesmuscheln
120 g Frühlingszwiebeln
100 g Staudensellerie
2 Knoblauchzehen
8 getrocknete rote Chilischoten
4 Eßl. Öl, 1 Teel. Salz
¼ Teel. Ingwerpulver

Die Muscheln unter fließendem kaltem Wasser gründlich bürsten, dabei die Bärte entfernen. Die Frühlingszwiebeln, den Staudensellerie und den Knoblauch schälen oder putzen und feinhacken; das Gemüse jedoch nicht mischen. Die Chilischoten zerstoßen. Das Öl in einem Wok oder in einer großen Pfanne erhitzen. Die Zwiebeln und den Staudensellerie darin unter Rühren bei starker Hitze 2 Minuten anbraten. Die Chilischoten, den Knoblauch, das Salz, den Ingwer und 1 Tasse Wasser zufügen. Alles zum Kochen bringen. Die Muscheln zugeben, den Wok mit einem Deckel fest schließen. Die Muscheln bei starker Hitze 2–3 Minuten kochen lassen. Den Deckel dann abnehmen und die Muscheln in weiteren 2–3 Minuten fertig garen.

Unser Tip
Muscheln, die sich beim Garen nicht geöffnet haben, müssen weggeworfen werden. Sie sind mit Sicherheit verdorben.

Gebackene Garnelenschwänze

DICED PRAWNS

8 tiefgefrorene rohe Riesengarnelenschwänze
½ Teel. Salz, 1 Eiweiß
2 Eßl. Speisestärke
30 g frische Ingwerwurzel
4 Knoblauchzehen
3 getrocknete Chilischoten
½ l Erdnußöl
1 Eßl. Sojasauce
1 Eßl. Glutamat
1 Eßl. Hühnerbrühe

Die Garnelenschwänze auftauen lassen und aus den Schalen lösen. Den am Rücken entlanglaufenden dunklen Darm entfernen und die Schwänze schräg in 3 cm lange Stücke schneiden. Das Garnelenfleisch mit dem Salz bestreuen. Das Eiweiß gut mit der Speisestärke verrühren und die Garnelenstücke darin wenden, bis sie ganz damit überzogen sind. Die Ingwerwurzel und den Knoblauch schälen; beides in dünne Scheiben schneiden. Die Chilischoten zerstoßen. Das Öl im Wok oder in einer großen Pfanne sehr heiß werden lassen. Die Garnelenstükke darin in 3–5 Minuten unter Wenden portionsweise goldgelb backen. Die gebackenen Garnelenschwänze abtropfen lassen und warm stellen. Das Öl aus dem Wok gießen. Die Sojasauce mit dem Glutamat und der Hühnerbrühe im Wok erhitzen, den Knoblauch, den Ingwer und die Chilischoten zufügen, kurz aufkochen lassen und über die Garnelenschwänze gießen.

Gebratene Nudeln

FRIED NOODLES

4 Teel. Salz
400 g Fadennudeln
170 g Sojabohnenkeimlinge aus der Dose
100 g Bambussprossen aus der Dose
2 frische Chilischoten
2 Frühlingszwiebeln
1 Knoblauchzehe
30 g frische Ingwerwurzel
200 g Schweinefilet
3 Eßl. Öl
3 Eßl. Sojasauce
¼ Teel. Salz
1 Messersp. weißer Pfeffer

4 l Wasser mit dem Salz zum Kochen bringen. Die Nudeln darin in 4–5 Minuten nicht zu weich kochen, dann abtropfen lassen. Die Sojabohnenkeimlinge und die Bambussprossen abtropfen lassen, die Bambussprossen in Scheiben schneiden. Die Chilischoten und die Frühlingszwiebeln in Ringe schneiden. Die Knoblauchzehe und die Ingwerwurzel schälen und kleinhacken. Das Schweinefilet in dünne Streifen schneiden. Das Öl im Wok oder in einer großen Pfanne erhitzen. Den Knoblauch und den Ingwer darin unter Rühren kurz anbraten. Das Fleisch zufügen und 2 Minuten mitbraten. Nacheinander die Bambussprossen, die Sojabohnenkeimlinge, die Chilischoten und die Frühlingszwiebeln zufügen und unter Rühren 3 Minuten braten. Zuletzt die Nudeln zugeben und alles weitere 3 Minuten braten, dabei umrühren. Mit der Sojasauce, dem Salz und dem Pfeffer würzen. Nach Belieben Sojasauce dazu reichen.

Salat aus mariniertem Fisch

KILAW

800 g frisches festfleischiges weißes Fischfilet
1 Teel. Salz
Saft von 2–3 Limetten
1 Zwiebel
3 Teel. gehackte frische Ingwerwurzel
½ Teel. schwarzer Pfeffer
150 g frische Kokosnuß
1 Knoblauchzehe, ⅛ l Milch
2 Messersp. Kurkumapulver
1 Bund Frühlingszwiebeln
4 Tomaten, 1 Kopfsalat

Den Fisch in etwa 2 cm große Würfel schneiden, in eine Schüssel geben, mit dem Salz bestreuen und mit dem Limettensaft beträufeln. Die Zwiebel schälen, in dünne Ringe schneiden, auf den Fischwürfeln verteilen und mit dem Ingwer und dem Pfeffer bestreuen. Die Schüssel mit Haushaltsfolie abdecken. Den Fisch 8–12 Stunden im Kühlschrank marinieren lassen. Das Kokosnußfleisch raspeln. Die Knoblauchzehe schälen und kleinschneiden. Die Kokosraspel mit dem Knoblauch, der Milch und dem Kurkuma im Mixer pürieren und zugedeckt 60 Minuten kalt stellen. Die Frühlingszwiebeln feinhacken. Die Tomaten häuten und würfeln. Den Kopfsalat zerpflücken, waschen, trockenschleudern und eine Schüssel damit auslegen. Die Kokosnußmischung in einem Sieb ausdrücken. Die Kokosmilch mit den Frühlingszwiebeln und den Tomaten unter den marinierten Fisch heben. Den Salat auf den Salatblättern anrichten.

Crêpes mit »Lumpia«-Füllung

LUMPIA LABONG

Für die Crêpes:
2 Eßl. Öl, ½ Teel. Salz
150 g Mehl
Für die Füllung:
1 gebratene Hühnerbrust
250 g gebratenes Schweinefleisch
200 g Krabben (Garnelen)
125 g frische Sojabohnensprossen
250 g Chinakohl
2 Knoblauchzehen
1 Bund Frühlingszwiebeln
5 Eßl. Öl, ½ Teel. Salz
¼–½ Teel. Chilipulver
3 Eßl. helle Sojasauce
1 Kopfsalat

⅜ l Wasser mit dem Öl, dem Salz und dem Mehl verrühren und 2 Stunden ruhen lassen. Das Geflügel- und das Schweinefleisch kleinwürfeln; die Krabben schälen. Die Sojabohnensprossen waschen und abtropfen lassen. Den Chinakohl in schmale Streifen schneiden. Die Knoblauchzehen und die Frühlingszwiebeln feinhacken und in 2 Eßlöffel Öl kurz anbraten. Die übrigen vorbereiteten Zutaten zufügen und mit dem Salz, dem Chilipulver und der Sojasauce würzen. Alles unter Rühren 5 Minuten braten und warm halten. Den Kopfsalat in Blätter zerpflücken, waschen und abtropfen lassen. Aus dem Teig für die Crêpes in dem restlichen Öl kleine dünne Pfannkuchen braten. Auf jede Crêpe 1 Salatblatt und etwas Füllung geben, dann zu Vierteln falten.

Rindfleisch-spießchen mit Erdnußsauce

SATAY DAGING / SAUS KACANG PEDIS

Für die Spießchen:
400 g Rinderlende
4 kleine rote Zwiebeln
2 Knoblauchzehen
4 Stengel Zitronengras
je 1 Teel. gemahlener Koriandersamen, Kümmel und Ingwer
½ Teel. Salz
1 Messersp. Zucker, 5 Eßl. Öl
Für die Erdnußsauce:
6 Eßl. Erdnußöl
1 Eßl. getrocknete Zwiebelflocken
1 zerdrückte Knoblauchzehe
¼ Teel. Shrimp-Paste
2 Teel. Sambal Oelek
4 Eßl. Erdnußbutter
½ Teel. Salz, 1 Eßl. Sojasauce
2 Teel. Rohrzucker oder Palmzucker
1 Eßl. Zitronensaft

Das Fleisch in kleine Scheiben schneiden. Die Zwiebeln und den Knoblauch schälen, feinreiben und mit dem zerkleinerten Zitronengras und den Gewürzen, dem Salz und dem Zucker mischen. Die Fleischscheiben damit einreiben und 60 Minuten marinieren. Den Grill vorheizen. Die Fleischscheiben auf geölte Holzspieße stecken und 4–6 Minuten grillen, die Spieße dabei öfters wenden und mit dem Öl bepinseln. Die Spieße heiß servieren. Dazu Zwiebel- und Salatgurkenstücke und die Erdnußsauce reichen.

Für die Sauce das Öl erhitzen, die Zwiebelflocken darin goldgelb braten und abtropfen lassen. 2 Eßlöffel Öl in der Pfanne belassen. Den Knoblauch, die Shrimp-Paste und den Sambal Oelek darin anbraten. Die Erdnußbutter und ⅛ l Wasser zufügen und kochen lassen, bis eine glatte Masse entstanden ist. Die Sauce mit den Gewürzen abschmecken, abkühlen lassen und die Zwiebelflocken unterrühren.

Gebratener Reis

NASI GORENG

Zutaten für 6 Personen:
150 g Langkornreis
2 Eier, 1 Messersp. Salz
1 Prise Pfeffer
6 Eßl. Öl
250 g ungeschälte Garnelen
500 g Rinderfilet oder -lende
2 Zwiebeln
2 Knoblauchzehen
½ Teel. Shrimp-Paste
6 Frühlingszwiebeln
2 Eßl. helle Sojasauce
3 Eßl. gebratene Zwiebelringe
eventuell 6 Eier

Den Reis in ¾ l Salzwasser körnig kochen. Die Eier mit dem Salz und dem Pfeffer verquirlen. ½ Eßlöffel Öl in einer Pfanne erhitzen. Aus den verquirlten Eiern darin eine Omelette braten. Dann abkühlen lassen, aufrollen und in Streifen schneiden. Die Garnelen aus den Schalen lösen. Das Fleisch in dünne Scheiben schneiden. Die Zwiebeln und die Knoblauchzehen grobhacken und mit der Shrimp-Paste im Mixer pürieren. Die Frühlingszwiebeln in Streifen schneiden.
3 Eßlöffel Öl im Wok oder in einer großen Pfanne erhitzen und das Zwiebelpüree darin anbraten. Die Garnelen und die Fleischscheiben zufügen und unter ständigem Rühren 5 Minuten mitbraten. Das restliche Öl zugeben, den Reis und die Frühlingszwiebeln unterrühren und alles weitere 3 Minuten braten. Die Sojasauce und die Omelettestreifen untermengen. NASI GORENG auf Tellern anrichten und mit den Zwiebelringen garnieren.
Nach Belieben auf jede Portion noch 1 Spiegelei setzen.

Gemüse mit Erdnußsauce

GADO-GADO

Für das Gemüse:
4 mittelgroße Pellkartoffeln
250 g Sojabohnenkeimlinge
500 g frische grüne Bohnen
4 Möhren
½ Staude Chinakohl
½ Salatgurke, 2 Kartons Kresse
4 hartgekochte Eier
½ Teel. weißer Pfeffer
Für die Sauce:
6 Eßl. Erdnußöl
1 Eßl. getrocknete Zwiebelflocken
1 zerdrückte Knoblauchzehe
¼ Teel. Shrimp-Paste
2 Teel. Sambal Oelek oder 3 frische gehackte Chilischoten
4 Eßl. Erdnußbutter
⅛ l Wasser
1 Eßl. Sojasauce
2 Teel. Farinzucker
1 Eßl. Zitronensaft

Die Kartoffeln schälen und in Scheiben schneiden. Die Sojabohnenkeimlinge abtropfen lassen. Das Gemüse putzen und waschen. Die Bohnen schräg in Stücke, die Möhren in Scheiben, den Chinakohl in Streifen schneiden. Das Gemüse nacheinander in schwach gesalzenem Wasser bißfest kochen und abtropfen lassen. Die Gurke in dünne Scheiben hobeln. Die Kresse vom Beet schneiden. Die Eier schälen und vierteln. Die vorbereiteten Zutaten wie abgebildet auf Tellern anrichten und die Kartoffeln mit Pfeffer bemahlen.
Aus den Zutaten für die Sauce eine scharfe Erdnußsauce zubereiten (siehe Rezept Seite 262).

Geschmorte Riesengarnelen

DUEI HSIA

Zutaten für 1 Person:
4 tiefgefrorene rohe Riesengarnelen
2 Knoblauchzehen
1 Stück frische Ingwerwurzel
1 Frühlingszwiebel
2 Eßl. Öl
1 Teel. Zucker
½ Teel. Salz
1 Eßl. Reiswein
½ Teel. Essig
1 Teel. Maismehl
2 Eßl. Tomatensaft

Die Riesengarnelen auftauen lassen. Die Knoblauchzehen und die Ingwerwurzel schälen; den Ingwer in dünne Scheiben schneiden. Die Frühlingszwiebel feinschneiden. Die Garnelen aus den Schalen lösen und längs halbieren. Das Öl in einer Pfanne erhitzen. Die unzerkleinerten Knoblauchzehen und die Ingwerscheiben darin anbraten. Die Garnelen zufügen und unter Wenden leicht bräunen. ½ Tasse Wasser mit dem Zucker, dem Salz, dem Reiswein, dem Essig, dem Maismehl und dem Tomatensaft unterrühren und alles noch einige Minuten schmoren lassen. Die Frühlingszwiebel zufügen. Die Flüssigkeit in der Pfanne noch etwas einkochen lassen. Die Knoblauchzehen entfernen. Die Riesengarnelen auf einem Teller anrichten und mit der Sauce übergießen.

Riesengarnelen in Weißwein

HUNG SHAO DUEI HSIA

Zutaten für 1 Person:
4 tiefgefrorene rohe Riesengarnelen
⅛ l Knochenbrühe
¼ Teel. Salz
2 Teel. Zucker
1½ Schnapsgläser Reiswein (3 cl)
1 Eßl. Speisestärke
4 gegarte Broccoliröschen

Die Garnelen auftauen lassen, schälen, den Darm entfernen und die Garnelen am Rücken entlang einschneiden. Die Brühe in einem Topf zum Kochen bringen. Die Garnelen einlegen, 2 Minuten kochen lassen und wieder herausnehmen. Das Salz, den Zucker und den Wein in die Brühe geben. Die Speisestärke mit wenig Wasser anrühren und unter Rühren in die kochende Brühe laufen lassen. Die Sauce einmal aufkochen und bei sehr milder Hitze noch 2 Minuten köcheln lassen; dabei den sich bildenden Schaum abschöpfen. Die Riesengarnelen nochmals 1 Minute in der Sauce erhitzen. Dann in einer kleinen Schale anrichten und mit den Broccoliröschen umlegen.

Karpfen

LI YÜ

2 Möhren
1 Stange Lauch/Porree
je 125 g Bambussprossen und Sojabohnenkeimlinge aus der Dose
50 g Mu-Err (chinesische Pilze)
1 küchenfertiger Karpfen von 1 kg
1 Zwiebel
1 Petersilienwurzel
1 Möhre
1 Lorbeerblatt
2 Gewürznelken
1 Eßl. Salz
½ l Weißwein
50 g Butter
1 Eßl. Sojasauce
Saft von 1 Zitrone
½ Teel. Salz
¼ Teel. Pfeffer
½ Teel. Ingwerpulver

Die Möhren schaben, waschen und in feine Rauten schneiden. Den Lauch waschen, putzen und in dünne Streifen schneiden. Die Bambussprossen abtropfen lassen und ebenfalls in Streifen schneiden. Die Sojabohnenkeimlinge abtropfen lassen. Die Pilze in heißem Wasser einweichen. Vom Karpfen die beiden Filetstücke entlang der Rückgratgräte lösen, die Haut abziehen und das Karpfenfleisch in etwa 2 cm große Würfel schneiden. Für den Karpfensud die Zwiebel schälen und hacken, die Petersilienwurzel und die Möhre schaben, waschen und in Stükke schneiden. Die Zwiebel-, die Petersilienwurzel- und die Möhrenstücke mit dem Lorbeerblatt, den Gewürznelken und dem Salz in dem mit ½ l Wasser gemischten Wein 5 Minuten kochen lassen. Die Karpfenfleischwürfel einlegen und 3 Minuten bei sehr milder Hitze darin ziehen lassen. Die Butter in einem Topf erhitzen. Das vorbereitete Gemüse und die eingeweichten, abgetropften Pilze darin unter Umrühren in 8–10 Minuten nicht zu weich garen. Die Sojasauce mit dem Zitronensaft, dem Salz, dem Pfeffer und dem Ingwerpulver mischen. Das Karpfenfleisch und das Gemüse unterheben und auf der Mittelgräte des Karpfens anrichten.

Unser Tip

Am einfachsten geht das Filetieren des Karpfens folgendermaßen: Den Fisch vom Kopf bis zum Schwanz dem Rückgrat entlang bis zur Mittelgräte einschneiden. Das Filet durch einen Schnitt hinter den Kiemen lösen, etwas hochziehen und mit kleinen Schnitten von den Gräten trennen.

Huhn mit Reis »Hai Nan«

KAI FAN

1 frisches bratfertiges Jungmasthuhn von 1,2–1,5 kg
1 Knoblauchzehe
2 Teel. Salz
1 Teel. Austernsauce
1 Frühlingszwiebel
100 g Staudensellerie
30 g frische Ingwerwurzel
1 frische rote Chilischote
1 Zwiebel
200 g Langkornreis
4 Eßl. Kokosmilch aus der Dose
1 Teel. frische feingehackte Ingwerwurzel

Das Huhn innen und außen waschen und abtrocknen. Die Knoblauchzehe schälen und zerdrücken. Das Huhn innen und außen mit dem Knoblauch, dem Salz und der Austernsauce einreiben und zugedeckt 60 Minuten marinieren. Die Frühlingszwiebel putzen. Den Staudensellerie putzen, waschen und in Scheiben schneiden. Die Ingwerwurzel schälen und hacken. Die Chilischote waschen. 1½ l Wasser mit der Frühlingszwiebel, dem Sellerie, dem Ingwer und der Chilischote zum Kochen bringen. Das Huhn einlegen und bei milder Hitze in 45–55 Minuten garen. Die Zwiebel schälen und kleinwürfeln. Den Reis unter fließendem kalten Wasser waschen und abtropfen lassen. ¼ l der Hühnerbrühe mit der Kokosmilch zum Kochen bringen und den Reis mit den Zwiebelwürfeln und dem feingehackten Ingwer darin zugedeckt bei milder Hitze in etwa 20 Minuten körnig kochen.

Das Huhn aus der Brühe nehmen und in Stücke schneiden. Man kann das ganze Huhn auslösen und die Stücke kleingeschnitten servieren, oder, wie auf dem Foto gezeigt, nur die Brüste auslösen, diese dann in gleichmäßig große Stücke teilen und auf Salat anrichten. Dazu wird der körnig gekochte Reis und die Hühnerbrühe mit dem gekochten Gemüse serviert. Je nach Geschmack reicht man zu dem Reis noch Chilisauce, Rettichsauce, unbedingt aber Sojasauce.
Dieses Rezept, das ursprünglich von der Insel Hai-Nan-Pao im südchinesischen Meer stammt, hat inzwischen überall Verbreitung gefunden. Es wird auf der ganzen Welt, wo sich Chinesen niedergelassen haben, in verschiedenen Varianten zubereitet.

Unser Tip

Für Rettichsauce, die es bei uns nicht als Fertigprodukt zu kaufen gibt, 1 weißen Rettich feinraspeln, den Saft ausdrücken und mit je 3 Eßlöffel Weinessig und heller Sojasauce mischen.

Knusprige Ente

TZUOI JIA

1 küchenfertige Ente von 1,5 kg
1 Teel. Salz
½ Teel. Chinagewürz
1 Stück frische Ingwerwurzel
2 Eßl. Mu-Err (chinesische Pilze)
2 Frühlingszwiebeln
1 Stange Lauch/Porree
1 Zwiebel
je 1 gelbe und rote Paprikaschote
100 g Bambussprossen
2 Eiweiße, 8 Eßl. Speisestärke
¼ Teel. Salz
1 Messersp. weißer Pfeffer
Zum Fritieren: 1 l Öl
3 Eßl. Öl, 2 Eßl. Sojasauce
je 1 Prise Salz und Zucker

Die Ente waschen. Mit Wasser bedeckt und dem Salz, dem Chinagewürz und der Ingwerwurzel zugedeckt in 50 Minuten garen. Die Pilze in heißem Wasser einweichen. Die Frühlingszwiebeln, den Lauch und die Zwiebel in dünne Ringe schneiden. Die Schoten in schmale Streifen, die abgetropften Bambussprossen in Stücke schneiden. Die Flügel und Keulen der Ente abschneiden, das übrige Fleisch in großen Stücken auslösen. Die Eiweiße mit der Speisestärke, dem Salz und dem Pfeffer verrühren und die Entenstücke darin wenden. Das Öl auf 180 ° erhitzen. Die Ententeile darin knusprig ausbacken und warm stellen. Das Öl erhitzen, das vorbereitete Gemüse und die abgetropften Pilze darin anbraten, ⅛ l Entenbrühe zugießen, in 8–10 Minuten garen und mit der Sojasauce, dem Salz und dem Zucker abschmecken.

»Szetschuan«-Huhn

SZE CHUEN JAR GAI

1 frisches Brathähnchen von etwa 900 g
2 Eßl. helle Sojasauce
1 Teel. Speisestärke
3 Möhren
3 Frühlingszwiebeln
1 frische rote Chilischote
4 Eßl. Öl
eventuell 1 Eßl. Sojasauce

Das Hähnchen waschen, trockentupfen und halbieren. Mit einem scharfen Messer die Knochen herauslösen. Das Hähnchenfleisch in mundgerechte Stücke schneiden und diese in einer flachen Schüssel mit der Sojasauce beträufeln; die Speisestärke darüberstäuben. Alles gut miteinander mischen. Das Hähnchenfleisch zugedeckt 30 Minuten marinieren lassen.
Die Möhren schaben, die Frühlingszwiebeln putzen und beides in dünne Streifen schneiden. Die Chilischote in Ringe schneiden. 2 Eßlöffel Öl im Wok oder in einer großen Bratpfanne erhitzen und das Hähnchenfleisch unter Wenden darin 4–5 Minuten braten. Das Fleisch aus der Pfanne nehmen. Das restliche Öl in der Pfanne erhitzen. Die Möhren, die Frühlingszwiebeln und die Chilischote darin unter ständigem Rühren 5–6 Minuten anbraten. Das Fleisch zufügen und unter Rühren nochmals mit dem Gemüse erhitzen. Nach Belieben mit der Sojasauce würzen.

Das schmeckt dazu: körnig gekochter Reis.

Schweinefilet mit Currysauce

CHOW YOOK PIN

Für das Schweinefilet:
4 Eßl. Sojasauce
4 Eßl. Reiswein
1 Messersp. Salz
1 Prise Zucker
1 Messersp. Ingwerpulver
4 Teel. Speisestärke
600 g Schweinefilet
4 Frühlingszwiebeln
200 g frische Sojabohnenkeimlinge
5 Eßl. Öl
Für die Currysauce:
2 Eßl. Öl, 3 Eßl. Currypulver
1 Eßl. Reiswein
5 Eßl. Fleischbrühe
1 Teel. Speisestärke

Die Sojasauce mit dem Reiswein, dem Salz, dem Zucker, dem Ingwer und der Speisestärke verrühren. Das Schweinefilet in sehr dünne Scheiben schneiden und 20 Minuten in der Sauce marinieren. Die Frühlingszwiebeln in Streifen schneiden; die Sojabohnenkeimlinge waschen und abtropfen lassen. Das Öl im Wok oder in einer großen Pfanne erhitzen und die Fleischscheiben darin unter Rühren 5 Minuten braten und herausnehmen. Die Frühlingszwiebeln und die Sojabohnenkeimlinge unter Wenden 2–3 Minuten im verbliebenen Öl braten. Das Fleisch mit dem Gemüse im Wok mischen. Für die Sauce das Öl erhitzen, den Curry einrühren und mit dem Reiswein und der Brühe aufgießen. Die Sauce mit angerührter Speisestärke binden. Mango-Chutney, süß-saure Früchte und Reis zum Schweinefilet servieren.

Gefüllte Pilze

JING YEUNG BUCK GWOO

1 Frühlingszwiebel
24 große Champignons
8 Wasserkastanien oder Maroni aus der Dose
250 g Schweinehackfleisch
1 Eßl. Speisestärke
2 Eßl. helle Sojasauce
½ Teel. Salz
je 1 Messersp. Zucker und frische geriebene Ingwerwurzel
⅛–¼ l Fleisch- oder Hühnerbrühe
1 Ei
Für die Form: Öl

Das Weiße der Frühlingszwiebel feinhacken. von den Champignons die Stiele abschneiden, die Hüte mit einem feuchten Tuch abreiben. Die Wasserkastanien oder die Maroni feinhacken und mit der Zwiebel, dem Hackfleisch, der Speisestärke, der Sojasauce, dem Salz, dem Zucker und dem Ingwer mischen. In 12 Pilzhüte jeweils 1 gehäuften Teelöffel Hackfleischfarce füllen, die übrigen 12 Pilzhüte als Deckel daraufsetzen und festdrücken. Eine flache feuerfeste Form mit Öl ausstreichen und die gefüllten Pilze hineinsetzen. Die Form gut mit Alufolie abdichten und die Pilze bei mittlerer Hitze in 25–30 Minuten auf der Herdplatte garen. Die gefüllten Pilze auf einer vorgewärmten Platte warm stellen. Die Fleisch- oder die Hühnerbrühe erhitzen und die Dünstflüssigkeit in der Form bis zu ¼ l damit auffüllen. Das Ei verquirlen, in die Brühe rühren und diese über die Pilze gießen.
Das schmeckt dazu: körnig gekochter Reis.

Rindfleisch mit Bambussprossen

YÜ-HSIANG-NIV-JOU

400 g Rinderlende
2 Frühlingszwiebeln
2 Paprikaschoten
1 kleine Dose Bambussprossen
4 Eßl. Öl
1 Knoblauchzehe
1 Eßl. Tomatenketchup
4 Eßl. helle Sojasauce
je ½ Teel. Salz und Cayennepfeffer
⅛ l Hühnerbrühe
2 Teel. frische gehackte Korianderblätter

Das Fleisch in feine Streifen schneiden. Die Frühlingszwiebeln feinhacken. Die Paprikaschoten in Streifen schneiden. Die Bambussprossen abtropfen lassen und kleinschneiden. Das Öl im Wok oder in einer großen Pfanne erhitzen und die Frühlingszwiebeln darin glasig braten. Das Fleisch nacheinander in 2–3 Portionen in den Wok geben und bei sehr starker Hitze unter Wenden in jeweils 1–2 Minuten braun anbraten. Die Fleischstreifen aus der Pfanne nehmen und warm stellen. Die Paprikaschoten und die Bambussprossen im verbliebenen Öl unter Rühren 2–3 Minuten braten. Die Knoblauchzehe schälen und durch die Knoblauchpresse dazudrücken. Das Gemüse mit dem Ketchup, der Sojasauce, dem Salz und dem Cayennepfeffer würzen und alles weitere 2 Minuten braten. Die Fleischstreifen und die Hühnerbrühe zugeben und das Gericht 1–2 Minuten erhitzen. Mit dem frischen Koriander bestreut servieren.

Süß-saures Schweinefleisch

KU LAO JOU

500 g mageres Schweinefleisch aus der Oberschale
3 Eßl. helle Sojasauce
2 Eßl. Essig, ½ Teel. Zucker
1 Teel. Salz
50 g Mu-Err (chinesische Pilze)
je 1 grüne und rote Paprikaschote
1 Stange Lauch/Porree
2 Möhren, ½ Salatgurke
4 Eßl. Öl, ¼ l Fleischbrühe
1 Eßl. Speisestärke

Das Fleisch in dünne Scheiben schneiden, in einer Schüssel mit einer Marinade aus der Sojasauce, dem Essig, dem Zucker und dem Salz übergießen und zugedeckt 60 Minuten ziehen lassen; ab und zu wenden. Die Pilze in kaltem Wasser einweichen. Das Gemüse putzen und waschen. Die Paprikaschoten und den Lauch in Streifen, die Möhren in Scheiben schneiden und die Gurke hobeln. Das Öl im Wok oder in einer großen Pfanne erhitzen. Das Fleisch abtropfen lassen und unter Wenden 2–3 Minuten braun anbraten. Alles Gemüse zufügen und unter ständigem Rühren 5 Minuten mitbraten. Das Gericht mit der Fleischbrühe aufgießen und bei milder Hitze in etwa 20 Minuten garen. 5 Minuten vor Beendigung der Garzeit die abgetropften Pilze zufügen. Die Speisestärke mit Marinade und wenig Wasser anrühren und die Flüssigkeit damit binden.

Das schmeckt dazu: chinesische Glasnudeln.

Scharf-saure Suppe

SUAN-LA TANG

Zutaten für 6 Personen:
250 g Schweinefleisch
75 g Langkornreis
1,5 l Hühnerbrühe (Rezept Seite 271)
4 Mu-Err (chinesische Pilze)
1 Bambussprosse aus der Dose
1 Teel. frische geriebene Ingwerwurzel
1 Eßl. Speisestärke
1 Ei, 1 Eßl. Essig
je 1 Messersp. schwarzer Pfeffer und Cayennepfeffer
2 Teel. Sesamöl
2 Frühlingszwiebeln

Das Schweinefleisch in kochendem, leicht gesalzenem Wasser in etwa 30 Minuten garen. Den Reis in ⅜ l Salzwasser körnig kochen. Die Hühnerbrühe entfetten und in einem Topf zum Kochen bringen. Die Pilze in warmem Wasser einweichen und mit der Bambussprosse hacken. Das Schweinefleisch aus der Kochbrühe nehmen und feinhacken. Die Pilze mit den Bambussprossen, dem Fleisch, dem Reis und dem Ingwer in die kochende Hühnerbrühe geben. Die Hitze reduzieren. Die Speisestärke mit wenig kaltem Wasser anrühren. Die leicht kochende Brühe damit binden; unter Rühren kochen lassen, bis die Suppe wieder klar wird. Das Ei verquirlen und in die Suppe gießen. Den Topf vom Herd nehmen. Die Suppe mit dem Essig, dem Pfeffer und dem Cayennepfeffer würzen; das Öl zufügen. Die Frühlingszwiebeln hacken und zuletzt unter die Suppe mischen.

Gemüsesuppe

TZAI TANG

4 Mu-Err (chinesische Pilze)
2 Frühlingszwiebeln
½ Knoblauchzehe
4 Tomaten
100 g Staudensellerie
100 g Chinakohl
½ Tasse frische Sojabohnenkeimlinge
3 Eßl. Öl
3 Eßl. helle Sojasauce
2 Teel. Salz
¼ Teel. weißer Pfeffer
1 Messersp. Ingwerpulver
2 Teel. gehackte Petersilie
1 l heiße Hühnerbrühe

Die Pilze in kaltem Wasser einweichen. Die Frühlingszwiebeln feinhacken. Die Knoblauchzehe schälen und zerdrücken. Die Tomaten häuten, vierteln, entkernen und würfeln. Den Staudensellerie und den Chinakohl waschen und in dünne Streifen schneiden. Die Sojabohnenkeimlinge waschen und abtropfen lassen. Das Öl im Wok oder in einem Topf erhitzen und die Frühlingszwiebeln mit dem Knoblauch darin glasig braten. Die abgetropften Pilze und das Gemüse zufügen und unter Rühren bei sehr starker Hitze 2–3 Minuten anbraten. Die Sojasauce, das Salz, den Pfeffer, den Ingwer und die Petersilie zufügen; mit der Hühnerbrühe auffüllen. Die Suppe noch 2–3 Minuten kochen lassen.

Chinesische Suppen

In China kocht man Hühnerbrühe stets selbst. Für 2 l Hühnerbrühe 1 Suppenhuhn von etwa 1 kg mit 1 geschälten Zwiebel und Salz in 2½ l Wasser in etwa 2 Stunden weich kochen. Das Huhn anderweitig verwenden. Die Brühe durchseihen.

»Wan-Tan«-Suppe
HÜN TUN TANG
(im Bild vorne)

100 g Mehl, ¼ Teel. Salz
1 kleines Ei
1 Teel. Salz, 300 g Spinat
250 g Schweinehackfleisch
1 Eßl. Sojasauce
½ Teel. frische geriebene Ingwerwurzel
½ Teel. Salz
1 l Hühnerbrühe
2 Möhren

Aus dem Mehl, dem Salz, dem Ei und 1–2 Eßlöffel kaltem Wasser einen glatten festen Teig kneten.
1 l Wasser mit dem Salz zum Kochen bringen. Den Spinat waschen. 50 g Spinat aufbewahren, die restlichen Spinatblätter mit dem kochenden Salzwasser übergießen, 8 Minuten ziehen lassen, ausdrükken und feinhacken. Den Spinat mit dem Hackfleisch, der Sojasauce, dem Ingwer und dem Salz mischen.
Den Teig dünn ausrollen, in 7 cm große Quadrate schneiden, jedes mit 1 Eßlöffel Füllung belegen; die Teigränder anfeuchten. Die Quadrate zu Rechtecken zusammendrükken und aufrollen. Die Rollenenden zusammendrücken. Die Teigrollen 30 Minuten ruhen lassen. Die Hühnerbrühe zum Kochen bringen. Die Möhren längs einkerben, in dünne Scheiben schneiden und in der Brühe garen. Die Teigrollen 5 Minuten in kochendem Wasser ziehen lassen und mit dem rohen, zerpflückten Spinat in die Hühnerbrühe geben.

Nudelsuppe
MAH MEE
(im Bild hinten)

200 g Bambussprossen aus der Dose
1 frische Chilischote
1 Frühlingszwiebel
250 g Fadennudeln
2 Teel. Salz
1 l Hühnerbrühe
1 Messersp. schwarzer Pfeffer
1 Eßl. helle Sojasauce

Die Bambussprossen in Streifen schneiden. Die Chilischote von den Kernen befreien und kleinschneiden. Das Zwiebelgrün in kleine Ringe schneiden. Die Nudeln in 2 l Salzwasser in etwa 4–5 Minuten garen, abgießen, kalt überbrausen und abtropfen lassen. Die Hühnerbrühe zum Kochen bringen und die Bambussprossen, die Chilischote und die Zwiebelröllchen 2 Minuten darin ziehen lassen. Die Suppe mit dem Pfeffer und der Sojasauce würzen und die Nudeln darin erwärmen.

Kochendes Kännchen

DOBIN MUSHI

In der japanischen Küche wird als Kochflüssigkeit oft folgende Grundbrühe verwendet: 120 g getrockneten oder 250 g frischen Thunfisch in 2 l Wasser zum Kochen bringen. 15 g getrocknete Algen zufügen, einmal aufkochen und 15 Minuten ziehen lassen. Die Brühe durchseihen; den Fisch anderweitig verwenden und die Algen wegwerfen.

Zutaten für 1 Person:
1 tiefgefrorene Riesengarnele
2 getrocknete japanische Pilze
2 Tassen Grundbrühe
1 Teel. Sojasauce
2 Ginkgonüsse
1 Zweig Petersilie
2–3 Zitronenachtel

Die Garnele auftauen lassen und schälen. Die Pilze in warmem Wasser einweichen. Die Brühe mit der Garnele, den abgetropften Pilzen, der Sojasauce, den Ginkgonüssen, der Petersilie und 1 Zitronenachtel aufkochen, alles in ein Kännchen füllen und 5 Minuten auf einem Rechaud ziehen lassen. Die Brühe wird im Kännchen serviert. Man gießt sie in winzige Schälchen, würzt nach Belieben mit wenig Zitronensaft und trinkt sie langsam. Die Brühe, die noch im Kännchen mit allen Zutaten zieht, schmeckt zum Schluß besonders kräftig. Die Garnele, die Pilze und die Nüsse können mit Stäbchen aus dem Kännchen gegessen werden.

Roher Fisch

SASHIMI

Zutaten für 1 Person:
je 150 g sehr frischer Thunfisch und Seebarsch
1 kleine gekochte Möhre
4 dünne Limettenspalten
einige feine Lauch- und Rettichstreifen
3 Eßl. japanische Sojasauce
3 Eßl. japanischer Reiswein (MIRIN) oder trockener Sherry
3 Eßl. geriebener weißer Rettich
1 Teel. geriebener Meerrettich

Den Fisch filetieren; die Haut sorgfältig abziehen und alle Gräten entfernen. Die Fischfilets mit einem scharfen Messer in sehr dünne Scheiben schneiden und diese auf einem Teller anrichten. Die gekochte Möhre in Scheiben schneiden und Blümchen aus den Möhrenscheiben ausstechen. Die Fischscheiben mit den Limettenspalten, den Rettich- und Lauchstreifen und den Möhrenblümchen garnieren.
Die Sojasauce mit dem MIRIN oder dem Sherry mischen. Die Sauce, den geriebenen Rettich und den Meerrettich in Schälchen zum Fisch reichen.
SASHIMI gilt in Japan als besondere Delikatesse. Wenn der Fisch wirklich fangfrisch ist, schmeckt er überhaupt nicht »fischig«. Beim Essen wird der Fisch in die mit Meerrettich vermischte Sojasauce getunkt.

Ausgebackene Garnelen

TEMPURA

Zutaten für 2 Personen:
6 tiefgefrorene Riesengarnelen
2 japanische getrocknete Pilze
¼ Paprikaschote, 1 Aubergine
2 Lotoswurzelscheiben (1 cm dick)
3 Eßl. Mehl, 2 Eigelbe
einige dünne japanische Reisnudeln
Zum Fritieren: Öl

Die Garnelen auftauen lassen, aus der Schale lösen und längs halbieren; sehr dicke Exemplare dreimal durchschneiden. Die Pilze in warmem Wasser einweichen. Das Schotenstück quer halbieren. Die Aubergine quer durchschneiden, das schlanke untere Ende längs halbieren und die Hälften fächerförmig in dünne, am Ende zusammenhängende Scheiben schneiden. Das Öl in einer Friteuse auf 180 ° erhitzen. Die Garnelen-, die Schoten- und die Auberginenstücke, die Lotoswurzelscheiben sowie die abgetropften Pilze in wenig Mehl wenden. Aus dem restlichen Mehl, den Eigelben und 2 Eßlöffel Wasser einen dünnflüssigen Ausbackteig bereiten. Die Garnelen- und Gemüsestücke in den Ausbackteig tunken und nacheinander im heißen Öl goldgelb ausbacken. Die Reisnudeln zu einem Sträußchen zusammenbinden, wie einen Pinsel in den Teig tauchen, ebenfalls kurz fritieren und TEMPURA damit garnieren.

Zu TEMPURA reicht man eine Sauce aus ½ Tasse japanischem Reiswein (mirin), ½ Tasse Sojasauce, 2 Tassen Wasser, in denen 4 Blätter Algen eingeweicht wurden und 1 Teelöffel Salz. Die Zutaten zusammen kurz aufkochen, abkühlen lassen und in 2 Schälchen verteilen. Noch je 1 Schälchen mit geriebenem Rettich, feingeriebener Ingwerwurzel und 1 Schälchen mit je 1 Teelöffel Glutamat und Salz gemischt dazu stellen.

Gebundene Hühnersuppe

MULLIGATONI SOUP

½ Suppenhuhn von etwa 750 g
2 Teel. Salz, 1 Lorbeerblatt
1 Bund Suppengrün
1 Zwiebel, 4 Tomaten
1 Knoblauchzehe
100 g durchwachsener Speck
2 Eßl. Butter
5 Eßl. Mehl
je 1 Prise Cayennepfeffer und geriebene Muskatnuß
1–2 Messersp. Salz
2 Scheiben Weißbrot
2 Teel. Butter

Das Huhn waschen und mit dem Salz, dem Lorbeerblatt, dem kleingeschnittenen Suppengrün und der halbierten Zwiebel in 2 l Wasser zum Kochen bringen. Das Huhn zugedeckt in 1½–2 Stunden garen. Von der Brühe 1½ l abmessen. Die Tomaten häuten und kleinschneiden. Die Knoblauchzehe zerdrücken. Den Speck würfeln und in der Butter ausbraten. Die Tomaten und den Knoblauch mitbraten. Das Mehl darüberstäuben, goldbraun braten, mit der Hühnerbrühe ablöschen und auffüllen; die Suppe würzen. Das Huhn von Haut und Knochen befreien, das Fleisch in Streifen schneiden und in der Suppe erwärmen. Das Weißbrot würfeln und in der Butter knusprig braten. MULLIGATONI SOUP mit den Brotwürfeln bestreut servieren.

Geschmorte Hammelkeule

SPICY MUTTON CASSEROLE

1 kg entbeinte Hammelkeule
je ½ Teel. geriebene Muskatnuß und gemahlener Zimt
1 Zwiebel, 2 Knoblauchzehen
3 Gewürznelken
1 Lorbeerblatt
1½ Tassen Farinzucker
½ l Weinessig
3 Tassen heiße Fleischbrühe
2–3 Messersp. Salz
1 Messersp. weißer Pfeffer

Das Fleisch waschen, abtrocknen, von Häuten und Sehnen befreien und mit dem Muskat und dem Zimt einreiben. Die Zwiebel in dünne Ringe schneiden; die Knoblauchzehen zerdrücken. Das Fleisch auf eine Schicht Zwiebeln in eine Schüssel legen, den Knoblauch, die Nelken und das Lorbeerblatt zufügen und mit Zwiebelringen bedecken. Den Zucker in dem Essig auflösen und das Fleisch damit übergießen. Die Hammelkeule zugedeckt 24 Stunden im Kühlschrank marinieren; ab und zu wenden.

Den Backofen auf 190 ° vorheizen. Die Marinade mit 1 Tasse Wasser verdünnen, über das Fleisch gießen und dieses in einem Bräter zugedeckt im Backofen in 2–2½ Stunden weich schmoren. Gegebenenfalls Fleischbrühe nachgießen. Die fertige Hammelkeule warm stellen. Den Bratensatz mit heißer Fleischbrühe lösen, durchseihen, salzen und pfeffern und über das Fleisch gießen.

Bananenhörnchen

BANANA CRESCENTS

300 g Mehl, 1 Prise Salz
abgeriebene Schale von 1 Zitrone
100 g Zucker
2 Eier
100 g eiskalte Butter
8 kleine reife Bananen
Saft von 1 Zitrone
6 Eßl. Aprikosenmarmelade
2 Eßl. Mandelblättchen

Das gesiebte Mehl mit dem Salz, der Zitronenschale, dem Zucker und 1 Ei in eine Schüssel geben. Die Butter in Flöckchen zufügen und alles rasch zu einem Mürbeteig verkneten; eventuell 1–2 Eßlöffel Milch zufügen. Den Teig 60 Minuten im Kühlschrank ruhen lassen. Die Bananen schälen und mit dem Zitronensaft beträufeln. Den Backofen auf 180 ° vorheizen.
Den Teig dünn ausrollen und 8 12 cm große Quadrate ausschneiden. Das zweite Ei in Eiweiß und Eigelb trennen. Die Ränder der Quadrate mit dem Eiweiß bestreichen. Jeweils 1 Banane diagonal auf die Teigquadrate legen, die freien Ecken über die Bananen legen und die Ränder festdrücken. Das Eigelb verquirlen, die Hörnchen damit bestreichen, auf ein Backblech legen und in etwa 20 Minuten im Backofen backen. Die Marmelade erhitzen, die noch warmen Hörnchen damit bestreichen und mit den Mandelblättchen bestreuen.

Baisertorte

PAVLOVA CAKE

Für den Boden:
5 Eiweiße
1 Päckchen Vanillinzucker
150 g Zucker
70 g Puderzucker
4 Teel. Speisestärke
Für die Füllung:
300 g Erdbeeren
4 Eßl. Puderzucker
3/8 l Sahne
1 Eßl. Kirschwasser

Ein Backblech mit Pergamentpapier auslegen und auf das Papier einen Kreis von 24 cm Ø zeichnen. Den Backofen auf 110 ° vorheizen. Die Eiweiße mit dem Vanillinzucker zu Schnee schlagen. Nach und nach den Zucker und den Puderzucker zugeben. Weiterschlagen, bis der Schnee sehr steif ist und der Zucker sich aufgelöst hat. Die Speisestärke darübersieben und unterheben. Die Hälfte der Baisermasse mit einem Spritzbeutel mit Lochtülle als Tortenboden in den markierten Kreis spritzen. Von der zweiten Hälfte dicke Tupfen auf den Rand spritzen. Den Baiser in etwa 1½ Stunden im Backofen fest werden, dann 15 Minuten im abgeschalteten Backofen ruhen lassen.
Die Erdbeeren waschen; die Hälfte durch ein Sieb streichen und mit 2 Eßlöffel Puderzucker mischen. Die Sahne mit dem restlichen Puderzucker steif schlagen und mit dem Kirschwasser parfümieren; dann auf den Baiserboden streichen. Die Sahne mit den ganzen Erdbeeren belegen und mit den pürierten Früchten überziehen.

Verdeckte Steaks

SMOTHERED STEAKS

4 kleine Zwiebeln
4 Scheiben gekochter Schinken
4 Eßl. Butter
2 Scheiben Weißbrot
2 Eßl. Tomatenketchup
2 Eßl. gehackte gemischte Kräuter
8 dünne Schweineschnitzel
½ Teel. Salz, ¼ Teel. weißer Pfeffer
2 Tassen Fleischbrühe
2 Eßl. Mehl, 4 Eßl. Sahne
Für die Form: Butter

Die Zwiebeln kleinwürfeln, den Schinken feinhacken. Die Butter erhitzen. Die Zwiebelwürfel und den Schinken darin anbraten. Den Topf vom Herd nehmen. Das Weißbrot entrinden, zerkrümeln und mit dem Ketchup, den Kräutern und der Schinken-Zwiebel-Mischung verrühren. Den Backofen auf 200 ° vorheizen. Jeweils eine Seite der Schnitzel salzen, pfeffern, mit Füllung bestreichen; die Schnitzel aufrollen und festbinden. Die Fleischbrühe erhitzen. Eine feuerfeste Form ausbuttern, die Rouladen einlegen, mit der Fleischbrühe übergießen und zugedeckt in etwa 40 Minuten im Backofen garen. Die Fäden entfernen und das Fleisch warm stellen. Das Mehl mit der Sahne anrühren und die Sauce damit binden. Die Rouladen darin noch 10 Minuten in der offenen Form im Backofen ziehen lassen.

Gefülltes Rumpsteak

CARPET-BAG STEAK

150 g Pilze
150 g roher Schinken
1 Bund Petersilie
1 kleine Zwiebel
1 Eßl. Butter
1 Tasse Semmelbrösel
abgeriebene Schale von ½ Zitrone
1 Ei, 1 Messersp. weißer Pfeffer
½ Teel. Salz
1 Rumpsteak von 750 g, mindestens 6 cm dick
4 Eßl. Öl

Die Pilze waschen, putzen und feinblättrig schneiden. Den Schinken und die Petersilie feinhacken, die Zwiebel kleinwürfeln. Die Butter erhitzen; die Pilze mit dem Schinken, der Zwiebel und der Petersilie darin anbraten. Die Mischung mit den Semmelbröseln, der Zitronenschale, dem Ei, dem Pfeffer und dem Salz zu einer Farce verarbeiten. In das Fleisch von einer Längsseite aus eine tiefe Tasche schneiden und diese nicht zu prall mit der Farce füllen. Die Tasche mit Holzspießchen zustecken. Das Öl erhitzen und das gefüllte Rumpsteak darin von beiden Seiten braun braten. Das Steak bei reduzierter Hitze in 15–20 Minuten garen; einmal wenden.

Gefüllte Lammschulter

COLONIAL GOUSE

Zutaten für 8 Personen:
2 Lammnieren
50 g durchwachsener Speck
1 säuerlicher Apfel
1 Zwiebel, 1 Tomate
100 g Semmelbrösel
je 2 Teel. gehackte Kräuter wie Petersilie, Thymian, Salbei
¼ Teel. weißer Pfeffer
1 Teel. Salz, 1 Ei
2 kg ausgelöste Lammschulter
½ Teel. Salz
1 Messersp. weißer Pfeffer
2 Eßl. zerlassene Butter
¼ l heiße Fleischbrühe

Die Nieren 30 Minuten wässern. Den Speck und den geschälten Apfel kleinschneiden; die Zwiebel feinhacken. Die Tomate häuten und kleinschneiden. Die Nieren hacken. Die zerkleinerten Zutaten mit den Semmelbröseln, den Kräutern, dem Pfeffer, dem Salz und dem Ei verkneten.
Den Backofen auf 200 ° vorheizen. Das Fleisch salzen und pfeffern und die Füllung daraufstreichen. Die Lammschulter von der Schmalseite her aufrollen und wie einen Rollbraten binden. Den Braten mit der Butter bestreichen und in 2–2½ Stunden im Backofen garen; wiederholt Fleischbrühe zugießen. Den Bratensatz mit Fleischbrühe loskochen und als Sauce dazu reichen.

Überbackener Salat

BAKED LETTUCE

4 Stauden Eissalat
5 Eßl. Butter
3 Eßl. Mehl
2 Tassen Milch
1 Teel. Salz
1 Messersp. Cayennepfeffer
50 g Semmelbrösel
75 g gehackte Walnüsse
Für die Form: Butter

Den Salat waschen und alle schlechten Blätter entfernen. Die Salatköpfe vierteln, mit kochendem Wasser übergießen und abtropfen lassen. Die Salatviertel mit kaltem Wasser bedeckt in einem Topf zum Kochen bringen und in etwa 5 Minuten weich kochen; dann in einem Sieb ausdrücken. 3 Eßlöffel Butter erhitzen, das Mehl zufügen und rühren, bis eine glatte Masse entstanden ist. Unter ständigem Rühren die Milch zugießen und die Sauce 5 Minuten kochen lassen. Mit dem Salz und dem Cayennepfeffer würzen. Den Backofen auf 230 ° vorheizen.
Eine feuerfeste Form mit Butter ausstreichen, die Salatviertel nebeneinander hineinlegen und mit der Sauce überziehen. Die Semmelbrösel und die Nüsse daraufstreuen. Die restliche Butter in Flöckchen darauf verteilen. Das Gericht im Backofen in etwa 15 Minuten goldbraun backen.

Schmeckt gut zu: Steaks, Koteletts oder gefülltem Rumpsteak.

Lachs und Schweinefleisch

LAULAU

200 g Räucherlachs in dünnen Scheiben
750 g Schweinenacken in 2 cm dicken Scheiben
750 g großblättriger Spinat
schwarzer Pfeffer und Salz

Die Lachsscheiben in 2 cm breite Streifen, die Fleischscheiben in etwa 5 cm große Quadrate schneiden. Den Spinat waschen, abtropfen lassen und die Blattstiele abschneiden. So viel 22 cm große Quadrate aus Alufolie schneiden, wie Fleischstücke vorhanden sind. Die Folienquadrate mit einer dichten Lage Spinatblätter und diese mit je 1 Fleischstück belegen. Das Fleisch mit etwas Pfeffer übermahlen und – wenn der Lachs sehr mild ist – mit etwas Salz bestreuen. Das Fleisch mit den Lachsstreifen belegen. Die Folie zusammenfalten und die Ränder fest verschließen. Etwa 2 l Wasser zum Kochen bringen, die Folienpäckchen einlegen und 20 Minuten kochen lassen. Wenn nötig, kochendes Wasser nachfüllen. LAULAU in der Folie mit heißen Süßkartoffeln (Bataten) servieren.

Unser Tip

Auf den Südsee-Inseln bereitet man LAULAU mit den Blättern der Taropflanze zu, die es bei uns nicht gibt. – Man kann auch Mangold verwenden.

Gebackener Fisch von den Fidschi-Inseln

FIJI BAKED FISH

175 g frische Kokosnuß
1 Tasse Sahne
2 Tassen Milch
800 g Seefischfilet
Saft von 1 Zitrone
½ Teel. Salz
2 Messersp. weißer Pfeffer
Für die Form: Butter

Das Kokosnußfleisch raspeln, mit der Sahne und der Milch mischen, 10 Minuten kochen und erkalten lassen. Den Backofen auf 190 ° vorheizen. Das Fischfilet mit dem Zitronensaft beträufeln und mit dem Salz und dem Pfeffer einreiben. Eine flache feuerfeste Form dick mit Butter ausstreichen. Den Fisch einlegen, mit der Kokosmasse bedecken und im Ofen 30–40 Minuten backen.

Unser Tip

Servieren Sie zu FIJI BAKED FISH folgende Kokosnußsauce: Das Fleisch von 1 Kokosnuß reiben; in ½ Tasse Wasser 60 Minuten ziehen lassen. 1 geschälte, kleingeschnittene Zitrone mit ½ feingehackten Zwiebel mischen. Die Kokosraspel in einem Sieb ausdrücken, die Kokosmilch mit Salz und feingehackter Chilischote unter die Zitronenmischung rühren. Kalt servieren.

Rindfleischspieße mit Ananas

TARIYAKI

1 kleine Dose Ananasstücke
1 Knoblauchzehe
½ Tasse Sojasauce
1 Teel. Ingwerpulver
500 g Rumpsteak
12 rotgefüllte Oliven
2 Eßl. Öl
Salz

Die Ananasstücke abtropfen lassen. Die Knoblauchzehe schälen und sehr fein schneiden. Den Ananassaft mit dem Knoblauch, der Sojasauce und dem Ingwer mischen.
Das Fleisch waschen, abtrocknen und in 2 cm große Würfel schneiden. Die Fleischwürfel in einer Schüssel mit der Ananassauce übergießen und zugedeckt 60 Minuten marinieren. Den Grill vorheizen.
Die Fleischstücke aus der Marinade nehmen und abwechselnd mit den Ananasstücken auf kleine Spieße stecken. Jeweils mit 1 Olive abschließen. Die Spieße mit dem Öl bestreichen und auf dem geölten Rost dicht unter den Grillstäben 10–12 Minuten grillen; dabei nach 5 Minuten wenden. Das gegrillte Fleisch mit wenig Salz bestreuen.
Das schmeckt dazu: körnig gekochter Reis.

Unser Tip
Am besten schmecken die Spieße, wenn man dazu frische Ananas verwendet.

Kürbisauflauf

PUMPKIN PILHI

1 kg Kürbisfleisch
2 Kokosnüsse oder
300 g getrocknete Kokosraspel
100 g Farinzucker
1 Tasse Mehl, 1 Teel. Salz
2 Messersp. gemahlener Piment
Für die Form: 3 Eßl. Butter
Zum Bestreuen:
2 Eßl. Kokosraspel

Den Kürbis schälen, in Stücke schneiden, in wenig Wasser in etwa 25 Minuten sehr weich kochen und in einem Sieb mehrere Stunden abtropfen lassen. Die Kokosnüsse anbohren und die Kokosmilch auffangen. Die Kokosnüsse aufschlagen, das Fleisch herauslösen. Die dünne braune Haut abziehen und das Kokosfleisch raspeln. Die Kokosraspel mit der -milch übergießen (getrocknete Kokosraspel mit ½ Tasse Wasser anfeuchten), durchkneten, in einem Mulltuch fest ausdrücken und die Flüssigkeit aufbewahren.
Den Backofen auf 200 ° vorheizen. Das Kürbisfleisch pürieren. Den Zucker, das Mehl, die Kokosmilch, das Salz und den Piment unterrühren. Eine Auflaufform mit Butter ausstreichen, die Kürbismasse einfüllen, glattstreichen, die restliche Butter in Flöckchen darauf verteilen und die Kokosraspel darüberstreuen. PUMPKIN PILHI 60 Minuten im Backofen backen. Wenn die Kokosraspel zu bräunen beginnen, den Auflauf mit Alufolie abdecken.

Schmeckt gut zu: gebratenem Fleisch oder Geflügel.

Vorschläge für Menüs

Exotische Früchte, die heute je nach Saison häufig bei uns angeboten werden: 1 Zucker- oder Honigmelone, 2 Wassermelone, 3 Kaki, 4 Ananas, 5 Zuckerbananen, 6 Kaktusfeigen, 7 Zuckerrohr, 8 Passionsfrucht, 9 Pomelo, 10 Netzmelone, 11 Honigmelone, 12 Feigen, 13 Kumquat, 14 Mango, 15 Honigmelone, 16 Kantalupmelone, 17 Limette, 18 Passionsfrucht, 19 Tamarillo, 20 Guave, 21 Physalis/Kapstachelbeere.

Dieses große Bildkochbuch der Spezialitäten bietet Ihnen Gaumenfreuden für alle Anlässe. Lassen Sie sich durch eigene Reiseerinnerungen oder durch die reizvollen Abbildungen zum Probieren verführen. Bestimmt möchten Sie Ihre kulinarischen »Entdekkungen« auch Familienangehörigen, Freunden und Bekannten vorsetzen. Wir haben Ihnen für derartige Vorhaben Menüs zusammengestellt, die festlichen Anlässen gerecht werden oder eine verwöhnte Schlemmerrunde zum Schwelgen bringen. Wählen Sie unter den Menüs nach Art der Länder, so werden jeweils Speisen eines Landes serviert, während sich die festlichen Menüs und die Menüs zum Schlemmen aus den Speisen verschiedener Länder zusammensetzen, also stets eine kleine Weltreise darstellen. Bedenken Sie dabei, daß sich die Rezepte des Buches auf Einzelgerichte beziehen, die vielfach sehr sättigend sind. Als Bestandteil eines Menüs sollten Sie vor allem die Vor- und Zwischengerichte in kleineren Portionen reichen. Wenn Ihnen einmal ein Menü gefällt, aber für die vorgesehene Einladung zu umfangreich erscheint, so streichen Sie entweder das Vorgericht oder das Zwischengericht oder verzichten Sie auf das Dessert. Erlaubt ist in jedem Fall, was gut schmeckt!

Damit das Menü nicht nur gut schmeckt, sondern auch zu einem stilvollen Ganzen gerät, empfehlen wir Ihnen zusätzlich passende Getränke – meist ist es Wein. Selbstverständlich können Sie aber auch mit einer anderen Getränkewahl den Menüs eine richtige Abrundung geben.

Folgen Sie beim Zusammenstellen von Menüs auch Ihren eigenen Vorstellungen, wählen Sie aus dem Buch geeignete Gerichte aus und kombinieren Sie diese zu einem Menü nach Ihren Wünschen. Die wichtigsten Regeln dabei sind: Im Menü sollte jede Hauptzutat nur einmal erscheinen, ebenso jede Gartechnik. Farblich müssen die Gänge kontrastieren, aber auch harmonieren.

Vorschläge für Menüs

Menüs nach Art der Länder

Italienische Menüs

MINESTRONE · Gemüsesuppe 50
BURRIDA · Genueser Fisch-Stew 53
CONIGLIO IN POTACCHIETTO · Kaninchenkasserolle 62
oder
POLLO ALL'ABRUZZESE · Abruzzen-Hähnchen 63
und
POLENTA ALLA LODIGIANA · Maisschnitten lombardische Art 58
CASSATA ALLA SICILIANA · Geeiste Quarkbombe sizilianische Art 67

Wein zum Fisch-Stew: Soave Classico
Wein zur Kaninchenkasserolle: Bardolino

PESTO ALLA GENOVESE · Spaghetti mit Basilikumsauce 56
FEGATO DI VITELLO ALLA VENEZIANA · Kalbsleber auf venezianische Art 61
oder
SALTIMBOCCA · Kalbsschnitzel mit Salbei 60
ZUPPA INGLESE · Biskuit-Creme-Speise 66

Wein zur Vorspeise: Lambrusco
Wein zur Kalbsleber: Valpolicella
Wein zum Kalbsschnitzel: Nebbiolo

CANNELLONI ALLA NAPOLETANA · Gefüllte Teigrollen 57
SCAMPI ALL'AGLIO · Scampi in Knoblauchöl 53
AGNELLO ALLA ROMANA · Römische Lammkeule 62
und
BROCCOLI A CRUDO · Broccoli, in Wein gegart 59
ZABAGLIONE · Weinschaumcreme 66

Wein zur Vorspeise: Fortana
Wein zu den Scampi: Trebbiano di Sicilia
Wein zur Lammkeule: Chianti Classico

ACQUACOTTA · Tomaten-Paprika-Suppe aus der Toskana 51
PESCE ALLA SALVIA · Seefisch mit Salbei 52
OSSOBUCO · Kalbshaxe 60
und
RISOTTO DI ESTATE · Sommer-Risotto 54
oder
POLLO SPEZZATO E MELANZANE · Sizilianisches Hähnchen 63
und
POLENTA ALLA LODIGIANA · Maisschnitten lombardische Art 58
CREMA DI MANDORLE · Mandelcreme 67

Wein zum Fisch: Malvasia di Ziano
Wein zur Kalbshaxe: Valpolicella
Wein zum Hähnchen: Bardolino

Spanisches Menü

SOPA DE AJO A LA MADRILEÑO · Madrider Knoblauchsuppe 69
ZARZUELA DE MARISCOS · Krustentier-Eintopf 70
mit frischem Weißbrot
LIEBRE A LA CAZADORA · Hasenrücken nach Art der Jägerin 73
mit Kartoffelkroketten und Pilzen
Orangenfilets in Malaga mariniert

Wein zum Krustentier-Eintopf: Rioja Weiß (Marqués de Caceres)
Wein zum Hasenrücken: Torres Coronas

Portugiesisches Menü

CALDO VERDE · Grüne Kartoffelsuppe 76
CROQUETES DE CAMARÃO · Krabbenkroketten 77
AMEIJOAS À MARINHEIRA COM CARNE DE PORCO FRITA · Schweinefleisch mit Muscheln 79
mit FEIJÃO VERDE, grünen Bohnen 78 und neuen Kartoffeln
Grapefruithälften mit Engelshaar 292

Wein zu den Kroketten: Vinho Verde (C. Mendes)
Wein zum Schweinefleisch: Dão Vinho Tinto

Französische Menüs

SOUPE DE COURGE À LA CRÈME · Kürbiscremesuppe 81
TARTE AUX TOMATES · Tomatentorte 89
COQ AU VIN · Hähnchen in Rotweinsauce 100
mit Stangenweißbrot und grünem Salat
Käseplatte
MOUSSE AU CHOCOLAT · Schokoladenschaum 109

Wein zur Tomatentorte: Pouilly-Fuissé
Wein zum Hähnchen: Côte-de-Beaune-Villages

CŒURS D'ARTICHAUTS EN SALADE · Salat aus Artischockenherzen 84
TERRINE DE PINTADE AUX TRUFFES · Getrüffelte Perlhuhnterrine 87
CÔTE D'AGNEAU BONNE FEMME · Lammrücken nach Hausfrauen Art 96
mit neuen Kartoffeln
SORBET AU CHAMPAGNE · Champagnersorbet 107

Wein zur Terrine: Bergerac Blanc de Blancs
Wein zum Lammrücken: Saint-Émilion oder Pomerol

LES FARCIS À LA PROVENÇALE · Gefülltes Gemüse, provenzalisch 88
QUENELLES DE BROCHET · Hechtklößchen 93
mit Sauce Hollandaise 45 und Blattspinat
BŒUF À LA FICELLE · Rinderfilet am Bindfaden 98
mit Stangenweißbrot und Aioli 46
CRÈME AU CARAMEL · Karamelcreme 106

Wein zu den Hechtklößchen: Bourgogne Aligoté
Wein zum Rindfleisch: Châteauneuf-du-Pape

Vorschläge für Menüs

POTAGE AU FENOUIL AVIGNON · Fenchelsuppe aus Avignon 82
COQUILLES SAINT-JACQUES AU GRATIN · Überbackene Jakobsmuscheln 90
mit frischem Weißbrot
SELLE DE MARCASSIN À LA SAUCE AUX CERISES · Wildschweinrücken mit Kirschsauce 104
mit Rotkohl und Kastanien
SOUFFLÉ GLACÉ · Eissoufflé 108

Wein zu den Muscheln: Bourgogne Clairet
Wein zum Wildschweinrücken: Côtes-du-Rhône

SALADE NIÇOISE · Nizzaer Salat 84
ESCARGOTS À LA BOURGUIGNONNE · Weinbergschnecken Burgunder Art 86
mit frischem Weißbrot
FASAN FARCI AUX NOIX · Gefüllter Fasan 103
mit Kartoffelkroketten
oder
BIFTECK MARCHAND DE VIN · Steak nach Weinhändler Art 98
mit Pommes frites
ŒUFS À LA NEIGE · Schneeklößchen auf Eiercreme 109

Wein zu den Schnecken: Riesling d'Alsace
Wein zum Fasan: Rosé aus dem Languedoc oder Roussillon
Wein zum Steak: Crozes-Hermitage

OMELETTE SAVOYARDE · Omelette Savoyer Art 85
CÔTES DE VEAU AU CALVADOS · Kalbskoteletts mit Calvados 94
mit PETITS POIS, grünen Erbsen mit Zwiebeln 85
Käseplatte
CLAFOUTIS · Kirschauflauf 106

Wein zur Omelette: Sauvignon Blanc
Wein zu den Kalbskoteletts: Pomerol

Belgisches Menü

SOUPE À L'ARDENNAISE · Ardenner Chicoréesuppe 110
CARBONNADE À LA FLAMANDE · Flämisches Bierfleisch 111
mit Salzkartoffeln und Gemüse der Saison
BEIGNETS AUX POMMES · Apfelküchlein 113

Getränk zum Bierfleisch: Exportbier oder Mâcon Rouge

Niederländisches Menü

HOLLANDSE ERWTENSOEP · Holländische Erbsensuppe 114
GEBAKKEN PALING MET STROOP · Gebratener Aal mit Sirup 115
mit frischem Weißbrot
JACHTSCHOTEL · Jagd-Schüssel 118
mit grünem Salat
Käseplatte

Wein zum Aal: Nahe-Riesling halbtrocken
Wein zur Jagd-Schüssel: Ingelheimer Spätburgunder

Britische Menüs

POACHED SALMON WITH CUCUMBER · Gedünsteter Lachs und Gurken 121
mit frischem Weißbrot und Sauce Hollandaise 45
ROAST DUCK · Gebratene Ente 126
mit neuen Kartoffeln und grünen Erbsen
APPLE PIE WITH CHEESE · Apfel-Pie mit Käse 127

Wein zum Lachs: Hochheimer Riesling trocken
Wein zur Ente: Walporzheimer Portugieser, zum Beispiel Klosterberg Kabinett

---

POTTED SHRIMPS · Eingelegte Krabben 121
mit Toast und Butter
ROAST PORK · Schweinebraten mit Apfelsauce 123
mit ONION DUMPLINGS, Mehlklößchen 123
GROSET FOUL · Fruchtcreme 127

Wein zu den Krabben: trockener Mosel, zum Beispiel Ürziger Würzgarten
Wein zum Schweinebraten: Niersteiner Kabinettwein, zum Beispiel Spiegelberg

---

Skandinavische Menüs

RØGET MED SPINAT · Räucherlachs mit Spinat 130
mit Toast und Butter
DYRESTEG · Reh- oder Rentierbraten 139
mit PAISTETUT SEIENET, gebratenen Mischpilzen in saurer Sahne 140
oder
BIFF À LA LINDSTRÖM · Hackfleisch à la Lindström 135
mit BRUNA BÖNOR, süßen Bohnenkernen 136
RØDGRØD MED FLØDE · Rote Grütze mit Sahne 132

Getränk zum Lachs: Linie-Aquavit
Wein zum Wildbraten: Côte-de-Nuits
Wein zum Hackfleisch: Beaujolais-Villages

LIHAMUREKE PIIAAS · Hackfleischpastete im Sahneteig 141
TORSK MED EGGESAUS · Kabeljau mit Eiersauce 138
mit Kartoffelpüree
PLÄTTAR · Pfannkuchen 137 mit Moosbeeren

Wein zur Pastete: Weißer Portwein
Wein zum Kabeljau: trockener badischer Riesling

Russisches Menü

BLINI · Buchweizenplinsen 144 mit Kaviar
TSCHARENAJA TEL JATSCHJA PETSCHONKA · Geschmorte Leber 144
mit KULEBJAKA, Kohlpastete 146
WATRUSCHKI · Quarktörtchen 146

Getränk zu den Plinsen: eisgekühlter Wodka
Wein zur Leber: Ahrweiler Spätburgunder

Vorschläge für Menüs

Polnisches Menü

KRUPNIK · Gerstensuppe mit Gemüse 148
KARP PO POLSKE · Karpfen in polnischer Sauce 149
mit Salzkartoffeln und grünem Salat
TORT ORZECAOWY · Walnußtorte 151

Wein zum Karpfen: Mâcon Supérieur (Rot) oder ein schwerer Rheinpfälzer Weißwein

Schweizer Menü

PANNEQUETS · Walliser Omeletten 162
Zürcher Kalbsgeschnetzeltes 160
mit Rösti 305 und grünem Salat
Apfelwähe 165

Wein zur Omelette: Fendant
Wein zum Geschnetzelten: Dôle

Österreichisches Menü

Leberknödelsuppe 166
Wiener Tafelspitz 168
mit Bratkartoffeln und grünen Bohnen
oder
Zwiebelrostbraten 167
mit Bratkartoffeln und grünen Bohnen
Topfenpalatschinken 171

Wein zum Tafelspitz: Vöslauer Blauer Portugieser oder Veltliner
Getränk zum Zwiebelrostbraten: wie zum Tafelspitz, besser noch Pilsner Bier

Griechisches Menü

SOUPA AVGOLEMONO · Zitronensuppe 188
oder
TIROPITTA · Schafkäse in Blätterteig 189
ARNI BOUTI STO CHARTI · Lammkeule, in Pergament gegart 194
mit TURLU FURNO, Gemüse aus dem Backofen 191
RAVANI · Grießkuchen 195

Wein zum Käse: Demestika oder Retsina
Wein zur Lammkeule: Mavros

Orientalische Menüs

ZEYTIN YAĞI ILE KIZARTILMIS BALIK · Fisch in Olivenöl 196
mit frischem Weißbrot
oder
SAMAKAH HARRAH · Fisch mit Sesamsauce 200

HODU KABAB · Fleischklößchen in süß-saurer Sauce 203
und TABBOULEH, Salat mit Weizenschrot 201
CHOZHAFFE · Geeister Obstsalat aus Trockenfrüchten 205

Wein zum Fisch: Tocai Isonzo
Wein zu den Fleischklößchen: Rosato di Angoris

SHURIT ADS · Linsensuppe mit Knoblauch 210
HAMAM MAHSHI · Tauben mit Weizenfüllung 211
oder
BASTILA · Taubenpastete 217
MEHALLABIA · Flammeri aus Reismehl 211

Wein zu den Tauben: Chianti Weiß
Wein zur Pastete: Tokaji-Aszù 2-buttig

Menü aus den USA

Shrimpcocktail 224
mit Toast und Butter
GRILLED FLANK STEAK · Gegrilltes Flankensteak 227
und COLESLAW, Weißkohlsalat 224
oder
DUCK WITH PINEAPPLE SAUCE · Ente mit Ananassauce 231
und Bataten
DEVIL'S FOOD · »Teufels Nahrung« 233

Wein zum Steak: Monterey Cabernet-Sauvignon
Wein zur Ente: Napa Gamay Rosé

Südamerikanisches Menü

HALLACAS · Maispasteten 238
oder
POTAJE DE GARBANZO CON ACELGA · Kichererbsensuppe mit Mangold 245
MATAMBRE · Gefüllte Riesenroulade 248
mit ARROZ CON BANANAS, Reis und Bananen 239
CREMA DE MANGO · Mangodessert 237

Wein zur Riesenroulade: Rioja Rot

Chinesische Menüs

HUNG SHAO DUEI HSIA · Riesengarnelen in Wein 264
SZE CHUEN JAR GAI · »Szetschuan«-Huhn 267
KU LAO JOU · Süß-saures Schweinefleisch 269
MAH MEE · Nudelsuppe 271
oder
SUAN-LA TANG · Scharf-saure Suppe 270

Wein zu den Garnelen: warmer Sake (Reiswein)
Getränk zum Huhn und zum Schweinefleisch: Exportbier oder Pils

---

LI YÜ · Karpfen 265
YÜ-HSIANG-NIV-JOU · Rindfleisch mit Bambussprossen 269
TZUOI JIA · Knusprige Ente 267
HÜN TUN TANG · Wan-Tan-Suppe 271
oder
TZAI TANG · Gemüsesuppe 270

Wein zum Karpfen: warmer Sake (Reiswein)
Getränk zum Rindfleisch und zur Ente: Exportbier oder Pils

Festliche Essen

Frühlingsrollen mit scharfer Sauce, Vietnam 256
Avocadosuppe, Mexiko 234
Rebhühner mit Linsen, Frankreich 103
Käseplatte
Salzburger Nockerln, Österreich 171

Getränk zu den Frühlingsrollen: Pflaumenwein oder Bier
Wein zu den Rebhühnern: Pinot d'Alsace

Viertelstunden-Suppe, Uruguay 246
Lamm-Pie, Großbritannien 124
Geschmorte Wachteln, Libanon 204
mit Safranreis
Gestürzte Kokosnußcreme, Sri Lanka 253

Wein zur Lamm-Pie: Niersteiner Müller-Thurgau Kabinett, zum Beispiel Paterberg
Wein zu den Wachteln: trockener Rosé

Gefüllte Pilze, China 268
Gebratene Goldbrassen, Italien 52
Gefüllte Lammschulter, Neuseeland 277
und überbackener Salat, Neuseeland 277
Zitronencreme, Dänemark 133

Getränk zu den Pilzen: grüner Tee
Wein zum Fisch: Frascati
Wein zur Lammschulter: Coonawarra Cabernet-Shiraz (australischer Rotwein) oder Rioja Rot

---

Gewürzte Ananas, Malaysia 258
Gegrillter Hummer, Frankreich 91
mit frischem Weißbrot
Rinderlende mit Oliven, Uruguay 246
mit Maispüree, Argentinien 247
Orangenkrapfen mit Honig, Tunesien 215

Wein zum Hummer: Chablis oder Mâcon Blanc
Wein zur Rinderlende: Meursault

Krabbensuppe, Thailand 255
Okra-Auflauf, Ägypten 210
Filetsteaks auf kreolische Art, Kolumbien 240
mit Reis und schwarzen Bohnen
Passionsfruchtcreme, Rhodesien 221

Wein zum Okra-Auflauf: Erlauer Stierblut
Wein zum Filetsteak: Pinotage-Kapwein

»Des Derwischs Rosenbeet«, Libanon 204
Muschelcremesuppe, Spanien 68
Geschmortes Kaninchen, Tschechoslowakei 173
und Serviettenknödel 172
Kürbisauflauf, Südsee 279

Wein zu Derwischs Rosenbeet: Rosé of Carmel (Israel)
Wein zum Kaninchen: Grüner Veltliner

Spinatsuppe mit Fleischbällchen, Iran 203
Süß-saure Hähnchenkeulen, Spanien 75
mit frischem Weißbrot
Hammelpilaw, Türkei 198
Verschleiertes Bauernmädchen, Dänemark 132

Wein zu den Hähnchenkeulen: Rioja Weiß
Wein zum Hammelpilaw: jugoslawischer Rotwein

Schlemmen mit Freunden

Lammfleischsuppe, Marokko 216
Wilder Reis mit Pilzen, Kanada 222
Dattel-Nuß-Kuchen, Irak 202

Wein zum Wilden Reis: Chapelle-Chambertin

Gemüsesuppe, Finnland 140
Badischer Rehrücken, Deutschland 156
mit Spätzle und Rotkohl
Karlsbader Torte, Tschechoslowakei 175

Wein zum Rehrücken: Kaiserstühler Spätburgunder, zum Beispiel Eichstettener

---

Gefüllte Weinblätter, Griechenland 190
Rindfleisch-Nieren-Pudding, Großbritannien 125
Ingwercreme, Karibik 237

Wein zum Pudding: Ingelheimer Spätburgunder, zum Beispiel Rheinhöhe

---

Neapolitanische Pizza, Italien 64
Preiselbeer-Quarkcreme-Bombe, USA 232

Wein zur Pizza: Chianti Classico

Kariba-Schinken, Ostafrika 220
Spinatpastete, Griechenland 192
Weinschaumcreme, Italien 66

Wein zur Pastete: Est! Est!! Est!!! di Montefiascone

Ausgebackene Garnelen, Japan 273
Kalbsschnitzel mit Steinpilzen, Frankreich 95
mit Kroketten
Aprikosen im Blätterteig, Südafrika 221

Wein zu den Schnitzeln: Orvieto Ruffino

Küchengeräte anderer Länder

Viele Töpfe, Formen und Pfannen, in denen in fernen Ländern täglich gekocht und gebrutzelt wird, werden heute auch bei uns vom Fachhandel angeboten. Tatsache ist, daß fast alle Spezialitäten in dem dafür geschaffenen Kochgeschirr einfacher nachzukochen sind und daher auch besser gelingen. Wenn Sie also, angeregt durch die Rezepte dieses Buches, Ihre Liebe zur ostasiatischen Küche entdecken und die Gerichte originalgetreu nachkochen wollen, wenn Couscous so schmecken soll wie in Nordafrika und Paella in Aussehen und Duft der in Valencia genossenen in nichts nachstehen soll, rate ich Ihnen, die hier beschriebenen Geräte anzuschaffen.

Wok

Der gußeiserne chinesische Universaltopf, der sich sowohl zum Braten als auch zum Suppenkochen eignet, wird in China über die offene Feuerstelle gebracht. Der rundgewölbte Boden kommt dabei in der Mitte direkt mit den Flammen in Berührung. Die Temperatur am Rand ist niedriger. Das spielt vor allem bei Gerichten eine Rolle, deren Zutaten in Abständen nacheinander in den Wok gegeben werden und die in der Pfanne unter Rühren gebraten werden. Die bereits gebratenen Stücke werden dabei an den sanft nach außen schwingenden Rand des Topfes geschoben und warm gehalten, die noch rohen Zutaten dagegen in der Mitte über starker Hitze gegart.

Die bei uns erhältlichen Woks haben einen geraden, plan geschliffenen Boden und sind daher für Elektro- und Gasherde geeignet.

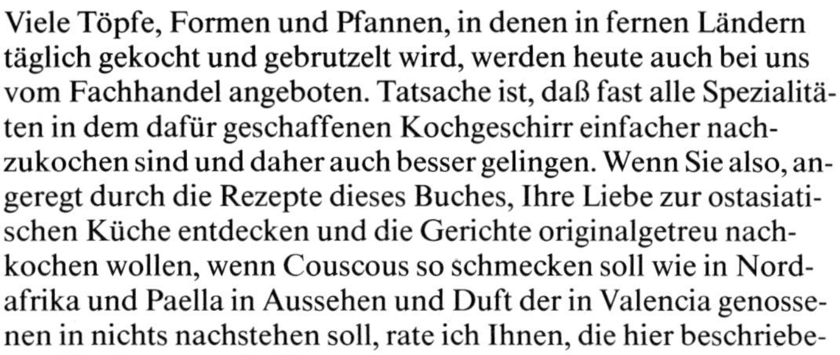

Die Abbildung zeigt von links nach rechts: Chinesischer Hackklotz mit Küchenbeil, ein Set Bambuseinsätze, Wok, der chinesische Universaltopf.

Bambuseinsätze für den chinesischen Dampftopf

In einem schweren gußeisernen Topf können in mehreren passenden Korbeinsätzen aus Bambus verschiedene Gerichte gleichzeitig und schonend übereinander gegart werden.

Chinesisches Küchenbeil und Hackklotz

In China gehören diese Utensilien wie der Wok zur Grundausstattung jeder Küche. Mit der scharfen Schneide des Beils werden nicht nur Fleisch und Fisch zerkleinert, sondern auch Gemüse feingeschnitten. Verglichen mit unseren Küchenmessern, erscheint uns das Hackbeil vielleicht plump und ungeeignet für feinere Küchenarbeiten, doch die Chinesen haben Sicherheit im Umgang mit diesem Instrument, das durch sein Eigengewicht dem Koch Kräfte spart.

Eßstäbchen

Der Umgang mit dem ostasiatischen Besteck ist viel leichter zu erlernen, als man gemeinhin annimmt. Da die Zutaten für chinesische Speisen stets zerkleinert sind, wird das Messer überflüssig. Mit einer Gabel allein ließen sich die Stückchen nur mühsam aufnehmen. Stäbchen sind also das ideale Besteck für die japanische und chinesische Küche. Die Skizzen auf der nächsten Seite zeigen, wie man damit umgeht.

Mörser und Stößel

In vielen Ländern Afrikas und Asiens, vor allem in Indien, wo das Würzen von Speisen mit viel Liebe und Sorgfalt erfolgt, ist der Mörser ein unverzichtbares Küchengerät. Er wird zum Mahlen von getrockneten Gewürzen, zum Pürieren und Mixen von rohen wie gegarten Zutaten verwendet. Mörser und Stößel werden auch bei uns in verschiedenen Größen und Materialien angeboten.

Küchengeräte anderer Länder

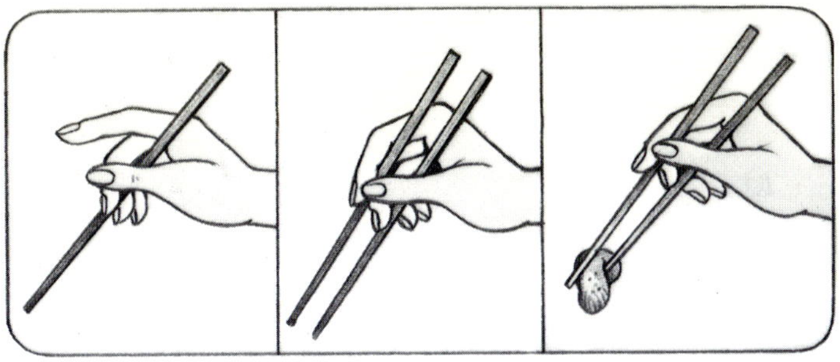

Ein Stäbchen liegt zwischen Daumen und Zeigefinger und ruht dabei auf der Kuppe des Ringfingers. Der Daumen fixiert das Stäbchen in dieser Lage. Das zweite Stäbchen wird mit Daumen und Zeigefinger bewegt. Mit dem unteren Ende dieses Stäbchens klemmt man die Bissen fest.

Die dickwandigen Mörser mit dem halbkugelförmigen Boden und die Stößel gibt es in vielen Größen aus Metall, Holz oder Porzellan.

In der Espressomaschine und dem Kaffeekännchen, Jezve, bereitet, schmeckt Kaffee wie echter Espresso oder türkischer Kaffee.

Paellapfanne
Die großen eisernen Pfannen mit verhältnismäßig hohem Rand, im Spanischen paelleras genannt, haben keinen Pfannenstiel, dafür jedoch zwei Henkel. Kenner behaupten, daß das berühmte spanische Gericht aus der Levante aus keinem anderen Kochgeschirr so gut schmeckt. Die spanische Art, Paella zu essen, verbindet alle Teilnehmenden in besonderer Weise, denn man ißt sie mit Holzlöffeln direkt aus der Pfanne.

Gußeiserner Schmortopf mit Deckel
Dieses solide vielseitige Kochgeschirr wird in den südlichen Regionen Frankreichs bevorzugt. Schmortöpfe gibt es in runder und ovaler Form. Man sollte darauf achten, daß der Deckel eine Vertiefung hat, in die man während des Garvorganges Eisstückchen oder kaltes Wasser gibt. Die Garflüssigkeit kondensiert dadurch an der Innenseite des Deckels und tropft wieder in das Gericht.

Paellapfannen müssen ein größeres Fassungsvermögen als andere Bratpfannen haben, denn alle Zutaten werden zusammen gegart.

In den Deckel des abgebildeten Schmortopfs gibt man Eisstückchen, damit die verdampfte Flüssigkeit in das Gericht tropft.

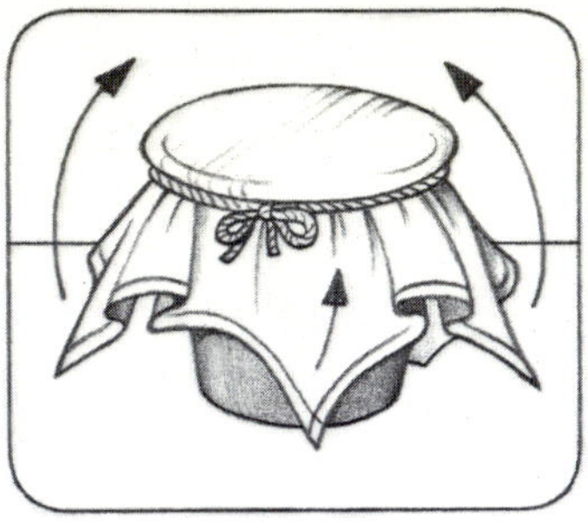

Eine englische Puddingform wird unter ihrem breiten Rand mit einer Serviette zugebunden.

Die Zipfel werden hochgeschlagen und verknotet. Der Pudding gart im Wasserbad hängend.

Englische Puddingform
Die Geschirre unterschiedlicher Größe aus dickem, hitzebeständigem Porzellan erinnern in ihrer Form an Blumentöpfe. In ihnen gart man alle Arten von Pudding im Wasserbad. Sie haben keinen Deckel, jedoch einen verdickten Rand, unter dem man ein Tuch fest verschnürt, dessen Zipfel nach oben geschlagen und verknotet werden. Durch den Knoten schiebt man einen Kochlöffelstiel, der während des Garvorgangs auf dem Topfrand aufliegt und die Puddingform vom Boden fernhält.

Espressomaschine
Einfach zu bedienendes kleines Tischgerät aus Neapel. Verwenden Sie für Ihren Espresso die dunkelgebrannten italienischen Kaffeesorten.

Jezve
Dieses Kaffeekännchen aus Messing und Kupfer hat als Griff einen langen Stiel, der verhindert, daß man sich bei der Zubereitung auf dem Holzkohlenofen die Hände an der Glut verbrennt. Im ganzen Vorderen Orient, in Griechenland und in Nordafrika braut man darin den schwarzen türkischen Kaffee.

Samowar
Moderne Geräte werden elektrisch beheizt, in alten Samowars wird das Wasser mit glühender Holzkohle erhitzt, die sich im Heizrohr des Samowars befindet. Der »Schornstein« beim Holzkohlensamowar ist die Verlängerung des Heizrohres. Wenn das Wasser kocht und kein Rauch mehr aus dem Schornstein entweicht, wird dieser abgenommen und eine Teekanne mit Tee-Extrakt auf den Teekannenhalter des Samowars gestellt. Die Hausfrau gießt Tee-Extrakt aus der Kanne in die Tassen und füllt aus einem Zapfhahn am Samowar mit heißem Wasser auf.

Im Samowar wird über einem Holzkohlenfeuer Wasser zum Kochen gebracht, das aus dem Zapfhahn in die Tassen fließt.

Die Kanne mit Tee-Extrakt steht auf dem Teekannenhalter des Samowars.

Lexikon der Spezialitäten

Abalone (Seeohr, Meerohr): große festfleischige Schneckenart, die hauptsächlich in den Küstengewässern Kaliforniens und Mexikos gefangen wird. Frisches Abalonenfleisch wird mürbe geklopft, in Filetscheiben geschnitten und in einer Mischung aus Weißwein, Zitronensaft und Kräutern mariniert, bevor es kurz gebraten wird. Bei uns werden Abalonen nur in Dosen angeboten. Köstlich schmeckt das Fleisch gedünstet in einem Gemüsefond, dem die Einlegeflüssigkeit der Abalonen zugesetzt wurde. Die Sauce mit wenig Speisestärke binden und mit Weißwein, Sherry oder Sahne verfeinern.
Ahornsirup: kanadische Spezialität, früher das gebräuchlichste Süßmittel in Nordamerika. Wird aus den Stämmen junger Ahornbäume gezapft und zu goldbraunem Sirup eingekocht. Ahornsirup ist im Geschmack feiner als Rübensirup, hat aber die gleiche Süßkraft. In Kanada und im Norden der USA wird er auch heute noch vielseitig zum Würzen verwendet, wie beispielsweise für glasierte süße Kartoffeln und Möhren, für traditionelles Gebäck und Karamelspeisen. Ahornsirup ist bei uns unter der Bezeichnung Maplesirup erhältlich.
Aji No Mato: japanisches Würzsalz aus Glutamat mit Zusatz von kleinen, sehr scharfen Pfefferschoten.
Ajvar: serbische Spezialität, im Volksmund als »Kaviar des armen Mannes« bezeichnet. Vorwiegend aus roten Paprikaschoten hergestellte Gemüsepaste, die kalt als Vorspeise gereicht wird. *Rezept:* Paprikaschoten kleinschneiden, durch den Fleischwolf drehen und das Püree bei starker Hitze einkochen lassen. Mit Öl zu einer geschmeidigen Paste rühren, mit Salz und nach Belieben mit Essig würzen.
Ananas: stammt ursprünglich aus Mittelamerika; wird heute auf den Azoren in Glashäusern kultiviert und in verschiedenen Ländern Afrikas, in Brasilien und auf Hawaii in großen Mengen in Freilandkulturen angebaut. Die Ananas ist der Fruchtzapfen einer Staudenpflanze, sie ist reif, wenn sie intensiv duftet und die inneren Blätter der Blattrosette an ihrer Spitze sich leicht herausziehen lassen. Soll Ananas nicht gefüllt werden, schält man die ganze Frucht, schneidet sie in Viertel und trennt den harten Strunk

Zum Schälen der Ananas die beiden Enden der Frucht abschneiden.

Die »Augen« mit einem spitzen Messer herausstechen.

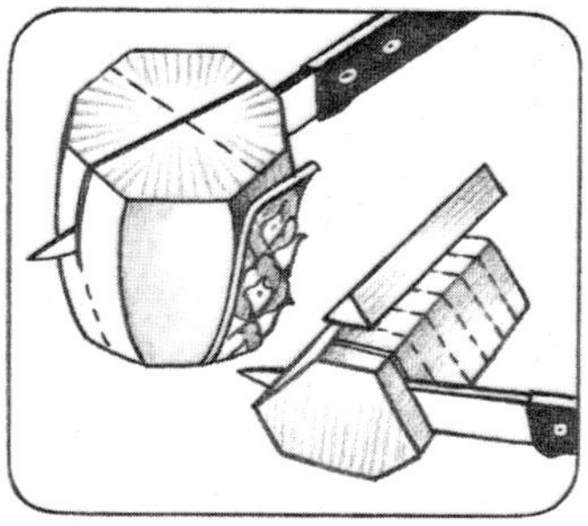

Die Ananas vierteln und den harten Strunk ausschneiden.

Für Ananasringe die ungeschälte Frucht zuerst in Scheiben schneiden und dann schälen.

aus den Vierteln heraus. Werden Ananasringe benötigt, schneidet man die Frucht in Scheiben, schält diese und entfernt die holzige Mitte.
Anchovis: mit Zucker, Salz und Gewürzen eingelegte Sprotten, bei uns als Appetitsild oder Gabelbissen verkauft. Anchovis werden oft mit Sardellen, den kleinen fetten Heringsfischen, verwechselt (→ Sardelle).

Die geschuppte Cherimoyafrucht erinnert an einen Pinienzapfen.

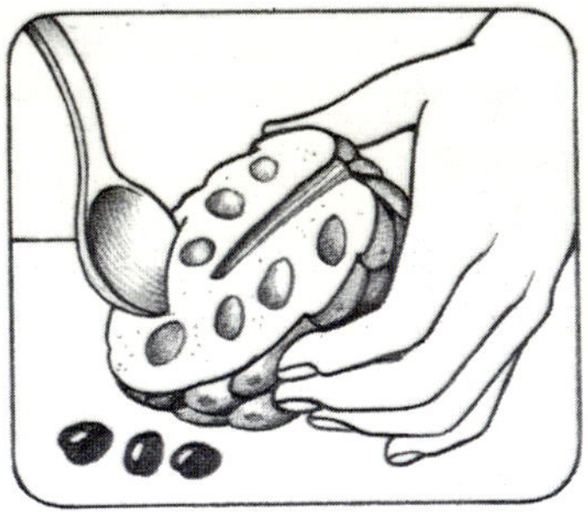

Die in ihr enthaltenen schwarzen harten Kerne mit der Löffelspitze entfernen.

Anone: ananas- oder pinienzapfenförmige Früchte mit grünlichbrauner bis violetter geschuppter Schale und mehr oder weniger süßem Fruchtfleisch von starkem Aroma und sahniger Beschaffenheit, im tropischen Amerika und Afrika beheimatet, heutzutage in vielen subtropischen und tropischen Ländern angebaut. Die bei uns bekannteste Art ist die Cherimoya, die im Aroma an Erdbeeren mit Sahne erinnert. Wir bereiten feine Cremes und Sorbets daraus. In ihren Ursprungsländern verzehrt man sie frisch, was auch hier empfohlen sei: halbieren, die Kerne entfernen und die Fruchthälften auslöffeln oder die halbierten Früchte mit Likör beträufeln und gekühlt – aber keineswegs eiskalt – servieren.
Antipasto: italienische Vorspeise aus verschiedenen gegarten und rohen Gemüsesorten wie Artischockenherzen, gebratenen Auberginenscheiben, Fenchel, Oliven, vorzugsweise roten Paprikaschoten, marinierten Pilzen und Zwiebeln. Dazu gibt es Anchovis und Meeresfrüchte wie Garnelen, Muscheln, Tintenfisch und Thunfisch, hauchdünn geschnittene Salamischeiben und aromatischen Schinken. Gegartes Gemüse ist dabei häufig mit einer Sauce aus Essig, Öl und Kräutern überzogen.
Arrowroot: → Maniok.
Artischocke: ursprünglich nordafrikanische Distelpflanze mit faustgroßen Blütenköpfen; seit dem 16./17. Jahrhundert in allen Mittelmeerländern angebaut. Artischocken werden auch in den Südstaaten der USA und in Mittelamerika kultiviert. Alle Länder, in denen dieses köstliche Gemüse gedeiht, haben ihre eigenen, typischen Artischockengerichte. Die Franzosen haben eine Vorliebe für gefüllte Artischockenböden, die meist noch gratiniert werden. *Rezepte:* Eine dicke, weiße Sahnesauce mit Eigelben legieren und mit geriebenem Greyerzer Käse mischen. Schinkenstreifen in Butter bräunen. Die Hälfte der Sauce in eine feuerfeste Form füllen. Gegarte Artischockenböden daraufsetzen, den Schinken in die Artischockenböden verteilen und mit der restlichen Sauce überziehen. Bei starker Hitze so lange im Backofen überbacken, bis die Sauce leicht gebräunt ist. In der Provence füllt man Artischocken mit einer Mischung aus Semmelbröseln, Knoblauch und Olivenöl und gart sie in einer Mischung aus Öl, Wein und Wasser. In Griechenland sind sehr junge Artischocken eine beliebte Vorspeise. Sie werden in einem Sud aus Wein, Wasser, Olivenöl, Zitronensaft, Pfefferkörnern und Lorbeerblatt gekocht und kalt mit ein wenig Kochsud übergossen serviert.
Vorbereitet werden Artischocken überall auf die gleiche Weise: Zum Garen im Ganzen schneidet man das Strunkende ab, kürzt die Blätter um etwa ⅓ ihrer Länge und gart sie dann nach der Rezeptvorschrift. Für Gerichte aus Artischockenherzen kürzt man das Strunkende, bricht die äußeren Blätter ab und schneidet die Abbruchstellen glatt. Benötigt man nur die Artischockenböden, verfährt man ebenso, kürzt dann jedoch die inneren Blätter auf ⅓ ihrer Länge, schält das Äußere des Artischockenbodens und schneidet die verbliebenen dunkelgrünen Blätterenden ab, um die

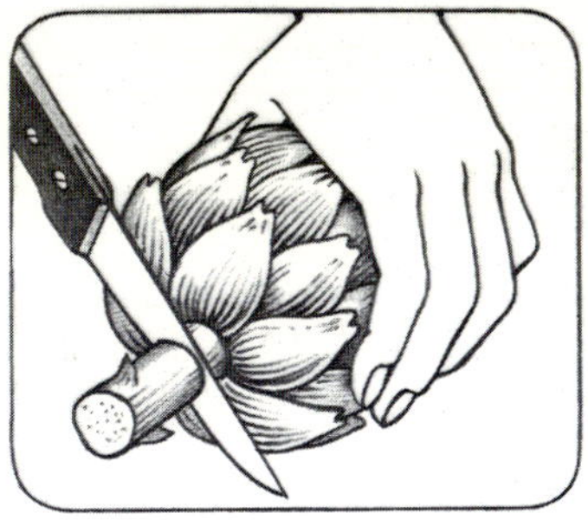

Beim Vorbereiten von Artischokken zuerst das Strunkende abschneiden …

… dann die Spitze kappen.

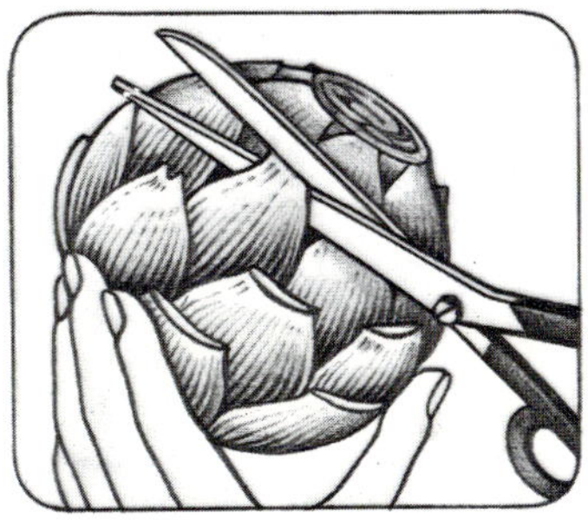

Die Artischockenblätter mit einer Schere kürzen.

Das »Heu«, die Artischockenstaubfäden, herausheben.

Herzblätter freizulegen. Dann entfernt man je nach Weiterverarbeitung das »Heu«, die inneren Staubfäden der Blüte, oder man blanchiert die Artischockenböden und löst dann das »Heu« heraus. Artischocken dürfen nicht in Aluminiumgeschirr oder Eisengeschirr gegart werden, sonst verfärben sie sich und schmecken nach Metall.
Aubergine (Eierfrucht, Melanzane): keulenförmige, runde oder längliche Frucht, meist mit dunkelvioletter, glänzender Haut, ursprünglich aus Hinterindien, seit langem in den Mittelmeerländern und Mittelamerika angebaut. Es gibt kein Anbauland, das nicht sein eigenes Auberginen-Nationalgericht hervorgebracht hätte. In der Türkei liebt man besonders IMAM BAYILDI (Der Imam fiel um), Rezept Seite 197, in Griechenland MELITSÁNES MUSAKÁS, Rezept Seite 190. In Italien füllt man Auberginen mit dem gehacktem Auberginenfleisch, gemischt mit gewiegten Anchovis, Kapern, Oliven und viel Knoblauch. In der Provence serviert man sie in Scheiben geschnitten, bemehlt, in Öl gebraten, mit Tomatensauce gemischt und gut mit Knoblauch, Salz und Pfeffer gewürzt. Auberginen haben nicht viel Eigenaroma, enthalten jedoch unangenehme Bitterstoffe, die man so entfernt: Rohe Auberginenhälften oder -scheiben mit Salz bestreuen und einige Zeit stehen lassen, so daß dem Auberginenfleisch Wasser und damit auch die Bitterstoffe entzogen werden. Die Auberginen anschließend kurz kalt abspülen und trockentupfen, wenn sie gebraten werden sollen. Gefüllte Auberginenhälften brauchen eine Garzeit von 35 bis 45 Minuten. Sie müssen ganz durchgegart, das heißt vollkommen weich sein. Gewürfelte oder in Scheiben geschnittene Auberginen brät oder kocht man je nach Dicke in etwa 15 Minuten weich. Gewürzt werden fast alle Auberginenspezialitäten mit Zitronensaft und Knoblauch.
Austern: von Kennern als einer der vollkommensten aller kulinarischen Genüsse geschätzte Meermuscheln mit leicht gewölbten, zerklüfteten, schiefrigen Schalen. Sie lieben Meerwasser mit nur schwachem Salzgehalt und sind deshalb an Küsten in Flußmündungsnähe zu finden. Grundsätzlich unterscheidet man flache

Austern mit einer leicht gewölbten und einer flachen Schale und die portugiesischen Austern, deren Schalen stärker gewölbt und zerklüftet sind. Aus Frankreich stammen die mild schmeckenden flachen Belon-Austern, die Marenne- und Arcachon-Austern. Ebenfalls flachschalige Austern sind die englischen Colchesters und Whitestables, die holländischen Imperials, die belgischen Ostendes, die dänischen Limfjords und aus den USA und Norwegen die Blue Points. – Leichter zu züchten und deshalb billiger, jedoch etwas strenger im Geschmack, sind die tiefschaligen portugiesischen Austern, die in allen genannten Ländern gezüchtet werden. – Gehandelt werden Austern nach Gewicht, das international mit dem Symbol 0 angegeben wird. Austern mit der Bezeichnung 00 wiegen 73 bis 77 g, mit 000 83 bis 87 g, mit 0000 93 bis 97 g, mit 00000 103 bis 107 g, mit 000000 113 g und mehr. Je kleiner die Austernschale, desto größer ist der in ihr enthaltene Körper im Verhältnis zur Schale. Es ist also ratsam, nicht die schwersten Austern zu kaufen. Angeboten werden Austern in den Monaten von September bis April, also in der kühleren Jahreshälfte. Kauft man Austern beim Händler, muß man sich vergewissern, daß alle Schalen fest geschlossen sind. Offene Austern sind tot. Das Fleisch toter Austern geht rasch in Fäulnis über, und sein Genuß führt zu lebensgefährlichen Vergiftungen. Um eine Austernschale zu öffnen, braucht man den Austernbrecher. Das Messer am »Scharnier«, dem spitzen Ende der Auster, mit der Klingenseite ansetzen und zwischen die Schalenhälften schieben. Mit der Klinge am Rand der flachen Schale entlangfahren und den Schließmuskel durchschneiden. Die obere Schale abnehmen; dabei achtgeben, daß nichts von dem köstlichen Austernwasser verschüttet wird. Mit dem Messer unter der Auster durchfahren und den Muskel am Scharnier lockern. Den Muschelkörper mit dem Austernwasser aus der Schale schlürfen. Manche Austernfans finden jedoch, daß dünne Graubrotscheiben, dick mit gekühlter Butter bestrichen, ein wenig Zitronensaft aufs Austernfleisch geträufelt und ein Schluck Chablis oder Champagner Beigaben sind, die den Genuß noch erhöhen.

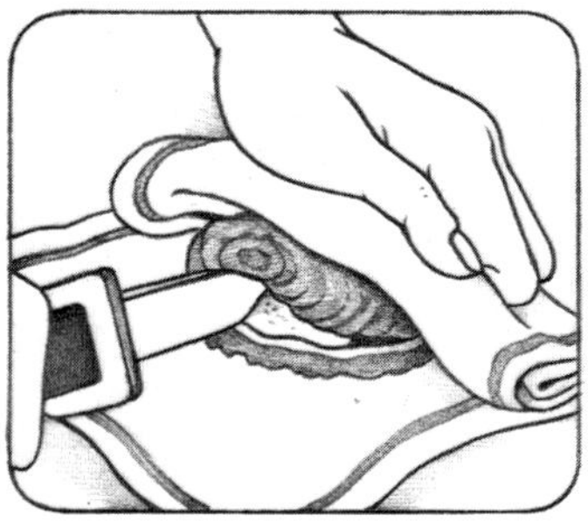

Den Austernbrecher am Scharnier der Auster ansetzen und die Schalen aufbrechen.

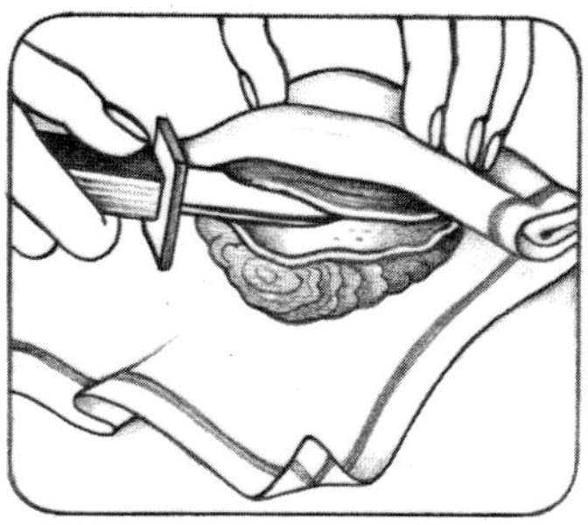

Den Muschelkörper der Auster mit dem Austernbrecher von der Schale lösen.

Austernsauce: wichtige würzende Zutat in der chinesischen Küche. Die dickflüssige Sauce aus püriertem Austernfleisch wird im Handel in Flaschen angeboten. Im Kühlschrank aufbewahrt ist Austernsauce fast unbegrenzt haltbar.

Avocado: Steinfrucht, ursprünglich in Südamerika beheimatet, jedoch heute in vielen tropischen und subtropischen Gebieten kultiviert. Wir importieren Avocados fast ausschließlich aus Israel. Die Früchte werden geerntet, wenn sie noch hart sind. Ihr fett- und eiweißhaltiges Fruchtfleisch reift nach und wird dabei butterweich. Es enthält kaum Zucker und Fruchtsäure, hat aber einen reizvollen, nußartigen Geschmack. In Europa werden Avocados auf verschiedene Art zubereitet roh verzehrt. In ihren lateinamerikanischen Ursprungsländern, wo sie zu den Volksnahrungsmitteln gehören, gibt man das Fruchtfleisch auch an Suppen und Eintöpfe, füllt die entsteinten Hälften mit pikanten Farcen und bäckt sie im Ofen. Berühmt ist die mexikanische GUACAMOLE, eine Sauce aus püriertem Avocadofleisch, feingehackten Pfefferschoten, pürierten Tomaten, feingehackten Zwiebeln, gewürzt mit Pfeffer und Salz und Cilantro, Korianderblättern, die man auch durch Petersilie und etwas Zitronenmelisse ersetzen kann. Aus Israel stammt das folgende Rezept. Das Gericht heißt nach seinem Erfinder AVOCADO À LA WAXMANN: Das Fleisch von 1 Avocado kleinwürfeln und mit 200 g gehacktem Thunfischfleisch aus der Dose, ½ gehackten Zwiebel, 2 gehackten hartgekochten Eiern mischen und mit Zitronensaft, Pfeffer und Salz sowie 1 Prise Zucker würzen. Auf Weißbrothäppchen oder Crackers anrichten.

Baguette: langes, dünnes französisches Weißbrot mit knuspriger Kruste. Baguettes gibt es in unterschiedlichen Längen unter verschiedenen Bezeichnungen. Der Bedarf an Weißbrot in Frankreich ist groß, es ist das »tägliche Brot«, das zu allen Tageszeiten gegessen wird.

Bambussprossen: kegelförmige, 20 bis 30 cm lange Schößlinge des Bambusgrases. Bei uns sind die schmackhaften, an Spargel erinnernden Triebe aus China nur in Dosen erhältlich. Bambussprossen sind Bestandteil unzähliger chinesischer Gerichte.

Barches: Sabbatbrot der Juden, das aus reinem Weizenmehl gebacken wird.

Beeftea: englische Kraftbrühe. *Rezept:* 500 g mageres Rindfleisch von Fett und Sehnen befreien, in Würfel schneiden und mit 1 grobgehackten Zwiebel in knapp 1 l Wasser zum Kochen bringen, abschäumen. Mit Salz, Pfeffer und Macis würzen. Bei sehr milder Hitze zugedeckt 2 bis 2½ Stunden kochen lassen und anschließend durchseihen.

Bel Paese: berühmter italienischer Butterkäse, der in der Lombardei erzeugt wird und leicht säuerlich schmeckt.

Berner Platte: Schweizer Spezialität. Auf mit Wacholderbeeren gewürztem Sauerkraut oder in Butter geschwenkten grünen Bohnen angerichtete verschiedene Fleisch- und Wurstsorten wie gekochter, geräucherter durchwachsener Bauchspeck, Rippchen, Brühwürstchen, gekochte Rinderbrust. Dazu werden Salzkartoffeln gereicht.

Bjalo: bulgarischer Frischkäse, ursprünglich aus Schafmilch, heutzutage aus Kuhmilch bereitet. Reift bis zu 6 Monaten in Salzlake. Schmeckt leicht säuerlich, quarkähnlich.

Bœuf Stroganoff: russische Spezialität, die seit langen auf allen Speisekarten der Welt zu finden ist, benannt nach dem einflußreichen Kaufmann aus dem Geschlecht der Stroganoffs aus Nowgorod, die seit dem 16. Jahrhundert im Ural große Salzsiedereien besaßen. *Rezept:* Dünne Streifen von Rinderfilet mit Mehl bestäuben, in Butter bräunen und in einer Sauce aus gebratenen Zwiebeln, gebratenen Champignons, frischem Tomatenpüree, Fleischbrühe und saurer Sahne, gewürzt mit Senf, Zitronensaft, Salz und Pfeffer erhitzen.

Boxty (BOXTY PANCAKES): irische Kartoffelpuffer. *Rezept:* Aus 100 g Mehl, knapp ⅛ l Milch, ½ Teelöffel Salz und nach Belieben etwas Kümmel einen Teig rühren. 500 g geschälte rohe Kartoffeln mit einer groben Raspel reiben, gut ausdrücken und in den Teig rühren. In Butter kleine Puffer daraus backen und mit knusprig gebratenen Speckscheiben auftragen.

Briks: knusprige Teigtaschen, gefüllt mit einer Farce aus gehacktem Lamm- oder Geflügelfleisch, Gemüse, Kräutern und Gewürzen; in Tunesien beliebte Vorspeise. *Rezept:* In ihrer Heimat werden BRIKS mit Malsouqua-Teigkreisen hergestellt. Die Bereitung dieses Teiges ist jedoch schwierig. Der beste Ersatz dafür ist Strudelteig, den es auch fertig zu kaufen gibt. 4 ausgezogene Strudelteigblätter mit einer Seitenlänge von 30 × 40 cm vorbereiten. Für die Füllung 250 g Lammhackfleisch mit 2 feingehackten Zwiebeln, 2 Eßlöffeln gehackter Petersilie, ½ Teelöffel Salz und 2 Messerspitzen schwarzem Pfeffer verkneten. Die Fleischmasse in 3 Eßlöffeln Butter braten, bis sie krümelig geworden ist. Die Pfanne vom Herd nehmen und 2 Eßlöffel geriebenen Parmesankäse unterrühren. Die Teigblätter mit zerlassener Butter bestreichen, zweimal falten, so daß Rechtecke von 15 × 20 cm Seitenlänge entstehen und diese nochmals mit Butter bestreichen. Die Längsseiten 5 cm breit einschlagen und auf jedes der entstandenen Quadrate auf eine Ecke ¼ der Farce häufen. Eine Mulde in die Fleischhäufchen drücken und in die Vertiefung je 1 ganzes rohes Ei gleiten lassen. Behutsam die freien Teigecken über die Füllung schlagen und die Ränder festdrücken. Die BRIKS in reichlich heißem Olivenöl von beiden Seiten knusprig braun braten. Auf Küchenkrepp abtropfen lassen und heiß servieren.

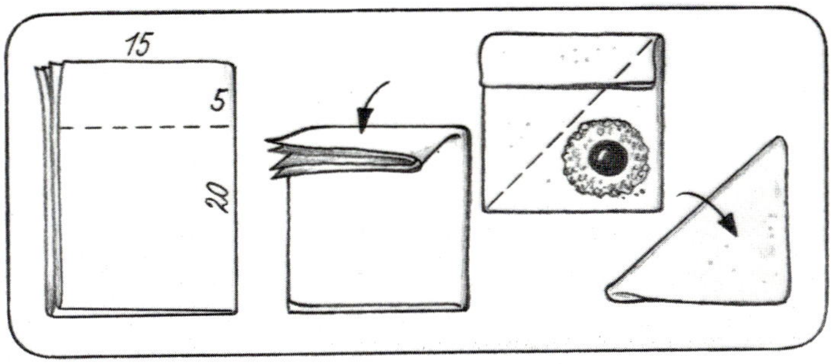

Für Briks die Strudelteigblätter doppelt falten, die Füllung auf eine Ecke des Teigblattes geben und die gegenüberliegende Ecke darüberschlagen.

Broccoli: delikater Kohl aus der Gegend von Verona. Vor 200 Jahren wurde er auch bei uns kultiviert, geriet jedoch in Vergessenheit. Seit einigen Jahren nimmt seine Beliebtheit zu. Broccoli schmecken ein wenig nach Blumenkohl, aber zarter. Die Stiele erinnern geschmacklich an Spargel. Broccoli werden wie Blumenkohl gegart. Die Stiele müssen jedoch sorgfältig bis zu den Kohlröschen geschält werden. Die raffiniertesten Broccolirezepte stammen aus Italien. *Rezept für* BROCCOLI ALLA ROMANA: Die geschälten Broccolistiele und die Röschen 4 Minuten in Salzwasser kochen, abtropfen lassen und anschließend in herbem Weißwein und Olivenöl mit viel Knoblauch, Pfeffer und Salz fertig garen.

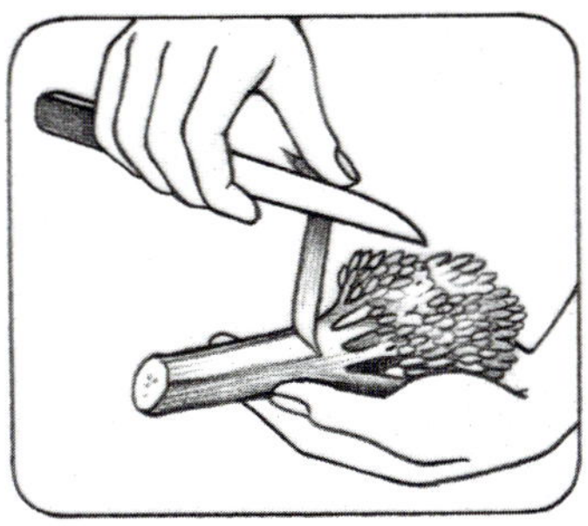

Broccolistiele sorgfältig schälen …

… und die dicken Stiele vor dem Garen kreuzweise einschneiden.

Brotfrucht (Jackfrucht): himbeerförmige kürbisgroße, bis zu 12 kg schwere Frucht des Brotbaumes, der in Ostasien und Afrika gedeiht. Die stärkehaltigen, nach Feigen schmeckenden Früchte spielen in der Ernährung der eingeborenen Bevölkerung eine große Rolle. Das Fruchtfleisch wird roh, aber auch getrocknet und in Salzwasser gegart verzehrt. Die Samen erinnern geschmacklich an Maroni. Sie werden gekocht, geschält oder gemahlen und zum Backen verwendet. Brotfrüchte werden nicht exportiert.

Buchweizen: Samen einer Knöterichpflanze, in vielen osteuropäischen Ländern Grundnahrungsmittel. KASCHA, die russische Grütze, wird aus geschroteten Buchweizenkörnern bereitet. Für BLINI, die kleinen Hefeplinsen aus Rußland, Rezept Seite 144, benötigt man Buchweizenmehl. Buchweizengrütze (Schrot) und -mehl sind bei uns in Reformhäusern erhältlich.

Caciocavallo: italienischer Hartkäse aus Kuhmilch. Der Bruch, die feste Käsemasse, von der die Molke bereits geschieden wurde, wird mit heißem Wasser aufgeweicht und geschmeidig gemacht, so daß sich die Masse leicht mit der Hand formen läßt. Der kürbisförmige Käse wird jung als Dessertkäse gegessen. Älteren Caciocavallo verwendet man gerieben zum Kochen.

Caldillo de congrio: chilenische Fischsuppe, deren Hauptzutat in Chile ein aalähnlicher Seefisch, der Congrio, ist. Die Suppe kann jedoch auch mit jedem anderen festfleischigen Fisch bereitet werden. *Rezept:* In 2 Eßlöffeln Olivenöl 350 g große, in Scheiben geschnittene Zwiebeln und 1 gehackte Knoblauchzehe glasig braten. 350 g gehäutete gehackte Tomaten zufügen und mit ½ Teelöffel getrocknetem Oregano, ½ Lorbeerblatt, ½ Teelöffel Salz und 1 Messerspitze schwarzem Pfeffer unter Rühren 5 Minuten kochen lassen. 500 g in nicht zu dicke Stifte geschnittene Kartoffeln zufügen, mit 1 l Wasser aufgießen und bei milder Hitze 20 Minuten kochen lassen. 4 dicke Kabeljausteaks oder Zandersteaks einlegen, 1 Bund gehackte glatte Petersilie unterrühren und den Fisch in etwa 10 Minuten gar ziehen lassen. Mit gehackter Petersilie bestreut servieren.

Cayennepfeffer: → Chillies.

Chaudeau: Weinschaumsauce, wörtlich übersetzt »heißes Wasser«. Der Name sagt etwas über die Zubereitung der klassischen französischen Sauce aus. *Rezept:* 3 Eier mit abgeriebener Schale und Saft von ½ Zitrone, 5 Eßlöffeln Zucker und ¼ l Weißwein verquirlen und im heißen Wasserbad so lange schlagen, bis die Masse schaumig ist. Den Herd abschalten und die Sauce noch 5 Minuten weiterschlagen. Gleich servieren.

Cheddar: englischer Hartkäse aus der Grafschaft Somerset. Cheddar hat eine auffallend gelbe bis orange Farbe und einen kräftig pikanten Geschmack. Heutzutage wird dieser Käse in großen Mengen in Nordamerika erzeugt und größtenteils zu Schmelzkäse verarbeitet.

Cherimoya: → Anone.

Chicken pie: amerikanische Hühnerpastete. Pies sind in England wie in den USA sehr beliebt. Diese Hühnerpastete aus Neuengland wird in Amerika gern zu einem festlichen Anlaß serviert. *Rezept:* 1 Jungmasthuhn vierteln und in Salzwasser garen. Das Hühnerfleisch häuten, in Würfel schneiden und mit 1 Tasse gegarten gewürfelten Möhren, 1 Tasse aufgetauten Tiefkühlerbsen und 1 feingewürfelter Zwiebel mischen. 1 Paket tiefgefrorenen Blätter-

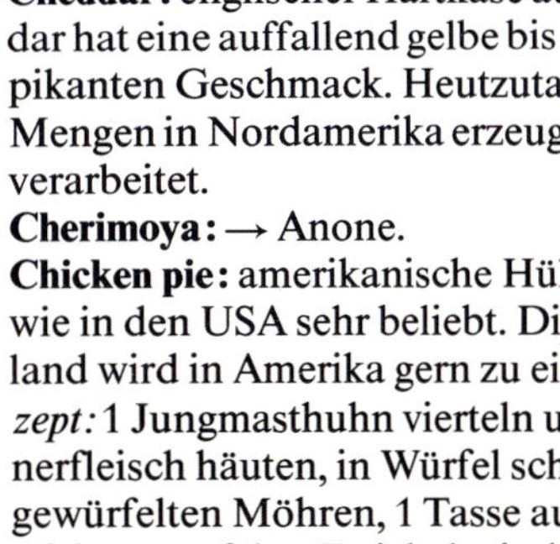

Für Chicken pie die Hühnerfleischmischung in die mit Blätterteig ausgelegte Form füllen …

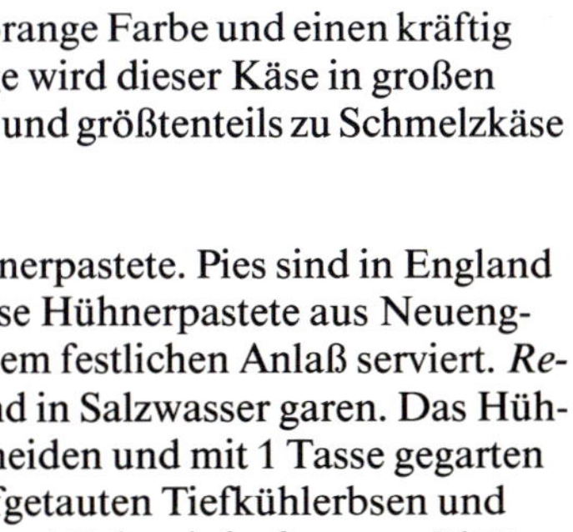

… und gitterartig mit Teigstreifen abdecken.

teig auftauen lassen und mit der Hälfte des Teiges den Boden und Rand einer Pastetenform auslegen. Das mit dem Gemüse gemischte Hühnerfleisch darauf verteilen. Aus 3 Eßlöffeln Butter, 3 Eßlöffeln Mehl, 1 Tasse Sahne, 1 Tasse Hühnerbrühe, Salz und Pfeffer eine dicke Sauce bereiten und über das Hühnerfleisch gießen. Den Rest des Blätterteiges ausrollen, 2 cm breite Streifen schneiden und diese gitterartig als Deckel über die Pie legen. Die Enden der Streifen gut mit dem befeuchteten Blätterteigrand zusammendrücken. Die Hühnerpastete 45 Minuten im auf 240° vorgeheizten Backofen backen. Nach 10 Minuten die Temperatur auf 210° schalten.

Chicorée: weiße Blattsprossen einer Zichorienart, die im Dunkeln getrieben hat. In Deutschland wurde die wilde Zichorie, auch als Wegwarte bekannt, schon im 18. Jahrhundert kultiviert. Die Blätter dienten als Viehfutter, aus der bitteren Wurzel bereitete man das Kaffeesurrogat Zichorie. Chicorée wird heute in großen Mengen in Belgien angebaut. An die Urform dieses zarten Wintergemüses erinnert der leicht bittere Geschmack, der verstärkt im Wurzelkeil vorhanden ist. Deshalb wird der Keil am Ende der Chicoréestaude stets vor der weiteren Zubereitung entfernt.

Chili con carne: mexikanisches Pfefferfleisch. Obwohl die New York Times behauptete, es gäbe abgesehen von APPLE PIE kein anderes so typisch amerikanisches Gericht, ist der Ursprung dieses weltberühmten scharfen Eintopfes doch Mexiko und nicht Texas. *Rezept:* 250 g braune oder rote getrocknete Bohnenkerne 12 Stunden einweichen und im Einweichwasser weich kochen. Nach 60 Minuten Garzeit 750 g in Würfel geschnittenes Rindfleisch in Schweineschmalz oder Öl anbraten, 1 gehackte Zwiebel und 2 zerdrückte Knoblauchzehen zufügen und glasig braten. Das Fleisch zu den Bohnen geben. Mit Salz, Pfeffer, Cayennepfeffer und Paprikapulver würzen. 1 sehr fein gehackte rote Pfefferschote zufügen und alles noch etwa 1½ Stunden kochen lassen. Kurz vor Beendigung der Garzeit 250 g gehäutete grobgehackte Tomaten zufügen. Mit Reis oder frischem Weißbrot servieren.

Chilipulver: Mischgewürz aus getrockneten, gemahlenen Chilischoten – Cayennepfeffer – und anderen scharfen Gewürzen.

Chilisauce: sehr scharfe Würzsauce, mit der zahlreiche südostasiatische Gerichte gewürzt werden. Hauptbestandteil sind rote Chilischoten (Chillies). Außerdem enthält die Sauce Tomaten, Zwiebeln und Gewürze wie Ingwer, Nelken, Paprika, Zimt und Knoblauch. Zucker und Essig runden die scharfe Mischung ab.

Chillies: frische oder getrocknete Schoten des mit dem Paprika verwandten Cayennepfeffers. Chillies sind nur etwa 4 cm lang, von grüner, gelber, oranger oder roter Farbe und überaus scharf im Geschmack. Chillies werden in allen tropischen und subtropischen Zonen der Erde angebaut und sind vielleicht das am meisten verwendete Gewürz der Welt. In den Anbauländern sind Chillies nicht nur Gewürz, sondern auch Gemüse. Getrocknet und gemahlen ergeben die Schoten den Cayennepfeffer.

Chinagewürz: in Pulverform erhältliche Gewürzmischung aus Anis, Pfeffer, Fenchelsamen, Gewürznelken, Kassiazimt und Sternanis. Das leicht nach Lakritze schmeckende Gewürz wird in der chinesischen Küche für viele pikante Gerichte verwendet.

Chrine: jüdische Meerrettichsauce aus geriebenem Meerrettich, geriebener roter Bete, Salz, Zucker und Essig. Wird zu allen Fleischgerichten gegessen.

Cilantro: → Koriander.

Clam chowder (Muschel-Sahne-Suppe): amerikanische Spezialität. *Rezept:* 600 g naturell eingelegte Venusmuscheln kleinschneiden. Die Einlegeflüssigkeit mit Wasser auf ½ l auffüllen. 125 g durchwachsenen gewürfelten Speck in einem großen Topf braun anbraten, 1 gewürfelte Zwiebel und 3 gewürfelte rohe Kartoffeln zufügen und bei sehr milder Hitze 5 Minuten mitbraten. Die mit dem Wasser gemischte Muschelflüssigkeit zufügen, mit Salz, Pfeffer und edelsüßem Paprikapulver würzen und die Suppe so lange kochen, bis die Kartoffeln weich sind. Die Muscheln sowie ½ l Sahne zufügen. Die Suppe erhitzen, aber nicht mehr kochen lassen. Mit Toast servieren.

Colcannon: Spezialität aus Irland. *Rezept:* Aus 1 kg Kartoffeln, ⅛ bis ¼ l Milch und 3 Eßlöffeln Butter ein Kartoffelpüree bereiten. 500 g in feine Streifen geschnittenen Weißkohl 10 Minuten blanchieren und anschließend einige Minuten in Butter braten. Mit in Scheiben geschnittenen Frühlingszwiebeln unter das Kartoffelpüree heben. Mit Salz und Pfeffer würzen.

Cranberries: → Moosbeeren.

Crème fraîche: saure Sahne von zart säuerlichem Geschmack mit einem Fettgehalt von 30%. Der hohe Fettanteil bewirkt die festere Konsistenz von Crème fraîche. Für Crème fraîche wird, genau wie für normale saure Sahne, süße Sahne mit Bakterienkulturen angereichert. Crème fraîche ist fester Bestandteil der feinen französischen Küche.

Croque-Monsieur: knusprige Herrenschnitte; französische Spezialität, als Horsd'œuvre geeignet. *Rezept:* Weißbrotscheiben entrinden, auf einer Seite mit Butter bestreichen, mit 1 Scheibe Käse belegen, darauf 1 Scheibe Schinken geben und noch 1 Käsescheibe. Mit 1 gebutterten Weißbrotscheibe bedecken und das sandwichartige Butterbrot etwas zusammendrücken. Reichlich Butter in einer Pfanne erhitzen und die Scheiben von beiden Seiten goldgelb braten. Heiß servieren!

Curry: Das englische Wort »Curry« hat seinen Ursprung in der indischen Hochsprache, das indische Wort »Kari« bedeutet soviel wie Sauce. Curries sind Saucengerichte, deren Hauptzutat Fleisch, Fisch oder Gemüse ist. Die indischen »Karis« sind besonders vielfältig gewürzt. Die Gewürze werden zerkleinert in einer ausgewogenen Zusammensetzung miteinander gemischt. Diese Mischungen, im Indischen Masala, haben die Engländer in der Kolonialzeit in Indien schätzen gelernt. Sie entwickelten deshalb in ihrem Heimatland das bei uns bekannte Currypulver, das jedoch nur noch entfernt an die original indische Gewürzmischung erinnert. Zum einen sind unsere Currypulver viel weniger scharf, zum anderen enthalten sie weniger Einzelgewürze. Wenn man das im Handel erhältliche Currypulver kauft, sollte man nicht die billigsten Qualitäten wählen. Sie enthalten einen hohen Anteil an Erbsmehl und Bocksklee und haben wenig Geschmack. Am besten sind die in Fachgeschäften angebotenen echt indischen Currypulver. Currymischungen kann man auch bei uns wie in Indien selbst herstellen. Die dazu nötigen Grundzutaten sollten frisch und unzerkleinert gekauft werden. *Rezept für Garammasala:* 5 Zimtstangen, 1 Tasse Kardamomkapseln, ½ Tasse Gewürznelken, ½ Tasse Kreuzkümmel, 4 Eßlöffel Koriandersamen, ½ Tasse schwarze Pfefferkörner auf einem Backblech nebeneinander ausgebreitet bei 100° im Backofen 30 Minuten lang rösten. Die Gewürze dabei ab und zu umrühren; sie dürfen nicht bräunen oder gar anbrennen. – Die Samen aus den Kardamomkapseln lösen. Die Zimtstangen zerstoßen. Alles gut miteinander vermengen und in kleinen Portionen so lange im Mixer mahlen, bis ein feines Pulver entstanden ist. In einem luftdicht verschlossenen Behälter bei Zimmertemperatur aufbewahrt, behält die Mischung bis zu 6 Monate das volle Aroma.

Dandé-Öl: brasilianisches Palmöl, dickflüssig, orangegelb und mild im Geschmack. Wird hauptsächlich in der Gegend von Bahia verwendet und ist außerhalb Brasiliens so gut wie unbekannt (→ Palmöl).

Engelshaar: in Portugal beliebte Süßspeise. *Rezept:* Einen dicken Zuckersirup aus 300 g Zucker einkochen und bis auf etwa 25° abkühlen lassen. 10 bis 12 Eigelbe kräftig durchschlagen, unter den Zuckersirup mischen und das Ganze auf 70 bis 80° erhitzen. Die Masse noch etwas einkochen lassen und mit einem abgekniffenen

Schaumbesen auf ein Pergamentpapier Fäden spinnen oder die Masse vorsichtig durch ein feines Sieb drücken.
Estofado: peruanischer Fleischtopf. *Rezept:* 1 Tasse Öl und 50 g Schmalz in einer Kasserolle bis zum Siedepunkt erhitzen. 1 kg Rindfleisch wie Gulasch in Stücke schneiden und darin anbraten. 1 gehackte Zwiebel, 4 zerdrückte Knoblauchzehen und 6 gehäutete Tomaten zugeben. Mit 1 Eßlöffel Mehl überstäuben, 200 g in kleine Stücke geschnittene Hartwurst einstreuen und mit 1 Glas Weißwein und etwa ⅛ l Rinderbrühe aufgießen. 4 gehackte gemischte Kräuter und 1 Eßlöffel aufgeweichte Trockenpilze unterheben. Zugedeckt bei milder Hitze schmoren, bis alles gar ist. Mit körnig gekochtem Reis servieren.
Estragon: feines Küchenkraut, ursprünglich aus den sibirischen Steppen. Wird heute hauptsächlich in Frankreich und in den Mittelmeerländern kultiviert. Die mehrjährige, bis zu 1,5 m hohe Pflanze hat lanzettförmige hell- bis dunkelgrüne Blätter. Estragon duftet aromatisch, leicht süßlich, schmeckt würzig-frisch mit leicht bitterem Untergrund. Neben ätherischen Ölen, Gerb- und Bitterstoffen enthält Estragon viel Vitamin C und Mineralstoffe. Es ist ein ausgesprochen gesundes Kraut. Mit Estragon werden die berühmte SAUCE BÉARNAISE, die SAUCE VINAIGRETTE (Seite 46) und die SAUCE TATARE (Rezept Seite 305) gewürzt.
Fish and chips: fritierter Fisch mit Pommes frites, englische Spezialität, die es im ganzen Vereinigten Königreich in jedem noch so kleinen Ort zu kaufen gibt und dort die gleiche Popularität wie bei uns etwa Bratwürstchen genießt. Man bekommt diesen wohlschmeckenden schnellen Imbiß in Lagen von Zeitungspapier eingewickelt und kann ihn – noch gut heiß – zu Hause oder auch auf der Straße verzehren. *Rezept:* 4 Seefischfilets nacheinander durch einen Ausbackteig aus 200 g Mehl, 1 Teelöffel Backpulver, 1 Teelöffel Salz und knapp ½ l kaltem Wasser ziehen. In heißem Öl schwimmend in 8 bis 10 Minuten ausbacken. Dabei einmal wenden. Mit in demselben Öl gebackenen Pommes frites auftragen.
Fiskeboller: dänische Fischklößchen. *Rezept:* 450 g Kabeljaufilet im Mixer pürieren und mit 1 Teelöffel Salz, 1 Tasse Sahne, 2 Eiern und 2 Eßlöffeln Speisestärke mischen. Die Masse 2 Stunden in den Kühlschrank stellen. 1 l Fleischbrühe zum Kochen bringen. Mit zwei Teelöffeln kleine Klößchen aus der Fischfarce formen, in die schwach kochende Brühe geben und in 8 bis 10 Minuten garen. Mit einem Schaumlöffel aus der Brühe heben und mit Meerrettichsauce servieren.
Fontina: italienischer Schnittkäse mit mindestens 45% i. Tr.; schmeckt leicht süßlich und würzig. Er wird in Italien gern für warme Gerichte verwendet, schmeckt aber auch vorzüglich als Tischkäse.
Foul-Medames: ägyptisches Bohnengericht. *Rezept:* 250 g getrocknete dicke weiße Bohnen mit 2 Eßlöffeln roten Linsen 12 Stunden einweichen. Im Einweichwasser zum Kochen bringen und bei milder Hitze in nicht ganz zugedecktem Topf in 1 bis 1½ Stunden vollkommen weich kochen. Am Ende der Kochzeit soll das Wasser fast völlig verdampft sein. Die Bohnen und Linsen abkühlen lassen. In einer Schüssel 8 Eßlöffel Olivenöl mit 2 Eßlöffeln Zitronensaft und ½ Teelöffel Salz verrühren. Die Hülsenfrüchte zufügen, mit der Ölsauce mischen und dabei mit einer Gabel zerdrükken, bis die Sauce aufgesaugt ist. Mit schwarzen Oliven garnieren und mit gehackter Petersilie bestreuen.
Gazpacho: spanische kalte Gemüsesuppe. Die erfrischende Sommersuppe ist in Sevilla zu Hause. In allen Regionen Spaniens unterscheiden sich die Zutaten geringfügig in ihrer Zusammensetzung. Die leichteste GAZPACHO stammt aus dem heißen Andalusien. *Rezept:* 1 in kleine Würfel geschnittene Gurke, 350 g abgezogene grobgehackte Tomaten, je 1 gehackte Zwiebel und Paprikaschote, 3 feingehackte Knochlauchzehen und 200 g frische Weißbrotwürfel ohne Rinde mischen, pürieren, in eine große Schüssel füllen, 1 Teelöffel Salz, 1 Eßlöffel Tomatenmark, 2 Eßlöffel Weinessig, 2 Eßlöffel Olivenöl unterrühren. Unter Rühren mit dem Schneebesen mit ½ l kaltem Wasser auffüllen. Zugedeckt 2 Stunden lang kalt stellen. Vor dem Servieren durchrühren. Weißbrotwürfel, kleingewürfelte Gurke, Paprikaschote und Zwiebel gesondert dazu reichen.
Gelbwurz: → Kurkuma.
Gemüsebananen: → Planten.
Ginkgonüsse: Samen des in Ostasien gedeihenden Ginkgobaumes, die von süßem pflaumenartigem Fruchtfleisch umgeben sind. Die geschälten Samen sowie die ganzen Früchte (Ginkgopflaumen) sind bei uns in Dosen im Handel. Ginkgonüsse reicht man in Japan zu gebratenem Fisch und als Suppeneinlage.
Gjuwetsch: üppiger bulgarischer Fleisch-Gemüse-Eintopf. *Rezept:* 250 g in nicht zu große Würfel geschnittenes Lamm-, Rind- und Schweinefleisch in der Pfanne in Öl braun anbraten. 3 in Ringe geschnittene Zwiebeln zufügen und glasig braten. Das Fleisch salzen und pfeffern und in eine große feuerfeste Form füllen. Je 250 g gebrochene grüne Bohnen, ungeschälte, in Würfel geschnittene Auberginen, in Stücke geschnittene Paprikaschoten, gewürfelte Tomaten, 2 bis 3 gewürfelte Kartoffeln, 1 kleine Zucchini, in Scheiben geschnitten, und nach Belieben einige frische Okra zufügen und alles gut mischen. Im Backofen bei milder Hitze im offenen Topf in etwa 2 Stunden garen. Gegebenenfalls mit Alufolie abdecken, damit die Oberfläche nicht bräunt. 3 Eier mit 2 Eßlöffeln Mehl, 1 Teelöffel Backpulver, 1 Becher Joghurt und feingehackter Petersilie mischen, das Gericht damit übergießen und bei mittlerer Hitze noch etwa 10 Minuten im Backofen überbacken, bis die Masse gestockt ist.
Glasnudeln: fadenähnliche Nudeln aus Mungobohnen oder Meeresalgen, werden beim Kochen glasklar. Diese Nudelart ist in China und Japan eine beliebte Beilage oder Suppeneinlage. *Rezept:* 200 g Glasnudeln in 2 l schwach gesalzenem Wasser in 5 Minuten weich kochen. In einem Sieb mit heißem Wasser überbrausen und abtropfen lassen. Zwiebelringe in Schweineschmalz anbraten. Die Glasnudeln unterrühren und bei starker Hitze unter Rühren so lange braten, bis sie knusprig sind. Mit Sojasauce würzen. Als Beilage servieren.
Granatapfel: Scheinfrucht des leuchtend rot blühenden Granatapfelbaumes. Blüte und Frucht waren schon bei den alten Ägyptern Symbole für Liebe und Fruchtbarkeit. Über Persien und Afghanistan breitete sich der Baum im ganzen Mittelmeerraum aus. Heute wird er auch auf den Kanarischen Inseln und in Kalifornien angebaut. Reife Granatäpfel haben eine gelblichrote feste Schale, die später lederartig und braun wird. Im Inneren der Frucht sind in ein sülzartiges, rotes Fruchtfleisch viele harte kleine Kerne eingebettet. Die dekorativen Kerne sind Bestandteil mancher Gerichte der Länder, in denen der Granatapfelbaum gedeiht. Der herb-süße Saft der Frucht ist ungemein erfrischend. Um ihn aus dem Granatapfel zu trinken, knetet man die Frucht ein wenig, bohrt ein Loch in die Schale und steckt einen Trinkhalm hinein. Will man Fruchtfleisch und Kerne verwenden, halbiert man die Frucht am besten und löst das Fruchtfleisch zwischen den weißen Trennwänden mit einem Löffel heraus.
Greyerzer Käse (Gruyère): Schweizer Hartkäse mit 45% i. Tr. Er ist von Löchern und Rissen durchsetzt, schmeckt kräftig-würzig und wird gern zu warmen Käsegerichten verwendet.
Griechischer Bauernsalat (SALATA THERINI): eine der köstlichsten kulinarischen Erinnerungen an einen Urlaub in Hellas. *Rezept:* 1 ungeschälte, in nicht zu kleine Stücke geschnittene Salatgurke, 2 bis 3 ungehäutete in ebensolche Stücke zerteilte Fleischtomaten, 1 in Ringe geschnittene Zwiebel und 2 grüne Peperoni oder 1 grüne Paprikaschote, in Streifen geschnitten, in einer Schüssel anrichten und mit einer Salatsauce aus 6 Eßlöffeln Olivenöl, 2 Eßlöffeln wei-

ßem Weinessig, ½ Teelöffel Salz und 2 Messerspitzen gemahlenem Pfeffer übergießen. 200 g in Würfel geschnittenen griechischen Schafkäse darüberstreuen, den Salat mit schwarzen Oliven garnieren und mit gehackter Petersilie oder getrocknetem, gerebeltem Majoran bestreuen.

Grießgnocchi alla romana: Für dieses Rezept wird der Gnocchiteig nicht wie sonst bei Gnocchi üblich mit Teelöffeln in kleinen »Nokkerln« abgestochen, sondern ausgestochen. *Rezept:* 1 l Milch mit ½ Teelöffel Salz zum Kochen bringen. Unter Rühren 250 g groben Hartweizengrieß einrieseln und 10 Minuten kochen lassen. Den Topf vom Herd nehmen. 2 Eigelbe, 60 g geriebenen Parmesankäse und 50 g Butter unterrühren. Den Brei fingerdick auf ein kalt abgespültes Brett streichen und 1 Stunde stehen lassen. Mit einem Glas »Plätzchen« ausstechen und schuppenförmig in eine eingefettete feuerfeste Form schichten. Die einzelnen Schichten mit Parmesankäse bestreuen. Die Oberfläche mit Butterflöckchen belegen und die Gnocchi im auf 225° vorgeheizten Backofen in etwa 20 Minuten goldgelb überbacken.

Gruyère: → Greyerzer Käse.

Guave: Kernfrucht, ursprünglich aus dem tropischen Amerika; heute gedeiht sie, zum Teil wild, in allen tropischen Ländern. Die größten Kulturen befinden sich in der Kapprovinz von Südafrika, in Brasilien, Florida, Indien und Kalifornien. Die Guave ist eine der Früchte mit dem höchsten Vitamin-C-Gehalt. Eine reife Guave kann bei einem Gewicht von 100 g bis zu 900 mg Vitamin C enthalten. Guaven haben ein liebliches Aroma, das an eine Mischung aus Birne, Quitte und Feige erinnert. Frisch werden Guaven bei uns von Oktober bis April auf großen Märkten und in Fachgeschäften angeboten. In ihren Anbauländern verarbeitet man die Frucht zu Saft, Gelee, Püree und eine an Quittenmus erinnernde süße Paste. Das Fruchtfleisch ist weißlichgrün bis lachsfarben. Es enthält harte kleine Kerne, die in der Fruchtmitte in eine schleimige Masse gebettet sind. Die Kerne kann man mitessen.

Die birnenförmigen, etwa apfelgroßen Guaven haben bis zu 5% mehr Vitamin C als Zitrusfrüchte.

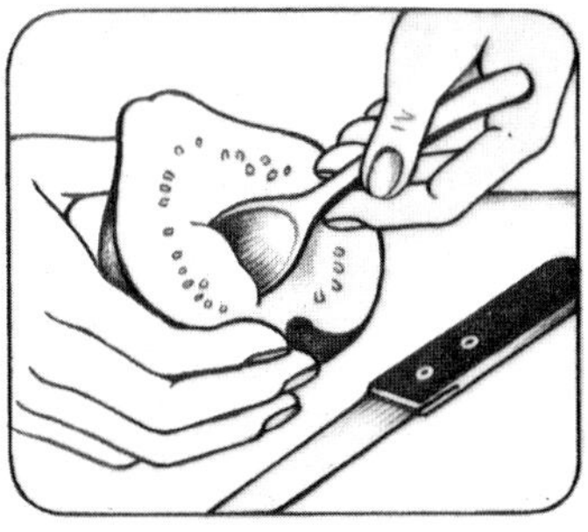

Löffelt man die rohe Frucht mit den Kernen aus, geht nichts von den Vitaminen verloren.

Haggis: schottische Spezialität, die es traditionell bei allen Hochlandfesten gibt. Die Zubereitung ist etwas mühsam und die Beschaffung der wichtigsten Zutat, des Schafmagens, stößt bei uns auf Schwierigkeiten. Für ein echtes HAGGIS wird der Magen eines Schafes vorgekocht und dann mit einer Mischung aus feingehackten Schafinnereien, gehackten Zwiebeln, verschiedenen Gewürzen, Rindertalg und Hafermehl gefüllt. Der Schafmagen wird zugenäht und 3 bis 4 Stunden in sprudelnd kochendem Wasser gegart. Dazu genießt man »neeps« (weiße Rübchen) und »nips« (Whiskyschlückchen).

Herve: belgischer Weichkäse mit 46 bis 63% Fett i. Tr. aus roher Kuhmilch, Vorbild für den »Limburger«. Je nach Alter mild bis scharf und leicht salzig im Geschmack.

Herzmuscheln: werden an der Nordseeküste, an der Atlantikküste, vor allem vor der Bretagne, und den Küsten des Mittelmeers mit Spezialschiffen geerntet. Können wie Miesmuscheln gegart werden. In den Mittelmeerländern und an Englands Küste liebt man sie roh als Vorspeise serviert oder gebacken.

Hrisa: scharfe tunesische Gewürzmischung aus Chilischoten, gemahlenem Kreuzkümmel und Salz. Wird in Tunesien in beinahe allen Gerichten, ausgenommen Desserts, verwendet.

Hummer: teures, von Feinschmeckern in aller Welt geschätztes Krustentier. Kommt mit Ausnahme der Ostsee in allen europäischen Meeren vor. Allerdings haben übermäßige Fänge und die Verschmutzung des Meeres in Küstennähe den Hummerbestand in Europa gefährdet. Der europäische Hummer wird bis zu 50 cm lang, Prachtexemplare können bis zu 2 kg wiegen. An den Küsten Nordamerikas und Kanadas gibt es Hummer noch in größeren Mengen. Sie sind stattlicher als europäische Hummer und etwas strenger im Geschmack. Hummerfleisch in Dosen und tiefgefrorene ganze Hummer, die es bei uns zu kaufen gibt, stammen meist aus den USA oder Kanada. Lebende Hummer sind blau, dunkelbraun oder schwarz gefärbt, rot werden sie erst beim Kochen. Großflächige orangerote Verfärbungen der Hummerschale lassen darauf schließen, daß das Tier nicht mehr lange lebt und sein Verzehr ernste gesundheitliche Schäden bewirken würde. Frische Hummer werden lebendig, damit sie sich nicht gegenseitig verletzen, mit zusammengebundenen Scheren in Körben versandt. Die beste Zeit, frischen Hummer zu genießen, sind die Monate von Mai bis zum Spätsommer. Frische und Lebenskraft beim Hummer zeigt der fest an den Bauch geklemmte Schwanz an. Hebt man den Hummer, ihn am Rücken fassend, hoch, soll er kräftig mit den Beinen rudern, im Seewasserbassin im Fachgeschäft bewegt sich ein gesunder Hummer artgemäß. Um das Tier nicht unnötigen Qualen auszusetzen, den lebendigen Hummer in einen Korb legen und mit nassem Zeitungspapier abdecken – ihn auf Eis aufzubewahren wäre eine böse Tierquälerei. In Deutschland verbietet ein Gesetz das Zerteilen von lebendigen Krustentieren. Diese grausame Art

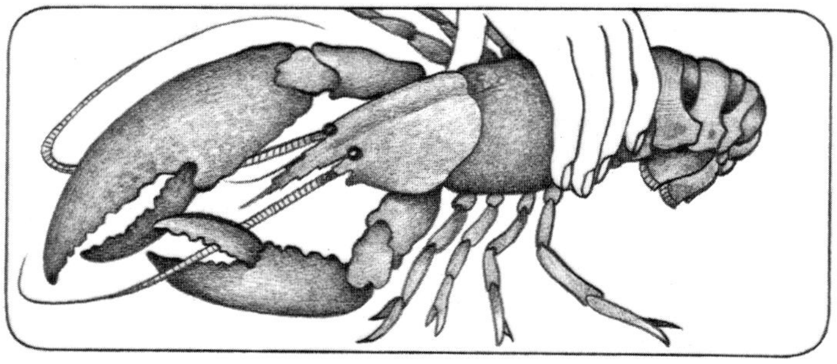

Beim Kauf von lebendigem Hummer darauf achten, daß das Tier den Schwanz fest an den Bauch klemmt und beim Hochheben kräftig mit den Beinen rudert.

des Tötens ist zum Teil noch in Amerika üblich. Hummer und andere Krebse werden vor dem Kochen gründlich unter fließendem kaltem Wasser mit einer weichen Bürste gebürstet. Alle Krustentiere, ob Hummer, Languste, Kaisergranate, Scampi oder Krebse müssen unbedingt mit dem Kopf voran in den sprudelnd kochenden Sud gelegt und in den ersten 5 Minuten mit einem Kochlöffel unter Wasser gehalten werden. Je nach Größe sind sie in 10 bis 20 Minuten gar. Soll das Fleisch kalt weiterverarbeitet werden, läßt man die Tiere im Kochsud auskühlen. Die Art und Weise, wie ein Hummer aufgebrochen wird, richtet sich nach dem Hummerrezept. Wird Hummer gekocht im Ganzen serviert, erleichtert ein Hummerbesteck, eine Zange zum Aufknacken der Scheren und eine Gabel, mit der man das Hummerfleisch aus der Schwanzkruste und den Scheren löst, die Arbeit bei Tisch. Man nimmt den Hummer in beide Hände und dreht Schwanz und Kopf in entge-

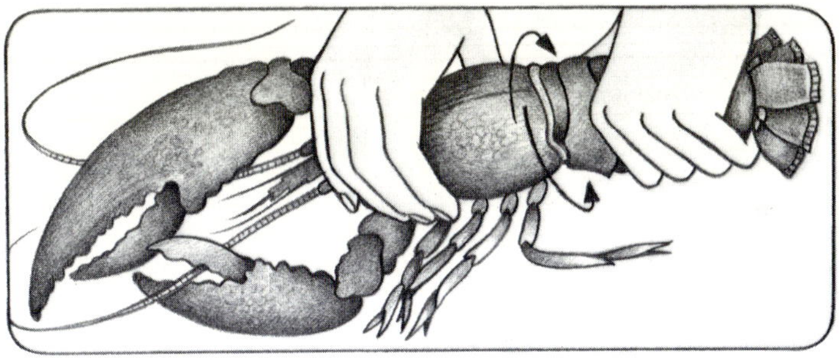

Zum Aufbrechen eines Hummers bei Tisch den Schwanz- und Kopfteil durch Drehen in entgegengesetzter Richtung voneinander trennen.

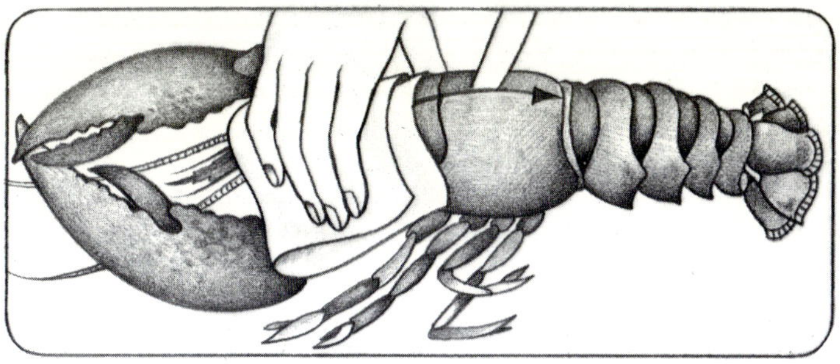

Soll der gegarte Hummer halbiert werden, faßt man ihn mit einer Hand am Kopf und schneidet den Panzer vom Kopf- bis zum Schwanzende durch.

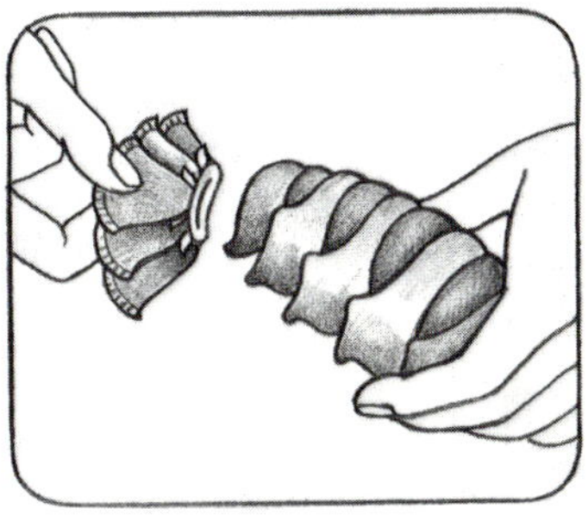

Das Schwanzende abbrechen ...

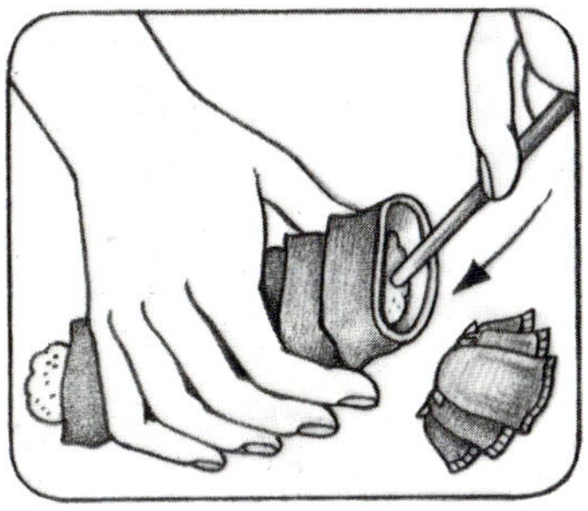

... und das Fleisch mit der Gabel des Hummerbestecks aus der Schwanzkruste stoßen.

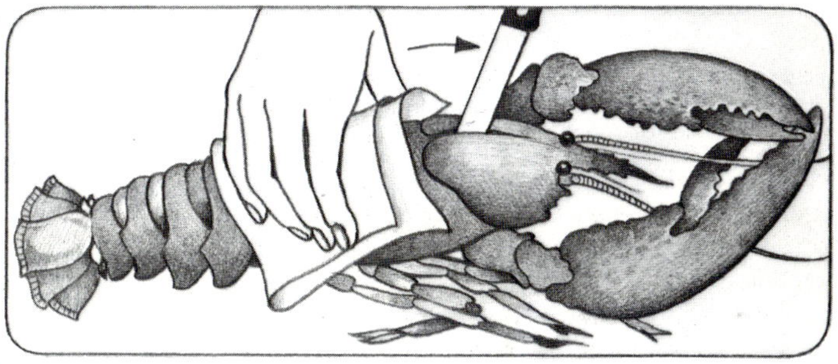

Dann hält man ihn am Schwanz fest und durchteilt in entgegengesetzter Richtung den Kopfteil.

gengesetzter Richtung, bis sich der Hummerschwanz vom Kopfteil gelöst hat. Das Schwanzende bricht man ab. Mit der Gabel des Hummerbestecks schiebt man das Fleisch aus der Schwanzkruste. Den Darm, der an der Oberseite des Schwanzes als dunkler Faden entlangläuft, entfernt man. Die Scheren bricht man mit der Hand ab, knackt sie mit der Zange auf und löst das Fleisch heraus. Der Kopfteil des Hummers enthält die Leber und bei weiblichen Tieren die Eier. Um diese besonderen Leckerbissen herauszuholen, muß man die lederartige Unterseite vom Kopf abziehen. Weil das Aufbrechen des Hummers Handarbeit erfordert, sollen Fingerschalen mit lauwarmem Wasser und Zitronenschnitzen bereit stehen. Außerdem benötigt man Hummerservietten, die sich durch besondere Größe auszeichnen. Nach der beschriebenen Methode wird Hummer auch in der Küche aufgebrochen, wenn das Fleisch für ein Rezept weiterverarbeitet werden soll. Soll Hummer für ein Rezept halbiert werden, geht man folgendermaßen vor: Den Hummer auf den Bauch legen, mit einer Hand durch eine Serviette geschützt das Kopfende festhalten und mit einem starken Messer den Hummerschwanz von dem kleinen Kreuz, das genau zwischen Kopf und Schwanzteil sichtbar ist, der Rückenkerbe entlang zum Schwanzende hin durchschneiden. Dann in umgekehrter Richtung genauso den Kopf durchteilen. Aus dem Kopfteil den Magen entfernen und je nach Rezept auch die Eier und die Leber herauslösen. Wieviel Hummerfleisch pro Person serviert wird, hängt nicht zuletzt auch vom Geldbeutel ab. Durchschnittlich wiegen die bei uns angebotenen Tiere 500 bis 600 g. Als Vorspeise rechnet man ½ Hummer, für ein Hauptgericht 1 Hummer pro Person. Es heißt, daß das Fleisch noch größerer Exemplare weniger saftig und aromatisch sei. Viele Hummerliebhaber sind jedoch anderer Meinung. Tiefgefrorene Hummer sind gegart und müssen nur noch auftauen oder im Sud erhitzt werden.

Ingwer: geweihartig verzweigte Wurzelknolle einer schilfartigen Gewürzlilie. Ingwer kommt frisch als ungeschälte Wurzelknolle, als Ingwerpulver, als geschälte junge Wurzel in Sirup eingelegt (Stem-Ingwer) oder kandiert in den Handel. Außerdem ist Ingwer Bestandteil vieler Currymischungen. Die frische Wurzelknolle hat die größte Würzkraft. Ingwer schmeckt leicht süßlich und brennend scharf. Reichlicher Ingwergenuß erzeugt ein Wärmegefühl im Körper. Indien, China, Japan und Indonesien sind die Länder mit dem höchsten Ingwerverbrauch. In den exotischen Ursprungsländern würzt man nicht nur Süßspeisen, sondern auch Fleisch-, Geflügel- und sogar Fischgerichte mit Ingwer. Die Vorliebe der Engländer für dieses Gewürz stammt aus der Kolonialzeit. GINGER ALE ist eine beliebte Ingwerlimonade, GINGER BREAD ein würziges Kleingebäck mit Ingwer. Zum Würzen mit frischer Ingwerwurzel läßt man entweder ein geschältes Stück davon im Gericht mitkochen und entfernt es zuletzt wieder, oder man reibt die Ingwerwurzel fein. Getrockneter Ingwer ist schärfer. Man quetscht ihn zuerst mit einem Messer oder mit einem Nudelholz und zerstampft ihn dann im Mörser, oder man mahlt ihn und würzt mit dem entstandenen Pulver. Getrockneter Ingwer sowie Ingwerpulver sollte man nur in kleinen Mengen kaufen. Sie verlieren rasch an Aroma, selbst wenn sie in luftdichten Gefäßen verschlossen aufbewahrt werden. Frischer Ingwer hält sich im Kühlschrank etwa 2 Wochen.

Die geweihartig verzweigte Wurzelknolle des Ingwers ist der würzende Teil der Pflanze.

Stem-Ingwer: geschälte, in Zukkersirup eingelegte Wurzelstücke.

Lexikon der Spezialitäten

Jackfrucht: → Brotfrucht.
Jakobsmuschel: große Muschelart mit dekorativen, längsgerippten Schalen, lebt an den Küsten des Atlantiks und des Mittelmeers. Sie zählt zu den schmackhaftesten Muscheln. Man bricht sie roh wie Austern auf und trennt das weiße Fleisch – die sogenannte Nuß – und den orangefarbenen Rogen von den dunkelgrauen Innereien, die keine Verwendung finden. Rasch und einfach bereitet man sie so zu: Fleisch und Rogen werden blanchiert, in Scheiben geschnitten und leicht bemehlt gebraten. – Nach Pariser Art werden Jakobsmuscheln so serviert: Das blanchierte, abgetropfte Muschelfleisch mit gehackten Schalotten, Salz und Pfeffer in wenig Weißwein dünsten, mit in Scheiben geschnittenen frischen Champignons mischen, Mornaysauce (→ Sauce Mornay) unterziehen, das Muschelragout in Jakobsmuschelschalen füllen und mit wenig geriebenem Käse bestreut und mit Butter beträufelt im Backofen überbacken.
Kaisergranate: Bei uns werden diese mit den Hummern verwandten, 15 bis 20 cm langen schlanken Tiere auch wie im Italienischen Scampi oder Tiefseehummer, norwegische Hummer, Tiefseekrebse oder schlanke Krebse genannt. Gegarte Kaisergranatschwänze sollen weißes Fleisch mit rosa Ringen haben. In der Kruste zubereitete Kaisergranate löst man am leichtesten und stilechtesten mit den Fingern aus.
Kaki: Frucht des in Asien beheimateten Kakibaumes. Kakis erinnern in Form und Farbe an Tomaten, schmecken reif zuckersüß und leicht nach Aprikosen. Sie enthalten Karotin und viel Vitamin A. Will man Kaki roh genießen, halbiert man die Früchte und löffelt sie aus. Für Salate Kaki häuten und in Scheiben schneiden.

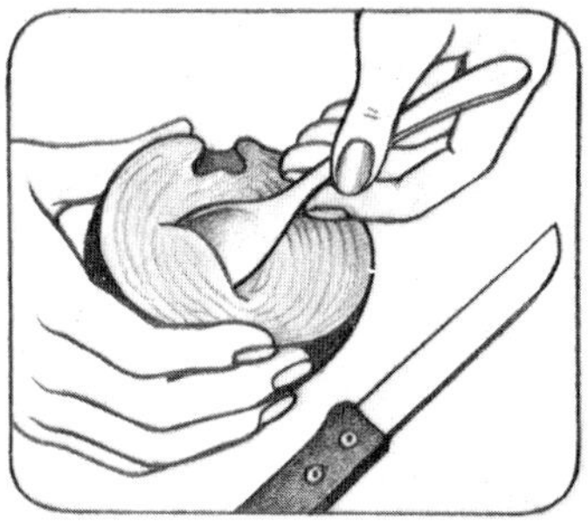

Kakifrüchte zum Auslöffeln nur halbieren.

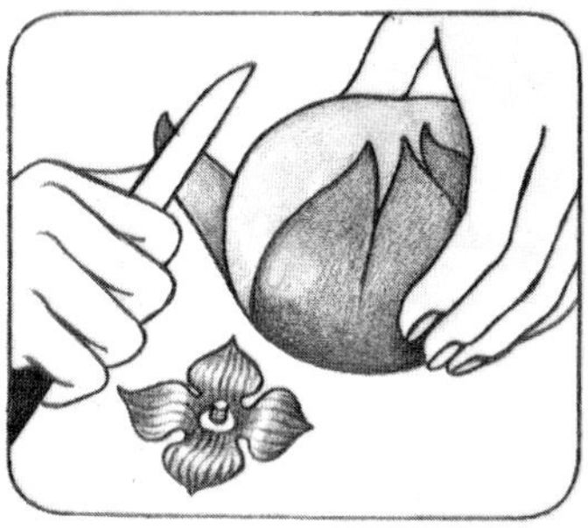

Für Obstsalat die Schale sternförmig einritzen, abziehen und die Frucht in Scheiben schneiden.

Kalakukko: finnische Fischpastete. Die wörtliche Übersetzung für dieses ausgefallene Gericht lautet Fischhahn. *Rezept:* Etwa 1,5 kg Roggenmehlbrotteig 1,5 cm dick ausrollen. In die Mitte rohe ausgenommene kleine Fische, wie Sardinen, legen, mit Salz bestreuen und mit Streifen aus Schweinebauchfleisch belegen.

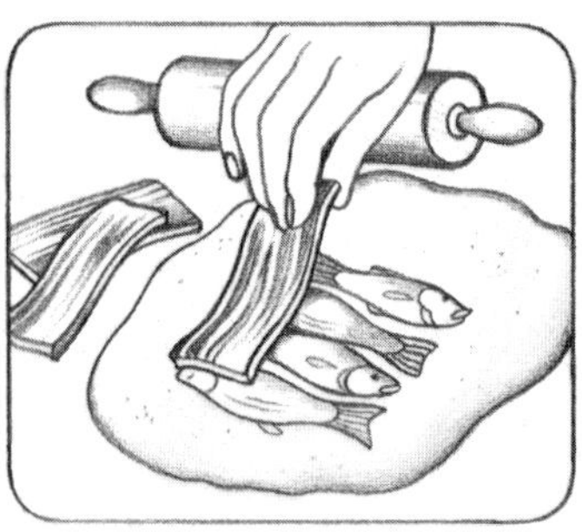

Für Kalakukko auf den Brotteig Lagen aus Fischen und Speckstreifen abwechselnd schichten.

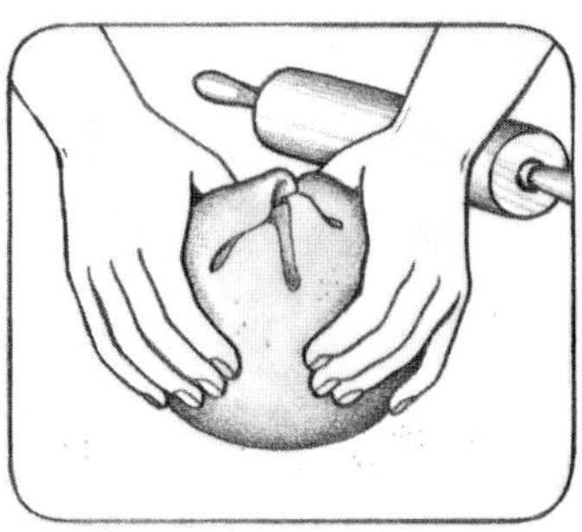

Die Teigränder über der Füllung zusammendrücken und Pastete behutsam zur Kugel rollen.

Darauf wieder eine Schicht Fisch geben, salzen und mit Schweinefleisch bedecken. Den Teig über der Füllung zusammendrücken und vorsichtig zu einer Kugel rollen. Bei 150° 3 bis 4 Stunden im Backofen garen. Dazu zerlassene Butter reichen.
Kapstachelbeere (Ananaskirsche): etwa stachelbeergroße gelbe glatte Beeren, umgeben von einer papierähnlichen Hülle, dem Blütenkelch der Pflanze. Die reifen Früchte sind saftig und schmecken süß-säuerlich und erfrischend. Von Dezember bis Juni in Delikateßgeschäften auch bei uns ab und zu frisch angeboten. Kapstachelbeeren sollte man frisch verzehren.

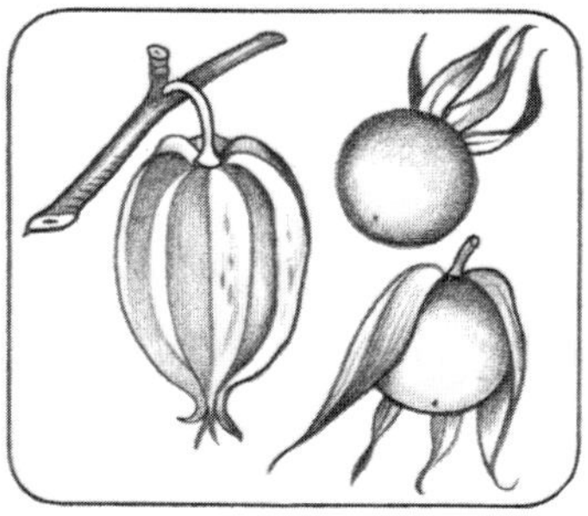

Kapstachelbeeren: Ihre papierähnlichen Fruchthüllen sehen wie kleine Lampions aus. Die Form der Früchte erinnert an Tomaten.

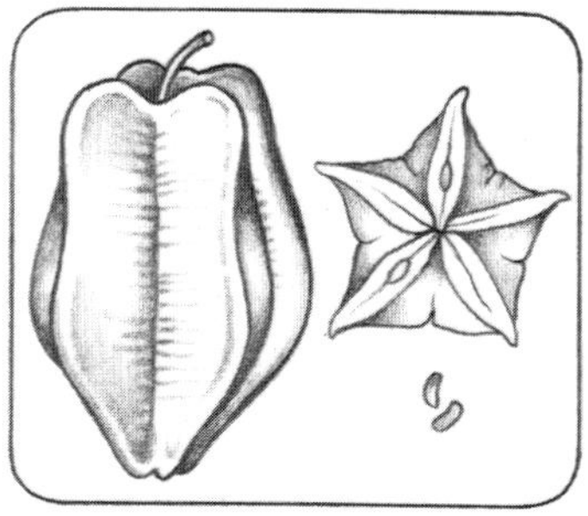

Karambole: Die ganze Frucht und eine Scheibe daraus im Querschnitt. Die dekorative Sternform ergibt sich aus den winkelig angeordneten Segmenten der Frucht.

Karambole (Baumstachelbeere): 10 bis 12 cm lange fünfkantige, grünlichgelbe tropische Frucht. Reife Karambolen haben ein durchscheinendes Fruchtfleisch und schmecken süß und erfrischend. Im noch grünen Zustand erinnert der hohe Anteil an Oxalsäure an ihre Verwandtschaft mit dem Sauerklee. Wie alle tropischen Früchte ißt man Karambolen in ihren Herkunftsländern gern frisch. Man verarbeitet sie jedoch auch zu Saft und Fruchtkonserven.
Kardamom: Samen oder ganze dreikantige Kapselfrucht des Kardamomstrauches. Der leicht brennende aromatisch-scharfe Geschmack erinnert an Ingwer. Kardamom ist ein Lieblingsgewürz der Inder, wird aber auch in Schweden, das ¼ der Weltproduktion verbraucht, und Rußland geschätzt. Es ist eines der kostbarsten Gewürze der Welt. Bei uns werden deshalb nur selten die reinen Samen angeboten. Meist wird die getrocknete Kapsel mit den Samen zu Kardamompulver gemahlen. Dieses Produkt ist heller als die gemahlene Saat und wird als »Kardamom mit der Schale gemahlen« gekennzeichnet. Kardamomsamen kann man in einem gut verschlossenen Gefäß etwa 1 Jahr lang aufbewahren, ohne daß sie an Aroma verlieren. Kardamompulver möglichst bald verbrauchen. Kardamom ist in allen indischen Currymischungen und vielen Masalas – frisch zubereiteten Mischungen aus im Mörser zerstoßenen Kräutern und Gewürzen – enthalten. Die Araber würzen ihren schwarzen, starken Kaffee mit Kardamompulver. In Schweden liebt man BRUNA BRÖD, Kardamomplätzchen.
Kascha (Buchweizengrütze): russische Nationalspeise, die in allen Bevölkerungsschichten gegessen wird und in unzähligen Versionen – bescheiden und üppig – zubereitet wird. KASCHA kann Hauptgericht oder Beilage sein. Mit Honig und Sahne angereichert wird sie zum schmackhaften Dessert. *Rezept:* 500 g grobgemahlene Buchweizengrütze in einer Pfanne ohne Fettzugabe goldgelb rösten, in eine feuerfeste Form geben, salzen, mit kochendheißem Wasser übergießen, so daß die Grütze davon bedeckt ist. Bei 135° 2½ bis 3 Stunden im Backofen garen. 6 Eßlöffel weiche Butter unterrühren und in der Form als Beilage zu Enten- oder Gänsebraten servieren.

Kaskaval: bulgarischer halbfester Schnittkäse aus Schafmilch mit 50% Fett i. Tr., schmeckt kräftig, pikant und leicht salzig. Wird gern für Aufläufe und pizzaähnliches Gebäck verwendet.
Kassave: → Maniok.
Kaviar: Eier (Rogen) verschiedener Störarten. Echter Kaviar stammt hauptsächlich von den Störarten des Schwarzen und des Kaspischen Meeres. Der Rogen wird entfettet, gewaschen und zur Konservierung gesalzen, jedoch möglichst mild, um den delikaten Eigengeschmack zu bewahren. MALOSSOL (russisch = schwach gesalzen) gilt als der geschmacklich hochwertigste Kaviar, ist aber leicht verderblich und sollte nach dem Öffnen baldmöglichst verzehrt werden. Kaviar muß stets – auch in ungeöffneter Originalverpackung – gut gekühlt aufbewahrt werden. Einfrieren ist nicht möglich, die zarten Kaviarkörnchen würden dabei zerplatzen. Als der beste Kaviar gilt der grobkörnige schwarze BELUGA, der vom Hausen stammt, einer bis zu 9 m langen Störart. Der OSSIOTR ist kleinkörniger als der BELUGA, jedoch ebenfalls sehr wohlschmekkend. Dieser dunkelgraue oder grünlichgraue Kaviar wird von den Europäern am meisten geschätzt. SEWRUGA stammt vom kleinsten Stör und wird wie BELUGA und OSSIOTR als MALOSSOL angeboten. Vom Süßwasser- oder Salzwasserlachs stammt der KETA-KAVIAR, der rote Kaviar, der stark gesalzen und bedeutend preiswerter ist. Erschwinglich ist auch der Preßkaviar, eine Mischung aus beschädigtem OSSIOTR und SEWRUGA. – Guter Kaviar ist trocken und glasig, die Oberfläche des Glas- oder Doseninhalts darf nicht schmierig oder von einer Fettschicht überzogen sein. – Alle Kaviarsorten sollten gut gekühlt – am besten auf gestoßenem Eis – serviert werden. Kaviar kann in der Originalverpackung – Dose oder Glas – verbleiben. Man reicht zum Entnehmen einen Elfenbein- oder Hornlöffel. Doch wenn man bedenkt, daß auch der edelste Kaviar heutzutage mit Messer und Gabel verzehrt wird, erscheint diese Vorsichtsmaßnahme nicht mehr notwendig. Kaviar, der falsch gelagert wurde, schmeckt oft sauer. Verzichten Sie auf Zitronenspalten und genießen Sie den köstlichen Geschmack des frischen, ungesäuerten Kaviars. Toast und Butter, eisgekühlter Wodka oder trockener Sekt sind die besten Beigaben.
Kichererbsen: im östlichen Mittelmeerraum beheimatete Hülsenfruchtart, die im Mittleren Osten zu den Grundnahrungsmitteln zählt. Kichererbsen haben eine unregelmäßige kantige Form, sind gewöhnlich beige oder goldgelb und haben einen kernigen nußartigen Geschmack. In ihren Anbauländern werden Kichererbsen zu Mehl gemahlen, im Ganzen geröstet oder nach dem Kochen zu Püree zerstampft und bilden die Grundlage zu vielen Saucen und zu Pastetchen. Auch in vielen Gerichten Nordafrikas und der Mittelmeerländer sind Kichererbsen traditionelle Zutaten. Bei uns gibt es Kichererbsen in Fachgeschäften oder den Lebensmittelabteilungen der großen Kaufhäuser zu kaufen. Getrocknete Kichererbsen müssen wie andere Hülsenfrüchte vor dem Garen mindestens 12 Stunden in Wasser eingeweicht werden. Sie benötigen eine Garzeit von etwa 1½ Stunden.
Kiwi (chinesische Stachelbeere): Frucht einer strauchartigen Kletterpflanze. Die klimatisch anpassungsfähigen Kiwipflanzen bringen je nach Standort stachelbeer- bis enteneiergroße Früchte hervor. Früchte, die wir importieren, stammen aus veredelten Pflanzen, sind groß, aromatisch und gut zu lagern. Sie haben eine dünne, jedoch feste, leicht behaarte, bräunliche Schale. Das Fruchtfleisch ist grün und in der Fruchtmitte von kleinen Kernen durchsetzt. Es schmeckt nach Stachelbeeren und Erdbeeren. Kiwis können noch hart gepflückt werden. Sie reifen nach, wenn man sie mit einem Apfel zusammen in einer Tüte lagert. Das dem Apfel entströmende Äthylengas bewirkt den raschen Reifungsprozeß. Außer den Vitaminen A, B und C, Mineralstoffen und Gerbsäure enthalten Kiwis ein Enzym, das Eiweiß löst. Deshalb kann man mit rohen Kiwis Fleisch mürbe machen. Kiwis sind reif, wenn sie auf Fingerdruck nachgeben. Sie werden auf vielfältige Art und Weise zubereitet. Am besten genießt man diese »Exoten«, indem man die Frucht halbiert und auslöffelt.

Die Form und das Fruchtfleisch von Kiwis ähneln der Stachelbeere, die Frucht ist aber größer.

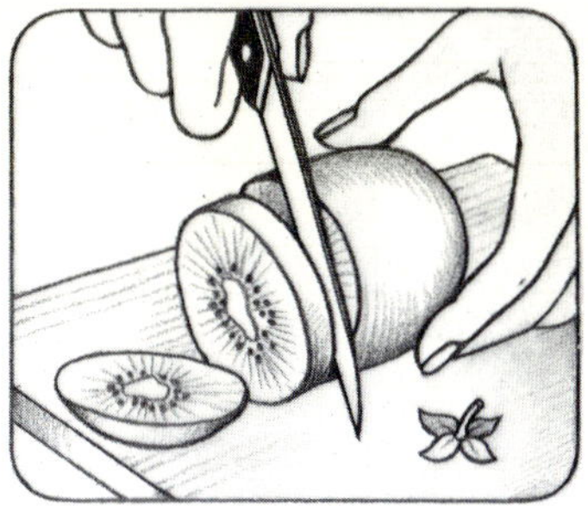

Vor dem Verzehr der Früchte muß die braune, behaarte Schale entfernt werden. Kiwis für Obstsalate quer in Scheiben schneiden.

Knaidlach, Kneidlech: → Passahklößchen.
Knoblauch: seit über 5000 Jahren bekannte Gewürz- und Arzneipflanze. Hilft erwiesenermaßen bei Verdauungsstörungen, bei Schlaflosigkeit und wirkt vorbeugend gegen frühes Altern. Die alten Griechen und Römer schätzten diese Eigenschaften des Knoblauchs, seinen scharfen Geschmack und sein spezifisches Aroma, rümpften jedoch die Nase über den Duft, den Knoblauchzehen wie Knoblauchesser ausströmen. Knoblauch ist in den Mittelmeerländern Gewürz Nr. 1. Die herzhaften Speisen der Balkanländer duften fast alle nach Knoblauch. Die französische Küche versteht es meisterhaft, mit diesem Gewürz umzugehen. Verwendet wird die Knoblauchzwiebel, die unterirdisch wächst und aus vielen Brutzwiebeln, den Zehen, besteht. Das im Handel erhältliche Knoblauchgranulat, Knoblauchsalz und die flüssige Knoblauchwürze sind weniger aufdringlich in Geschmack und Geruch, doch wird ein Knoblauchfan stets die frische Knoblauchzehe wegen ihres intensiven Aromas vorziehen. Zum Würzen kann man die ganzen Zehen ungeschält in einem Gericht mitgaren lassen und vor dem Servieren wieder entfernen. Große fette Braten, vor allem Hammel- oder Lammfleisch werden in vielen Ländern mit zerteilten Knoblauchzehen gespickt. Meist gibt man jedoch die geschälten, feingehackten oder zerdrückten Zehen an die Speisen. Hat man keine Knoblauchpresse, hackt man die Zehen grob, bestreut sie mit Salz und zerdrückt sie mit der Messerklinge. Knoblauchsalz, -granulat oder -essenz gibt man erst kurz vor Beendigung der Garzeit an das Gericht. Frischer Knoblauch darf nicht verbrennen, sondern nur goldbraun werden. Er schmeckt sonst unangenehm bitter.

Mit der Knoblauchpresse kann man ganze geschälte Knoblauchzehen zu Mus zerdrücken, wobei der Saft durch den siebartigen Boden der Presse tropft.

In dünne Scheiben geschnittene Knoblauchzehen mit Salz bestreuen und mit einer breiten Messerklinge zerdrücken.

Kochbananen: → Planten.

Kokosnuß: dreikantige kopfgroße Steinfrucht der Kokospalme. Kokosnüsse haben eine lederartige Haut und darunter eine dicke Faserschicht, die den Kern, den wir als Kokosnuß kaufen, umgibt. Das weiße Fruchtfleisch des Kernes ist von einer sehr harten braunen Schale umgeben. Der Hohlraum in der Mitte des Fruchtfleisches enthält das Kokoswasser (Kokosmilch). Beim Kauf von ganzen Kokosnüssen unbedingt darauf achten, daß es beim Schütteln in der Nuß gluckert. Kokosnußfleisch von ausgetrockneten Nüssen schmeckt leicht seifig. Zum Öffnen bohrt man zuerst zwei der drei kleinen Vertiefungen – die Keimlöcher – am einen Ende der Nuß an und fängt das herausfließende Kokoswasser auf. Es ist wichtiger Bestandteil zahlreicher exotischer Gerichte. Dann klopft man mit einem Hammer die ganze Nuß rundherum ab. Dadurch wird das Fruchtfleisch gelockert und löst sich nachher leichter aus der Schale. Man sägt die Nuß in zwei Hälften und hebt das weiße Kokosfleisch von der Schale ab, oder man zertrümmert die Nußschale mit dem Hammer und löst sie stückweise vom Kokosfleisch. Kokosnuß wird in den Rezepten der Landesküchen meist geraspelt benötigt. Als Ersatz für frische Kokosnuß, die vorzuziehen ist, dienen die bei uns im Handel angebotenen Kokosflocken.

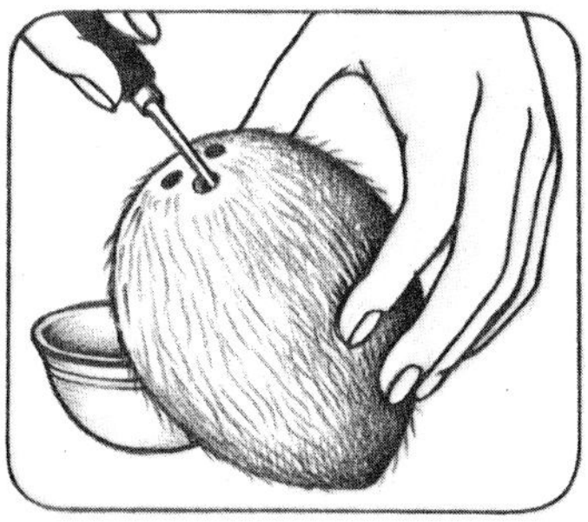

Zum Öffnen einer Kokosnuß zwei der am runden Ende der Nuß erkennbaren Keimlöcher anbohren, so daß das Kokoswasser herausfließen kann.

Das Fruchtfleisch in den Nußhälften in Segmente schneiden und mit der Messerklinge von der Schale abheben.

Koriander: eines der ältesten Gewürze der Welt. Manna, das der Herr den Kindern Israels sandte, war »wie Koriandersamen weiß und hatte einen Geschmack wie Semmel und Honig«. So steht es in der Bibel im Buch Moses zu lesen. Heute wird die Pflanze auf der ganzen Welt angebaut. Im Vorderen Orient, in Südasien und Südamerika wird Cilantro, das würzige Koriandergrün, so verwendet wie bei uns die Petersilie. Angeblich soll es nach Wanzen riechen, was ihm den Namen »Wanzendill« oder »Wanzenkraut« einbrachte. Das eigentliche Gewürz sind jedoch die getrockneten runden Samenkörner. Koriandersamen schmeckt schwach süßlich, ein wenig nach Salbei und Anis, mit einem kaum wahrnehmbaren Hauch von Schärfe. Wie viele exotische Gewürze ist es Bestandteil indischer Currymischungen. Koriandersamen ist bei uns ganz oder gemahlen erhältlich. Gemahlener Koriander bewahrt sein Aroma in verschlossenen Gefäßen etwa 6 Monate. Koriandergrün gibt es leider nur selten zu kaufen. Man kann die anspruchslose Pflanze jedoch leicht aus den Samenkörnern ziehen, sogar im Blumentopf oder Balkonkasten. KALEJA KAIRI, gebratene Kalbsleber aus Indien, ist ein Beispiel für die Bedeutung des Korianders in der Vielfalt der Gewürze eines indischen Currys.

Krabben (echte Krabben): Krustentiere mit gedrungenem breitem Kopf-Brust-Teil und flachem Hinterleib, gehören zu den 10füßigen Krebsen. Fast alle Krabben sind Meeresbewohner. Bei uns gibt es Krabbenfleisch fast nur tiefgefroren oder in Dosen konserviert. In Küstennähe der Länder, die reich an Krabben sind, kann

Krabben – die Abbildung zeigt einen Taschenkrebs – haben einen runden Körper, starke Scheren und einen festen Panzer.

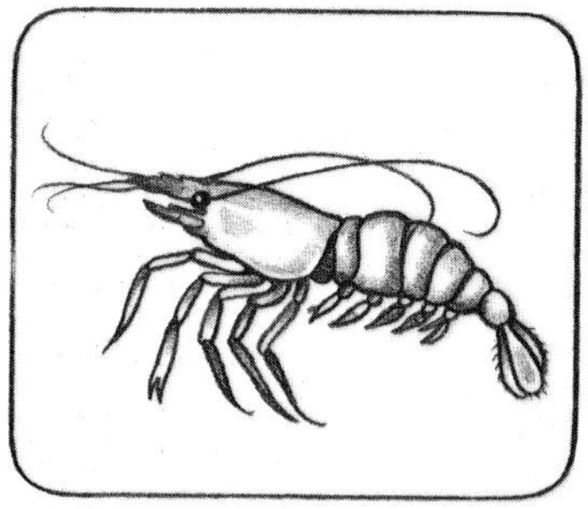

Fälschlicherweise werden diese kleinen langgestreckten Krustentiere mit dem langen Fühlerpaar oft Krabben genannt. Die korrekte Bezeichnung ist jedoch Garnelen.

man die Tiere lebendig oder bereits zerlegt und gegart kaufen. Den Taschenkrebs, auch Kniper genannt, bekommt man gelegentlich auch in unseren Küstenstädten lebendig angeboten. Seine Rükkenschale kann bis zu 20 cm breit werden. Er hat kräftige Scheren, vor denen man sich in acht nehmen muß. Sein Fleisch ist zart und wohlschmeckend. Lebendige Taschenkrebse werden wie alle Krustentiere im sprudelnd kochendem Salzwasser etwa 15 Minuten gekocht. Zum Auslösen des Fleisches legt man die Tiere auf den Rücken und trennt Beine und Scheren vom Körper. Das Innere des Panzers wird ausgelöffelt, die Scheren mit einem Hammer geknackt, so daß man das Scherenfleisch herausholen kann. Die größten Krabben sind die Riesenkönigskrabben, die hauptsächlich zu »crabmeat« verarbeitet in Dosen verkauft werden. Eine besondere Delikatesse sind »soft shell crabs«, die tiefgefroren aus Amerika zu uns kommen. Sie werden während ihres Schalenwechsels gefangen, haben keine Panzer und können mit ihrer weichen Schale im Ganzen gegessen werden. Man läßt sie auftauen und brät sie mit Knoblauch gewürzt in Butter, oder man wendet sie in einer Mischung aus Ei, Sahne, Knoblauchsaft, Salz und Pfeffer und anschließend in Semmelbröseln. Dann bäckt man sie in heißem Fett schwimmend aus.

Krebs: richtiger Flußkrebs oder Edelkrebs, denn auch Hummer, Langusten, Krabben und andere Krustentiere sind Krebse, genauer Krebstiere. Leben in klaren Flüssen und Seen. Bis vor etwa 100 Jahren, als die berüchtigtste Krebspest in weiten Teilen Europas wütete, gab es auch in Deutschland reichlich Krebse. Heute decken Balkanländer und die Türkei unseren Bedarf an Krebsen. Die Tiere werden mit dem Flugzeug transportiert und kommen lebendig beim Besteller an. Krebssaison für lebende Tiere ist je nach Witterung von Mai oder Juni bis in den Spätsommer hinein. Große Krebse sind teuerer, kleine Exemplare sind jedoch besser im Geschmack. Für ein Krebsessen sollte man 10 bis 12 Stück pro Person veranschlagen, für eine Vorspeise 4 bis 6. Krebse müssen vor dem Garen gründlich gesäubert werden. Am besten setzt man sie zuvor 1 Stunde lang in ein Gefäß mit reichlich kaltem Wasser, so daß sie sich bewegen können, wobei die Tiere ganz sauber werden. Um die Krebse rasch zu töten, wirft man sie portionsweise – nicht mehr als 4 Stück auf einmal – in 4 l sprudelnd kochenden Sud, wartet, bis das Wasser wieder sprudelnd kocht und gibt die nächsten 4 Krebse in den Topf. Krebse garen in 8 bis 10 Minuten, wobei man die Hitze reduziert, so daß die Tiere nur noch im siedenden Wasser garen. Nie mehr als 8 Krebse auf einmal fertig garen.

Zu einem Krebsessen gehören Krebsmesser und Krebsgabel, große Krebsservietten zum Umbinden, genügend Papierservietten und Fingerschalen mit lauwarmem Wasser und je 1 Zitronenspalte, denn Krebse werden mit der Hand gegessen. Zuerst bricht man

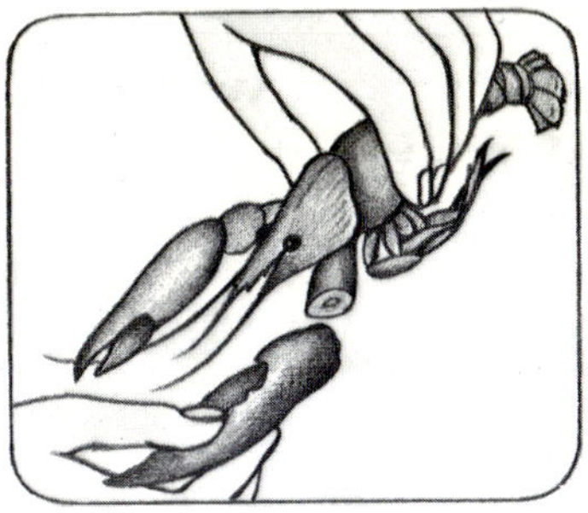

Die Scheren vom Krebs mit der Hand abbrechen.

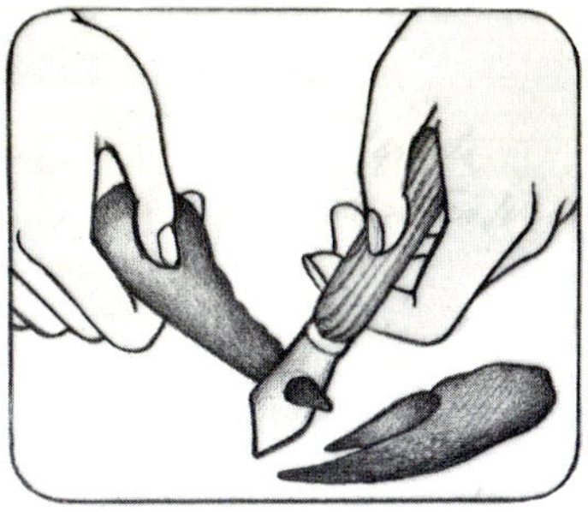

Die Scherenspitzen mit dem Krebsmesser öffnen.

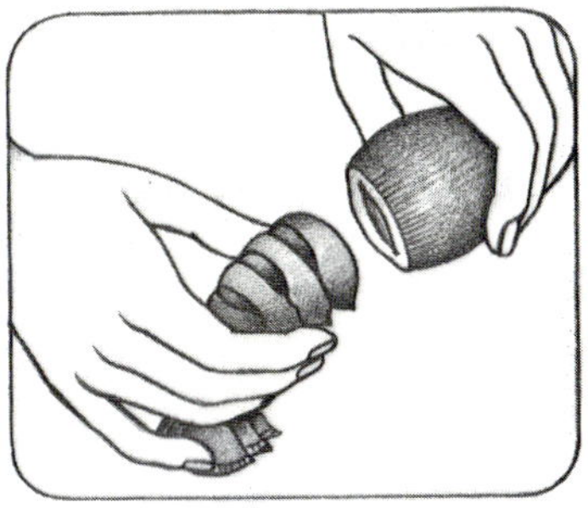

Um das Krebsfleisch auszulösen, den Panzer zwischen Brust- und Schwanzteil durchbrechen.

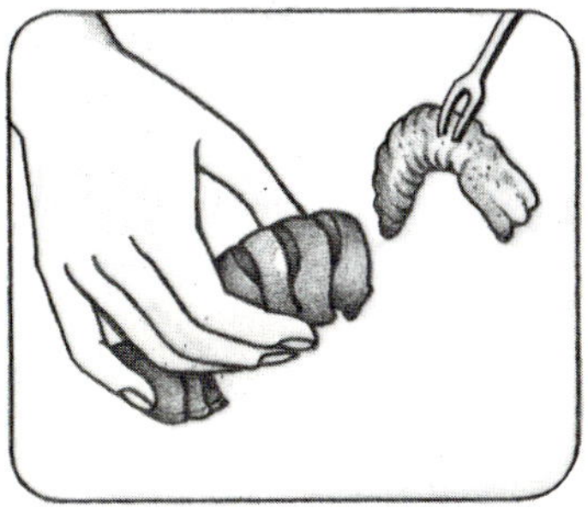

Das Fleisch mit der Krebsgabel aus dem Schwanz herausziehen.

die Scheren und dann mit dem Krebsmesser die Spitzen der Scheren ab. Das Fleisch holt man mit der Krebsgabel aus den Scheren. Nun trennt man die Beine vom Körper ab und bricht den Krebs zwischen Brustpanzer und Schwanzteil durch. Den Kopf kann man auslutschen, ebenso die Beine. Das Schwanzfleisch zieht man mit der Krebsgabel aus der Kruste. Der Darm, der als schwarzer Faden auf der Oberseite des Schwanzes entlangläuft, wird entfernt.

Kren: süddeutsche, ostdeutsche und österreichische Bezeichnung für Meerrettich.

Kurkuma (Gelbwurz): Die knollenartige Wurzel wird als Gewürz verwendet, allerdings nicht frisch, sondern geschält, getrocknet und zu Pulver gemahlen. Kurkuma schmeckt ähnlich wie Ingwer, frisch-aromatisch, jedoch brennend scharf. Das intensiv färbende gelbe Pulver ist Hauptbestandteil aller indischen Currymischungen. In Asien auch als Einzelgewürz verwendet. Kurkuma kann in vielen herzhaften orientalischen Gerichten anstelle des sehr viel teureren Safrans verwendet werden.

Nach folgendem Rezept können Sie eine Gewürzmischung, wie sie bei uns unter der Bezeichnung Sambal angeboten wird, selbst bereiten. Diese Art scharfer Würzsaucen gehört zur indonesischen Reistafel. SAMBAL ist die indonesische Bezeichnung für alle Gerichte der Reistafel, die mit diesen Saucen gewürzt werden.

Rezept: 2 gewürfelte Zwiebeln und 2 zerdrückte Knoblauchzehen in Butter glasig braten, ½ Teelöffel Cayennepfeffer, ½ Teelöffel gemahlenen Ingwer, 2 Teelöffel Kurkuma, ½ Teelöffel gemahlenen Kreuzkümmel und ½ Teelöffel zerstoßenen Dillsamen unterrühren. Eine Hälfte der Mischung mit ½ geschälten feingehackten Gurke und den Rest mit 2 gehäuteten, in kleine Würfel geschnittenen Tomaten verrühren. Die beiden Sambals einige Stunden bei Raumtemperatur durchziehen lassen.

Kwass: russisches gegorenes Brotbier, leicht säuerlich, mit nur geringem Alkoholgehalt. *Rezept:* 250 g altbackenes Schwarzbrot bei milder Hitze im Backofen trocknen lassen und grobhacken. In 3 l kochendes Wasser geben, vom Herd nehmen, mit einem Mulltuch bedeckt 12 Stunden ziehen lassen und anschließend durchseihen. 1 Eßlöffel Trockenhefe mit 2 Messerspitzen Zucker in 2 Eßlöffeln lauwarmem Wasser auflösen und warm stellen, bis die Hefe zu schäumen beginnt. Die Hefelösung und 100 g Zucker in das Brotwasser rühren und mit einem Tuch bedeckt nochmals etwa 8 Stunden lang stehen lassen. Die Flüssigkeit wiederum durchseihen, ⅔ hoch in Flaschen füllen, 1 Eßlöffel Rosinen auf die Flaschen verteilen und die Flaschen mit Haushaltsfolie verschließen. 3 bis 5 Tage an einen kühlen Platz stellen, bis sich am Boden der Flaschen der Satz gesammelt hat. Die klare Flüssigkeit vorsichtig abgießen und in die gespülten Flaschen zurückfüllen. Die Flaschen verschließen und kühl aufbewahren.

Lachs: bis zu 1,5 m großer und bis zu 45 kg schwerer Raubfisch. Lebt in den ersten 1 bis 3 Jahren im Fluß, wandert dann ins Meer. Mit etwa 5 Jahren sind Lachse ausgewachsen und geschlechtsreif. Zum Laichen wandern sie in ihrem Geburtsstrom stromaufwärts bis in die Quellgebiete. Jetzt wird der silbriggraue Meerlachs rosa. In der Zeit des Steigens nimmt der Lachs keine Nahrung auf, sein Fleisch schmeckt dann am besten. Zur Laichzeit werden die Lachse – oder Salme, wie sie dann heißen – gefangen. Nach dem Laichen gehen die meisten Lachse in den Flüssen zugrunde. Einige gelangen wieder ins Meer und steigen nach einem Jahr erneut auf. Als der Rhein noch nicht so stark verschmutzt war, galt der Rheinsalm als der beste Lachs Europas. Heutzutage gibt es größere Lachsvorkommen noch in Schottland, in Skandinavien, vor allem in Norwegen, und in einigen Flüssen Frankreichs. Aus den Nordstaaten der USA und Kanada kommt vorwiegend der bei uns angebotene Räucherlachs. Berühmte Lachsländer haben auch berühmte Lachsrezepte, zum Beispiel Schweden den GRAVAD LAX und Schottland POACHED SALMON (Rezept Seite 121).

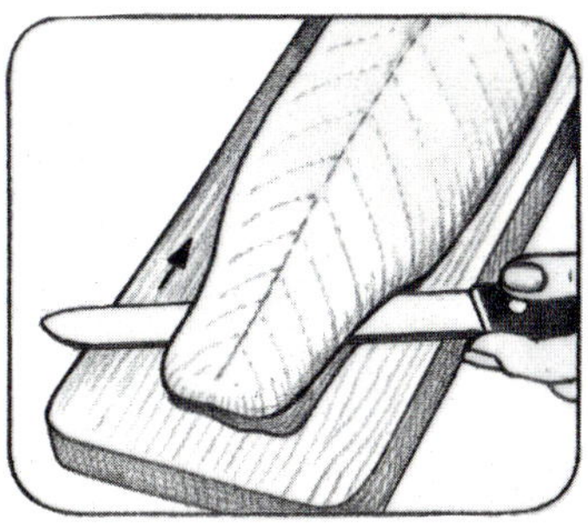

Vom Räucherlachsfilet die Haut vom Schwanzende her mit einem sehr scharfen Messer mit kleinen Schnitten abtrennen ...

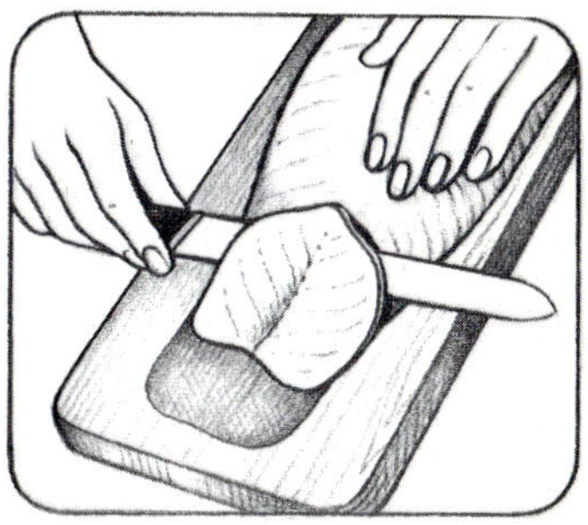

... und das Fleisch in schräge, dünne Scheiben schneiden.

Languste: etwas mehr als hummergroßer Panzerkrebs, der hauptsächlich im Mittelmeer und an den Küsten Englands und Irlands gefangen wird. Das Fleisch zählt zu den erlesensten Delikatessen der Welt. Langusten werden lebend versandt oder kommen tiefgefroren in den Handel. Langusten haben keine Scheren wie der Hummer, sondern ein langes Fühlerpaar. Das Kochen und Aufbrechen von Langusten geschieht wie beim →Hummer.

Lasagne: italienisches Nudelgericht. *Rezept für Lasagne Bologneser Art* (LASAGNE BOLOGNESE): Lasagnenudeln nach dem Rezept Seite 43 herstellen, 3 Minuten in Salzwasser kochen und abtropfen lassen. Oder fertig gekaufte Lasagne verwenden. RAGÙ ALLA BOLOGNESE (Bologneser Fleischsauce) nach dem Rezept auf Seite 304 zubereiten. Aus 6 Eßlöffeln Butter, 6 Eßlöffeln Mehl, 1 Teelöffel Salz und 1 l heißer Milch eine dicke Béchamelsauce bereiten. In einem Topf 6 Eßlöffel Butter zerlassen, 1 geschälte Knoblauchzehe darin goldbraun braten, dann entfernen. 40 g eingeweichte getrocknete Pilze abtropfen lassen, feinhacken und mit ¼ l

Milch, 1 Messerspitze Salz und 1 Eßlöffel gehackter Petersilie zur Knoblauchbutter geben. Die Mischung 15 Minuten kochen lassen. Eine feuerfeste Form mit Butter ausstreichen und den Boden mit einer Lage Lasagnenudeln bedecken, darauf Béchamelsauce und auf die Béchamelsauce Fleischsauce streichen. Mit Parmesankäse bestreuen und mit Lasagnenudeln abdecken. Die Hälfte der Pilzsauce daraufgeben und die restliche Béchamelsauce, Fleischsauce, Nudeln und Pilzsauce ebenso schichten, dabei die Fleischsauce mit Parmesankäse bestreuen. Die oberste Schicht besteht aus Lasagnenudeln. Bei 200° 60 Minuten im Backofen backen.

Linsen: getrocknete Samen einer Wickenart. Linsen wurden schon in Urzeiten im Mittelmeerraum und im westlichen Asien angebaut, gedeihen heute in allen Ländern mit gemäßigtem oder warmem Klima. In Indien gehören Linsen zu den Grundnahrungsmitteln. Man bereitet sie auf vielfältige Weise als Hauptgericht oder Gemüsebeilage zu. Die kleinen diskusförmigen Hülsenfrüchte werden grün geerntet und bekommen je nach Sorte ihre rote, gelbliche oder grauschwarze Farbe erst gewisse Zeit nach der Ernte. Die Verfärbung beeinträchtigt jedoch nicht den Geschmack. Linsen kommen bei uns ungeschält oder geschält und halbiert auf den Markt. Die geschälten rötlichen Linsen werden hauptsächlich aus Frankreich importiert. Diese Sorte verkocht völlig. Mehr Aroma haben allerdings ungeschälte Linsen, denn die Geschmacksstoffe sind zum größten Teil in den Schalen enthalten. Linsen kann man – dunkel und luftig gelagert – bis zu 1 Jahr aufbewahren.

Litschi: Frucht, die im alten China als königlich galt. Die etwa mirabellengroßen Früchte sind von einer spröden, dünnen, rosafarbenen bis rötlichbraunen Haut umgeben, die kleine noppenartige Erhebungen aufweist. Das Fruchtfleisch ist saftig, weiß und aromatisch süß – erinnert an Muskat. Es umschließt einen harten Kern, der nicht mitgegessen werden kann. Es gibt sie in Dosen konserviert zu kaufen, frisch von November bis Januar.

Longan: der Litschi verwandte Frucht gleicher Größe mit ähnlich spröder Schale, etwas säuerlich im Geschmack. Bei uns werden sie selten frisch angeboten, da sie wenig haltbar sind. In Dosen konserviert bekommt man sie ganzjährig zu kaufen.

Litschis haben eine rauhe, spröde Schale, die man gut mit den Fingern von der Frucht lösen kann.

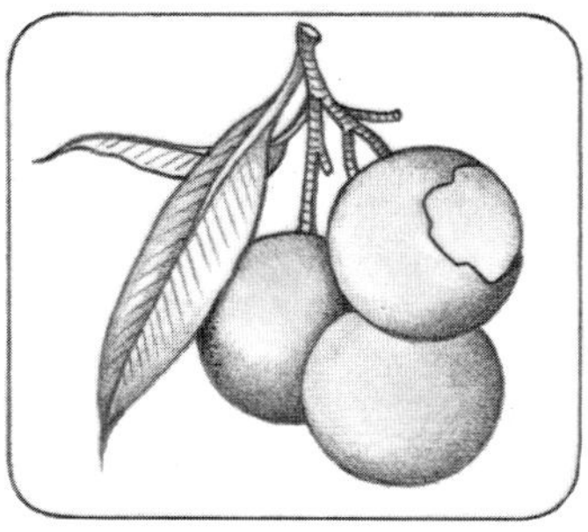

Longans sind mit den Litschis verwandt. Die Schalen dieser Früchte sind papierdünn.

Lotos: Die Wurzelstöcke dieser in Ostasien beheimateten Wasserlilienart finden in der chinesischen und japanischen Küche häufig Verwendung. Meist werden die mit Löchern durchsetzten Wurzeln quer in Scheiben geschnitten, wodurch sich dekorative Muster ergeben. Bei uns sind frische Lotoswurzeln kaum erhältlich, es gibt sie jedoch in Delikateßgeschäften in Dosen zu kaufen.

Macadamianuß: Steinfrucht des immergrünen Macadamiabaumes, der auf Hawaii und in Australien angebaut wird. Die Kerne der sehr teuren Nußart ähneln Kastanien. Bei uns werden Macadamiakerne in Fachgeschäften in Dosen konserviert angeboten.

Mais (Türkenkorn, Kukuruz, Welschkorn): bis zu 2,5 m hohe Getreidepflanze, die zuerst in den Anden angebaut wurde. Ursprünglich wildwachsendes Gras, dessen Samenkörner von einer Spelzhülle umgeben waren. Die Körner des kultivierten Mais sind Fruchtknoten, die in Längsreihen an den Spindeln des Maiskolbens wachsen. Die Kolben sind dicht von grünen Hüllblättern umgeben. In vielen Ländern Südamerikas ist Mais auch heute noch die meist angebaute Getreideart. Die mexikanischen TORTILLAS (kleine Fladen) werden aus Maismehl bereitet. Für Brot ist Maismehl nur in der Mischung mit Roggen- oder Weizenmehl geeignet. Die italienische POLENTA, die rumänische MĂMĂLIGĂ und der österreichische MAISSTERZ werden aus Maismehl und Salz gekocht und mit verschiedenen Beigaben verfeinert oder in Scheiben geschnitten und gebraten oder überbacken. Das in den USA so beliebte POPCORN sind bis zum Aufspringen der Schalen geröstete Maiskörner. Die Körner von zarten, noch nicht ausgereiften Zuckermaissorten werden vor allem in den USA gern als Gemüse gegessen. Bei uns sind frische Maiskolben vom Spätsommer bis zum Oktober erhältlich, tiefgefroren oder in Dosen konserviert gibt es Gemüsemaiskörner immer.

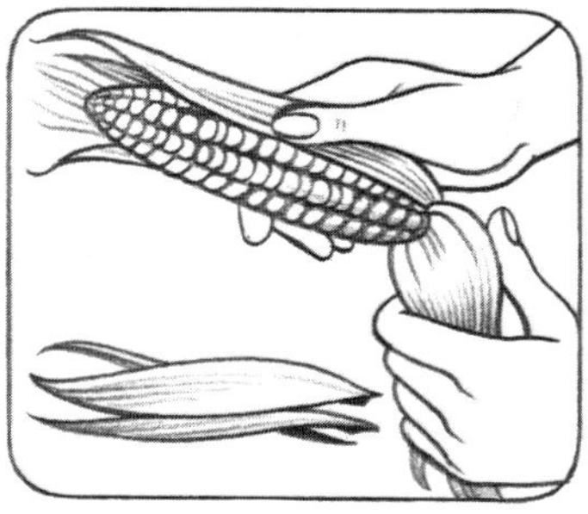

Zum Lösen der frischen Körner vom Maiskolben die grünen Hüllblätter vom Kolben abheben und am Kolbenende abbrechen.

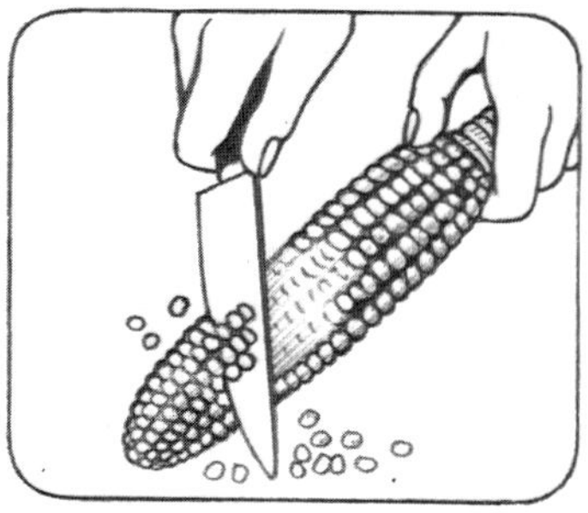

Die Körner mit einem starken Messer vom Kolben schaben.

Soll frischer Mais nicht am Kolben gegart serviert werden, müssen die Maiskörner mit einem starken Messer von den Kolben geschabt werden. Gemüsemais kocht man in nur schwach gesalzenem Wasser, bei zu reichlicher Salzzugabe werden die Körner hart.

Mămăligă: dicker Maisbrei aus Rumänien, dessen italienische Schwester die POLENTA ist. Der volle Name lautet MĂMĂLIGĂ DE AUR – Brot aus Gold. Gewöhnlich wird die einfache MĂMĂLIGĂ mit anderen Zutaten verbessert. Es gibt eine unendliche Zahl von Varianten. *Rezept für gebratene* MĂMĂLIGĂ-*Scheiben:* 1 l Wasser mit 2 Teelöffeln Salz zum Kochen bringen. Mit der Hand langsam nach und nach 200 g Maisgrieß einstreuen, dabei ständig mit einem Holzkochlöffel rühren. Streut man den Maisgrieß auf einmal ins kochende Wasser, wird er nicht weich. Wenn die Masse dick geworden ist, die Temperatur stark zurückschalten und den Maisgrieß in 30 bis 40 Minuten ausquellen lassen. Den steifen Maisbrei mit einem kalt abgespülten Spatel oder großem Messer vom Topfrand lösen, auf ein Holzbrett stürzen und wie einen Kastenkuchen formen. Nach dem Erkalten in Scheiben schneiden und diese in verquirltem Ei und anschließend in geriebenem Käse wenden. Dafür eignet sich Emmentaler Käse oder Greyerzer. Die Käseraspel gut festdrücken und die MĂMĂLIGĂ-Scheiben in Butter auf beiden Seiten goldbraun braten. Gut gekühlten geschlagenen Joghurt oder saure Sahne dazu reichen.

Mango: Steinfrucht eines in Indien beheimateten immergrünen Baumes, der schon vor 4000 Jahren kultiviert wurde. Die Mangofrucht spielt in der indischen Mythologie eine ähnlich große Rolle wie der Granatapfel. Die birnen- bis melonengroßen Früchte sind äußerst druckempfindlich. Deshalb werden sie für den Export noch nicht völlig reif geerntet, reifen jedoch nach. Reife Mangos sind grünlichgelb bis rot, duften intensiv und das Fruchtfleisch gibt auf Fingerdruck nach. In ihren Ursprungsländern verarbeitet man Mangos zu Saft, Gelees und Marmeladen. Aus grünen, noch nicht ausgereiften Früchten wird das berühmte indische Mangochutney bereitet. Mangos haben einen großen, leicht gewölbten flachen Stein, der fest mit dem Fruchtfleisch verwachsen ist. Zum Rohessen schneidet man entlang der Breitseiten des Steins zwei Scheiben ab, von denen man wie von Melonenspalten das Fruchtfleisch mit dem Messer löst. Das den Stein umgebende Fruchtfleisch wird soweit es geht abgeschnitten oder ganz einfach abgelutscht. Fingerschalen sind angebracht. Man kann auch die Mangohaut so einritzen, als wolle man eine Orange schälen und sie dann mit dem Messer abziehen. Das Fruchtfleisch kann man dann wie beschrieben vom Stein abschneiden und die Mangoscheiben nach Rezept weiterverarbeiten. Mangos gibt es bei uns das ganze Jahr über frisch zu kaufen. Im Kühlschrank aufbewahrt halten sich reife Mangos 3 bis 4 Tage.

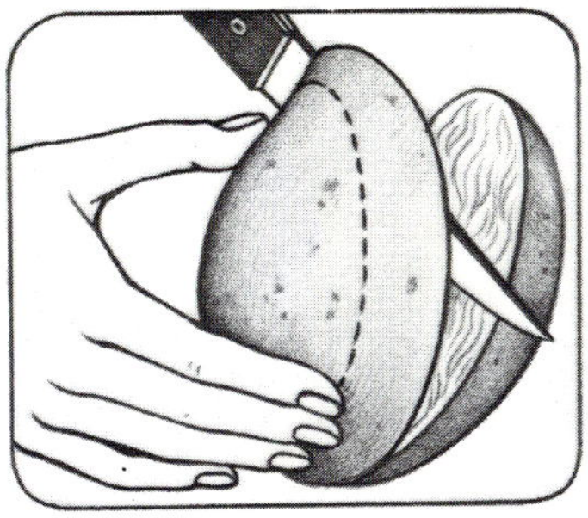

Das Fruchtfleisch der ungeschälten Mango in zwei dicken Scheiben beidseitig vom Stein abschneiden und mit dem Messer aus der Schale lösen …

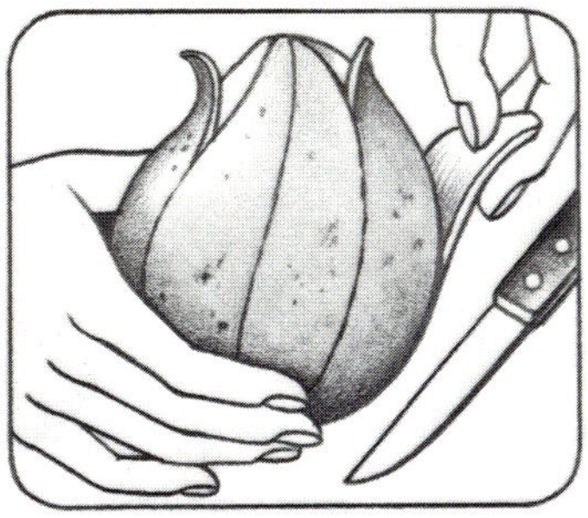

… oder die Schale der Mangofrucht einritzen, abziehen und das Fleisch vom Stein abschneiden.

Maniok: im tropischen Amerika beheimatete Staudenpflanze mit stärkehaltigen Wurzelknollen. Die Indianer stampften als erste den blausäurehaltigen Saft aus den Knollen und bereiteten aus dem Mehl Brei und Fladen. Die Knollen der Kassave, einer kultivierten Maniokart, liefern das als Tapioka, Arrowroot oder bei uns auch als Pfahlwurzelmehl bekannte Stärkemehl. Pfahlwurzelmehl hat beste Bindeeigenschaften, ist jedoch bei uns teuer und nur in Delikateßgeschäften erhältlich.
Maraschino: jugoslawischer Likör aus Branntwein, Zucker und Maraska-Sauerkirschen. MARASCHINO wird zum Aromatisieren von Süßspeisen und Obstsalaten verwendet.
Marmalade: Orangenkonfitüre. Eine schottische Spezialität. *Rezept:* 2 große Orangen und 2 große Zitronen – chemisch unbehandelt – vierteln, von den Kernen befreien und im Wasser gerade bedeckt 24 Stunden einweichen. In sehr feine Streifen schneiden und 1 Stunde im Einweichwasser kochen. 1 kg Zucker zufügen und so lange weiterkochen lassen, bis 1 Tropfen der Flüssigkeit auf einen Teller gegeben, rasch eine feine Haut bekommt. In Gläser füllen und mit Pergamentpapier verschließen.
Mate: teeartiges, in Südamerika verbreitetes Getränk. MATE sind die getrockneten Blätter verschiedener südamerikanischer Stechpalmen. MATE gibt es »grün« als unbehandelte getrocknete Blätter und »braun« als geröstete und getrocknete Blätter. Obwohl es wenig Gerbsäure und kaum Coffein enthält, hat das Getränk eine erfrischende und belebende Wirkung. Seit alters trinken die Indios MATE. Das Wort bedeutet in der Sprache der Inkas »Flaschenkürbis«, denn aus diesen ausgehöhlten Früchten wurde das Getränk mit Röhrchen geschlürft.
Matze: Osterbrot der Juden, nur aus besonderem Mehl und Wasser ohne Säuerung hergestellt. Die knäckebrotartigen trockenen Brotscheiben werden bei uns in Reformhäusern angeboten.
Mazamorra morada: Süßspeise aus Peru. *Rezept:* 1 große Ananas schälen und in Stücke schneiden. 250 g getrocknete Kirschen waschen, kleinhacken und zusammen mit den Ananasstückchen und 400 g Zucker einige Minuten kochen lassen. In der Zwischenzeit 500 g möglichst violetten, sonst jungen Zuckermais waschen, kurze Zeit in Wasser einweichen und zusammen mit 10 Gewürznelken und etwas Zimt in reichlich 1½ l Wasser kochen. Den gegarten Mais durch einen Durchschlag treiben, in die Fruchtmasse rühren und 500 g Süßkartoffelmehl (in Dritte-Welt-Läden erhältlich) unter ständigem Rühren einrieseln lassen. Aufkochen, in Schalen verteilen und abkühlen lassen. Mit etwas Zimt servieren.
Miesmuscheln: häufigste Muschelart der europäischen und nordamerikanischen Küstengewässer. Die Silbe Mies kommt von Moos. An Moos erinnern nämlich die Byssusfäden, mit denen sich die Muscheln bevorzugt an Holzpfählen heften. Heutzutage wird diese Muschelart an den Küsten Hollands, Frankreichs und Italiens gemästet. Miesmuscheln ißt man von September bis Mai. Wichtig ist, daß nur fest geschlossene Exemplare mit unverletzten Schalen verwendet werden, das heißt nur lebende Tiere, andernfalls kann es zu schweren Eiweißvergiftungen kommen.
Mirin: → Sake.
Mole de guajolote: Truthahnfleisch in dicker Sauce. Dieses Gericht ist eine der beliebtesten MOLE in Mexiko. Die Sauce wird dabei besonders liebevoll gewürzt. *Rezept:* Am Vortag folgende Zutaten miteinander im Mörser zerstoßen oder im Mixer pürieren: 3 feingehackte Knoblauchzehen, 1 Teelöffel gemahlenen Ingwer, je 1 Prise gemahlenen Anis und Kümmel, 1 Messerspitze Zimt, 2 Eßlöffel Öl. Die Gewürzmischung zugedeckt kühl aufbewahren. 500 g in Stücke geschnittenes rohes Truthahnfleisch 30 Minuten zugedeckt in einer Marinade aus 1 Eßlöffel Zitronensaft, 1 Eßlöffel Öl und 1 Eßlöffel Tequila ziehen lassen. Je 1 Eßlöffel Sesamkörner und abgezogene, gehackte Mandeln in wenig Öl kurz braten, mit 250 g gehäuteten, grobgehackten Tomaten und 2 kleingeschnittenen grünen Chillies im Mixer pürieren oder im Mörser fein zerstoßen. Die Sesam-Mandel-Mischung mit der Gewürzmischung verrühren und in etwas Schweineschmalz in einem Topf unter Rühren 5 Minuten braten. Mit ¼ l Fleischbrühe auffüllen. Das Truthahnfleisch von allen Seiten braun anbraten, in die Sauce legen und bei milder Hitze zugedeckt in etwa 30 Minuten garen. Gegebenenfalls noch etwas Fleischbrühe nachfüllen. Die Sauce soll dickflüssig und sämig sein. Das Gericht mit Salz abschmekken; zu Reis servieren.
Moosbeeren: den Preiselbeeren verwandte Beerenart, die in Nordeuropa sowie in Nordamerika gedeiht. In den USA wurde aus der Moosbeere die besonders großbeerige Cranberry gezüchtet, die auch in Polen und Holland angebaut wird. Cranberries sind traditionelle Beilage zum amerikanischen gefüllten Truthahn. Moosbeeren und Cranberries entfalten ihr Aroma wie Preiselbeeren erst beim Kochen.
Mornaysauce: → Sauce Mornay.
Mozzarella: italienischer Frischkäse mit 44% Fett i. Tr., früher nur aus Büffelmilch hergestellt, heute aus Büffel- und Kuhmilch oder nur aus Kuhmilch gewonnen. Der Käse wird 2 Tage in eine gesäuerte Salzlake gelegt, dadurch bekommt er einen zarten Geschmack. Die Italiener streuen ihn auf Pizza, geben ihn an Saucen für Pasta-Gerichte und mischen ihn unter Salate.
Mu-Err-Pilze: chinesische Morcheln, bei uns getrocknet im Handel. Sie werden vor der Weiterverarbeitung in heißem Wasser eingeweicht.

Mungobohnen: Hülsenfrüchte, die vor allem in China und Indien angebaut werden. Sie sind halbiert, geschält und ganz erhältlich. Die kleinen olivgrünen Bohnenkerne haben einen hohen Vitamingehalt. Mungobohnenkeimlinge werden in China zu den beliebten FEN-TIAO-NUDELN – Glasnudeln – verarbeitet.
Obers (Schlagobers): österreichische, süddeutsche und schlesische Bezeichnung für Schlagsahne.
Okra (Gombo, Gumbo, Bamia, Ladyfinger): Frucht einer baumhohen Eibischpflanze, die heute in vielen tropischen, subtropischen und Mittelmeerländern angebaut wird. Die grünen, fingerlangen, leicht gebogenen Schoten sind mit einem feinen Flaum überzogen; ältere Früchte haben eine ledrige, stoppelige Haut. Okras haben wenig Eigengeschmack, entfernt erinnern sie an Stachelbeeren oder grüne Bohnen. Bei uns wird das Gemüse frisch von August bis November angeboten, in Dosen ganzjährig. Von frischen Okras mit einem trockenen Tuch den Flaum abreiben, die Schoten waschen und die Blütenansätze und Stiele abschneiden, ohne ins Fruchtfleisch zu schneiden. Okras enthalten im Inneren eine schleimige Flüssigkeit, die sich beim Kochen voll entwickelt. Wird für eine Speise die bindende Eigenschaft des Okraschleims gewünscht, – etwa für Eintöpfe – verwendet man die Früchte roh in Scheiben geschnitten. Für Okragemüse blanchiert man die ganzen Früchte einige Minuten in kochendem Wasser, bevor man sie gar dünstet oder brät. Dadurch wird verhindert, daß zuviel der schleimigen Flüssigkeit während des Garens nach außen tritt. Okras sind eine wichtige Zutat zum kreolischen Nationalgericht GUMBO.

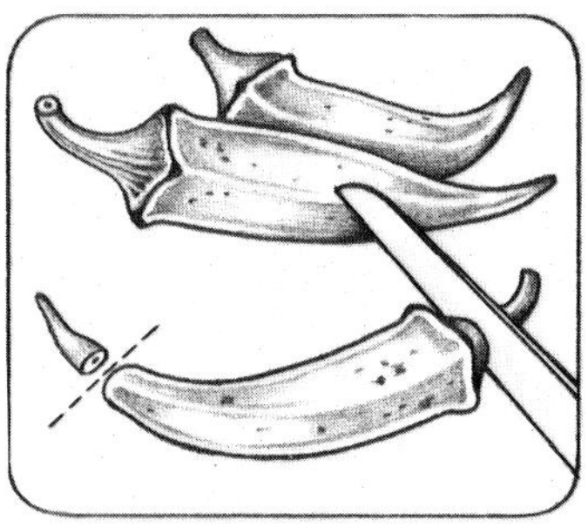

Sollen Okras im ganzen gegart werden, Stiele und Spitzen entfernen, ohne jedoch ins Fruchtfleisch zu schneiden.

Okras blanchieren: Die Okras in einem Sieb mit kochendem Wasser übergießen und einige Minuten kochen lassen.

Orangenblütenwasser: als Nebenprodukt bei der Destillation von Orangenblüten gewonnene hocharomatische Flüssigkeit, die vor allem im Vorderen Orient und in Nordafrika als geschmackgebende Zutat für Gebäck und Süßspeisen dient. In guten Lebensmittelgeschäften und Apotheken erhältlich.
Oregano (Dost): würziges Küchenkraut, auch »wilder Majoran« genannt, wie Majoran im Mittelmeerraum beheimatet. Er wächst dort zwar wild, wird aber längst auch angebaut. Oregano ist ein bis zu 50 cm hohes Strauchgewächs mit kleinen ovalen Blättern und rosaweißen Rispenblüten. Man erntet die Triebe während der Blütezeit, weil man die Blüten mitverwendet. Seinen starken Duft und das typische Aroma entfaltet das Kraut nur bei ausreichender Sonneneinwirkung. Oregano ist das »Nationalgewürz« Italiens. Viele italienische Gemüsegerichte aus Tomaten, Auberginen, Paprikaschoten und Zucchini, Fleisch- und Tomatensaucen, Gerichte aus Seefisch und alle Arten von Fleich mit Ausnahme von Lamm werden mit Oregano gewürzt. Er ist außerdem *das* Pizzagewürz. Frisch wird das Kraut bei uns so gut wie nie angeboten. Die einjährige Pflanze ist jedoch nicht so empfindlich wie Majoran und läßt sich an einer sonnigen Stelle im Garten, in Töpfen oder Kästen selber ziehen. Man sollte die jungen Triebe dann aber auch frisch verwenden; Oregano aus unseren Breitengraden hat getrocknet weniger Würzkraft als der importierte. – Getrocknet und gerebelt ist Oregano – meist italienischer – das ganze Jahr über erhältlich.
Pachamanka: Festessen, das in den Andenstaaten bei besonderen Anlässen zelebriert wird. Das Wort ist indianisch und bedeutet »Erdloch«. Bei einer PACHAMANKA werden in eine ausgehobene, etwa 1 m tiefe Grube Steine und Brennholz geschichtet, darauf nochmals Steine gehäuft und das Holz dann angezündet. Wenn die Steine glühend heiß sind, werden sie mit einer dicken Laubschicht bedeckt. Eine beträchtliche Menge Fleisch – Spanferkel, Zicklein, Meerschweinchen, Hühner – wird auf das Laub gebettet. Töpfe mit Reis, verschiedenem Gemüse, Maiskolben und Kartoffeln werden dazwischen arrangiert. Anschließend bedeckt man alles mit Laub, einer weiteren Steinschicht und Erde. Es dauert mehrere Stunden, bis Fleisch und Gemüse gar sind. Die PACHAMANKA wird geöffnet, und der Schmaus beginnt. Fleisch und Gemüse haben das Aroma von Laub und Hölzern angenommen.
Palmöl: in Westafrika und Südamerika aus den Früchten der Ölpalme durch Auspressen oder Auskochen gewonnenes Speiseöl mit schwachem Veilchenduft. Bei uns ist dieses Öl ein wichtiger Rohstoff in der Margarineerzeugung. In den Erzeugerländern wird das Öl inzwischen durch wertschonende Methoden gewonnen, so daß Palmöl bester Qualität ausgeführt werden kann und auch bei uns als hochwertiges Speiseöl erhältlich ist.
Palmzucker: aus dem Stiel der Blütenstände verschiedener Palmen, vor allem der Zuckerpalme, gewonnener Saft, der zu Sirup und anschließend zu einer zähflüssigen braunen malzig-süßen Masse, JAGGERY, eingekocht wird. Palmzucker ist bei uns schwer erhältlich.
Parmaschinken: roher italienischer Schinken, in Langhirono in der Nähe von Parma hergestellt. Sein einzigartiges Aroma verdankt er der würzigen Bergluft, in der er 10 bis 15 Monate getrocknet wird, und der sorgfältigen Bearbeitung zuvor. Parmaschinken wird in einer Mischung aus Salz, Zucker, Pfeffer und Nelkenpfeffer, Muskatnuß, Koriander und Senf 3 Wochen lang gepökelt.
Parmesan: italienischer Hartkäse, reift in Kellern mindestens 2 Sommer lang und bekommt dadurch eine trockene, leicht krümelige Konsistenz. Parmesan ist der berühmteste Reibekäse. Obwohl es ihn in Beuteln und Dosen bereits gerieben in großer Auswahl zu kaufen gibt, sollte man sich die Mühe machen und Parmesan im Stück kaufen, um ihn bei Bedarf selbst zu reiben. Sein angenehmes, leicht scharfes Aroma bleibt so besser erhalten. Der Käse hält sich monatelang.
Passahklößchen (Knaidlach, Kneidlech): traditionelle feine Suppenklößchen aus Matzenmehl für das Passahfest. *Rezept:* 3 Eigelbe mit ¼ Teelöffel Salz verquirlen und nach und nach 6 Eßlöffel Matzenmehl unterrühren. Schnee von 3 Eiweißen unterziehen, Klößchen abstechen und in leicht kochendem Salzwasser oder in Brühe gar ziehen lassen. Ist Matzenmehl nicht zu bekommen, kann man auch fein zerstoßene Matzen (in Reformhäusern erhältlich) verwenden.
Pasta: Grundlage der italienischen Küche. Die verschiedenen Pastaformen lassen sich auch für Italiener kaum überblicken. Doch gibt es einige Merkmale, die helfen, ein wenig Ordnung in die Fülle zu bringen. Nach der Beschaffenheit des Teiges teilt man sie in zwei Hauptsorten ein: PASTA SECCA sind alle industriell hergestellten trockenen Pastasorten, die abgepackt verkauft werden. Sie bestehen meist aus einem Teig aus Weizengrieß oder Weizenmehl, Wasser und Salz. Als PASTA ALL'UOVO – Pasta mit Ei – wurden ursprünglich nur die frischen, hausgemachten Nudeln bezeichnet. Die findige Industrie bietet sie aber auch bereits abgepackt an. PASTA FATTA A CASA sind in jedem Fall hausgemachte Nudeln.

Pastaformen: Oben von links nach rechts: Tagliatelle, Lasagne, Cannelloni; unten von links nach rechts: Rigatoni, Farfalle, Ricceni.

Die zweite Klassifizierung ergibt sich aus den Gerichten selbst. PASTA ASCIUTTA heißen alle Nudelgerichte, die mit Sauce – auch nur mit zerlassener Butter und geriebenem Käse – serviert werden. Außerdem gehören dazu gefüllte Nudeln wie CANNELLONI oder RAVIOLI sowie überbackene Nudelgerichte – al forno – wie die berühmten LASAGNE.

PASTA IN BRODO sind kleine Pastaformen, die als Suppeneinlage dienen und meist in Brühe gegart werden.

Pastasorten, die für PASTA ASCIUTTA verwendet werden, sind: SPAGHETTI, dünne, runde Nudeln, in Italien etwa 50 cm lang; TAGLIATELLE, Bandnudeln; TAGLIARINI, schmale Bandnudeln; CAPELLINI, sehr schmale Bandnudeln; CAPELLINI D'ANGELO, feinste Variante der Bandnudeln, der Name bedeutet »Engelshaar«; FEDELI, sehr dünne runde Nudeln, meist in verschlungenen Bündeln; LASAGNE, sehr breite, dünne Nudelblätter mit glattem oder gewelltem Rand, oft mit Spinat grün gefärbt; MACCHERONI, lange Röhrennudeln; ZITE, in kurze Stücke geschnittene Maccheroni; TUBETTI LUNGHI, kurze gebogene Maccheroni; RIGATONI, kurze Röhrennudeln mit breitem Durchmesser und geripptem Rand; PENNE, ähnlich wie Rigatoni, mit kleinerem Durchmesser; FUSSILI, kurze Nudeln in Korkenzieherform gedreht; FARFALLE, schmetterlingsförmige Nudeln; CONCHIGLIE RIGATE, Muschelformen; FIOCHETTI, Schleifchen; RICCENI, Locken; FESTI, kurze Nudeln mit Girlandenmuster; RAVIOLI, Teigtäschchen, gefüllt mit Spinat, Käse, Kräutern oder Fleischfarce; TORTELLINI, zusammengedrehte Teigtaschen, die es nur selten zu kaufen gibt, die Füllung besteht aus Hühnerbrust, Mortadella, Schweinehack oder Käse; CANNELLONI, hohle Nudeln die gefüllt und im Ofen überbacken werden.

Pastasorten, die »in brodo« gegart werden: DITALINI, kurze, dünne Hohlnudeln; FARFALLINI, kleine Schmetterlingsformen; GNOCCHETTI SARDI, sardinenförmige kleine Nudeln; LUNACHE MEDIE, schneckenhausförmige Nudeln.

Außerdem gibt es für PASTA IN BRODO kleine Buchstabennudeln, Sternchen, Ringe, die alle unter dem Sammelbegriff PASTINI angeboten werden.

PASTA ASCIUTTA wird in sehr viel Wasser – 1 l für 100 g Pasta – gekocht. Das Kochwasser soll genügend Salz enthalten – 1 bis 2 Teelöffel auf 1 l. Etwas Olivenöl im Kochwasser verhütet, daß die Nudeln aneinanderkleben. Ein Pastagericht ist nur dann vollkommen, wenn die Nudeln »al dente« gekocht sind, das heißt, wenn sie noch bißfest sind. Auch werden in Italien Spaghetti nach dem Garen nicht kalt überbraust, sondern gut abgetropft in einer vorgewärmten Schüssel angerichtet. Damit sie sich gut mit der Sauce – sugo – verbinden, dürfen Spaghetti jedoch nicht zu trocken sein. Die italienischen Hausfrauen mischen deshalb bei Tisch oft noch ein wenig von der heißen Garflüssigkeit unter die Nudeln – gerade so viel, daß sie feucht glänzen und die Stärke, die sich außen an den Spaghetti absetzt, gebunden wird. (→ RAGÙ ALLA BOLOGNESE, Seite 304.)

Pastel de choclo: üppiger Maisauflauf aus Chile. *Rezept:* 500 g Rinderhackfleisch in 3 Eßlöffeln Olivenöl anbraten. 2 grobgehackte Zwiebeln und 1 feingehackte Knoblauchzehe, 50 g eingeweichte Rosinen, 1 getrocknete zerkrümelte Chilischote, 1 Teelöffel gemahlenen Kreuzkümmel, ½ Teelöffel Rosenpaprika sowie 1 Teelöffel Salz und 1 Messerspitze schwarzen Pfeffer unterrühren, das Hackfleisch bei milder Hitze etwa 10 Minuten köcheln lassen, dann in eine feuerfeste Form füllen. 500 g Hähnchenfleisch in 4 Teilen in Olivenöl rundherum anbraten und zugedeckt bei sehr milder Hitze weitere 25 Minuten braten. 100 g entsteinte schwarze Oliven auf die Hackfleischmasse geben und das gebratene Geflügelfleisch darauflegen. 2 Tassen frische oder aufgetaute tiefgefrorene Maiskörner mit 1 Eßlöffel Milch im Mixer pürieren und in einer Pfanne mit Olivenöl unter Rühren zu einem festen Brei ausquellen lassen. Den Maisbrei auf die Hähnchenteile streichen, mit 1 Teelöffel Zucker bestreuen und 45 Minuten im auf 200° vorgeheizten Backofen überbacken. In den letzten 15 Backminuten den Backofen auf 225° schalten. Heiß in der Form servieren.

Pastinak (Hammelmöhre): weiße Rübe, aus Möhren und Petersilie gezüchtet, schmeckt würzig-süßlich. Bei uns ist dieses Gemüse nicht sehr bekannt. Auf Märkten und in Gemüsegeschäften werden Pastinaken in den Wintermonaten gelegentlich angeboten.

Pecorino: italienischer Hartkäse aus frischer Schafmilch, mit 36% Fett i. Tr.. Besonders gut zum Reiben und Überbacken geeignet. Schmeckt je nach Reife mild, pikant bis würzig. Der Käse ist etwa 2 Monate lang haltbar.

Pekannüsse: Früchte des nordamerikanischen Hickorybaumes. Schale und äußere Form erinnern an Haselnüsse, der Kern an Walnuß. Eine beliebte amerikanische Süßspeise ist PECAN PIE (Pekannußauflauf). *Rezept:* Aus 125 g Mehl, 60 g Schweineschmalz, 3 Eßlöffeln Butter in Flöckchen, 1 Prise Salz und 3 Eßlöffeln Eiswasser einen Mürbeteig kneten und 60 Minuten im Kühlschrank ruhen lassen. Den Teil ½ cm dick ausrollen, eine gefettete feuerfeste Form damit auslegen und den Teigboden etwa 10 Minuten im auf 200° vorgeheizten Backofen vorbacken. 4 ganze Eier schaumig schlagen und nach und nach 2 Tassen Rübensirup darunterschlagen. 3 Eßlöffel zerlassene Butter unterrühren und 250 g Pekannußkerne zufügen. Die Nußfüllung auf den vorgebackenen, ausgekühlten Teig geben und bei 200° 35 bis 40 Minuten im Backofen backen, bis die Füllung fest geworden ist.

Pferdebananen: → Planten.

Pickles: in Essigwasser eingelegtes Gemüse wie Blumenkohlröschen, Gürkchen, Gurkenstücke, Maiskölbchen, Oliven, Paprikaschoten, Perlzwiebeln, Pilze, Spargel oder eine Mischung daraus (MIXED PICKLES). In Großbritannien und in den USA beliebte Beilage zu verschiedenen Fleisch- und Geflügelgerichten.

Pinienkerne: Samen der im Mittelmeerraum heimischen Pinie. Sie werden bei uns geschält, roh oder geröstet und gesalzen angeboten. Zutat für die Füllung von gefüllten Weinblättern und für italienischen PESTO sowie für Suppen und Saucen.

Piroschki: fleischgefüllte Pastetchen, Bestandteil der russischen SAKUSSKA, des legendären Vorspeisentisches. *Rezept:* 1 gehackte Zwiebel in 3 Eßlöffeln Butter glasig braten. 200 g Rinderhackfleisch zufügen und nach einigen Minuten Bratzeit 50 g feingehackte Pilze unterrühren und 5 Minuten mitbraten. 1 hartgekochtes gehacktes Ei, 4 Eßlöffel Fleischbrühe, Salz und Pfeffer, sowie 2 Eßlöffel feingehackten Dill unterrühren und die Masse abkühlen lassen. Aus 250 g mit 1 Teelöffel Backpulver gesiebtem Mehl, 2 Messerspitzen Salz, 2 Eiern, ½ Tasse Öl und 2 Eßlöffeln Wasser einen Teig kneten. ½ cm dick ausrollen und Teigkreise von 6 cm ∅ ausstechen. Die Teigkreise mit je 1 Eßlöffel Füllung belegen, zu Halbkreisen zusammenklappen, mit Eigelb bestreichen und auf einem gefetteten Backblech bei 230° 20 bis 30 Minuten backen.

Lexikon der Spezialitäten

Pistazien: Steinfrüchte der im Mittelmeerraum angepflanzten »echten Pistazie« mit gelblichweißer fester Schale und einem grünen, von violetter Haut überzogenen Kern.
Planten (Pferdebananen, Gemüsebananen, Kochbananen): sehr stärkehaltige, jedoch nicht süße Bananenart, die in allen tropischen Ländern gedeiht. In ihren Anbauländern in Eintöpfen und Suppen mitgekocht, gebraten oder fritiert, spielen sie in diesen Ländern etwa die Rolle wie bei uns die Kartoffel. Die mehligen Früchte haben nicht viel Eigenaroma und vertragen kräftiges Würzen.
Porotos granados: In diesem chilenischen Gericht sind 3 typisch indianische Gemüsesorten enthalten: Bohnen, Mais und Kürbis. *Rezept:* 375 g frische weiße Bohnenkerne in 1 l Wasser garen. 2 grobgehackte Zwiebeln und 1 feingehackte Knoblauchzehe in 5 Eßlöffeln Olivenöl glasig braten. 500 g gehäutete, gehackte Tomaten und je 1 Teelöffel getrocknetes Basilikum und getrockneten Oregano, sowie 1 Messerspitze gemahlenen schwarzen Pfeffer zufügen. Das Gemüse zu einem dicken Püree kochen. 500 g in Würfel geschnittenes Kürbisfleisch zufügen. Weitere 60 Minuten kochen lassen. ½ Tasse frische oder tiefgefrorene aufgetaute Maiskörner unterrühren, 5 Minuten mitkochen lassen, mit Salz abschmecken. POROTOS GRANADOS in einer Suppenterrine heiß servieren.
Portweingelee: In der französischen Küche spielt das herbe Gelee als Garnierung für kalte Fisch-, Fleisch- oder Wildgerichte, bei der Bereitung von Mousse oder Sülzen eine große Rolle. Am delikatesten schmeckt dieses Gelee, wenn es nur aus stark eingekochter Fleisch- oder Fischbrühe bereitet wird, ohne Zusatz von anderen Geliermitteln. Rascher geht es jedoch mit Aspikpulver. *Rezept für ¼ l Gelee:* Geputzte und sehr klein gewürfelte Stücke von Sellerieknolle, Lauch, und Zwiebel, 1 Pfefferkorn und ½ Lorbeerblatt mit Schnee von 1 Eiweiß mischen und in ¼ l konzentrierter Fleischbrühe unter Rühren zum Kochen bringen. Wenn das Eiweiß geronnen ist, 5 cl Portwein zugießen und die Brühe 30 Minuten ziehen – nicht kochen – lassen. Die Brühe durch Filterpapier gießen. 10 g Aspikpulver in 2 Eßlöffeln kaltem Wasser einweichen und in die heiße Brühe rühren. Unter öfterem Rühren abkühlen lassen und nach Rezept weiterverarbeiten.
Prager Schinken: mild gepökelter und geräucherter Schinken von 2,5 bis 3 kg Gewicht, besonders gut für warme Schinkengerichte geeignet. In der Tschechoslowakei bäckt man ihn gern im Brotteig. Dazu kocht man den Schinken 60 Minuten im Wasser, entfernt die Schwarte und die Fettschicht, hüllt ihn in Brotteig, den man sich vom Bäcker besorgen kann, und bäckt ihn bei 175 ° 1½ bis 2 Stunden.
Puchero: argentinisches Nationalgericht, das ähnlich auch in Spanien zubereitet wird. *Rezept:* Einen großen Topf halbvoll mit Wasser füllen, Salz zufügen. Das Wasser zum Kochen bringen. 750 g in große Würfel geschnittenes Rindfleisch, ½ entbeintes Suppenhuhn und 1 in vier Teile gehackten Kalbsfuß zufügen, aufkochen lassen und abschäumen. Das Fleisch etwa 1½ Stunden kochen lassen und dann nacheinander 4 ganze geschabte Möhren, je 4 geschälte Süßkartoffeln und Kartoffeln, 4 junge Maiskolben, 2 ganze geschälte Zwiebeln und, kurz bevor alles Gemüse gar ist, 2 gehäutete Tomaten und 4 Scheiben Kürbisfleisch zufügen und mitkochen lassen. 125 g geräucherten Speck in Würfel schneiden, ausbraten und mit dem Fett in den Eintopf geben. Das Gericht mit schwarzem Pfeffer und Salz abschmecken und das Fleisch, das Gemüse und die Brühe getrennt in Schüsseln auftragen.
Raclette: Diese Art, geschmolzenen Käse zu genießen, stammt aus dem Wallis. Die Bergbauern dort schmelzen ihren würzigen Käse am offenen Holzkohlenfeuer. Die an der Schnittseite einer Käsehälfte weich gewordene Käsemasse wird mit einem Eisenspatel vom übrigen noch harten Käse abgeschabt und zu heißen Pellkartoffeln gegessen. Da die wenigsten der modernen Haushalte über eine offene Feuerstelle verfügen, ersann die Industrie zwei Typen von elektrisch geheizten Raclettegeräten. Beim größeren Gerät wird in eine Halterung eine ganze Bergkäsehälfte eingespannt. Ein anderes Gerät sieht aus wie ein kleiner Ofen mit vier Öffnungen, in die man Eisenpfännchen mit den Käsescheiben einschiebt. Den gegrillten Käse ißt man mit frischgemahlenem schwarzem Pfeffer und Salz zu heißen Pellkartoffeln. Beliebte Beigaben sind außerdem frisches Bauernbrot, Cornichons, Mixed Pickles und Bündner Fleisch.

Großes elektrisch beheiztes Raclettegerät für Käsehälften. Der Käse wird in der Halterung unter die Heizstäbe des Gerätes geschwenkt.

Raclette-Öfchen: Die Käsescheiben werden in Pfännchen in die vier Öffnungen geschoben und durch Strahlungshitze von oben geschmolzen.

Ragù alla bolognese: italienische Fleischsauce. *Rezept:* 1 Zwiebel, 1 Möhre und 1 Selleriestange schälen oder putzen und in sehr kleine Würfel schneiden. 50 g geräucherten Speck ebenfalls kleinwürfeln. Das Gemüse und den Speck mit 300 g Hackfleisch mischen und in 100 g Butter braten, bis das Fleisch eine graue Farbe angenommen hat. ⅛ l herben Rotwein zugießen und unter Rühren einkochen lassen. 1 Tasse Fleischbrühe zufügen und die Sauce bei milder Hitze kochen lassen. Wenn die Flüssigkeit fast verdampft ist, 300 g gehäutete pürierte Tomaten, ½ Teelöffel Salz und 1 Messerspitze schwarzen Pfeffer unterrühren. Mit so viel Milch auffüllen, daß die Fleisch-Tomaten-Mischung davon bedeckt ist. Die Sauce bei sehr milder Hitze zugedeckt 3 Stunden köcheln lassen. Gegebenenfalls noch etwas Fleischbrühe nachfüllen. Die Sauce soll dickflüssig, jedoch nicht breiig sein.
Ratatouille: Gemüsespezialität aus Nizza. Der Name dieses wohlschmeckenden Gerichtes heißt übersetzt – es ist nur umgangssprachlich möglich – etwa »gerührter Fraß«. *Rezept:* 3 gewürfelte Auberginen, 3 gehäutete gewürfelte Fleischtomaten, 3 in Scheiben geschnittene Zucchini und 3 in Streifen geschnittene Paprikaschoten in einen großen Topf geben. Mit 1 Tasse Olivenöl übergießen, salzen und pfeffern. 1 Kräutersträußchen, 1 zerdrückte Knoblauchzehe und 1 Prise in wenig heißem Wasser aufgelöstes Safranpulver zufügen. Mit 1 Tasse Wasser übergießen und bei milder Hitze 1½ Stunden köcheln lassen und warm oder kalt servieren. RATATOUILLE eignet sich als kalte Vorspeise besonders gut, da es einen Tag im voraus bereitet werden kann und durch das Aufbewahren noch an Geschmack gewinnt.
Ravioli: italienische gefüllte Teigwaren, die es in Dosen konserviert – meist in Tomatensauce – zu kaufen gibt. Sie können sie nach folgendem Rezept selbst zubereiten: Einen italienischen Nudelteig nach dem Grundrezept auf Seite 43 bereiten und zu 2 messerrückendünnen Teigquadraten ausrollen. Eine Teigplatte mit einem feuchten Tuch bedecken. Auf die andere im Abstand von etwa 4 cm teelöffelweise eine Farce aus Hackfleisch oder gekochtem Geflügel oder aus Spinat oder eine Quark-Parmesankäse-Mischung geben. Die zweite Teigplatte darüberlegen; den Teig

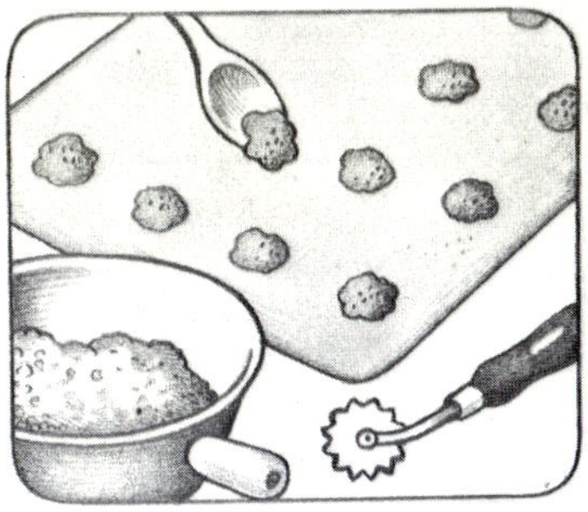

Zum Füllen selbstbereiteter Ravioli die Farce teelöffelweise in gleichmäßigen Abständen auf eine Nudelteigplatte setzen, …

… mit der anderen Teigplatte bedecken und Ravioli ausrädeln, so daß die Füllung jeweils in der Mitte eines Teigquadrates sitzt.

um die Füllung festdrücken und die Ravioli ausrädeln, so daß die Füllung jeweils in der Mitte eines Teigquadrates sitzt. Die Ränder festdrücken. Die RAVIOLI in Fleischbrühe gar ziehen lassen. Tomatensauce oder zerlassene Butter und Parmesan dazu reichen.
Rijsttaart: niederländische Reistorte. *Rezept:* 200 g Rundkornreis in 1 l Milch mit etwas Zitronenschale und Vanille zu einem dicken Brei kochen. 100 g Butter schaumig rühren, 4 Eigelbe, 100 g Zukker, 50 g Mehl und 50 g geriebene Mandeln sowie 1 Prise Salz unterheben. 3 Eiweiße steif schlagen und alles mit dem Reisbrei verrühren. In eine gebutterte, mit Mehl ausgestäubte Springform füllen und bei mittlerer Hitze 45 bis 60 Minuten im Backofen bakken. Zum Servieren die Torte stürzen und mit Puderzucker überstäuben.
Risi e Bisi: Reis und Erbsen. Das venezianische Originalrezept ergibt ein weitaus köstlicheres Gericht als das, was hierzulande gemeinhin darunter verstanden wird, nämlich körnig gekochter Reis, gemischt mit grünen Erbsen. *Rezept:* 3 Eßlöffel Butter mit 2 Eßlöffeln Olivenöl erhitzen und 100 g gewürfelten fetten Speck und 1 in Scheiben geschnittene Frühlingszwiebel darin schön braun braten. Dann 450 g frische grüne Erbsen und einige Eßlöffel Fleischbrühe dazufügen und alles etwa 15 Minuten dünsten lassen, 250 g Rundkornreis dazugeben und mit 1½ l heißer Fleischbrühe auffüllen. Nach etwa 20 Minuten Garzeit ist der Reis weich und die Flüssigkeit noch nicht ganz aufgesogen. Man würzt das Gericht mit Salz und bestreut es großzügig mit geriebenem Parmesankäse und Petersilie.
Rosenwasser: Verdünnung des aus Rosenblättern gewonnenen Öls mit destilliertem Wasser. In Nordafrika und im Vorderen Orient häufig Geschmackszutat für Gebäck und Obstsalat. In Apotheken und Feinkostgeschäften erhältlich.
Rösti: Die Schweizer Bratkartoffeln werden je nach Kanton aus Pellkartoffeln oder rohen Kartoffeln bereitet. Für BERNER RÖSTI werden die Pellkartoffeln grobgeraspelt. ZÜRCHER RÖSTI bestehen aus dünnen Kartoffelscheiben. Hauptbestandteil der URNER RÖSTI sind rohe geraspelte Kartoffeln. Rösti können mit Speck- oder Schinken- und Zwiebelwürfeln angereichert, mit Pfeffer und Kümmel gewürzt und mit Schabzigerkäse bestreut werden. In der Schweiz ißt man Rösti gern mit Bratwurst und Salat. Milchkaffee schmeckt besonders gut dazu. In manchen Bauernfamilien steht die Pfanne mit Rösti auch heute noch auf dem Frühstückstisch. *Rezept für* BERNER RÖSTI: 750 g Pellkartoffeln vom Vortag grobraspeln, mit 100 Speckwürfeln und Salz mischen und in 4 Eßlöffeln erhitzter Butter oder heißem Schweineschmalz in der Pfanne wenden und bei mittlerer Hitze goldbraun braten; hin und wieder wenden. Gegen Ende der Bratzeit die Kartoffeln zusammenschieben und den Kartoffelkuchen bei starker Hitze an der Unterseite braun braten. Die Rösti auf eine Platte stürzen. *Rezept für* URNER RÖSTI: 750 g rohe Kartoffeln grobraspeln, salzen und in 4 Eßlöffeln heißem Schmalz in der Pfanne langsam braten, bis sich die Unterseite des Kartoffelteiges braun färbt. Mit einem Gemisch aus Sahne und geriebenem Käse übergießen und weiterbraten, bis die Kartoffelraspel völlig durchgegart sind.
Safran: Safranfäden sind die getrockneten dreiästigen orangeroten Blütennarben einer Krokusart. Wahrscheinlich stammt die Pflanze aus Kleinasien. Heute wird Safran in allen Mittelmeerländern, in Frankreich, in Österreich und vielen Ländern Ostasiens kultiviert, wobei der beste Safran aus Spanien stammt. Das teuerste Gewürz der Welt wird auch heute noch von Hand geerntet; um 1 kg Safran zu erhalten, müssen etwa 100 000 Blütennarben gesammelt, von den Griffeln geschnitten und getrocknet werden. Sie kommen im Ganzen als Safranfäden oder als gemahlenes Pulver in den Handel. Safran duftet intensiv, fast moschusartig betäubend, schmeckt zart bitter und würzig. Jedoch verwendet man Safran in erster Linie wegen seiner Färbewirkung. Schon 0,1 g Safran genügt, um 3 l Wasser intensiv gelb zu färben. In der Küche des Mittelmeers spielt Safran als Gewürz eine Rolle. Er gehört in die berühmte BOUILLABAISSE, in die spanische PAELLA und in den RISOTTO MILANESE. Man verwendet ihn in winzigen Mengen, indem man ihn in wenig heißem Wasser oder heißer Brühe einige Minuten weichen läßt und die Flüssigkeit dann unter die Speise rührt. Safran ist lichtempfindlich und sollte dunkel im verschlossenen Behälter nicht länger als 4 Monate aufbewahrt werden.
Sake: Reiswein. Das japanische Nationalgetränk wird aus mit Hefe vergorenem Reis destilliert und erinnert im Geschmack an Sherry. Er wird lauwarm aus Porzellanschälchen getrunken. MIRIN, die süße Variante, wird in Japan vorwiegend als Kochwein verwendet. Beide gibt es bei uns in Fachgeschäften zu kaufen.
Sambal: → Kurkuma.
Sardelle: bis zu 15 cm langer Heringsfisch, der vor den Küsten Spaniens, Frankreichs und Italiens, sowie vor England und Norwegen gefangen wird. Sardellen reifen ohne Schwanz und Kopf unausgenommen einige Monate lang in Salz. Danach werden sie entgrätet und gehäutet in Salz oder Öl eingelegt. Sardellen auch in ungeöffneter Verpackung kühl lagern und auf das angegebene Verfalldatum achten, da der durch das Salz eingeleitete Reifungsprozeß nicht gestoppt werden kann. In Salz eingelegte Sardellen vor der Weiterverarbeitung kalt abspülen, damit das anhaftende Salz die Speise nicht verdirbt.
Sauce Mornay (Mornaysauce): helle französische Sauce zum Gratinieren verschiedener Speisen. *Rezept:* Béchamelsauce nach dem Rezept auf Seite 45, jedoch ohne Muskat, bereiten, mit Eigelb legieren, Parmesankäse unterrühren und Eischnee unterziehen.
Sauce Tatare (Tatarsauce): *Rezept:* gehackte Kapern mit hartgekochtem gehacktem Ei, kleingewürfelter Gewürzgurke und Zwiebeln unter Mayonnaise rühren; mit geriebenem Meerrettich und Pfeffer würzen.
Sauerampfer: oxalsäurehaltiges Wiesenkraut. Sauerampfer wird als Gemüsepflanze angebaut und ist nur frisch, vor allem im Frühjahr, erhältlich.
Scampi: → Kaisergranate.
Schalotten: stammen vom Mittelmeer und sind kleiner und feiner im Aroma als die gewöhnliche Würz- und Gemüsezwiebel. In der französischen Küche werden Schalotten als Würzzwiebeln bevorzugt.
Schildkrabben: → Krabben.
Scordoléa: kalte rumänische Nußsauce. *Rezept:* 2 dicke in Wasser eingeweichte Weißbrotscheiben ohne Rinde gut ausdrücken und durch ein Sieb streichen. Mit 150 g gemahlenen Walnußkernen und 3 zerdrückten Knoblauchzehen mischen. 2 Messerspitzen Salz zufügen und nach und nach 5 Eßlöffel Öl unterrühren. Mit Essig abschmecken und mit so viel Wasser verdünnen, daß eine

dickflüssige sämige Sauce entsteht. Kalt zu gebratenem Geflügel reichen.

Selchfleisch: österreichische und süddeutsche Bezeichnung für gepökeltes, geräuchertes Schweinefleisch. Wird wie Eisbein zu Erbsenpüree serviert.

Sesam: Samen der krautartigen bis zu 1,50 m hohen Sesampflanze, die heute überall in den Tropen und Subtropen angebaut wird. Die Samen, die etwa 60% Öl enthalten, sind Hauptbestandteil des türkischen Honigs, HALWA. Im Orient werden die wohlschmeckenden Körner als Gewürz verwendet, vor allem in Korea und Japan würzt man mit Sesam Salate und Gemüsegerichte.

Shortbread: sehr feines schottisches Mürbegebäck, Glanzpunkt der schottischen Backkunst und Exportartikel. *Rezept:* 200 g kalte Butter in Flöckchen schneiden und mit 100 g Zucker verkneten. 200 g Mehl mit 100 g Reismehl und 1 Prise Salz mischen und möglichst rasch und gründlich mit einer Gabel mit dem Butter-Zucker-Gemisch zu einem Mürbeteig verarbeiten; zu einer Kugel formen und 1 bis 2 Stunden im Kühlschrank ruhen lassen. Den Teig ¼ cm dick ausrollen, auf ein gut gefettetes und bemehltes Blech legen, mehrmals mit der Gabel einstechen und mit einem Messer 2 cm breite und 8 cm lange Streifen markieren. Zuerst 5 Minuten bei 230° und dann weitere 30 Minuten bei 180° backen. Das fertige Gebäck ist goldgelb. Die Teigplatte mit Zucker bestreuen und in Streifen schneiden. SHORTBREAD kann auch in einer Springform gebacken und wie eine Torte geschnitten werden.

Sojabohnen: Hülsenfrüchte, hauptsächlich aus Ostasien. Sojabohnen haben einen besonders hohen Eiweißgehalt (35%) und einen hohen Fettanteil. Aus Preßrückständen, die bei der Gewinnung von Sojaöl anfallen, wird in Japan Sojamilch und aus dieser Sojaquark (Tofu) gewonnen.

Sojasauce: ostasiatische Würzsauce. Hauptbestandteil ist Sojamehl, das in einem monatelangen Reifungsprozeß mit gequollenem Weizen- oder Reisschrot fermentiert wird. Japanische Sojasauce ist dünnflüssig und recht salzig, chinesische Sojasauce etwas dickflüssiger und milder im Geschmack. Die indonesische Sojasauce ist süß und dickflüssig.

Spätzle: Echte schwäbische Spätzle sind eine ebenso köstliche wie beliebte Beilage. *Rezept:* 375 g griffiges Mehl (Dunstmehl) mit 1 Tasse Wasser verrühren. 3 Eier und ½ Teelöffel Salz zufügen und alles zu einem breiartigen Teig verarbeiten, der jedoch nicht flüssig sein darf. 4 l Wasser mit 1 Teelöffel Salz zum Kochen bringen. Den Spätzleteig in Portionen nach und nach auf ein kalt abgespültes Holzbrett streichen und mit einem Messer mit langer Klinge in Streifen vom Holzbrett ins kochende Wasser schaben oder mit einem Spätzlehobel ins Wasser drücken. Das Wasser kurz aufkochen lassen und die Spätzle, sobald sie an die Oberfläche steigen, mit einem Schaumlöffel herausheben. In einem Sieb abtropfen lassen und warm stellen, bis der gesamte Spätzleteig verarbeitet ist.

Für Spätzle den Teig mit einem langen Messer in dünnen Streifen von einem Holzbrett schaben …

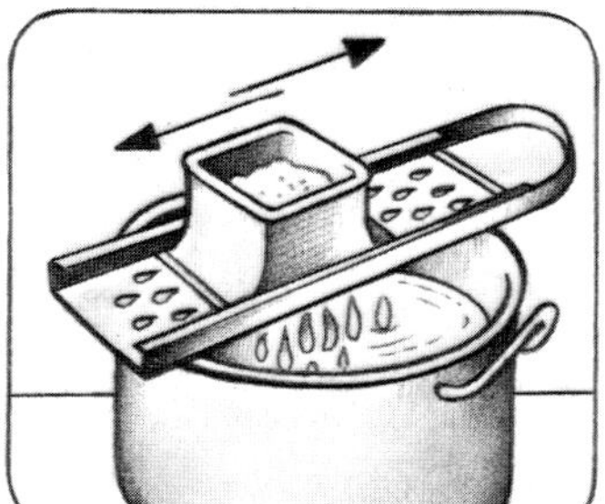

… oder mit einem Spätzlehobel ins kochende Salzwasser drücken.

Stockfisch: Mehr als 1000 Jahre hat sich die Methode, Fisch durch Wasserentzug, das heißt durch Trocknen haltbar zu machen, gehalten. Italien, Spanien und Portugal übernahmen die Methode von den Skandinaviern. Nicht nur Kabeljau wird zu Stockfisch getrocknet, geeignet sind dafür ebenso Schellfisch und Seelachs. Die Fische werden nach dem Fang ausgenommen und paarweise an den Schwänzen zusammengebunden im Freien an Holzgestängen aufgehängt. Sie sind 6 bis 10 Wochen der Luft ausgesetzt, werden dabei bretthart und steif und sind fast unbegrenzt haltbar. Um Stockfisch genießbar zu machen, muß man ihn mindestens 48 Stunden wässern, wobei das Wasser mehrmals gewechselt werden soll. Die Norweger bereiten aus Stockfisch LUTEFISK, in Birkenholz-Aschenlauge eingelegten Stockfisch, den es in Norwegen schon küchenfertig zu kaufen gibt. Man muß ihn nur noch in Salzwasser kochen. Dazu gibt es Salzkartoffeln und gelbe Erbsen.

Tamarillo (Baumtomate): spindelförmige Beerenfrucht, die seit Jahrhunderten von den Indianern im Norden Südamerikas, vor allem Kolumbiens, kultiviert wird. Die orangeroten Früchte haben eine etwas bitter schmeckende Schale, die man abziehen sollte. Das Fruchtfleisch ist herb-süß, saftig und sehr vitaminreich. Tamarillos werden heute in fast allen tropischen und subtropischen Ländern angebaut und vorwiegend zu Marmelade verarbeitet exportiert. Bei uns bekommt man hin und wieder in den Wintermonaten frische Tamarillos angeboten. Am besten genießt man sie wie die Bewohner ihrer Ursprungsländer frisch und unverarbeitet. So kommt ihr feines aprikosenartiges Aroma am besten zur Geltung.

Tamarinde (Sauerdattel): afrikanische Hülsenfrucht, die in fast allen tropischen Gebieten angebaut wird. Bis zu 20 cm lange Hülsen enthalten ein extrem saures, saftiges Fruchtfleisch, das zu Mus oder Saft verarbeitet wird. Tamarindenmus, aber auch das getrocknete Tamarindenfleisch dienen als Gewürz für viele exotische, vor allem indische Gerichte.

Tarator: bulgarische Joghurtsuppe. Die Langlebigkeit der Bulgaren wird oft halb scherzhaft, halb überzeugt ihrer Liebe zum Joghurt zugeschrieben. Ganz besonders gut harmoniert Joghurt mit den Zutaten für TARATOR. *Rezept:* 1 Salatgurke schälen und in kleine Würfel schneiden, mit Salz bestreuen und 30 Minuten ziehen lassen; abspülen und abtropfen lassen. Eine große Schüssel mit 1 halbierten Knoblauchzehe ausreiben und die Gurkenwürfel einfüllen. ¾ l Joghurt mit ¾ l Eiswasser verrühren und zu den Gurkenwürfeln gießen. 3 geschälte, feingehackte Knoblauchzehen und 50 g grobgehackte Walnußkerne zufügen und nach und nach 3 Eßlöffel Olivenöl mit dem Schneebesen unterrühren. Eisgekühlt servieren.

Trassi: Shrimppaste, bei uns als Konserve erhältlicher Extrakt aus feinpürierten Garnelen und Salz, in Südostasien eine sehr häufig verwendete Würzzutat. Man soll sie nur in kleinen Mengen verwenden. Gut verschlossen ist dieses Produkt jahrelang haltbar.

Trifle: gehaltvolle Süßspeise aus Großbritannien. Mit süßem Sherry getränkte Löffelbiskuits, Vanillecreme, übereinandergeschichtet, dick mit Schlagsahne garniert, mit kandierten Früchten und Makrönchen verziert.

Trüffel: Die schwarze Trüffel, der teuerste Speisepilz der Welt, wächst in Frankreich im Périgord. Trüffeln reifen im Winter. Nur dann strömen sie ihren scharfen, moschusähnlichen Duft aus, der den dressierten trüffelsuchenden Hunden und Schweinen ihren Standort unter dem Erdboden verrät. Die schwarzen Knollenpilze sehen aus wie kleine, schwarze, schrumpelige Kartoffeln. Ihre Oberfläche ist von warzenartigen Erhebungen bedeckt. Sie lieben die Nähe von Eichenwurzeln und lehmigen, leicht kalkhaltigen Boden. Obwohl man ihre Vorlieben kennt, sind alle Versuche, Trüffeln erfolgreich zu züchten, bis jetzt fehlgeschlagen. Frisch bekommt man diesen Luxuspilz hierzulande kaum. Wer unbedingt

frische Trüffeln essen will, muß ein Vermögen dafür ausgeben. Trüffeln gibt es in Döschen und Dosen von 12,5 bis 400 g zu kaufen; je nach Qualität von erschwinglich bis sehr teuer. Erschwinglich sind konservierte Trüffelstückchen und Trüffelschalen. Ganze konservierte Trüffeln gibt es ungeschält und geschält; diese tragen die Bezeichnung »extra« oder »1er choix«. In jedem Fall verwendet man die Einlegflüssigkeit – sie besteht aus Madeira, Rotwein oder Brühe – mit. Ungeschälte Trüffeln werden ganz dünn geschält. Die Schale wird als würzende Zutat für eine Suppe oder Sauce verwendet. Musquées und Ivernenco heißt eine Trüffelart, die es im Périgord beziehungsweise in der Provence gibt. Diese Trüffeln haben eine dunkelgraue Schale und bräunliches Fleisch. Ihr Duft ist würzig, aber längst nicht so kräftig wie das der echten Trüffel.
Die weiße Trüffel, das »weiße Gold« aus Piemont wächst in der Nähe von Weiden, Eichen und Linden und wird von Oktober bis Ende Dezember geerntet. Weiße Trüffeln können ein Gewicht von 1 kg erreichen. Meist sind die bräunlichen Knollen mit dem blaßbeigen Fleisch aber nur nuß-, höchstens apfelgroß. Weiße Trüffeln werden mit abgerichteten Hunden gesucht. Sie haben einen penetranten Geruch, jedoch ein unbeschreiblich köstliches Aroma. Die Italiener schneiden sie mit einem kleinen Spezialhobel in hauchdünne Scheiben und streuen sie über Risotto oder Spaghetti, die zuvor im Teller mit heißer Sahne und Butter gemischt wurden.
Tzatziki: griechischer Vorspeisensalat. *Rezept:* 1 Gurke schälen und in kleine Würfel schneiden. Mit 1 gehackten Knoblauchzehe, ½ Bund gehacktem Dill und ½ Teelöffel Salz mischen. ½ l Joghurt mit 1 Eßlöffel Olivenöl und 2 Teelöffeln Essig verrühren, über die Gurkenwürfel gießen und umrühren. Vor dem Servieren gut durchkühlen.
Weinbergschnecken: Schon die Römer, die sie in den Weinbergen Burgunds entdeckten, waren so angetan von ihrem Geschmack, daß sie sie in Schneckengärten mästeten. Die Vorliebe für diese fetten Weichtiere der Familie der Bauchfüßer erstreckt sich von den südlichen europäischen Mittelmeerländern bis nach Bayern. In Frankreich sind sie allerdings vom Süden bis zum Norden beliebt. Dort gibt es heute die meisten Schneckengärten. Im Herbst sind die Weinbergschnecken am fettesten. Damit sie den Winter überstehen, vor Feinden sicher sind und nicht austrocknen, ziehen sie sich in ihre Häuser zurück und verschließen die Öffnungen mit einem Kalkblatt. Zu der Zeit werden sie gesammelt. Die Reinigung und Vorbereitung von Weinbergschnecken ist mühsam und langwierig. Nachdem man sie 2 bis 3 Wochen hat fasten lassen, werden sie in Essigwasser gewaschen, 10 Minuten gekocht und aus dem Gehäuse gezogen. Man entfernt den schwarzen Eingeweidesack und kocht die Schnecken noch etwa 3 Stunden in einem kräftig gewürzten Sud aus Weißwein und Jus. Erst dann können sie nach Rezept weiterverarbeitet werden. Weinbergschnecken gibt es jedoch gereinigt und gegart in Dosen zu kaufen, zu denen die dem Inhalt entsprechende Anzahl Schneckenhäuser gehört. Außerdem sind sie fertig gefüllt tiefgefroren erhältlich.

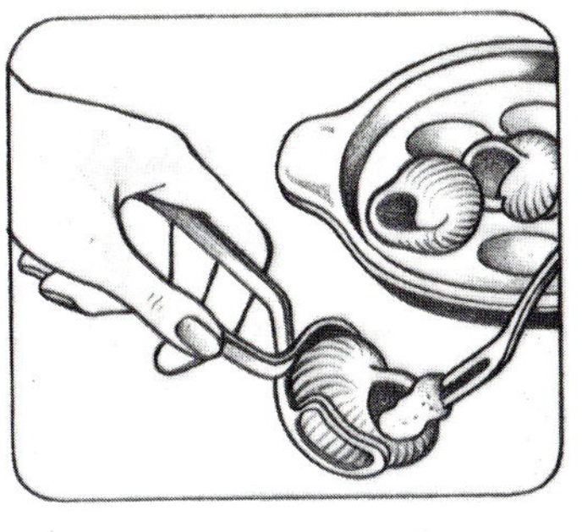

Für ein Schneckenessen gibt es spezielle Schneckenpfännchen mit eingelassenen Vertiefungen, Schneckenzangen zum Halten des Gehäuses und zweizinkige Gabeln.

Damit nichts von der köstlichen Knoblauchbutter verloren geht, gießt man sie mit Hilfe der Schnekkenzange aus dem Gehäuse in einen Löffel.

Weinblätter: Die frischen Blätter des Weinstockes werden bei uns hin und wieder in den Sommermonaten angeboten, in Dosen bekommt man sie das ganze Jahr über. Weinblätter werden in den Balkanländern mit einer würzigen Reisfarce gefüllt, gegart und heiß oder kalt als Vorspeise gereicht. Frische Weinblätter müssen vor dem Füllen 2 bis 3 Minuten blanchiert werden. Weinblätter aus der Dose überbrüht man mit kochendheißem Wasser und läßt sie dann gut abtropfen.
Wilder Reis: Samen eines Grases, das wild in Sumpfgebieten an den Ufern der nordamerikanischen Seen wächst. Um wilden Reis zu ernten, fahren Männer in Kanus durch das hohe, im Wasser wachsende Gras, biegen die Halme zu sich herunter und schlagen mit kleinen Dreschflegeln auf die Rispen, so daß die Körner in die Boote fallen. Die Erträge sind gering. Wilder Reis ist deshalb das teuerste Getreide der Welt. Der Preis wird jedoch auch durch den Wohlgeschmack und den ernährungsphysiologischen Wert des wilden Reises gerechtfertigt. Die schwarzen Körner werden nach dem Reinigen und Dörren nicht geschält und enthalten besonders viel B-Vitamine und pflanzliches Eiweiß.
Yam: Wurzelknolle der 250 Arten umfassenden Gattung der Yam-Wurzelgewächse, die in Afrika, China, Nord- und Südamerika beheimatet sind. Eßbare Yamknollen können bis zu 5 kg schwer werden. In ihren Anbauländern werden die stärkehaltigen Knollen wie Kartoffeln gegessen.
Yorkshire Pudding: traditionelle Beilage zum englischen Roastbeef. Den Teig für YORKSHIRE PUDDING bereitet man zu, bevor das Fleisch zum Braten in den Backofen geschoben wird. *Rezept:* Für 8 Personen rührt man aus 2 Tassen abgekochter Milch, 4 Eiern, 2 Tassen Mehl, ¼ Teelöffel Salz, geriebener Muskatnuß und weißem Pfeffer einen Teig, der 1 Stunde im Kühlschrank ruhen muß. 30 Minuten vor Beendigung der Bratzeit den Bratensaft vom Roastbeef in eine feuerfeste Form gießen oder auch in der Bratpfanne lassen. Den Teig kurz durchschlagen und zum Bratensaft gießen. Umrühren und in den Backofen unter das Roastbeef stellen. Den YORKSHIRE PUDDING 25 Minuten im Backofen garen, in der Form in Stücke schneiden und mit dem Roastbeef servieren.
Zitronensauce: griechische Sauce zu Fisch-, Fleisch- und Geflügelgerichten oder zu gegartem Gemüse. *Rezept:* 2 Eßlöffel Butter im Wasserbad erwärmen, 3 Eßlöffel Mehl unterrühren und 2 Tassen der Kochbrühe der Speise, zu der die Sauce serviert werden soll, zufügen. Die Mischung im Wasserbad zum Kochen bringen und warm halten. 3 Eigelbe mit dem Saft von 1 Zitrone verrühren, danach mit 3 Eßlöffeln der Sauce mischen. Diese Mischung in die Sauce im Wasserbad gießen und unter Rühren 2 bis 3 Minuten erhitzen. Zuletzt 1 Eßlöffel gehackte Petersilie unterziehen.
Zucchini: gurkenähnliche Sommerkürbisart, die im 15. Jahrhundert von Mexiko nach Europa gebracht wurde. Zucchini gedeihen in allen Ländern mit mildem Klima und werden vor allem in den Mittelmeerländern angebaut. Sie sind unerläßlicher Bestandteil der berühmten RATATOUILLE aus Nizza. Aus Ligurien stammt folgendes Zucchinirezept: 12 etwa 15 cm lange Zucchini ungeschält 10 Minuten in Salzwasser kochen. Vom Stielende her mit einem Apfelausstecher das Fruchtfleisch herauslösen. 1 in Milch eingeweichtes ausgedrücktes Brötchen ohne Rinde mit 2 Eiern, Salz, Pfeffer, reichlich Oregano, geriebenem Käse und gehackten Pilzen mischen. Die Zucchini damit füllen. In eine gefettete feuerfeste Form legen und in 20 bis 25 Minuten im Backofen garen.

Zum Nachschlagen

Die Rezepte dieses Buches

Die Rezepte dieses Buches

Die Rezepte dieses Buches

Wild- und Wildgeflügelgerichte

Gemüse-, Pilz- und Kartoffelgerichte

Teigwaren- und Reisgerichte

Eierspeisen

Käsegerichte

Eintöpfe, Aufläufe, Puddings

Die Rezepte dieses Buches

Beilagen, Klöße

Saucen

Süßspeisen

Gebäck süß

Gebäck herzhaft

Rezept- und Sachregister

Alphabetisches Rezept- und Sachregister

D

E

F

G

Rezept- und Sachregister

H

I

J

K

Rezept- und Sachregister

Rezept- und Sachregister

P

Q

R

S

Rezept- und Sachregister

T

U

Rezept- und Sachregister

Die Autoren

Christian Teubner
war früher Konditormeister. Seit vielen Jahren ist er aber vielbeschäftigter gastronomischer Fotograf. In seinem Studio für Lebensmittelfotografie entstehen Meisterwerke kulinarischer Aufnahmen, und aus seiner Probeküche kommen verlockende Kreationen von neuen Rezepten. Christian Teubners Arbeiten sind in ganz Europa ein Begriff, denn wo es um Küche und Keller geht – ob Buch, Plakat, Film oder Zeitschrift –, erkennt man seine »Handschrift«.

Annette Wolter
gehört zu den führenden Kochbuch-Autoren im deutschen Sprachraum. Seit über fünfzehn Jahren sind Kochen und Haushalt ihr Ressort. Annette Wolter begann als Mitarbeiterin großer Frauenzeitschriften. Heute ist sie anerkannte Expertin im Bereich Küche und Keller, Autorin erfolgreicher Kochbücher und mehrfache Preisträgerin der »Gastronomischen Akademie Deutschlands«.

Holger Hofmann
erweiterte nach seinem Sieg bei einem internationalen Wettkochen sein wirtschaftsjournalistisches Arbeitsgebiet auf kulinarische Themen. Mehrere Jahre hatte er eine Kochsendung im Fernsehen, schrieb für Zeitschriften und Zeitungen und gibt seit zwanzig Jahren den kulinarischen Fachpressedienst »Freude am Essen« heraus. Von ihm erschienen eine Reihe Getränke-, Gastlichkeits- und Kochbücher. Durch die deutsche Bearbeitung der Time-Life-Reihe »Internationale Speisekarte« und durch Reisen in alle Kontinente wurde Holger Hofmann zum erfahrenen Kenner der Nationalküchen und ihrer Spezialitäten.

Für wertvolle Hinweise danken wir:
Zarinah Anwar (Indonesien), Gülistan Bilen (Türkei), Mirjana Bućan (Jugoslawien), Hanna Kolet (Israel), Akiko Lakatosch (Japan), Annelies Pang (China), Anna Maria Pérez (Spanien), Gisela Sirakoff (Bulgarien), Fortine Skemitzis (Griechenland), Barbara Szostek (Polen).

Die Farbfotos auf dem Einband zeigen:
Gebratene Goldbrasse, Rezept Seite 52;
Hammelkeule, Rezept Seite 241;
Spaghetti mit Basilikumsauce, Rezept Seite 56;
Gewürzte Ananas, Rezept Seite 258;
Nasi Goreng, Rezept Seite 263;
Chinesische Nudelsuppe, Rezept Seite 271.

2. Auflage 1983.

Redaktion: Benita von Eichborn, Barbara Horle, Susi Piroué und Brigitta Stuber.
Produktion: Verlagsbüro Walter Lachenmann, Buchendorf.
Einbandgestaltung: Constanze Reithmayr-Frank.
Zeichnungen: Gerlind Bruhn.
Reproduktion der Farbbilder: Graphische Anstalt Ernst Wartelsteiner, Garching.
Satz und Druck: Druckerei Georg Appl, Wemding.
Bindung: Conzella Verlagsbuchbinderei, München.

ISBN 3-7742-5211-4